教育部刑事诉讼法课程虚拟教研室成果

国家级线上一流课程配套教材

法学核心课程系列辅助教材



# 刑事诉讼法

## 导学

主　编　闫召华

撰稿人（以撰写章节先后为序）

郭　烁　闫召华　兰荣杰　陈　实
刘仁琦　贾志强　艾　明　纵　博
步洋洋　王剑虹　颜　飞　聂友伦
陈邦达　樊传明　裴　炜　王晓华
自正法　赵　恒　杨杰辉　郑　曦
吉冠浩

中国人民大学出版社

·北京·

## 主编简介

闫召华，西南政法大学法学院教授、博士研究生导师，刑事诉讼法教研室主任；兼任教育部刑事诉讼法课程虚拟教研室主任，重庆市人文社会科学重点研究基地诉讼法与司法改革研究中心主任，《现代法学》学术编辑，《刑事司法论丛》主编，中国刑事诉讼法学研究会常务理事，中国刑法学研究会国际刑法学分会理事。出版独著两部。在知名期刊发表学术论文六十余篇。主持国家级、省部级课题十余项。获评“重庆市高校中青年骨干教师”。研究成果曾获董必武青年法学成果奖二等奖、重庆市社会科学研究优秀成果奖二等奖、全国检察基础理论研究优秀成果奖三等奖等奖励。

# 编写说明

《刑事诉讼法导学》是法学本科专业必修课程“刑事诉讼法学”的配套教学用书，也是西南政法大学牵头建设的教育部刑事诉讼法课程虚拟教研室以及西南政法大学国家级一流本科课程“刑事诉讼法学”的建设成果。

西南政法大学刑事诉讼法学课程既是立基于国家级重点学科的一门传统优势课程，也是政法院校中较早推行线上线下混合式教学的一门现代化优秀课程。早在2004年，该课程就入选了首批国家级精品课程，成为当时全国仅有的五个法学国家级精品课程之一。2010年，该课程教学团队获评国家级教学团队。此后，该课程先后入选了重庆市精品视频公开课（2014年）、教育部第一批国家精品资源共享课（2016年）、重庆市精品在线开放课程（2019年）、首批国家级线上一流课程（2020年）、重庆市课程思政示范课程（2021年）、重庆市线上线下混合式一流本科课程（2022年）。该课程以传授刑事诉讼法学基本知识、展现刑事程序的魅力、增强学生的程序意识和法治理念为教学目标，追求知识传授、能力培养、素质提高的“三位一体”，积极推进传统教学模式和现代信息技术条件的深度融合，探索构建以学生为中心的新型教学关系，通过视频授课、翻转教学、师生互动，实现了线上与线下、录播与直播、课前与课后、讲课与答疑、自学与助学、学与练等相结合的参与式、讨论式、开放式、立体式教学，教学效果良好，得到了广泛认可。该课程教学团队总结的“基于虚拟教研、思政融入的刑事诉讼法线上教学模式”等教学经验先后被重庆市教委、教育部虚拟教研室建设专家组、重庆市及四川省高等教育协会认定为重庆市高校一流本科课程示范案例、教育部虚拟教研室典型教研方法、成渝地区双城经济圈普通本科高校智慧教育优秀案例。2021年，该课程教学团队以校内教师为基础，吸收全国多所政法院校的骨干教师，建立起刑事诉讼法课程虚拟教研室，并被重庆市教委立项建设。2022年，该虚拟教研室成功入选教育部首批虚拟教研室试点建设名单，成为西南地区唯一的国家级法学课程虚拟教研室。

自2018年至今，西南政法大学刑事诉讼法学课程混合式教学已顺利开展13期，平均每期选课人数近万。据不完全统计，该课程的线上部分被全国六十余所院校在混合式教学中使用。作为一门兼容不同学校学生和社会学习者并以师生互动为特色的课程，该课程在13期的运行中，通过线上讨论和线下答疑环节，积累了大量的师生问答材料。我们发现，这些材料中学生提出的很多问题具有典型性、代表性和共通性，老师对这些问题的答疑解惑也是条分缕析、简明扼要、点面结合、有理有据的，对于刑事诉讼法的研习具有普遍的指导意义。整理出这些问答材料，无疑可以为广大法学本科生及其他学习者提供更有针对性的学习辅导，帮助其更好地理解刑事诉讼法学课程学习中的重点、难点与争点，从而大大提高学习效率，优化学习效果。同时，这些材料也可以作为高校刑事诉讼法学课程教师备课的有益参考。

鉴于此，为了促进优质教学资源的共建共享，满足复合型、应用型卓越法律人才培养的需要，教育部刑事诉讼法课程虚拟教研室组织了西南政法大学校内 4 位长期从事刑事诉讼法学本科一线教学的优秀教师，联合来自 14 所政法院校的 17 位刑事诉讼法学本科教学骨干，以习近平法治思想为指导，立足中国国情和法学本科教学规律，在西南政法大学刑事诉讼法学国家级线上一流本科课程 13 期运行积累的问答材料的基础上，编撰了这本课程答疑性质的辅学教材。

本教材体例设计新颖。根据刑事诉讼理论和制度的内在逻辑联系，参考刑事诉讼法学主流教材的章节体系，本教材共设置 21 章。前二十章中各章以师生问答形式探讨“本章重点问题”，侧重整理学生在课程学习中提出的重复率比较高的问题，对问题的解答既包括对具体问题的剖解，也包括对该问题涉及的立法、司法状况及理论研究情况的介绍，并推荐了延伸阅读材料，力求以点带面、由浅入深、举一反三。同时，在对问题的解答中，注重展现我国刑事司法改革的伟大成就和理论创新的最新成果。在问答部分之前，设有“本章知识图谱”，将相关知识点以思维导图形式清晰呈现，旨在帮助学生快速建立知识框架，使学生能提纲挈领，达到“一纲举而万目张”的效果。在“本章重点问题”之后是“本章课后演练”，汇集了政法名校的期中、期末考题以及与法律职业资格考试难度相当的模拟题，让学生边学、边思、边练，学以致用，进一步加深对各章知识及理论的理解。教材最后设专章即第二十一章汇总了部分政法名校近年来的考研真题，并设计了与之难度、深度相仿的模拟题，以提升学生对本课程内容的综合理解和把握。

本教材主编闫召华教授拟定了基本纲目和编写要求，各章撰稿人根据分工撰写初稿，最后交主编统一修改定稿。本教材各章撰稿人及撰写分工如下（以章节先后为序）：中国政法大学郭烁教授（第一章），西南政法大学闫召华教授（第二章），西南财经大学兰荣杰教授（第三章），中南财经政法大学陈实教授（第四章），西北政法大学刘仁琦教授（第五章），吉林大学贾志强副教授（第六章），西南政法大学艾明教授（第七章），安徽财经大学纵博教授（第八章），西北政法大学步洋洋教授（第九章），西南政法大学王剑虹副教授（第十章），西南政法大学颜飞副教授（第十一章），华东师范大学聂友伦副教授（第十二章），华东政法大学陈邦达副教授（第十三章），上海交通大学樊传明副教授（第十四章），北京航空航天大学裴炜教授（第十五章），华东政法大学王晓华助理教授（第十六章），重庆大学自正法副教授（第十七章），山东大学赵恒副教授（第十八章），浙江工业大学杨杰辉教授（第十九章），北京外国语大学郑曦教授（第二十章），北京航空航天大学吉冠浩副教授（第二十一章）。在此对各位撰稿人的辛勤劳动表示诚挚感谢！此外，还要特别感谢中国人民大学出版社政法分社郭虹社长，正是她勇于创新的工作理念，确保了本教材的顺利出版。

期待本教材能对刑事诉讼法学课程的教与学有所助益，也真诚期待各位读者能对本书的不足之处提出完善的意见和建议，共同助力于刑事诉讼法学课程优质教学资源的建设。

编　者

2024 年 9 月

# 法律文件略称

中国法律文件

| 全　称 | 略　称 |
|---|---|
| 《中华人民共和国宪法》 | 《宪法》 |
| 《中华人民共和国刑事诉讼法》(1979年) | 1979年《刑事诉讼法》 |
| 《中华人民共和国刑事诉讼法》(1996年) | 1996年《刑事诉讼法》 |
| 《中华人民共和国刑事诉讼法》(2012年) | 2012年《刑事诉讼法》 |
| 《中华人民共和国刑事诉讼法》(2018年) | 《刑事诉讼法》 |
| 《中华人民共和国监察法》 | 《监察法》 |
| 《中华人民共和国刑法》 | 《刑法》 |
| 《中华人民共和国律师法》 | 《律师法》 |
| 《中华人民共和国法律援助法》 | 《法律援助法》 |
| 《中华人民共和国国际刑事司法协助法》 | 《国际刑事司法协助法》 |
| 《中华人民共和国人民陪审员法》 | 《人民陪审员法》 |
| 《中华人民共和国国家安全法》 | 《国家安全法》 |
| 《中华人民共和国国家赔偿法》 | 《国家赔偿法》 |
| 《中华人民共和国反间谍法》 | 《反间谍法》 |
| 《中华人民共和国人民法院组织法》 | 《人民法院组织法》 |
| 《中华人民共和国人民检察院组织法》 | 《人民检察院组织法》 |
| 《中华人民共和国民法典》 | 《民法典》 |
| 最高人民法院、最高人民检察院、公安部、国家安全部、司法部、全国人大常委会法制工作委员会《关于实施刑事诉讼法若干问题的规定》 | 六部门《规定》 |
| 最高人民法院、最高人民检察院、公安部、国家安全部、司法部《关于办理刑事案件排除非法证据若干问题的规定》 | 两院三部《非法证据排除规定》 |

续表

| 全称 | 略称 |
| --- | --- |
| 最高人民法院《关于适用〈中华人民共和国刑事诉讼法〉的解释》 | 《高法解释》 |
| 最高人民检察院《人民检察院刑事诉讼规则（试行）》(已失效) | 2012年《高检规则》 |
| 最高人民检察院《人民检察院刑事诉讼规则》(2019年) | 《高检规则》 |
| 公安部《公安机关办理刑事案件程序规定》 | 《公安规定》 |
| 最高人民法院、最高人民检察院、公安部、国家安全部、司法部《关于办理刑事案件严格排除非法证据若干问题的规定》 | 两院三部《严格排除非法证据规定》 |
| 中国共产党第十八届中央委员会第四次全体会议通过的《中共中央关于全面推进依法治国若干重大问题的决定》 | 党的十八届四中全会《决定》 |
| 最高人民法院、最高人民检察院、公安部《关于办理刑事案件收集提取和审查判断电子数据若干问题的规定》 | 两院一部《电子数据规定》 |
| 《中华人民共和国监察法实施条例》 | 《监察条例》 |
| 最高人民法院《人民法院办理刑事案件第一审普通程序法庭调查规程（试行）》 | 《法庭调查规程》 |
| 最高人民法院《人民法院办理刑事案件庭前会议规程（试行）》(已失效) | 《庭前会议规程》 |
| 最高人民法院、最高人民检察院、公安部、国家安全部、司法部《办理刑事案件庭前会议规程》 | 《庭前会议规程（新）》 |
| 最高人民法院、最高人民检察院、公安部、国家安全部《关于取保候审若干问题的规定》 | 《取保候审规定》 |
| 中央纪律检查委员会、国家监察委员会《国家监察委员会管辖规定（试行）》 | 《监察管辖规定》 |

**联合国公约文件**

| 全称 | 略称 |
| --- | --- |
| 联合国《公民权利和政治权利国际公约》 | 联合国《两权公约》 |
| 联合国《禁止酷刑和其他残忍、不人道或有辱人格的待遇或处罚公约》 | 联合国《禁止酷刑公约》 |
| 联合国《囚犯待遇最低限度标准规则》 | 联合国《囚犯待遇规则》 |
| 联合国《打击跨国有组织犯罪公约》 | 联合国《打击跨国犯罪公约》 |

# 目　录

# 第一章　刑事诉讼法概述

## 本章知识图谱

- 刑事诉讼法概述
  - 刑事诉讼法的内涵
    - 刑事诉讼法的概念 —— 刑事诉讼法是指国家制定的规范公安机关、检察机关和审判机关进行刑事诉讼，规范当事人和其他诉讼参与人参加刑事诉讼的法律
    - 刑事诉讼法的渊源 —— 宪法；刑事诉讼法典；有关法律规定和立法解释；有关法律解释和规定；行政法规和部门规章；地方性法规；国际公约、条约
  - 刑事诉讼法的制定目的与任务
    - 制定目的 —— 《刑事诉讼法》第 1 条：“为了保证刑法的正确实施，惩罚犯罪，保护人民，保障国家安全和社会公共安全，维护社会主义社会秩序，根据宪法，制定本法。”
    - 任务 —— 《刑事诉讼法》第2条：“中华人民共和国刑事诉讼法的任务，是保证准确、及时地查明犯罪事实，正确应用法律，惩罚犯罪分子，保障无罪的人不受刑事追究，教育公民自觉遵守法律，积极同犯罪行为作斗争，维护社会主义法制，尊重和保障人权，保护公民的人身权利、财产权利、民主权利和其他权利，保障社会主义建设事业的顺利进行。”
  - 刑事诉讼的基本理念
    - 惩罚犯罪与保障人权
      - 惩罚犯罪 —— 在准确、及时查明案件事实真相的基础上，运用刑事实体法和刑事程序法对其行为构成犯罪的被告人公正裁判，并通过审判活动来威慑潜在犯罪人
      - 保障人权 —— 无辜的人不受追究，有罪的人受到公正处罚且犯罪嫌疑人、被告人的诉讼权利得到充分保障和行使
    - 实体公正与程序公正
      - 实体公正 —— 正确认定罪名；罪刑相应；证据确实充分；错案及时纠正
      - 程序公正 —— 遵守程序规定；严禁刑讯逼供；保障诉讼当事人和其他诉讼参与人权利；司法机关依法独立行使职权；公开透明；遵守法定办案期限
    - 诉讼效率与公正 —— 诉讼效率与公正应当并重，当效率与公正发生冲突时，公正优先，兼顾效率

- 刑事诉讼法概述
  - 刑事诉讼的基本范畴
    - 刑事诉讼的目的
      - 内容
        - 根本目的—维护社会秩序
        - 直接目的
          - 惩罚犯罪
          - 保障人权
      - 理论分类
        - 犯罪控制模式—惩罚犯罪；追求效率；程序为实体服务
        - 正当程序模式—强调程序；重权利保护
        - 家庭模式—国家和个人的和谐关系
        - 实体真实主义
          - 积极实体真实主义—实体优于程序；重实体真实；违反程序不影响其后续诉讼行为
          - 消极实体真实主义—既要追求实体真实，又要避免惩罚无辜者
        - 正当程序主义—事实认定按照正当程序进行；惩罚犯罪与保障人权并重
    - 刑事诉讼的价值
      - 秩序
        - 惩罚犯罪以维护社会秩序
        - 惩罚犯罪应有序进行
        - 惩罚犯罪应遵循法定程序
      - 公正
        - 实体公正
        - 程序公正
      - 效益
        - 效率
        - 收益
    - 刑事诉讼的主体
      - 专门机关—公、检、法
      - 诉讼参与人
        - 当事人
        - 其他诉讼参与人
    - 刑事诉讼的职能
      - 控诉—主体：检察院、自诉人及其法定代理人、被害人及其法定代理人、近亲属
      - 辩护—主体：犯罪嫌疑人、被告人及其法定代理人、辩护人等
      - 审判—主体：法院
    - 刑事诉讼的构造
      - 概念—控、辩、审三方在刑事诉讼中的地位及相互关系
      - 关系—诉讼价值影响诉讼目的，诉讼目的决定诉讼构造
      - 种类
        - 古代刑事诉讼的构造
          - 弹劾式
          - 纠问式
        - 现代刑事诉讼的构造
          - 职权主义（适用于大陆法系国家）
          - 当事人主义（适用于英美法系国家）
          - 混合式（适用于日本、意大利等国家）
        - 我国刑事诉讼的构造—控辩式
    - 刑事诉讼阶段
      - 公诉案件—（侦查机关）立案→侦查→提起公诉→审判→执行
      - 自诉案件—自诉人起诉→（法院）立案→审判→执行

## 本章重点问题

### 第一节 理念与历史

#### 问题1：为什么刑事诉讼法又被称为“小宪法”？

宪法是法治国家的根本大法，也是被公认的人权保障法。《刑事诉讼法》从颁布实施到历经三次修改的四十多年中，其变革的本质就是逐渐向以“人权保障”为核心的人本

主义立法精神靠拢。在2004年的宪法修正案中，保障人权的概念被正式写入《宪法》：第33条增加一款作为第3款，即“国家尊重和保障人权”。在2012年《刑事诉讼法》的修改中，“尊重和保障人权”同样被写入了该法第2条，作为刑事诉讼立法任务之一予以明确。从形式上分析，人权入宪和人权入法，标志着我国正式将“人权保障”纳入法治轨道。在我国的刑事诉讼法、民事诉讼法和行政诉讼法中，只有刑事诉讼法明确将“尊重和保障人权”写入条文，这与刑事诉讼法的立法目的、任务息息相关。这些条款设置足以证明保障人权在刑事诉讼中的特殊性和重要性，也即，刑事诉讼法是具有人权保障属性的“小宪法”，是实践中的人权法和宪法的应用法。

从实质上分析，一方面，我国宪法规定了公民的基本权利与义务，刑事诉讼的程序条款也是宪法的重要组成部分。《宪法》规定了一系列与刑事诉讼直接有关的条文，如：“任何公民，非经人民检察院批准或者决定或者人民法院决定，并由公安机关执行，不受逮捕”（第37条第2款）；“人民法院审理案件，除法律规定的特别情况外，一律公开进行。被告人有权获得辩护”（第130条）；等等。《宪法》中这些保障基本人权的条文成为《刑事诉讼法》的重要内容或基本原则，并被相应规定在《刑事诉讼法》中。这一点即使在域外国家也不例外，涉及刑事诉讼的程序条款构成了各国宪法或宪法性文件中关于人权保障条款的核心。在某种程度而言，刑事诉讼法是动态的宪法。程序决定了严密法治与恣意人治之间的主要区别，程序使得落实法治主义中的人权保障有据可循。

另一方面，刑事诉讼法有利于维护宪法制度，我国刑事诉讼法遵循并细化了宪法对于公民基本人权保障的要求。各国刑事诉讼法律规范中关于逮捕等强制措施的适用条件、羁押期限、辩护、侦查、起诉、审判的原则与程序等的规定，都直接体现了宪法或宪法性文件关于公民人身、住宅、财产不受非法搜查、逮捕、扣押、没收以及犯罪嫌疑人、被告人有权获得辩护等的规定的精神。

宪法是根本大法，刑事诉讼法是基本法律，二者都重点关注如何规制公权力和保障私权利。在我国，《宪法》作为根本大法，一般不在司法实践中被直接援引适用，所以在刑事诉讼中只能通过适用细化各项程序性规定的《刑事诉讼法》实现人权保障的目的。综上，无论从形式规定还是实质功能上看，刑事诉讼法都可以被称为“小宪法”。

**延伸阅读推荐**

(1) 张泽涛：《新中国70年人权司法保障制度的回顾、反思及其完善》，载《法律科学（西北政法大学学报）》2019年第5期，第40-52页。

(2) 卞建林、谢澍：《新中国刑事诉讼制度的诞生和发展——写于中华人民共和国成立70周年暨〈刑事诉讼法〉颁布40周年之际》，载《暨南学报（哲学社会科学版）》2019年第10期，第1-11页。

(3) 李璐君：《“人权司法保障”的语义分析》，载《华东政法大学学报》2019年第4期，第139-148页。

## 问题2：外国的刑事诉讼立法是如何发展的？

刑事诉讼立法具有鲜明的时代性、阶级性和法系性，外国的刑事诉讼立法可根据时代发展，分成四个历史时期，即奴隶制社会的刑事诉讼立法、封建制社会的刑事诉讼立法、资本主义国家的刑事诉讼立法、苏联及东欧社会主义国家的刑事诉讼立法。

### （一）外国奴隶制社会的刑事诉讼立法

随着人类社会出现三次社会大分工，原始氏族公社开始解体，社会逐渐出现阶级分化，人类社会出现了第一个国家类型，即奴隶制国家。奴隶制国家将早期潜移默化形成的民族习惯和新确立的行为规则视为法，形成了不成文的习惯法，后期又逐渐形成成文法。迄今发现的奴隶制国家成文法典中，最著名和最具代表性的为古巴比伦的《汉穆拉比法典》和古罗马的《十二铜表法》。

《汉穆拉比法典》是公元前18世纪左右由古巴比伦王国第六代国王汉穆拉比在位时颁布的。该法典原文刻在黑色玄武岩的大椭圆形石柱上，故又称“石柱法”，它是奴隶制社会中保存得最完整的成文法典。在古巴比伦王国，刑事诉讼和民事诉讼没有明确的划分，《汉穆拉比法典》是诸法合体。该法典分序言、正文和结束语三部分，其中有大量的程序法规范，对控告、传唤证人、举证责任、法官责任、神明裁判等都作了规定。

罗马法的全面发展持续了一千年，现今可考的罗马成文法典为《十二铜表法》。《十二铜表法》诞生于约公元前450年，因把奴隶制法刻在十二块铜表上而得名，该法按内容分为十二表，前三表是程序规范，第一表传唤、第二表审理、第三表执行。《十二铜表法》程序部分的排列和规定，反映了当时立法者对诉讼活动客观规律的深刻认识。

除上述两法外，较早进入奴隶制国家的古埃及、古印度、古希腊等都制定了涉及刑事诉讼程序内容的成文法典，但因种种原因，或没有保存，或只有一些残存，例如同属两河流域国家但先于《汉穆拉比法典》的《苏美尔法典》、古希腊的《德拉柯法典》（公元前621年雅典执政官德拉柯制定），等等。

### （二）外国封建制社会的刑事诉讼立法

外国封建制社会的刑事诉讼法以存在1 200年之久的欧洲中世纪刑事诉讼法为代表。自公元5世纪，日耳曼人入侵罗马帝国并建立法兰克王国开始，欧洲进入封建制的中世纪法时代。法兰克王国是领主农奴制封建国家，其成文法主要有《蛮族法典》和《撒里克法典》，旨在确保地主阶级私有权不受侵犯，但仍带有奴隶社会法律的特征，且诉讼制度有较浓重的宗教色彩。法官由国王任命，人判和神判并用。公元9世纪中叶，法兰克王国分裂为西法兰克王国、中法兰克王国和东法兰克王国，这些封建王国的刑事诉讼法既有对《撒里克法典》内容的沿袭，又有伴随12世纪后罗马法的复兴，古罗马诉讼制度赋予封建王权的新内容。在封建制度下法国的法律经历了由习惯法到罗马法再到王室立法的发展过程（9—18世纪），1670年制定的刑事诉讼法是这一发展历程的重要成果之一。法国的司法审判先采用“神明裁判”与“司法决斗”，后采用法定证据制度，并实行纠问式诉讼模式。

日耳曼习惯法和罗马法对德国刑事诉讼立法的产生和发展产生了重要影响。德国封建社会早期沿袭日耳曼人的习惯采取弹劾式诉讼。1220年德国编成《萨克森法典》，该部法典对刑事诉讼规则作出了规定。1532年，德皇查理五世以帝国名义颁布了《加洛林纳法典》，该部法典包含刑法和刑事诉讼法两方面的内容，确立了纠问式诉讼模式，将刑事诉讼分为侦查和审判两个阶段，实行“有罪推定”和刑讯制度，审理不公开，判决分为有罪判决、无罪判决和存疑判决。

英国法制独立发展，形成了与欧洲大陆显著不同的特色。1066年，原定居在法国北部的诺曼人在威廉公爵的率领下侵入不列颠全岛，在英国建立起王权统治。国王向各地派出巡回法官，并以巡回法官的判决为判例，要求在遵循先例的原则下，通过这些判例使各地存在的习惯法逐渐统一，形成适用于全国的普通法。虽然英国在其后也陆续制定了一些成文法，但英国法仍大多是以习惯法或判例汇集而成的。12—13世纪英国统治集团内部权力斗争加剧，封建贵族为摆脱王权的控制而开始反对国王的战争，迫使国王约翰在1215年签署旨在限制国王权力的《自由大宪章》，其中第39条规定："任何自由人如未经其同级贵族之依法裁判，或经国法判决，皆不得被逮捕、监禁、没收财产、剥夺法律保护权、流放，或加以任何其他损害。"由此确立了"正当程序"的原则，给此后英美法系国家的刑事诉讼法带来深远的影响。此外，在英国实行的对抗制诉讼程序和陪审团制度也延续至今。

俄国直接从部落习惯法转化为早期封建制法。11世纪出现的《罗斯法典》是在早期习惯法和新确立的行为规则的基础上汇编而成的。1497年和1550年颁布的两部《律书》（前者称"大公律书"，后者称"沙皇律书"或"第二律书"）对法院的权限、诉讼费用、诉讼程序作出了规定。1649年制定的《会典》明确了采用纠问式诉讼模式。《俄罗斯帝国法律全书》是由著名法学家斯别兰斯基主持汇编，在《俄罗斯帝国法令全集》的基础上于1833年编著而成。该书在修订和补充时增补《1664年审判条例》作为第16卷，对法定证据制度作出详细的规定。

**（三）资本主义国家的刑事诉讼立法**

资本主义国家的刑事诉讼法是资产阶级革命胜利的产物。以罗马法为传统的大陆法系国家在资产阶级取得政权后大力加强立法工作，健全资本主义法制，改变了中世纪刑民混杂、实体法与程序法不分的法律体系，制定了各个部门的法典。1808年法国制定的《法国刑事诉讼法典》是资本主义国家也是人类历史上第一部刑事诉讼法典。该法典是由拿破仑亲自主持编纂，基本实行职权主义的诉讼模式，建立了起诉、预审、审判职权分离的原则和依重罪、轻罪、违警罪分设法院的司法体系，并确立了内心确信的证据制度和其他一系列具有现代精神的诉讼原则、制度和规则。《法国刑事诉讼法典》不仅对欧洲大陆诸国产生了深远的影响，而且为欧洲其他地区、亚洲多国家的立法提供了诸多借鉴，这些国家也相继制定了刑事诉讼法典。例如意大利于1865年颁行《意大利刑事诉讼法典》，德国在1877年颁行《刑事诉讼法》，日本也于1880年颁行《治罪法》。

英美法系国家的刑事诉讼法以英国法和美国法为代表。英国在封建时期的刑事诉讼制度就不同于中世纪的欧洲国家，它实行的是习惯法制度，属于普通法系，以法院的判例为法律的主要渊源。由于英国资产阶级革命的妥协性使这种状况基本保留了下来，因此英国没有一部完整的刑事诉讼法，所谓的刑事诉讼法只是习惯、判例和法令的总称。但自20世纪80年代以来，英国也制定了若干用来规范刑事诉讼活动的成文法律，如1984年的《警察与刑事证据法》、1985年的《犯罪起诉法》、1997年的《治安法官法》、1994年的《刑事审判与公共秩序法》等。原为英国殖民地的一些国家，如加拿大、澳大利亚等国也基本上继承了英国的法律制度。

在法系传统上，美国法源自英国普通法系，实行判例制度，没有系统成文的刑事诉讼法典。美国于1945年颁行《联邦刑事诉讼规则》，之后对其进行了多次修改，1967年颁行《联邦上诉程序规则》，1975年颁行《联邦证据规则》。此外，美国刑事诉讼立法还有一个显著的特点，就是把刑事诉讼的一些人身权利保障和其他重要原则规定在宪法中作为宪法原则，例如美国 1791 年生效的第 4～8 条宪法修正案就规定了一系列刑事诉讼原则，如公民不受无理逮捕、搜查与扣押；不得强迫任何人证明自己有罪；刑事被告人享有获得迅速公开审判、被通知其被控犯罪的性质和理由、被准予与对方证人对质，接受律师帮助等权利。

**（四）苏联及东欧社会主义国家的刑事诉讼立法**

十月革命的胜利宣告了人类历史上第一个社会主义国家的诞生。在抵抗国内外资产阶级反扑和巩固新生政权的背景下，创建刑事法律体系是年轻的苏维埃极其重要的工作。1917 年 11 月 24 日，俄罗斯社会主义联邦苏维埃共和国人民委员会颁布关于法院的第一号令，并在 1918 年又颁布了两次号令，摧毁了旧法院、旧法律，建立了苏维埃法院和社会主义法律。1923 年 2 月 15 日，全俄中央执行委员会批准施行《苏俄刑事诉讼法典》，其后进行多次修改增删，奠定了苏联社会主义刑事诉讼法的基础。1961 年 1 月 1 日起施行了新的《苏联刑事诉讼法典》，并在 1972 年、1973 年、1985 年对该法典的 157 个条文作了修改和补充。

东欧的波兰、捷克斯洛伐克、保加利亚、罗马尼亚、南斯拉夫等国在革命胜利后相继制定颁布了刑事诉讼法典。1967 年以后东欧的大多数国家重新制定了新的刑事诉讼法典，如罗马尼亚、德意志民主共和国于 1968 年，波兰于 1969 年，匈牙利于 1973 年，保加利亚于 1974 年颁布了新的刑事诉讼法典。

**延伸阅读推荐**

(1) ［美］约翰·朗本：《刑事对抗制的起源》，王景龙译，上海人民出版社 2022 年版。

(2) ［德］托马斯·魏根特：《德国刑事程序法原理》，江溯等译，中国法制出版社 2021 年版。

(3) 左卫民：《对抗式刑事审判：谱系与启示——读兰博约教授的〈对抗式刑事审判的起源〉》，载《清华法学》2016 年第 5 期，第 200－207 页。

## 问题 3：新中国成立前的刑事诉讼立法是如何发展的？

新中国成立以前，根据不同的社会性质，我国刑事诉讼法发展可以分为三个历史时期，即奴隶制社会的刑事诉讼法、封建制社会的刑事诉讼法、半殖民地半封建社会的刑事诉讼法。

**（一）奴隶制社会的刑事诉讼法**

夏朝、商朝和西周是我国古代典型的奴隶制国家。虽然那时没有明确的刑事诉讼法概念，但实际上已经有了刑事诉讼的相关制度和程序规定。《尚书》中记载，虞、舜时期就有“皋陶”作为刑官，可见当时已有了刑事诉讼；在先秦的典籍中，特别是儒家的《周礼》也明确记载了诉讼制度，如五听制度，即：“以五声听狱讼，求民情：一曰辞听，二曰色听，三曰气听，四曰耳听，五曰目听。”此外，还规定了两造审理及诉讼费用等内容。“明清于单辞，民之乱，罔不中听狱之两辞，无或私家于狱之两辞！”“以两造禁民讼，入束矢于朝，然后听之；以两剂禁民狱，入钧金。三日，乃致于朝，然后听之"，规定了人证、书证等证据种类。在当时的诉讼中，已有刑、民之分，凡"以财货相告者"称为"讼"，凡"告以罪名者"称为"狱"，法官审理案件称为"听讼""断狱"。公元前976年周穆王即位后便命令司寇制作《吕刑》，其中既有刑事实体法的规定，也有刑事程序法的规定。可见，西周时期我国古代奴隶制诉讼制度已发展得相当完备，从自诉、起诉、审理、上诉、判决到执行都有相应的规定。

**（二）封建制社会的刑事诉讼法**

中国的封建社会从战国时期到明清两朝历经两千多年的漫长历史。在战国时期，魏国的李悝编纂了《法经》，这是我国古代第一部比较系统的刑事法典。该法分为6篇，其中的囚法、捕法两篇属于刑事诉讼法的规定。商鞅变法后将《法经》修改完善为《秦律》。汉承秦制，在保留囚法、捕法等6篇的同时增设3篇，共9篇，改"法"为"律"，称《九章律》，但其仍只有"囚律""捕律"篇中存有与诉讼相关的规定。三国时，定《新律》，共计18篇，晋朝时，《晋律》增为20篇，均含捕律、告劾律、系讯律、断狱律。南北朝删订律书，《梁律》改"捕"为"讨捕"；北齐律设斗讼、捕亡两篇，北周改"告劾"为"告言"。隋《大业律》分告劾、捕亡、断狱诸篇，将"斗讼"改为"斗"。

唐朝制定的《唐律》为中华法系的代表。唐朝以隋朝法律为蓝本，先后形成《武德律》《贞观律》《永徽律》和《开元律》，但现仅有《永徽律》完整保存下来。《永徽律》是我国现存最早最完整的封建法典，产生于我国封建社会的鼎盛时期，总结了封建法律制定和司法实践的经验，分12篇，共502条，其斗讼律规定如何控告犯罪，捕亡律规定追捕罪人之事，断狱律则集中规定审讯和决断案件。唐朝法律形式除"律"以外，还包括"令""格""式"三种，其中捕亡令等也含有刑事诉讼法的内容。唐代律令为后世法律树立了典范，影响远及日本、越南等亚洲国家。

五代十国、北宋南宋、辽金时期的法律都在唐律的基础上进行增减，与唐律大同小异。元朝时颁行的正式法典《大元通制》，与唐宋有了一定的差异。该法典共20篇，其第十三篇为诉讼篇（与告劾律相同），第十八篇为捕亡篇，第二十篇为平反篇（与前代断狱律相同）。诉讼篇着重规定如何控诉犯罪，其篇名"诉讼"后来演变为近现代的诉讼法典的名称。明律、清律集中国古代法律之大成，也设诉讼、捕亡、断狱诸篇，都是由唐律发展而来的。

**（三）半殖民地半封建社会的刑事诉讼法**

1840年鸦片战争后，中国逐渐沦为半殖民地半封建社会，列强确立的领事裁判权攫取了清政府部分司法权。1902年清政府下诏宣布修法，在沈家本的主持下，积极翻译资本主义国家特别是德国、日本等大陆法系国家的法典。1906年4月25日编成《大清刑事民事诉讼草案》，但是该草案在各地方将军、督抚、都统等官僚的竭力反对下被搁置，直至辛亥革命爆发仍未颁行。1906年12月12日编成的《大理院审判编制法》，强调司法独立原则，并规定了审判合议制度和检察官的审判监督机制。1907年编成的《法院编制法》规定了大量审判及检察权行使的内容。1911年1月24日沈家本等人编成《大清刑事诉讼律草案》，共6编515条，第一编总则、第二编一审、第三编上诉、第四编再理、第五编特别诉讼程序、第六编裁判及执行。该草案规定了告劾式诉讼程序，实行不告不理；检察官行使国家公诉权；审判官采用自由心证查明案件事实；采直接审判、言词辩论等原则，实行审判公开和辩护制度；等等。虽然该草案由于清末帝制的废除而未能颁布实施，但其仍多次为民国时期的国民政府和北洋军阀政府所援引，对我国诉讼法制的发展起到了一定的推动作用。

1911 年 10 月 10 日，辛亥革命爆发，推翻了清政府，结束了中国长达两千多年的封建君主专制统治，成立了孙中山领导的南京临时政府。1911 年 12 月各省都督代表制定的《临时政府组织大纲》，以美国国家制度为蓝本，确立了三权分立原则，规定由临时中央审判所行使司法权。1912 年 3 月 11 日公布实施的《中华民国临时约法》，确认了三权分立制度，规定法院是行使司法权的机关，实行司法独立和审判公开的原则，并规定了人民的诉讼权利。南京临时政府还颁布了大总统令，废除刑讯制度，规定不论行政司法官署及何种案件一概不准刑讯，鞫狱当视证据充实与否，不当偏重口供。[①] 此外，南京临时政府还草拟了《中央裁判所官职令草案》《律师法草案》，规定慎选法官，建立律师制度、陪审制度和辩护制度，要求诉讼文明执法，尊重法律并公开进行。

1913 年袁世凯就任中华民国大总统之职，因民国法律还没有制定颁布，于是下令准许暂时援用清朝颁布的法律。1921 年北洋政府将前清的《刑事诉讼律》修改为《刑事诉讼条例》，颁布后于 1922 年 1 月全面施行。北洋政府还于 1914 年颁布《地方审判厅刑事简易庭暂行规则》《审检厅处理简易案件暂行细则》和《私诉暂行规则》，于 1920 年颁布《处刑命令暂行条例》，1922 年颁布《刑事简易程序暂行条例》等单行法规。

国民政府期间立法院于 1931 年 10 月 28 日颁布《法院组织法》，1928 年 7 月立法院颁布《中华民国刑事诉讼法》和《中华民国刑事诉讼法施行法》，1934 年这两部法律得到修正并于次年颁布施行；此外，还制定了一系列单行法规，如 1927 年 11 月 18 日颁行《惩治盗匪暂行条例》，1931 年 1 月 31 日颁布《危害民国紧急治罪法》，1948 年 4 月 2 日颁布《特种刑事法庭审判条例》等。国民政府的《刑事诉讼法》是在继承北洋政府《刑事诉讼条例》的基础上进一步汲取德国、日本等大陆法系国家的刑事诉讼法制定而成的，该法采职权主义的诉讼模式，规定了起诉便宜原则、直接审理原则、自由心证原则、审判公开原则等。

**延伸阅读推荐**

（1）李交发：《中国诉讼法史》（修订本），湘潭大学出版社 2016 年版。

（2）李文玲：《中国古代刑事诉讼法史》，法律出版社 2011 年版。

（3）陈光中、曾新华：《中国刑事诉讼法立法四十年》，载《法学》2018 年第 7 期，第 24－42 页。

## 问题 4：惩罚犯罪与保障人权之间，有优位之分吗?

惩罚犯罪与保障人权是刑事诉讼法的主要任务。一方面，司法机关严厉打击犯罪，实事求是，以事实和证据为依据，以法律为准绳；另一方面，司法机关对犯罪嫌疑人、被告人的行为应当定性准确，既不能遗漏犯罪人使其逍遥法外，又不能对无罪的人科处刑罚，从而实现罪责刑相当，保障犯罪嫌疑人、被告人基本权利。[②]

---

① 参见朱卿：《民国时期的刑讯逼供治理》，载《湖南大学学报（社会科学版）》2019 年第 1 期。

② 参见樊崇义：《论刑事检控思维》，载《中国刑事法杂志》2015 年第 4 期。

很长一段时间内，我国的刑事司法制度和刑事政策都是以维护社会治安为中心，重社会而轻个人，重惩罚犯罪而轻保障人权。这种模式的潜在逻辑是公共利益至上，惩罚犯罪高于保障人权，为了无遗漏地惩治犯罪，宁可错捕、错诉、错判，也不能漏放、漏诉、漏判；将惩罚犯罪作为刑事诉讼的首要目的甚至唯一目的，重打击、轻保护，以“社会保护”之名漠视“人权保障”之实，这种古早的思维偏见毫无疑问是错误的。因此，随着人权入宪和人权入法，刑事诉讼活动中片面追求惩罚犯罪、忽视保障人权或只强调保障人权、漠视打击犯罪都是没有意义的。[①] 因为惩罚犯罪与保障人权既有统一的一面，也有对立的一面，惩罚犯罪与保障人权之间是一种动态平衡，二者应当并重。

因此，在惩罚犯罪和保障人权之间，找到兼顾二者的最佳平衡点才是关键。即，如何既使惩罚犯罪的刑罚目的得到最大限度的实现，又使人权保障的价值追求得到最大限度的落实？简言之，在无法完美兼顾二者的情况下，司法机关在刑事个案处理中应当采纳利益衡量原则，在保障犯罪嫌疑人、被告人基本人权的基础上，综合考量国家利益、社会利益和个人利益。可以明确的限度要件是，公安机关在侦查案件时应严格按照程序调查取证，绝不能通过刑讯逼供的方式获取证据；检察机关不仅应履行审查起诉职能，还应积极践行其法律监督者的角色，通过监督取证行为的合法性反向督促公安机关保障犯罪嫌疑人的基本权益。在诉讼中，保障人权的核心则是坚决落实“以审判为中心”的刑事诉讼理念，充分践行其居中裁判的职能，不偏不倚，在司法实践中确保每一个受刑事指控者都享有公正审判权。正如《世界人权宣言》第 10 条规定：“人人完全平等地有权由一个独立而无偏倚的法庭进行公正和公开的审判，以确定他的权利和义务并判定对他提出的任何刑事指控。”

**延伸阅读推荐**

(1) 杨宇冠、李涵笑：《论中国特色人权刑事司法保障的逻辑进路》，载《中共中央党校（国家行政学院）学报》2021 年第 5 期，第 128－136 页。

(2) 易延友：《刑事诉讼人权保障的基本立场》，载《政法论坛》2015 年第 4 期，第 15－33 页。

## 问题 5：实体正义与程序正义发生冲突时，该如何取舍？

实体正义与程序正义具有一致性，二者都是刑事诉讼追求的目标。一方面，程序正义是实体正义的前提和保障，实体正义是程序正义的目标和结果。如果没有严格公正的程序法把关，案件侦查和审查起诉过程极易出现刑讯逼供、隐瞒伪造证据、虐待犯罪嫌疑人等情况，法院审判也极易受片面主观因素的干涉，进而导致出现既违背程序正义又不符合实体正义的裁判。另一方面，程序正义和实体正义的实现有助于增强法律的可信度和权威性，推动司法正义和社会正义的落实。公众对国家司法的公正感知和价值评价取决于司法机关能否正当地行使司法权、维护社会正义。司法机关在遵循程序规定的基础上不偏倚地处理社会纠纷，有利于提高司法公信力和认同感，促进构建公正、有序、民主的社会主义法治社会。

---

① 参见樊崇义：《从“人权保障”到“人权司法保障制度”》，载《中国党政干部论坛》2014 年第 8 期。

在刑事个案中，实体正义与程序正义之间有时也会产生矛盾与冲突。通常而言，正当程序相较不正当程序，更容易有序地产生实体正义的结果。虽然程序正义并不必然导致实体正义，但程序正义最低限度能够保证裁判结果的权威性和可预测性。一方面，程序自身可能存在一些无法克服的缺陷，虽然随着立法技术的发展，这些缺陷在不断地弥补和减少，但终究无法及时弥补或完全克服；另一方面，虽然程序在设计之初是为了保护无辜的人免受不正当的追究，但因程序平等地适用于每一个人，所以也有可能使真正的犯罪人暂时逃避刑法的制裁。正因程序正义追求的是法律真实并非绝对的客观真实，所以在个案中对程序正义的追求有时是以放弃部分实体正义为代价的。例如，我国刑事诉讼法相关规定明确不得刑讯逼供、不得自证其罪、不得虐待被监禁人。这些规定一方面在保障犯罪嫌疑人人权方面起到至关重要的作用，避免了冤假错案的发生；另一方面却给公安机关调查取证和检察机关审查起诉增加了难度，部分疑难案件取证困难，致使一些犯罪嫌疑人暂时逃脱法律的制裁。

因此，便有论者提出：当实体正义与程序正义发生冲突时，是否可为追求实体正义而放弃程序正义呢？对这一争议问题的回应中，何家弘教授于20世纪末提出的观点便非常直观且极具说服力，也为笔者所赞同。他认为人们在比较“错放”与“错判”时，犯了一个计算错误。实际上，个案中的“错放”只是一个错误，而“错判”可能是两个错误。“错放”可能放纵了一个罪犯，而“错判”不但放纵了一个真正的罪犯，还错误地处罚了一个无辜者。① 可见，“错抓”“错判”的危害性大大超过了“错放”的危害性。因此，如果严格遵循程序规定，落实程序正义，在个案中因证据不足而没有使真正犯罪人受到惩罚，这种做法的缺陷是存在放纵部分犯罪分子的可能性；但如果片面追求实体正义而忽视程序正义，宁错抓不漏抓，宁多判不漏判，一旦把无辜者当作罪犯进行制裁，就必然会造成两个错误，既使真正的犯罪人逍遥法外，又使无辜者受到不应有的刑罚制裁。如果在侦查阶段缺乏证据而将犯罪嫌疑人释放，侦查机关还有机会继续调查取证，一旦发现新证据，仍然可以追究其刑事责任；但如果在证据不足的情况下，错误地追究了无辜者的刑事责任，就必然会使无辜者蒙冤受罚。一旦发现错误，无辜者受罚的现实后果不可扭转，且真正的犯罪分子逍遥法外，公众必然因此产生强烈的不安感，进而质疑司法机关，致使法律的权威受到极大挑战。

**延伸阅读推荐**

（1）陈瑞华：《论程序正义的自主性价值——程序正义对裁判结果的塑造作用》，载《江淮论坛》2022 年第 1 期，第 5－18 页。

（2）郑曦：《刑事诉讼中程序惯性的反思与规制》，载《中国法学》2021 年第 3 期，第 248－264 页。

（3）陈学权：《论刑事诉讼中实体公正与程序公正的并重》，载《法学评论》2013 年第 4 期，第 105－114 页。

## 问题6：为什么中国刑事诉讼要特别强调“以审判为中心”的诉讼理念？

长期以来，“分工负责、互相配合、互相制约”一直是我国公、检、法三机关履行职

① 参见何家弘：《司法公正论》，载《中国法学》1999 年第 2 期。

权的基本原则。但在司法实践中，实际办案效果往往是配合有余而制约不足，公、检、法三机关“重配合，轻制约”的情况屡见不鲜，特别重视侦查活动。司法实践中的三个诉讼阶段甚至可以比喻成“工厂车间的三道工序”：公安、检察和审判机关在各自的环节中按照先后顺序分别进行流水作业式的操作，通过先后接力、互相配合和相互补充的活动，共同致力于实现刑事诉讼法的任务。① 在这种各管一段、程序自控的线性模式当中，审判活动处于最后一步，且长期以来囿于审判权的弱势地位，审判活动严重依赖侦查结论，形成了以侦查为中心的诉讼形态。

我国曾在1996年《刑事诉讼法》修改时试图纠正这一倾向。1996年《刑事诉讼法》的修订改变了1979年《刑事诉讼法》要求检察机关起诉时移送案卷材料的规定，明确检察机关移送起诉时只需要移送主要证据材料复印件。但在司法实践中，不移送案卷材料规定的实践效果并不佳。因为法官在庭前对大部分案卷材料并不熟悉，尤其面对疑难复杂的案件，更无法充分了解案件主要争议的焦点，难以在有限的庭审时间内作出裁判。于是，2012年《刑事诉讼法》修订时，又恢复了检察机关起诉时向法院移送案卷材料的制度。基于这一制度设计，在法庭调查过程中，法官主要通过宣读案卷材料的方式主导控辩双方证据质证。这也就意味着侦查阶段形成的笔录、卷宗直接影响甚至决定着后续审查起诉和审判活动的走向，起诉和审判容易沦为对笔录、卷宗在形式上的确认活动，法官对于案件事实、证据和被告刑责的认定往往脱离于实质庭审、控辩双方质证辩论，这极易导致审判活动的虚置化与形式化。

当庭审失去实质化审理的效用并有向单一仪式性、宣告性活动发展的趋势时，庭审活动就失去了其实质的定分止争效用和对前期侦诉活动的审查监督意义，进而催生更为严重的问题。从程序运行的角度分析，这极易对司法公正和人权保障产生严重威胁。既因为其天然地倾向于将刑事案件的裁判过程单纯地等同于国家公权力的行使过程，排斥犯罪嫌疑人、被告人的意见表达；又因为法院的最终判决是以侦查机关的初步结论为当然基础，侦查中心主义的诉讼形态直接影响法院裁判。为获取口供等证据，犯罪嫌疑人、被告人的合法权益很可能得不到有效保障；同时阅卷使得法官对于案件有“先入为主”的判断，而且庭审调查基本上也是围绕着核实笔录进行，因而很难在审判阶段发现或是纠正在侦查阶段存在的问题，难以守住公平正义的最后一道防线。② 也正因如此，学界纷纷呼吁进行庭审实质化改革，对“以侦查为中心”“卷宗中心主义”进行纠偏。

基于上述司法实践中的种种隐患，为了充分发挥审判活动应有的制约与决定作用，党的十八届四中全会通过的《中共中央关于全面推进依法治国若干重大问题的决定》提出要进行“审判中心主义”改革，强调审判在刑事司法活动中的中心地位。因此，推进审判中心主义改革的关键，在于解决长期以来我国刑事诉讼中存在的“侦查中心主义”“卷宗中心主义”“审判形式化”的问题。“以审判为中心”是一个诉讼关系命题，所要调整的是刑事司法活动中侦查、起诉、审判三种基本职能之间的关系，即侦查、起诉活动

① 参见陈瑞华：《从“流水作业”走向“以裁判为中心”——对中国刑事司法改革的一种思考》，载《法学》2000年第3期。

② 参见王志远：《以审判为中心的诉讼模式核心要义：评价中心主义》，载《法律科学（西北政法大学学报）》2020年第4期。

应当面向审判活动、服从审判活动的要求，同时发挥审判在认定事实、适用法律上的决定性作用。[①]

**延伸阅读推荐**

(1) 陈卫东：《直接言词原则：以审判为中心的逻辑展开与实现路径》，载《法学论坛》2022 年第 6 期，第 76－89 页。

(2) 魏晓娜：《以审判为中心改革的技术主义进路：镜鉴与期待》，载《法商研究》2022 年第 4 期，第 32－47 页。

(3) 顾永忠：《一场未完成的讨论：关于“以审判为中心”的几个问题》，载《法治研究》2020 年第 1 期，第 109－117 页。

## 第二节　基本范畴

### 问题 1：刑事诉讼的基本要素有哪些？

刑事诉讼的基本构成要素为诉讼主体、诉讼客体、诉讼行为和诉讼条件。从刑事诉讼运行程序可看出，刑事诉讼主要涉及司法机关之间、司法机关同诉讼参与人之间以及诉讼参与人之间的关系。因此，我国的刑事诉讼主体包括审判机关、检察机关、侦查（监察）机关、自诉人、犯罪嫌疑人、被告人。刑事诉讼客体，则是指刑事诉讼法律关系主体权利义务所指向的对象和作用的目标，即犯罪嫌疑人和被告人的刑事责任。刑事诉讼行为是指在诉讼法上能够引起法律效果的行为。刑事诉讼行为是推动刑事诉讼法律程序有效运转的重要动力，是连接诉讼主体和客体的关键。离开刑事诉讼行为，主体的权力（利）无法行使，客体的责任也无法落实，刑事诉讼法就只能是一部纸面上的立法。诉讼条件，又称为诉讼要件，是指诉讼程序有效成立并持续下去的条件。它包括公诉权行使的条件、应诉权行使的条件以及裁判权行使的条件。[②] 也有学者称之为“使整个诉讼能够合法进行并为实体判决所需具备之前提要件”[③]。诉讼条件是否具备，对刑事诉讼的进行有重大影响。诉讼条件在学说上有广义和狭义两种理解。广义的诉讼条件是指检察机关或者法院对于刑事案件进行追诉与审判所必须具备的条件，包括刑事程序启动要件、侦查要件、起诉要件和审判要件。[④] 狭义的诉讼条件仅指起诉条件。[⑤] 对此，笔者认为应采纳广义说。只有在全流程诉讼条件都满足的情况下，法院才可作出有罪或无罪的实体判决；否则，欠缺部分诉讼条件的，法院只能作出形式裁定。

**延伸阅读推荐**

(1) 陈瑞华：《论刑事之诉的类型和效力》，载《法学论坛》2020 年第 4 期，第 45－58 页。

---

① 参见龙宗智：《“以审判为中心”的改革及其限度》，载《中外法学》2015 年第 4 期。

② 参见［日］田口守一：《刑事诉讼法》（第 7 版），张凌、于秀峰译，法律出版社 2019 年版，第 238 页。

③ 林钰雄：《刑事诉讼法》（上册），新学林出版股份有限公司 2020 年版，第 253 页。

④ 参见林山田：《刑事诉讼法》，兴丰印刷厂有限公司 1990 年版，第 148 页。

⑤ 参见黄东熊：《刑事诉讼法论》，三民书局 1999 年增订版，第 296 页。

（2）施鹏鹏：《刑事诉讼中的诉讼行为理论研究》，载《比较法研究》2019 年第 4 期，第 16－28 页。

## 问题 2：刑事诉讼的主体是什么？刑事诉讼主体理论是如何发展变迁的？

刑事诉讼主体理论发端于 18、19 世纪欧洲大陆的政体改革与司法改革。在此之前，欧洲大陆国家采用的是纠问式的诉讼模式，司法与行政不分，控诉与审判不分，司法官员是唯一的诉讼主体。刑事案件被告人在诉讼中只是被拷问和追责的对象，不仅不享有基本的辩护权，还承担着自证其罪的义务，因而被告人实际上是被视为刑事诉讼客体。不仅于此，被害人也不是被保护的对象，不具备现代意义上诉讼当事人的地位和权利，甚至可能成为被拷问的对象。经过政体改革和司法改革，欧洲大陆的刑事诉讼实现了司法与行政分离、控诉职能与审判职能分离。同时，被告人不再承担自证其罪的义务并获得了基本的辩护权。一系列诉讼原则得以确立，包括不告不理、审判公开、一事不再理等。被告人的诉讼地位发生了显著变化，逐渐由诉讼客体转变为诉讼主体。这在刑事诉讼中表现为，被告人可以与控诉方进行辩论与对抗，并对裁判结果产生一定的影响。

伴随着纠问式诉讼模式的终结和 19 世纪启蒙思想的影响，被告人的诉讼主体地位逐渐得到确立。德国哲学家康德曾指出，任何人都没有权力利用他人作为实现自己主观意图的工具，每个个人永远应当被视为目的本身。[①] 人永远只能是目的，而不能是手段。就刑事诉讼而言，即使犯罪嫌疑人、被告人触犯刑法涉嫌犯罪，其仍是以人的身份来参加诉讼的，应当被视作诉讼主体而非诉讼客体。可以说，刑事被告人诉讼主体地位的确立，正是刑事诉讼主体理论产生的一项重要标志。

受苏联刑事诉讼主体理论的影响，新中国成立后，曾有学者主张仿照苏联体制，将所有参与刑事诉讼的国家机关和诉讼参与人都视为刑事诉讼主体。20 世纪 70 年代末和 80 年代初，相当多学者仍基于“刑事诉讼是一种行政性治罪活动”的认识，认为被告人、被害人、辩护人等并不具有与国家专门机关进行平等对话、理性交涉的能力和资格，当然也就不具有刑事诉讼主体这一身份。[②] 对于苏联的刑事诉讼主体理论，当时的学术界主要有两种看法。一种观点是基本认可，即将刑事诉讼主体等同于刑事诉讼法律关系主体；另一种观点是将刑事诉讼主体与刑事诉讼法律关系主体区分开来。代表性的观点有以下几种：（1）根据刑事诉讼参与者在诉讼中所处的地位和所起的作用来界定刑事诉讼主体。因此，凡具有独立的诉讼地位，并对刑事诉讼的产生、发展和结局有决定性作用的机关和个人，就是刑事诉讼主体。因而，刑事诉讼主体包括公安机关、人民检察院、人民法院、被告人、自诉人、附带民事诉讼原告人和被告人。[③]（2）凡是在刑事诉讼中承担控诉、辩护、审判、监督职能的机关和个人都是刑事诉讼主体。据此，刑事诉讼主体包括执行控诉职能的公诉机关及协助的侦查机关、自诉案件中的自诉人、执行辩护职能的被告人及其法定代理人、执行审判职能的法院以及执行监督职能的专门机关。[④]（3）划

① 参见［美］E. 博登海默：《法理学：法律哲学与法律方法》，邓正来译，中国政法大学出版社 2017 年版，第 82 页。
② 参见陈瑞华：《刑事诉讼的前沿问题》（第 5 版），中国人民大学出版社 2016 年版，第 70－72 页。
③ 参见胡锡庆：《略论我国刑事诉讼的主体》，载《法学研究》1986 年第 1 期。
④ 参见吴杰、宋英辉、洪道德：《刑事诉讼主体论》，载《中外法学》1991 年第 4 期。

定诉讼主体范围的界限，存在两个标准：第一，必须符合诉讼主体理论产生和存在的目的；第二，必须符合“诉讼主体”自身的含义。据此观点，我国刑事诉讼主体的范围包括审判机关、检察机关、侦查机关、自诉人、被害人、犯罪嫌疑人、被告人。①

当前，我国主流观点对于刑事诉讼主体范围的确定考虑到了两方面的问题：一是刑事诉讼主体应体现刑事诉讼基本构造的要求，符合“诉讼性”的基本诉讼理念；二是刑事诉讼主体应具备独立自主的意志，有权自主地参与并决定与自身权益有关的事项，并且不能依附于其他主体。因此，我国的刑事诉讼主体应包括：审判机关、检察机关、侦查（调查）机关、自诉人、犯罪嫌疑人、被告人、被害人等。

但在理解被害人的诉讼主体地位时应注意：虽然被害人在刑事诉讼中属于控诉一方并且往往同控诉机关一起执行控诉职能，但是在公诉案件中被害人带有一定的依附性，如何追诉犯罪的决定权掌握在公诉机关手中，被害人无法自主决定诉讼策略和诉讼主张，其主体性受到了一定的限制。在自诉案件中，被害人则可以以自诉人的身份提起诉讼并成为完整意义上的诉讼主体。

此外，对于证人、鉴定人、翻译人员和法定代理人、诉讼代理人，前者无法凭自己的意志参加到诉讼中并且与诉讼结果无直接利害关系，后者的诉讼地位的取得则是以被代理人的存在和授权为前提，因而他们不能成为刑事诉讼主体。至于辩护人，其诉讼地位则较为特别。根据刑事诉讼法的规定，辩护人享有广泛的诉讼权利，可以独立地开展辩护工作，但从根本上说，辩护人在诉讼中没有自身的利益，其辩护工作的指向仍然是为了维护被告人的合法权益，因而辩护人也不宜作为刑事诉讼主体。

**延伸阅读推荐**

左卫民：《刑事诉讼中的“人”：一种主体性研究》，载《中国法学》2021年第5期，第86-101页。

## 问题3：刑事诉讼的客体是什么？刑事诉讼客体理论是如何发展变迁的？

客体与主体是相对应的概念，客体是主体的认识对象。刑事诉讼客体理论盛行于大陆法系国家，是德国、日本，以及我国台湾地区刑事诉讼法学中的重要概念。经考证，早在民国时期，我国就有学者对诉讼客体理论加以研究，其中较为成熟的观点是由蔡枢衡先生提出的。他认为刑事诉讼客体是国家对于特定被告有无刑事处分权及其范围，每一案件都有一个特定的事实，此特定的事实所包含之实体法律关系，即为审判之客体。同时，蔡枢衡先生还提出了“客体单一不可分”的理论，即“一个客体不得分为两个以上之单位”②。

我国台湾地区刑事诉讼客体理论的研究是以民国时期的研究为基础发展起来的。当前台湾地区刑事诉讼客体理论的通说认为：刑事诉讼的客体是指刑事案件，即所要查明的实体法事实和对该事实的法律评价，以及在诉讼过程中应当解决的程序法问题。蔡墩铭教授认为，在判决确定之前，并无法律事实之犯罪存在，从而刑事案件之内容为犯罪

① 参见宋英辉等：《刑事诉讼原理》（第3版），北京大学出版社2014年版，第126-127页。

② 陈瑞华：《论刑事之诉的类型和效力》，载《法学论坛》2020年第4期。

嫌疑，而非真正犯罪，所以刑事案件分为“侦查案件”和“起诉案件”两类。[①] 基于此，刑事诉讼的客体为刑事案件，是认定过程之刑事实体关系，借以确定犯罪之成立及应科处之刑罚。[②] 同时，也有学者主张，作为刑事诉讼客体的案件应由两个要素构成，即被告人和犯罪事实。值得一提的是，刑事诉讼客体理论内含两大基本原理，即案件单一性和案件同一性。案件单一性从刑事实体关系出发，主张同一刑事案件是不可分的，强调被告的单一和案件的单一。案件同一性则从诉讼程序的角度出发，强调案件在诉讼中应自始至终保持前后同一，不可变更。[③]

虽然存在表述上的差异，但台湾地区学者对刑事诉讼客体的观点整体上较为统一。大陆学者对于这一问题却持有不同的看法。上述刑事诉讼客体为刑事案件的观点，被称为刑事诉讼客体的“广义说”。“中义说”认为刑事诉讼客体为刑事诉讼中所要查明的案件事实及通过刑事诉讼所要确定的犯罪嫌疑人、被告人的刑事责任，程序法事实则不属于刑事诉讼的客体（如回避问题）。“狭义说”则认为刑事诉讼客体为犯罪事实或刑事责任。[④] 基于上述讨论，笔者认为“广义说”“中义说”“狭义说”都有其模糊或缺陷之处。因为案件范围会随着诉讼的发展变化而进行相应调整，所以将“案件”作为刑事诉讼客体是不妥当的。以“案件”作为诉讼客体，在范围界定上会经常变动且往往宽严失当，令人无从把握，并且传统的“一人一事”的界定标准也会动摇。诉讼的目的是查清被追诉人是否有刑责及认定刑责大小，事实认定的终结并不意味着诉讼的结束，诉讼还要继续进行至被告人的刑事责任完全确定为止。因此，笔者认为刑事诉讼客体是被追诉人的刑事责任。

尽管将刑事案件当作诉讼客体的观点逻辑不周延，但是将案件单一性和案件同一性作为诉讼客体的理论基础是可行的。案件单一性表现为被告的单一和犯罪事实的单一。当出现共同犯罪或存在数个独立犯罪事实的情况，都应视为数个案件。案件单一性的功能在于单一案件确定单一刑事责任，亦即“一案一责”[⑤]。只有这样，共同犯罪中基于不同被告人分别作出各自刑事责任的判决才能得到合理解释。同理，对于一人犯数罪的案件，法院会基于各个不同罪行作出判断，最后再进行数罪并罚从而确定被告人的刑事责任，这也是对“一案一责”原则的贯彻。否认上述逻辑，数罪并罚便失去了理论基础。

案件同一性则涉及判决与起诉之间的关系。一方面，法院的判决应当受到检察官起诉犯罪事实范围的限制，但对于其所引用的法律条文可以适当变更；另一方面，同一案件法院已作出判决后，检察官不得就该案件重新起诉。[⑥] 案件同一性的功能在于，同一案件只能作出一次刑事处罚，亦即“一案一罚”。这与“一事不二诉”和“一事不二判”的原则是不谋而合的。一事不二诉，指针对同一诉讼客体，不得提起两次诉讼；一事不二

① 参见蔡墩铭：《犯罪嫌疑之研究》，载《台大法学论丛》第21卷第2期（1992年）。

② 参见蔡墩铭：《论两岸刑事司法互助》，载《法令月刊》1991年第11期。

③ 参见王兆鹏：《一事不再理》，元照出版有限公司2008年版，第155-156页。

④ 参见张小玲：《我国刑事诉讼客体再探究》，载《政法论坛》2010年第1期。

⑤ 刘仁琦：《共同犯罪案件认罪认罚从宽制度的适用问题研究——以诉讼客体单一性原理解析》，载《西南民族大学学报（人文社科版）》2020年第5期。

⑥ 参见刘仁琦：《我国法院变更罪名研究——以公诉事实同一性理论为基础的实体条件设定》，载《当代法学》2010年第6期。

判，指同一客体已经有实体上的判决，在该判决被合法撤销前，不得再由同级或下级法院作出实体法上的裁判。

“一案一责”“一案一罚”分别从实体法与程序法的角度界定被告人的刑事责任问题，因而构成了刑事诉讼客体理论的基础。综上所述，刑事诉讼客体是指刑事诉讼主体所共同关注的对象，其核心内容是犯罪嫌疑人和被告人的刑事责任问题。

**延伸阅读推荐**

(1) 黄东熊、吴景芳：《刑事诉讼法论》，三民书局2022年版。

(2) 林钰雄：《刑事诉讼法》(上册)，新学林出版股份有限公司2020年版。

(3) 郭烁：《论刑事既判力范围的确定》，载《法学评论》2023年第5期，第92-102页。

## 问题4：刑事诉讼模式的沿革历程？

刑事诉讼模式是由不同刑事庭审方式的本质特征所构成的相互区别的诉讼类型，可大致分为早期弹劾式、纠问式诉讼模式和近现代职权主义、当事人主义诉讼模式。

弹劾式诉讼模式主要在奴隶制和封建制早期的国家施行，例如古罗马共和国时期、法兰克王国前期和英国封建王朝时期。弹劾式诉讼由私人告诉，实行“不告不理”原则，且原告、被告的诉讼地位平等，法官消极裁判。可见，弹劾式诉讼模式已经具有了现代诉讼的基本结构。首先，它明确区分了控诉与审判职能，有利于防止法官集控诉和审判职权于一身，滥用职权。其次，原告和被告诉讼地位平等，双方在法庭上进行平等的对抗和辩论，有利于法官听取双方的意见，居中公正裁判。但是在弹劾式诉讼模式下，由于缺乏专门的国家侦查和追诉机关，必然影响对犯罪的有效追究和及时惩罚，法官在庭审中过于消极的态度也不利于准确查明案情。

纠问式诉讼模式在弹劾式诉讼模式之后出现，盛行于欧洲中世纪后期，也是封建社会的主要刑事诉讼模式。在纠问式诉讼模式下，司法机关主动追究犯罪，控诉与审判职能不分，实行有罪推定。此外，庭前案件调查活动是秘密进行的，审判一般也不会公开，刑讯逼供犯罪嫌疑人盛行且合法。纠问式诉讼是封建专制集权在司法中的表现，与弹劾式诉讼模式相比，诉讼的民主性显著倒退，但它确立了追究犯罪的职权应由国家机关承担的原则，用法定证据制度代替神明裁判制度，这些都是诉讼制度上的进步。

职权主义诉讼模式继承了纠问式诉讼模式的部分特征，主要为德国、法国等大陆法系国家所采用。与传统的纠问式诉讼有所不同，在职权主义诉讼中，开始出现了专门的追诉主体。早在12世纪，法国就出现了代表国家参加诉讼的代理人，这种代理人是现代检察制度的雏形。一般认为检察制度正式形成于17世纪，法国国王路易十四颁布法令要求各级法院设置检察官，检察官对刑事案件行使侦查起诉权，检察制度由此得以确立。职权主义诉讼模式强调国家的干预和国家司法机关的职权作用。在侦查阶段，侦查机关的侦查行为通常不公开且自由度高。在起诉阶段，检察官需将案卷材料、证据连同起诉状一并移送法院，以便法院在开庭审理前了解和熟悉案件的全部事实和证据，决定是否启动审理程序。在审判阶段，庭审以法官对案件的调查来推动，法官对查明案件事实负有责任并可采取必要措施主动收集证据，控辩职能弱化；双方有对抗性活动，但受到法官的限制和干预，不为法官所重视；追诉机关与犯罪嫌疑人、被告人地位不平等，庭前彻底审查、庭中积极调查，不仅使法官缺乏中立立场，而且使控辩双方的有限对抗失去实际意义。职权主义诉讼中控诉、辩护、审判职能分立，互相制约，以保障实现诉讼过程及结果的公正性。

当事人主义诉讼模式又称对抗制诉讼模式，主要为英美法系国家所采用。当事人主义诉讼由弹劾式诉讼发展而来，其主要特征是强调控辩双方当事人的平等地位，注重发挥当事人双方的诉讼积极性。在侦查阶段，控辩双方当事人作为平等对抗的诉讼主体均有独立调查和收集证据的权利。在起诉阶段，检察官向法院起诉时一般都只需移送一份起诉状和证据清单，而案件材料及证据不随案移送，奉行“起诉状一本主义”。在美国，检察官可以同辩护方通过辩诉交易处理刑事案件。在审判阶段，案件事实的发现委之于控辩双方的举证和辩论，在法庭调查中实行交叉询问制度；法官保持消极中立的地位，一般不依职权主动地调查、收集证据，庭审进程由控辩双方通过举证、质证、辩论来推动，法官处于主持者的地位而不是审问者的地位，其主要职责是评断控辩双方在举证、质证等活动中是否违反有关规则，并在此基础上进行裁判。

当事人主义诉讼模式和职权主义诉讼模式的关键区别在于控、辩、审三大诉讼主体发挥各自功能的方式不同。当事人主义诉讼模式是通过控辩双方作用与反作用来达到制约政府权力、揭示案件事实真相的目的。从实际功效来看，两者各有所长，各有所短。在诉讼的公正性方面，当事人主义诉讼模式优于职权主义诉讼模式；在诉讼效率方面，职权主义诉讼模式优于当事人主义诉讼模式。职权主义诉讼强调打击和控制犯罪，关注刑事诉讼的安全价值；而当事人主义诉讼则强调正当程序，着重刑事诉讼的自由价值。

**延伸阅读推荐**

（1）施鹏鹏：《论法官的职权调查原则——以职权主义刑事诉讼为背景的展开》，载《法学评论》2020 年第 2 期，第 79－89 页。

（2）卞建林：《刑事诉讼模式的演化与流变——以海峡两岸刑事司法改革为线索》，载《政法论坛》2019 年第 1 期，第 112－121 页。

## 问题 5：刑事诉讼的构造是什么？有哪些基本类型？

现代刑事诉讼构造理论发端于美国。20 世纪 60 年代，美国学者帕克提出了著名的“犯罪控制模式”与“正当程序模式”的诉讼构造理论。随后，戈德斯坦提出了“弹劾模式”与“纠问模式”，达马斯卡提出了“当事人对立模式”和“非当事人对立模式”。但明确界定诉讼构造概念的是日本学者井户田侃，他认为在刑事程序中，诉讼主体为了达到各自的诉讼目的，必须以基本的诉讼法律关系为基础进行诉讼，而这种基本的诉讼法律关系就是刑事诉讼构造。①

对于刑事诉讼构造是什么？日本学者田口守一教授认为，刑事诉讼法结构论所研究的问题，是指“为了实现刑事诉讼法的目的，刑事诉讼法整体上应当采用什么样的程序

① 参见李心鉴：《刑事诉讼构造论》，中国政法大学出版社 1998 年版，第 3 页。

结构"[①]。自刑事诉讼构造理论传入我国以来，学界对该基础理论的讨论研究便如火如荼，在概念称谓上也存在差别。陈光中教授早在20世纪80年代末就谈到了我国的"刑事诉讼形式"问题，并认为当时我国的刑事诉讼形式既不属于控告式和纠问式，也不属于混合式、分权式或民主集中式，有待进一步探讨。[②] 陈光中教授认为刑事诉讼形式（结构）是指"刑事诉讼法所确立的进行刑事诉讼的基本方式以及专门机关、诉讼参与人在刑事诉讼中形成的法律关系的基本格局，它集中体现为控诉、辩护、裁判三方在刑事诉讼中的地位及其相互之间的法律关系"[③]。20世纪90年代初，李心鉴博士在域外学者的研究基础之上，作出了刑事诉讼构造定义的诠释，即"由一定的刑事诉讼目的决定的，并由主要诉讼程序和证据规则中的诉讼基本方式所体现的控诉、辩护、裁判三方的法律地位和相互关系"[④]。陈卫东教授也在20世纪末对诉讼构造的相关问题进行了讨论，他认为刑事诉讼构造是指"以一系列诉讼方式所体现的控诉、辩护、裁判三方的法律关系及其矛盾与调和"[⑤]。龙宗智教授则认为刑事诉讼结构法即刑事诉讼程序法，结构决定功能，诉讼结构是整个刑事诉讼活动的基础，它决定刑事诉讼的特质、特征与类型，蕴含了刑事诉讼的基本原则和主要程序制度。[⑥] 从各位学者的观点可以总结出刑事诉讼构造的共性内涵和效用，即受一定诉讼目的决定并制约该目的，在刑事诉讼中所形成的控诉、辩护、裁判三方刑事诉讼主体的法律地位和相互关系。当前刑事诉讼构造的基本类型主要有三，即职权主义诉讼构造、当事人主义诉讼构造和混合式诉讼构造。

职权主义诉讼构造主要由大陆法系国家所采纳，优点在于可以高效率地惩罚犯罪。在侦查阶段，犯罪嫌疑人不享有与国家侦查机关相平等的诉讼地位，负有容忍侦查机关讯问的义务，因此很难与侦查机关平等对抗。在起诉阶段，主要实行起诉法定主义，即检察机关在证据充分时就必须提起公诉。起诉时，检察机关将全部案卷材料和相关证据一并移交法院审查，裁量不起诉的比例较低且一般禁止辩诉交易之类的情况。在审判阶段，法官主导整个审判程序，且法官在开庭前就可以审阅全部的案卷及证据材料。必要时，法院有权直接收集证据以查明案情。但这类做法存有隐忧，即法官往往在庭前就在内心形成了预断，从而极易导致审判流于形式。此外，以德国为例，当前检察院的权力在不断增加，制裁向"侦查阶段"转移，检察官成为"法官之前的法官"。受当代犯罪与犯罪趋势变化的影响，刑事诉讼的重心也在向侦查阶段转移。[⑦]

当事人主义诉讼构造主要被英美法系国家所采纳，侧重于对犯罪嫌疑人、被告人的人权保障，诉讼规则复杂，同时诉讼效率低下。在侦查阶段，犯罪嫌疑人与侦查机关是平等的诉讼主体，双方都有权收集证据，犯罪嫌疑人在讯问中享有沉默权。在起诉阶段，实行起诉便宜主义，在满足一定条件的情况下，检察机关可以作出不起诉的决定。同时，控辩双方可以进行辩诉交易。在审判阶段，庭审的过程主要是由控辩双方控制，法官则

---

① ［日］田口守一：《刑事诉讼法》（第7版），张凌、于秀峰译，法律出版社2019年版，第32页。

② 参见陈光中：《中国刑事诉讼法学四十年》（下），载《政法论坛》1989年第5期。

③ 陈光中、徐静村主编：《刑事诉讼法学》（第5版），中国政法大学出版社2015年版，第37页。

④ 李心鉴：《刑事诉讼构造论》，中国政法大学出版社1998年版，第7页。

⑤ 陈卫东、刘计划、周军：《21世纪中国刑事诉讼法学前瞻》，载《中国人民大学学报》2000年第1期。

⑥ 参见龙宗智：《刑事诉讼的两重结构辨析》，载《现代法学》1991年第3期。

⑦ 参见［德］托马斯·魏根特：《德国刑事程序法原理》，江溯等译，中国法制出版社2021年版，第308页。

处于消极中立的地位。

混合式诉讼构造是在对当事人主义和职权主义吸收借鉴的基础上形成的，主要代表国家为日本。在侦查阶段，犯罪嫌疑人享有沉默权，可以委托辩护人进行辩护，有权就非法拘禁申请法官进行审查。犯罪嫌疑人及其辩护人享有一定的侦查权。在侦查程序中，警察进行初步侦查，检察官进行补充侦查，在必要时检察官也可以进行自行侦查。在起诉阶段，实行起诉书一本主义，法院因此就成了具有中立属性的第三者，而检察官成为当事人。被告人及其辩护人有权查阅控诉机关所掌握的证据材料。对于检察官的不起诉决定，专门的检察委员会可以自行或根据申请人的申请对其加以审查，从而防止检察官滥用职权。日本2004年司法制度改革时，创设了一般国民作为裁判员参与刑事司法的裁判员制度，承认检察审查会的起诉决议在一定程度上具有提起公诉的效力，此外完善了犯罪嫌疑人的国选辩护人制度。如何加强审判机关、侦查机关、公诉机关这些国家机关与众多程序参与者的互动协作，当前还在进一步地探索。① 在审判阶段，控辩双方掌控证据调查的进行，对于鉴定人和证人，控辩双方可以交叉询问。法院则主要负责确认或变更证据调查的范围、顺序或方法，在听取当事人双方意见后，法院可以依职权展开必要的调查。

透过我国刑事诉讼法的相关规定可看出，我国的刑事诉讼是一种复合型的构造。在侦查和起诉阶段，强调办案机关的职权作用，并不具备典型的控、辩、裁三方构造，往往由追诉机关同时兼任裁判方。侦查、起诉、审判之间是一种分工负责、互相配合、互相制约的关系，三阶段逐步推进，纵向构造上更拟合于一种线形结构。在这种诉讼构造中，办案机关之间的配合和制约，重在揭露和惩罚犯罪，追诉效率高，但相应地也容易导致权力滥用，漠视犯罪嫌疑人、被告人诉讼主体地位，侵犯其合法权利。

**延伸阅读推荐**

（1）冀祥德：《从控辩关系看我国刑事诉讼制度的演进发展》，载《中国刑事法杂志》2022年第1期，第139－157页。

（2）陈瑞华：《论刑事诉讼的全流程简化——从刑事诉讼纵向构造角度的分析》，载《华东政法大学学报》2017年第4期，第13－21页。

（3）陈卫东：《以审判为中心：当代中国刑事司法改革的基点》，载《法学家》2016年第4期，第1－15、175页。

## 问题6：刑事诉讼法学方法论是什么？

刑事诉讼法学方法论旨在从“法学方法论”的角度展开研究，即研究是从法教义学的视角还是从社科法学的视角研究刑事诉讼法学。两者除了在宏观层面有路径之争，在内部也分别存在着不同具体研究进路的选择。法教义学立足于法条文本，内部也推崇法解释、对策研究等。在刑事诉讼法学领域，为满足解释、修改、完善现行刑事诉讼相关法律文本和司法制度的需要，可以以域外某项和我国相似的刑事诉讼制度为范本，对其加以

① 参见［日］田口守一：《刑事诉讼主体论序说》，载《铃木茂嗣先生古稀祝贺论文集》（下卷），成文堂2007年版，第79页。

详细引介，并将其与我国当下的刑事司法改革相对照，以求发现两者之间的相似和相异之处，为我国刑事诉讼的制度改革提供借鉴。也可以以历史学的考察为主线，详细论证某一刑事司法制度产生的历史渊源及发展脉络，通过对其不同时期、不同地域的微观考察进行比较研究，遵循“以史为据”的研究进路；又或是以实证研究为方法，通过大数据调研，利用定性分析、定量分析、数据建模等统计学方法计算得出的结论，结合理论加以阐释。[①]

社科法学则多注重社会科学中多学科复合的研究进路，将研究重点归结为对同类事实、同种情况中因果关系的阐发与归纳，主张“跳出法律”“从法律之外看法律”，倡导运用社会科学的方法分析研究法律问题，将关注点从“文本中的法律”转至“实践中的法律”。其在发展过程中形成了以下几方面的基本共识：“以实用主义的态度重视法条，注重从后果出发而不是从法条出发，并在逻辑关系方面注重因果关系或因果律的研究，且在具体的个案研究上，强调‘以小见大’以及必要的‘语境论’。”[②] 利用社科法学的方法研究刑事诉讼法学，侧重于我国刑事法治具体文化和社会因素的研究，将法律制度同法治实践相联结，注重立足于本土法治资源以挖掘文本背后的法律现象及其相互关系，并强调个体化及差异化的研究进路。在具体进路中，其强调对现有经验事实在方法论上的概念化或模式化，并在遵循研究结论客观性的基本立场上，将研究重点归结为对同类事实、同种情况中因果关系的阐发与归纳，进而最终完成对其在研究伊始所提出的某一问题的解构任务。当前，已有少数学者结合自身的研究方法转型，以及我国法学研究格局的整体发展，适时地在本学科内部提出了社科法学的研究思路，即主张将基本定型的社科法学概念引入对刑事诉讼程序及其具体制度的分析评价中，强调我国刑事诉讼程序运行的特有制度背景，而不是仅从法条或理论出发，将大陆或英美刑事诉讼程序作为制度借鉴的范本或模型。[③]

**延伸阅读推荐**

（1）樊崇义：《刑事诉讼法学方法论》，中国人民公安大学出版社 2020 年版。

（2）雷小政：《刑事诉讼法学方法论·导论》，北京大学出版社 2009 年版。

## 本章课后演练

### （一）不定项选择题

1. 关于“宪法是静态的刑事诉讼法，刑事诉讼法是动态的宪法”，下列哪些选项是正确的？（　　）

A. 有关刑事诉讼的程序性条款，构成各国宪法中关于人权保障条款的核心

B. 刑事诉讼法关于强制措施的适用权限、条件、程序与辩护等规定，都直接体现了宪法关于公民人身、住宅、财产不受非法逮捕、搜查、扣押以及被告人有权获得

① 参见琚明亮、孟凡骞：《刑事诉讼法学方法论再反思——以刑事诉讼构造论为中心》，载《学术探索》2021 年第 10 期。

② 侯猛：《社科法学的传统与挑战》，载《法商研究》2014 年第 5 期。

③ 参见陈瑞华：《刑事诉讼的中国模式》（第 3 版），法律出版社 2018 年版，第 20－28 页。

辩护等规定的精神

C. 刑事诉讼法规范和限制了国家权力，保障了公民享有宪法规定的基本人权和自由

D. 宪法关于人权保障的条款，都要通过刑事诉讼法保证刑法的实施来实现

2. 关于《刑事诉讼法》“尊重和保障人权，保护公民的人身权利、财产权利、民主权利和其他权利”的规定，下列哪一选项是正确的？（　　）

A. 体现了以人为本、保障和维护公民基本权利和自由的理念

B. 体现了犯罪嫌疑人、被告人权利至上的理念

C. 体现了实体公正与程序公正并重的理念

D. 体现了公正优先、兼顾效率的理念

3. 社会主义法治公平正义的实现，应当高度重视程序的约束作用，避免法治活动的任意性和随意化。据此，下列哪一说法是正确的？（　　）

A. 程序公正是实体公正的保障，只要程序公正就能实现实体公正

B. 刑事程序的公开与透明有助于发挥程序的约束作用

C. 为实现程序的约束作用，违反法定程序收集的证据均应予以排除

D. 对复杂程度不同的案件进行程序上的繁简分流会限制程序的约束作用

4. 在刑事司法实践中坚持不偏不倚、不枉不纵、秉公执法原则，反映了我国刑事诉讼“惩罚犯罪与保障人权并重”的理论观点。如果有观点认为“司法机关注重发现案件真相的立足点是防止无辜者被错误定罪”，该观点属于下列哪一种学说？（　　）

A. 正当程序主义

B. 形式真实发现主义

C. 积极实体真实主义

D. 消极实体真实主义

5. 关于刑事诉讼价值的理解，下列哪一选项是错误的？（　　）

A. 公正在刑事诉讼价值中居于核心的地位

B. 通过刑事程序规范国家刑事司法权的行使，是秩序价值的重要内容

C. 效益价值属于刑事诉讼法的工具价值，而不属于刑事诉讼法的独立价值

D. 适用强制措施遵循比例原则是公正价值的应有之义

6. 下列哪些人是承担控诉职能的诉讼参与人？（　　）

A. 公诉人

B. 自诉人

C. 被害人

D. 控方证人

7. 关于刑事诉讼构造，下列哪一选项是正确的？（　　）

A. 刑事诉讼价值观决定了刑事诉讼构造

B. 混合式诉讼构造是当事人主义吸收职权主义的因素形成的

C. 职权主义诉讼构造适用于实体真实的诉讼目的

D. 当事人主义诉讼构造与控制犯罪是矛盾的

8. 效率是刑事诉讼的基本理念之一，下列表述体现效率的有（　　）。

A. 对于未成年人，适用附条件不起诉

B. 对于交通肇事的行为，适用不逮捕而直接起诉

C. 对于一起涉黑案件，为了保证证人安全，法庭在庭前核实了证人身份，在庭审中说明了这一情况

D. 第一审宣判前，法庭发现案件量刑部分争议太大，在宣判之前重新开庭就量刑部分组织辩论

9. 控诉、辩护和审判是刑事诉讼活动的三大诉讼职能，下列选项中关于诉讼职能的表述，正确的是？（　　）

A. 被害人在公诉和自诉案件中都承担着控诉的职能

B. 检察院适用非法证据排除规则排除了侦查机关通过刑讯逼供方式获取的证据属于控诉职能的表现

C. 证人出庭作证陈述了对被告人有利的证言属于行使辩护职能

D. 检察院提出对被告人有利的量刑证据属于行使控诉职能

10. 关于我国刑事诉讼构造，下列哪一选项是正确的？（　　）

A. 自诉案件审理程序适用当事人主义诉讼构造

B. 被告人认罪案件审理程序中不存在控辩对抗

C. 侦查程序已形成控辩审三方构造

D. 审查起诉程序中只存在控辩关系

**（二）判断分析题**

1. 最高人民法院发布的指导性判例属于刑事诉讼法的渊源。

2. “保障人权”是指保障犯罪嫌疑人、被告人的人权。

3. 刑事诉讼效率越高越有利于实现公正。

4. 检察院提出有利于犯罪嫌疑人、被告人的证据是辩护职能的体现。

5. 控方证人承担控诉职能，辩方证人承担辩护职能。

**（三）简答题**

1. 刑事诉讼法的法律渊源是什么？

2. 惩罚犯罪和保障人权的要求是什么？

3. 实体公正和程序公正的要求是什么？

4. 刑事诉讼效率与公正的关系是什么？

**（四）论述题**

1. 如何理解程序的约束作用？

2. 如何理解刑事诉讼的目的？

**（五）法条分析题**

《刑事诉讼法》第2条规定：“中华人民共和国刑事诉讼法的任务，是保证准确、及时地查明犯罪事实，正确应用法律，惩罚犯罪分子，保障无罪的人不受刑事追究，教育公民自觉遵守法律，积极同犯罪行为作斗争，维护社会主义法制，尊重和保障人权，保护公民的人身权利、财产权利、民主权利和其他权利，保障社会主义建设事业的顺利进行。”

**（六）案例分析题**

刘某因涉嫌故意伤害罪，被检察院依法提起公诉。由于刘某认罪认罚，法院在一审

过程中就采纳了检察院的量刑建议，对刘某从轻判处1年有期徒刑。但一审结束后刘某提起了上诉，第二审法院在审理过程中发现一审法院的法官应当回避而没有回避，有违程序公正，遂裁定撤销原判、发回重审。

请问：一审程序和二审程序体现了刑事诉讼程序的什么价值？发回重审后，法院发现了刘某还实施了诈骗的新证据，法院可否一并判决刘某犯故意伤害罪和诈骗罪？

# 参考答案

## （一）不定项选择题

1. ABC　2. A　3. B　4. D　5. C　6. BC　7. C　8. ABC　9. AD　10. D

## （二）判断分析题

1. 题略。

错误。最高人民法院发布的指导性判例不符合七种法律渊源的表现形式，其只是指导全国法院系统进行审判活动的参考案例，不属于刑事诉讼法的渊源。

2. 题略。

错误。"保障人权"不仅仅是保障犯罪嫌疑人、被告人的人权，也不是强调犯罪嫌疑人、被告人的权利至上，而是指应当保障全体公民和诉讼参与人的人权。只不过在这些应当保障的权利里，犯罪嫌疑人、被告人的人权最可能遭到侵犯，因此应当重点保障犯罪嫌疑人、被告人辩护权的实现。

3. 题略。

错误。在刑事诉讼中，效率应当基于公正，没有公正的效率是没有意义的。追求效率并非要抛弃公正，也不意味着限制程序的制约作用。程序的制约能力与程序本身设计的合理性有关，与效率没有直接联系。效率与公正应当并重，当效率与公正发生冲突时，公正优先、兼顾效率。

4. 题略。

错误。检察院不是辩护职能主体，即便提出对犯罪嫌疑人、被告人从轻、减轻甚至免除刑事处罚的证据，也是从追诉认定其有罪的角度出发，属于控诉职能。即使检察院审查起诉时认定犯罪嫌疑人无罪，也不属于履行辩护职能。如果检察院认为犯罪嫌疑人无罪，一般会在审查起诉后作出不起诉决定，而是否起诉、是否指控属于检察院对控诉职能的应用。

5. 题略。

错误。证人、见证人、鉴定人、翻译人等没有控诉或者辩护职能。

## （三）简答题

1. 题略。

刑事诉讼法的渊源是指刑事诉讼法律规范的存在形式。主要包括：（1）宪法。这是刑事诉讼法的重要渊源。（2）刑事诉讼法典。这是刑事诉讼法的主要渊源。（3）有关法律规定和立法解释。有关法律规定如《律师法》《刑法》《监狱法》《检察官法》等。立法解释如全国人民代表大会常务委员会关于《刑事诉讼法》某一条的解释。（4）有关法律解释和规定，例如《高法解释》《高检规则》。（5）行政法规和部门规章、规定，如《公安规定》。（6）地方性法规。需要经过地方人大或者其常委会通过，如《江苏省社区矫正工作条例》等。(7) 国际公约、条约。必须为我国批准或者加入，且保留条款除外。如联合国《打击跨国犯罪公约》、联合国《反腐败公约》。

2. 题略。

惩罚犯罪，要求通过刑事诉讼活动，在准确、及时查明案件事实真相的基础上，运用刑事实体法和刑事程序法对构成犯罪的被告人公正裁判，打击犯罪，并通过审判活动来威慑犯罪。保障人权，要求无辜的人不应受追究，有罪的人受到公正处罚，且犯罪嫌疑人、被告人的诉讼权利得到充分保障和行使。

3. 题略。

实体公正：第一，正确适用刑法，准确认定犯罪嫌疑人、被告人是否犯罪及其罪名；第二，对犯罪事实定罪量刑时，证据应当达到确实充分、排除合理怀疑的标准；第三，按照罪刑相适应原则，依法适度判定刑罚；第四，对于错误裁判的案件，及时启动审判监督程序予以救济。

程序公正：第一，严格遵守刑事诉讼法的规定；第二，严格保障诉讼当事人和其他诉讼参与人，特别是犯罪嫌疑人、被告人的诉讼权利；第三，严禁刑讯逼供和以其他非法手段取证；第四，司法机关依法独立行使职权；第五，保障诉讼程序的公开性和透明度，有助于发挥约束作用；第六，严格遵循法定期限办案、结案。

4. 题略。

刑事诉讼效率是指在刑事诉讼活动中所投入的司法资源（人、财、物等）与案件处理数量的比例，要求投入一定的司法资源处理尽可能多的案件。《刑事诉讼法》中关于简易程序、速裁程序、认罪认罚从宽制度等规定都体现了对诉讼效率的追求。效率意味着速度、快捷，追求效率时可能与公正的价值追求产生矛盾。但需要明确的是，效率必须以公正为基础，脱离公正而追求效率是没有意义的。追求效率并非一味地简化程序，也不意味着会限制程序的制约作用，更不是抛弃公正。程序的制约能力与程序本身设计的合理性有关，而与效率没有直接联系。在刑事诉讼中，应当坚持效率与公正并重，当效率与公正发生冲突时，公正优先、兼顾效率。

**（四）论述题**

1. 题略。

首先，程序规定自身的公开透明，有利于发挥程序的约束和规范作用；其次，程序的约束作用并非指刑事诉讼活动应当完美无缺，对于违反程序收集的证据均应排除，对于轻微违反程序收集的“瑕疵”证据，允许进行补正或者作出合理解释；最后，程序的约束作用贯穿于刑事诉讼法的各项程序规定，不会因为个案中适用简易程序或者速裁程序而减弱。程序的繁简分流可以提高效率，但简易程序或者速裁程序也有严格的适用条件，不会因效率而削弱程序的约束作用。

2. 题略。

刑事诉讼目的是指国家制定刑事诉讼法和进行刑事诉讼活动所期望达到的结果，可以区分为根本目的与直接目的，刑事诉讼根本目的的实现有赖于刑事诉讼直接目的的实现。

刑事诉讼的根本目的并非刑诉法所特有，国家制定的所有法律都具有一致的价值追求，即维护社会秩序。国家通过制定刑事诉讼法和实施刑事诉讼活动以维护稳定的社会秩序。刑事诉讼的直接目的表现为两方面：一方面，通过刑事诉讼活动，对构成犯罪的被告人适用刑法以惩罚犯罪，实现国家刑罚权；另一方面，在刑事诉讼活动中，保障人权，使诉讼参与人的合法诉讼权利不受侵犯，特别是要保障犯罪嫌疑人、被告人的诉讼权利。

### （五）法条分析题

题略。

分析该条文可知，刑事诉讼法的众多任务可以归纳为直接任务、重要任务和根本任务。刑事诉讼法的直接任务代表着刑事诉讼的直接目的，即惩罚犯罪分子，保障无罪的人不受刑事追究。刑事诉讼法的重要任务也是刑事诉讼的重要目的，即通过公开透明的程序规定，教育公民自觉遵守法律，积极同犯罪行为作斗争。刑事诉讼法的根本任务就是刑事诉讼的根本目的，即国家通过公正的刑事诉讼活动，维护社会主义法制，尊重和保障人权，保护公民的人身权利、财产权利、民主权利和其他权利。

### （六）案例分析题

题略。

一审程序：认罪认罚从宽制度是2018年《刑事诉讼法》新增的诉讼制度，代表着“程序”。对于被告人认罪认罚的，法院一般应当受制于检察院的量刑建议，在实体方面对被告人从轻量刑。可见，这属于“程序”制约“实体”，使得法院不能对被告人加重刑罚，体现了刑事诉讼程序的独立价值。

二审程序：回避制度属于“程序”，发回重审也属于“程序”，这是“程序—程序”的结构。刑事诉讼程序本身就是法治和正义的体现，无须依赖于实体而存在，因此“程序—程序”也体现了刑事诉讼程序的独立价值。

法院不可判决刘某犯诈骗罪。法院审判活动应当坚持被动、中立，奉行不告不理原则。根据控审分离的要求，法院发现新的事实，可能影响定罪量刑的，或者需要补查补证的，应当通知检察院，由其决定是否补充、变更、追加起诉或者补充侦查。检察院不同意或者在指定时间内未回复书面意见的，人民法院只能就起诉指控的事实，依法作出判决、裁定。

# 第二章 专门机关与诉讼参与人

## 本章知识图谱

- 专门机关与诉讼参与人
  - 专门机关
    - 专门机关的特点
      - 专门性
      - 职权性
      - 人民性
    - 专门机关的类型
      - 人民法院
        - 性质 — 人民法院是代表国家统一行使审判权的司法机关，并且是唯一有权确定被告人有罪和对被告人判处刑罚的机关
        - 组织架构
          - 最高人民法院 — 巡回法庭：分别在广东省深圳市、辽宁省沈阳市、江苏省南京市、河南省郑州市、重庆市、陕西省西安市设立有六个巡回法庭，作为最高人民法院派出的常设审判机构，审理或办理巡回区内应当由最高人民法院受理的法定情形案件
          - 地方各级人民法院
            - 高级人民法院
            - 中级人民法院
            - 基层人民法院 — 人民法庭：作为基层法院的组成部分，其判决和裁定就是基层人民法院的判决和裁定。可依法受理部分刑事自诉案件
          - 专门人民法院
            - 军事法院 — 分为中国人民解放军军事法院、战区级军事法院、基层军事法院三级
            - 铁路运输法院 — 分为中级和基层两级
            - 其他不受理刑事案件的专门法院 — 海事法院、知识产权法院、金融法院等
        - 上下级关系 — 监督与被监督关系：下级人民法院的审判工作要受上级人民法院监督，地方各级人民法院和专门人民法院的工作均受最高人民法院的监督。最高人民法院只能依法通过二审程序、死刑复核程序或审判监督程序等来履行监督职责。最高人民法院也可以通过发布司法解释、典型案例等方式规范、指导下级法院的审判工作
        - 职权 — 核心是审理和判决权，此外还享有决定采取部分强制措施权、庭外调查核实权、采取司法措施维持庭审秩序权、部分裁判的执行权、依审判监督程序提审或再审权等
        - 法官
          - 职业法官 — 人民法院的院长、副院长、审判委员会委员、庭长、副庭长和审判员，员额制管理和单独职务序列管理
          - 非职业法官 — 人民陪审员：人大常委会任命并随机抽选产生；不能担任审判长；参加审理时原则上享有同职业法官相同的权力，在七人制合议庭中对法律适用问题可以发表意见，但不参加表决

- 专门机关与诉讼参与人
  - 专门机关
    - 专门机关的类型
      - 人民检察院
        - 性质 — 国家的法律监督机关；司法机关
        - 组织架构
          - 最高人民检察院
          - 地方各级人民检察院
            - 省级人民检察院
            - 设区的市级人民检察院
            - 基层人民检察院
          - 专门人民检察院
            - 军事检察院
            - 铁路运输检察院
        - 上下级关系 — 领导与被领导关系：最高人民检察院领导地方各级人民检察院和专门人民检察院的工作，上级人民检察院领导下级人民检察院的工作；检察一体（上级人民检察院可依法统一调用辖区内的检察人员办理案件）
        - 内部 — 检察长领导制
          - 检察官在检察长领导下开展工作；重大办案事项，由检察长决定（或由其提交检委会讨论决定）；其他办案事项，检察长可自行决定，也可委托检察官决定
          - 以人民检察院名义制发的法律文书，由检察长签发；属于检察官职权范围内决定事项的，检察长可以授权检察官签发
          - 检察长不同意检察官处理意见的，可以要求检察官复核，也可以直接作出决定或提请检察委员会讨论决定；检察官执行检察长决定时，认为决定错误的，应当书面提出意见。检察长不改变原决定的，检察官应当执行
        - 职权 — 检察权。刑事诉讼中的职权分为六大类：自侦权；采取强制措施权；公诉权；启动特别程序权；诉讼监督权；司法救济权
        - 检察官 — 检察长、副检察长、检察委员会委员和检察员(检察官助理属于检察人员，但不属于检察官）；员额制管理和单独职务序列管理
      - 公安机关
        - 性质 — 在刑事诉讼中承担主要侦查职能的行政机关
        - 组织架构
          - 公安部
          - 地方各级公安机关 — 省、自治区公安厅；直辖市、市、县公安局(行署、自治州、盟公安处或公安局)。根据需要，可在市辖区设公安分局，可在城镇、街道等设公安派出所
          - 专门公安机关 — 铁路、交通、民航、森林等系统的公安机关以及海关走私犯罪侦查部门
        - 上下级关系 — 领导与被领导关系：公安部在国务院领导下，主管全国的公安工作，是全国公安工作的领导、指挥机关
        - 内部 — 行政首长负责制
        - 职权 — 立案侦查权，决定采取及执行强制措施权，撤销案件权，移送审查起诉权，部分刑罚的执行权等。刑事诉讼中的技术侦查只能由公安机关（国家安全机关）实施
      - 其他侦查机关 — 国家安全机关，军队保卫部门，中国海警局，监狱

- 专门机关与诉讼参与人
  - 诉讼参与人
    - 诉讼参与人的内涵——专门机关工作人员以外参加刑事诉讼活动，享有一定诉讼权利并承担一定诉讼义务的人
    - 诉讼参与人的共有权利——对于审判人员、检察人员和侦查人员侵犯公民诉讼权利和人身侮辱的行为提出控告；使用本民族语言文字进行诉讼，并在不通晓当地通用的语言文字时，要求专门机关提供翻译等
    - 当事人
      - 当事人的内涵——与案件的处理结果有着直接利害关系，并对诉讼进程或诉讼结果能够产生较大影响、作用的诉讼参与人
      - 当事人的特点
        - 实体上：与案件的处理结果有直接利害关系，其合法权益可能会受到刑事诉讼活动过程和结果的直接影响
        - 程序上：在诉讼中拥有较广泛的诉讼权利，对刑事诉讼的启动、进展和终结发挥着重要的推动作用
      - 当事人的共有权利——申请回避权及对于驳回申请回避的决定申请复议权；对于司法机关及其工作人员部分违法行为的申诉、控告权；参与庭审权；申请通知新的证人到庭、调取新的物证及申请重新鉴定或勘验权；不服已生效裁判时的申诉权；使用本民族语言文字进行诉讼权等
      - 当事人的类型
        - 被追诉人
          - 概念——因涉嫌犯罪而受到刑事追诉的人；包含自然人和单位
          - 权利——除当事人共有权利外，还享有：知悉权；自行辩护、委托辩护或获得法律帮助权；不受强迫证实自己有罪及拒绝回答无关问题权；申请变更强制措施或申请启动羁押必要性审查权；认罪认罚案件中的提出意见权；对酌定不起诉决定的申诉权；缺席审判异议权；未成年被追诉人对附条件不起诉决定的异议权；申请排非权；最后陈述权；自诉案件中的反诉权；上诉权；对强制医疗决定的申请复议权等
        - 被害人
          - 概念——主要指(公诉案件中) 人身、财产和其他权益遭受犯罪行为侵害的人
          - 地位——当事人
          - 权利——除当事人共有权利外，还享有：报案、控告权及对不立案决定、不起诉决定、强制医疗决定等的异议救济权；委托诉讼代理人权；提起自诉权；请求抗诉权；提起附带民事诉讼权；刑事和解权；请求人身安全保护权；接受司法救助权等
        - 自诉人
          - 概念——在自诉案件中，以自己的名义直接向人民法院提起诉讼的人；自诉人不一定是被害人
          - 权利——除当事人共有的权利外，还享有：提起附带民事诉讼权；委托诉讼代理人权；自行和解权；撤诉权；上诉权等

- 专门机关与诉讼参与人
  - 诉讼参与人
    - 当事人
      - 当事人的类型
        - 附带民事诉讼当事人
          - 附带民事诉讼原告人
            - 概念——在刑事诉讼中，因犯罪行为而遭受物质损失，并在刑事诉讼过程中提出赔偿请求的人
            - 权利——除当事人共有权利外，还享有委托诉讼代理人权；申请财产保全或先予执行权；请求调解或者自行和解权；上诉权；撤诉权等
          - 附带民事诉讼被告人
            - 概念——在刑事诉讼中因犯罪行为所造成的物质损失被起诉要求承担民事赔偿责任的人
            - 范围——通常是刑事被告人，但也可能是未被追究刑事责任的其他共同侵害人、刑事被告人的监护人、死刑罪犯的遗产继承人、共同犯罪案件审结前死亡的被告人的遗产继承人。以及对被害人的物质损失依法应当承担赔偿责任的其他单位和个人
            - 权利——与附带民事诉讼原告人权利基本相同，此外，还享有反诉权
    - 其他诉讼参与人
      - 辩护人
        - 概念——接受犯罪嫌疑人、被告人等的委托或者法律援助机构的指派参加诉讼，帮助被追诉人行使辩护权，依法维护被追诉人诉讼权利和其他合法权益的人
        - 范围——律师、人民团体或者被追诉人所在单位推荐的人、被追诉人的监护人及亲友均可担任，但法律禁止担任的除外；在侦查阶段，只能由律师担任辩护人
        - 产生——委托；法律援助
        - 地位——在刑事诉讼中具有独立的诉讼地位，其根据事实和法律进行辩护活动，并非纯粹的被追诉人的代理人，更不从属于专门机关；即便在认罪认罚案件中，辩护人也有权依法向专门机关提出不同于被追诉人意见的辩护意见
        - 权利——辩护人在刑事诉讼中享有诸多诉讼权利(具体见本书“辩护与代理”一章)，有些诉讼权利，《刑事诉讼法》尚未明确赋予被追诉人，如阅卷权;律师辩护人的诉讼权利较之于非律师辩护人的更加广泛;不同诉讼阶段中，辩护人的诉讼权利不尽相同
      - 法定代理人
        - 概念——根据法律规定对被代理人负有专门保护义务并代为进行诉讼的人，主要包括父母、养父母、监护人和负有保护责任的机关、团体的代表
        - 适用对象——无民事行为能力、限制民事行为能力的当事人
        - 产生——法定
        - 地位——具有独立的法律地位，不受被代理人意志的约束；法定代理人的行为视为被代理人的行为，与之具有相同的法律效果
        - 权利——享有被代理人所享有的大部分诉讼权利，但不得代被代理人行使或承担与人身有关的特定权利义务，如不得代被代理人服刑、供述、最后陈述等

- 专门机关与诉讼参与人
  - 诉讼参与人
    - 其他诉讼参与人
      - 诉讼代理人
        - 概念——接受被代理人等的委托或法律援助机构的指派依法参加诉讼的人
        - 产生——主要是委托；委托主体包括公诉案件被害人及其法定代理人或者近亲属；自诉人及其法定代理人；附带民事诉讼的当事人及其法定代理人；特别没收程序中被追诉人的近亲属及其他与涉案财产有利害关系的人
        - 地位——以被代理人名义参加诉讼，原则上只能在被代理人授权范围内活动，不能与被代理人的意志相违背
        - 权利——授权范围内；可以依法独立行使某些诉讼权利，如申请回避以及对驳回回避申请的决定申请复议等
      - 值班律师
        - 概念——法律援助机构通过派驻或者安排的方式，为没有辩护人的犯罪嫌疑人、被告人提供法律帮助的律师
        - 职责——为被追诉人提供法律咨询；向被追诉人提出程序选择建议；帮助被追诉人申请变更强制措施；对案件处理提出意见；帮助被追诉人及其近亲属申请法律援助；法律法规规定的其他事项。
        - 权利——享有会见权、阅卷权、提出意见权等重要的诉讼权利，但其享有的诉讼权利没有辩护人的广泛
      - 证人
        - 概念——当事人以外的，了解案件情况并在刑事诉讼中提供证言的诉讼参与人。四要素：诉讼外、了解案件情况、当事人以外、自然人
        - 核心条件——辨别是非；正确表达
        - 特点——不可替代性；身份优先性
        - 权利
          - 查阅证言笔录权
          - 请求人身保护权
            - 什么案件——四类案件主动保护；其他案件可请求保护
            - 保护谁——证人及其近亲属
            - 谁来保护——公检法
            - 如何保护——法定五种措施
          - 要求作证补偿权
        - 义务
          - 如实作证
          - 应法院通知出庭作证
            - 到庭条件：有异议+对定罪量刑有重大影响+法院认为有必要
            - 不应通知到庭后果：强制到庭（被告人的配偶、父母、子女除外）；采取司法惩罚措施
          - 保守案件秘密
          - 遵守诉讼秩序

- 专门机关与诉讼参与人
  - 诉讼参与人
    - 其他诉讼参与人
      - 鉴定人
        - 特点
          - 具有专门知识和技能及特定资格
          - 专门机关指派或聘请，诉讼中可更换
          - 通过诉讼了解案情
          - 与案件或案件当事人无利害关系（属于申请回避对象）
          - 自然人
        - 权利——查阅与鉴定事项有关的案卷材料，必要时，参加勘验、检查；要求提供足够的鉴定材料；要求补充鉴定或重新鉴定，并根据鉴定结果重新提出鉴定意见；鉴定条件不具备时，拒绝鉴定；收取鉴定费用；请求人身安全保护；等等
        - 义务
          - 客观、真实地进行鉴定，提出鉴定意见
          - 对在鉴定过程中了解的案情保密
          - 应法院通知出庭接受质证
            - 到庭条件：有异议+人民法院认为有必要
            - 不应通知到庭后果：鉴定意见不得作为定案的根据
      - 翻译人员
        - 特点
          - 接受公安、司法机关的指派或聘请
          - 具备语言文字翻译技能
          - 与案件或案件当事人无利害关系（属于申请回避对象）
        - 权利——有权了解同翻译内容有关的案件情况；有权查阅记载其翻译内容的笔录并要求按翻译实际内容进行修改或补充；有权获得相应报酬和经济补偿
      - 法律未明确规定的其他诉讼参与人
        - 见证人
        - 具有专门知识的人
        - 保证人
        - 与涉案财产有利害关系的人

## 本章重点问题

# 第一节　专门机关

### 问题 1：为什么称刑事诉讼中的公安司法机关为专门机关？

作为一个约定俗成、普遍使用的概念，专门机关这一概念虽然没有明确出现在法律条文中，但一般认为，专门机关中的“专门”一词意在强调刑事诉讼中公安司法机关权力配置上的四重内涵：其一，参与刑事诉讼的国家机关分工不同，各有专司，以此形成相互间的配合、制约关系，不可互相僭越各自的职权。其二，参与刑事诉讼的国家机关虽然分工不同，但需要通过分工配合、相互制约，共同完成“惩罚犯罪、保障人权”的目标和使命[①]，“机关”和“专门”就是各参与刑事诉讼国家机关的共同特点，因此，专

① 参见顾昂然：《〈中华人民共和国刑法〉〈中华人民共和国刑事诉讼法〉讲话》，法律出版社1997年版，第45－46页。

门机关一词彰显着公安司法机关在刑事诉讼中具有一定程度上的同向性和同质性。其三，刑事诉讼中的专门机关带有法定性和专属性，专门机关以外的其他国家机关无权妄自行使刑事诉讼权力。其四，专门机关工作需要与群众路线相结合，这是人民司法的优良传统和基本特色，是我国长期司法实践基础上的基本经验的理论概括。但“依靠群众并不等于可以削弱司法机关的专门工作，更不允许以群众办案来代替司法机关的专门工作；群众不能直接行使国家赋予公安机关、检察院、法院的职权；不能‘群众说啥是啥’，‘群众要怎么办就怎么办’”[①]。刑事诉讼主要依靠专门机关主导和推进，不是“群审群判”。彭真同志1979年在《关于〈中华人民共和国刑事诉讼法（草案）〉的说明》中指出：“除公安机关、检察院、法院分别行使侦查、拘留、预审、批准逮捕、检察、提起公诉和审判权以外，其他任何机关、团体和个人都无权行使这些权力”。可见，专门机关这一概念对于正确理解我国刑事诉讼中的权力配置有积极意义。

值得注意的是，也有学者指出，在推进以审判为中心的诉讼制度改革的语境下，过度强调“专门机关”概念及其表达的权力本位意识，容易模糊侦查权、检察权、审判权的性质差别，不当强化公检法之间的互相配合关系，削弱控辩均衡的诉讼结构，消解审判中立，妨碍司法公正的实现，需要反思和警醒。[②]

**延伸阅读推荐**

李麒：《审判中心语境下的“专门机关”概念之反思》，载《晋中学院学报》2016年第1期，第52-56页。

## 问题2：我国的法院、检察院何以在名称前冠以“人民”二字？

在国家机关名称前加上“人民”二字，最早可追溯到革命根据地时期。1935年，瓦窑堡会议上，中共中央决定将“中华苏维埃共和国”的国名更名为“中华苏维埃人民共和国”，官方话语体系中各种机构和制度前自此开始冠以“人民”二字。毛泽东同志曾强调说，作为人民民主专政的政权，各级政府都要加上“人民”二字，各种政权机关都要加上“人民”二字，如法院叫人民法院。[③] 各根据地开始探索“建立便利人民的司法制度”[④]，并确立起人民司法制度的建设方向。但在这一过程中，在“司法向何处去”的问题上，曾经发生过两条路线间的斗争，一条路线是淡化司法政治属性的西化路线，另一条则是强调“政治领导法律，政治在前，法律在后”[⑤] 的人民司法路线，最终的共识是，人民司法才是更符合中国实际的发展方向。所谓的人民司法，简言之，“就是民主集中制，领导一元化，群众路线，从群众中来，到群众中去，这就是说我们的司法要同群众

① 张子培主编：《刑事诉讼法学》，群众出版社1990年版，第88页。

② 参见李麒：《审判中心语境下的“专门机关”概念之反思》，载《晋中学院学报》2016年第1期。

③ 参见中共中央文献研究室编：《毛泽东文集》（第5卷），人民出版社1996年版，第135页。

④ 《陕甘宁边区施政纲领》第13条。

⑤ 《雷经天、李木庵院长关于司法工作检讨会议记录》（1943年12月10日），陕西省档案馆档案，全宗卷号15。转引自侯欣一：《雷经天与人民司法制度关系研究——以陕甘宁边区高等法院为中心》，载《法学》2022年第4期。

结合，要成为群众的东西”[①]，就是坚持党对司法的绝对领导与群众路线的统一。人民司法发展至今，经过不断地探索与实践，已经形成了相对健全的理念与制度，而两大核心要义也传承至今并不断得到强化。因此，我国在法院、检察院名称上冠以“人民”二字，可谓人民司法传统的直接体现，也是我国刑事诉讼中司法机关的一大特点。司法机关的人民性是由党全心全意为人民服务的宗旨、人民民主专政的国家性质、人民代表大会的根本政治制度、司法机关职能性质的宪法定位等决定的。司法机关的人民性意味着：一方面，专门机关的工作须以人民为中心，以服务人民为根本宗旨，坚持“人民本位型司法”。司法机关必须通过公正、准确地执行法律，“让人民群众在每一个司法案件中感受到公平正义”。另一方面，司法机关的工作需要协调好职业性、专业性与人民性、革命性的关系，贯彻好党的群众路线。强调司法机关工作的独立性、自主性并不排斥人民性，群众路线是司法机关工作取得实效的保障，只有坚持与群众路线的有机结合，才能保障刑事司法权威而不神秘，独立而不独断，严格而不机械。一言以蔽之，法院、检察院名称上冠以“人民”二字所要凸显的就是司法机关的人民性，即司法机关的权力来自人民、受托于人民、服务于人民，司法机关的工作必须以人民为中心，对人民负责，受人民监督。

**延伸阅读推荐**

（1）侯欣一：《从司法为民到人民司法》，生活·读书·新知三联书店2019年版。

（2）何青洲：《“人民司法”在中国的实践路线》，中国政法大学出版社2016年版。

（3）陈洪杰：《人民司法的历史面相——陕甘宁边区司法传统及其意义符号生产之“祛魅”》，载《清华法学》2014年第1期。

## 问题3：法院不能决定刑事拘留的原因是什么？审判阶段取保候审、监视居住变更为逮捕，需要先行拘留的，由谁作出决定？

作为一种刑事强制措施，刑事拘留适用的对象具有特定性，其主要针对的是现行犯或重大嫌疑分子，而这两种身份通常存在于立案侦查环节。而且，刑事拘留的适用限于法定紧急情形，通常作为逮捕的过渡性措施，带有紧急性、临时性、过渡性，但逮捕并不必然以刑事拘留为前置程序。因此，刑事诉讼法将刑事拘留的适用主体限制于公安机关、人民检察院等对刑事案件拥有侦查权的专门机关。人民法院没有侦查权，也不介入审前程序，而在审判阶段被告人通常已经被采取各类强制措施，一般不会出现需要适用拘留措施的法定紧急情形，因此，法律并未赋予人民法院决定刑事拘留的权力，在需要羁押被告人时，人民法院可以直接决定逮捕。当然，在审判阶段依然有可能出现需要拘留的情形，例如，根据刑事诉讼法规定，被采取取保候审、监视居住措施的被告人，违反了必须遵守的法定义务，情节严重的，可以予以逮捕；需要予以逮捕的，可以对被告人先行拘留。但在这种情况下，根据《公安规定》及《取保候审规定》等司法解释的要求，是由公安机关对被取保候审人先行拘留，然后再提请人民检察院、人民法院依法作出逮捕决定。

---

① 《雷经天、李木庵院长关于司法工作检讨会议记录》（1943年12月10日），陕西省档案馆档案，全宗卷号15。转引自侯欣一：《雷经天与人民司法制度关系研究——以陕甘宁边区高等法院为中心》，载《法学》2022年第4期。

**延伸阅读推荐**

谢小剑：《论我国刑事拘留的紧急性要件》，载《现代法学》2016 年第 4 期，第 110-120 页。

## 问题 4：怎么评价上下级法院间就具体案件的内审或请示制度？

内审或请示制度通常是指为了规范法律适用标准、解决疑难复杂案件或妥善处理社会敏感案件，下级法院在对某一具体案件裁判前向上级法院请示汇报，由上级法院提供指导意见后，下级法院再行裁判的工作制度。这套制度对审判权的运行有着深刻的影响，“集中体现了中国司法制度中的外来知识与本土资源的冲突和融合”①。对内审或请示制度不能简单予以否定，其在本质上源自我国历史和社会现实的内在需要，是上下级法院监督与被监督关系的体现，也是党领导司法的重要途径之一。但需要注意的，相关文件在整体认可该制度的同时，也对其适用范围作出了明确限制。例如，2023 年 5 月 26 日，最高人民法院印发的《关于法律适用问题请示答复的规定》第 2 条明确了可以请示的法律适用问题的范围，主要包括：（1）法律、法规、司法解释、规范性文件等没有明确规定，适用法律存在重大争议的；（2）对法律、法规、司法解释、规范性文件等规定具体含义的理解存在重大争议的；（3）司法解释、规范性文件制定时所依据的客观情况发生重大变化，继续适用有关规定明显有违公平正义的；（4）类似案件裁判规则明显不统一的；（5）其他对法律适用存在重大争议的。该规定第 3 条强调，不得就案件的事实认定问题提出请示。其实，类似的规定早在 1995 年最高人民法院《关于报送刑事请示案件的范围和应注意事项的通知》中就有体现。如果不对内审或请示报告的案件范围作出限制，很容易使上下级法院间的监督关系变成领导关系，从而违反我国法院两审终审制度和法院依法独立行使审判权原则，并变相剥夺上诉人的上诉权。

**延伸阅读推荐**

最高人民法院《关于法律适用问题请示答复的规定》（法〔2023〕88 号）。

## 问题 5：有没有刑事案件要求必须有人民陪审员参加审理？

对于人民陪审员参审案件的范围，《人民陪审员法》有较为明确的规定。其第 15 条要求：人民法院审判第一审刑事、民事、行政案件，有下列情形之一的，由人民陪审员和法官组成合议庭进行：（1）涉及群体利益、公共利益的；（2）人民群众广泛关注或者其他社会影响较大的；（3）案情复杂或者有其他情形，需要由人民陪审员参加审判的；但法律规定由法官独任审理或者由法官组成合议庭审理的除外。其第 16 条还进一步列举了需要由人民陪审员和法官组成七人合议庭进行审理的第一审案件的具体情形：（1）可能判处 10 年以上有期徒刑、无期徒刑、死刑，社会影响重大的刑事案件；（2）涉及征地拆迁、生态环境保护、食品药品安全，社会影响重大的案件；（3）其他社会影响重大的案件。其第 17 条规定，如果第一审刑事案件被告人申请由人民陪审员参加合议庭审判的，人民法院可以决定由人民陪审员和法官组成合议庭审判。由此不难看出，第 15 条、

① 薛宜静：《上下级法院关系中的内审案件程序研究》，中国社会科学院研究生院 2017 届硕士学位论文。

第16条列举的情形，均是需要人民陪审员参审的案件。上述规定基本上被吸收到了最高人民法院关于适用刑事诉讼法的司法解释中。但以下两点值得注意：其一，《刑事诉讼法》第183条在规定合议庭组成时，只是要求，“基层人民法院、中级人民法院审判第一审案件，应当由审判员三人或者由审判员和人民陪审员共三人或者七人组成合议庭进行”，用到了“或者”一词。其二，在《人民陪审员法》起草的过程中，曾经在“由人民陪审员和法官组成合议庭进行”之前有“应当”二字，但定稿中又将这二字删掉了。实践中，对于发生了《人民陪审员法》列举到的相关情形，法院组成全法官合议庭时，是否违反程序法的问题，有不同看法。而法院对是否成立“社会影响重大”等人民陪审员参审的关键前提的认定上有裁量权。

**延伸阅读推荐**

魏晓娜：《人民陪审员制度改革研究》，中国政法大学出版社2021年版。

## 问题6：巡回法庭能受理第一审行政案件和民商事案件，为什么不能受理第一审刑事案件？

巡回法庭是最高人民法院派出的常设审判机构。巡回法庭作出的判决、裁定和决定，是最高人民法院的判决、裁定和决定。巡回法庭具体管辖哪些案件，由最高人民法院决定。而最高人民法院设立巡回法庭的初衷是，“依法及时公正审理跨行政区域重大行政和民商事等案件，推动审判工作重心下移、就地解决纠纷、方便当事人诉讼”，因此，行政和民商事案件必然是巡回法庭管辖的重点。根据最高人民法院《关于巡回法庭审理案件若干问题的规定》，巡回法庭主要审理或者办理巡回区内应当由最高人民法院受理的包括“全国范围内重大、复杂的第一审行政案件”，“在全国有重大影响的第一审民商事案件”，“刑事申诉案件”等在内的十大类案件。该规定还同时强调，“知识产权、涉外商事、海事海商、死刑复核、国家赔偿、执行案件和最高人民检察院抗诉的案件暂由最高人民法院本部审理或者办理”。由此不难看出，第一审刑事案件目前并不属于巡回法庭的管辖范围。在暂由最高人民法院本部审理或办理的案件类型列举中并未提及第一审刑事案件，可能与最高人民法院实际管辖的第一审刑事案件数量极少有关。根据刑事诉讼法有关级别管辖的规定，最高人民法院管辖的第一审刑事案件，应当是全国性的重大刑事案件。从该规定的实际运行情况看，最高人民法院对“全国性的重大刑事案件”的解释特别严格，新中国成立以来最高人民法院管辖的第一审刑事案件极为罕见。

**延伸阅读推荐**

最高人民法院《关于巡回法庭审理案件若干问题的规定》。

## 问题7：人民检察院中的“检察”的内涵是什么？

古代汉语中，“检”与“察”相近，但较少连用。当时的“检”字主要有以下含义：(1) 法则、法度；(2) 品德，节操；(3) 约束，限制，制止；(4) 查看，考察，核实，督察驾驭等。而“察”字则有观察、审视，考察、审查，明察判断等意。《现代汉语词典》对“检察”的第一种解释是“检举核查；考察”，当然，其也根据当前我国实际，写明了该词的一种特指，即“国家法律监督机关（检察院）依法定程序进行的法律监督活动”①。我国古代御史所承担的“纠察百官、监督狱讼”的职能，与“检察”本意相近。现代司法制度意义上的“检察”即 public prosecution，侧重指的是一种司法职能或活动，即由特定机关及官员代表国家向法院提起诉讼及执行相关业务。在清末修律时，修律大臣沈家本等人将 public prosecution 创造性地翻译为“检察”。究其本质，现代司法制度意义上的“检察”是由代表国家和社会公益的主体所开展的，以公诉为主要职能、以监督为属性、以维护国家法制为目的国家活动。② 除公诉以外，“检察”当然也蕴含着与公诉相关的多种职能，但这些职能多数都带有监督性质，而且，均以维护国家法律统一正确实施为目标。而在我们国家，“检察”所承载的职能更加多样，甚至包含批准逮捕这类司法职能，而且，“检察”的法律监督性质更加明确和突出。

《刑事诉讼法》第 3 条规定：“检察、批准逮捕、检察机关直接受理的案件的侦查、提起公诉，由人民检察院负责”。我们认为，这里的“检察”包含其后列举的“批准逮捕”“侦查”“提起公诉”职能。后面的列举，有突出和强调之意。批捕是非常有中国特色的检察职能，而直接受理案件的侦查则是公诉职能的衍生职能。提起公诉并不是检察公诉职能的全部内涵，相对于后面列举的“提起公诉”，前面的“检察”侧重于审查过程。检察职能虽然多样，但均以检察审查为基础和核心内容。

**延伸阅读推荐**

苗生明：《新时代检察权的定位、特征与发展趋向》，载《中国法学》2019 年第 6 期，第 224－240 页。

## 问题 8：人民检察院在刑事诉讼中是单纯的控诉机关吗？

在我国刑事诉讼中，人民检察院绝非单纯的控诉机关，同时还行使着诉讼监督、司法等权能。中共中央《关于加强新时代检察机关法律监督工作的意见》强调，“人民检察院是国家的法律监督机关，是保障国家法律统一正确实施的司法机关，是保护国家利益和社会公共利益的重要力量”。人民检察院作为国家法律监督机关的性质定位既是宪法的规定，也是国情的需要，并且具有坚实的法理基础，法律监督机关是检察机关的根本属性。人民检察院的法律监督范围曾扩展至一般监督，但当前主要是诉讼监督。当然，说法律监督机关是检察机关的根本属性，并不是否认检察机关具有任何其他属性。与人民法院一样，人民检察院也是国家的司法机关。而且，从宪法、法律及我国政法传统赋予人民检察院的职能看，人民检察院是保护国家利益和社会公共利益的重要力量和社会治理机关。

**延伸阅读推荐**

最高人民检察院《关于充分发挥检察职能服务保障“六稳”“六保”的意见》。

## 问题 9：我国与域外在检察机关的性质定位上有何差异？

虽然各国的检察机关都在不同程度上承担着公诉职能，在性质定位上也有一些内在

① 《现代汉语词典》（第 7 版），商务印书馆 2016 年版，第 635 页。

② 参见朱孝清、张智辉主编：《检察学》，中国检察出版社 2010 年版，第 4－12 页。

的一致性，但从整体上看，差异颇大，更多地体现出其与本国法律传统、政治体制、社会环境的适应性。英美法系通常将检察机关定位为纯粹的行政机关或政府的法律顾问，检察机关隶属于政府行政系统。大陆法系的检察机关除行政机关的定位外，还多被认为带有不同程度的司法属性。而以苏联为代表的社会主义国家则确立了检察机关在权力机关之下与法院、政府平行的法律定位，还赋予了检察机关具有极大权威性的一般监督权。从1979年《人民检察院组织法》首次以专条形式将检察机关确定为国家的法律监督机关，以及1982年《宪法》以国家根本大法形式明确检察机关是国家的法律监督机关，历经《宪法》和《人民检察院组织法》的多次修正和修改，我国对检察机关作为国家的法律监督机关的性质定位从未变更。可以说，这一定位有对列宁法律监督思想及苏联及西方检察制度的吸收借鉴，但主要还是在中国特色社会主义理论体系指导下完成的，是立足于我国的宪治基础和法治实践基础的，符合中国实际，具有中国特色。

**延伸阅读推荐**

万春：《人民检察院的性质和定位》，载《检察日报》2018年12月3日，第3版。

## 问题10：在刑事诉讼中，人民检察院的诉讼职能和诉讼监督职能之间是何种关系?

检察机关虽然承担包括诉讼在内的多种具体职能和职权，但可以说，“法律监督是隐藏在各项检察职能中内在的、深刻的东西，是各项检察职能最根本、最一般、最普遍、最共同的东西”①。检察机关的法律监督主要与司法机关的诉讼职能有关。正是因为直接承担诉讼职能，检察机关才具备展开有效诉讼监督的实践条件。而且，检察机关诉讼监督的方式主要就是在侦查、批捕、审查起诉、提起公诉、抗诉等诉讼职能的履行过程中实现的，或者是针对与诉讼相关的特定事项，通过调查核实、提出检察建议等的专门监督程序实现。也就是说，检察机关的诉讼监督主要通过两种途径：一是在自己办案中的监督或者以自己办案为基础的监督，比如在审查批准逮捕和审查起诉中监督公安机关有无违法侦查行为，或者通过出庭支持公诉监督人民法院刑事审判行为的合法性。这类监督主要通过职权启动。二是非依赖其诉讼职权行使的专门诉讼监督，比如对公安机关立案活动的监督、对人民法院民事行政审判活动的监督。这类监督可以依职权主动开启，但主要是依据当事人的申诉启动。

**延伸阅读推荐**

（1）黄明涛：《法律监督机关——宪法上人民检察院性质条款的规范意义》，载《清华法学》2020年第1期，第18－33页。

（2）王海军：《人民检察院性质的理论辩思——“法律监督机关”的概念史考察》，载《华东政法大学学报》2022年第3期，第108－123页。

## 问题11：何谓“四大检察”?

“四大检察”是对新时期人民检察院主要职能的系统概括，主要指的刑事检察、民事

---

① 漠川：《法律监督与检察职能的辩证统一》，载《检察日报》2011年11月25日，第3版。

检察、行政检察、公益诉讼检察。其中，刑事检察是指人民检察院对刑事案件的办理和监督活动；民事检察，也可称之为民事诉讼监督，即对人民法院生效的民事裁判文书或调解书以及民事审判和执行活动的合法性的监督；行政检察，主要包括对行政诉讼和行政行为的监督；公益诉讼检察，指在生态环境和资源保护、食品药品安全、国有财产保护、国有土地使用权出让、英烈保护 、未成年人保护等与社会公共利益相关的领域，检察院可以督促相关行政部门履职，还可对损害社会公共利益的行为提起公益诉讼。

2019 年 1 月，在全国检察长会议上，当时的最高人民检察院检察长对“四大检察”全面协调充分发展提出明确要求。2019 年 3 月，十三届全国人大二次会议关于最高人民检察院工作报告的决议中，要求检察机关更好发挥人民检察院刑事、民事、行政、公益诉讼各项检察职能。这是“四大检察”首次被明确写进全国人大的决议。2021 年 6 月，中共中央印发《关于加强新时代检察机关法律监督工作的意见》，要求检察机关以高度的政治自觉依法履行刑事、民事、行政和公益诉讼等检察职能。这是“四大检察”首次被写入中共中央文件。

**延伸阅读推荐**

万春：《“四大检察”协同共进 实现全面协调充分发展》，载《检察日报》2019 年 10 月 24 日，第 3 版。

## 问题 12：较之于其他国家机关工作人员，为什么要给予法官、检察官更有力的职业保障？

司法职业有自己的特点。司法者是“法律由精神王国进入现实王国控制社会生活关系的大门”[①]。德沃金有句名言，“法院是法律帝国的首都，法官是帝国的王侯”[②]，现代法治国家普遍给予司法人员较高地位和充分尊重。作为社会正义的最后防线和法律争端的最终裁决者，司法机关及司法者更需要权威与尊荣，司法者的权威是司法得以有效运作的基础和前提。[③] 强化司法职业保障的要旨就是考虑到司法职业的特点，照顾到司法人员履职的特殊需要，进一步采取保护司法人员依法履职的有效措施。因此，中央的有关决定、政策中屡次提及要“立足于司法职业的特殊性”，“建立符合司法职业特点的司法人员管理制度”，“健全司法人员职业保障制度”，“建立健全司法人员依法履行法定职责保护机制”，而在一些相关法条中，比如《法官法》第 58 条、《检察官法》第 59 条在规定法官、检察官的工资制度时，也明确要求应根据审判或检察工作特点，更不用说法官、检察官“实行单独职务序列管理”等诸多制度中对司法职业特殊性的深层体现了。目前，我国不仅已在“政法队伍”这个宏观层面认识到了司法职业的特殊性，更为关键的是开始在司法职业与其他政法职业差别的中观层面，甚至在法官与检察官不同司法职业特点的微观层面，认识到司法职业的特殊性。

---

① ［德］拉德布鲁赫：《法学导论》，米健、朱林译，中国大百科全书出版社 1997 年版，第 100 页。

② ［美］R. 德沃金：《法律帝国》，李常青译，中国大百科全书出版社 1996 年版，第 261 页。

③ 参见孙笑侠等：《法律人之治　法律职业的中国思考》，中国政法大学出版社 2005 年版，第 104 页。

**延伸阅读推荐**

（1）施鹏鹏等：《司法改革热点问题研究 中国与域外（Ⅰ）》，黑龙江教育出版社2019年版。

（2）卞建林等：《司法规律研究》，中国人民公安大学出版社2019年版。

## 问题13：设置审判委员会、检察委员会的正当性体现在何处？

审判委员会和检察委员会是人民法院和人民检察院分别对审判工作和检察院内部实行集体领导的组织。两个委员会的设立，是我国的民主集中制在司法制度中的集中体现，是人民司法制度的一大特点，"是我国从整体到个体的国家治理方式在司法活动中的投影"。两个委员会存在的价值主要体现在：它们是保障法律统一实施的必要手段，是弥补个体司法者知识或能力不足的客观需求，是我国司法机关整体独立的重要途径，是司法机关内部分权制衡的特殊机制，是防止司法者滥用权力的必然要求①，是减轻司法者错案风险和办案压力的实践举措。

当然，审判委员会、检察委员会的设立也带来了违反司法亲历原则、虚化检察审查及庭审活动、冲击权责一致原理、淡化司法者责任意识、架空回避制度效果等一系列潜在风险。未来，应在健全司法责任制的基础上，着力推动两个委员会讨论决定案件及问题范围上的严格限制，并逐步实现两个委员会功能定位上的合理转向。

**延伸阅读推荐**

左卫民：《审判委员会运行状况的实证研究》，载《法学研究》2016年第3期，第159－173页。

## 问题14：公安机关在性质上是司法机关还是行政机关？对公安机关的刑事侦查行为是否可以提起行政诉讼？

国家法律授权公安机关参与刑事诉讼活动，负责绝大多数刑事案件的侦查工作，与人民法院、人民检察院分工负责、互相配合、互相制约，共同完成刑事诉讼任务，保障《刑事诉讼法》的贯彻实施。公安机关作为各级人民政府的组成部分，在根本性质上属于行政机关。公安机关是人民民主专政的重要工具，是国家的治安保卫机关，负责社会治安和国内安全保卫工作，是武装性质的国家行政力量和刑事司法力量。1996年及2012年《刑事诉讼法修正案（草案）》中都曾出现将公安机关描述为司法机关的条文，但最终都未在定稿中被采纳。对此，主流学者认为，将公安机关定性为司法机关与国际通例相左，也不符合我国宪法规定的中国特色政治体制与司法机关的内涵。虽然公安机关承担的刑事侦查工作带有司法性质，但不能由此认为，凡在刑事诉讼中从事侦查活动的机关都是司法机关，需要将刑事诉讼中的司法机关与行使一定司法权的机关的性质加以区分。② 由于刑事侦查活动是具有司法性质的活动，因此，通常认为，刑事侦查活动不属于

---

① 参见唐莹玲、谢小剑：《检察委员会制度的成因解析》，载《学术论坛》2012年第1期。

② 参见陈光中：《刑事诉讼中公安机关定位问题之探讨——对〈刑事诉讼法修正案（草案）〉规定司法机关包括公安机关之质疑》，载《政法论坛》2012年第1期。

《行政诉讼法》的受案范围所列的行为，如果对刑事侦查行为坚持起诉的，法院会裁定不予受理。

**延伸阅读推荐**

（1）陈光中：《刑事诉讼中公安机关定位问题之探讨——对〈刑事诉讼法修正案（草案）〉规定司法机关包括公安机关之质疑》，载《政法论坛》2012年第1期，第3－9页。

（2）陈光中：《刑事诉讼中公安机关定位问题之探讨——对〈刑事诉讼法修正案（草案）〉中“司法机关”规定之商榷》，载《法学》2012年第11期，第49－55页。

## 问题15：从公安机关被赋予的职权看，是否可以说其在我国刑事诉讼中具有所谓的“强势地位”？

这种说法是不恰当的。诚然，公安机关在我国刑事诉讼中被赋予了广泛的侦查权力，除逮捕措施以外，绝大多数侦查手段，乃至限制被追诉人人身权利、财产权利的强制措施的采用，公安机关可以自己依法独立决定，这在域外审判中心的诉讼结构下是极为少见的。需要注意的是，我国公安机关的立案侦查权虽然强势，但也受到极为严格的条件要求和外在限制。《刑事诉讼法》在立案、撤案等的决定模式上均采取法定主义为主的原则：公安机关只能在认为“有”而不是“可能有”犯罪事实的前提下立案，而在立案后也只能在“不应”追究而不是“可以”不追究的前提下撤案，甚至都不能在证据不足、可能没有犯罪事实的情况下终止追究，即便发现侦查终结的案件可能属于检察机关酌定不起诉适用范围，也只能向检察机关移送起诉意见书。换言之，法律严格限制了公安机关以终止追究方式分流刑事案件的权力。可以说，对公安机关职权配置上的上述特点，从根本上是由我国层层把关式的诉讼模式所决定的。层层把关式的诉讼模式决定了，公安机关是大多数案件侦查阶段的主导机关，因而需要被赋予强有力的主导性权力。然而，如果刑事案件过多地在侦查阶段终止或分流，就没有办法发挥审查起诉和审判阶段的把关作用，因而，需要对其终止追诉权作出严格限制。

**延伸阅读推荐**

孙长永主编：《侦查程序与人权保障 中国侦查程序的改革和完善》，中国法制出版社2009年版。

## 问题16：如何理解公安机关与其他侦查机关（部门）在侦办刑事案件中的职权异同？

其一，公安机关与国家安全机关。我国《刑事诉讼法》在总则第4条明确了国家安全机关依法办理危害国家安全犯罪案件的权力，即“国家安全机关依照法律规定，办理危害国家安全的刑事案件，行使与公安机关相同的职权”。这条规定意味着：（1）国家安全机关办理危害国家安全案件的法律依据包括《刑事诉讼法》《国家安全法》《反间谍法》等规定，而不限于《刑事诉讼法》。（2）国家安全机关有权办理危害国家安全的刑事案件，但危害国家安全的刑事案件不一定全部由国家安全机关办理。（3）国家安全机关在办理危害国家安全的刑事案件时，与公安机关职权相同，不限于狭义上的侦查权，而是包括了《刑事诉讼法》第3条列举的由公安机关负责的“对刑事案件的侦查、拘留、执行逮捕、预审”等一系列权力。国家安全机关在管理体制上独立于公安机关，但在刑事诉讼中，与公安机关可以形成有效的配合关系。这种配合一方面表现在危害国家安全的刑事案件管辖上的配合。《国家安全法》第42条第1款规定：“国家安全机关、公安机关依法搜集涉及国家安全的情报信息，在国家安全工作中依法行使侦查、拘留、预审和执行逮捕以及法律规定的其他职权”。《反间谍法》第70条第2款规定：“公安机关在依法履行职责过程中发现、惩治危害国家安全的行为，适用本法的有关规定。”而《公安规定》第24条在列举应由设区的市一级以上公安机关负责的重大案件范围时，第一种情形就是“危害国家安全犯罪”。这些规定表明，公安机关也可依法办理部分危害国家安全的刑事案件。二者的配合关系另一方面则表现为在具体办理案件时的相互支持、合作。《国家安全法》第75条规定：“国家安全机关、公安机关、有关军事机关开展国家安全专门工作，可以依法采取必要手段和方式，有关部门和地方应当在职责范围内提供支持和配合”。

其二，公安机关与人民检察院的自侦部门。国家监察体制改革后，人民检察院依然保留对部分特定职务犯罪案件的侦查权。根据《刑事诉讼法》第164条的规定，人民检察院对直接受理的案件的侦查适用侦查一章的规定。同时，第165条要求，人民检察院直接受理的案件中符合《刑事诉讼法》列举的两种特定情形，需要逮捕、拘留犯罪嫌疑人的，由人民检察院作出决定，由公安机关执行。这表明，人民检察院没有执行逮捕和执行拘留的权力。同时，根据《刑事诉讼法》的相关规定，人民检察院也没有执行监视居住和执行取保候审的权力，没有执行技术侦查措施、通缉措施的权力。

其三，公安机关与森林、交通、铁路等系统的公安机关。由于后者属于公安机关的组成部分，在办理属于其管辖范围的刑事案件时，其刑事诉讼职权也与公安机关的完全相同。

其四，公安机关与军队保卫部门、监狱、中国海警局。《刑事诉讼法》在附则第308条规定：“军队保卫部门对军队内部发生的刑事案件行使侦查权。中国海警局履行海上维权执法职责，对海上发生的刑事案件行使侦查权。对罪犯在监狱内犯罪的案件由监狱进行侦查。军队保卫部门、中国海警局、监狱办理刑事案件，适用本法的有关规定”。在这一条里，对军队保卫部门和中国海警局的授权规定表述上是一致的，即对各自管辖的刑事案件行使侦查权。通常认为，这里的侦查权是广义上的，也即等同于公安机关在刑事诉讼中所享有的各种职权。这一点也为中国人大网上的权威解释以及《海警机构办理刑事案件程序规定》《关于军队执行〈中华人民共和国刑事诉讼法〉若干问题的规定》等所印证。但对监狱侦查的表述较为特殊，只是说某些案件“由监狱进行侦查”，此处的侦查内涵接近于《刑事诉讼法》第3条规定的公安机关的职权活动中狭义上的侦查。《刑事诉讼法》第3条强调：“对刑事案件的侦查、拘留、执行逮捕、预审，由公安机关负责。……除法律特别规定的以外，其他任何机关、团体和个人都无权行使这些权力”。这意味着，除非法律另有特别规定，不能想当然地认为监狱在刑事诉讼中所享有的职权包含“拘留”“执行逮捕”等。而《监狱法》也没有特别规定监狱机关在办理刑事案件中可以行使拘留和执行逮捕权，因此，监狱在侦办刑事案件中依法不能行使这两项权力。但逮捕的提请权不属于《刑事诉讼法》第3条规定的只能由公安机关行使的权力。所以，在最高人民法院、最高人民检察院、公安部、国家安全部（以下简称两院两部）《关于监狱办理刑事案件有关问题的规定》中仅明确了监狱依法享有逮捕的提请权。此外，监狱在侦办刑事案件时依法享有决定和执行拘传、取保候审、监视居住的权力。

**延伸阅读推荐**

谢澍：《检察机关侦查权的监督性及其体系化进路》，载《中国刑事法杂志》2022 年第 3 期，第 138－154 页。

## 问题 17：监察委员会是司法机关吗？是专门机关吗？监察委员会的职务犯罪调查权属于侦查权吗？

为了整合反腐败资源力量，形成集中统一、权威高效的反腐败体制，健全我国的法治监督体系，从而实现全面推进依法治国的目标，我国启动了国家监察体制改革。2016 年 11 月，中共中央办公厅印发了《关于在北京市、山西省、浙江省开展国家监察体制改革试点方案》。2017 年 6 月，十二届全国人大常委会第二十八次会议首次审议《监察法（草案）》。2017 年 10 月，中共中央办公厅印发《关于在全国各地推开国家监察体制改革试点方案》。2017 年 11 月，《中华人民共和国监察法（草案）》面向社会征求意见。2018 年 2 月 25 日，随着广西崇左市大新县监察委员会的正式成立，全国 31 个省（区、市）全部建立起完整的省、市、县三级监察委员会。2018 年 3 月，十三届全国人大一次会议通过宪法修正案，在第三章“国家机构”中新增“监察委员会”一节，同时通过了《监察法》。2018 年 3 月 23 日，中华人民共和国国家监察委员会正式揭牌。国家监察委员会对全国人大及其常委会负责，受其监督，与“一府两院”平行独立。监察委员会是宪法规定的国家监察机关，是监察法规定的行使国家监察职能的专责机关，是实现党和国家自我监督的政治机关。在党的统一领导下，纪律检查委员会、监察委员会合署办公，实现了党内监督和国家监督的有机统一。上述定位决定了，监察委员会不是司法机关，监察委员会针对职务犯罪所展开的立案、调查活动也不是刑事诉讼活动，监察机关所享有的职务犯罪调查权在性质上不同于公安机关、人民检察院等享有的刑事侦查权。但是，需要注意的是，监察机关也可依法参与刑事诉讼的某些环节，承担一定的刑事诉讼职能。比如，为查明案件事实、调查核实证据，监察机关调查人员应法院通知出席法庭，接受审判人员、公诉人、当事人及其辩护人、诉讼代理人等的询问。在这种意义上，也可以说监察机关是广义上的专门机关。

**延伸阅读推荐**

（1）陈瑞华：《论监察委员会的调查权》，载《中国人民大学学报》2018 年第 4 期，第 10－20 页。

（2）林艺芳：《监察委员会职务犯罪调查研究》，法律出版社 2021 年版。

## 问题 18：人民检察院的法律监督与监察委员会的监察监督有何联系与区别？

检察机关法律监督与监察监督同为专门监督，均是国家法律监督体系的重要组成部分。但二者又有诸多区别。监察监督是带有政治性的监督，是以反腐败为中心任务的监督，是针对所有行使公权力人员的全覆盖监督，是集监督、调查、处置为一体的实体监督；而且，监督的事项范围不局限于合法性问题。这与检察机关聚焦于诉讼等法律实施有限事项的程序性监督有鲜明区别。检察人员当然属于监察监督的对象，而检察机关也可以通过行使刑事诉讼职能对相关监察活动形成一定制约。检察机关与监察机关同为专门监督机关和刑事案件办理机关，有大量的业务协作需求。正因为如此，《中共中央关于加强新时代检察机关法律监督工作的意见》强调，要“加强检察机关与监察机关办案衔接和配合制约”，“健全衔接顺畅、权威高效的工作机制”，“不断增强依法反腐合力”。

**延伸阅读推荐**

（1）李红勃：《迈向监察委员会：权力监督中国模式的法治化转型》，载《法学评论》2017年第3期，第150-158页。

（2）夏金莱：《论监察体制改革背景下的监察权与检察权》，载《政治与法律》2017年第8期，第55-64页。

## 问题19：《刑事诉讼法》在规定三机关进行刑事诉讼应当分工负责、互相配合、互相制约的同时又规定了检察监督原则，那么检察机关与人民法院、公安机关之间在刑事诉讼中到底是何种关系？

《宪法》第140条和《刑事诉讼法》第7条均规定：人民法院、人民检察院和公安机关办理刑事案件、进行刑事诉讼，“应当分工负责，互相配合，互相制约，以保证准确有效地执行法律”。这意味着，作为一项宪法性刑事诉讼基本原则，“分工负责、互相配合、互相制约”是调整刑事诉讼中专门机关相互关系的基本准则。同时，宪法法律规定，人民检察院是国家的法律监督机关，人民检察院依法对刑事诉讼进行法律监督。因此，检察机关与人民法院、公安机关在刑事诉讼中的关系可以概括为检察监督基础上的分工负责、互相配合、互相制约。

检察机关与人民法院、公安机关分工负责、互相配合。宪法和刑事诉讼法确立三机关原则，既是强调“侦查、检察和审判权由公、检、法依法行使，其他机关、团体和个人无权行使”，又可以保障实现“惩罚犯罪、保护人民”的任务。显然，立法者更为看重的是，三机关根据《刑事诉讼法》的分工，在各自职权范围内实施诉讼活动，互相支持，有效合作，共同实现“惩罚犯罪、保护人民”的诉讼目的及“保证准确有效地执行法律”的使命。我国的刑事诉讼带有较为鲜明的层层把关、流水作业、分阶段推进的特点，三机关各管一段，均是特定诉讼阶段的主导者。其中，检察机关负责审查起诉环节，依法行使“检察、批准逮捕、检察机关直接受理的案件的侦查、提起公诉等权力”，上承侦查，下启审判，居于刑事诉讼程序的枢纽位置。检察机关与人民法院、公安机关在分工负责的基础上建立起了紧密的工作联系，只有相互配合，刑事诉讼程序才有可能顺利推进。

检察机关与人民法院、公安机关之间还有制约、监督关系。一方面，检察机关与人民法院、公安机关互相制约。三机关分工负责本身就意味着权力制衡，而在检察机关与人民法院、公安机关的具体诉讼职权的划分上也充分体现了互相制约理念。如公安机关侦查过程中需要逮捕犯罪嫌疑人时，需要检察机关批准，这是检察机关对公安机关的制约，而检察机关决定的逮捕，需要交公安机关执行，这是公安机关对检察机关的制约；人民法院对检察机关起诉的刑事案件有权依法作出无罪判决，这是人民法院对检察机关的制约；而人民法院又必须在检察机关起诉的事实范围内作出裁判，且检察机关有权依法对人民法院的判决提出抗诉，这是检察机关对人民法院的制约。另一方面，检察机关有权对人民法院、公安机关的诉讼活动进行法律监督。

**延伸阅读推荐**

王敏远：《司法改革背景下的三机关相互关系问题探讨》，载《法制与社会发展》2016 年第 2 期，第 36－39 页。

## 第二节　诉讼参与人

### 问题 1：刑事诉讼法律关系主体与刑事诉讼主体有何异同？

刑事诉讼法律关系主体，或称刑事诉讼的参加者，是指参与到刑事诉讼法律关系中的所有单位和个人。与刑事诉讼法律关系主体密切相关的一个概念是刑事诉讼主体。长期以来，学界对于如何理解刑事诉讼主体的内涵与外延存在争议。一种观点认为，刑事诉讼主体是在刑事诉讼中直接承担基本诉讼职能，决定基本诉讼构造的单位和个人，仅包括专门机关和直接影响诉讼进程并与诉讼结果有利害关系的当事人。据此，刑事诉讼主体不同于刑事诉讼法律关系主体，刑事诉讼法律关系主体是刑事诉讼主体的上位概念，其在范围上包括了刑事诉讼主体但又不局限于刑事诉讼主体。另一种观点则认为，刑事诉讼主体是指在刑事诉讼中享有诉讼权利、承担诉讼义务的全部诉讼参加者，即刑事诉讼主体就是刑事诉讼法律关系主体。而不同国家或地区的刑事诉讼法，对于刑事诉讼主体的理解也是不一样的。日本、韩国及我国台湾地区以诉讼的不可或缺性或者诉讼构成的基本要素为依据将刑事诉讼主体界定为“控、辩、审”三方。而《澳门刑事诉讼法典》则在刑事诉讼主体界定上采用了囊括所有诉讼参加者的“泛主体论”观点。事实上，是否严格区分刑事诉讼主体与刑事诉讼法律关系主体这两个概念本身并不重要，但认识到以下两点至为关键：（1）刑事诉讼主体理论的确产生于特定的历史背景，并以提升被追诉人的诉讼地位为最初目的。刑事诉讼主体理论提出于刑事诉讼制度人本化、民主化的改革进程之中，在推动控审分离、辩护权保障、不自证己罪原则的确立等方面发挥了积极作用。缺少刑事诉讼主体理论的支撑，很难想象被追诉人的诉讼角色能实现“从仅仅是诉讼客体到一种能够积极参与和影响程序进程的诉讼主体的变化”。当然，刑事诉讼主体理论也在与时俱进地发展，并没有局限于最初的研究范围。（2）诉讼职能的确有主次之分，不同诉讼参加人的诉讼地位和作用也各不相同。在刑事诉讼中，控诉、辩护、审判是最为基本的诉讼职能，控、辩、审三方在刑事诉讼中的地位和相互关系决定了一个国家刑事诉讼的基本构造，这是其他辅助诉讼职能的承担者无法比拟的。而且，同为辩方的被追诉人与辩护人、同为控方的检察机关与被害人、同为当事人的被追诉人与被害人等，在诉讼权利与义务上也有很大差别。不能因为对“主体性”的泛化理解而漠视不同诉讼参加人的差别。

**延伸阅读推荐**

（1）傅宽芝：《刑事诉讼主体公权与私权》，社会科学文献出版社 2010 年版。

（2）宋振武：《刑事诉讼主体的法理分析——以刑事法律关系为基础》，载《烟台大学学报（哲学社会科学版）》2002 年第 4 期，第 397－403 页。

## 问题 2：专门机关的工作人员是诉讼参与人吗？

诉讼参与人是指在刑事诉讼过程中享有一定的诉讼权利，承担一定的诉讼义务的除国家专门机关工作人员以外的人。这个概念其实已经将专门机关工作人员排除在外了。《刑事诉讼法》明确列举了诉讼参与人的种类，即当事人、法定代理人、诉讼代理人、辩护人、证人、鉴定人和翻译人员，显然也未将专门机关工作人员纳入其中。专门机关工作人员虽然也参加刑事诉讼活动，但其与专门机关的关系是职务委托关系，其是以国家代表的身份出现，代表专门机关行使着某种特定的国家权力，具有明显不同于其他参加诉讼活动者的地位和作用，因此，没有被法律规定为诉讼参与人。

## 问题 3：封闭式列举诉讼参与人范围的立法方式是否合理？

我国《刑事诉讼法》第 108 条用封闭式列举的方式明确界定了诉讼参与人的范围，即"'诉讼参与人'是指当事人、法定代理人、诉讼代理人、辩护人、证人、鉴定人和翻译人员"。这种立法方式虽然明确、具体，确定性强，但缺点是带有较强的滞后性，不能因应刑事诉讼制度及司法实践的新发展，将新产生的实质上参与诉讼的人涵盖在内，如专家辅助人、值班律师、见证人、保证人、诉讼代表人、合适成年人、合规监管人等。因为缺乏立法对这些新"诉讼参与人"的明确认可，必然会影响到对这些人诉讼权利的充分保护，妨碍到这些人的程序参与，使其难以充分发挥其所担当的诉讼角色的功能与作用。鉴于此，应当及时通过修法，将这些新生的诉讼参与人补充进去，并可以考虑采用开放式列举的定义方式。

**延伸阅读推荐**

蔡元培：《刑事诉讼参与人的教义延展》，载《法学》2023 年第 4 期，第 118－132 页。

## 问题 4：被追诉人什么时候叫犯罪嫌疑人？什么时候叫被告人？

被追诉人在不同诉讼环节称法不同，这是法院统一定罪原则的要求，是被追诉人权利保障的需要。被追诉人通常指因涉嫌犯罪而受到刑事追诉的人，主要包括犯罪嫌疑人、被告人等。在公诉案件中，因涉嫌犯罪而受到刑事追诉的人在人民检察院向人民法院提起公诉以前，是犯罪嫌疑人，提起公诉以后，则成为被告人。自诉案件中，自诉人向法院提起自诉后，被起诉追究刑事责任的人是被告人。公诉案件中，犯罪嫌疑人的身份只可能产生于立案之后，立案之前其身份只可能是协查对象、被调查对象、嫌疑分子、重大嫌疑分子乃至证人等。当然，这并不是说立案之后的被追诉对象一概都是犯罪嫌疑人、被告人，在对事立案的案件中，可能立案之后才确定调查对象、嫌疑分子。那在立案之后，被追诉人的身份到底在哪一个时间点会转变为犯罪嫌疑人呢？对此，立法并没有明确规定。刑事诉讼法也没有规定犯罪嫌疑人身份的确认程序。从立法的精神看，由于正式具备了犯罪嫌疑人的身份后，刑事诉讼法才给予其辩护权（委托辩护权）等诉讼权利上的正式保障，而《刑事诉讼法》规定，“犯罪嫌疑人自被侦查机关第一次讯问或者采取强制措施之日起，有权委托辩护人”，因此，其犯罪嫌疑人的身份应形成于被第一次讯问或采取强制措施之前。甚至可以说，第一次讯问或对其采取强制措施，在一定程度上就是对其犯罪嫌疑人身份的正式确认。

区分不同环节被追诉人的称谓，是诉讼公正、民主和文明的重要标志，有利于防止在人民法院依法判决前使用“人犯”“犯罪分子”“嫌疑犯”等概念所带来的有罪推定和主观臆断。

**延伸阅读推荐**

（1）刘梅湘：《犯罪嫌疑人的确认》，载《法学研究》2003 年第 2 期，第 104－112 页。

（2）刘方权：《犯罪嫌疑人身份的确认与撤销》，载《中国人民公安大学学报（社会科学版）》2009 年第 4 期，第 131－138 页。

## 问题 5：犯罪嫌疑人既不能被强迫证实自己有罪，又负担如实回答侦查人员提问的义务，二者不矛盾吗？

部分人认为，“不强迫证实自己有罪”与“如实回答义务”规定在精神上相互抵牾，在逻辑上无法自洽，存在直接冲突。但其实，至少在顶层设计者看来，二者之间其实并不矛盾。一方面，按照权威解释，增加规定“不强迫自证有罪”，仅是为了进一步防止和遏制刑讯逼供而对司法机关提出的“一个刚性的、严格的要求”①。而且，由于“我国刑事诉讼中早就有严禁刑讯逼供这样的规定”，“不强迫自证有罪”可以说是“我国刑事诉讼法一贯坚持的精神”②。也就是说，“不强迫证实自己有罪”条款重点针对的是强迫取证手段，它并没有免除接受讯问和如实供述的义务。另一方面，“如实回答”则要求在回答侦查人员提问时，应根据客观情况，有问必答，不能沉默，也不能说谎。当然，要求犯罪嫌疑人履行该义务不能借助“刑讯”等强迫手段。所以，“不强迫自证有罪”和“如实回答”在内容上并没有根本性的冲突。此外，刑诉法并未明确规定不履行“如实回答”义务的惩戒措施，导致其事实上成为一种“法律劝谕”，其真正的功用并非是强迫获取口供，而是督促被追诉人自愿地如实陈述。由此，“不强迫证实自己有罪”和“如实回答”不仅不冲突，反而在“鼓励自证其罪、反对强迫取供”的立法精神上达成了统一。

**延伸阅读推荐**

樊崇义：《从“应当如实回答”到“不得强迫自证其罪”》，载《法学研究》2008 年

---

① 郎胜：《不得自证其罪和如实回答不矛盾》，载 http：//news.ynxxb.com/content/2012－3/9/N97570149436.aspx，2023 年 6 月 9 日访问。

② 郎胜：《中华人民共和国刑事诉讼法修改与适用》，新华出版社 2012 年版，第 117 页。

第 2 期，第 111－121 页。

## 问题 6：犯罪嫌疑人不能被强迫证实自己有罪，是不是意味着犯罪嫌疑人有沉默权？

有学者认为，“无论立法者是否自觉，把‘不得强迫任何人证实自己有罪’写进刑事诉讼法，就标志着中国法律确认了犯罪嫌疑人和被告人的沉默权”，只不过，我们确立的是“默示的沉默权制度”[①]。亦有学者提出，“不强迫自证有罪”条款至少确立了一种“中国式的沉默权制度”[②]。但我们认为，以上对“不强迫自证有罪”条款与沉默权之关系的解读，并不准确。

我国目前的“不得强迫证实自己有罪”条款与域外的“不自证己罪原则”不管是在功能定位、理念基础、核心意旨上，还是在具体要求及配套规则上，都有很大差别。就立法背景和目的而言，《刑事诉讼法》之所以采取“犹抱琵琶半遮面”的表达方式以及保留“如实回答”义务，就是因为考虑到确立沉默权的条件尚不成熟，就是对当前“国情”“民心”的反映。就字面表述而言，“不强迫自证有罪”亦不具有沉默权的内涵。作为对取证权的规制，“不强迫证实自己有罪”条款至多确立了被取证对象的一种自由，即：在“自我证实有罪”问题上，可以自由选择，而无须担心受到取证人员的强迫。在“自我证实有罪”问题上的自由可能意味着在非“自我证实有罪”问题上的不自由。而且，自由不能想当然地换算为权利。就制度保障而言，“不强迫证实自己有罪”条款也未建立哪怕是“默示的沉默权制度”。尽管各国对于沉默权的理解有些许差异，但一般认可沉默权的两个基本要求：一是被追诉人在面对讯问时有拒绝回答或完全保持沉默的权利，二是原则上被追诉者不因拒绝回答而受到不利的评论或推论。然而，“不强迫证实自己有罪”条款并没有给予被追诉者拒绝回答或保持沉默的权利，相反，却规定了如实回答侦查人员提问的义务。这实质上是对沉默权的明确否定。更何况，我国的刑法、刑诉法也并未明确禁止对被追诉人的拒绝回答或沉默作不利的评论或推论。

**延伸阅读推荐**

（1）赵树坤、梁岩：《论对“不强迫自证有罪”条款的几种误读》，载《刑事司法论丛》第 2 卷，中国检察出版社 2014 年版。

（2）何家弘：《中国式沉默权制度之我见——以“美国式”为参照》，载《政法论坛》2013 年第 1 期，第 107－114 页。

（3）孙长永：《沉默权制度研究》，法律出版社 2001 年版。

## 问题 7：为什么很多国家没有赋予被害人当事人的诉讼身份和地位？即便个别国家赋予了，也对被害人的诉讼权利作出诸多限制？

这涉及被害人利益与被追诉人利益以及公共利益等的平衡问题。被害人参与刑事诉

① 何家弘：《中国已确立沉默权制度》，载《人民法院报》2012 年 8 月 1 日，第 6 版。

② 万毅：《论“不强迫自证其罪”条款的解释与适用——〈刑事诉讼法〉解释的策略与技术》，载《法学论坛》2012 年第 3 期。

讼会不可避免地影响到被追诉人的权利保障。被害人的积极参与，有可能妨碍被追诉人不被推定有罪的权利；被害人的经济损害，需要被追诉人补偿；被害人精神伤害的慰藉，也主要是从对被追诉人的严厉惩处或者被追诉人的真诚悔罪、赔礼道歉中获得；被害人的苛责，可能妨碍被追诉人获得从宽处理的权利；被害人的全面参与，可能增加被追诉人的程序折磨。可以说，被害人参与刑事诉讼的多数利益，如揭露事实、卸除自身过错的利益，个人获得补偿或修复的利益，获得尊重、免受程序伤害的利益等，几乎都需要被追诉人的承认或配合或者以限制被追诉人利益的方式实现。但问题是，在国家提起的刑事诉讼中，弱势的被追诉方独立承担着维系基本诉讼结构的重要职能——辩护职能，因而理应被赋予特定的防御和救济权利，以维护控辩平衡，保障程序公正。而被害人所承担的诉讼职能则带有辅助性、依附性，显然，以牺牲基本诉讼职能为代价保障依附性的诉讼职能是得不偿失的。而且，与被追诉人利益对诉讼程序的高度依赖不同，被害人利益还有诉讼程序之外的实现途径。所以，在处理诉讼程序中被害人权利与被追诉人权利的冲突时，各国一般奉行被追诉人权利优先，即“纵使强化被害人法律地位，亦不得以弱化被告诉讼防御权方法达成”①。这也是很多国家没有赋予被害人诉讼当事人地位，或者虽然赋予其当事人地位也不会赋予其与被追诉人对等的诉讼权利的原因。

**延伸阅读推荐**

马贵翔、林婧：《刑事被害人当事人化的反思与制度重构》，载《河北法学》2020 年第 1 期，第 57 - 67 页。

## 问题 8：自诉人就是提起自诉的人吗?

自诉人是指自诉案件的原告人，即以个人名义向人民法院提起诉讼，要求追究被告人刑事责任的人。一般情况下，当被害人提起自诉时，被害人也即自诉人。但《刑事诉讼法》第 114 条中规定：“被害人死亡或者丧失行为能力的，被害人的法定代理人、近亲属有权向人民法院起诉。人民法院应当依法受理。”《高法解释》第 317 条规定：“本解释第一条规定的案件，如果被害人死亡、丧失行为能力或者因受强制、威吓等无法告诉，或者是限制行为能力人以及因年老、患病、盲、聋、哑等不能亲自告诉，其法定代理人、近亲属告诉或者代为告诉的，人民法院应当依法受理。被害人的法定代理人、近亲属告诉或者代为告诉的，应当提供与被害人关系的证明和被害人不能亲自告诉的原因的证明。”由这些规定特别是司法解释中的规定不难看出，提起自诉的人不一定就是自诉人。司法解释特别区分了告诉与代为告诉：在代为告诉的情况下，代为告诉人并非以自己的名义进行告诉，因此，他不是自诉人。但在什么情况下是代为告诉呢？司法解释对此也没有明确规定。仅从司法解释的规定看，似乎只有“不能亲自告诉”的情形下才产生代为告诉，即只适用于“限制行为能力人以及因年老、患病、盲、聋、哑等不能亲自告诉”的情形。但如果结合《刑事诉讼法》第 114 条的规定，司法解释增加的“因受强迫、威吓等无法告诉”似乎也可以视为“代为告诉”的情形。还有一个有争议的问题是，当被

---

① 卢映洁、徐承荫：《论我国台湾地区犯罪被害人的诉讼参与制度》，载《光华法学》第 11 辑，法律出版社 2019 年版，第 11 页。

害人丧失行为能力时，其法定代理人或近亲属提起自诉，到底是以自己的名义，成为自诉人，还是仍以被害人名义，需要在自诉状的自诉人一栏写上被害人的名字。主流观点认为，在这种情况下，立法的精神是法定代理人或近亲属直接以自己名义告诉，因此直接成为自诉人。但也有人认为，被害人虽然丧失了行为能力，但被害人的主体资格还在，法定代理人或近亲属以被害人的名义代为告诉更为合理，因为这显然与被害人死亡情况下被害人丧失主体资格，其近亲属只能以自己的名义告诉不同。

**延伸阅读推荐**

吴卫军、肖仕卫：《刑事自诉制度研究 基于文本与实证的双重分析》，中国政法大学出版社2014年版。

## 问题9：附带民事诉讼当事人在享有的诉讼权利上有什么特点？

附带民事诉讼案件虽然依附于刑事诉讼案件，并由同一刑事审判组织主持审判，在程序上也一般与刑事诉讼交叉进行，但附带民事诉讼在性质上仍属于民事诉讼，而非刑事诉讼。当事人在进行诉讼活动时除刑事诉讼法有特别规定之处以外，一般应适用民事诉讼法的有关程序规定，因此，附带民事诉讼当事人所享有的诉讼权利通常也主要限于附带民事诉讼案件，着眼于维护其在民事诉讼案件中的合法权益，如参加法庭调查和法庭辩论，就民事诉讼部分享有当事人在法庭上的一切诉讼权利；请求法院主持调解或者自行和解；对一审裁判的附带民事诉讼部分提起上诉或申诉等。

## 问题10：具有律师执业资格的被追诉人近亲属能否以律师名义担任被追诉人的辩护人？

可以。《刑事诉讼法》第33条规定，犯罪嫌疑人、被告人除自己行使辩护权以外，还可以委托律师，人民团体或者犯罪嫌疑人、被告人所在单位推荐的人，以及犯罪嫌疑人、被告人的监护人、亲友等担任自己的辩护人。而且，在其所列举的禁止担任辩护人的情形中，也不包括被追诉人的近亲属或者具有律师职业资格的近亲属，相反，即便是那些被开除公职和被吊销律师执业证书的人，只要是被追诉人的近亲属，也可以担任被追诉人的辩护人。由此不难看出，近亲属和律师均属于被追诉人选择辩护人的当然范围，这其中自然也包括具有律师身份的近亲属。而且，《律师法》在规定律师的业务范围时，也没有禁止律师接受自己近亲属的委托，担任近亲属的辩护人或代理人。综上，具有律师执业资格的被追诉人近亲属可以以律师名义担任被追诉人的辩护人。实践中，个别司法机关由于担心具有律师执业资格的被追诉人的近亲属滥用律师权利如会见权、阅卷权等串供、妨碍作证，而不允许被追诉人近亲属以律师身份担任辩护人，这不符合相关立法。被追诉人的辩护律师，不管是否是被追诉人的近亲属，都要受到《律师法》《刑事诉讼法》《刑法》等的约束，也要受到律师职业道德的限制，不能因为担心其违法而剥夺其法律权利，否则无异于因噎废食。

**延伸阅读推荐**

李爱君、罗琦：《近亲属可以担任辩护人的规定有待完善》，载《人民检察》2009年第 20 期，第 53－54 页。

## 问题 11：辩护人与被追诉人的辩护意见发生冲突时，辩护人应当如何处理?

实践中，被追诉人和辩护人的辩护意见并不总是协调一致，难免会发生对立和冲突。譬如，被追诉人拒不认罪，但辩护人却坚持有罪辩护；被追诉人认罪，但辩护人却选择无罪辩护。对此，传统刑事诉讼理论强调辩护人的独立性，即辩护人并非被追诉人的代言人，其有权根据事实和法律提出自己的辩护意见，既不受专门机关的干涉，也独立于被追诉人。作为该论点的典型反映，中华全国律师协会发布的《律师办理刑事案件规范》(2000 年版）第 5 条曾明确规定："律师担任辩护人或为犯罪嫌疑人提供法律帮助，依法独立进行诉讼活动，不受委托人的意志限制"。然而，部分人特别是一些执业律师认为，独立论过于理想化，在委托辩护中，被追诉人是辩护律师法律服务的消费者，因此，尊重和满足作为客户的被追诉人诉求是第一位的。似乎是受到了该观点的影响，《律师办理刑事案件规范》(2017 年版）第 5 条专门增加一款限制律师独立辩护的规定，要求律师在辩护时，"应当在法律和事实的基础上尊重当事人意见，按照有利于当事人的原则开展工作，不得违背当事人的意愿提出不利于当事人的辩护意见"。有论者还基于相似理路，提出了"协同性辩护理论"，其要旨是，辩护人应尽量形成与被追诉人一致的辩护思路，在无法说服被追诉人时，须尊重被追诉人意志。① 这种凸显"被追诉人中心"的思路貌似合理简便，但其实很难真正解决辩护冲突。因为，问题就在于，由谁以及依据何种标准评判某辩护意见是否有利于被追诉人，违背被追诉人意愿的辩护意见恰恰可能是有利于被追诉人的辩护意见。现行《刑事诉讼法》《律师法》及相关司法解释中虽然没有一个条文明确提及辩护意见冲突，但其实相关条文中隐含着处理类似问题的整体思路：辩护人在形成自己的辩护意见时，应充分尊重被追诉人意见和诉求，并以在法律允许的范围内实现被追诉人利益保护效果的最大化为宗旨。但辩护人的辩护意见独立于被追诉人的意见；如果发生辩护意见冲突，而通过沟通不能达成一致，只要被追诉人没有选择拒绝辩护人辩护，辩护人可以坚持自己的辩护意见。

**延伸阅读推荐**

(1) 闫召华：《辩护冲突中的意见独立原则：以认罪认罚案件为中心》，载《法学家》2020 年第 5 期，第 133－147 页。

(2) 陈瑞华：《独立辩护人理论的反思与重构》，载《政法论坛》2013 年第 6 期，第 13－24 页。

## 问题 12：辩护人劝说已经认罪的被追诉人不认罪是否合法?

辩护人劝说已经认罪的被追诉人不认罪，也即劝说"翻供"，是一个颇有争议的问题。熊昕律师伪造证据案就涉及这一问题。不少人认为，对辩护律师"教唆翻供"行为定罪是不妥当的。熊昕律师的辩护人甚至认为：辩护人"不被监听的秘密会见权，保护

① 参见陈瑞华：《论协同性辩护理论》，载《浙江工商大学学报》2018 年第 3 期。

辩护人可以与被告人说一切话，包括辅导当事人如何……翻供”，在被追诉人“实行的狡辩或翻供行为都不具有可责性的情况下，所谓的教唆行为也不具有可责性”[①]。应当看到，这种观点其实无视了辩护人的独立性和公益性，混淆了辩护人与被追诉人的权利义务。由于负担“如实回答”的法律义务，在我国，即使是被追诉人，也没有撒谎的权利，其撒谎或者毫无根据的狡辩、翻供行为虽然不构成伪证罪，但极易导致事实上的不利推定和量刑上的不利影响。《刑法》第306条也仅仅提供了辩护人行为的一个刑法边界，而按照《刑事诉讼法》和《律师法》的要求，辩护人必须尊重事实，遵守法律，故意提供虚假证据或者威胁、利诱他人提供虚假证据或妨碍他人作证的，需要承担法律责任。当然，“教唆翻供”不一定就是教唆做假供，所以，在可责性问题上，确实应该区别情况。辩护人明知被追诉人原来的认罪可能符合真实情况，仍然教唆被追诉人推翻而做假供的，既违法，也有悖于职业道德。如果辩护人明知被追诉人原来的认罪可能符合真实情况，但仍教唆被追诉人推翻而不作供述的，这种行为和直接教唆被追诉人不认罪一样，可能也会有法律上的可责性，因为辩护人实质上是在教唆被追诉人不履行“如实回答”的法律义务。当然，辩护人可以说服被追诉人推翻原来自己的虚假认罪，也可以针对刑讯逼供行为提出控告或申请排除非法证据。一言以蔽之，在被追诉人是否认罪问题上，辩护人应当在提出独立建议的基础上尽可能地尊重其自主性，把握好建议与“教唆”的界限。

**延伸阅读推荐**

龙宗智：《李庄案法理研判——主要从证据学的角度》，载《法学》2010年第2期，第3-13页。

## 问题13：法定代理人与监护人间是何关系?

刑事诉讼中，有关法定代理人及监护人的相关规定稍显混乱。例如，《刑事诉讼法》规定，“对于未成年人刑事案件，在讯问和审判的时候，应当通知未成年犯罪嫌疑人、被告人的法定代理人到场”；而《未成年人保护法》则规定，“公安机关、人民检察院、人民法院讯问未成年犯罪嫌疑人、被告人……应当通知其法定代理人或者其成年亲属、所在学校的代表等合适成年人到场”。而《刑事诉讼法》第108条规定：“‘法定代理人’是指被代理人的父母、养父母、监护人和负有保护责任的机关、团体的代表”。事实上，法定代理人就是履行代理职责的监护人。法定代理人是指对于无行为能力或者限制行为能力的人负有监督和保护责任，并直接代理被保护人参加刑事诉讼的人。而监护人是指对无完全民事行为能力的人的人身、财产及其他合法权益负有监督和保护职责的人。按照《民法典》中的列举，对于未成年人，其父母，以及（未成年人的父母已经死亡或者没有监护能力时）其祖父母、外祖父母，兄、姐，其他愿意担任监护人的个人或者组织（须经未成年人住所地的居民委员会、村民委员会或者民政部门同意）按顺序担任监护人。对于无、限制民事行为能力的成年人，由其配偶，父母、子女，其他近亲属，其他愿意担任监护人的个人或者组织（但是须经被监护人住所地的居民委员会、村民委员会或者

① 《熊昕律师案：新时代李庄案，东湖区法院不接律师手续闹笑话》，载微信公众号“律法护卫号”2019年9月23日，https://mp.weixin.qq.com/s/Y15ahQCSJq2K9mVBx86Ucw，2019年9月24日访问。

民政部门同意）按顺序担任监护人。《民法典》同时规定，无民事行为能力人、限制民事行为能力人的监护人是其法定代理人。监护人对被监护人负有代理被监护人实施民事法律行为、保护被监护人合法权益、代理被监护人进行诉讼等多项职责，其中，在履行代理职责时，其身份就是法定代理人。换言之，法定代理人是监护人履行部分职责时的身份，并不是完全独立于监护人的一种独立身份。最高人民法院办公厅《关于实施〈法院刑事诉讼文书样式〉若干问题的解答》明确规定：判令未成年被告人的监护人承担民事责任的，应当将依法对未成年被告人享有监护权的监护人列为“法定代理人暨附带民事诉讼被告人”，而不仅仅列为“法定代理人”或者“附带民事诉讼被告人”。列为法定代理人是因为其负有的代理职责，列为附带民事诉讼被告人是因其承担的赔偿责任，二者均是由其监护人的地位决定的。

**延伸阅读推荐**

孟红、崔小峰：《未成年人刑事案件中法定代理人制度研究》，载《青少年犯罪研究》2005 年第 5 期，第 44－49 页。

## 问题 14：法定代理人与诉讼代理人有何区别？

法定代理人与诉讼代理人在地位上同为刑事诉讼中当事人之外的其他诉讼参与人。法定代理人主要依照法律规定行使代理权，诉讼代理人主要按照被代理人的委托行使代理权。二者的区别主要体现在以下三个方面：（1）产生的根据不同。法定代理人是基于法律的规定产生的，能够担任法定代理人的人员范围极为特定。而诉讼代理人一般基于委托产生，能够担任诉讼代理人的人员范围相对宽松。（2）被代理人的范围不同。法定代理人的代理对象是无、限制民事行为能力的人。而诉讼代理人的被代理人没有行为能力方面的限制。（3）地位和权限范围不同。法定代理人的诉讼地位更为独立，有权提出独立且可能不同于被代理人的意见，有权独立行使不少诉讼权利，如上诉权。而诉讼代理人一般是以被代理人名义进行诉讼，一般在被代理人授权范围内活动，受到被代理人意思的较大约束。

## 问题 15：值班律师缺乏实体性权利难以提供实质法律帮助，那为什么仍未赋予值班律师“辩护人”或者“准辩护人”身份？

实践中确实存在值班律师法律帮助形式化的现象，但导致这种现象的原因是极为复杂的，值班律师身份定位及权利的设定只是因素之一。法律援助辩护人拥有的权利很全面，也具有辩护人的身份，但同样在一定程度上存在法律帮助形式化的现象。从深层的制度渊源看，值班律师制度源于法律援助的国家义务与被追诉人最低限度法律帮助权。值班律师是以值班的形式提供法律帮助的律师，值班律师制度主要是针对没有委托辩护人的被追诉人所作的一种应急性的制度安排，以确保被追诉人临时获得初步的或最低限度的法律帮助。因此，值班律师有不同于辩护律师的特殊定位和特定职责，从而与辩护律师形成一种互补关系。我们显然不能简单用有效辩护的标准要求值班律师，正如我们不能用值班律师有效法律帮助的标准要求辩护律师一样。将辩护律师的权利全部赋予值班律师，或者实现值班律师的辩护人化，表面上是在强化值班律师制度，实则是漠视了值班律师相对于辩护律师的特殊之处。只有进一步明确值班律师与辩护律师的职责及权利差异，使二者各司其职、各守其责、各行其权，才能更“错落有致”地满足被追诉人的法律帮助需求。

**延伸阅读推荐**

（1）樊崇义：《值班律师制度的本土叙事：回顾、定位与完善》，载《法学杂志》2018 年第 9 期，第 1－12 页。

（2）姚莉：《认罪认罚程序中值班律师的角色与功能》，载《法商研究》2017 年第 6 期，第 42－49 页。

## 问题 16：为什么证人和辩护人不适用回避制度，而鉴定人和翻译人员却在回避的范围？

回避制度创立的本意是防止裁判者因自身利益牵涉而对案件公正处理可能导致的不利影响。它起源于“任何人不能作为自己的法官”的理念。在《世界人权宣言》及联合国《两权公约》中关于刑事诉讼程序正义的基本保障，都有对建立回避制度的要求。我国《刑事诉讼法》也用专章规定了回避制度。但考虑到我国的刑事诉讼中参与的专门机关较多，且各专门机关间遵循分工负责、相互配合、互相制约的诉讼推进方式，为了防止各专门机关工作人员因利益牵连而不当行使权力从而造成案件处理的不公，回避制度的适用对象扩展到了检察人员、侦查人员、书记员等。而证人、辩护人是当事人以外的其他诉讼参与人，显然不属于专门机关工作人员，牵涉不到公权力行使问题，因而，不属于回避对象。被追诉人的亲友都可以作证人或辩护人。鉴定人和翻译人员虽然在诉讼地位上也属于当事人以外的其他诉讼参与人，但鉴定人和翻译人员都产生于专门机关的聘请或指定，也都有对履职中立性、客观性、公正性等的要求，不能与案件或案件当事人有利害关系，因而被纳入了回避制度的适用范围。

## 问题 17：“具有专门知识的人”、专家辅助人与鉴定人的联系与区别？

刑事诉讼中“具有专门知识的人”，是指根据公安司法机关的指派、聘请或通知，凭借在某个领域的专门知识参与诉讼活动的人。《刑事诉讼法》第 146 条规定，“为了查明案情，需要解决案件中某些专门性问题的时候，应当指派、聘请有专门知识的人进行鉴定”，因此，广义上“具有专门知识的人”包括鉴定人。而狭义上“具有专门知识的人”则仅指鉴定人以外的具有专门知识的人，常被称作“专家辅助人”。根据《刑事诉讼法》的规定，狭义上“具有专门知识的人”既可能参与审前活动，如接受侦查机关指派或聘请，在侦查人员的主持下进行勘验、检查，也可能参与审判活动，如根据公诉人、当事人和辩护人、诉讼代理人的申请并经人民法院通知，出庭就鉴定人作出的鉴定意见提出意见。“具有专门知识的人”就鉴定意见提出的意见不是鉴定意见。但值得注意的是，根据《高法解释》第 100 条的规定，因无鉴定机构，或者根据法律、司法解释的规定，指派、聘请有专门知识的人就案件的专门性问题出具的报告，可以作为证据使用。人民法院在审查和认定此类证据时，参照鉴定意见的有关规定。而且，经人民法院通知，出具报告的人拒不出庭作证的，有关报告不得作为定案的根据。专家辅助人与鉴定人都需要具有一定的专业知识，二者的不同体现在：鉴定人具有鉴定资格，参加诉讼的功用是对专门性问题进行鉴定，给出结论性意见。而专家辅助人不以具备鉴定资格为前提，其作用仅是对某些专门性问题进行说明或者辅助取证、质证。鉴定人具有较强的独立性与中立性，而专家辅助人则具有较强的从属性，主要辅助一方当事人或专门机关进行诉讼或理解特定的专门性问题等。

**延伸阅读推荐**

胡铭：《鉴定人出庭与专家辅助人角色定位之实证研究》，载《法学研究》2014 年第 4 期，第 190－208 页。

### 问题 18：在我国刑事诉讼中，单位可以担任的诉讼身份有哪些？

根据刑事诉讼法的规定，在我国的刑事诉讼中，单位可以成为犯罪嫌疑人、被告人、附带民事诉讼的原告人或被告人。通说认为，单位也可以成为刑事诉讼中的被害人、自诉人。但单位不能成为证人、辩护人、诉讼代理人、鉴定人等。

## 本章课后演练

**（一）不定项选择题**

1. 王某因涉嫌绑架被检察机关提起公诉，一审被判处五年有期徒刑，检察机关以量刑过轻为由提出抗诉。关于本案二审的审判组织，以下选项错误的是（　　）。

A. 应当组成三人至七人的合议庭进行审理

B. 合议庭可以吸收人民陪审员参加

C. 合议庭必须将本案提请院长决定提交审判委员会讨论决定

D. 合议庭的审判长至少应由审判员担任

2. 甲向公安机关控告乙犯有故意伤害（轻伤），公安机关依法对乙立案侦查。同时，甲以诽谤罪向人民法院控告丙，人民法院也依法受理了案件，拟择期开庭审判。关于乙和丙在当前诉讼阶段共有的权利，下列选项正确的是（　　）。

A. 有权对甲提起反诉

B. 有权拒绝辩护人辩护

C. 有权知悉追诉方证据

D. 有权向证人发问

3. 人民检察院上下级之间的关系是？（　　）

A. 指导与被指导

B. 相互独立

C. 领导与被领导

D. 监督与被监督

4. 张某在某快餐厅被三名邪教组织成员殴打致死。关于其丈夫在刑事诉讼中依法享有的权利，下列哪一说法是正确的？（　　）

A. 随时委托诉讼代理人

B. 同被追诉人进行刑事和解

C. 不服检察机关不起诉决定的，能且只能向上一级检察机关申诉

D. 不服第一审判决、裁定的，有权请求检察机关抗诉

5. 关于证人与鉴定人的共同特征，下列选项正确的是（　　）。

A. 具有不可替代性

B. 与案件或者案件当事人无利害关系

C. 人民法院可强制其到庭

D. 出庭时无权向其他诉讼参与人发问

6. 有权决定逮捕犯罪嫌疑人的机关是？（　　）

A. 公安机关

B. 人民检察院

C. 人民法院

D. 监狱

7. 在刑事诉讼中，有权委托诉讼代理人的是（　　）。

A. 公诉案件的被害人及其法定代理人或者近亲属

B. 附带民事诉讼的当事人及其法定代理人

C. 自诉案件的自诉人及其法定代理人

D. 自诉案件的被告人及其法定代理人

8. 下列诉讼参与人中，对刑事判决有独立上诉权的是？（　　）

A. 自诉人

B. 被告人的法定代理人

C. 被告人的近亲属

D. 被害人

9. 被告人张某委托律师洪某作辩护人，被告人李某则委托朋友林某作辩护人。关于洪某和林某平等享有的诉讼权利，以下选项正确的是（　　）。

A. 对作为证据材料向人民法院移送的讯问录音录像，申请查阅的权利

B. 认为公安机关、人民检察院未随案移送其收集的证明被告人无罪或者罪轻的证据材料时，申请人民法院调取的权利

C. 申请人民法院向证人或者有关单位、个人收集、调取证据材料的权利

D. 在专门机关工作人员阻碍其依法行使诉讼权利时提出申诉或者控告的权利

10. 下列主体中承担控诉职能的是（　　）。

A. 侦查机关

B. 自诉人的诉讼代理人

C. 公诉案件中的被害人

D. 附带民事诉讼原告人

**（二）判断分析题**

1. 作为一种出罪方式，人民检察院作出酌定不起诉或附条件不起诉决定等，在性质上就是认定被追诉人有罪而免于追究刑事责任。

2. 自诉案件被告人有权提起反诉。

3. 对于《刑事诉讼法》需要进一步明确界限或作补充规定的，最高人民法院、最高人民检察院有权进行解释。

4. 监察机关的调查活动属于人民检察院法律监督的范围。

5. 专门机关工作人员有使用本民族语言文字进行诉讼的权利。

**（三）简答题**

1. 人民法院在刑事诉讼中的职权有哪些？

2. 我国检察机关的中国特色表现在哪些方面？

3. 辩护律师和非律师的辩护人在享有的诉讼权利上有何异同？

4. 被害人与自诉人共同享有的诉讼权利有哪些？

5. 哪些人可能成为附带民事诉讼的被告人？

**（四）论述题**

1. 如何看待人民法院在我国刑事诉讼中的地位和职权？

2. 如何理解被害人在我国刑事诉讼中的地位？

**（五）法条分析题**

1.《刑事诉讼法》第 19 条第 2 款："人民检察院在对诉讼活动实行法律监督中发现的司法工作人员利用职权实施的非法拘禁、刑讯逼供、非法搜查等侵犯公民权利、损害司法公正的犯罪，可以由人民检察院立案侦查。"

2.《刑事诉讼法》第 36 条第 2 款："人民法院、人民检察院、看守所应当告知犯罪嫌疑人、被告人有权约见值班律师，并为犯罪嫌疑人、被告人约见值班律师提供便利。"

**（六）案例分析题**

某检察院将袁某、江某（16 岁）涉嫌共同入户抢劫夏某案诉至法院。该案的合议庭由三名审判员和两名人民陪审员组成。袁某和江某在侦查、审查起诉阶段均不认罪。但江某在开庭前表示自愿认罪认罚，请求法院从宽处理，而其法定代理人江某某对江某认罪有异议。法院通知检察院适用认罪认罚从宽程序。在江某签署认罪认罚具结书时，由于其未委托辩护人，检察院通知了江某某和值班律师到场。鉴于本案事实清楚，证据确实、充分，法院决定适用简易程序审理。法庭公开审理本案时，经审判长许可，夏某的父亲夏某某以附带民事诉讼原告人的身份，就犯罪及财产损失事实向被告人发问。夏某的邻居赵某旁听了案件审理，并应控方要求就案发当晚听到的情况向法庭作证，先后回答了辩护人、公诉人及审判长的发问。庭审中合议庭对赵某的证言和袁某的供述有疑问，建议检察院补充侦查，但公诉人当庭拒绝。法院遂宣布休庭，对相关证据进行调查核实。调查中，合议庭搜集到袁某两年前实施强奸犯罪的证据，经庭外征求意见，控辩双方对该证据没有异议。恢复审理后，合议庭当庭作出判决，认定江某犯抢劫罪，袁某犯抢劫罪、强奸罪。

问题：本案在程序方面存在哪些不当之处？简要分析原因。

# 参考答案

## （一）不定项选择题

1. ABD　2. B　3. C　4. C　5. D　6. B　7. ABC　8. AB　9. BD　10. ABC

## （二）判断分析题

1. 题略。

错误。1979 年《刑事诉讼法》规定的检察机关的免予起诉制度确实曾经有过有侵犯法院审判权之嫌的诟病。但之后这一制度被取消。人民检察院的不起诉决定只是一种程序处理，不具有定罪性质，尽管其事实上往往产生“程序出罪”的效果。根据人民法院统一定罪原则的要求，人民法院是我国唯一有权确定被告人有罪和对被告人判处刑罚的机关。

2. 题略。

错误。属于告诉才处理的或被害人有证据证明的轻微刑事自诉案件，被告人可以提起反诉，但公诉转自诉案件的被告人不得提起反诉。

3. 题略。

错误。凡关于法律、法律需要进一步明确界限或作补充规定的，由全国人民代表大会常务委员会进行解释或用法令加以规定。凡属于法院审判工作中具体应用法律、法令的问题，由最高人民法院进行解释。凡属于检察院检察工作中具体应用法律、法令的问题，由最高人民检察院进行解释。最高人民法院和最高人民检察院的解释如果有原则性的分歧，报请全国人民代表大会常务委员会解释或决定。

4. 题略。

错误。监察机关的调查活动在性质上不同于侦查，不是诉讼活动。而人民检察院所进行的法律监督活动目前主要是诉讼监督，因而，监察机关的调查活动不属于人民检察院的法律监督范围。

5. 题略。

错误。虽然根据《刑事诉讼法》第 9 条的规定，各民族公民都有用本民族语言文字进行诉讼的权利，但是，结合该条的其他规定，即人民法院、人民检察院和公安机关对于不通晓当地通用的语言文字的诉讼参与人，应当为他们翻译；在少数民族聚居或者多民族杂居的地区，应当用当地通用的语言进行审讯，用当地通用的文字发布判决书、布告和其他文件，此处的各民族公民指的主要是当事人和其他诉讼参与人。

## （三）简答题

1. 题略。

（1）决定适用拘传、取保候审、监视居住和逮捕等强制措施。（2）主持审判；对该出庭而不出庭作证的证人有权强制其到庭、予以训诫和拘留；在审判过程中，必要时可以进行勘验、检查、查封、扣押、鉴定和查询、冻结。（3）对违反法庭秩序的行为进行警告、制止以及采取处罚措施。（4）执行某些判决和裁定。（5）对生效判决按照审判监督程序进行提审或者再审。

2. 题略。

（1）在机构设置上，人民检察院相对独立，形成自上而下集中统一的组织体系，并且与人民法院具有平等的宪法地位。(2) 在领导体制上，人民检察院在政治上和思想上受执政党领导，在业务上受上级人民检察院领导，在工作上对产生它的国家权力机关负责。(3) 在根本性质上，人民检察院是国家（专门）的法律监督机关，其大多数职能带有监督性质，有权对立案、侦查、审判、执行等整个刑事诉讼活动进行监督。(4) 在刑事案件办理中，人民检察院与人民法院、公安机关等分工负责、互相配合、相互制约，共同完成刑事诉讼任务。

3. 题略。

(1) 有些诉讼权利只能由辩护律师专享，主要包括：在侦查阶段享有的一系列诉讼权利；自案件移送审查起诉之日起，可以向犯罪嫌疑人、被告人核实有关证据；调查取证权和申请调查取证权；会见犯罪嫌疑人、被告人时不被监听；对在执业活动中知悉的委托人的有关情况和信息，有权予以保密；对作为证据材料向人民法院移送的讯问录音录像，辩护律师申请查阅权。(2) 有些诉讼权利虽然辩护律师和非律师辩护人都享有，但行使条件不同。例如：辩护律师可以查阅、摘抄、复制案卷材料；其他辩护人经人民法院许可，也可以查阅、摘抄、复制案卷材料。辩护律师可以同在押的或者被监视居住的被告人会见和通信；其他辩护人经人民法院许可，也可以同在押的或者被监视居住的被告人会见和通信。(3) 有些权利辩护律师和非律师辩护人平等享有。主要包括：申请向公、检调取证据权，获得开庭相关情况的通知权，提出辩护意见权，参加庭审权，经被告人同意提出上诉权，申请回避权，申请变更或解除强制措施权，对侵害自己诉讼权利行为的申诉或控告权等。

4. 题略。

(1) 申请回避权；(2) 有权委托诉讼代理人；(3) 有权出席法庭，参加法庭调查和法庭辩论；(4) 有权对已生效的裁判提出申诉；(5) 在法律允许的范围内有权与被追诉人达成和解；(6) 对审判人员非法剥夺其诉讼权利和人身侮辱的行为，有权向有关部门提出控告。

5. 题略。

(1) 刑事被告人以及未被追究刑事责任的其他共同侵害人；(2) 刑事被告人的监护人；(3) 死刑罪犯的遗产继承人；(4) 共同犯罪案件中，案件审结前死亡的被告人的遗产继承人；(5) 对被害人的物质损失依法应当承担赔偿责任的其他单位和个人。

**（四）论述题**

1. 题略。

人民法院是国家的审判机关，代表国家依法独立行使审判权。作为国家权力的重要组成部分，审判权是指人民法院对刑事案件、民事案件和行政案件进行审理和判决的权力。在刑事诉讼中，人民法院是唯一有权审理并定罪量刑的专门机关，只有经过人民法院审判，才有可能确定被追诉人有罪并判处刑罚。在审判阶段，人民法院始终居于主导地位，负责主持和指挥诉讼活动，并对案件作出裁决。

人民法院在依法独立行使审判权时，不受行政机关、社会团体和个人的干涉。对案件的审理和裁判是人民法院的核心职权。人民法院在刑事诉讼中的审判权主要包括直接受理自诉案件的权力、对受理的刑事案件及附带民事案件依法审理和作出裁判的权力、依据审判监督程序对案件进行再审的权力、对违法所得没收案件和强制医疗案件的审判权、审判减刑和假释案件的权力、死刑标准权等。为了保障人民法院有效履行其刑事诉讼职能，除审理和裁判权之外，法律赋予了人民法院如下几类职权：一是采取刑事强制措施的权力。二是调查取证权。三是执行权。四是主持制作刑事和解协议书和主持附带民事诉讼调解的权力。五是采取必要措施，维护法庭秩序和审判权威的权力。六是解释和指导权。

2. 题略。

被害人是指其人身、财产和其他权益遭受犯罪行为侵害的人。广义上的被害人在不同的诉讼中有不同的诉讼身份：在刑事公诉案件中，被害人仍以“被害人”名义参与诉讼；在自诉案件中，被害人是以“自诉人”的名义参与诉讼；在刑事附带民事诉讼中，被害人则又以“附带民事诉讼原告人”的名义参与诉讼。通常所讲的被害人仅指公诉案件中的被害人。为了更好地维护被害人的合法权益，二战以后，强化被害人在刑事诉讼程序中的权利保障成为各国刑事司法改革的重要目标。我国1996年修正的《刑事诉讼法》将被害人的诉讼地位从“其他诉讼参与人”提升为“当事人”。这一调整主要是考虑到：(1) 被害人作为遭受犯罪行为侵害的人，与案件的结局有直接的利害关系；(2) 一般情况下，被害人自身基于制裁犯罪、弥补损失等诉求，具有积极参加刑事诉讼、影响裁判结果的愿望；(3) 在强调被追诉人权利保障的同时，被害人的权益保护问题极易被忽略；(4) 被害人了解案件事实，其陈述本身也是法定的证据类型。当然，出于控辩平衡等的考虑，《刑事诉讼法》又对作为当事人的被害人的诉讼地位和诉讼权利作出了一定的限制，比如，被害人对于一审未生效判决没有直接提起上诉的权利，在不服判决时，只能申请检察机关提出抗诉。

**(五) 法条分析题**

1. 题略。

可以从以下四个方面理解该法条：

(1) 国家监察体制改革后，检察机关依然保有特定罪名的立案侦查权。

(2) 这些特定罪名属于司法工作人员利用职权实施的犯罪。

(3) 检察机关管辖这些罪名时其发现途径只能是：在对诉讼活动实行法律监督中发现的犯罪。

(4) 这些特定罪名的犯罪“可以”由人民检察院侦查，不是说应当。监察委员会依然保留有调查这些罪名的权力。

2. 题略。

可以从按以下思路展开分析：

(1) 犯罪嫌疑人约见值班律师权形成的背景。

(2) 确立犯罪嫌疑人约见值班律师权的积极意义。

(3) 犯罪嫌疑人约见值班律师权的局限及实现中的不足。

(4) 完善该法条的若干建议。

**(六) 案例分析题**

问题：本案在程序方面存在哪些不当之处？简要分析原因。

(1) 合议庭人数错误。应由审判员三人或者由审判员和人民陪审员共三人组成合议庭进行。

(2) 未成年被追诉人的法定代理人对未成年人认罪有异议的，不需要签署认罪认罚具结书。

(3) 未成年被追诉人没有委托辩护人的，公安司法机关应当通知法律援助机构指派律师为其提供辩护。

(4) 共同犯罪案件中部分被告人不认罪，本案不符合适用简易程序条件。

(5) 审判的时候被告人不满 18 周岁的案件，不公开审理。

(6) 附带民事诉讼原告不能就有关犯罪事实向被告人发问。

(7) 赵某作为证人不能旁听案件的审理。

(8) 赵某作为控方证人，控辩双方向其发问的顺序错误，应当先由要求通知证人出庭的一方进行发问。

(9) 合议庭不应建议检察院补充侦查。只有在被告人提出新的立功线索时，人民法院才可以建议人民检察院补充侦查。

(10) 对于袁某强奸的事实，法院可通知人民检察院，由其决定是否补充起诉。法院不能直接对检察机关未起诉的犯罪作出判决。

# 第三章　刑事诉讼的基本原则

## 本章知识图谱

- 刑事诉讼的基本原则
  - 为何要专门规定基本原则
    - 法条有限、事实无穷
    - 立法语言的表达局限
    - 立法语言冲突或交叉
  - 专门机关依法行使职权原则
    - 为何不发动群众打击犯罪
    - 与依靠群众原则有何关系
  - 依靠群众原则
    - 刑事诉讼如何依靠群众
      - 发现犯罪线索
      - 提供证人证言
      - 人民监督员、人民陪审员
      - 社区矫正
    - 依靠群众不等于盲从舆论
  - 检察、审判机关依法独立行使职权原则
    - 为何是集体而非个人独立
    - 为何只列举不受行政机关，社会团体和个人干涉
    - 党、人大、上下级法检机关的介入是否叫干涉
  - 三机关分工负责、互相配合、互相制约原则
    - 分工源自反对“一竿子插到底”，避免“绝对的权力意味着绝对的腐败”
    - 配合主要在公安机关和检察机关之间
    - 制约主要体现为程序机制的运用
    - 责任追究制导致“以邻为壑”的卸责式制约
    - 非正式制约的广泛存在
  - 检察监督原则
    - 诉讼内监督vs诉讼外监督
    - 实体监督vs程序监督
    - 个体监督vs集体监督
    - 检察长列席审判委员会会议的监督难题
  - 程序法定原则
    - “法无明文授权不可为”在刑事诉讼领域不成立
      - 诸多公权行使旨在保护被追诉人
      - 公权规范大多属于概括式授权
    - 替代方案
      - 法律有规定时严格遵守
      - 法律无规定时谨慎裁量
  - 未经法院判决不得定罪原则
    - 不能与无罪推定原则画等号
      - 公诉机关承担证明责任
      - 被告人有沉默权，不自证其罪——自白任意性规则
      - 疑罪从无
    - 法院“独占”定罪权

- 刑事诉讼的基本原则
  - 为何要专门规定基本原则
    - 法条有限、事实无穷
    - 立法语言的表达局限
    - 立法语言冲突或交叉
  - 认罪认罚从宽原则
    - 认罪认罚从宽贯穿全过程、支撑全体系
    - 刑事政策方向调整的阶段性定型
      - 职权主义诉讼
      - 对抗式诉讼
      - 合作式、协商式诉讼
    - 认罪认罚从宽的权利属性
  - 辩护原则
    - 起源：不得禁止委托辩护 — 政府消极义务：容忍律师
    - 发展：提供免费律师 — 政府积极义务：提供法律援助
    - 近期：保证辩护质量 — 政府有义务提供称职且尽责的律师
  - 比例原则
    - 源自行政法，尚未被刑事诉讼法纳入
    - 强制措施：并未实施取保优先，经常是够罪即捕
    - 侦查手段：干预性措施过于随意，合法但不合理
    - 起诉：不起诉裁量权过小或过大
    - 审判：类案入罪标准过低导致打击面过大、行政犯入刑太容易
  - 禁止双重追诉原则
    - 英美法系的司法竞技传统
      - 开庭日“毕其功于一役”
      - 纠纷解决模式：“落子无悔”
      - 禁止不利于被告人的再审变更
    - 我国的实事求是司法观
  - 其他不宜提升为刑事诉讼基本原则的原则和制度
    - 以事实为根据，以法律为准绳
    - 使用本民族语言进行诉讼
    - 平等原则
    - 两审终审
    - 审判公开
    - 陪审制

## 本章重点问题

### 第一节 概 述

#### 问题 1：为什么需要专门规定刑事诉讼的基本原则？

作为适用刑事实体法的具体程序规则，刑事诉讼法必须强调操作性，因此常有观点认为，不宜在刑事诉讼法规范中规定过于笼统的基本原则。① 但现行刑事诉讼法第一章直接冠以“任务和基本原则”之名，并规定了十余项原则。这是为何呢？我们认为，基本原则之于刑事诉讼法乃至任何一门部门法，功能不外乎有二：一是统领性，即将整部法律的核心要义归纳为最凝练的表述。二是补充性，即在专门条款意有不逮之处，使用基

① 参见王圣扬：《论刑事诉讼基本原则的结构性调整》，载《安徽大学学报（哲学社会科学版）》2007 年第 1 期。

本原则加以补充。前者主要表现为形式功能，即以简要之表述促进刑事诉讼领域的沟通、研讨和宣传。后者则更多体现为实质功能，即将基本原则之内容置入专门条款之中，获得更为全面、协调的刑事诉讼专门规范。

从逻辑上推理，只要立法者足够努力且高明，刑事诉讼法的专门条款可以足够全面、足够协调，无须通过笼统的基本原则加以补充。但从立法史和司法实践来看，这一推理并不现实。主要原因有三：

一是法条有限，事实无穷，需要利用基本原则的笼统性应对现实的复杂性。成文法体系固然有诸多优势，但其弊端之一在于滞后性，即立法者很难在立法当时完美预测未来社会可能发生何种情况并事先予以规范。不仅如此，由于罪刑法定原则的约束，刑事领域的立法还必须坚持明确性，避免以过于笼统的语言留下过多“口袋”规则。[①] 如此一来，刑事诉讼的专门条款通常力求具体、精准，难以涵盖立法当时尚未出现的情况，或是虽已出现但尚未有共识的情况。所谓“旧瓶难装新酒”，实践中一旦出现这种新情况，专门条款难以直接适用，经常就需要借助笼统的基本原则予以补充。比如关于辩护人行使阅卷权的方式，1979 年《刑事诉讼法》仅规定“查阅”，没有“摘抄”和“复制”。从生活意义上理解，查阅或许可以涵盖摘抄（毕竟要求辩护人记忆案卷既不可能也无必要），但复制之所以未被写入规范，主要还是因为当时复印机尚未在中国大规模使用。但到了 1996 年《刑事诉讼法》第一次修订时，摘抄和复制案卷材料就成为法定阅卷方式。虽然 1996 年的复制本意是指复印，但因为语词的可延展性，进入 21 世纪以来的刻盘等方式也可直接适用。有意思的是，到了 2021 年最高人民法院修订适用刑事诉讼法司法解释时，考虑到讯问录音录像被直接复制后容易上网传播这一特殊因素，又特意将“复制”从录音录像的阅卷方式中删除。上述每一次立法和修法，固然都体现出立法者与时俱进的态度，但同时也证明立法者的时代局限性。更重要的是，若从《刑事诉讼法》第 11 条的辩护原则出发，既然阅卷权是被告人辩护权的题中之义，且讯问录音录像是证明口供合法性的关键证据，2021 年最高人民法院删除关于复制讯问录音录像的规定就难免争议。

二是立法语言存在表达局限，需要借助基本原则予以补充解释。人类语言并不总能做到“所述即所想”，而是经常出现“只可意会、不可言传”的情况。在日常交流中，难以言传的意会或许尚可接受，甚至经常是一种更为有效的沟通；但在立法层面，不能言传意味着法律不明确，难以被人们所理解，这当然是不可接受的。在人类社会的语言系统中，一个概念越抽象，往往越容易获得普遍性的理解；反之，概念越具体，反而越难取得共识。比如关于什么是爱，全世界绝大多数人都能理解；不过一旦具体到父母对子女究竟更宽容是爱还是更严厉是爱，可能就会有诸多分歧。法律概念同样如此，比如世界各国都很难对“淫秽物品”作出精准界定，比如全裸的大卫雕像为何是艺术品，而网络上的诸多“露点”照片为何被认定为淫秽物品，在很多国家的法庭上都纠缠不清，最后不得不诉诸类似“鉴黄师”这种主观性的判断，这实际是用“自由心证”这一证据法原则来弥补概念语词的表达局限。又如刑事强制措施当中的指定居所监视居住，规范上的适用条件之一是“无固定住处”，实践中能否将租住房（尤其是家属在犯罪嫌疑人被采

① 参见劳东燕：《罪刑法定的明确性困境及其出路》，载《法学研究》2004 年第 3 期。

取强制措施之后才在当地租住的房屋）认定为固定住处，各地把握标准并不一致，此时可能需要借助无罪推定原理甚至比例原则理论进行解释。

三是立法语言常有字面含义的交叉或冲突，需要通过基本原则予以协调。法律规范必须使用通用语言，而通用语言并不当然具备法律规范应有的严谨性，一旦出现规范之间的交叉或冲突，一般就需要借助基本原则加以协调。比如关于指定居所监视居住的适用，近年来在实践中争议较大。其可能被办案机关滥用以规避看守所羁押的严格监督，成为变相实施长期单独关押和侦讯的措施，甚至成为一些冤假错案或刑讯逼供的关键原因。从字面上解释，一旦犯罪嫌疑人在办案机关所在地没有固定住处，且存在难以适用逮捕或取保候审措施的条件，就可以指定居所监视居住。但若从无罪推定原理、比例原则理论（尤其是其中的最小侵害理论）出发，作为替代逮捕或取保候审的强制措施，监视居住对人身权利的压制或剥夺本应弱于逮捕措施，且归类为强制措施的监视居住本不应承担侦查破案的功能（可以对比监察法中归类为调查措施的留置），是故应当对指定居所监视居住严加限制，禁止随意扩大适用，尤其需要禁止故意指定异地公安机关办案以满足“（在办案机关所在地）没有固定住处”的条件，或者随意扩大解释危害国家安全犯罪、恐怖活动犯罪的范围。

**延伸阅读推荐**

约瑟夫·拉兹：《法律原则与法律的界限》，雷磊译，载《比较法研究》2009 年第 6 期，第 132－148 页。

## 第二节　具体原则

### 问题 1：为什么刑事诉讼职能必须由法定的专门机关行使？

仅从打击犯罪目的出发，最有效的机制可能是“全民皆兵”，让犯罪分子真正成为“过街老鼠，人人喊打”。毕竟，公安司法机关的人力有限，不可能全方位全时段监控个体行为，而无处不在的“群众的眼睛”恰好可以弥补该缺陷。既然如此，为何《刑事诉讼法》第 3 条规定专门机关依法行使职权原则，且特别强调“除法律特别规定的以外，其他任何机关、团体和个人都无权行使这些（侦查、起诉和审判等）权力”？

首先，刑事诉讼是行使国家刑罚权的具体过程，是国家暴力的具体体现。在任何一个文明国家的和平年代，针对公民的合法暴力只能由国家暴力机关依法实施，决不能授权给其他任何组织或个人。关于这一基本政治理念的证立，可以从社会契约论、法治国家论等各种理论体系中找到支撑，业已成为现代世界的普遍共识。专门机关依法行使职权原则，正是这一理念在刑事诉讼中的具体体现。一旦允许私人行使侦查、公诉和审判等权力，必然在全社会形成暴力的弥散化，每个人都可能成为每个人的敌人，每个人都可能借刑事追诉之名打击他人，当然也都可能被他人借同样的理由施以打击。这无疑是丛林社会的回归，是现代文明断不可接受的乱象。

其次，在新中国刑事诉讼史上，就曾有过刑事诉讼权力不当扩散的惨痛教训。在“文化大革命”期间，各地“砸烂公检法”之后，代之以革命委员会、军管会甚至居委会等组织进行刑事诉讼，极端者甚至直接行使死刑判决和执行的权力，不仅导致大量冤假错案，也对社会秩序和国家形象造成极大的破坏。“拨乱反正”的关键举措，就是恢复公检法机关，并迅速出台刑法和刑事诉讼法，将打击犯罪的权力限定在公检法等专门机关，并积极平反“文化大革命”期间的冤假错案。[①] 这一段历史的惨痛教训，正是1979年《刑事诉讼法》强调“其他任何机关、团体和个人都无权行使这些权力”的背景。

**延伸阅读推荐**

胡云腾：《从拨乱反正到良法善治：改革开放四十年刑事审判理念变迁》，载《人民法院报》2018年12月18日，第31版。

## 问题2：依靠群众原则和专门机关依法行使职权原则是什么关系？

《刑事诉讼法》第3条规定，刑事诉讼诸项权力仅限公检法等专门机关依法行使，但在第6条又规定，各专门机关进行刑事诉讼“必须依靠群众”。这两个原则之间，是否存在内在冲突？若两原则要协调并存，应当如何设定各自的界限呢？

首先需要厘清的是，刑事诉讼为何以及如何依靠群众。作为国家权力的一部分，刑事司法权毫无疑问必须坚持“以人民为中心”，这也是法院、检察院的法定名称冠以“人民”二字的根本原因。刑事诉讼依靠群众，则更多体现群众对刑事诉讼工作的支持功能：一是“群众的眼睛”可以壮大社会治安监控力量，成为发现犯罪线索的重要帮手；二是群众往往是刑事诉讼证据的关键来源，是证人证言的重要组成部分；三是群众可以借助人民监督员、人民陪审员等身份参与刑事诉讼过程，既为办案机关提供智力支持，也对诉讼过程形成监督；四是在刑罚执行当中，群众可以广泛参与社区矫正等工作。

其次需要警惕的是，刑事诉讼依靠群众并不等于盲从于舆论，尤其是网络舆论。在互联网时代，刑事诉讼意义上的群众和网民并不等同，在网络上积极发声的个体，哪怕数量众多，经常也难以代表“沉默的大多数”。不仅如此，网络舆论还常有易变性、非严谨性、可操纵性等诸多缺陷，与刑事司法的严肃性和权威性多有龃龉。正因如此，即便是在社会影响极大的个案中，除依法将社会影响作为定罪量刑的要件事实的特定情况外，公检法机关应当谨慎对待舆论，避免独立审判、证据裁判等原则受到舆论的不当侵蚀。不过，对舆论不当影响的警惕不应阻碍公检法机关践行能动司法理念，积极回应社会的强烈需求，追求刑事诉讼的社会效果。概而言之，在平衡个案与舆论的关系时，公检法机关应着眼法治大局和长远利益，避免情绪化地盲从民意。正如苏力所言，“法律人一定要冷酷地看社会，注意，是冷酷而不是冷漠。”

最后需要看到的是，刑事诉讼法的表述是“依靠”群众，不是委托、授权或者通过群众进行刑事诉讼。相反，正如《刑事诉讼法》第3条特别强调的那样，除非法律特别规定，否则任何机关、团体和个人都无权行使刑事诉讼职权。纵观刑事诉讼法全文，唯一可能勉强算得上授权群众行使刑事诉讼职权的条款，当属第84条规定的“任何公民”都可以实施的扭送行为。根据扭送的不同情形，扭送行为可能被认定为私力救济、正当

---

① 参见周道鸾：《江华院长在北京市刑事审判工作会议上发表重要讲话——人民法院必须认真执行“两法”，严格依法办事》，载《法学杂志》1980年第2期。

防卫、基于社会团结原则的紧急权或是国家追诉权力的辅助或补充。[①] 正是因为扭送的理论定性模糊、规范构造粗疏，实践中又容易引发伤亡等争议，是故并未在政策层面得到国家的普遍鼓励，从而很难说其属于依靠群众原则的固有内容。

**延伸阅读推荐**

（1）徐骏：《司法应对网络舆论的理念与策略——基于18个典型案例的分析》，载《法学》2011年第12期，第105－115页。

（2）陈璇：《紧急权：体系建构、竞合适用与层级划分》，载《法学研究》2021年第1期，第5－31页。

## 问题3：为什么只规定审判机关、检察机关依法独立行使职权，不受行政机关、社会团体和个人的干涉？

《刑事诉讼法》第5条规定："人民法院依照法律规定独立行使审判权，人民检察院依照法律规定独立行使检察权，不受行政机关、社会团体和个人的干涉。"严格从文义上解读，该条经常引发以下疑问：一是只规定法检两院独立行使职权，为何没有规定公安机关独立行使侦查权力？二是为何将独立行使职权的主体规定为法院和检察院，而不是法官和检察官？三是为何仅列举行政机关、社会团体和个人不得干涉法检办案，既没有使用"任何主体"等囊括性表述，也没有加上"等"字？

首先需要看到，本条之所以没有将公安机关与人民法院、人民检察院并列，是因为公安机关属于行政机关，是各级人民政府之组成部门，依法接受本级政府和上级公安机关的领导，不符合"不受行政机关……的干涉"这一要求。

其次应当注意，在我国宪法框架下，人民法院、人民检察院是分别作为整体独立行使审判权和检察权，并不当然意味着法官、检察官个人独立决策。实际上，在人民法院的刑事审判工作中，大量案件都是由一名员额法官组成独任庭审理案件，根据"让审理者裁判、由裁判者负责"的司法责任制原则，该法官在绝大多数案件中确实能够——而且实际是——独立行使审判权，但他只是作为一种审判组织代表法院作出独立裁判，而非基于法官身份当然有权根据个人意志径行裁判。实际上，一方面，如果法官审理的案件依法应当交由合议庭甚至审判委员会集体决策，哪怕其个人意志未能体现在最终裁决中，也依然属于人民法院独立审判。但另一方面，一名法官在合议庭或审判委员会中坚持少数意见的行为，恰恰也是法官个体独立的典型体现，是合议制度、审判委员会制度赖以有效运行的固有含义。概而言之，法院独立行使审判权，意味着必须尊重个体法官的独立判断；但法官个体的独立判断，只有在审判程序框架内转化为法定审判组织——包括独任庭、合议庭或审判委员会——的意见，才能产生对外独立的品格。值得注意的是，检察机关的决策规则有所区别，其内部不存在合议庭这一决策组织，检察长也不必然受检察委员会多数人意见的约束。[②]

---

① 参见陈璇：《公民扭送权：本质探寻与规范续造》，载《法学评论》2019年第3期；程龙：《公民扭送的体系定位与规范展开》，载《法学杂志》2022年第6期。

② 参见张杰：《"地方院检察长不同意检委会多数人意见"问题研究》，载《人民检察》2022年第10期。

最后需要看到，关于不得干涉法检机关独立办案的主体，刑事诉讼法采用完全列举方式，即只包括行政机关、社会团队和个人，这当然并非立法者有所疏失，而是立法严谨的典型体现（尤其是对照第3条使用的“机关、团体和个人”这一表述）。鉴于行政机关和社会团体在法律上都有严格含义和明确范围，以下几类主体当然不包含在内：一是中国共产党的各级组织，二是各级人民代表大会及其常务委员会，三是上下级法院和检察院。党对法检两院审判、检察工作的领导，并非是对两院独立行使职权的干涉，但也不能“党政不分”“以党代政”，而需要将党的领导和审判检察独立行使职权原则有机统一起来，完善党对司法的领导方式。人大作为我国国家权力机关，依法对审判、检察工作进行监督，也不构成对审判检察独立行使职权原则的破坏。上下级法院、检察院之间依据诉讼程序实施的互动行为，比如二审法院对一审法院裁决的维持、改判、发回重审，也不能定义为干涉。

**延伸阅读推荐**

（1）韩大元：《论1954年宪法上的审判独立原则》，载《中国法学》2016年第5期，第5-24页。

（2）徐静村：《人民法院独立行使审判权的历史演进与改革走向》，载《甘肃政法学院学报》2018年第2期，第1-5页。

## 问题4：如何理解三机关分工负责、互相配合、互相制约原则的逻辑自洽性和现实操作性？

《刑事诉讼法》第7条规定的公检法三机关分工负责、互相配合、互相制约原则，经常引发针对其逻辑自洽性的争议。常见的质疑在于：从逻辑上讲，不同主体之间不可能配合与制约并存，归根结底只能有一个方向；从操作上看，配合和制约的界限难以把握，“既要又要”的结果往往是无所适从或两者皆输。那么，究竟该如何准确理解这一原则呢？

首先，要厘清配合与制约的关系，必须从分工负责这一前提出发。从中外刑事诉讼史观之，各国大都经历过很长一段时间的“三司合一”历史，即刑事司法程序中并不严格区分侦查、起诉和审判主体，司法权与行政权合一，诸法合体、民刑不分。比如当代影视作品中被多番演绎的“包青天”，其本职岗位一度是开封府尹（行政首脑），但却统揽刑事案件的侦查、起诉、审判乃至死刑执行工作。这种“一竿子插到底”的刑事追诉体制，当然有高效率等优势，但其危险系数显然极高：一是高度受制于决策者个人品行和能力，若遇庸官便冤错频发，若遇贪官则必然成为出入人罪、徇私枉法的趁手工具。“青天”与“污吏”之间，少有制度上的甄别和制约机制。在现代经济学看来，寄望于个人品行高尚并不具备操作性，因为理性自利才是人之天性，而有权“一竿子插到底”的个体，将刑事追诉的启动和终结集于一身，难免可能基于各种原因蓄意枉法：要么是徇私讨好或报复他人，要么是明知犯错后不愿承认犯错进而将错就错，要么是有意将犯罪率维持在一定水平从而避免“鸟尽弓藏”，要么是为彰显个人权威而对刑罚轻重随意收放。概而言之，所谓“绝对的权力导致绝对的腐败”，未经分工的刑事追诉程序，几乎注定走向恣意、残暴、腐败和无能，“青天”只是极端情况下的特例。正因如此，早从封建时代开始，尤其是近代以来，中外文明都逐渐将刑事追诉划分为侦查、起诉和审判等多个环节，每个环节交由不同的主体负责。“一竿子插到底”变成了“各管一段”，有权启动追诉的侦查机关不能定罪判刑，有权“盖棺定论”的审判机关却因司法被动原则不能自行启动追诉，后来还在中间加上检察机关作为必要的“二传手”。如此一来，没有任何一个办案人员可以单独决定他人是否有罪、该当何罚，也没有任何一个办案人员可以彻底掩盖办案错误。换言之，“各管一段”的分工负责机制，使得刑事追诉中不存在“绝对的权力”，每一段都构成对前后环节的制约力量。由此可见，分工负责本身就意味着互相制约，制约才是分工的本质功能和第一顺位功能。①

其次，配合原则主要体现在同为侦控方的侦查机关和公诉机关之间，一般不包括审判机关。比如根据现有刑事诉讼框架，一般案件中，公安机关负责立案、侦查并执行拘留、逮捕等强制措施，检察机关负责审查起诉并批准逮捕。若以查清事实、准确起诉为目标，检察机关需要公安机关提供取证支持，必要时甚至提前介入指导侦查活动，或者退回公安机关要求根据指示补充侦查，这是侦配合诉的典型体现。反之，在逮捕问题上，公安机关为避免犯罪嫌疑人妨碍侦查，请求检察机关批准逮捕，检察机关审查认为有逮捕必要时应予批准，则是诉配合侦的典型体现。相比之下，虽然审判阶段也存在检察机关补充证据之说，但法院受到证据裁判原则之严格约束，在检察机关补充证据不能或不足时，法院应当基于现有证据做出裁判，哪怕结果是疑罪从无。

再次，公检法三机关之间的制约主要体现为程序机制的充分运用。检察机关制约公安机关，一是立案环节的通知立案或纠正违法立案，二是对逮捕申请的审查和羁押必要性审查，三是对侦查活动合法性的一般性监督。检察机关对人民法院的制约，除了作为法律监督机关对法院诉讼活动的一般性监督，更体现为公诉机关对审判对象的垄断，即在“不告不理”或“无起诉即无审判”原则下限定法院的审判对象，以及对一审裁判不服的抗诉行为。人民法院对检察机关的制约，一是在受理案件环节对公诉之提起的合法性审查，二是通过诉讼指挥权对公诉人庭审活动的约束，三是对证据是否充分、事实是否清楚、指控罪名是否恰当的终局审查。② 换言之，公检法三机关之间的制约，主要是通过在后环节否定在先环节的结论而实现，即借助办案机关之间的意见冲突而实现制约功能。刑事诉讼中的“扯皮”因此并不当然是贬义，甚至更大程度上意味着褒义的“互相制约”。

又次，还需要看到的是，在刑事诉讼程序机制之外，我国司法制度中还通过责任追究等方式进一步强化公检法机关相互制约的动力。国家赔偿法关于赔偿义务机关的设定即是其中典型：对于已经采取刑事拘留措施的犯罪嫌疑人，公安机关的最优选择是提请检察机关批准逮捕，因为一旦批捕，哪怕最终认定为错案，作出刑拘决定的公安人员也无须担责。同样道理，一旦法院定罪，作出批捕决定的检察官责任即免除。一旦二审维持有罪判决，哪怕再审改判无罪，一审作出有罪判决的法官也无须担责。这种逐级吸收

① 参见左卫民：《健全分工负责、互相配合、互相制约原则的思考》，载《法制与社会发展》2016 年第 2 期；张泽涛：《完善分工负责、互相配合、互相制约原则——以“推进以审判为中心的诉讼制度改革”为视角》，载《法制与社会发展》2016 年第 2 期。

② 参见孙远：《“分工负责、互相配合、互相制约”原则之教义学原理——以审判中心主义为视角》，载《中外法学》2017 年第 1 期。

责任的机制，实际是在各办案机关之间人为引诱“以邻为壑”的卸责动机，使得各办案机关视案件为“烫手山芋”，非有确信不接手，一旦接手则必须确保能交到下一环节。这一看似鼓励“扯皮”的制度设计，在客观上却成为确保各办案机关之间相互制约的有效工具。

最后，必须承认在正式的诉讼机制之外，公检法机关之间还存在大量的非正式制约或配合机制，而后者甚至在一些时候凌驾于正式诉讼机制之上，成为决定案件走向的关键因素。比如除了限定审判对象，检察机关还可较为灵活地调整起诉时间，从而影响法院在关键时间节点的结案率，进而影响法官是否适用速裁或简易程序，甚至最终影响到被告人的刑期或实际羁押期限。这些“潜规则”可能并不如正式规则那样刚性，但对办案人员的决策方向和行为选择都有极其现实的影响。

**延伸阅读推荐**

(1) 韩大元、于文豪：《法院、检察院和公安机关的宪法关系》，载《法学研究》2011年第3期，第3-26页。

(2) 田夫：《公检法三机关关系原则立法进程考》，载《国家检察官学院学报》2023年第6期，第99-109页。

## 问题5：检察监督原则和三机关分工负责原则、审判机关依法独立行使职权原则如何协调？

检察机关是宪法规定的法律监督机关，又是刑事审判程序中的公诉机关，难免导致“既当裁判员、又当运动员”的争议，也与审判机关依法独立行使职权原则似有冲突。在理论和实践层面该如何协调这一形式矛盾呢？

首先，必须区分诉讼内和诉讼外两种检察监督。在特定案件的刑事审判程序之内，检察机关首先是作为公诉机关参与诉讼。基于配合制约原则，刑事诉讼法业已提供公诉机关制约人民法院的权力和机制：一是审判中尤其是庭审中的异议机制，即对于法官的诉讼指挥行为，公诉人同辩护人、被告人或其他诉讼参与人一样，有权提出异议。二是抗诉机制，即认为一审判决裁定有错误时，可以依法提起抗诉。在诉讼过程中，即便公诉人因亲历诉讼而即时发现审判活动违法之处，也不能直接在庭审中进行监督，而只能在休庭后提出。

其次，要区分实体监督和程序监督。诉讼内的抗诉主要针对实体裁判的错误（对比之下，被告人上诉的前提是“不服”一审判决、裁定，而检察机关抗诉的前提是认为判决、裁定“确有错误”）。诉讼外的监督重在程序违法，包括违反管辖、期限和回避等规定，怠于收集、调查证据或根据未质证证据定案，存在滥用职权实施查封、扣押、冻结措施等行为；即使要对事实认定或法律适用进行监督，也须以徇私枉法和故意枉法裁判为前提。换言之，在诉讼程序内，检察机关针对法院审判活动的监督，并未明显超越被告人的对等诉讼权利，检察机关实质上依然是“运动员”而非“裁判员”。

再次，要区分个体监督和集体监督。审判活动中，参与诉讼的检察人员个体并非监督者，发现诉讼违法的，一则不能当场要求纠正，二则只能在休庭后向检察长报告，再以检察机关的名义向人民法院提出纠正意见。以此观之，参与诉讼的检察人员实质上是提供审判活动违法线索和证据的证人，而非高法官一等的监督人员或“裁判员”。

最后，必须承认的是，当检察长针对个案列席人民法院审判委员会会议时，考虑到被告人、辩护人的缺席和检察长身份的特殊性，兼之检察机关有权对诉讼活动中的14种犯罪进行立案侦查的背景，无疑都难免“既当裁判员、又当运动员”的非议。[①] 关于这一制度的合理性及改进措施，还值得学术界和实务界的持续关注。

**延伸阅读推荐**

（1）杨宇冠、郭旭：《论检察院对刑事案件法庭审理之监督》，载《法学杂志》2013年第8期，第66－71页。

（2）卢希起：《检察长列席审委会会议制度思考》，载《法商研究》2020年第3期，第57－69页。

## 问题6：程序法定原则是否属于我国刑事诉讼法的基本原则？

《刑事诉讼法》第3条第2款规定，三机关进行刑事诉讼，“必须严格遵守本法和其他法律的有关规定”。不少学者将其解释为程序法定原则，甚至将该原则界定为刑事诉讼的“帝王原则”[②]。多数教材则主张将该款根据字面意思界定为“严格遵守法律程序原则”。两者是否存在实质区别呢？

一般认为，程序法定原则是与刑事实体法中的罪刑法定原则相对应的程序法原则，要求公权机关行使刑事诉讼职权必须有明确的法律依据。在实体法上，罪刑法定原则的要求是“法无明文规定不为罪，法无明文规定不处罚”；在程序法上，程序法定原则的要求似乎应当是“法无明文授权不可为”，这也与私法领域的“法无明令禁止即可为”相呼应。然而仔细审查即可发现，刑事诉讼领域并不可能、也不应该追求“法无明文授权不可为”。

首先，刑事诉讼各机关的职权行为并非总是剥夺、压制被追诉人权利，经常也是对被追诉人提供权利保障，后者不应当受到“法无明文授权不可为”的限制。比如指定辩护的范围，刑事诉讼法的明文授权仅限于未成年人、盲聋哑人、尚未完全丧失辨认或者控制自己行为能力的精神病人、可能判处死刑或无期徒刑者等极少数案件。司法实践中，不管是基于司法解释或司法政策的授权，还是地方办案机关的自主选择，都将指定辩护范围大幅扩张，甚至在“刑事辩护全覆盖”背景下扩张到所有没有委托辩护人但适用普通程序审理的案件。如果严格按照“法无明文授权不可为”的逻辑，这种于法无据的援助范围扩张似乎属于违法，但这显然不符合刑事司法文明的发展方向。由此可见，抽象的程序法定原则并不适用于整体的刑事诉讼，顶多只对干预或剥夺公民基本权利的强制性措施适用，只不过后者在法理上的通说往往是法律保留原则。[③]

其次，即使是对强制性干预措施而言，现有刑事诉讼规范也远未细化到“操作指南”

---

① 参见韩旭：《检察长列席审判委员会制度之检讨》，载《暨南学报（哲学社会科学版）》2009年第1期。

② 万毅、林喜芬：《现代刑事诉讼法的“帝王”原则：程序法定原则重述》，载《当代法学》2006年第1期。

③ 参见孙远：《“分工负责、互相配合、互相制约”原则之教义学原理——以审判中心主义为视角》，载《中外法学》2017年第1期。

的程度，大多止步于“概括性授权”的地步，因此在操作上难以实现程序法定。比如对于冻结犯罪嫌疑人存款这一典型的财产权干预措施，《刑事诉讼法》第144条规定的前提条件仅为“根据侦查犯罪的需要”，但究竟何为“需要”，应当达到何种迫切程度，具体如何审批、如何实施，不仅《刑事诉讼法》完全留白，连《公安规定》和《高检规则》都语焉不详。如此一来，如果一味严格要求公安机关和检察机关有明确依据才可行权，在实践中并不具备操作性。问题在于，办案机关经常在“无（细则）法可依”的同时，却可以基于“办案需要”的概括性授权便宜行事，从而为滥用裁量权留下了巨大空间。简而言之，因为现有刑事诉讼规范对于干预性措施的规定过于粗疏，仅有对干预手段和干预对象的概括性授权，基本不能达到“程序法定”或“法无明文授权不可为”的程度，最终只能退而求其次，要求“法律有规定时严格遵守”，并尽量要求“法律无规定时谨慎裁量”。换言之，程序法定原则属于不具备操作性的理想原则，严格遵守法律程序原则才是当前的现实选择。

**延伸阅读推荐**

徐阳：《程序法定原则对刑事司法的规范意义》，载《法学》2014年第10期，第127-137页。

## 问题7：未经法院判决不得确定有罪原则是否就是无罪推定原则？

《刑事诉讼法》第12条的规定较有特色：“未经人民法院依法判决，对任何人都不得确定有罪。”通说认为，这一条并非是对无罪推定原则的规范表达，而仅可界定为“法院独占定罪权原则”或“未经法院判决不得定罪原则”。究其原因，在于公认的无罪推定原则的内涵更为全面，不仅包括形式上经由法院定罪，更包含公诉机关承担证明责任、自白任意性和疑罪从无等子原则。

首先，无罪推定原则意味着证明有罪的责任由公诉机关承担，被追诉人不承担自证其罪的责任。公诉机关的证明责任既包括提供证据推进诉讼的行为责任，也包括证明不能时承担不利后果的结果责任。显然，在“未经人民法院依法判决，对任何人都不得确定有罪”这一表述中，并不包含证明责任的内容。

其次，在无罪推定原则之下，既然被追诉人无须自证其罪，则其当然拥有沉默权，有权拒绝回答侦查、检察和审判人员的讯问；侦查和司法机关也不得使用物理或心理强制手段迫使被追诉人进行供述。被追诉人的自白必须满足任意性条件才具备合法性，否则就应作为非法证据予以排除。

最后，既然公诉机关承担证明有罪的责任，当其未能达到法定的证明标准——事实清楚、证据确实充分或是排除合理怀疑，即应视为未能完成证明，应当承担证明不能的不利后果，也即被告人被认定为无罪。基于这一要求，哪怕公诉机关提供的证据已经达到相当标准，比如已经超过优势证据，但只要未能达到定罪标准，均应认定无罪，此即疑罪从无原则。显然，“未经人民法院依法判决，对任何人都不得确定有罪”这一规范并不包括这一内容。

**延伸阅读推荐**

顾永忠：《〈刑事诉讼法修正案〉（草案）中无罪推定原则的名实辨析》，载《法学》

2011 年第 12 期，第 35 - 39 页。

## 问题 8：2018 年修法为何将认罪认罚从宽确定为刑事诉讼的基本原则？

《刑事诉讼法》第一章总共 18 条规范中，有 17 条已经在 1996 年修法时完全定型或基本定型。2012 年修法并未对第一章进行实质改动，但 2018 年修法时增加一条作为基本原则，即："犯罪嫌疑人、被告人自愿如实供述自己的罪行，承认指控的犯罪事实，愿意接受处罚的，可以依法从宽处理。"鉴于基本原则在刑事诉讼规范体系中的特殊地位，其增减自该分外谨慎。那么，截至 2018 年才施行数年的认罪认罚从宽制度，为何迅速就成为刑事诉讼基本原则呢？

首先，在总则尤其是基本原则部分增加认罪认罚从宽制度，意味着该制度具有贯穿整个刑事诉讼过程、支撑整个刑事诉讼体系的重要地位。换言之，认罪认罚从宽不仅适用于审查起诉阶段，也同样涵盖侦查、审判甚至执行阶段。犯罪嫌疑人在侦查阶段认罪认罚，一则可以作为社会危险性评估的重要考量因素，提升非羁押性强制措施适用的概率；二则可以促成公安机关快速办理案件并建议人民检察院适用速裁程序，提高全案诉讼效率。在审查起诉阶段认罪认罚，一则可能促成全案或部分事实不起诉，二则可能获得更为优惠的量刑建议，三则可能变更为更轻缓的强制措施，四则可能适用速裁或简易程序。在审判阶段认罪认罚，从宽处理则主要体现为量刑上的优惠甚至直接免于刑事处罚，当然也可能包括强制措施和审判程序的从宽从快。

其次，将认罪认罚从宽制度确立为刑事诉讼基本原则，意味着我国刑事政策方向调整的阶段性定型。一是宽严相济刑事政策超越刑事实体法的范围，正式确立在刑事程序法中。二是刑事程序法从 1996 年和 2012 年修法关于（超/强）职权主义和对抗式审判的争论中跳出来，走向一种合作式甚至协商式刑事司法的方向。

最后，将认罪认罚从宽确立为刑事诉讼基本原则，意味着其兼具权力羁束和权利话语的双重属性。《刑事诉讼法》第一章有关基本原则的十多条规范中，绝大多数都是对被追诉人诉讼权利的强调，包括平等权、复审权、使用本民族语言进行诉讼权、未经法院判决不被定罪权、获得辩护权和控告权等，其他规范则着眼于约束刑事诉讼机关，包括职权专属，严格依法办案，独立行使审判权和检察权，分工负责、互相配合和互相制约等。显然，在刑事诉讼基本原则体系中，立法者无意创设任何一条纯粹的授权规则，而仅仅关注权利的保障和权力的制约。置身于这样一组规范体系之中，认罪认罚从宽制度的权利属性也得到彰显，也即通过认罪认罚获得从宽，不仅是公安司法机关行使裁量性职权的表现，也是被追诉人通过主动配合公安司法机关而要求获得从宽待遇的权利行为。进一步讲，虽然公安司法机关并不需要对所有认罪认罚的被追诉人都一概从宽，但自愿如实供述、承认指控事实、表态愿意接受处罚，当然系被追诉人的权利，且对应公安司法机关予以登记、承认并认真考虑是否从宽的义务。

**延伸阅读推荐**

熊秋红：《比较法视野下的认罪认罚从宽制度——兼论刑事诉讼“第四范式”》，载《比较法研究》2019 年第 5 期，第 80 - 101 页。

## 问题 9：辩护原则的具体内容是什么？

《刑事诉讼法》第 14 条规定，公检法机关必须保障被追诉人依法享有的辩护权。但辩护权具体包含什么内容呢？以近年来屡次出现的“占坑式”辩护为例，办案机关看似贴心地为被追诉人指定（甚至不止一个）法律援助律师，实质上却起到了阻却被追诉人或其家属自行委托辩护人的作用，这是否有违辩护原则呢？要回答这些问题，必须从辩护原则的本原说起。

首先，辩护原则的最初要义，其实是不允许阻碍被追诉人自行委托辩护人，也即要求国家承担忍受辩护律师的消极义务。作为一种被追诉人权利的辩护权，可追溯至 1787 年美国宪法第六修正案关于律师帮助权的规定。该条款所称之“权利”，实为被追诉人得以聘请辩护律师的自由，不受国家之限制。从这一历史背景出发，辩护原则首先意味着被追诉人自由委托辩护律师的权利。

其次，在辩护制度发展到一定阶段后，诸多法域均普遍意识到，面对强大的国家侦控机关和高度技术化的诉讼程序，缺乏律师帮助的被追诉人很难实现有效防御，最终不仅使国家在人权保障水平上“观瞻不佳”，也难免增加冤假错案的风险。有鉴于此，从未成年犯、死刑犯等少数个案开始，最终到覆盖绝大部分刑事案件，由国家付费的指定辩护越发成为辩护原则的核心要义。换言之，到了刑事法律援助普遍覆盖的阶段，辩护原则的重点已经演变为强制辩护，国家不再仅仅承担容忍辩护律师的消极义务，更需要承担为难以支付律师费用的被追诉人提供援助律师的积极义务。

最后，进入 20 世纪下半叶之后，指定辩护的质量逐渐成为关注焦点。所谓“拥有一个不称职的辩护律师，甚至比完全没律师更糟糕”，因为前者会将一个问题判决粉饰成合格产品。有鉴于此，自欧美发达国家开始，有效辩护甚至有效援助逐渐成为主流话语。换言之，辩护原则已经不再仅仅关注有无律师，而是关注律师是否称职、辩护是否合乎通常标准。国家的义务，已经从容忍律师、提供免费律师发展到提供称职且尽责的律师。

**延伸阅读推荐**

［美］安东尼·刘易斯：《吉迪恩的号角》，陈虎译，中国法制出版社 2010 年版。

## 问题 10：比例原则是否应当成为刑事诉讼基本原则？

发端于行政法领域的比例原则，大有成为法治国家“帝王原则”之势，在一些国家甚至上升为宪法原则，与法治原则（rule of law）和正当程序原则（due process）相提并论。刑事诉讼领域关于比例原则的讨论并不少见，但我国刑事诉讼法历经多次修改，一直未将比例原则写入规范。究其原因，可能在于刑事司法实践总体还处于打击犯罪保平安的粗线条阶段，既未细致到考量比例因素的程度，也需要经常性地便宜行权以确保打击力度和效果，导致立法上不敢操之过急。

一般认为，比例原则包含三大子原则：一是适当原则或目的约束原则，即手段足以实现目的。二是最小侵害原则或必要性原则，即在足以实现目的的多种手段中，应当选择侵害相对人利益最小的方案。三是均衡性原则或狭义比例原则，即所侵害的利益与追求的利益之间要成比例，不能因小失大、得不偿失。以该三大子原则观之，我国当前刑事诉讼规范和实践都还有诸多改进空间。

首先，在强制措施领域，从取保候审、监视居住、（非紧急情况下的）刑事拘留到逮捕措施，对人身权利的剥夺程度呈递增趋势，按照比例原则自当优先适用取保候审。但在相当长一段时间内，公安检察机关基本上是“够罪即捕”，即不管犯罪嫌疑人的社会危险性高低，只要认定足以构成可能判处有期徒刑以上刑罚的犯罪，原则上就要予以逮捕并长期羁押。这一明显违背比例原则的做法直到2020年前后才有明显改观，但其原因并非是比例原则得到承认，而是最高人民检察院力推“少捕慎诉慎押”政策，通过目标考核的指挥棒督促地方各级检察机关降低批捕率和审前羁押率。但由于缺乏法律层面哪怕是笼统原则的支撑，一旦检察系统的目标考核体系发生变化，逮捕率就可能难免回升。

其次，就侦查措施而言，针对检查、搜查、扣押、查询、冻结、调取和技术侦查等诸多侦查手段，刑事诉讼法大都以“办案需要”为名进行笼统授权，缺乏对侦查手段能否实现侦查目标、所侵害利益是否属于必要、成本与收益相比孰轻孰重等问题进行前置审查，导致司法实践中出现不少乱象，比如蓄意实施骚扰性甚至侮辱性的人身检查或住所搜查，超范围超时限冻结涉案财产或实施技术侦查，“办理一个小案，搞垮一家企业”，等等。问题在于，在当前刑事诉讼规范框架内，违背比例原则的侦查行为往往是“不合理却合法”，一般属于办案人员滥用自由裁量权的行为，除非借助行政手段命令其改正，否则很难通过刑事程序内的复议、控告、司法审查或检察监督等法定机制加以纠正。

最后，在审查起诉和审判环节，违背比例原则的情形虽然总体少一些，但多少也存在。一是一些类案中的不起诉标准把握过于严格，导致刑法打击面过大，比如截至2023年年底两院两部发布酒驾新规之前，各地普遍把血液酒精含量80mg/100ml作为入罪门槛，导致此前每年新增醉驾案定罪30万人以上。二是一些日常意义上基本不具备社会危险性的行政犯动辄入罪，比如经营气枪打气球生意被认定非法持枪，买卖驯养的宠物鹦鹉被判处买卖珍稀动物罪，除刑罚与罪错之间不成比例外，还基本不能起到震慑犯罪的效果，相反可能让公众无所适从。

**延伸阅读推荐**

（1）田宏杰：《比例原则在刑法中的功能、定位与适用范围》，载《中国人民大学学报》2019年第4期，第55－67页。

（2）梅杨：《比例原则的适用范围与限度》，载《法学研究》2020年第2期，第57－70页。

## 问题11：我国承认禁止双重追诉原则吗？

禁止双重危险主要是英美法系的刑事诉讼原则，根植于英美刑事司法深厚的竞技主义传统。其一，出于对国家权力的高度警惕和司法效率的考量（尤其是在陪审团审判背景下），要求公诉机关在追求定罪结果时“毕其功于一役”，于商定的“开庭日”一次性、完整地展示指控证据，禁止利用强大的国家能力拖延诉讼以骚扰被告人。其二，刑事诉讼同民事诉讼在本质上趋同，依然具有解决人际纠纷的明显属性，因此重点不是非要寻得真相，而是定纷止争，让被破坏的社会关系就此翻页，从而共同面向未来。一旦法院作出生效判决，即视为一场竞技比赛已经结束，除非是基于平反冤假错案、保障基本人权等明显优位的价值追求，原则上不允许重启已决案件。诉讼的竞技色彩极为浓厚，控辩双方在“开庭日”各尽所能、“落子无悔”；为保障程序的安定性和终局性，不利于被告人之再审被严格禁止，仅对有利于被告人之再审有极为吝啬的许可。

反观我国刑事司法的历史与现实，不管是在规范上还是在理念上，均难以认同司法竞技主义，而是坚持实事求是司法观，力求以最大努力还原客观真相，并进而据此适用法律。一旦确认存在错误裁判，原则上要加以纠正，哪怕是严重不利于被告人的再审。作为其后果，我国刑事诉讼中再审率及再审改判率相对较高，甚至同一案件反复再审的情况也不鲜见，司法裁判的终局性和安定性偏弱，进而又对当事人通过申诉或信访等渠道习惯性质疑终局裁判造成不当激励。从这个意义上讲，我国并不承认禁止双重追诉原则。

**延伸阅读推荐**

（1）施鹏鹏：《刑事既判力理论及其中国化》，载《法学研究》2014 年第 1 期，第 150－170 页。

（2）李玉华：《从念斌案看禁止双重危险原则在我国的确立》，载《法学杂志》2016 年第 1 期，第 67－73 页。

### 问题 12：为何一般不将以事实为依据、以法律为准绳原则，平等原则，两审终审，审判公开，使用本民族语言进行诉讼和陪审制度等视为刑事诉讼的基本原则？

一方面，两审终审、审判公开、使用本民族语言进行诉讼和陪审等制度，不仅是刑事诉讼的基本要求，在民事诉讼和行政诉讼中同样如此，不能彰显刑事诉讼程序的特殊性，是故不宜作为刑事诉讼的基本原则。

另一方面，以事实为依据、以法律为准绳和平等原则，甚至已经不仅是三大诉讼法的基本要求，更是包括仲裁、听证、行政处罚等其他法律程序的基本要求，也早已经是全社会的基本共识，没有必要在具备高度特殊性的刑事诉讼规范体系中强调为基本原则。

## 本章课后演练

**（一）不定项选择题**

1. 关于依法不追究刑事责任的情形，下列哪些选项是错误的？（　　）

A. 犯罪嫌疑人甲和被害人乙在审查起诉阶段就赔偿达成协议，被害人乙要求不追究甲刑事责任

B. 甲侵占案，被害人乙没有起诉

C. 高某犯罪情节轻微，对社会危害不大

D. 犯罪嫌疑人白某在被抓获前自杀身亡

2. 法院对公诉案件进行审查后，应当根据不同情况作出处理。据此，下列哪一选项是正确的？（　　）

A. 对于不属于本院管辖的，应当通知检察院撤回起诉

B. 对于被告人不在案的，应当决定退回检察院

C. 法院裁定准许撤诉的案件，没有新的事实、证据，检察院重新起诉的，应当裁定驳回起诉

D. 法院作出了证据不足、指控的犯罪不能成立的无罪判决的案件，检察院依据新的事实、证据材料重新起诉的，法院应当根据禁止重复追诉原则不予受理

3. 下列关于值班律师的表述，正确的有（　　）。

A. 值班律师依法享有会见权、阅卷权以及提出建议权

B. 值班律师为犯罪嫌疑人、被告人提供法律咨询是辩护权的体现

C. 值班律师可以出庭为被告人发表对案件的看法

D. 犯罪嫌疑人、被告人拒绝认罪认罚的案件不适用值班律师制度

4. 以下哪些选项体现了控审分离的要求？（　　）

A. 甲危险驾驶案，检察院经过羁押必要性审查，向法院提出变更强制措施的建议

B. 乙盗窃案，法院审理时，发现乙盗窃时为毁灭证据当场使用暴力，遂通知检察院，由其决定是否变更起诉罪名

C. 丙故意伤害案，检察院起诉至法院，法院经审理认为丙系不负刑事责任的精神病人，法院在判决丙不负刑事责任后对丙作出强制医疗决定

D. 丁减刑案，检察院以丁不符合“确有悔改表现”为由向法院作出的减刑裁定提出纠正意见

5. 王某（17 周岁）因故意伤害在某县法院受审，因王某没有委托辩护人，法院通知法律援助机构为王某指派了法律援助律师陈某。下列表述错误的有（　　）。

A. 王某应当由某县法院未成年人案件审判组织审理

B. 若王某认罪认罚，某县法院可以对其适用速裁程序

C. 公诉人认为陈律师不了解未成年人身心特点，可以申请法院更换辩护人

D. 王某作最后陈述后，陈某可以进行补充陈述

6. 常某和郑某交往期间骗取郑某 8 万元，后常某涉嫌诈骗犯罪被公安机关立案侦查。案件侦查终结移送审查起诉。在审查起诉阶段，常某认罪认罚，积极退还部分款项并取得郑某谅解。检察院向法院提起公诉并建议适用速裁程序。法院适用速裁程序审理。在审理中，常某辩称欺骗郑某感情为真，但并非诈骗，该款项为民间借贷，并在积极退赔中，因此不接受司法机关的认定意见。关于本案，下列说法正确的是（　　）。

A. 法院当庭将量刑从重处罚

B. 常某的辩称影响“认罚”，但不影响“认罪”

C. 法院可以将速裁程序转为简易程序继续审理

D. 法院仍可按照积极退赔从宽量刑

7. 二审法院发现一审法院的审理违反《刑事诉讼法》关于公开审判、回避等规定的，应当裁定撤销原判、发回原审法院重新审判。关于该规定，下列哪些说法是正确的？（　　）

A. 体现了分工负责、互相配合、互相制约的原则

B. 体现了严格遵守法定程序原则的要求

C. 表明违反法定程序严重的，应当承担相应法律后果

D. 表明程序公正具有独立的价值

8. 关于保障诉讼参与人的诉讼权利原则，下列哪些选项是正确的？（　　）

A. 是对《宪法》和《刑事诉讼法》尊重和保障人权的具体化

B. 保障诉讼参与人的诉讼权利，核心在于保护犯罪嫌疑人、被告人的辩护权

C. 要求诉讼参与人在享有诉讼权利的同时，还应承担法律规定的诉讼义务

D. 保障公诉案件被害人的起诉权和上诉权，是这一原则的重要内容

9. 关于适用认罪认罚从宽制度，下列哪些说法是正确的？（　　）

A. 涉嫌交通肇事罪的犯罪嫌疑人认罪认罚，但无力赔偿且未获得被害人家属的谅解，因此不能对其适用认罪认罚从宽制度

B. 犯罪嫌疑人犯侵犯著作权罪，自愿认罪认罚但要求案件适用普通程序进行审理，因此不能对其适用认罪认罚从宽制度

C. 犯罪嫌疑人涉嫌贪污罪与滥用职权罪，虽然对贪污罪认罪，但因其对滥用职权罪不认罪，因而全案不能适用认罪认罚从宽制度

D. 犯罪嫌疑人犯故意杀人罪，其杀人手段残忍社会影响恶劣，因此即使其认罪认罚也可对其不从宽处罚

10. 关于我国认罪认罚从宽原则与分工负责、互相配合、互相制约原则的关系，下列表述正确的是（　　）。

A. 公安机关在侦查阶段没有适用认罪认罚从宽制度，检察院在审查起诉阶段适用认罪认罚从宽制度是公安机关与检察院互相配合的体现

B. 法院没有按照检察院的量刑建议判处刑罚是法院与检察院互相制约的体现

C. 法律援助机构向看守所派驻值班律师是公安机关、检察院、法院分工负责的体现

D. 认罪认罚从宽原则贯穿刑事诉讼全过程，是公安机关、检察院、法院分工负责的体现

**（二）判断分析题**

1. 人民检察院实行法律监督原则包括立案监督、侦查监督、审判监督、执行监督。

2. 认罪认罚从宽制度由检察机关主导，体现了我国刑事诉讼构造的职权主义。

3. 未经检察机关提起公诉，法院不得审理任何案件。

4. 公诉案件中被害人对于审判人员、检察人员和侦查人员侵犯公民诉讼权利和人身侮辱的行为，有权提出控告。

5. 人民法院、人民检察院和公安机关对于不通晓当地通用的语言文字的诉讼参与人，可以为他们翻译。

**（三）简答题**

1. 简述审判公开原则的例外。

2. 简述程序法定原则基本内涵。

3. 简述分工负责、互相配合、互相制约原则基本内涵。

4. 简述认罪认罚从宽原则在刑事诉讼程序中的体现。

5. 简述以事实为根据、以法律为准绳原则。

**（四）论述题**

1. 论述不得强迫自证其罪原则。

2. 论述有权获得辩护原则。

（五）法条分析题

1.《刑事诉讼法》第5条："人民法院依照法律规定独立行使审判权，人民检察院依照法律规定独立行使检察权，不受行政机关、社会团体和个人的干涉。"

2.《刑事诉讼法》第12条："未经人民法院依法判决，对任何人都不得确定有罪。"

（六）案例分析题

王某为A县退休教师，年逾72岁，因在网络上公开举报县长滥用职权，被县公安局以涉嫌寻衅滋事罪刑事拘留。公安预审阶段，县政法委组织公检法三家召开协调会，讨论该案证据和法律适用问题，参会的检察官和法官均表态称案件"够得上"。政法委以王某"虽然口头认罪但反复狡辩"为由，要求该案"从严从快"，不适用认罪认罚从宽，要"办一个典型"。于是公安机关7日内即报请逮捕，检察机关3日内批准逮捕，再7日内提起公诉。王某家属自其被带走之日起就委托了B律师，但B律师多次到看守所要求会见均被拒绝，原因是办案机关已经商请法律援助中心为王某指定了两名法律援助律师。B律师遂将该案发布于社交媒体，数日内引发大量关注和讨论。省检察院迅速赶到A县检察院，经复查案卷认定王某不构成犯罪，要求A县检察院撤回起诉。

问题：请分析上述案例中涉嫌违背哪些刑事诉讼基本原则。

# 参考答案

（一）不定项选择题

1. AC　2. B　3. A　4. BC　5. BCD　6. D　7. BCD　8. ABC　9. CD　10. BD

（二）判断分析题

1. 题略。

正确。《刑事诉讼法》第8条规定"人民检察院依法对刑事诉讼实行法律监督"，确立了检察监督原则。检察监督是对刑事诉讼全流程的监督，应当包括立案、侦查、审判、执行环节。

2. 题略。

错误。职权主义构造下，专门机关积极主动，控辩双方消极被动。认罪认罚从宽制度借鉴了英美法系的辩诉交易的做法，能发挥控辩双方的积极主动作用，是当事人主义构造的体现，而不是职权主义构造的体现。

3. 题略。

错误。刑事诉讼中不告不理原则要求法院审理的案件应当包括检察机关提起公诉和自诉人提起自诉的案件。

4. 题略。

正确。被害人属于《刑事诉讼法》第14条规定的"诉讼参与人"的范围。

5. 题略。

错误。《刑事诉讼法》第9条规定："人民法院、人民检察院和公安机关对于不通晓当地通用的语言文字的诉讼参与人，应当为他们翻译。"此处是"应当"提供翻译。

（三）简答题

1. 题略。

各国法律都规定有对审判公开原则作出限制适用的特别情形，表现在：一是法庭评议不公开，二是对部分案件不公开审理。我国刑事诉讼法对审判公开原则适用的限制性规定与国外基本上相同。根据《刑事诉讼法》第188条的规定，下列案件不公开审理：（1）有关国家秘密的案件。其目的是防止泄露国家秘密危害国家利益。是否属于国家秘密根据《保守国家秘密法》确认。（2）有关个人隐私的案件，如强奸案件等，保护被害人或者其他人的名誉，防止对社会产生不利影响。（3）当事人申请不公开审理的涉及商业秘密的案件。不公开审理的案件，应当当庭宣布不公开审理的理由。不公开审理的案件，宣告判决一律公开进行。

2. 题略。

程序法定原则是现代法治原则在刑事诉讼中的具体表现，可谓刑事诉讼的“帝王原则”。其基本内涵有两方面：一是立法方面，为了追究犯罪和保障人权，国家应该通过立法明确规定刑事程序；二是执法和司法方面，要求侦查、起诉和审判机关必须遵循法定的程序，才能采取限制人身自由、损害财产权益等诉讼中的强制措施，才能对犯罪嫌疑人、被告人提起指控和对其定罪判刑。严重违反法律程序，应当依法承担相应的法律后果，例如“裁定撤销原判、发回重审”，“已经收集的证据不得作为定案根据”，“证据和诉讼行为效力待定”等。

3. 题略。

《宪法》第140条和《刑事诉讼法》第7条都规定了公检法三机关分工负责、互相配合、互相制约原则。主要包括三个部分：（1）分工负责。人民法院、人民检察院、公安机关要在法定职权内实施诉讼活动，根据诉讼分工，公安负责侦查，人民检察院行使检察权，人民法院行使审判权。（2）互相配合。在分工负责的基础上，出于惩罚犯罪与保障人权双重目的需要，应当相互支持，有效合作。比如，在对证据收集的合法性进行法庭调查时，人民检察院应当就证据收集的合法性加以说明。（3）互相制约。根据法定的分工互相制约，从而发现刑诉活动中出现的错误并加以改正。公安侦查案件中需要逮捕犯罪嫌疑人，需要经人民检察院批准才能执行，即体现了检察权对侦查权的制约。

4. 题略。

《刑事诉讼法》第15条规定了认罪认罚从宽原则，该原则在刑事诉讼程序中体现在四个方面：（1）适用强制措施前，检察院批准或决定逮捕，应考虑犯罪嫌疑人认罪认罚的情况。（2）侦查阶段设置了告知程序。要求侦查人员在讯问时告知犯罪嫌疑人认罪认罚的法律规定；犯罪嫌疑人自愿认罪的，应当记录在案，随案移送并在起诉意见书中写明有关情况。（3）在审查起诉阶段，规定了认罪认罚从宽的权利告知。检察机关应当告知犯罪嫌疑人享有的诉讼权利和认罪认罚的法律规定，并且听取犯罪嫌疑人、辩护人或者值班律师、被害人及其诉讼代理人的意见；规定了犯罪嫌疑人自愿认罪，同意量刑建议和程序适用的，应当在辩护人或值班律师在场的情况下签署认罪认罚具结书；规定了犯罪嫌疑人认罪认罚的，检察机关应当提出量刑建议，并随案移送认罪认罚具结书等材料。（4）在审判阶段，规定了告知权利和审查重点。审判长应当告知被告人享有的诉讼权利和认罪认罚的法律规定，审查认罪认罚的自愿性和认罪认罚具结书内容的真实性、合法性；认罪认罚案件，人民法院依法作出判决时，一般应当采纳人民检察院指控的罪名和量刑建议。

5. 题略。

“以事实为根据”，要求刑事诉讼活动必须查明案件的事实真相，对案件的处理必须建立在查清事实的基础上。“事实”是指有证据证明且经查证属实的事实，对事实的认定必须以证据为基础，不能凭主观想象、推测认定事实。在查清事实的过程中，不仅要注意实体法规定，还需要遵循程序法要求。

“以法律为准绳”，要求刑事诉讼活动必须遵循法律规定，在查清事实的基础上，准确适用法律，即必须依法裁判，不能违法办案。在实体法上，应当按照《刑法》规定判断被追诉人是否有罪及如何定罪量刑；在程序上，公检法的诉讼活动应当遵循程序法规定，保障诉讼行为的合法性，保障诉讼参与人的合法权益。

**（四）论述题**

1. 题略。

我国《刑事诉讼法》第52条明确规定，“不得强迫任何人证实自己有罪”。不得强迫自证其罪，指任何人对可能使自己受到刑事追诉的事项有权不向当局陈述，不得以强制程序或者强制方法迫使任何人供认自己的罪行或者接受刑事审判时充当不利于自己的证人。

在证明责任方面，证明被告人有罪的责任由控告方承担，被告人没有证明自己有罪的义务，也没有协助追诉机关证明自己有罪的义务。公诉案件中被告人有罪的举证责任由人民检察院承担，自诉案件中被告人有罪的举证责任由自诉人承担。此外，公诉机关或自诉人承担举证责任，他们必须通过积极的取证行为获取确实充分的证据来证明被追诉人有罪。

不得采用强迫讯问手段，即不得采用暴力、威胁等非人道手段或有损人格的方法迫使被追诉人由拒绝转为供述。这种强迫讯问的手段导致了被追诉主体的非自愿陈述，或者说使被追诉主体丧失了对提问回答与否的自由选择权。我国刑事诉讼法确立非法证据排除规则是对不得强迫自证其罪原则具体精神的立法体现。

不得强迫自证其罪在我国并不与沉默权相对等。不得强迫自证其罪与沉默权不能等同，而且有很大区别。(1) 不得强迫自证其罪产生在前，沉默权的提出在后；(2) 沉默权是以否定一切陈述义务为前提的，而不得强迫自证其罪的权利是以有部分陈述或作证义务为前提的；(3) 不得强迫自证其罪重在禁止政府“强迫”，强调抵制和消除司法专横，遏制刑讯逼供等强迫性取证手段，规范取证方式的合法化与合理性，而沉默权则从被讯问人角度出发，指出其面对追诉机关有权拒绝回答提问。

2. 题略。

《宪法》第130条规定“被告人有权获得辩护”。《刑事诉讼法》第11条规定：“人民法院审判案件……被告人有权获得辩护，人民法院有义务保证被告人获得辩护。”可见，有权获得辩护原则是一项宪法性刑事诉讼基本原则，公检法机关应当保障犯罪嫌疑人、被告人辩护权行使，不得以任何理由和借口加以限制或剥夺。

内涵为：(1) 犯罪嫌疑人、被告人享有辩护权贯穿于刑事诉讼全过程，且辩护权是法定的基本权利，任何情况任何人都不可以剥夺。辩护分为自行辩护、委托辩护和指定辩护。犯罪嫌疑人、被告人诉讼全过程都可以自行辩护；在公诉案件中犯罪嫌疑人自被侦查机关第一次讯问或者采取强制措施之日起，有权委托辩护人；在自诉案件中，被告人有权随时委托辩护人。法律同时规定，律师会见犯罪嫌疑人、被告人时不被监听。（2）公检法三机关有义务保证犯罪嫌疑人、被告人获得辩护。首先，及时告知。侦查机关在第一次讯问犯罪嫌疑人或犯罪嫌疑人被采取强制措施时就应当告知其有权委托辩护人。其次，指定辩护。犯罪嫌疑人、被告人没有委托辩护人但应当为其指派律师作辩护人的法定情形有：1）盲、聋、哑人；2）未完全丧失辨认或控制自己行为的能力的精神病人（完全丧失了就不会成为被告人）；3）未成年人；4）可能被判处死刑或无期徒刑的人。

公、检、法办案过程中，辩护律师的辩护应当记录在卷，辩护律师提供了书面意见的，应当附卷。在法庭审理过程中，对于向法庭出示的物证以及当庭宣读的未到庭证人的证言笔录、鉴定人的鉴定意见、勘验笔录和其他作为证据的文书，审判人员应当听取辩护人的意见。

**（五）法条分析题**

1. 题略。

可以按以下思路展开分析：

（1）审判独立与检察独立的基本内容。

（2）确立审判独立与检察独立的意义。

（3）审判独立与检察独立实践中的不足。

（4）完善实践不足的若干意见。

2. 题略。

可以按以下思路展开分析：

（1）无罪推定原则的基本内容。

（2）无罪推定原则的积极意义。

（3）无罪推定原则在刑事诉讼法中的体现。

（4）无罪推定原则适用的局限与实践中的不足。

**（六）案例分析题**

大致可以围绕以下基本原则展开分析：

（1）专门机关依法行使职权原则。

（2）三机关分工负责、互相配合、互相制约原则。

（3）审判、检察机关独立行使审判权、检察权原则。

（4）辩护原则。

（5）比例原则。

（6）依靠群众原则。

（7）检察监督原则。

（8）认罪认罚从宽原则。

# 第四章　管辖与回避

## 本章知识图谱

- 管辖与回避
  - 管辖
    - 管辖制度
      - 概念
      - 意义
    - 管辖类型
      - 立案管辖
        - 人民法院直接受理的刑事案件
          - 告诉才处理的案件——侮辱、诽谤案，暴力干涉婚姻自由案，虐待案，侵占案
          - 被害人有证据证明的轻微刑事案件——（1）故意伤害案（轻伤）；（2）非法侵入住宅案；（3）侵犯通信自由案；（4）重婚案；（5）遗弃案；（6）生产、销售伪劣商品案（严重危害社会秩序和国家利益的除外）；（7）侵犯知识产权案（严重危害社会秩序和国家利益的除外）；（8）属于《刑法》分则第四章、第五章规定的，对被告人可以判处3年有期徒刑以下刑罚的其他轻微刑事案件
          - 被害人有证据证明对被告人侵犯自己人身、财产权利的行为应当依法追究刑事责任，而公安机关或者人民检察院不予追究被告人刑事责任的案件
        - 公安机关受理的刑事案件
        - 人民检察院受理的刑事案件
        - 立案管辖的交叉及其处理原则
          - 公安机关、人民法院立案管辖的案件范围出现交叉
          - 自诉案件与公诉案件交叉
          - 人民检察院、监察委员会立案管辖的案件范围出现交叉

- 管辖与回避
  - 管辖
    - 管辖类型
      - 审判管辖
        - 级别管辖
          - 基层人民法院管辖第一审普通刑事案件，但是依照《刑事诉讼法》由上级人民法院管辖的除外
          - 中级人民法院管辖下列第一审刑事案件：危害国家安全、恐怖活动案件；可能判处无期徒刑、死刑的案件；适用缺席审判程序审理的案件
          - 高级人民法院管辖的第一审刑事案件，是全省(自治区、直辖市）性的重大刑事案件
          - 最高人民法院管辖的第一审刑事案件，是全国性的重大刑事案件
        - 地域管辖
          - 犯罪地法院管辖
            - 针对或者利用计算机网络实施的犯罪案件的地域管辖问题
            - 毒品犯罪案件的地域管辖问题
            - 行驶中的交通工具上发生的刑事案件的地域管辖
          - 被告人居住地法院管辖
          - 特殊情况的管辖
            - 第一，对罪犯在服刑期间发现漏罪及又犯新罪的
            - 第二，对于我国缔结或者参加的国际条约所规定的罪行，中华人民共和国在所承担条约义务的范围内，行使刑事管辖权
        - 专门管辖
          - 军事法院管辖
          - 铁路运输法院管辖
        - 指定管辖
          - 第一，对管辖不明的案件，上级人民法院可以指定其任一下级人民法院审判
          - 第二，具有特殊情形的案件，即使管辖权明确，上级人民法院也可以指定原来没有管辖权的人民法院审判
      - 并案管辖
        - 并案管辖的法律效果是使得公、检、法三机关有权对案件“并案处理”。并案管辖在性质上属于管辖权的合并，系对法定管辖制度的变通和突破
        - 并案管辖只能由公、检、法三机关在“职责范围”内对案件进行并案处理
        - 并案管辖的案件限于关联案件
          - 一人犯数罪的
          - 共同犯罪的
          - 共同犯罪的犯罪嫌疑人、被告人还实施其他犯罪的
          - 多个犯罪嫌疑人、被告人实施的犯罪存在关联，并案处理有利于查明案件事实的

- 管辖与回避
  - 回避
    - 回避制度
      - 回避的概念和意义
      - 回避的方式
        - 自行回避
        - 申请回避
        - 指令回避
    - 回避的适用
      - 回避适用的人员
      - 回避的类型
        - 诉讼回避
          - 是本案的当事人或者是当事人的近亲属的
          - 本人或者其近亲属和本案有利害关系的
          - 担任过本案证人、鉴定人、辩护人或者诉讼代理人的
          - 与本案当事人有其他关系，可能影响案件公正处理的
          - 违反规定会见当事人及其委托代理人或者接受其请客送礼的
          - 在一个审判程序中参与过本案审判工作的合议庭组成人员或者独任审判员，不得再参与本案其他程序的审判；参与过本案侦查、审查起诉工作的侦查、检察人员，调至人民法院工作的，不得担任本案的审判人员；参加过本案侦查的侦查人员，不得承办本案的审查逮捕、起诉和诉讼监督工作
        - 任职回避
          - 离任后的任职回避
          - 现任内的任职回避
      - 回避程序
        - 回避申请的提出
        - 回避申请的审查和决定
          - 人民法院审判人员、法庭书记员、翻译人员和鉴定人的回避，由人民法院院长决定
          - 人民检察院检察长的回避，由副检察长主持本院检察委员会讨论决定，检察长不得参加；检察人员、书记员、司法警察以及人民检察院聘请或者指派的翻译人员、鉴定人的回避，由本院检察长决定
          - 公安机关侦查人员以及公安机关聘请或者指派的记录人、翻译人员和鉴定人的回避，由公安机关负责人决定；县级以上公安机关负责人的回避，由同级人民检察院检察委员会决定

## 本章重点问题

## 第一节 管　辖

### 问题1：监察机关职务犯罪立案管辖的范围？

《监察法》第3条规定，各级监察委员会是行使国家监察职能的专责机关，依照本法对所有行使公权力的公职人员（以下称公职人员）进行监察，调查职务违法和职务犯罪。该条文从宏观上界定了监察机关职务犯罪职能管辖范围。为进一步明确监察机关管辖的职务犯罪范围，《监察法》第11条进行了初步列举，监察机关对涉嫌贪污贿赂、滥用职权、玩忽职守、权力寻租、利益输送、徇私舞弊以及浪费国家资财等职务违法和职务犯

罪进行调查。2018 年 3 月，中央纪律检查委员会、国家监察委员会制定了《监察管辖规定》，明确了监察机关管辖的 6 大类 88 个罪名。2021 年施行的《监察条例》在《监察管辖规定》的基础上，增加 4 个罪名，调整 2 个罪名所属类别。至此，监察机关共管辖 92 个罪名。《刑事诉讼法》列举的检察机关管辖的有 14 个罪名，其中有 5 个罪名（滥用职权罪、玩忽职守罪、非法拘禁罪、虐待被监管人罪、非法搜查罪）已经包含在《监察条例》规定的 92 个罪名中，还剩 9 个罪名虽未被《监察条例》规定，但属监察机关可以立案管辖的罪名，至此，监察机关享有管辖权的罪名共计 101 个。

**延伸阅读推荐**

（1）魏昌东：《论职务犯罪监察管辖权的配置》，载《法学》2023 年第 7 期，第 77 - 91 页。

（2）阳平：《中国特色监察管辖制度：生成逻辑与法治化发展》，载《暨南学报（哲学社会科学版）》2023 年第 1 期，第 78 - 91 页。

## 问题 2：公安机关、检察机关、监察机关职能管辖范围内的关联案件如何开展侦查（调查）管辖?

公安机关、检察机关、监察机关职能管辖范围内的关联案件可以分为互涉案件的监侦牵连管辖、共管罪名的监侦共同管辖与共管罪名的监检管辖竞合三类。根据《监察法》第 34 条规定，监察机关在以上三种情形下，原则上以调查为主的管辖权优先地位，作为确定职能管辖位序的依据，也被称为“监察优先原则”，表现为“一般应当由监察机关为主调查，其他机关予以协助”的强制“移送＋协助”模式，《监察条例》则规定了该模式的具体实施方式。但对《监察法》第 34 条中“为主”的具体含义、“一般应当”之例外的情形，职能管辖范围交涉或重合的形式不同，也可能表现出不同的特殊考量。一是对于互涉案件的监侦牵连管辖，有学者认为“为主”意味着“涉嫌贪污贿赂等职务犯罪行为的社会危害性更大，因此在出现犯罪嫌疑人兼犯多罪且包含职务犯罪时，应当将其交由国家监察机关，监察机关自动被视为主管部门”①，允许突破职能管辖的并案管辖。也有学者认为：“监察机关主调查，不是要求监察机关调查公职人员实施的非职务犯罪案件，而是要求监察机关负责案件的协调工作，确保及时将案件移送起诉。”② 因此应属于分案管辖模式，这也是实践中绝大部分职务犯罪关联案件的处理模式。③ 本书认为，尽管学界乃至中央纪委国家监委法规室对“为主”具有扩大解释之倾向，司法实践亦出现突破职能管辖对非职务犯罪并案调查管辖现象，但此种并案管辖应保持谦抑性，除非“协助”不能顺利办理案件或者社会关切的重大职务犯罪案件，不宜轻易并案管辖，否则存背离职权法定原则之嫌。二是对于共管罪名的监侦共同管辖，根据《监察法》第 11 条第

① 马怀德主编：《中华人民共和国监察法理解与适用》，中国法制出版社 2018 年版，第 134 页。

② 钱小平：《监察管辖制度的适用问题及完善对策》，载《南京师大学报（社会科学版）》2020 年第 1 期。

③ 参见谢登科、赵航：《论监察委员会关联案件的管辖模式——以〈监察法〉第 34 条为视角》，载《江汉学术》2022 年第 6 期。

2项、《关于加强和完善监察执法与刑事司法衔接机制的意见（试行）》第1条和《公安部刑事案件管辖分工规定》，监察机关与公安机关共管罪名共计37个，其中包括《监察管辖规定》第16条、第17条列举的30个罪名，以及非国家工作人员受贿罪，对非国家工作人员行贿罪，对外国公职人员、国际公共组织官员行贿罪，挪用特定款物罪，打击报复会计、统计人员罪，故意泄露国家秘密罪，过失泄露国家秘密罪等7个罪名。对于牵涉罪名应当重点把握犯罪主体是否属于公职人员，其中属于公职人员的由监察机关管辖，不属于公职人员的则由公安机关管辖。[①] 三是对于共管罪名的监检管辖竞合，学者们基本认同应坚持检察立案侦查管辖优先，“由检察机关行使侦查权，不仅有利于检察机关有效履行法律监督职能，维护司法公正和保障诉讼正常进行，也有利于监察机关集中精力‘反腐败’，保证深化国家监察体制改革目标的实现，符合监察机关和检察机关的定位”[②]。该内容也基本为《高检规则》第17条所明确规定。

**延伸阅读推荐**

（1）卞建林：《配合与制约：监察调查与刑事诉讼的衔接》，载《法商研究》2019年第1期，第15－22页。

（2）周岩：《监察管辖与侦查管辖如何衔接》，载《中国纪检监察报》2021年2月24日，第8版。

## 问题3：被害人有证据证明的轻微刑事案件，如何确定由公安机关立案管辖还是由人民法院立案管辖？

《刑事诉讼法》第19、210条规定，被害人有证据证明的轻微刑事案件属于可以由人民法院直接受理管辖的自诉案件。但是，根据《刑事诉讼法》第112条规定，公安机关仅在认为没有犯罪事实，或者犯罪事实显著轻微，不需要追究刑事责任的时候，不予立案。可见，轻微刑事案件仍属公安机关应当立案的管辖范围，属于既可由公安机关立案管辖也可由被害人自诉、法院立案管辖的案件。

轻微刑事案件的“双重管辖”并不意味着公安机关不再享有立案管辖权或者可以放弃立案管辖权，而是将部分刑事案件立案管辖选择权交由被害人，最低限度内让渡公安机关本应对此类案件立案管辖的绝对位序。这一最低限度有三点体现：第一，罪名范围与量刑的限制。《高法解释》第1条第2项规定，被害人有证据证明的轻微刑事案件包括故意伤害案、非法侵入住宅案、侵犯通信自由案、重婚案、遗弃案、生产、销售伪劣商品案、侵犯知识产权案以及《刑法》分则第四章、第五章规定的，可能判处3年有期徒刑以下刑罚的案件。“这类案件的社会危害性相对较小，即使被害人追诉不力或疏于追诉，也不会危及国家安全与社会稳定”[③]，交由被害人斟酌起诉又能节约司法资源、提高诉讼效益。第二，案件复杂性与证据收集程度的限制。“轻微刑事案件在一般情况下被害人能够依靠受害的经历取得充分的证据，但由于犯罪行为的多样性、复杂性，有时不经

① 参见周岩：《监察管辖与侦查管辖如何衔接》，载《中国纪检监察报》2021年2月24日，第8版。

② 陈国庆主编：《司法工作人员职务犯罪侦查与认定》，中国检察出版社2019年版，第19页。

③ 姚莉：《关于两类自诉案件若干问题的研究》，载《中国法学》1999年第2期。

侦查是难以获得确实充分的证据的。"[①]《高法解释》第1条第2项第2段规定，对其中证据不足，可以由公安机关受理的，或者认为对被告人可能判处3年有期徒刑以上刑罚的，应当告知被害人向公安机关报案，或者移送公安机关立案侦查。避免因被害人自诉能力不足影响对被害人合法权益的保护和弱化对犯罪的追诉机制。第三，适当兜底性干预的限制。一方面，根据《公安规定》第14条规定，被害人有证据证明的轻微刑事案件可以选择向公安司法机关直接控告，公安机关应当受理。另一方面，司法实践中还存在以下情形：轻微刑事案件情况不复杂，证据收集不困难，被害人有能力提起自诉的案件，被害人既没有提起自诉，也没有向公安司法机关提出控告或报案。对于此类情形，有学者认为，立法将此类案件列为自诉范畴，应当注意尊重被害人意志，只有在自诉机制由于某种原因出现障碍，被害人不能依法行使自己的诉讼权利，犯罪分子有可能逃避法律制裁时，予以强制干预才是比较恰当的。[②] 不过，这也说明，"即使是在自诉案件中，公诉权的干预和救济也时常严阵以待"[③]。

**延伸阅读推荐**

姚莉：《关于两类自诉案件若干问题的研究》，载《中国法学》1999年第2期，第129－136页。

## 问题4：应由人民法院直接受理管辖的告诉才处理的案件在什么情况下转为公安机关立案管辖的公诉案件?

告诉才处理的案件由刑事实体法与程序法共同规定。《刑法》第246条、第257条、第260条、第270条分别规定了侮辱、诽谤案件，暴力干涉婚姻自由案件、虐待案件、侵占案件属于告诉才处理的案件。《刑事诉讼法》第210条规定告诉才处理的案件由人民法院立案管辖，《公安规定》第176条明确排除告诉才处理案件的立案管辖权。同时《刑法》第246条、第260条和《高法解释》第1条又规定了，侮辱、诽谤案件"严重危害社会秩序和国家利益的除外"和虐待案"被害人没有能力告诉或者因受到强制、威吓无法告诉的除外"两类除外情形。一般而言，"除外"意味着案件不应再归为告诉才处理的案件，发生由人民法院立案管辖变更为公安机关立案管辖，检察机关提起公诉替代自诉的效果。此外，学界在深入理解自诉与公诉关系的基础上，在该两类"除外"情形外归纳出了公诉机关参与的两种其他情形。

一是，有学者认为，根据《刑法》第257条第2款和第260条第2款规定，如果暴力干涉婚姻自由造成被害人死亡，或者虐待被害人致使其重伤或者死亡的，应当属于严重危害社会秩序和国家利益的情形，超出被害人决定范围，即应依循公诉程序处理。[④] 该观点从自诉与公诉案件基本理论出发，将《刑法》第257条第2款、第260条第2款理解为，其与侮辱、诽谤案具有"严重危害社会秩序和国家利益的除外"同等地位，从理论层面看有其合理性。二是，告诉才处理的自诉案件可能存在取证难、举证难和证明难

---

① 姚莉：《关于两类自诉案件若干问题的研究》，载《中国法学》1999年第2期。

② 参见姚莉：《关于两类自诉案件若干问题的研究》，载《中国法学》1999年第2期。

③ 罗智勇：《对我国公诉与自诉关系的理性思考》，载《中国刑事法杂志》2006年第2期。

④ 参见时延安：《"自诉转公诉"的法理分析》，载《中国刑事法杂志》2021年第1期。

的问题，加之《高法解释》第321条规定了自诉案件证据审查机制，此时被害人自诉权利难以顺利行使，自诉机制失灵，属于普遍意义上的“告诉存在障碍”。在该情形下，法律规范通过类似“自诉担当”而非转为公诉的方式为被害人顺利自诉提供支撑，要求公安机关为被害人行使刑事自诉权提供收集证据方面的支持。如根据《刑法》[《刑法修正案（九）》]第246条第3款规定，通过信息网络实施侮辱、诽谤行为的，被害人向人民法院告诉，但提供证据确有困难的，人民法院可以要求公安机关提供协助。有学者认为，在侵占案件中，侵占行为往往发生于被害人与行为人之间，一旦行为人否认，被害人很难承担举证责任，没有侦查机关的介入，一般都难以控诉成功。因此，侵占案件也应要求公安机关承担一定的辅助义务，来解决被害人取证难的问题。①

**延伸阅读推荐**

（1）吴卫军：《刑事诉讼中的自诉担当》，载《国家检察官学院学报》2007年第4期，第122-127页。

（2）熊秋红：《论公诉与自诉的关系》，载《中国刑事法杂志》2021年第1期，第17-38页。

（3）时延安：《“自诉转公诉”的法理分析》，载《中国刑事法杂志》2021年第1期，第51-62页。

（4）丁灵敏、孔凡宇、周兴文：《网络诽谤犯罪“自诉转公诉”的法理评析——以杭州诽谤案为视角》，载《中国检察官》2021年第10期，第8-14页。

## 问题5：如何解释刑事诉讼法仅规定了法院指定管辖，而未规定公安机关和人民检察院的指定管辖制度?

一是大陆法系比较法借鉴方面的原因。我国刑事诉讼法对刑事案件级别管辖与地域管辖的规定，借鉴大陆法系国家采用了以审判管辖为中心的制度模式，即仅规定法院对刑事案件的级别管辖与地域管辖，侦查机关与检察机关的管辖以审判管辖为准，不再单独规定，指定管辖亦同。这种管辖模式与世界上多数国家、地区的管辖制度设置比较一致。然而，值得注意的是，我国刑事诉讼中的权力结构并不是完全的以审判为中心，而是公检法在刑事诉讼中分工负责，互相配合，互相制约。“这种分工负责的制度排除了法院对庭前程序的司法审查，未确立法院在刑事程序中的中心地位和权威作用”②，公权力结构的不同产生了相对独立的审前程序，公安机关、检察机关需要指定管辖时，刑事诉讼法预设的人民法院指定管辖统领功能难以得到实现。

二是公检不当管辖对管辖制度保障的分配正义影响力弱的原因。应当承认，公安机关和检察机关的法定地域管辖同样会发生初次分配不正义，以及即便其非审判机关也有必要进行初次分配不正义的二次分配。但同时也应承认，公安机关、检察机关系控诉机关而非审判机关，上下级处于领导与被领导关系的公安机关、检察机关也无须严格贯彻保障司法权独立行使的“法官法定原则”。因此，侦查阶段和审查起诉阶段法定地域管辖

① 参见罗智勇：《对我国公诉与自诉关系的理性思考》，载《中国刑事法杂志》2006年第2期。

② 龙宗智：《刑事诉讼指定管辖制度之完善》，载《法学研究》2012年第4期。

不当引发的初次分配不正义程度是有限的，特别是有法院指定管辖可以对管辖分配正义进行兜底。

三是《公安规定》和《高检规则》已经作出规定的原因。虽然侦查阶段、审查起诉阶段法定地域管辖不当导致的初次分配不正义程度是有限的，但这并不意味着刑事诉讼程序应对其置之不理，放弃该部分正义，也不意味着公安机关、检察机关可以不作为不进行指定管辖或依办案便利任意地指定管辖。公安机关、检察机关的指定管辖制度虽然未在刑事诉讼法中予以规定，但在《公安规定》和《高检规则》中明确规定，基于二者在刑事诉讼实践领域的强大效力，发挥着创设和指导公安机关、检察机关指定管辖制度实践的作用。

**延伸阅读推荐**

（1）张卫平：《管辖权异议：回归原点与制度修正》，载《法学研究》2006 年第 4 期，第 141－149 页。

（2）龙宗智：《刑事诉讼指定管辖制度之完善》，载《法学研究》2012 年第 4 期，第 175－187 页。

（3）王一超：《刑事诉讼管辖的"不确定"危机及矫正——兼对管辖制度价值的检讨》，载《财经法学》2016 年第 1 期，第 100－113 页。

## 问题 6：侦查管辖与审判管辖是什么关系？侦查管辖、起诉管辖、审判管辖三者必须处于同一级别和地域吗？

审判管辖为中心的管辖模式之基本理念要求侦查管辖和检察管辖附属于审判管辖①，侦查管辖和检察管辖基于其附属性必须与审判管辖处于同一级别和地域。然而，公检法三机关分工负责的关系排除了法院对庭前程序的司法审查，造就了侦查管辖与检察管辖相对独立，二者的相互对接以及与审判管辖再对接就产生了困难，"在移送批捕、起诉及审判时能否得到检察与审判机关的确认就成了问题"②。由此产生侦查管辖与审判管辖的相对分离，侦查管辖、检察管辖、审判管辖就可能处于不同的级别和地域。不过，整体来说，我国理论、规范与司法实践均努力维系侦查管辖、检察管辖和审判管辖应处于同一级别和地域的管辖制度基本原则，只是具有侦查决定审判和审判决定侦查两种不同的管辖方向。对于前者，如最高人民法院、最高人民检察院、公安部联合发布的《关于办理侵犯知识产权刑事案件适用法律若干问题的意见》第 1 条第 1 款规定："多个侵犯知识产权犯罪地的公安机关对管辖有争议的，由共同的上级公安机关指定管辖，需要提请批准逮捕、移送审查起诉、提起公诉的，由该公安机关所在地的同级人民检察院、人民法院受理。"可见，三机关共同承认侦查管辖对检察管辖与审判管辖的约束力。对于后者，检察管辖依《刑事诉讼法》第 176 条之规定由审判管辖决定，司法实践中检察管辖与审判管辖若有必要变更管辖，一般通过检察机关商请法院，在协商一致的情况下分别下达

① 参见熊秋红、余鹏文：《我国刑事诉讼管辖体系之完善》，载《法学杂志》2022 年第 4 期。

② 龙宗智：《刑事诉讼指定管辖制度之完善》，载《法学研究》2012 年第 4 期。

指定管辖决定。[①]

**延伸阅读推荐**

熊秋红、余鹏文：《我国刑事诉讼管辖体系之完善》，载《法学杂志》2022 年第 4 期，第 53－72 页。

## 问题 7：什么情况下人民检察院可以管辖应由公安机关管辖的案件？

人民检察院管辖由公安机关管辖的案件是指《刑事诉讼法》第 19 条第 2 款规定的“对于公安机关管辖的国家机关工作人员利用职权实施的重大犯罪案件，需要由人民检察院直接受理的时候，经省级以上人民检察院决定，可以由人民检察院立案侦查”。刑事诉讼法的这一授权也被称为检察机关的“机动侦查权”。从职能管辖范围来看，其主体虽然是国家机关工作人员，属于监察法规定的公职人员，但实施的犯罪罪名并不属于监察机关立案管辖的职务犯罪范围。

此外，还需注意，前文已述，监察机关立案管辖的职务犯罪案件与公安机关管辖的案件牵连时，在特定情形下，监察机关可能突破职能管辖对公安机关管辖的案件并案调查，此时发生立案管辖权的变更。但根据六部门《规定》第 1 条之规定，检察机关立案管辖 14 个罪名的案件若与公安机关管辖的案件发生牵连，涉嫌主罪属于人民检察院管辖的，应以人民检察院为主侦查，公安机关予以配合。可见，公检互涉案件，公安机关和检察院应按其法定管辖权限分别立案侦查，属于“分属管辖”模式，此时不能突破职能管辖进行并案侦查，检察院不能对公安机关管辖的案件进行立案管辖。

**延伸阅读推荐**

王祺国：《“机动侦查权”具有重大监督潜力价值》，载《检察日报》2021 年 4 月 30 日，第 3 版。

## 问题 8：异地异级调用检察官是否突破了法定管辖原则？

近年来，异地异级调用检察官到庭公诉的案件有所增加，部分案件出庭支持公诉的检察官数量增加，甚至个别案件出现近二十人的公诉人团体，由此引发了多方关注和质疑。2023 年 9 月，最高人民检察院印发《关于上级人民检察院统一调用辖区的检察人员办理案件若干问题的规定》，该规定与《人民检察院组织法》第 24 条和《高检规则》第 9 条相结合，从规范层面上进一步完善了上级人民检察院统一调用辖区的检察人员办理案件程序。

对于其中异地异级调用检察官是否突破了法定管辖的地域限制与审级限制的疑虑，一方面，从管辖制度的规范文本表述来看，地域管辖和级别管辖的主体是某地某级公安机关、检察机关和人民法院而非三机关内部的侦查人员、检察官和法官，易言之，“确定管辖是以办案机关为单位，并不是以办案人员为单位的”[②]。另一方面，公诉与审判存在明显差异，不具有裁判性和终局性，作为控诉者的检察官也不必具有与法官相同程度的

① 参见龙宗智：《刑事诉讼指定管辖制度之完善》，载《法学研究》2012 年第 4 期。

② 张建伟：《异地异级调用检察官制度的法理分析》，载《政治与法律》2021 年第 9 期，第 34－35 页。

中立性，不必如法官那样恪守法官法定原则。因此，随着社会生活与犯罪活动的日益复杂，为顺利办理案件，承担公诉职责的检察机关遵循检察同一体原则，异地异级调用检察官办案乃基于实际需要而灵活变通的表现，并不违反法定管辖原则。不过，异地异级调用检察官并非完全不受限制，基于检察机关客观公正义务、对被追诉人诉讼权利的保障等缘由，“检察官在其所属人民检察院履行职务并接受领导监督，为组织法和检察官法的一般原则，而统一调用是例外的情况”[①]。

**延伸阅读推荐**

张建伟：《异地异级调用检察官制度的法理分析》，载《政治与法律》2021 年第 9 期，第 26－39 页。

## 问题 9：中级人民法院管辖哪些第一审刑事案件？应由中级人民法院管辖的“可能判处无期徒刑、死刑的普通刑事案件”提起公诉时由谁判断？

根据《刑事诉讼法》第 21 条规定，中级人民法院管辖危害国家安全、恐怖活动和可能判处无期徒刑、死刑的第一审刑事案件。由于检察机关和人民法院对于案件罪名认定和量刑幅度把握可能不同，针对某一具体案件是否属于“可能判处无期徒刑、死刑的普通刑事案件”可能会发生分歧。为处理司法实践出现的该类情况[②]，1994 年最高人民法院《关于审理刑事案件程序的具体规定》第 5 条规定，人民检察院认为可能判处无期徒刑、死刑而向中级人民法院提起公诉，中级人民法院受理后认为不需要判处无期徒刑以上刑罚的，可以依法审理，不再交由基层人民法院审理。2012 年《高法解释》将“可以”依法审理修改为“应当”依法审理，现行《高法解释》第 12 条沿用了这一规定，要求人民法院应当依法审判，不再交基层人民法院审判。可见，“可能判处无期徒刑、死刑的普通刑事案件”的判断主体应为检察机关而非人民法院。从基本原理上来说这也符合刑事诉讼规律，毕竟未经审判人民法院无法实质审查判断特定案件是否属于“可能判处无期徒刑、死刑”。从设置目的来看，中级人民法院受理后依法审判，也能对定罪量刑存在争议的案件形成保护。从以审判管辖为中心的角度来看，检察机关在审查起诉的基础上，确实认为属于“可能判处无期徒刑、死刑”情形而非出于其他目的，向中级人民法院提起公诉并不违背《刑事诉讼法》第 176 条确立的审判管辖中心。

**延伸阅读推荐**

孙长永主编：《中国刑事诉讼法制四十年：回顾、反思与展望》，中国政法大学出版社 2021 年版，第 10－11 页。

## 问题 10：如何避免二审发回重审后检察机关撤诉后，为规避级别管辖和地域管辖向一审人民法院的下级法院或者其他犯罪地人民法院重新起诉？

以“可能判处无期徒刑、死刑的案件”的审级管辖制度为例，实践层面还可能出现检察机关规避审级管辖的异化做法。一是，检察机关可能出于其他目的，将本不属于

---

① 龙宗智：《论“检察一体”与检察官统一调用制度之完善》，载《中外法学》2022 年第 2 期，第 424 页。

② 参见孙长永主编：《中国刑事诉讼法制四十年：回顾、反思与展望》，中国政法大学出版社 2021 年版，第 10－11 页。

"可能判处无期徒刑、死刑的案件"向中级人民法院提起公诉来规避基层人民法院管辖，中级人民法院又不得不据《高法解释》第12条之"应当"依法审理，但此时属违背了《刑事诉讼法》第176条确立的审判管辖中心原则。二是，中级人民法院依法第一审的可能判处无期徒刑、死刑的案件，二审由高级人民法院发回重审后，检察机关撤回起诉，转向基层人民法院提起公诉规避高级人民法院的二审。此时检察机关直接违背了《刑事诉讼法》第21条之规定，将可能判处无期徒刑、死刑的案件向基层人民法院提起公诉。三是，检察机关也可能依据《高检规则》第22条对于任一案件指定管辖来规避地域管辖，包括撤回起诉后的地域管辖。

以上三类可能发生的检察机关规避法院级别管辖和地域管辖的做法不同程度地违背了《刑事诉讼法》第176条确立的审判管辖中心原则，但应对的做法具有完全不同的指向。首先，对于检察机关撤回起诉后向基层人民法院提起公诉规避高级人民法院的二审的情形，早在1994年最高人民法院《关于审理刑事案件程序的具体规定》(已失效)就已规定，基层人民法院受理的公诉案件，审判委员会讨论后认为需要判处无期徒刑、死刑的，应当报请中级人民法院判决。[①] 现行《高法解释》第17条更是直接规定"应当移送中级人民法院审判"。通过排除基层人民法院的裁量权和必须移送，防止检察机关向基层人民法院提起本应由中级人民法院管辖的第一审刑事案件，基层人民法院又非法审理的情形。同时2012年《高法解释》第21条(现第23条)补充规定[②]，检察机关撤回起诉后向原第一审人民法院的下级法院重新提起公诉的，下级人民法院应当将有关情况层报原第二审人民法院。不难发现，实际上该条文与第17条在相当程度上相互重合。可见，对于该情形，《高法解释》表现出两个条文共同规定的绝对禁止态度。其次，对于检察机关依据《高检规则》第22条指定管辖规避地域管辖的情形，我国刑事诉讼法及相关司法解释虽未专门作出规定，但根据《刑事诉讼法》第176条之规定，司法实践中检察机关变更管辖需要提前商请人民法院沟通协调。可见，对于该情形，刑事诉讼法采取的是由《刑事诉讼法》第176条统领的禁止态度。最后，对于检察机关向中级人民法院提起公诉来规避基层人民法院管辖的情形，尽管从理论上来说，该种规避应属违背了《刑事诉讼法》第176条确立的审判管辖中心原则，但刑事诉讼法及相关司法解释并未明确禁止此做法，《高法解释》第14条反而规定应当依法审理。也就是说，对于该情形，《高法解释》表现出了即便检察机关规避基层法院，也信服中级人民法院管辖能够保证实体正义的宽容态度。

**延伸阅读推荐**

洪道德：《量刑轻重不宜作为审判级别管辖的唯一依据》，载《中国法学》1991年第3期，第93-97页。

## 问题11：司法实践中常见的异地审理是否具有法律依据？正当性何在？

司法机关基于保证诉讼活动顺利进行和公正惩治犯罪的需要对一些特殊类型的刑事

① 参见1994年最高人民法院《关于审理刑事案件程序的具体规定》(已失效)第6条和第15条。

② 参见孙长永主编：《中国刑事诉讼法制四十年：回顾、反思与展望》，中国政法大学出版社2021年版，第11页。

案件进行了指定管辖方面的改革探索，异地审理即是其中之一，是“我国指定管辖制度的直接实践”[①]。异地审理是指为了保证某些特殊案件，尤其是具有重要影响的贪腐案件，由上级法院指定依法不具有管辖权的法院审理，依法具有管辖权的法院不再管辖的一种变更管辖方式。异地审理能够有效排除地方权力对法官审判的各种干扰和阻力，最大限度地实现司法审判的独立性和公正性。[②] 其实践探索最早可追溯至2001年10月审结的沈阳“慕马案”。在此之后，高官贪腐案件实行异地审理逐渐成为常态，异地审理在我国的反腐败工作中发挥了巨大作用，取得了显著成效。

不过，目前刑事诉讼法及相关司法解释并无异地审理的专门规范，异地审理主要是依托《刑事诉讼法》第26条规定的指定管辖制度，对于管辖权不明或者有管辖权的法院不宜管辖的案件，上级人民法院可以通过指定管辖确定案件管辖法院。但适用面过于宽泛的异地管辖也可能冲击指定管辖制度的二次分配正义价值，因为，并非所有职务犯罪案件均不宜由依法具有管辖权的人民法院管辖。而且有实证研究表明，腐败惩罚的严厉性并未因是否异地审理而受到影响，其正当性更多地在于“异地审理使得腐败官员更多立功，这为其他腐败官员的被抓提供了更多线索，大大推进了反腐败的进程，节省了反腐败的成本，社会福利得到了改进”[③]。可见，贪腐案件异地审理一定程度上系以反腐价值为指向，也有外观上司法公正的价值。

**延伸阅读推荐**

（1）褚红丽、孙圣民、魏建：《异地审理与腐败惩罚：基于判决书的实证分析》，载《清华法学》2018年第4期，第23-34页。

（2）谢小剑、崔晓立：《重大职务犯罪案件异地管辖实证分析》，载《昆明理工大学学报（社会科学版）》2018年第1期，第1-9页。

## 问题12：集中管辖制度是否突破了法定管辖的统一性和确定性而有损法院独立审判权？

集中管辖是针对特殊类型刑事案件进行的指定管辖制度的另一改革探索，是“我国指定管辖制度的拓展实践”[④]。从制度基础来看，集中管辖的制度基础同样是《刑事诉讼法》第26条规定的指定管辖制度，但并非其直接实践，而是具有扩展、扩充乃至突破的特点。[⑤] 从实践情况来看，集中管辖制度有利于整合管辖资源，优化司法资源配置，有助于及时总结类案特点，提升案件质量，提升办案的专业性。[⑥] 但是，集中管辖制度还存在一些问题：一是，集中管辖制度属于面向未来的“类案指定”[⑦]，系管辖初次分配格局的变动，因为原本的地域管辖法院因法律事先明确规定而不再享有初次分配上的管辖权，

---

① 孙长永主编：《中国刑事诉讼法制四十年：回顾、反思与展望》，中国政法大学出版社2021年版，第19页。

② 参见褚红丽、孙圣民、魏建：《异地审理与腐败惩罚：基于判决书的实证分析》，载《清华法学》2018年第4期。

③ 褚红丽、孙圣民、魏建：《异地审理与腐败惩罚：基于判决书的实证分析》，载《清华法学》2018年第4期。

④ 孙长永主编：《中国刑事诉讼法制四十年：回顾、反思与展望》，中国政法大学出版社2021年版，第19页。

⑤ 参见张曙：《刑事诉讼集中管辖：一个反思性评论》，载《政法论坛》2014年第5期。

⑥ 参见吕玉珠：《涉台刑事案件集中管辖调研报告》，载《检察调研与指导》2018年第5期。

⑦ 龙宗智、白宗钊、谭勇：《刑事诉讼指定管辖若干问题研究》，载《法律适用》2013年第12期。

而《刑事诉讼法》第26条规定的指定管辖制度属于一种“个案指定”，即针对个案的二次分配。可见，集中管辖制度虽然以指定管辖制度为制度基础，但明显突破了指定管辖制度的理论基础和法律规范。二是，有学者认为，现有集中管辖是以案件数量决定案件管辖的逻辑进路建立的，案件数量波动的不确定性和所谓灵活性背离了法定管辖原则和法官法定原则，还可能强化上级法院对下级法院的行政领导关系，有损法院独立审判权。①

现有的四类集中管辖制度缺少立法层面的规范化，知识产权犯罪案件和环保类刑事案件基本均由各省级人民法院、检察院、公安厅、司法厅等出台的规范性文件予以规定，缺少稳定性，少年法庭的设置也断断续续，因此确有突破法定管辖的统一性和确定性之嫌。但是，如果能在立法层面对集中管辖予以承认，再由司法解释对各类集中管辖类别予以规范，使其具有面向未来的确定性，如民事诉讼中三大互联网法院的集中管辖，则集中管辖能与地域管辖相互协同，共同成为初次分配的法定管辖制度的一部分。

**延伸阅读推荐**

(1) 张曙：《刑事诉讼集中管辖：一个反思性评论》，载《政法论坛》2014年第5期，第167-175页。

(2) 龙宗智、白宗钊、谭勇：《刑事诉讼指定管辖若干问题研究》，载《法律适用》2013年第12期，第38-44页。

## 问题13：如何理解最高人民法院、高级人民法院管辖的第一审刑事案件中“全国性、全省性的重大刑事案件”的条件？

《刑事诉讼法》第22、23条单列两条规定了最高人民法院、高级人民法院管辖的第一审刑事案件是全国性、全省性的重大刑事案件。从规范层面来看，《刑事诉讼法》及相关司法解释均未明确规定何谓“全国性、全省性的重大刑事案件”，具体适用时完全依靠最高人民法院、高级人民法院自由裁量。② 从实践层面来看，《刑事诉讼法》实施四十多年来，最高人民法院仅审理过一起“全国性的重大刑事案件”，即林彪、江青反革命集团案件；高级人民法院作为一审法院审理“全省性的重大刑事案件”的情况也极为罕见。因此，有学者认为，“高级人民法院、最高人民法院的一审管辖权，已不再有充足的现实依据”③。

从司法权威的角度来看，最高人民法院、高级人民法院享有第一审刑事案件管辖权有助于维护其司法权威性，但《刑事诉讼法》第24条已经包含了最高人民法院和高级人民法院对下级人民法院管辖案件的提审管辖权，2023年8月开始施行的最高人民法院《关于加强和规范案件提级管辖和再审提审工作的指导意见》第4条同样对上级人民法院的提审管辖权予以明确规定。因此，可考虑不以《刑事诉讼法》单列两个条文的形式予以规定，避免“全国性、全省性的重大刑事案件”表述模糊带来的歧义和争议。从司法

---

① 参见张曙：《刑事诉讼集中管辖：一个反思性评论》，载《政法论坛》2014年第5期。

② 参见谢小剑：《法定法官原则：我国管辖制度改革的新视角》，载《法律科学（西北政法大学学报）》2011年第6期。

③ 孙长永主编：《中国刑事诉讼法制四十年：回顾、反思与展望》，中国政法大学出版社2021年版，第29页。

实践来看，一方面，高官重大职务犯罪案件异地管辖已成常态。“数据显示，2001—2016年共100件职务犯罪案件被指定异地管辖。其中，94件适用跨省异地管辖，跨省适用率为94%。2006年以后被指定异地管辖的重大职务犯罪案件跨省异地管辖的适用率为100%”①。可被评价为“全省性的重大刑事案件”的高官职务犯罪案件一般不在省内人民法院管辖。另一方面，即使影响力特别重大的刑事案件也基本以异地管辖的形式指定中级人民法院一审管辖。可见，最高人民法院和高级人民法院保留全国性、全省性重大案件的一审管辖权预防行政干预方面的立法原意已然落空，亦无必要。

**延伸阅读推荐**

谢小剑、崔晓立：《重大职务犯罪案件异地管辖实证分析》，载《昆明理工大学学报（社会科学版）》2018年第1期，第1-9页。

## 问题14：被告人及其辩护人可以申请管辖权变更吗?

在民事诉讼中，“只要存在着通过起诉选择法院的机会，精通管辖规则的原告或原告的律师就会考量何地法院受理对自己更为有利，从而对管辖法院进行精心的选择”②。刑事诉讼中则不同，由于我国刑事诉讼中管辖的定位是国家专门机关在受理刑事案件方面的权限分配③，“基本上服务于打击犯罪的需要，基本不考虑通过改变管辖保障嫌疑人、被告人的权利”④。迄今为止，我国《刑事诉讼法》中没有关于管辖权异议的规定，但在《高法解释》《庭前会议规程（新）》及之前的《庭前会议规程》中有管辖权异议的零星规定。《庭前会议规程（新）》第11条规定，在庭前会议中，主持人可以就是否对案件管辖有异议向控辩双方了解情况、听取意见；第12条规定了被告人及其辩护人对案件管辖提出异议后法院的后续处理程序。而《高法解释》第228条的规定也仅限于庭前会议中可以就是否对案件管辖有异议向控辩双方“了解情况、听取意见”。可见，我国刑事诉讼中控辩双方是能够提出管辖权异议的，但是，一方面，提出管辖权异议并不意味着可以申请管辖权变更，提出管辖权异议的效力仅限于人民法院“了解情况，听取意见”，本质上是对人民法院管辖的一种建议或者提醒。另一方面，我国的管辖权异议仅规定在庭前会议程序中，然而司法实践中召开庭前会议的刑事案件并不常见。若未召开庭前会议，被告人及其辩护人能否在庭审时提出管辖权异议，具体程序如何，立法并未规定，此外，审前程序中的管辖权异议制度同样缺失。

**延伸阅读推荐**

龙宗智、白宗钊、谭勇：《刑事诉讼指定管辖若干问题研究》，载《法律适用》2013年第12期，第38-44页。

## 问题15：军人与地方人员共同犯罪的，可以并案管辖吗?

并案管辖，即将原本应由不同机关管辖的数个案件，合并由同一个机关管辖。根据

① 谢小剑、崔晓立：《重大职务犯罪案件异地管辖实证分析》，载《昆明理工大学学报（社会科学版）》2018年第1期。
② 张卫平：《管辖权异议：回归原点与制度修正》，载《法学研究》2006年第4期。
③ 参见陈瑞华：《刑事诉讼法》，北京大学出版社2021年版，第201页。
④ 龙宗智、白宗钊、谭勇：《刑事诉讼指定管辖若干问题研究》，载《法律适用》2013年第12期。

六部门《规定》第 3 条规定，人民法院、人民检察院、公安机关可以在其职责范围内并案处理，所谓“职责范围”，根据《刑事诉讼法》第 3 条规定，“对刑事案件的侦查、拘留、执行逮捕、预审，由公安机关负责。检察、批准逮捕、检察机关直接受理的案件的侦查、提起公诉，由人民检察院负责。审判由人民法院负责。除法律特别规定的以外，其他任何机关、团体和个人都无权行使这些权力”。可见，并案管辖既不能突破职能管辖的范围，也不能突破专门管辖的规定，因此，现役军人和非军人共同犯罪，应由军队保卫部门侦查管辖的，地方公安机关不能并案管辖；应由军事法院管辖的案件，地方人民法院也不能并案审判。

另一个问题是：军队保卫部门能否对共同犯罪的非军人侦查管辖，军事法院能否对共同犯罪的非军人审判管辖?《办理军队和地方互涉刑事案件规定》第 4 条明确规定，对地方人员的侦查、起诉、审判，由地方公安机关、国家安全机关、人民检察院、人民法院管辖。可见，军队保卫部门、军事检察院、军事法院作为专门管辖机关同样不能对地方人员并案管辖。但也存在可能的例外，2023 年 2 月第十三届全国人民代表大会常务委员会第三十九次会议通过了《关于军队战时调整适用〈中华人民共和国刑事诉讼法〉部分规定的决定》，涉及管辖、辩护与代理、强制措施、立案、侦查、起诉、审判、执行等部分具体规定的调整适用。具体由中央军事委员会规定。可见，战时军队开展刑事诉讼活动也可能对共同犯罪的地方人员管辖，决定并案管辖。

**延伸阅读推荐**

万毅：《解读“并案管辖”四个关键词》，载《检察日报》2014 年 3 月 5 日，第 3 版。

## 问题 16：侦查、起诉、审判和执行阶段发现漏罪的，如何确定立案管辖?

侦查阶段发现漏罪的，由于案件仍处于侦查阶段，侦查机关有义务对犯罪嫌疑人其他犯罪行为展开侦查，因此，若犯罪地和职能管辖同一，管辖不发生变更，漏罪仍由侦查机关立案管辖。若犯罪地不同一，职能管辖同一，则涉及多个有管辖权的侦查机关管辖权分配的问题。根据《公安规定》第 21 条，公安机关可以在职责范围内并案侦查，由最初受理的公安机关管辖。必要时，可以由主要犯罪地的公安机关管辖。若职能管辖不同一，则根据监侦互涉规则，以监察机关调查为主；或者根据六部门《规定》第 1 条的检侦互涉规则，分案管辖，主罪为主，予以配合。

起诉阶段发现漏罪的，根据《刑事诉讼法》第 171 条，审查起诉的任务之一即是审查移送审查起诉的案件有无遗漏罪行和其他应当追究刑事责任的人。根据《高检规则》第 342 条规定，存在遗漏罪行、遗漏同案犯罪嫌疑人等情形需要补充侦查的，应当制作补充侦查提纲，连同案卷材料一并退回公安机关补充侦查。退回补充侦查后，根据侦查阶段发现漏罪的规则确定立案管辖。尽管该条还同时规定，人民检察院还可自行补充侦查，但一方面，自行补充侦查并不是检察机关同时立案管辖；另一方面，根据《高检规则》第 356 条规定，发现遗漏罪行或者有依法应当移送起诉的同案犯罪嫌疑人未移送起诉的，应当要求公安机关补充侦查或者补充移送起诉。可见，起诉阶段发现漏罪的，原则上应退回公安机关补充侦查，补充侦查时确定管辖。

审判阶段发现漏罪的，根据《高检规则》第 420、421 条，公诉人可以建议人民法院延期审理，延期审理后补充侦查或撤回起诉。根据《高检规则》第423、424条，撤回起诉不适用于漏罪情形，检察机关只能要求公安机关补充移送起诉或者补充侦查。问题在于，若遗漏的罪名或罪行不属于延期审理的人民法院管辖该如何处理。根据六部门《规定》第3条，人民法院在正在审理的案件之管辖权的基础上，可以对没有管辖权的漏罪并案管辖，在补充侦查后继续审理，但不得突破级别管辖和专门管辖。值得注意的是，若人民法院对正在审理的案件也没有管辖权该如何处理，现行法律规范并未规定。从司法实践看，法院开庭审理后发现管辖错误的，有些法院将案件退回检察机关处理，有些法院则将案件移送给其他有管辖权的法院处理。而最高人民法院在毒品犯罪和网络犯罪案件的相关司法解释中则认为，此时可以报请上级法院指定管辖，在满足管辖权之要件后继续审理案件。[①]

执行阶段发现漏罪的，根据《高法解释》第13条规定，正在服刑的罪犯在判决宣告前还有其他罪没有判决的，由原审地人民法院管辖；由罪犯服刑地或者犯罪地的人民法院审判更为适宜的，可以由罪犯服刑地或者犯罪地的人民法院管辖。审判管辖中心主义下，审判管辖一经确定，侦查管辖和检察管辖随之确定。关于如何理解“更为适宜”的情形，有学者认为应当从漏罪的罪行严重程度、级别管辖是否一致、犯罪地与原审地的距离等方面进行考虑。[②]

**延伸阅读推荐**

张曙：《刑事诉讼中的管辖错误及其处理》，载《法学家》2020年第3期，第114-125页。

## 第二节　回　　避

### 问题1：回避制度是“任何人不得为自己的法官”精神的承继，侦查权没有司法属性，侦查人员为什么也要适用回避制度？

回避制度的立法精神，起源于古老的法谚：“任何人不得做自己案件的法官”。尽管侦查权没有司法属性，反而因大控方的身份地位具有追诉对抗的意味，但从程序正义的价值出发，侦查阶段的回避反映出公众期待追诉者仅基于法律代表国家惩治犯罪，而非因个人私利或偏见行追诉之权，否则就会产生侦查机关基于私利与偏见滥用私权的怀疑，催生出对国家追诉程序不正义的观感。“正义不仅应得到实现，而且要以人们看得见的方式加以实现”，侦查阶段适用回避制度即保证人们能够看得到正义，信任公安司法人员公正行使职权，以维护诉讼过程的公正性和裁判结果的权威性。

从域外经验来看，多数国家、地区的刑事诉讼程序中的回避制度并不包括侦查人员，其中法国刑事诉讼法规定侦查人员即法国刑事诉讼中负责侦查、预审的预审法官可以被

① 有学者认为，该三种方式均不适当，“在被告人不同意无权管辖的情况下应当作出宣告无管辖权的裁判”。参见张曙：《刑事诉讼中的管辖错误及其处理》，载《法学家》2020年第3期。

② 参见李贺军、高岩岩：《如何确认漏罪管辖中的“更为适宜”》，载《检察日报》2018年6月22日，第3版。

申请回避，但申请回避的理由是其参加了先前的诉讼程序，为避免先入为主，在庭审时一般不让其参加。[①] 只有俄罗斯在刑事诉讼回避主体上与我国相同地表现出强职权主义，规定了侦查人员、调查人员、检察长、专家、辩护人以及被害人、民事原告人或民事被告人的代理人等的回避。[②] 但域外刑事诉讼范式与我国的有着明显区别，由于域外刑事诉讼中对侦查人员的行为都予以严格的司法审查，同时辅之以完备的证据规则，侦查人员如果存有私利与偏见，诉讼行为很可能不被承认，所获取的证据也难以进入法庭。由此，即使侦查人员不回避，也能实现保障诉讼过程公正性和裁判结果权威性的目标。

一方面，我国审前程序既缺乏司法审查，又没有完善的证据规则，导致违法侦查行为极易发生，侦查人员基于各种利害关系而徇私舞弊的行为难以控制。在侦查阶段缺乏有效的司法控制，又没有完备的证据规则体系加以保护的情况下，规定侦查人员属于回避人员范围十分必要。另一方面，我国的刑事诉讼程序呈线性结构，对于作为办案线性结构起点的公安机关而言，及时有效贯彻落实利害关系人回避制度，对于确保下游检察机关与法院办案质量，减少冤假错案有着更为重要的作用，具有保障案件办理实体正义之功效。基于侦查人员适用回避制度促进程序正义与实体正义实现之功能，早在 1979 年我国刑事诉讼法就将侦查人员、检察人员与审判人员同等作为回避制度的回避主体。现行《刑事诉讼法》与《公安规定》均对侦查人员的回避程序予以明确规范。

**延伸阅读推荐**

（1）张品泽：《外国刑事回避制度比较研究》，载《比较法研究》2004 年第 3 期，第 94－101 页。

（2）何静：《中外刑事回避制度比较研究》，载《陕西理工学院学报（社会科学版）》2005 年第 2 期，第 74－76 页。

## 问题 2：侦查人员回避决定作出后，于回避之前收集的证据是否可采？诉讼行为是否有效？

侦查回避的价值在于维护刑事司法的正当性与公正性，因此，一方面，侦查回避不能因维护程序正义之信赖而忽视实体正义。回避制度不能拘泥于程序独立价值本身，既不能一味地对所有应回避而未回避的侦查人员收集的证据与诉讼行为予以否定，也不能将诉讼程序完全停摆等待回避决定作出，阻碍实体正义的实现。正因如此，我国《刑事诉讼法》第 31 条、《公安规定》第 38 条和《高检规则》第 34 条均规定，申请或者被申请回避的侦查人员不得停止对案件的侦查。

另一方面，侦查人员回避制度保障程序正义与实体正义的功效可以通过程序设计予以替代或补充。在未设计侦查人员适用回避制度的国家、地区，也许公民对于侦查人员并不信任，但通过设计严格的司法审查和证据规则，存有私利和偏见的侦查人员并不能对其诉讼权利造成损害，也不会对裁判结果产生影响。可见，决定侦查人员回避之前收集的证据是否可采、诉讼行为是否有效的，并不是其与案件存在多大的利益关系或者偏

① 参见何静：《中外刑事回避制度比较研究》，载《陕西理工学院学报（社会科学版）》2005 年第 2 期。

② 参见张品泽：《外国刑事回避制度比较研究》，载《比较法研究》2004 年第 3 期。

见，而是先前收集的证据是否具有关联性，是否真实、合法，先前的诉讼行为是否侵犯了被追诉人的诉讼权利。我国《公安规定》第 39 条和《高检规则》第 36 条规定，侦查人员、检察人员以及公安机关负责人、检察长收集的证据与诉讼行为是否有效，由决定主体根据案件情况决定。可见，在我国，防止侦查人员私利与偏见对刑事诉讼程序产生不利影响的方法是，适用回避制度、法律规范确立的证据规则以及检察机关法律监督诉讼行为合法三管齐下，其中证据规则与诉讼行为是否合法是判断回避前收集的证据是否可采和诉讼行为是否有效的基本依据。

**延伸阅读推荐**

张品泽：《外国刑事回避制度比较研究》，载《比较法研究》2004 年第 3 期，第 94-101 页。

## 问题 3：人民陪审员是否适用无因回避?

回避制度分为有因回避和无因回避，是英美法系国家回避制度回避理由上的显著特点。该分类标准以回避必须具备法定的理由和证据为前提。在奉行陪审制的英美法系国家，对于陪审团中的陪审员，普遍赋予了辩方申请无因回避的无因回避权。而在奉行参审制的大陆法系国家，对待法官一致实行有因回避，在刑事诉讼法中详细地规定了回避的理由；对于陪审员的回避则有所不同，德国同对待法官一样，对陪审员实行有因回避，法国则对陪审员实行无因回避。我国也奉行参审制，根据《高法解释》第 37 条，人民陪审员属于刑事诉讼法规定的审判人员。我国刑事诉讼法并未规定无因回避制度，所有的回避都必须是有因回避，根据《高法解释》第 33 条，当事人及其法定代理人、辩护人、诉讼代理人提出回避申请，都必须附具理由，同时还需要提供能够证明回避人员具有法定回避理由的相关证据材料。

**延伸阅读推荐**

张品泽：《外国刑事回避制度比较研究》，载《比较法研究》2004 年第 3 期，第 94-101 页。

## 问题 4：申请审判人员回避和审判人员因回避退出庭审后，庭审能否继续进行?

从域外经验来看，多数国家、地区均通过挑选陪审团、事先告知、公开案件当事人信息等方式将回避事项放置于庭审开始之前解决，以防止庭审过分迟延。根据《刑事诉讼法》第 187 条与《高法解释》第 221 条之规定，对于我国合议庭组成人员名单，当事人及其诉讼代理人、被告人及其辩护人事先并不知晓，无法对审判人员申请回避，回避申请就会累积到开庭审理阶段，由此可能导致庭审因回避事项而停摆。

对于庭审阶段申请回避，庭审是否继续，大陆法系国家、地区基本由决定回避者视具体情形而定。在法国，上诉法院院长在征求了上诉法院检察长的意见之后，可以作出暂缓侦查或审理或暂缓宣布判决的决定；在德国，法官被要求回避而裁定申请又将中断审判时，可以继续审判，直至有可能作出裁定同时不拖延审判为止。可见德法两国采用既可中止审理，也可继续审判的方式对待回避申请。在我国，关于申请审判人员回避庭审是否继续进行，《刑事诉讼法》第 204 条规定，法庭审判过程中，由于申请回避而不能进行审判的，影响审判进行的，可以延期审理。可见，对于申请审判人员回避，我国同样采用根据具体情形具体判断的方式决定庭审是否继续进行。与之相对，考虑到刑事侦查工作的紧迫性和特殊性，为防止因审查回避申请影响侦查活动的及时、有效进行，或者造成重要证据材料灭失或犯罪嫌疑人逃跑等不可弥补的损失[①]，《刑事诉讼法》第 31 条第 2 款规定，对侦查人员的回避作出决定前，侦查人员不能停止对案件的侦查。

对于审判人员退出法庭后，庭审能否继续进行，我国法律没有明确规定。但基于已经确定审判人员属于应当回避的情形，其先前作出的审判行为应属对"任何人不得做自己案件的法官"精神的直接违背，法官应回避而未回避属于严重的程序违法。加之审判程序奉行直接言词原则，世界各国刑事诉讼法通常规定应当回避的法官回避决定作出后，先前的审判活动归于无效。对该问题，我国学界通识同样认为，审判人员因回避而退出审判，整个审判程序必须更新、重启。[②]

**延伸阅读推荐**

张品泽：《外国刑事回避制度比较研究》，载《比较法研究》2004 年第 3 期，第 94－101 页。

### 问题 5：人民法院可以"整体回避"吗？人民法院院长、人民检察院检察长、公安机关负责人存在法定回避事由意味着必须变更管辖吗？

在我国，实行的是法院独立行使审判权原则，即人民法院审理案件不受行政机关、社会团体和个人的干涉。由此可能出现法官的独立性不强、上下级之间仍具有行政色彩、地方法院审判无法完全脱离行政等问题。与此产生的背反是，我国的回避制度的主体仅针对具体办案的个人，即审判人员、检察人员和侦查人员，司法机关不能成为回避主体，也无整体回避制度。不过，针对实践中整体回避的切实需要，人民法院也非无所作为。根据《高法解释》第 18 条规定，因案件涉及本院院长需要回避或者其他原因，不宜行使管辖权的，可以由上一级人民法院管辖或指定管辖。可见，人民法院可以通过移送管辖和指定管辖来回应司法实践中整体回避的需求。不过，"可以"移送管辖或指定管辖，说明院长需要回避并不一定必须变更管辖。

从规范层面来看，检察长和公安机关负责人存在法定回避事由同样并非必须变更管辖。公安机关负责人回避后，是否变更管辖并无明确规定，但根据《公安规定》第 38 条，公安机关负责人、侦查人员不得再参与本案的侦查工作。从公安机关行政体制属性角度来看，"不得再参与本案的侦查工作"即应变更管辖，但在司法实践中公安机关负责人回避情形较为少见，"不得再参与本案的侦查工作"也因缺少解释理解不同，并不必然导致变更管辖。人民检察院检察长回避后，是否变更管辖在刑事诉讼法及相关司法解释中则全无规定。但根据《高检规则》第 16 条，必要时上级检察院可以立案管辖下级人民

---

① 参见陈光中：《刑事诉讼法学》（第 2 版），北京大学出版社 2005 年版，第 127 页。

② 参见《刑事诉讼法学》编写组：《刑事诉讼法学》，高等教育出版社 2017 年版，第 117 页。

检察院管辖的自侦案件；根据《高检规则》第19条至第21条，检察机关的移送管辖与指定管辖条件较为宽松。因此，应当认可检察机关可以因检察长回避通过移送管辖或者指定管辖变更管辖。

**延伸阅读推荐**

王学堂：《亟待立法规定法院的整体回避——以司法实践中的个案为例证》，载《法治论坛》2008年第4期，第225-235页。

## 问题6：由检察委员会、审判委员会决定的案件中，申请回避的对象能否是检察委员会、审判委员会组成成员？

根据《刑事诉讼法》第31条，检察长和公安机关负责人的回避由检察委员会决定，院长的回避由本院审判委员会决定；根据《高检规则》第36条，被决定回避的检察长或公安机关负责人在回避决定作出以前所取得的证据和进行的诉讼行为是否有效，由检察委员会决定。除此之外，根据刑事诉讼法及相关司法解释，检察委员会与审判委员会还享有重大、疑难案件的办理权和决定权。由此产生两个问题：一是决定检察长、公安机关负责人和院长是否回避的检察委员会和审判委员会能否被作为申请回避的对象，二是检察委员会和审判委员会在决定案件时能否成为申请回避的对象。

我国的回避制度的主体仅针对具体办案的个人，检察委员会、审判委员会是由多名检察人员、审判人员组成的组织，检察机关办案组、人民法院合议庭等均是类似的组织，它们并非我国回避制度的适用主体，因此不能成为申请回避的对象。除此之外，检察委员会和审判委员会具有内部性、保密性和非公开性，决定了申请回避的主体无法知晓检察委员会或审判委员会中的具体检察人员或审判人员，也无法申请其中具体办案人员回避。近年来，随着司法责任制改革的推进，检察委员会和审判委员会逐步退出办理案件的第一线，组成成员的司法素养也越来越高。虽然无法对检察委员会和审判委员会申请回避，但通过减少办案、提升职业素养、权力之间的相互制衡等方式保障应回避的办案人员自行回避或指令回避，也能对当事人的诉讼权利形成有效保障。

**延伸阅读推荐**

左德起、谢宏魁：《刍议检察委员会的回避制度》，载《西藏大学学报（社会科学版）》2010年第2期，第134-138页。

## 问题7：为什么发回重审的案件再次进入第二审程序时不用另行组成合议庭？

根据《刑事诉讼法》第239条规定，原审人民法院对于发回重新审判的案件，应当另行组成合议庭，依照第一审程序进行审判。所谓"另行组成合议庭"是指新组成的合议庭不能有一审程序中合议庭组成成员，先前参与实质审理的成员不得再次参与审理。该规定一是为了防止审前预断，其与参与前一阶段的办案人员不得参与后一阶段性质相同，作为办案人员诉讼阶段回避的一种情形事由，共同规定在《高法解释》第29条中。二是先前合议庭成员或未查明案件事实或程序违法，失去了再次办理本案公信力，再次办理会消解发回重审纠错的程序价值和实体价值。而发回重审的案件再次进入第二审程序时，原决定发回重审的法官并未进行实质审理，不同之处在于：一是法官未形成，至少基本未形成审前预断；二是二审未出现其发回重审的原审出现的错误事由，法官仍具有公信力，因此不用另行组成合议庭。

**延伸阅读推荐**

姜小川、汪志飞：《试论审判委员会的回避》，载《法学杂志》2009 年第 12 期，第 24－28 页。

## 问题 8：公检法三机关办案人员回避事项中的“近亲属”范围相同吗？为什么要作扩大解释？

根据《刑事诉讼法》第 108 条的立法解释，刑事诉讼法中的近亲属系指夫、妻、父、母、子、女、同胞兄弟姊妹。因此，《刑事诉讼法》第 29 条法定回避事由中的近亲属也应是该范围。不过，2011 年最高人民法院《关于审判人员在诉讼活动中执行回避制度若干问题的规定》第 1 条对审判人员回避事由中的近亲属作了扩大解释，即近亲属包括与审判人员有夫妻、直系血亲、三代以内旁系血亲及近姻亲关系的亲属。从学界观点来看，由于《刑事诉讼法》第 108 条中近亲属范围的立法解释存在直系旁系亲疏顺序的逻辑疏漏、忽视人口年龄结构变化、与其他部门法近亲属范围存在冲突等问题，学者们很早就主张扩大刑事诉讼法中近亲属的范围。① 近亲属范围的扩张应及于整部刑事诉讼法，因为，尽管该扩大解释仅由最高人民法院针对审判人员作出，但其内容具有合理性，根据刑事诉讼程序中办案人员法定回避事由的相对一体性，可以类推适用于检察人员和侦查人员。

**延伸阅读推荐**

（1）卢锦生：《我国法律中“近亲属”的外延应该扩大》，载《现代法学》1989 年第 2 期，第 76 页。

（2）李拥军：《当代中国法律对亲属的调整：文本与实践的背反及统合》，载《法制与社会发展》2017 年第 4 期，第 70－88 页。

（3）庄建波：《刑事诉讼法规定的近亲属范围应该扩大》，载《人民检察》2006 年第 16 期，第 54－55 页。

## 问题 9：什么关系属于回避事由中的“其他关系”？“其他关系”与“可能影响案件公正处理”是并列的吗？

《刑事诉讼法》第 29 条第 4 款规定了法定回避事由的兜底条款，即与本案当事人有其他关系，可能影响公正处理案件的情形。就我国“熟人社会”的社会环境与文化传统而言，该兜底条款在回避制度适用时发挥作用巨大。有实证研究表明，比起日渐式微的“近亲属”关系，同学、师生、同乡和朋友等关系往往更具“渗透力”②。因此，妥善理解该条款对于回避制度的实践适用以及当事人诉讼权利的保障具有重要意义。

---

① 参见卢锦生：《我国法律中“近亲属”的外延应该扩大》，载《现代法学》1989 年第 2 期。

② 张友好：《论我国申请法官回避的现状及改革》，载《清华法学》2012 年第 4 期，第 155 页。

对于该条款中的"其他关系"，从规范层面上来看，最高人民法院、司法部关于印发《关于规范法官和律师相互关系维护司法公正的若干规定》第4条规定，"与本案当事人委托的律师有亲朋、同学、师生、曾经同事等关系"的审判人员应当自行申请回避，可见该条款认可了"与本案当事人委托的律师有亲朋、同学、师生、曾经同事等关系"属于与本案当事人有其他关系。有学者认为，该条规定的出台主要是由于法律共同体"圈子"较小，当事人委托的律师与审判人员具有某种"其他关系"十分常见，影响了案件审判的公正性，律师与法官的同学、师生、校友、同乡等关系已经越来越成为影响法官中立性的重要元素。①

不过，同样基于该原因，《刑事诉讼法》第29条第4款兜底情形与前三种情形设置不同，对于第1款至第3款，办案人员只要满足身份要件即应当回避，而兜底情形除"其他关系"身份要件外，还需要同时具备该情形"可能影响案件公正处理"要件。否则，法律共同体内"其他关系"的大量存在无疑会使得律师和办案人员难以顺利完成刑事诉讼活动，造成刑事诉讼程序的过分延迟和司法资源的浪费。而且"其他关系"与"可能影响案件公正处理"的并列关系还有助于合理确定"其他关系"的范围：其一，强调回避事由的重心在于"可能影响案件公正处理"，也就是说，尽管"其他关系"范围并不十分明确，但只要当事人能证明某种关系可能影响案件公正处理，即可确认该"其他关系"符合条件；其二，若适用"其他关系"单个条件，相关司法解释对审判人员"其他关系"的解释要想适用于检察人员和侦查人员无疑会困难重重，破坏了目前我国刑事诉讼程序中办案人员法定回避事由的相对一体性，而并列关系则为检察人员和侦查人员一体适用提供了可能。

**延伸阅读推荐**

张友好：《论我国申请法官回避的现状及改革》，载《清华法学》2012年第4期，第151－161页。

## 问题10：自行回避也需要由公安机关负责人、检察长、法院院长或两院委员会决定吗？

根据《公安规定》第34条、《高检规则》第25条和《高法解释》第32条，侦查人员及公安机关负责人、检察人员与审判人员及院长自行回避，需要提出申请，说明理由，由公安机关负责人、检察长、法院院长或两院委员会决定。其中《高检规则》第25条虽然没有规定检察长的回避需提出申请、说明理由，但根据《刑事诉讼法》第31条和《高法解释》第29条，检察长的回避，由检察委员会讨论决定。可见，检察长自行回避同样需要由检察委员会决定。自行回避也需各决定主体决定，主要是因为刑事司法职权权责统一，侦查人员、检察人员和审判人员既分别依法享有侦查权、检察权和审判权，也承担着侦查、检察和审判的法定职责。为了防止办案人员因具体案件疑难、复杂或者出于其他非回避事由，试图通过自行回避不办理具体案件，逃脱法定职责，应由上级领导或两院委员会审查，对此种自行回避形成有效监督。值得注意的是，相关法律条文中对自

① 参见张友好：《论我国申请法官回避的现状及改革》，载《清华法学》2012年第4期，第154页。

行回避方式，也采取“申请”的表述，但此种申请并非申请回避方式的申请。因为申请回避方式是由当事人及其法定代理人行使作为一项基本诉讼权利的申请回避权发起的，而司法行政机关的办案人员并无这样的诉讼权利，自行回避是他们的法定职责，申请只是向其回避决定主体要求批准自行回避的履职方式。

**延伸阅读推荐**

章剑生：《论行政回避制度》，载《浙江大学学报（人文社会科学版）》2022年第6期，第28－36页。

## 问题11：指令回避与自行回避、申请回避是顺序关系吗?

《刑事诉讼法》第29条规定了自行回避与申请回避两种回避方式，《公安规定》第32条、《高检规则》第31条和《高法解释》第34条分别规定了侦查人员、检察人员和审判人员的指令回避，由此我国回避制度的回避方式可以分为自行回避、申请回避和指令回避三种。尽管从具体条文表述来看，公检法三机关似乎均为三种回避方式的适用排列了顺序，如《公安规定》第32条采用“自行→指令”或“申请”的顺序表述；《高法解释》第34条和《高检规则》第31条均采用了“自行＋申请”→“指令”的顺序表述。也有观点认为，指令回避是自行回避和申请回避的重要补充。[①] 但基于以下两方面的原因，指令回避的“重要补充”之含义，并非意指其必须等待自行回避和申请回避未发生后才启动。一方面，回避制度是对“任何人不得为自己的法官”精神的继承，由此决定了回避制度的立法原意和制度目的在于具有法定回避情形即应当回避，是否回避只由是否具有法定回避情形决定，回避与不回避具有“全有或全无”的特点。三种回避方式均能达到回避制度之目的，仅是作为不同的手段而无效果的区分，因此理论上来说不应具有适用顺序。另一方面，由于刑事诉讼法及相关司法解释并没有对申请回避的时间节点作出明确规定，且在判决前的任一过程中都有可能发现回避事由。如果指令回避有适用顺序，其要求的自行回避或申请回避未出现的前置条件就无法判断何时达成，该回避方式作为重要补充的功能也会落空。因此，从实践上来说，三者存在适用顺序不具有现实基础。

本书认为，“重要补充”系指指令回避方式是对《刑事诉讼法》第29条规定的自行回避和申请回避两种方式在制度上的补充，因司法实践自行回避和申请回避的乏力而创设，而非顺序上的候补。称其为“重要补充”可能是因为，作为法律的《刑事诉讼法》仅规定了自行回避与申请回避两种方式，作为部门规章的《公安规定》和作为司法解释的《高法解释》与《高检规则》只能将其创设的指令回避方式规定在其后，称作补充。而未将指令回避方式添加到《刑事诉讼法》文本中可能是考虑到，避免为院长、检察长和公安机关负责人增加过重的责任负担和办案压力，而且要求他们完全掌握办案人员对具体案件的办理是否应当回避也不现实。但不管立法者如何考虑，指令回避与自行回避、申请回避三种回避方式之间不应有顺序关系，一旦发现回避事项即应当根据发现主体的不同采用便捷的回避方式启动回避程序。

---

① 参见《刑事诉讼法学》编写组：《刑事诉讼法学》，高等教育出版社2017年版，第110页。

**延伸阅读推荐**

(1) 张慧:《申请回避权告知制度如何细化》,载《检察日报》2013年3月22日,第3版。

(2) 温晋锋、汪自成:《我国司法回避的制度检视》,载《政法论坛》2004年第6期,第123-129页。

## 问题12:检察机关可以申请侦查人员或审判人员回避吗?当事人等申请回避应由谁来证明?需要达到什么样的证明标准?

根据《刑事诉讼法》第29、32条的规定,当事人及其法定代理人、辩护人、诉讼代理人是行使申请回避权的适格主体,不包括检察机关。检察机关虽非申请回避的适格主体,但检察机关基于法律监督者身份,应当认可其有权监督应当回避的办案人员回避。根据《公安规定》第34条、《高检规则》第27条与《高法解释》第33条之规定,申请回避的主体需要说明理由或提供证明材料,根据申请回避的具体情形的不同,当事人及其法定代理人、辩护人、诉讼代理人申请回避时应提供线索或证明材料。一是提供线索情形,对于侦查人员、非《刑事诉讼法》第30条规定情形的检察人员以及非《刑事诉讼法》第30条和《高法解释》第28条规定情形的审判人员申请回避,只需要申请回避的主体说明理由,类似于提供线索。二是提供证明材料情形,对于《刑事诉讼法》第30条规定情形的检察人员、审判人员以及《高法解释》第28条规定情形的审判人员申请回避,则需要申请回避的主体提供证明材料。但应注意无论是提供线索还是提供证明材料,其证明目的都并非是证明回避事由成立,其证明标准并非确认回避的证明标准;与排除非法证据程序类似,其证明目的是证明应启动申请回避程序,其证明标准是启动申请回避程序的证明标准。基于回避制度本身属于重大程序性事项,以及申请回避权的基本诉讼权利地位,提供证明材料启动回避程序的证明标准应当与非法证据排除程序启动的证明标准保持一致,即"提供初步证明材料"的初始证明责任。[①] 申请回避程序启动后,决定回避的主体具有核实是否应当回避的职责,主动审查认定。该程序是一种"申请—审查"活动,不再存在严格意义上的证明活动,申请回避的主体始终不承担被申请主体应当回避的证明责任。

**延伸阅读推荐**

王超:《非法证据排除调查程序难以激活的原因与对策》,载《政治与法律》2013年第6期,第142-151页。

## 问题13:书记员、翻译人员、鉴定人的回避由谁决定?

《刑事诉讼法》第32条规定了书记员、翻译人员、鉴定人也适用回避制度,但该三类人员不属于《刑事诉讼法》第31条中的侦查人员、检察人员和审判人员,对他们适用回避制度由谁决定存在模糊之处。根据《公安规定》第40条,记录人、翻译人员和鉴定人需要回避的,由县级以上公安机关负责人决定。根据《高检规则》第37条,书记员、

① 参见王超:《非法证据排除调查程序难以激活的原因与对策》,载《政治与法律》2013年第6期,第147页。

司法警察和人民检察院聘请或者指派的翻译人员、鉴定人的回避由检察长决定。根据《高法解释》第 38 条，法官助理、书记员、翻译人员和鉴定人适用审判人员回避的有关规定，其回避问题由院长决定。可见，一是在公安机关、人民检察院和人民法院办案的书记员、翻译人员和鉴定人，分别由公安机关负责人、检察长和院长决定回避。二是《公安规定》、《高检规则》和《高法解释》均对《刑事诉讼法》第 32 条中适用回避制度办案人员的范围作了一定程度的扩大解释，这不仅有助于回避制度的实践适用，保障当事人的诉讼权利；而且将这些人员等同于侦查人员、检察人员与审判人员，使《刑事诉讼法》第 32 条较为模糊的规定更清晰，更具有可适用性。本章中所称的侦查人员、检察人员与审判人员即采用最宽泛概念，未加区分时既包括书记员、翻译人员、鉴定人等，也包括公安机关负责人、检察长和院长。

**延伸阅读推荐**

温晋锋、汪自成：《我国司法回避的制度检视》，载《政法论坛》2004 年第 6 期，第 123－129 页。

## 问题 14：侦查人员、检察人员和审判人员应当回避而未回避会引发什么样的程序性后果?

对于驳回回避申请的程序后果，根据《刑事诉讼法》第 31 条、《公安规定》第 37 条、《高检规则》第 32、33 条和《高法解释》第 35 条，当事人及其法定代理人、辩护人、诉讼代理人申请回避被驳回的，可以向原作出驳回申请决定的决定机关申请复议一次。不过，根据《高检规则》第 28 条和《高法解释》第 35、36 条，对于庭审时申请出庭的检察人员和审判人员回避，不属于《刑事诉讼法》第 29、30 条规定情形的，由法庭当庭驳回，当庭驳回后不得申请复议。规定该情形下不得申请复议的程序设置主要是为了防止庭审过分迟延，而且法庭具有绝对的司法权威性与司法公正性，当庭驳回的决定也被记录在庭审笔录中，即使不能申请复议也能妥当保障当事人及其法定代理人的诉讼权利。

当然，并不排除法庭当庭驳回回避申请的决定可能错误，或者其他决定主体作出的驳回回避申请决定错误，甚至回避程序根本未被启动，最终出现应当回避的侦查人员、检察人员和审判人员未能回避的局面。如何应对这种局面，首先，对于第一审程序中出庭的检察人员或审判人员应当回避而未回避的，根据《刑事诉讼法》第 227 条，当事人可以提出上诉；根据《刑事诉讼法》第 228 条和《高检规则》第 584 条，检察机关对人民法院确有错误的判决、裁定可以提出抗诉，但驳回回避申请的决定并非判决或裁定，而是决定，因此检察机关不能以此提出抗诉。当事人提起上诉后，根据《刑事诉讼法》第 238 条，人民法院第二审程序发现一审人民法院违反回避制度的，应当裁定撤销原判，发回原审人民法院重新审判。其次，审判程序违反回避制度的，检察机关虽然不能抗诉，但检察机关作为法律监督机关应当履行法律监督职责。根据《高检规则》第 551 条，检察机关发现刑事诉讼活动违法情形，如违反回避制度的，依法提出纠正意见或者检察建议。值得注意的是，检察机关对整个刑事诉讼程序进行法律监督，即不仅包括审判人员，还包括侦查人员，对于检察人员则是以上下级领导权实现监督。可见，对于侦查人员和审判人员应当回避而未回避，检察机关可以依法提出纠正意见或者检察建议；对于检察人员，则会引发指令回避。再次，根据刑事诉讼法及相关的司法解释，再审启动的条件是人民法院已经生效的判决、裁定在事实认定或法律适用上确有错误。同理，因驳回回避申请的决定并非判决或裁定，所以尽管诉讼活动过程中存在侦查人员、检察人员和审判人员应当回避而未回避的情形，但只要已经生效的判决、裁定在事实认定或法律适用上没有错误，再审程序就不会被启动。最后，侦查人员和检察人员应当回避而未回避，侦查阶段与审查起诉阶段已经终结的，则回归到审查判断应当回避而未回避的侦查人员和检察人员收集的证据是否可采，实施的诉讼行为是否有效的问题上，可能引发补充侦查、撤回起诉、退回检察机关等程序倒流之后果。

**延伸阅读推荐**

王进进：《刑事诉讼当事人的申请回避权》，载《法学研究》1991 年第 6 期，第 90 - 94 页。

## 本章课后演练

**（一）不定项选择题**

1. 下列刑事案件能由人民检察院直接立案侦查的是（　　）。

A. 侦查人员在指定监视居住场所刑讯逼供的滥用职权案件

B. 民营企业、公司人员受贿案件

C. 国有公司直接负责的主管人员徇私舞弊，造成破产、亏损案件

D. 检察官贪污受贿，作不起诉处理案件

2. 下列关于告诉才处理的案件，人民检察院能够公诉的案件是（　　）。

A. 虐待案件被害人因强制、威吓无法告诉的

B. 虐待案件被害人死亡的

C. 侮辱、诽谤案被害人没有足够的证据提起自诉的

D. 侮辱、诽谤案件被害人要求人民检察院提起公诉的

3. 某县几位领导干部参与一起走私大案，县检察院以为此案由检察机关立案侦查更为适宜。该县检察院需履行的法律程序是（　　）。

A. 上一级公安机关研究同意　　B. 县检委会研究决定

C. 上一级检察院批准　　D. 省级以上人民检察院决定

4. 2022 年 5 月，A 省 B 市 C 区，M 国留学生某甲与 R 国留学生某乙之间发生斗殴事件，M 国留学生某甲用钝器击打 R 国留学生某乙头部致其死亡。对本案有管辖权的一审法院是（　　）。

A. C 区基层人民法院

B. B 市外国人犯罪集中管辖的 D 区基层人民法院

C. B 市中级人民法院

D. 不能由中国的人民法院管辖

5. 陈某系我国某国有进出口公司的干部。2008 年 9 月被派往 A 国进修，进修期间其禁不住金钱的诱惑，被 A 国的情报部门所控制。2017 年回国后，在与该国进行进口技术设备的谈判中，陈某多次将我国相关的绝密资料泄露给该国情报部门，致使我国蒙受重大经济损失。2019 年，陈某在去外地考察的过程中，向某工厂承诺将其作为公司的加工定点单位，从中收取好处费 60 000 元，后来由于各种原因，该项业务被另一家工厂取得。2020 年案发。请问，对本案应该由哪个机关进行立案管辖？（　　）

A. 可以由国家安全机关和人民检察院分案管辖

B. 可以由国家安全机关和监察委员会分案管辖

C. 可以由监察委员会并案管辖，国家安全机关予以配合

D. 可以由国家安全机关立案侦查为主，监察委员会予以配合

6. 张某因犯抢劫罪被甲地人民法院判处有期徒刑 11 年，在乙地监狱服刑，服刑期间发现张某还曾在丙地潜入某军队营区盗窃军人陈某 6 万元。张某盗窃案可能由哪些人民法院审理？（　　）

A. 甲地法院　　B. 乙地法院

C. 丙地法院　　D. 军队所属军事法院

7. 在法庭审判过程中，被告人以及辩护律师发现，人民陪审员陈某与出席法庭的公诉人王某系师生关系，随即以此为由向法庭申请陈某与王某需有一方回避。对被告人的回避申请，合议庭应当如何处理？（　　）

A. 合议庭决定休庭，由审判长转告提起公诉的检察院，由该院检察长决定

B. 合议庭决定休庭，向本院院长汇报，由院长决定

C. 法庭当庭驳回申请，并不得申请复议

D. 法庭认为需要查证，决定延期审理

8. 王某是某公安机关的法医，在一起刑事案件的法庭审理进程中，人民法院聘请王某担任该案件的鉴定人。本案件的被告人提出王某与本案有利害关系，申请回避。依照刑事诉讼法的有关规定，谁有权对王某是否回避作出决定？（　　）

A. 王某所在公安机关负责人　　B. 该人民法院院长

C. 本案的合议庭　　D. 本案合议庭的审判长

9. 犯罪嫌疑人某甲提出要求侦查人员回避的申请被公安机关负责人驳回，对此决定，某甲能够（　　）。

A. 向作出决定的上一级机关申请复议

B. 向人民检察院申请复议

C. 向作出决定的公安机关申请复议一次

D. 向人民法院申请复议一次

10. 在某刑事公诉案件中，如果审判长与案件有利害关系，那么下列哪些人员有权申请审判长回避？（　　）

A. 被害人的诉讼代理人有权申请审判长回避

B. 被害人的近亲属有权申请审判长回避

C. 被害人有权申请审判长回避

D. 被害人的法定代理人有权申请审判长回避

**（二）判断分析题**

1. 在特定情形下有可能出现监察机关对公安机关立案管辖的案件并案侦查。

2. 被害人有证据证明的轻微刑事案件向公安机关控告，公安机关可以根据具体情况决定是否立案管辖。

3. 辩护律师在庭前会议中可以对异地异级调用的检察官提出管辖权异议。

4. 合议庭审判长回避后，剩余合议庭组成成员可以决定继续审理。

5. 检察机关作为法律监督机关，也可以申请侦查人员和审判人员回避。

**（三）简答题**

1. 监察机关可以立案管辖哪些案件？

2. 公安机关在什么情况下可以对被害人有证据证明的轻微刑事案件立案管辖？

3. 人民法院直接受理的刑事自诉案件有哪些？

4. 简述回避的对象有哪些。

5. 回避的方式有哪些？

**（四）论述题**

1. 如何确定网络犯罪案件的犯罪地管辖？

2. 如何理解被决定回避的侦查人员、检察人员以及公安机关负责人、检察长收集的证据与诉讼行为是否有效，由决定主体根据案件情况决定？

**（五）法条分析题**

1.《刑事诉讼法》第 19 条第 2 款：“……对于公安机关管辖的国家机关工作人员利用职权实施的重大犯罪案件，需要由人民检察院直接受理的时候，经省级以上人民检察院决定，可以由人民检察院立案侦查。”

2.《刑事诉讼法》第 29 条第 4 项：“与本案当事人有其他关系，可能影响公正处理案件的”。

**（六）案例分析题**

王某系 C 市中级人民法院民庭法官，收受当地民营企业家陈某 10 万元，判决一起合同纠纷案中陈某胜诉。判决生效后，王某在陈某邀请下前往陈某在 A 区的夜总会打麻将，输至 20 万元时王某责怪陈某邀请其赌博。陈某随即提出打一顿赢钱的邱某把钱要回，正在陈某与一众小弟打骂邱某时，未想邱某奋起反抗向王某袭来，王某情急之下拿起酒瓶防卫，正中邱某头部致其死亡。随即案发，A 区公安机关立案侦查，发现王某收受贿赂枉法裁判事实后只向 A 区检察机关移送案件信息，A 区检察机关认为本案有贿赂犯罪，应该由监察机关立案，不予立案管辖，要求 A 区公安机关向 A 区监察机关移送案件线索。A 区公安机关随即向 A 区监察机关移送案件线索，A 区监察机关立案后要求对全案合并管辖。A 区监察机关合并管辖后调查终结，移送 A 区检察机关审查起诉，A 区检察机关随即向 A 区法院提起公诉，A 区法院审判委员会认为王某属于正当防卫，不会判处死刑或无期徒刑，因此决定独自管辖开庭审理。后被害人邱某的妻子张某及其代理律师申请 A 区法院整体回避，理由是王某与 A 区法院法官吴某（不在合议庭）曾是夫妻关系，并提供了结婚请帖复印件。合议庭认为王某前妻已任庭长，确有可能影响案件公正审判，于是层报院长决定。院长认为该案属于整体回避情形，于是申请C市中级人民法院提级管辖，后C市中级人民法院指定B区人民法院管辖。B区人民法院开庭审理后，合议庭组成成员法官李某发现其与被告人王某曾是研究生校友，于是决定自行回避。李某自行回避后，合议庭其他成员决定继续审理。

问题：本案在程序方面存在哪些不当之处？简要分析原因。

## 参考答案

**（一）不定项选择题**

1. A　2. AB　3. D　4. C　5. BC　6. ABC　7. C　8. B　9. C　10. ACD

**（二）判断分析题**

1. 题略。

正确。六部门《规定》关于并案管辖不能突破职能管辖的规定仅限于公检法三机关。学界以及中央纪委国家监委法规室的有关解读对“为主”具有扩大解释之倾向，司法实践中亦出现了突破职能管辖对非职务犯罪并案调查管辖的情况。

2. 题略。

错误。根据《公安规定》第14条规定，被害人有证据证明的轻微刑事案件可以选择向公安司法机关直接控告，公安机关应当受理，没有裁量权。

3. 题略。

错误。从管辖制度的规范文本表述来看，地域管辖和级别管辖的主体是某地某级公安机关、检察机关和人民法院而非三机关内部的侦查人员、检察官和法官，确定管辖是以办案机关为单位，而不是以办案人员为单位的。对于检察官不能提出异议。

4. 题略。

错误。基于已经确定审判人员属于应当回避的情形，其先前作出的审判行为应属对“任何人不得做自己案件的法官”精神的直接违背，法官回避而未回避属于严重的程序违法。我国学界通识同样认为，审判人员因回避而退出审判，整个审判程序必须更新、重启。而且，审判长退出法庭后，合议庭剩余组成成员不能满足法定要求。

5. 题略。

错误。根据《刑事诉讼法》第29、32条的规定，当事人及其法定代理人、辩护人、诉讼代理人是行使申请回避权的适格主体，不包括检察机关，但基于检察机关法律监督者的身份，应当认可其有权监督应当回避的办案人员回避。

**（三）简答题**

1. 题略。

监察机关对所有行使公权力的公职人员（以下称公职人员）进行监察，调查职务违法和职务犯罪。对涉嫌贪污贿赂、滥用职权、玩忽职守、权力寻租、利益输送、徇私舞弊以及浪费国家资财等共计101个罪名的职务犯罪进行调查。

2. 题略。

（1）自诉人提起自诉证据不足的；（2）可能判处3年以上有期徒刑的；（3）自诉人选择向公安机关报案、控告的；（4）自诉人未提起自诉，也未向公安机关报案、控告，但公安机关认为有必要追究刑事责任的。

3. 题略。

(1) 被害人有证据证明的轻微刑事案件。包括故意伤害案、非法侵入住宅案、侵犯通信自由案、重婚案、遗弃案、生产、销售伪劣商品案、侵犯知识产权案以及《刑法》分则第四章、第五章规定的，可能判处3年有期徒刑以下刑罚的案件。(2) 告诉才处理的案件。《刑法》第246条、第257条、第260条、第270条分别规定了侮辱、诽谤案件、暴力干涉婚姻自由案件、虐待案件、侵占案件属于告诉才处理的案件。(3) 被害人有证据证明对被告人侵犯自己人身、财产权利的行为应当依法追究刑事责任，而公安机关或者人民检察院不予追究被告人刑事责任的案件。

4. 题略。

刑事诉讼中，适用回避的对象有：审判人员、检察人员、侦查人员、书记员、翻译人员、鉴定人。此外，根据《公安规定》第40条，记录人、翻译人员和鉴定人需要回避的，由县级以上公安机关负责人决定。根据《高检规则》第37条，书记员、司法警察和人民检察院聘请或者指派的翻译人员、鉴定人的回避由检察长决定。根据《高法解释》第38条，法官助理、书记员、翻译人员和鉴定人适用审判人员回避的有关规定，其回避问题由法院院长决定。

5. 题略。

(1) 自行回避。由审判人员、检察人员、侦查人员等自己主动要求退出诉讼活动。(2) 申请回避。由当事人及其法定代理人提出。(3) 指定回避。由公安机关负责人、检察长、法院院长或检察委员会、审判委员会决定。

**(四) 论述题**

1. 题略。

根据《刑事诉讼法》第25条，刑事案件的法定地域管辖包括犯罪地管辖与被告人居住地管辖。信息网络技术的不断发展使得犯罪的涉众性、跨域性、多层级链条式特征远非传统犯罪可比拟，犯罪地的数量在网络空间下从行为方式、阶段、参与人数、结果等多个维度发生了耦合式增加，为了理顺对信息网络犯罪案件犯罪地的理解，相关司法解释不断对网络犯罪的犯罪地确定予以明确和扩张。

《高法解释》第2条将犯罪地的含义解释为包括犯罪行为地和犯罪结果地，同时对网络犯罪案件的犯罪地进一步解释为包括：用于实施犯罪行为的网络服务使用的服务器所在地，网络服务提供者所在地，被侵害的信息网络系统及其管理者所在地，犯罪过程中被告人、被害人使用的信息网络系统所在地，以及被害人被侵害时所在地和被害人财产遭受损失地等。2022年8月最高人民法院、最高人民检察院、公安部（以下简称两院一部）联合发布的《关于办理信息网络犯罪案件适用刑事诉讼程序若干问题的意见》第2、3条重申了该内容。2019年最高人民法院、最高人民检察院（以下简称两院）《关于办理非法利用信息网络、帮助信息网络犯罪活动等刑事案件适用法律若干问题的解释》第2条对刑法中的“网络服务提供者”进行了解释，范围极为广泛。2016年和2019年两院一部《关于办理电信网络诈骗等刑事案件适用法律若干问题的意见》第5条和《关于办理电信网络诈骗等刑事案件适用法律若干问题的意见（二）》第1条在重申刑事诉讼管辖原则的基础上，对管辖连接点采取了相对宽松的标准，进一步细化了“犯罪行为发生地”“犯罪结果发生地”情形，总的来说是尽可能将与电信网络诈骗相关的地方都纳入可以管辖的范围，以方便司法实务操作。

2. 题略。

考虑到刑事侦查工作的紧迫性和特殊性，为防止因审查回避影响侦查活动的及时、有效进行，或者造成重要证据材料灭失或犯罪嫌疑人逃跑等不可弥补的损失，《刑事诉讼法》第31条第2款规定，对侦查人员的回避作出决定前，侦查人员不能停止对案件的侦查。

决定侦查人员回避之前收集的证据是否可采，诉讼行为是否有效的，并不是其与案件存在多大的利益关系或者偏见，而是先前收集的证据是否具有关联性、真实性和合法性，先前的诉讼行为是否侵犯了被追诉人的诉讼权利。我国《公安规定》第39条和《高检规则》第36条规定，被决定回避的侦查人员、检察人员以及公安机关负责人、检察长收集的证据与诉讼行为是否有效，由决定主体根据案件情况决定。证据规则与诉讼行为是否合法是判断回避前收集的证据是否可采与诉讼行为是否有效的基本依据。

**（五）法条分析题**

1. 题略。

（1）从职能管辖范围来看，该类案件的犯罪主体虽然是国家机关工作人员，属于监察法规定的公职人员，但实施的犯罪罪名并不属于监察机关立案管辖的职务犯罪范围。

（2）从启动条件来看，“机动侦查权”是附严格法定条件的有限的检察侦查职能，只能经省级以上人民检察院决定。

（3）从“重大犯罪案件”理解上来看，“重大犯罪案件”的条件需要从“罪名重”和“罪行重”两个方面共同把握。“罪名重”，主要是指国家机关工作人员利用职权实施的是刑法规定的最高刑可以判处无期徒刑、死刑的严重犯罪；而所谓“罪行重”主要是犯罪行为性质严重、影响恶劣。

（4）从应用价值来看，此类案件可能隐藏着徇私枉法、滥用职权等检察机关依法可以侦查管辖的司法工作人员相关职务犯罪。

2. 题略。

（1）从实践效用来看，在我国“熟人社会”社会环境与文化传统语境下，该兜底条款在回避制度适用时发挥着巨大作用。

（2）从两要件关系来看，二者处于并列关系，除“其他关系”身份要件外，还需要同时具备该情形“可能影响公正处理案件”要件。

（3）从表述逻辑来看，强调回避事由的重心在于“可能影响公正处理案件”，只要当事人能证明某种关系可能影响公正处理案件，即可确认该“其他关系”要件成立。

（4）从具体适用来看，需要作出回避决定的回避主体根据具体情况具体判断是否“可能影响公正处理案件”。

**（六）案例分析题**

问题：本案在程序方面存在哪些不当之处？简要分析原因。

（1）A区公安机关立案管辖错误，本案属于可能判处无期徒刑、死刑的案件，根据审判管辖中心主义，应由C市公安机关立案侦查。

（2）A区公安机关只向检察机关移送案件信息错误，本案涉及受贿的职务犯罪，还需同时向监察机关移送案件信息。

(3) A区检察机关不予立案管辖错误，司法工作人员枉法裁判原则上检察机关立案优先，可以立案管辖，但应由C市检察机关立案管辖。

(4) A区监察机关合并管辖错误，本案受贿犯罪并非主要犯罪，也不存在其他特殊情形，应当仅对王某受贿罪分案管辖，且应由C市监察机关立案管辖。

(5) A区检察机关向A区人民法院提起公诉错误，本案属于可能判处无期徒刑、死刑的案件，应由C市中级人民法院管辖。

(6) A区人民法院决定独自管辖错误，本案属于可能判处无期徒刑、死刑的案件，必须移送C市中级人民法院管辖。

(7) 张某及其代理律师申请A区法院整体回避错误，我国没有整体回避制度，只能提出本案审判人员或院长个人回避的申请或提出管辖权异议。

(8) A区法院合议庭层报院长决定错误，吴某并非本案的审判人员，因此应该当庭驳回申请，不得复议。

(9) A区法院院长申请C市人民法院提级管辖错误，本应由C市中级人民法院管辖，也非提级管辖，提级管辖发生在A区人民法院有管辖权的情况下，本案应移送管辖。

(10) C市中级人民法院指定B区人民法院管辖错误，本院属于可能判处无期徒刑、死刑的案件，不应由基层人民法院审理；C市中级人民法院若认为不宜管辖，应当报请高级人民法院提级管辖、指定其他市中级人民法院管辖或异地审理。

(11) B区人民法院合议庭法官李某决定自行回避错误，自行回避也应提出申请由决定主体作出决定。

(12) B区人民法院合议庭在法官李某回避后继续审理错误，法官回避后，审判程序应该重启，而且剩余合议庭成员数量也不符合法律规定。

# 第五章　辩护与代理

## 本章知识图谱

- 辩护与代理
  - 刑事辩护
    - 刑事辩护概述
      - 刑事辩护的概念 —— 现代刑事诉讼中的辩护，是指犯罪嫌疑人、被告人及其辩护人在刑事诉讼中，针对侦查、检察机关的追诉及自诉人的起诉，根据事实和法律，从实体上和程序上提出有利于犯罪嫌疑人、被告人的证据材料和意见，维护犯罪嫌疑人、被告人的合法权益，使其免受不公正对待和处理的一系列诉讼行为的总和
      - 刑事辩护的特征
        - 对抗性
        - 民间性
        - 权利性
        - 诉讼职能型
      - 刑事辩护的理论根据
        - 人类认识活动的客观规律，特别是刑事诉讼活动客观规律的内在要求
        - 人类人权觉醒、人权观念加强、人权保障要求的客观需要
        - 维护和实现司法公正的客观保障
    - 刑事辩护的历史发展
      - 从自行辩护向辩护人辩护的发展
      - 从委托辩护向法律援助辩护的发展
      - 从审判中的实体辩护向审前阶段的程序辩护的发展
    - 我国刑事辩护制度的基本内容
      - 刑事辩护的种类
        - 自行辩护
        - 委托辩护
        - 指派辩护
          - 强制指派辩护
          - 申请指派辩护
      - 辩护人的范围
        - 法律规定的辩护人范围
          - 委托辩护
            - 律师
            - 人民团体或者犯罪嫌疑人、被告人所在单位推荐的人
            - 犯罪嫌疑人、被告人的亲友
          - 指派辩护 —— 律师

- 辩护与代理
  - 刑事辩护
    - 我国刑事辩护制度的基本内容
      - 辩护人的范围
        - 不得担任辩护人的范围
          - 正在被执行刑罚或者处于缓刑、假释考验期间的人
          - 依法被剥夺、限制人身自由的人
          - 被开除公职或者被吊销律师、公证员执业证书的人；人民法院、人民检察院、监察机关、公安机关、国家安全机关、监狱的现职人员；人民陪审员；与本案审理结果有利害关系的人；外国人或无国籍人——如果是被告人的监护人、近亲属，由被告人委托担任辩护人的，人民法院可以准许
            - 被开除公职或者被吊销律师、公证员执业证书的人
            - 人民法院、人民检察院、监察机关、公安机关、国家安全机关、监狱的现职人员
            - 人民陪审员
            - 与本案审理结果有利害关系的人
            - 外国人或无国籍人
          - 无行为能力或者限制行为能力的人
      - 辩护人的职责
        - 实体辩护
          - 提供证据——根据事实和法律，提出犯罪嫌疑人、被告人无罪、罪轻或者减轻、免除其刑事责任的证据材料
          - 发表意见——根据事实和法律，提出并论证犯罪嫌疑人、被告人无罪、罪轻或者减轻、免除其刑事责任的意见
        - 程序辩护——维护犯罪嫌疑人、被告人的诉讼权利和其他合法权益
          - 当犯罪嫌疑人、被告人的诉讼权利受到侵犯或者剥夺时，依法向公安机关、人民检察院、人民法院提出意见，要求纠正或改变，保障犯罪嫌疑人、被告人依法充分行使诉讼权利
          - 对于犯罪嫌疑人、被告人在诉讼中人身权利、财产权利和其他合法权益受到不合法、不适当的限制、剥夺的，提出相关证据材料和意见，要求办案机关和办案人员依法纠正或改变，并对其中侵犯犯罪嫌疑人、被告人合法权益的违法犯罪行为代理控告
        - 为犯罪嫌疑人、被告人提供其他法律帮助
      - 辩护人的诉讼地位
        - 独立并对立于控诉方的诉讼参与人
        - 独立于犯罪嫌疑人、被告人的诉讼参与人
        - 独立于审判人员的诉讼参与人

- 辩护与代理
  - 刑事辩护
    - 我国刑事辩护制度的基本内容
      - 辩护人的诉讼权利和诉讼义务
        - 辩护人享有的诉讼权利
          - 职务保障权
          - 阅卷权
          - 会见、通信权
          - 调查取证权
          - 提出辩护意见权
          - 获得出庭通知权
          - 出庭辩护权
          - 拒绝辩护权
          - 要求公安机关、人民检察院、人民法院对采取强制措施超过法定期限的犯罪嫌疑人、被告人解除强制措施的权利
          - 对司法机关及其工作人员违法办案，侵犯当事人人身权利、财产权利的行为依法提出申诉、控告的权利
          - 保密权
          - 其他诉讼权利
        - 辩护人承担的诉讼义务
          - 辩护人接受犯罪嫌疑人、被告人委托后，应当及时告知办理案件的机关
          - 辩护人应当将收集的有关犯罪嫌疑人不在犯罪现场、未达到刑事责任年龄、属于依法不负刑事责任的精神病人的证据及时告知公安机关、人民检察院
          - 律师在接受委托或被指派担任辩护人以后，有义务为犯罪嫌疑人、被告人进行辩护，无正当理由，不得拒绝辩护
          - 辩护人不得帮助犯罪嫌疑人、被告人隐匿、毁灭、伪造证据或者串供，不得威胁、引诱证人作伪证以及进行其他干扰司法机关诉讼活动的行为
          - 辩护人应当保守其在执业活动中知悉的国家秘密和当事人的商业秘密，不得泄露当事人的隐私
          - 辩护人应当遵守诉讼纪律，如按时出庭，在法庭上服从审判长的指挥，会见在押的犯罪嫌疑人、被告人应当遵守羁押场所的规定等
          - 辩护律师不得私自接受委托，私自向委托人收取费用，收受委托人的财物
          - 辩护律师不得违反规定会见法官、检察官
          - 辩护律师不得向法官、检察官及其他工作人员请客送礼或行贿或者指使、诱使当事人行贿

- 辩护与代理
  - 刑事辩护
    - 我国刑事辩护制度的基本内容
      - 值班律师
        - 值班律师的来源与性质
          - 值班律师的来源——由法律援助机构派驻到人民法院、看守所等场所
          - 值班律师的性质——属于法律援助的范畴，但有别于一般的法律援助律师
        - 值班律师的职责
          - 总体职责——为犯罪嫌疑人、被告人提供法律援助
          - 具体职责
            - 为犯罪嫌疑人、被告人提供法律咨询、程序选择建议
            - 申请变更强制措施
            - 对案件处理提出意见
            - 在检察机关审查认罪认罚案件时对犯罪嫌疑人认罪认罚的有关事项提出意见
            - 在场见证自愿认罪
            - 在场见证自愿认罪、同意量刑建议和程序适用的犯罪嫌疑人签署认罪认罚具结书等
        - 值班律师的诉讼权利
          - 会见权
          - 阅卷权
          - 提出意见权
        - 确立值班律师制度的意义
  - 刑事代理
    - 刑事代理的概念与特征
      - 刑事代理的概念——刑事代理，又称刑事诉讼中的代理，是指代理人接受被代理人的委托，或者代理人基于与被代理人之间存在的法律规定的特定关系，以被代理人的名义参加诉讼活动，进行诉讼行为，由被代理人承担代理行为法律后果的一项法律制度
      - 刑事代理的类型
        - 委托诉讼代理
          - 委托诉讼代理的类型
            - 公诉案件中被害人的代理
            - 自诉案件中自诉人的代理
            - 刑事附带民事诉讼中原告人和被告人的代理
          - 法律规定的诉讼代理人范围
            - 律师
            - 人民团体或者被代理人所在单位推荐的人
            - 被代理人的监护人、亲友

- 辩护与代理
  - 刑事代理
    - 刑事代理的概念与特征
      - 刑事代理的类型
        - 委托诉讼代理
          - 不得担任委托诉讼代理人的情形
            - 正在被执行刑罚或者处于缓刑、假释考验期间的人
            - 依法被剥夺、限制人身自由的人
            - 如果是被告人的监护人、近亲属，由被告人委托担任辩护人的，人民法院可以准许：
              - 被开除公职或者被吊销律师、公证员执业证书的人
              - 人民法院、人民检察院、监察机关、公安机关、国家安全机关、监狱的现职人员
              - 人民陪审员
              - 与本案审理结果有利害关系的人
              - 外国人或无国籍人
            - 无民事行为能力或者限制民事行为能力的人
        - 法定诉讼代理
      - 刑事代理的特征
        - 诉讼权利的受限性
        - 诉讼领域的多元性
        - 诉讼职责的多重性
    - 刑事代理的种类
      - 公诉案件的代理
      - 自诉案件的代理
      - 附带民事诉讼案件的代理

## 本章重点问题

## 第一节　辩　　护

### 问题 1：新中国成立以来，我国刑事辩护经历了怎样的发展历程？

刑事诉讼活动中的辩护，是指犯罪嫌疑人、被告人及其辩护人为维护犯罪嫌疑人、被告人的合法权益，从事实和法律两个方面反驳控诉方的指控，提出有利于被告人的证据和理由，证明被告人无罪、罪轻或者减轻、免除其刑事责任，以及从程序上维护犯罪嫌疑人、被告人的诉讼权利的诉讼活动。辩护制度是刑事诉讼制度的组成部分，也是刑事诉讼中人权保障水平的重要体现。新中国成立至今，我国刑事辩护制度经历了逐步完善的过程。

1954 年的第一部《中华人民共和国宪法》将“被告人有权获得辩护”规定为宪法原则。为贯彻这一宪法原则，1954 年《人民法院组织法》第 7 条规定：“被告人有权获得辩护。被告人除自己行使辩护权外，可以委托律师为他辩护，可以由人民团体介绍的或者经人民法院许可的公民为他辩护。人民法院认为必要的时候，也可以指定辩护人为他辩护。”但因当时并没有成文的“刑事诉讼法”，加之受各种因素影响，直至 1979 年，我

国的辩护制度是名存实亡的。

1979 年《刑事诉讼法》第四章专门规定了辩护制度，虽然只有五条，但该法第 28 条规定："辩护人的责任是根据事实和法律，提出证明被告人无罪、罪轻或者减轻、免除其刑事责任的材料和意见，维护被告人的合法权益"。此规定标志着我国辩护制度的正式确立。1980 年 8 月 26 日第五届全国人民代表大会常务委员会第十五次会议通过了《中华人民共和国律师暂行条例》，该条例虽然只有 21 条，但仍在第 6 条第 1 款中规定"律师担任刑事辩护人的责任，是根据事实和法律，维护被告人的合法权益"。这一条例的颁布实施，成为我国律师辩护制度进入新时期的重要里程碑。1996 年《刑事诉讼法》进行重大修订之时，对辩护制度进行了重大改革和完善，不仅将犯罪嫌疑人、被告人委托辩护的时间从原来的审判阶段提前到审查起诉阶段，而且辩护人在刑事诉讼中的诉讼权利和职业保障也得到了全面的扩充。

进入 21 世纪以来，我国刑事辩护制度迅速发展。伴随着人权保障条款进入宪法条文，2012 年《刑事诉讼法》修订对辩护制度作出了多项改革，规定嫌疑人在侦查阶段即可以委托辩护人，对律师会见、阅卷制度作了全面的调整，扩大了法律援助的适用范围和适用阶段。同时，为减少辩护律师的执业风险，还对律师涉嫌犯罪案件的立案管辖问题作出了调整。随后，"刑事辩护全覆盖"制度有序推进，"法律援助值班律师"制度不断推行，覆盖范围更广泛。及至 2018 年《刑事诉讼法》修订，值班律师制度得到正式确立，我国刑事辩护制度内容更加丰富，制度更加优化。

**延伸阅读推荐**

陈瑞华：《刑事辩护制度四十年来的回顾与展望》，载《政法论坛》2019 年第 6 期，第 3－17 页。

## 问题 2：刑事辩护的理论依据是什么？

刑事辩护的历史要追溯到古罗马时期。该制度扎根于"尊重人的尊严"这一思想，强调犯罪嫌疑人、被告人在未经法律规定的程序判决有罪之前，被推定为无罪，而享有辩护权及其他诉讼权利，可以委托律师或非律师辩护人参与刑事诉讼程序，通过充分行使辩护权，与追诉机关进行平等对抗，以维护其合法权益。程序主体性理论的生成与发展基于"尊重人的尊严"这一思想，强调把人自身作为一种独立、自治的目的，而非被他人乃至社会用来实现某种外在目标的手段，强调其具有人格尊严，并在与他人的交往中具有人格上的平等性和独立性。该理论为犯罪嫌疑人、被告人享有辩护权提供了强有力的理论说明。

其一，它强调犯罪嫌疑人、被告人也是有尊严的个体，尊严应当得到尊重。康德认为，人性里有天生的尊严，每个人是独立的，任何人都无权把别人当作达到主观目的的手段，每个人总是把自己当作目的。任何法律权力的行使都不能使受影响的人丧失了自我尊重的人格。即使在刑事诉讼中犯罪嫌疑人、被告人也不能被当作客体予以对待，而是有尊严的主体。正如黑格尔所言：不是把犯罪者看作单纯的客体，即司法的奴隶；而是把罪犯提高到一个自由的、自我决定的人的地位。

其二，程序主体性理论说明了主体间地位的平等性。不管是国家机关还是公民个人，在刑事诉讼过程中，权利义务平等，任何机关和个人不得超越于法律之外，把自己的意志强加于他人或机关。正如贝卡里亚和孟德斯鸠所言，司法机关和被告人是平等的。当然，这种平等只限于程序上的平等，而且只有在诉讼程序中才能取得这种平等。程序平等的一个基本要求就是可以互相交涉、辩论和说服，程序参与各方都可以对程序的结果施加相当的影响。被告人的辩护权是体现其与司法机关享有平等地位的最重要的方面。

其三，程序主体性理论还揭示了主体本身享有权利和承担义务的一致性。这是主体间地位平等性的必然结果。因为一定诉讼主体的权利必然以其他诉讼主体承担义务为条件。所以，如果某一主体的权利义务不一致，就会造成主体间地位的不平等。由于司法机关包括拥有中立地位的法院在本质上都是针对被告人的刑事责任问题而进行诉讼活动的，拥有起诉、审判的权力，相应地，犯罪嫌疑人、被告人就应当拥有辩护的权利。

由此可见，辩护权的存在是被指控人被视为程序主体的最低要求，允许辩护人协助被指控人行使辩护权则是为了巩固其程序主体地位。辩护制度的建立实为程序主体性理论的具体体现与要求。程序主体性理论构成了刑事辩护的基础，旨在确保犯罪嫌疑人、被告人在刑事诉讼中得到公正的对待，充分行使自己的权利。

**延伸阅读推荐**

闵春雷、刘铭：《审前程序中的程序性辩护》，载《国家检察官学院学报》2006 年第 6 期，第 104－110 页。

## 问题 3：辩护律师应遵循哪些职业伦理规范？

强化辩护律师的职业伦理，有助于辩护律师恪尽职守地为被追诉人服务。辩护律师职业伦理，是指从事刑事辩护（包括刑事法律援助）的律师，应当遵循的道德准则和行为规范。根据我国刑事诉讼法，“辩护律师”是基于委托或指定而产生，在刑事诉讼程序中行使“辩护职能”的其他诉讼参与人，其职业具有合道德性、规范性与技术性；“伦理”，是“人与人之间的行为准则，在这个意义上，‘伦理’与不涉及他人时的内心状态的‘道德’（morality）是有差异的”，一般而言，伦理具有“合道德性”，且总与世界观、人生观、价值观相关联，属于客观的行为关系，表现为显示的群体规范，因此具有外在性、客观性、群体性等特征。综合以上，辩护律师职业伦理既要体现作为“职业伦理”的一般特性，又要体现“辩护律师”的特殊性。

辩护律师职业伦理应具有三个特点：其一，由刑事诉讼程序运行中衍生而来。作为程序法的刑事诉讼法，为辩护律师与国家公权力进行理性对抗提供了制度性保障，而只有在程序规定极为严格的刑事诉讼程序运行中总结、提炼的辩护律师职业伦理规则，才具有实践性、有效性、执行性，才能保证辩护律师单纯为保障被追诉人权益正确、有效行使辩护权。其二，由法律规范明确规定。为监督刑事辩护律师遵守刑事法律规范，维护法治与司法公正，各国对刑事辩护律师职业伦理的内容、实现方式、惩戒方式等一般都有明确的法律规范，以督促其在执业过程中信守职业伦理理念、遵守职业伦理规范。其三，在辩护职权行使中得到具体体现。辩护权是平衡刑事诉讼架构的基础权能之一，因而，为维护诉讼的平衡架构，保障诉讼的公正，需要强化被告方的辩护能力，使其能够有效抗辩。为保障辩护人辩护权的有效实现，各国关于辩护的法律规范几乎都会规定辩护人的权利义务与责任、辩护人介入时间、辩护律师会见程序、辩护人执业禁止行为、辩护律师阅卷的权利、保障辩护律师依法执业的条款，以保障辩护律师介入诉讼程序后，可以有效行使辩护权、保证最大限度遵循辩护伦理。

辩护律师的忠诚义务是辩护律师最为基础的职业伦理，其他一切职业伦理均来源于辩护律师的忠诚义务。辩护律师的忠诚义务，是指“辩护律师应将维护嫌疑人、被告人的利益作为辩护的目标，尽一切可能选择有利于实现这一目标的辩护手段和辩护方法”①。正向而言，刑事辩护律师的忠诚义务要求刑事辩护律师尽职尽责积极地维护被追诉人的权益；反向而言，刑事辩护律师的忠诚义务要求刑事辩护律师绝对不从事任何损害被追诉人权益的行为。辩护律师的忠诚义务一般通过立法或规则加以明确。随着我国人权理念的不断提升，刑事诉讼制度不断完善，辩护制度不断发展，对辩护律师的职业伦理要求与执业规范约束也在不断加强。根据上文所述，辩护律师的忠诚义务可以分为积极的忠诚义务与消极的忠诚义务，辩护律师忠诚义务的实现方式也应有此二种。辩护律师的积极忠诚义务应当包括：在侦查阶段与侦查机关迅速取得联系，尽快安排会见，提供法律帮助、代理申诉和控告，申请变更强制措施等；审查起诉阶段应及时阅卷、积极申请变更强制措施、提出申诉与控告、核实相关证据、积极调查取证等；审判阶段注重庭前会议的作用发挥、精心制作庭审辩护提纲、做好被追诉人的庭前辅导、积极履行庭审阶段各项辩护职能等。辩护律师的消极义务是指不得从事规则或伦理禁止的职业行为，应当包括：禁止有损司法廉洁、禁止随意披露案件信息、禁止随意利用媒体炒作、禁止成为被追诉人的“代言人”等。

**延伸阅读推荐**

李奋飞：《论辩护律师忠诚义务的三个限度》，载《华东政法大学学报》2020 年第 3 期，第 22 - 34 页。

## 问题 4：何谓“有效辩护原则”？

习近平总书记强调，要完善人权司法保障制度，严肃惩治司法腐败，让人民群众在每一个司法案件中都感受到公平正义。辩护权作为人权司法保障制度的内在要求和题中应有之义，理应得到高度重视。新时代对于辩护权的实现提出了新要求，即犯罪嫌疑人、被告人不仅有权获得辩护，还有权获得有效辩护，辩护权应当具有实质意义，不能流于形式。

我国理论界大都主张从有效辩护或无效辩护角度对案件辩护质量进行把控，但关于有效、无效的“标准”以及质量把控的实现路径，存在较大争议。例如，有学者主张借鉴美国“双重审查标准”，将“辩护律师的工作存在缺欠，明显不称职”，以及“律师的工作缺陷对诉讼结局造成了不利的影响”，作为认罪认罚案件无效辩护的标准②；也有学者主张在“有效辩护中国化”推进过程中，应将部分法院已经开始推行的兼具惩罚性和救济性的无效辩护“纳入程序性制裁的对象”，对怠于履行辩护职责的律师“启动纪律惩

① 陈瑞华：《刑事辩护的理念》，北京大学出版社 2017 年版，第 123 页。

② 参见闵春雷：《认罪认罚案件中的有效辩护》，载《当代法学》2017 年第 4 期。

戒程序”，并从“完善辩护律师从业资格、委托代理协议、收费制度、确立刑事辩护最低服务质量标准、加强法律援助监管以及完善律师职业伦理规范”等方面，强化有效辩护的实现[①]；还有学者主张，中国式有效辩护即为“有效果辩护”，“从结果层面考察刑事辩护活动的效用，更符合当事人利益最大化的辩护目的和律师职业相关伦理”，为实现有效果的辩护，律师应当准确认识刑事辩护之“一般格局和约束条件”，善用“五方面”的辩护策略[②]；亦有学者认为，因为“辩护服务质量的客观标准很难评估”，而“一个对辩护权提供相对完善立法保护的制度环境，更便于对律师提供辩护服务的质量进行评估和监测”，因此，“当务之急”应侧重于确立并保障被告人的对质权、落实辩护律师的调查取证权两方面，完善“辩护权的保障机制”[③]。

无论是委托辩护，还是指定辩护，辩护律师是否竭尽所能地为被追诉人提供了有效辩护，是衡量辩护律师辩护质量的重要指征。随着世界范围内刑事辩护制度的发展及相关理论研究的深入，有效辩护经历了从“被告人有权获得辩护”到“被告人有权获得律师帮助”，再到“被告人有权获得律师的有效帮助”三个重要阶段，也有学者从其内涵入手，将其总结为“广义有效的辩护与狭义的有效辩护”。我们认为，可以以发展历程为标准，将有效辩护分为“程序层面”的有效辩护与“实质层面”的有效辩护，也可以以上述两者为参考指标，衡量辩护律师是否提供了高质量的辩护。

“程序层面”的有效辩护更加强调辩护“权”的实现。联合国《两权公约》《囚犯待遇规则》《少年司法最低限度标准规则》《保护所有遭受任何形式拘留或监禁的人的原则》《儿童权利公约》《欧洲人权公约》等国际或区域性公约都强调，刑事被追诉人得到法律援助是一项“基本权利”，并敦促缔约国遵守。可见，程序层面的有效辩护更加强调辩护权利的基础性及制度规定的明确性、保障体系的完整性。

“实质层面”的有效辩护更加注重辩护的“质”。为了能够最大限度保障被追诉人的权益，有效辩护不应仅停留于“得到”辩护服务，更应追求得到“优质”的辩护服务。只有强化辩护效果，加强辩护律师提供辩护服务之质量的控制、评估和监测，才能督促辩护律师积极履行辩护职能，以防止辩护制度的形同虚设，最大限度维护被追诉人的权益。

扩言之，尽管从广义上来看，我国通过修改刑事诉讼法和律师法等法律，逐步建立了较为完善的刑事辩护体系，从狭义上来看，律师执业质量不断提升，但是我国的“有效辩护”仍然受制于辩护权的保障和救济机制的完善程度。四十年多来，我国刑事辩护制度发展过程中存在的最大问题就是辩护律师诉讼权利的有效救济以及执业法律风险的有效防控问题。真正落实“有效辩护原则”，需要建立律师“无效辩护”的合理判断标准，并建立犯罪嫌疑人、被告人的适当司法救济机制。

**延伸阅读推荐**

(1) 顾永忠、李竺娉：《论刑事辩护的有效性及其实现条件——兼议“无效辩护”在我国的引入》，载《西部法学评论》2008 年第 2 期，第 67－73 页。

---

① 参见陈瑞华：《有效辩护问题的再思考》，载《当代法学》2017 年第 6 期。

② 参见左卫民：《有效辩护还是有效果辩护》，载《法学评论》2019 年第 1 期。

③ 魏晓娜：《审判中心视角下的有效辩护问题》，载《当代法学》2017 年第 3 期。

(2) 陈瑞华:《刑事诉讼中的有效辩护问题》, 载《苏州大学学报(哲学社会科学版)》2014 年第 5 期, 第 94 - 105 页。

## 问题 5: 我国刑事辩护制度包括哪些内容?

其一, 辩护权。辩护权是犯罪嫌疑人、被告人享有的最基础、最核心的诉讼权利。犯罪嫌疑人、被告人的辩护权一般包含: (1) 陈述权。当对被告人进行讯问时, 给予其陈述和辩解的机会。(2) 诘问权。刑事被告人享有在庭审时对证人、鉴定人发问的权利。(3) 调查证据申请权。刑事被告人可以申请法院调取证据并申请法院传唤证人、鉴定人还有权请求与其他被告对质。(4) 辩论权。刑事被告人享有就事实和法律进行辩论, 就证据的证明力和程序问题进行辩论的权利。(5) 选任辩护人权。犯罪嫌疑人、被告人有权选任辩护人为自己提供法律帮助, 进行辩护。(6) 救济权。刑事被告人不服法院的判决或裁定, 有权获得救济。(7) 回避申请权。为了避免有回避原因的司法人员不回避而影响案件的公正处理, 赋予被告人回避申请权, 以资补救。

其二, 辩护的种类和方式。刑事辩护一般分为自行辩护、委托辩护和指定辩护。所谓自行辩护是犯罪嫌疑人、被告人自己为自己进行的辩护。这种辩护贯穿于刑事诉讼整个过程, 无论是在侦查阶段还是在审判阶段, 犯罪嫌疑人、被告人都可以为自己辩护。自行辩护是十分有效并被频繁使用的辩护方式。委托辩护是犯罪嫌疑人、被告人通过与法律允许的人签订委托合同, 由他人为自己辩护。这里的他人可以是律师, 也可以是其他公民。委托辩护相对于自行辩护而言更有利于犯罪嫌疑人、被告人充分行使辩护权, 因此成为现代刑事诉讼中最为主要的一种辩护方式。指定辩护是指遇有法律规定的特定情况的, 法院为没有委托辩护人的被告人指定辩护律师为其辩护。

其三, 辩护人及辩护人的范围。在刑事诉讼中, 辩护权除犯罪嫌疑人、被告人自己行使以外, 还可以由其他人协助行使, 即由辩护人行使。辩护人是指在刑事诉讼中受犯罪嫌疑人、被告人委托或法院指定, 帮助犯罪嫌疑人、被告人行使辩护权, 依法维护犯罪嫌疑人、被告人合法权益的诉讼参与人。辩护人制度的设立弥补了犯罪嫌疑人、被告人辩护能力的缺陷; 弥补了国家司法人员对犯罪嫌疑人、被告人诉讼权利保障的不足; 促进了诉讼公正的实现, 并在社会中发挥着示范功能, 促进法治宣传教育。在中国, 辩护人的范围较广泛: 律师、人民团体或者犯罪嫌疑人、被告人所在单位推荐的人、犯罪嫌疑人、被告人的监护人、亲友都可以被委托为辩护人, 但是正在被执行刑罚, 依法被剥夺、限制人身自由的人除外。

其四, 辩护人的职责。辩护人应该承担根据事实和法律提出证明犯罪嫌疑人、被告人无罪、罪轻或者减轻、免除其刑事责任的材料和意见, 维护犯罪嫌疑人、被告人合法权益的职责。

其五, 辩护人的诉讼权利和义务。为保证辩护人能充分执行辩护职能, 履行辩护职责, 法律赋予辩护人一系列诉讼权利, 主要包括独立辩护权、阅卷权、会见通信权、调查取证权、司法文书获取权、获得通知权、质询权、辩论权、控告权、拒绝权及其他权利。辩护人在享有上述诉讼权利的同时需要承担下列诉讼义务: 恪守职责, 维护当事人合法权益的义务; 保密义务; 正当执业的义务; 遵守法庭规则的义务; 律师的法律援助等义务。

**延伸阅读推荐**

陈瑞华：《刑事辩护制度四十年来的回顾与展望》，载《政法论坛》2019 年第 6 期，第 3－17 页。

## 问题 6：辩护有哪些分类?

第一，依据辩护主体的不同，可以分为自行辩护、委托辩护与指定辩护。自行辩护，是指被追诉人自己进行辩护。任何一个案件，不管被追诉人是否有聘请的辩护律师，或者指定的辩护律师，其都有自我辩护的权利，这是被追诉人贯穿诉讼始终的自然权利。委托辩护，是指被追诉人委托律师或其他人代为辩护。委托辩护的成立除了需要委托人的单方授权，还需要律师的同意，形成合意，则委托关系成立。指定辩护，是指由国家指定律师为其辩护。依照法律规定，对于可能判处无期徒刑、死刑的被追诉人，经济上有困难的人，有感官瑕疵的盲聋哑等残疾人，以及未成年人自己没有委托律师的，应当或可以由国家指定律师为其辩护。

第二，依据辩护方案的不同，可以分为无罪辩护、罪轻辩护与量刑辩护。《刑事诉讼法》第 37 条规定，辩护人的责任是要以事实和法律为依据，提出犯罪嫌疑人、被告人无罪、罪轻或者减轻、免除其刑事责任的材料和意见。根据此条规定，相对应的有无罪辩护、罪轻辩护与量刑辩护。无罪辩护，是指辩护人认为因事实上不能成立，或法律评价错误，而彻底否定公诉方或自诉人指控（起诉）的罪名，说服法院作出无罪判决的辩护类型；罪轻辩护，是指辩护人辩称被追诉人不构成某一较重罪名（或结果情形），而构成另一较轻罪名的辩护类型，如不构成故意杀人而构成过失致人死亡，再如不构成抢劫的结果加重犯等；量刑辩护，是指辩护人对指控的罪名没有异议，只着重论证法定或酌定可以从轻、减轻被追诉人量刑情节的成立的辩护类型。

## 问题 7：辩护律师的诉讼权利在不同诉讼阶段有何差异?

侦查阶段：（1）律师有权接受犯罪嫌疑人的聘请为犯罪嫌疑人提供法律帮助，代理申诉、控告；（2）受委托的律师有权向侦查机关了解犯罪嫌疑人涉嫌的罪名；（3）受委托的律师有权会见在押的犯罪嫌疑人，向犯罪嫌疑人了解案件情况、提出意见；（4）受委托的律师有权为被逮捕的犯罪嫌疑人申请取保候审；（5）侦查机关对犯罪嫌疑人采取强制措施超过法定期限的，受委托的律师有权要求侦查机关解除。

审查起诉阶段：（1）阅卷权。辩护律师有权查阅、摘抄、复制本案的案卷材料。（2）会见和通信权。辩护律师有权同在押的犯罪嫌疑人会见和通信，并且不论案件是否涉及国家秘密，都不需要经过审查起诉机关批准，人民检察院也不能派员在场。（3）调查取证权。辩护律师经证人或者其他有关单位和个人同意后，有权向他们收集与本案有关的材料；有权在经人民检察院许可，并且经被害人或者其近亲属、被害人提供的证人同意后，向他们收集与本案有关的材料；有权申请人民检察院收集、调取证据。（4）发表意见权。人民检察院审查案件，应当听取犯罪嫌疑人的辩护人的意见。（5）对超过法定期限的强制措施要求解除权。人民检察院对犯罪嫌疑人采取强制措施超过法定期限的，辩护律师有权要求人民检察院解除。

审判阶段：（1）接受委托担任辩护人的权利。律师有权接受被告人的委托担任其辩护人，且不论案件是否涉及国家秘密，被告人聘请律师担任辩护人都不需要经过审判机关批准。（2）阅卷权。辩护律师有权查阅、摘抄、复制本案的案卷材料。（3）会见和通信权。辩护律师有权同在押的被告人会见和通信，并且不论案件是否涉及国家秘密，都不需要经过审判机关批准，人民法院也不能派员在场。（4）调查取证权。辩护律师经证人或者其他有关单位和个人同意后，有权向他们收集与本案有关的材料；有权申请人民法院收集、调取证据；有权在经人民法院许可，并且经被害人或者其近亲属、被害人提供的证人同意后，向他们收集与本案有关的材料。

**延伸阅读推荐**

张中：《论侦查阶段的有效辩护》，载《当代法学》2017年第6期，第25-34页。

## 问题8：辩护律师与非律师辩护人在诉讼权利方面有哪些区别？

辩护人可以分为辩护律师与非律师辩护人。根据《刑事诉讼法》第33条的规定，犯罪嫌疑人、被告人除自己行使辩护权以外，还可以委托一至二人作为辩护人，而关于辩护人的范围除律师外，人民团体或者犯罪嫌疑人、被告人所在单位推荐的人，以及犯罪嫌疑人、被告人的监护人、亲友，也可以接受委托参与辩护，这类主体被称为“非律师辩护人”；但正在被执行刑罚或者依法被剥夺、限制人身自由的人，以及除犯罪嫌疑人、被告人的监护人、近亲属外，被开除公职和被吊销律师、公证员执业证书的人，不得担任辩护人。

辩护律师与非律师辩护人在身份、法律义务等方面均存在一定差异，两者的诉讼权利义务虽在申请调查取证权、及时告知义务等方面相同，但也存在差异性权利，辩护律师的诉讼权利要多于非律师辩护人，主要体现在如下方面：

第一，侦查期间能否担任辩护人不同。侦查期间，只能委托律师作为辩护人，前述其他类型人员不得在侦查期间担任辩护人。

第二，会见通信权不同。辩护律师可以同在押的犯罪嫌疑人、被告人会见和通信。其他辩护人则须经过人民法院、人民检察院的许可。此外，根据《高检规则》的规定，人民检察院许可律师以外的辩护人同在押或者被监视居住的犯罪嫌疑人通信的，可以要求看守所或者公安机关将书信送交人民检察院进行检查。律师以外的辩护人申请同在押、被监视居住的犯罪嫌疑人会见和通信，具有下列情形之一的，人民检察院可以不予许可：同案犯罪嫌疑人在逃的；案件事实不清，证据不足，或者遗漏罪行、遗漏同案犯罪嫌疑人需要补充侦查的；涉及国家秘密或者商业秘密的；有事实表明存在串供、毁灭、伪造证据或者危害证人人身安全可能的。除此之外，《刑事诉讼法》对辩护律师的会见权进行了单独规定，但对于非律师辩护人能否行使这些诉讼权利没有明确：如辩护律师会见在押的犯罪嫌疑人、被告人的，看守所应当及时安排会见，至迟不得超过48小时；辩护律师会见犯罪嫌疑人、被告人时不被监听。

第三，阅卷权不同。辩护律师自人民检察院对案件审查起诉之日起，可以查阅、摘抄、复制本案的案卷材料。其他辩护人则须经过人民法院、人民检察院的许可。

第四，能否携带助理不同。根据《高法解释》的规定，律师担任辩护人、诉讼代理人，经人民法院准许，可以带一名助理参加庭审。但尚未赋予非律师辩护人携带助理参加庭审的权利。

**延伸阅读推荐**

冀祥德：《刑事辩护准入制度与有效辩护及普遍辩护》，载《清华法学》2012 年第 4 期，第 116－131 页。

## 问题 9：刑事辩护与法律帮助有何异同？

《法律援助法》第 22 条和 2018 年《刑事诉讼法》明确将值班律师的职责定位于“法律帮助”。“刑事辩护”与“法律帮助”属于不同的法律职能，具有不同的内涵与特点。

“刑事辩护”与“法律帮助”存在以下联系：(1) 二者在功能上都具有对权利的保障特征。犯罪嫌疑人、被告人及其辩护人在刑事诉讼中实施的辩护行为或辩护活动和他们进行法律帮助都属于权利性的活动。(2) 二者在适用对象上，都是服务于犯罪嫌疑人、被告人。(3) 二者在实施方式上，都是以律师参与的方式进行。

“刑事辩护”与“法律帮助”存在以下区别：(1) 在帮助的主体和对象上，“法律帮助”的主体为值班律师，对象是犯罪嫌疑人、被告人。而“辩护”的主体为辩护人，范围不限于律师，对象则主要为控诉机关。(2) 在职能定位上，“辩护”具有诉讼职能性，即为诉讼中必不可少的一部分职能，与控诉职能相对，“辩护”是犯罪嫌疑人、被告人及其辩护人行使辩护职能的体现，而“法律帮助”并不具备诉讼职能的特性。(3) 在与追诉的关系上，“辩护”具有对抗性，而“法律帮助”则侧重于以中立的立场解决客观问题，主要内容是使犯罪嫌疑人、被告人对其涉嫌或指控的罪名、相关法律规定及认罪认罚的法律后果予以知悉。(4) 在主体来源上，“辩护”具有民间性，辩方处于弱势地位，辩护律师履行辩护职能主要是为了实现犯罪嫌疑人、辩护人的辩护权。而“法律帮助”有一定的官方来源属性，国家和政府有义务予以保障。(5) 在性质上，“法律帮助”具有初步性，值班律师享有的诉讼权利有限，不履行出庭职责，仅仅提供法律咨询、程序选择建议等初步的帮助；而辩护律师则享有阅卷权、会见和通信权、调查取证权等丰富的诉讼权利。

**延伸阅读推荐**

王迎龙：《刑事诉讼中的“有权获得法律帮助”》，载《暨南学报（哲学社会科学版）》2023 年第 3 期，第 87－98 页。

## 问题 10：新中国成立以来，我国刑事法律援助制度经历了怎样的发展历程？

改革开放四十多年来，我国刑事法律援助制度从无到有，高速发展。随着经济增长速度的加快，民主、法治进程的不断深入，刑事法律援助制度科学化水平也不断推进，人权司法保障水平获得了巨大提升，刑事法律援助制度取得了举世瞩目的成就。

第一，刑事援助法律体系不断健全。首先，新中国成立后，1954 年《人民法院组织法》第 7 条明确：“被告人有权获得辩护……人民法院认为必要的时候，也可以指定辩护人为他辩护。”我国刑事法律援助制度的雏形基本形成。其次，1979 年《刑事诉讼法》第 27 条规定：“公诉人出庭公诉的案件，被告人没有委托辩护人的，人民法院可以为他指定辩护人。被告人是聋、哑或者未成年人而没有委托辩护人的，人民法院应当为他指定辩护人”，这标志着我国刑事法律援助制度的正式确立。再次，1996 年《刑事诉讼法》正式启用“法律援助”之称谓，并进行了较为系统的专门规定，于第 34 条规定：“公诉人出庭公诉的案件，被告人因经济困难或者其他原因没有委托辩护人的，人民法院可以指定承担法律援助义务的律师为其提供辩护。被告人是盲、聋、哑或者未成年人而没有委托辩护人的，人民法院应当指定承担法律援助义务的律师为其提供辩护。被告人可能被判处死刑而没有委托辩护人的，人民法院应当指定承担法律援助义务的律师为其提供辩护。”最后，2012 年《刑事诉讼法》对刑事法律援助的受援案件、受援人范围、受援阶段等相关内容进行了突破性规定；2018 年《刑事诉讼法》进行修正，又对“值班律师”进行了明确规定。自此中国特色的刑事法律援助制度已经形成，刑事法律援助制度之法律体系也不断健全、完善。

第二，刑事法律援助对象范围不断丰富。刑事法律援助案件受援人范围不断扩展。首先，就“应当指定”援助的对象而言，1979 年《刑事诉讼法》只针对“聋、哑或者未成年人”被告人；1996 年《刑事诉讼法》在此基础上增加了“盲人”和“可能被判处死刑”的被告人；2012 年《刑事诉讼法》又增加了“尚未完全丧失辨认或者控制自己行为能力的精神病人”和“可能被判处无期徒刑的人”。其次，就特殊案件被追诉人（被申请人）而言，2012 年《刑事诉讼法》将依法不负刑事责任的精神病人的强制医疗程序中的被申请人或被告人，纳入刑事法律援助范畴；为强化权利保障，2018 年《刑事诉讼法》第 293 条又规定，“缺席审判程序”中的被告人及其近亲属没有委托辩护人的，法院也应当为其指定辩护人。最后，1979 年与 1996 年《刑事诉讼法》均将“可以指定”的情形规定为“公诉案件”的被告人，2012 年《刑事诉讼法》删除“公诉案件”表述，将“可以指定”的情形扩展至自诉案件的被告人。

第三，刑事法律援助案件援助阶段不断扩大。首先，根据 1979 年《刑事诉讼法》第 37 条之规定，法律援助律师只能自审判阶段开始援助。其次，虽然 1996 年《刑事诉讼法》将辩护律师介入诉讼时间提前至审查起诉阶段，但根据该法第 34 条，法律援助律师的介入时间并未随之发生改变，仍为审判阶段，援助律师等同于辩护律师的诉讼地位并未得到确认。最后，2012 年《刑事诉讼法》修正，将辩护律师介入诉讼的时间提前至侦查阶段，同时，根据该法第 35 条之规定，对“可以指定”“应当指定”援助律师的两种情形，法律援助律师介入诉讼的时间与辩护律师介入诉讼的时间一致，提前至侦查阶段。而随着我国刑事辩护全覆盖的不断推进，实质上，我国的刑事法律援助案件正在朝着全阶段、全被追诉人逐渐发展。

**延伸阅读推荐**

樊崇义：《中国法律援助制度的建构与展望》，载《中国法律评论》2017 年第 6 期，第 189－202 页。

## 问题 11：如何处理委托辩护与指派辩护的关系？

《高法解释》第 51 条规定：“对法律援助机构指派律师为被告人提供辩护，被告人的监护人、近亲属又代为委托辩护人的，应当听取被告人的意见，由其确定辩护人人选。”从该规定可以明确，当委托辩护和指派辩护（法律援助辩护）冲突时，要尊重当事人的意愿，由其自主选择、自主决定，实质上确立了委托辩护优先原则。需要特殊说明的是，虽然该第 51 条仅适用于法院审判阶段，但委托辩护与指派辩护冲突的问题在侦查阶段和审查起诉阶段同样突出，故公安机关在侦查阶段以及检察机关在审查起诉阶段亦可以类推适用这一冲突解决机制。

委托辩护优先原则具有当然的正当性。首先，委托辩护是基于平等主体之间的民事合同关系，由当事人双方意思自治；而指派辩护所形成的法律关系是社会法律关系，体现国家责任。进而言之，只有当被追诉人不能委托之时，才有国家责任存在之必要。其次，委托辩护实质是存在于刑事司法领域的委托代理合同，体现了对被追诉人自由意志的尊重。只有在被追诉人没有委托辩护人的前提条件下，法律援助辩护才应当被允许。最后，委托辩护实质上是一种受法律监督、保护的“服务合同”，被追诉人可以对提供辩护服务的合同相对方——辩护律师提出符合法律规定的多项要求，但法律援助辩护实质上是“候补型”辩护，法律援助律师与被追诉人之间不发生直接的合同关系，因此，受制于各种因素的影响，相比委托辩护而言，法律援助辩护的效果不佳。

**延伸阅读推荐**

(1) 顾永忠：《论“委托辩护应当优先法援辩护”原则》，载《上海政法学院学报(法治论丛)》2022 年第 1 期，第 16－27 页。

(2) 陈永生：《论委托辩护优于法律援助辩护》，载《比较法研究》2022 年第 6 期，第 43－57 页。

## 第二节 代　　理

### 问题 1：如何理解设置刑事诉讼代理制度的理论依据？

第一，刑事代理是加强被害人人权保障的必然要求。被害人虽然在刑事诉讼中具有当事人的诉讼地位，为了维护自身的合法权益而参加到刑事诉讼中来，但是被害人仅凭自己的力量能够在多大程度上维护自身的合法权益仍然是一个值得探讨的问题。首先，刑事诉讼被害人多数缺乏法律知识，不知道享有什么诉讼权利、应当如何行使这些权利，因此很难运用法律赋予的权利去控诉被指控人，维护自身的合法权益。其次，由于被害人直接遭受犯罪行为的侵害，往往在人身权利、财产权利和其他权利方面受到严重侵犯，处于弱者地位，在保护自身权益和行使诉讼权利方面存在一定的障碍，导致无法行使或者无法有效行使法律赋予的权利，从而很难更好地维护自身的合法权益。再次，被害人亲自参加诉讼，可能在刑事诉讼过程中存在再度受害的问题。在此种情况下，刑事诉讼代理人代理被害人、自诉人等进行诉讼活动具有极大的优越性。尤其是律师作为代理人的，由于他们精通法律，具备一定的诉讼经验，不存在怕受牵连的思想顾虑，其还享有法律赋予的广泛的诉讼权利，有组织纪律的保障，因此可以有效地维护被代理人的合法权益。

第二，刑事代理与实体正义之实现。刑事代理之必要性，在于其能够维护被代理人的合法权益。而被代理人的合法权益之维护，必须在案件事实已经查清、正确适用实体法律的情况下才有可能得到实现。发现案件事实真相和对实体法律的正确适用也是刑事诉讼法所追求的实体正义。由于在刑事诉讼中，事实真相的发现主要是通过收集证据和审查判断证据这两个方面完成的，我们可以从这两个方面来考察刑事代理制度在实现实体正义方面的作用。从证据收集方面来看，首先，通过刑事代理活动，可以增强证据收集的全面性。刑事诉讼代理人通过自己的代理活动，可以自行收集证据，也可以提供证据线索，使公诉机关补充收集相关的证据，对公诉机关全面收集证据起到监督作用。其次，刑事代理可以保障证据收集的真实性。通过刑事代理，可以有效地防止辩护方以威胁、恐吓、欺骗的手段向被害人收集证据，保障证据收集的真实、合法。在侦查机关询问被害人的时候，代理人在场，可以防止侦查机关采用引诱、欺骗的方法非法获取被害人陈述。最后，刑事代理可以保障及时、迅速地收集证据，防止证据材料的毁损、灭失。从审查判断证据方面来看，刑事代理有助于正确地审查判断证据，促进案件事实的发现。通过刑事诉讼代理人卓有成效的代理，可以确保法官同时接触对案件事实的两种不同甚至完全对立的描述和论证，从而避免偏见、主观臆断和片面性等主观方面的缺陷，使得被代理人的合法权益得以维护。

第三，刑事代理与程序正义之实现。刑事代理在保障程序正义方面具有以下重要作用：首先，刑事代理使被害人、自诉人等的诉讼权利得以充分、有效地行使，能够切实地实现被害人的当事人地位，使其能够积极地参与诉讼，与被指控人实现平等对抗。其次，刑事代理可以对国家权力予以有效的监督和制约，促使国家机关正确行使权力。

第四，刑事代理与诉讼效益之实现。刑事诉讼所追求的效益是指在保障公平的前提下，以投入一定的司法资源换取尽可能多的刑事案件的处理。通过刑事代理，可以迅速、有效地收集证据，加速刑事诉讼运作的效率，可以有效地防止和减少冤假错案发生，避免再审程序等的发生，从而提高单位时间内的有用工作量；由于案件得以迅速、公正审理，被害人的权益得到维护，有效地化解被害人、自诉人与被告人之间的矛盾，防止矛盾激化，甚至使被害人向犯罪人转化，有利于稳定社会秩序，在更大的程度上提高刑事诉讼的效益。

**延伸阅读推荐**

刘根菊、王君：《刑事代理制度的理论基础》，载《政法论坛》2003 年第 4 期，第 65－72 页。

## 问题 2：刑事辩护与刑事代理有何区别？

其一，产生根据不同。刑事辩护人参加刑事诉讼的根据是犯罪嫌疑人、被告人的委托授权或法院的依法指定，而刑事代理人参加诉讼的根据只能是当事人及其法定代理人的授权。

其二，适用范围不同。两类对象的诉讼利害关系相反，刑事辩护适用于公诉案件的犯罪嫌疑人、被告人、自诉案件的被告人；刑事代理适用于公诉案件的被害人、自诉人和附带民事当事人。

其三，权利内容不同。刑事辩护人享有法律规定的会见权和通信权、调查取证权等广泛权利，有的权利甚至是犯罪嫌疑人和被告人都不享有的；而刑事代理人享有的权利由被代理人授予，而且不能超过被代理人的权限范围。

其四，诉讼任务不同。刑事辩护承担的是辩护职能，即反驳控方控诉，证明嫌疑人、被告人无罪或罪轻，应减轻或免除刑事责任；而代理职责在于维护被代理人的合法权益。

其五，诉讼地位不同。辩护人具有独立的诉讼地位，以自己名义进行辩护而不受被告人约束；而代理人不具有独立的诉讼地位，是附属于被代理人的，依被代理人意志从事活动。

其六，权限范围不同。辩护人享有的权利是法律赋予的，不存在被告人授权问题，其授权也仅仅是使辩护人参加诉讼；而代理人是否参加诉讼，在何种权限范围内从事诉讼活动都须授权决定。

其七，活动名义不同。辩护人在调查取证、提交辩护词等活动中使用的是自己的名义，而刑事代理人进行诉讼活动使用的是被代理人的名义。

### 问题3：如何理解刑事诉讼代理与民事诉讼代理的关系？

刑事诉讼代理与民事诉讼代理都属诉讼代理，二者具有一些相同之处，如：诉讼代理人是以被代理人的名义进行诉讼活动；诉讼代理人必须具有诉讼行为能力和一定的诉讼基本知识，否则难以代为诉讼，也难以维护被代理人的合法权益；诉讼代理人必须在诉讼代理权限范围内进行活动，诉讼代理权限均是由法律规定或者来自被代理人的授权；诉讼代理人进行诉讼活动的法律后果由被代理人承担。

但是，刑事诉讼代理与民事诉讼代理毕竟是两种不同性质的代理活动，两者之间有许多不同之处：第一，代理的对象不同。刑事诉讼代理的是自诉案件的自诉人、公诉案件的被害人及其近亲属或者是附带民事诉讼当事人，民事诉讼代理的是民事或经济案件的原告、被告或第三人。第二，代理案件的性质不同。刑事诉讼代理的是刑事案件，民事诉讼代理的是民事案件或经济案件。第三，适用的法律不同。刑事诉讼代理适用的是刑法和刑事诉讼法，民事诉讼代理适用的是民事实体法和民事诉讼法。第四，代理的内容与后果不同。刑事诉讼代理围绕着被告人的刑事责任问题，所产生的后果直接涉及被告人的刑事责任；民事诉讼代理围绕着双方当事人之间的争议，确定的是当事人之间的民事权利义务关系。

**延伸阅读推荐**

龚潇：《论刑事诉讼中已死亡被害人的律师代理》，载《律师世界》2002年第3期，第34-35页。

## 本章课后演练

**（一）不定项选择题**

1. 胡某涉嫌参加恐怖活动罪被侦查机关立案侦查，侦查期间胡某委托刘某、马某作

为其辩护人，关于胡某、马某的诉讼权利，下列哪些说法是正确的？（　　）

A. 刘某、马某凭律师执业证书、律师事务所证明和委托书有权会见在押的胡某

B. 刘某、马某会见胡某时，可以就参加恐怖活动的有关证据与胡某进行当面核实

C. 看守所对于刘某、马某和胡某的往来信件，可以对信件进行必要的检查，但不得截留、复制、删改信件

D. 刘某、马某可以单独会见胡某

2. 犯罪嫌疑人李某在侦查阶段会见其辩护律师张某时，声称自己在讯问时被刑讯逼供。下列属于张某可采取的正确做法的是（　　）。

A. 可向检察院提出排除非法证据的申请

B. 应向检察院提供涉嫌刑讯逼供的人员、时间、地点、方式等材料

C. 可向检察院申请调阅讯问笔录

D. 检察院对于张某提出的排除非法证据的申请不答复，张某可向上一级检察院提出申诉

3. 根据《刑事诉讼法》的规定，下列关于法律援助的说法正确的是（　　）。

A. 犯罪嫌疑人、被告人因经济困难或者其他原因没有委托辩护人的，办案机关可以通知法律援助机构指派律师为其提供辩护

B. 涉案人员只有到了审判阶段，法院才有义务为其提供法律援助

C. 被告人是尚未完全丧失辨认或者控制自己行为能力的精神病人的，法院应当指定承担法律援助义务的律师为其辩护

D. 被告人是可能判处无期徒刑而没有委托辩护人的，法院应当为其提供法律援助

4. 下列关于值班律师的表述，正确的有（　　）。

A. 被害人有权申请值班律师提供法律帮助

B. 在审判阶段，值班律师可以出庭进行辩论

C. 值班律师提供程序选择建议主要是针对犯罪嫌疑人认罪认罚、适用速裁程序等方面

D. 在认罪认罚案件中，值班律师可以对检察院提出的量刑建议提出意见

5. 下列关于刑事诉讼中值班律师职责的表述，正确的是（　　）。

A. 值班律师是法律援助的新发展，值班律师与辩护律师的权利义务一致

B. 值班律师有权提出量刑意见

C. 值班律师属于刑事诉讼主体

D. 值班律师有权对犯罪嫌疑人、被告人提出程序适用建议

6. 根据《刑事诉讼法》的规定，辩护律师收集到的下列哪一证据应及时告知公安机关、检察院？（　　）

A. 强奸案中被害人系精神病人的证据

B. 故意伤害案中犯罪嫌疑人系正当防卫的证据

C. 投放危险物质案中犯罪嫌疑人案发时在外地出差的证据

D. 制造毒品案中犯罪嫌疑人犯罪时刚满 16 周岁的证据

7. 关于有效辩护原则，下列哪些理解是正确的？（　　）

A. 有效辩护原则的确立有助于实现控辩平等对抗

B. 有效辩护是一项主要适用于审判阶段的原则，但侦查、审查起诉阶段对辩护人权利的保障是审判阶段实现有效辩护的前提

C. 根据有效辩护原则的要求，法庭审理过程中一般不应限制被告人及其辩护人发言的时间

D. 指派没有刑事辩护经验的律师为可能被判处无期徒刑、死刑的被告人提供法律援助，有违有效辩护原则

8. 甲涉嫌盗窃，某县公安机关侦查终结后移送某县检察院审查起诉，后由某县检察院向某县法院提起公诉。下列可以担任甲的辩护人的有（　　）。

A. 甲的母亲，系该检察院现职检察官

B. 甲的表姐，系该检察院现职检察官

C. 甲的哥哥，刚从该法院离职

D. 甲的朋友，外籍律师

9. 甲作为犯罪嫌疑人乙的辩护人期间，为帮助乙减轻罪刑，从公安机关缉毒大队民警丙处获得某人非法持有毒品的线索，并在看守所会见期间以传递纸条的方式将信息告知乙，庭审阶段乙向法庭提供该线索，甲将其作为辩护依据，请求减轻乙罪刑，导致法院错判。关于甲的行为以下表述正确的是（　　）。

A. 甲构成虚假诉讼罪

B. 甲通过传递纸条方式告知乙线索，构成扰乱法庭秩序罪

C. 就乙提供非法持有毒品的线索进行辩护是不合法的辩护行为

D. 从丙处获取非法持有毒品的线索属于正当行使调查取证权

10. 成年人钱甲教唆未成年人小沈实施诈骗犯罪，钱甲委托其在邻市检察院担任检察官助理的哥哥钱乙担任辩护人，小沈由法律援助律师武某担任辩护人。关于本案处理，下列哪一选项是正确的？（　　）

A. 钱甲被拘留后，钱乙可为其申请取保候审

B. 本案移送审查起诉时，公安机关应将案件移送情况告知钱乙

C. 检察院讯问小沈时，武某可在场

D. 如检察院对钱甲和小沈分案起诉，法院可并案审理

**（二）判断分析题**

1. 看守所可以对律师写给犯罪嫌疑人的信件进行必要的检查，但不得截留、复制、删除信件。

2. 值班律师属于刑事诉讼主体。

3. 自犯罪嫌疑人第一次被讯问或者采取强制措施之日起，侦查机关应当为犯罪嫌疑人指派值班律师以提供法律咨询。

4. 审判阶段，辩护律师带一名助理出席庭审的，助理有权与辩护律师一起发表辩护意见。

5. 在审判阶段，辩护律师不能直接向被害人调查取证，需要经过法院的许可。

**（三）简答题**

1. 简述我国辩护制度中辩护的种类。

2. 简述辩护人的诉讼权利。

3. 简述法定指派律师辩护的情形。

4. 绝对不能担任辩护人的范围。

5. 简述刑事代理的种类。

**(四) 论述题**

1. 如何理解有效辩护原则?

2. 论律师辩护人与非律师辩护人在诉讼权利上的差异。

**(五) 法条分析题**

1.《刑事诉讼法》第 34 条第 1 款:"犯罪嫌疑人自被侦查机关第一次讯问或者采取强制措施之日起,有权委托辩护人;在侦查期间,只能委托律师作为辩护人。被告人有权随时委托辩护人。"

2.《刑事诉讼法》第 37 条:"辩护人的责任是根据事实和法律,提出犯罪嫌疑人、被告人无罪、罪轻或者减轻、免除其刑事责任的材料和意见,维护犯罪嫌疑人、被告人的诉讼权利和其他合法权益。"

**(六) 案例分析题**

甲公司通过招投标获得某地块准备开发,但在拆迁过程中有两户居民不同意拆迁,公司两位股东贾某、林某便授意员工李某、宋某纠集社会闲杂人员,采用扔石头、放高音喇叭等措施骚扰两户居民。两户居民不堪忍受,遂报警。公安机关以涉嫌寻衅滋事罪对贾某、林某、李某、宋某四人立案侦查。侦查过程中,林某因认罪认罚,且有重大立功表现,公安机关对其作出撤案的决定。贾某、宋某、李某也认罪认罚,宋某因没有委托辩护人,公安机关安排其会见了值班律师马某。后该案侦查终结移送审查起诉。因该案社会影响重大,群众反映强烈,检察机关对贾某、李某、宋某三人以涉嫌寻衅滋事罪提起公诉。一审法院经审理,认定三人指控罪名成立并作出有罪判决。李某不服一审判决,提起上诉。二审期间,监察机关经调查,发现甲公司为取得该地块向某区副区长行贿 200 万元,股东贾某、林某作为主要责任人也被立案调查。

问题:值班律师马某在侦查阶段的地位和职责是什么?如果审判时被告人仍没有委托辩护人,马某能不能出庭辩护?

## 参考答案

**(一) 不定项选择题**

1. D　2. ABD　3. D　4. CD　5. BD　6. C　7. ACD　8. AC　9. C　10. A

**(二) 判断分析题**

1. 题略。

错误。看守所一般不得截留、复制、删除信件,但看守所认为该信件涉及危害国家安全、公共安全、严重危及他人人身安全,或者涉嫌串供、毁灭证据情形的除外。

2. 题略。

错误。我国刑事诉讼主体包括专门机关和诉讼参与人,诉讼参与人中包括辩护人和诉讼代理人,但不包括值班律师。

3. 题略。

错误。犯罪嫌疑人若没有委托辩护人,法律援助机构也没有为其指派法律援助律师的，应当由值班律师提供法律帮助。可见，并非每一名犯罪嫌疑人都可以得到值班律师的帮助。自犯罪嫌疑人第一次被讯问或者采取强制措施之日起，侦查机关应当告知犯罪嫌疑人有权委托辩护人，而不必然为其指派值班律师。

4. 题略。

错误。经法庭同意，辩护律师可以带一名助理出庭，但律师助理只能从事辩护的辅助工作，不能发表辩护意见。

5. 题略。

正确。在审判阶段，辩护律师申请向被害人及其近亲属、被害人提供的证人收集与本案有关的材料，人民法院认为确有必要的，应当签发准许调查书。

**（三）简答题**

1. 题略。

（1）自行辩护。自行辩护是犯罪嫌疑人、被告人行使辩护权的重要方式，贯穿于刑事诉讼的始终。（2）委托辩护。委托辩护是指犯罪嫌疑人、被告人依法委托律师或其他公民担任辩护人，协助其进行辩护。（3）法律援助辩护。法律援助辩护是指犯罪嫌疑人、被告人及其近亲属因经济困难或者其他原因没有委托辩护人而向法律援助机构申请的，或者具备法定情形时由公检法机关直接通知法律援助机构，由法律援助机构指派律师担任其辩护人并提供辩护。

2. 题略。

（1）阅卷权；（2）会见、通信权；（3）调查取证权；（4）提出意见权；（5）其他权利：1）申请解除期限届满强制措施的权利；2）申请回避权；3）获得通知权；4）参加法庭调查和辩论权；5）申诉控告权；6）人身保障权；7）保密权；8）拒绝辩护权；9）非独立的上诉权。

3. 题略。

（1）犯罪嫌疑人、被告人是盲、聋、哑人；（2）犯罪嫌疑人、被告人是尚未完全丧失辨认或者控制自己行为能力的精神病人；（3）犯罪嫌疑人、被告人可能被判处无期徒刑、死刑；（4）未成年犯罪嫌疑人、被告人；（5）高级人民法院复核死刑案件；（6）缺席审判案件。

4. 题略。

（1）正在被执行刑罚或者处于缓刑、假释考验期间的人；（2）依法被剥夺、限制人身自由的人；（3）无行为能力或者限制行为能力的人。

5. 题略。

刑事诉讼中的代理主要包括三种情况：一是公诉案件中被害人的代理，二是自诉案件中自诉人的代理，三是刑事附带民事诉讼中原告人和被告人的代理。此外，根据《刑事诉讼法》第299条第2款和第304条第2款的规定，在没收违法所得及其他涉案财产的特别程序中，犯罪嫌疑人、被告人的近亲属和其他利害关系人，强制医疗程序中被申请人或者被告人都可以委托诉讼代理人参加诉讼。

**（四）论述题**

1. 题略。

有效辩护的理念可以在以下四个方面得到贯彻和体现：一是合格称职的辩护律师，

二是为辩护所必需的防御准备，三是与委托人进行的有效沟通和交流，四是有理、有据、精准、及时的辩护活动。

所谓“合格称职的辩护律师”，是有效辩护的前提条件。这主要是指接受委托或指定从事辩护活动的辩护人，不仅必须是一名律师，而且要是一名熟悉刑事辩护业务的律师。

所谓“为辩护所必需的防御准备”，是指辩护人需要在开庭审理之前进行会见、阅卷、形成辩护思路、协商辩护意见、申请召开庭前会议、申请二审法院开庭审理等，以便为法庭上的辩护进行基本的防御准备。遇有发现新的事实和证据的案件，律师还应进行必要的调查取证工作。

所谓“与委托人进行的有效沟通和交流”，是指辩护人通过充分的会见、通信等方式，与嫌疑人、被告人充分交流案情，将有关证据材料向其核实，将辩护思路向其告知，并向其征求意见，以取得其对辩护思路和辩护意见的认可和配合，从而在法庭上的辩护过程中形成辩护合力。

所谓“有理、有据、精准、及时的辩护活动”，是指辩护人的辩护观点必须在法理上能够成立，必须有足够的证据加以支持，必须契合本案的具体情况，还不得存在明显的迟延。

2. 题略。

(1) 辩护律师与非律师辩护人在诉讼权利上的差异化配置：辩护律师可以查阅、摘抄、复制案卷材料，可以同在押的或者被监视居住的被追诉人会见和通信，而非律师的辩护人经司法机关许可，才可阅卷、会见、通信；辩护律师有调查取证权及申请司法机关向证人或者有关单位、个人收集、调取证据权，而非律师辩护人无此项权利；辩护律师有权查阅作为证据材料向人民法院移送的讯问同步录音录像材料，而非律师辩护人无此项权利。此外，二者在有权介入的诉讼阶段、拒绝作证权等方面也存在诸多差异。

(2) 差异化权利配置的成因：辩护律师与非律师辩护人在职业化、专业化程度等方面的区别。

(3) 存在的主要问题及改进的方向：调查取证权及申请收集、调取证据权的缺失直接限制了非律师辩护人准备辩护的能力；非律师辩护人行使阅卷权、会见通信权方面存在申请许可难问题；非律师辩护人在行使其他诉讼权利包括与辩护律师同享的一些诉讼权利时也会遭遇不合理的限制，导致其辩护权被虚化，使非律师辩护人制度预设的目的难以实现。因此，有必要在立法层面进一步强化或者充实非律师辩护人的诉讼权利，在司法层面健全对非律师辩护人行使诉讼权利的保障机制。

### (五) 法条分析题

1. 题略。

该款规定了委托辩护的时间及不同阶段的辩护人范围。

犯罪嫌疑人有权委托辩护人的时间是自其被侦查机关第一次讯问或者采取强制措施之日起。这个时间实际上也就是犯罪嫌疑人知道自己成为犯罪嫌疑人，从而才会产生委托辩护人的需求的时间，因此也可以视为犯罪嫌疑人是自始即可委托辩护人的。但与在审查起诉阶段和审判阶段，犯罪嫌疑人、被告人可以委托符合本法第33条规定范围内的任何人为辩护人不同，在侦查阶段，犯罪嫌疑人只能委托律师作为辩护人。侦查阶段是收集证据、查明案情的阶段，无须任何资质的一般辩护人可能会实施有碍侦查的不当行为，给收集证据和查明案情造成难以弥补的损失。而与一般辩护人相比，律师具有获取律师执业资格所需要的资质与水平，同时受律师事务所及律师协会的约束，一般不会实施有碍侦查的不当行为。因此，在侦查阶段，犯罪嫌疑人只能委托律师作为辩护人。

2. 题略。

可以从程序辩护与实体辩护两个方面对法条展开分析：

辩护人的责任是依法维护犯罪嫌疑人、被告人的合法权益，包括程序性权益与实体性权益。前者是指辩护人有责任维护犯罪嫌疑人、被告人的诉讼权利，协助其行使诉讼权利，防止其诉讼权利受到侵害等，可称为程序辩护。后者是指辩护人有责任提出犯罪嫌疑人、被告人无罪、罪轻或者减轻、免除其刑事责任的材料和意见，帮助其获取有利于他的实体处理，可称为实体辩护。无论是程序辩护还是实体辩护，均须根据事实和法律进行。

**（六）案例分析题**

问题：值班律师马某在侦查阶段的地位和职责是什么？如果审判时被告人仍没有委托辩护人，马某能不能出庭辩护？

（1）值班律师并非犯罪嫌疑人、被告人的辩护人，根据《法律援助值班律师工作办法》第 2 条的规定，值班律师是为没有辩护人的犯罪嫌疑人、被告人提供法律帮助的律师。

根据《法律援助值班律师工作办法》第 6 条，马某作为值班律师，其职责主要包括以下几个方面：第一，提供法律咨询；第二，提供程序选择建议；第三，帮助犯罪嫌疑人、被告人申请变更强制措施；第四，对案件处理提出意见；第五，帮助犯罪嫌疑人、被告人及其近亲属申请法律援助；第六，法律法规规定的其他事项。由于是认罪认罚案件，马某还应当向当事人提供以下法律帮助：首先，向犯罪嫌疑人、被告人释明认罪认罚的性质和法律规定；其次，对人民检察院指控罪名、量刑建议、诉讼程序适用等事项提出意见；最后，犯罪嫌疑人签署认罪认罚具结书时在场。

（2）马某不能出庭辩护。根据《法律援助值班律师工作办法》第 6 条的规定，值班律师可以为犯罪嫌疑人、被告人提供法律咨询，提供程序选择建议，帮助申请变更强制措施，对案件处理提出意见，帮助申请法律援助等法律帮助。可见，值班律师仅提供基本的法律帮助服务，不是真正的辩护人，值班律师没有出庭辩护的资格。

# 第六章　强制措施

## 本章知识图谱

- 强制措施
  - 概述
    - 强制措施的特征
      - 适用主体的特定性
      - 适用对象的唯一性
      - 适用目的的预防性
      - 内容的人身干预性
      - 适用程序的法定性
      - 适用期间的临时性
    - 强制措施的适用原则
      - 法定原则
      - 比例原则
    - 强制措施的适用因素
      - 被追诉人涉嫌犯罪的严重程度
      - 被追诉人逃避或妨害诉讼活动的可能性
      - 公安司法机关对案件事实的调查情况和对案件证据的掌握情况
      - 被追诉人的身体健康状况等个人情况
    - 强制措施的体系
      - 非羁押性强制措施：拘传、取保候审、监视居住
      - 羁押性强制措施：拘留、逮捕
  - 拘传
    - 特征
      - 适用条件：较为宽松
      - 适用对象：未被羁押的犯罪嫌疑人
      - 适用目的：强制就讯
    - 适用机关
      - 公安机关
      - 人民检察院
      - 人民法院
    - 适用程序
      - 决定：经县级以上公安机关负责人、人民检察院检察长、人民法院院长批准
      - 执行：执行拘传的公安司法人员不得少于2人
      - 地点：拘传到案的地点应当是被拘传人所在的市、县内的地点
      - 时间：拘传持续时间一般不得超过12小时，最长不得超过24小时；禁止连续拘传

- 强制措施
  - 取保候审
    - 保证方式
      - 人保：保证人保证
      - 财产保：保证金保证
    - 适用条件
      - 可能判处管制、拘役或者独立适用附加刑的
      - 可能判处有期徒刑以上刑罚,采取取保候审不致发生社会危险性的
      - 患有严重疾病、生活不能自理,怀孕或者正在哺乳自己婴儿的妇女，采取取保候审不致发生社会危险性的
      - 羁押期限届满，案件尚未办结，需要采取取保候审的
    - 被取保人的义务
      - 一般性义务（统一的限制）
        - 未经执行机关批准不得离开所居住的县、市
        - 住址、工作单位和联系方式发生变动的，在24小时以内向执行机关报告
        - 在传讯时及时到案
        - 不得以任何方式干扰证人作证
        - 不得毁灭、伪造证据或者串供
      - 特别性义务（有选择的限制）
        - 不得进入特定场所
        - 不得与特定人员会见或通信
        - 不得从事特定活动
        - 将护照等出入境证件、驾驶证交付执行机关保存
    - 取保候审的程序
      - 决定：公安机关、人民检察院、人民法院在其各自诉讼阶段均有权决定适用
      - 执行机关：公安机关
      - 期限：人民法院、人民检察院和公安机关对犯罪嫌疑人、被告人取保候审最长不得超过12个月
      - 解除：对于发现不应当追究刑事责任或者取保候审期限届满的，应当及时解除取保候审
  - 监视居住
    - 类型
      - 一般监视居住
      - 指定居所监视居住
    - 适用条件
      - 逮捕的替代措施：人民法院、人民检察院和公安机关对符合逮捕条件，有下列情形之一的犯罪嫌疑人、被告人，可以监视居住
        - 患有严重疾病、生活不能自理的
        - 怀孕或者正在哺乳自己婴儿的妇女
        - 系生活不能自理的人的唯一扶养人
        - 因为案件的特殊情况或者办理案件的需要，采取监视居住措施更为适宜的
        - 羁押期限届满，案件尚未办结，需要采取监视居住措施的
      - 取保候审的替代措施：对符合取保候审条件，但犯罪嫌疑人、被告人不能提出保证人，也不交纳保证金的，可以监视居住

- 强制措施
  - 监视居住
    - 被监视居住人的义务
      - 未经执行机关批准不得离开执行监视居住的处所
      - 未经执行机关批准不得会见他人或通信
      - 在传讯时及时到案
      - 不得以任何形式干扰证人作证
      - 不得毁灭、伪造证据或者串供
      - 将护照等出入境证件、身份证件、驾驶证件交执行机关保存
    - 监视居住的程序
      - 决定：公安机关、人民检察院、人民法院在其各自诉讼阶段均有权决定适用
      - 执行机关：公安机关
      - 通知：指定居所监视居住的，决定机关应当在执行监视居住后24小时以内，通知被监视居住人的家属，无法通知的除外
      - 期限：6个月
    - 执行机关的监视手段
      - 电子监控
      - 不定期检查
      - 通信监控（侦查期间）
    - 监视居住的场所
      - 一般情况：住处
      - 特殊情况：指定居所
        - 无固定住处类：无固定住处的犯罪嫌疑人、被告人，可以在指定的居所执行
        - 特定案件类：对于涉嫌危害国家安全犯罪、恐怖活动犯罪，在住处执行可能有碍侦查的犯罪嫌疑人，经上一级公安机关批准，可以在指定的居所执行
  - 拘留
    - 适用条件
      - 一般拘留：侦查阶段
        - 对象要件：现行犯或重大嫌疑分子
        - 紧急要件（公安机关侦查的案件）
          - 正在预备犯罪、实行犯罪或者在犯罪后即时被发觉的
          - 被害人或者在场亲眼看见的人指认他犯罪的
          - 在身边或者住处发现有犯罪证据的
          - 犯罪后企图自杀、逃跑或者在逃的（人民检察院直接受理侦查的案件）
          - 有毁灭、伪造证据或者串供可能的（人民检察院直接受理侦查的案件）
          - 不讲真实姓名、住址，身份不明的
          - 有流窜作案、多次作案、结伙作案重大嫌疑的
      - 特殊拘留：审查起诉阶段 — 对于监察机关移送起诉的已采取留置措施的案件，人民检察院应当对犯罪嫌疑人先行拘留，留置措施自动解除

- 强制措施
  - 拘留
    - 拘留的程序
      - 决定机关：公安机关、人民检察院
      - 执行机关：公安机关
      - 送押：拘留后应当立即将被拘留人送看守所羁押，至迟不得超过24小时
      - 讯问：公安机关或人民检察院应当在24小时以内对被拘留人进行讯问
      - 通知：决定机关应当在拘留后24小时以内，通知被拘留人的家属
        - 例外情形1：无法通知
        - 例外情形2：涉嫌危害国家安全犯罪、恐怖活动犯罪通知可能有碍侦查——有碍侦查的情形消失以后，应当立即通知被拘留人的家属
      - 期限
        - 公安机关侦查的案件
          - 3日：对于需要逮捕的犯罪嫌疑人，应当在拘留的3日内提请逮捕
          - 7日：在特殊情况下，提请审查批捕的时间可以延长1～4日
          - 30日：对于流窜作案、多次作案、结伙作案的重大嫌疑分子提请审查批准的时间可以延长至30日
          - 犯罪嫌疑人不讲真实姓名、住址，身份不明的，期限自查清其身份之日起计算
        - 人民检察院直接受理侦查的案件——14日/17日：拘留犯罪嫌疑人的羁押期限为14日，特殊情况下可以延长1～3日
        - 监察留置案件——10日/14日：人民检察院应当在拘留后的10日以内作出是否逮捕、取保候审或者监视居住的决定；在特殊情况下，决定的时间可以延长1～4日
  - 逮捕
    - 适用条件
      - 一般逮捕的适用条件
        - 证据条件：有证据证明有犯罪事实
        - 刑罚条件：可能判处有期徒刑以上刑罚
        - 社会危险性条件：采取取保候审尚不足以防止发生下列社会危险性
          - 可能实施新的犯罪
          - 有危害国家安全、公共安全或者社会秩序的现实危险
          - 可能毁灭、伪造证据，干扰证人作证或者串供
          - 可能对被害人、举报人、控告人实施打击报复
          - 企图自杀或者逃跑
      - 径行逮捕的适用条件
        - 有证据证明有犯罪事实，可能判处10年有期徒刑以上刑罚
        - 有证据证明有犯罪事实，可能判处徒刑以上刑罚，曾经故意犯罪
        - 有证据证明有犯罪事实，可能判处徒刑以上刑罚，身份不明
      - 转化逮捕的适用条件——被取保候审、监视居住的犯罪嫌疑人、被告人违反取保候审、监视居住规定，情节严重
    - 逮捕权限划分
      - 决定权：人民检察院和人民法院
        - 侦查阶段
          - 公安机关要求逮捕的案件，由人民检察院行使批捕权
          - 人民检察院直接受理侦查的案件，其负责捕诉的部门有权决定逮捕
        - 审查起诉阶段——人民检察院有权决定逮捕
        - 审判阶段——人民法院有权决定逮捕
      - 执行权：公安机关

- 强制措施
  - 逮捕
    - 逮捕的批准、决定程序
      - 人民检察院对公安机关提请逮捕的批准程序
        - 公安机关提请逮捕的流程：公安机关要求逮捕犯罪嫌疑人的时候，应当写出提请批准逮捕书，连同案卷材料、证据，一并移送同级人民检察院审查批准
        - 公安机关对已拘留案件提请逮捕的期限：3日/7日/30日
        - 人民检察院审查批捕的流程：人民检察院审查批准逮捕犯罪嫌疑人由检察长决定；重大案件应当提交检察委员会讨论决定
        - 人民检察院审查批捕的期限
          - 犯罪兼疑人已被拘留的：7日
          - 犯罪嫌疑人未被拘留的：15日；重大、复杂的案件不得超过20日
        - 人民检察院审查批捕的方式
          - 应当讯问犯罪嫌疑人的情形
            - 对是否符合逮捕条件有疑问的
            - 犯罪嫌疑人要求向检察人员当面陈述的
            - 侦查活动可能有重大违法行为的
            - 案情重大疑难复杂的
            - 犯罪嫌疑人认罪认罚的
            - 犯罪嫌疑人系未成年人的
            - 犯罪嫌疑人是盲、聋、哑人或者是尚未完全丧失辨认或者控制自己行为能力的精神病人的
          - 应当听取辩护律师意见的情形
            - 辩护律师提出要求的
            - 犯罪嫌疑人系未成年人的
          - 可以公开听证的情形
            - 有重大影响的案件
            - 需要核实评估犯罪嫌疑人是否具有社会危险性、是否具有社会帮教条件的
        - 人民检察院审查后的决定
          - 符合逮捕条件：批准逮捕——公安机关应当立即执行
          - 不符合逮捕条件：不批准逮捕——人民检察院应当说明理由，需要补充侦查的，应当同时通知公安机关
          - 发现漏捕的：应当要求公安机关提请逮捕
      - 人民检察院对自行侦查案件决定逮捕的程序
        - 移送审查逮捕：本院负责侦查的部门将案件移送至负责捕诉的部门审查
        - 侦查部门对已拘留案件移送审查逮捕的期限：7日
        - 负责捕诉的部门审查决定逮捕的期限
          - 犯罪兼疑人已被拘留的：7日；特殊情况下可延长1～3日
          - 犯罪兼疑人未被拘留的：15日；重大、复杂案件最长不得超过20日
        - 由检察长决定是否逮捕

- 强制措施
  - 逮捕
    - 逮捕的批准、决定程序
      - 人民检察院对监察留置案件决定逮捕的程序
        - 审查决定逮捕的期限
          - 一般情况：拘留后10日内
          - 特殊情况：可延长1～4日
        - 由检察长决定是否逮捕
      - 人民法院决定逮捕的程序
        - 自诉案件：对于自诉案件未予逮捕的被告人，人民法院认为需要逮捕被告人的，由办案人员提交法院院长决定
        - 公诉案件：对于检察机关提起公诉时未予逮捕的被告人，人民法院认为符合逮捕条件应予逮捕的，可以决定逮捕
    - 逮捕的执行程序
      - 签发逮捕证：公安机关接到交付执行文书后，由县级以上公安机关负责人签发逮捕证，立即执行
      - 执行逮捕：由2名以上公安人员执行,出示逮捕证，宣布逮捕
      - 送看守所：对于未被羁押的犯罪嫌疑人、被告人，执行逮捕后，应立即将其送看守所羁押
      - 通知：除无法通知的以外，提请逮捕的公安机关、决定逮捕的人民检察院或人民法院应当在逮捕后24小时内，通知被逮捕人的家属
      - 讯问：人民法院、人民检察院对于各自决定逮捕的人，公安机关对于经人民检察院批准逮捕的人，都必须在逮捕后的24小时以内进行讯问
    - 羁押必要性审查
      - 适用情形：犯罪嫌疑人、被告人被逮捕后
      - 审查主体：人民检察院
      - 审查内容：有无继续羁押的必要性
      - 启动方式
        - 依职权：人民检察院应当依职权对羁押必要性进行
        - 依申请：犯罪嫌疑人、被告人及其法定代理人、近亲属、辩护人申请进行羁押必要性审查的，应当说明不需要继续羁押的理由
        - 依建议：看守所根据在押人员身体状况，可以建议人民检察院进行羁押必要性审查
      - 处理方式
        - 侦查阶段、审判阶段：经审查认为不需要继续羁押的，应当建议公安机关或者人民法院释放犯罪嫌疑人、被告人或者变更强制措施
        - 审查起诉阶段：负责捕诉的部门经审查认为不需要继续羁押的，应当直接释放犯罪嫌疑人或者变更强制措施
  - 强制措施的变更、撤销与解除
    - 主动纠错 —— 人民法院、人民检察院和公安机关发现对犯罪嫌疑人、被告人采取强制措施不当的，应当及时撤销或者变更
    - 申请变更 —— 犯罪嫌疑人、被告人及其法定代理人、近亲属或者辩护人有权申请变更强制措施
    - 羁押到期
      - 犯罪嫌疑人、被告人被羁押的案件，不能在法定侦查羁押、审查起诉、一审、二审期限内办结的，对犯罪嫌疑人、被告人应当予以释放
      - 需要继续查证、审理的，对犯罪嫌疑人、被告人可以取保候审或者监视居住
    - 强制措施到期
      - 人民法院、人民检察院或者公安机关对被采取强制措施法定期限届满的犯罪嫌疑人、被告人，应当予以释放、解除取保候审、监视居住或者依法变更强制措施
      - 犯罪嫌疑人、被告人及其法定代理人、近亲属或者辩护人对于人民法院、人民检察院或者公安机关采取强制措施法定期限届满的，有权要求解除强制措施

# 本章重点问题

## 第一节 概 述

### 问题1：查封、扣押等措施是否属于强制措施？

针对物而非人的查封、扣押等措施，尽管亦具有强制性，但并不属于我国刑事诉讼法律体系中的“强制措施”。查封、扣押等措施的法律性质为可对物强制实施的侦查措施。我国《刑事诉讼法》第108条第1项规定：“‘侦查’是指公安机关、人民检察院对于刑事案件，依照法律进行的收集证据、查明案情的工作和有关的强制性措施。”目前通说认为，所谓“有关的强制性措施”，是指刑事诉讼法所规定的为收集证据、查明犯罪事实和查获犯罪人而采取的限制、剥夺人身自由，对人身、财物进行强制或缉拿犯罪嫌疑人的措施。“有关的强制性措施”包括两类：一类是在侦查活动中采用的强制措施，包括拘传、取保候审、监视居住、拘留、逮捕五种；另一类是在收集证据工作中采用的强制性方法，如强制检查、强行搜查、强制扣押等。① 可见，“强制措施”是区别于“强制性措施”的一个特定概念，前者是后者的下位概念，以物为强制对象的查封、扣押等措施与“强制措施”乃平行关系。另外，即使可针对犯罪嫌疑人强制实施的人身检查措施，亦不属于“强制措施”，而是一种具有强制性的侦查行为。其他法域则有不同的概念和制度体系。例如，在我国台湾地区，拘留、逮捕、扣押、搜查、身体检查等均统归为“强制处分”。依照其行使对象是人或物，强制处分可以分成对人之强制处分和对物之强制处分，前者包括传唤、拘留、逮捕、身体检查等，后者则包括扣押、对物搜查等。②

**延伸阅读推荐**

方柏兴：《对物强制处分的功能定位与结构重塑》，载《北京理工大学学报（社会科学版）》2019年第1期，第145-153页。

### 问题2：法院强制证人到庭措施是否属于强制措施？

《刑事诉讼法》第193条第1款之规定，“经人民法院通知，证人没有正当理由不出庭作证的，人民法院可以强制其到庭”。有学者认为，这里所说的“强制到庭”，也即是拘传措施，亦属于强制措施范畴。其实，我国《刑事诉讼法》上的强制措施是一个特定概念，其适用对象仅为犯罪嫌疑人、被告人。2012年《刑事诉讼法》修订时新增了强制证人到庭的规定，随后2012年《高法解释》第208条规定：“强制证人出庭的，应当由院长签发强制证人出庭令。”从相关历史性资料来看，最高法制定该条款时并未采纳通过“拘传”使证人到庭的方案。“有意见主张将证人拘传到庭，由合议庭签发拘传票，强制

---

① 参见陈光中主编：《刑事诉讼法》（第7版），北京大学出版社、高等教育出版社2021年版，第302页。

② 参见林钰雄：《刑事诉讼法》（第11版 上册），作者自版2022年版，第311、320页。

其到庭作证。但拘传本是针对犯罪嫌疑人、被告人适用的强制措施，适用于证人并不适宜。”[1] 故最高法最终确定的具体强制方法为“由院长签发强制证人出庭令”，2021 年《高法解释》第 255 条进一步补充：强制证人出庭令“由法警执行。必要时，可以商请公安机关协助”。综上可见，尽管强制证人到庭与拘传具有类似功能，即强制到场接受询问或讯问，但我国《刑事诉讼法》上的强制措施是一个封闭的制度体系，前者被排除在这个体系之外。从适用对象角度来看，强制措施的适用对象限定为犯罪嫌疑人、被告人，与证人的身份具有较大差异性，若将强制证人到庭统归于拘传措施之下，可能会影响拘传及整个强制措施制度的系统性和协调性，亦有违反比例原则之嫌疑。

**延伸阅读推荐**

江必新主编：《〈最高人民法院关于适用《中华人民共和国刑事诉讼法》的解释〉理解与适用》，中国法制出版社 2013 年版。

## 问题 3：监察机关的留置措施是刑事诉讼强制措施吗？

留置，是指监察机关调查涉嫌贪污贿赂、失职渎职等严重职务违法或者职务犯罪时，已经掌握被调查人部分违法犯罪事实及证据，仍有重要问题需要进一步调查，并且具备法定情形，经依法审批后，将被调查人带至并留在特定场所，使其就案件所涉及的问题配合调查而采取的一项案件调查措施。[2] 尽管留置在外观上与刑事诉讼中的逮捕措施具有类似性，即均较长时间地暂时剥夺相关人员的人身自由，但在我国法律规范层面，留置并不是刑事诉讼强制措施。一方面，留置措施的适用场域已不属于刑事诉讼范畴。留置措施的适用主体为监察机关，适用于监察调查程序之中。经过国家监察体制改革之后，针对职务违法犯罪案件的监察调查程序具有独立性和封闭性，是一种与刑事侦查相平行的法定专门程序。另一方面，留置措施的具体属性为监察机关的法定调查措施。依据《监察法》之规定，留置与谈话、讯问、询问、搜查、扣押、鉴定、技术调查、通缉等同属于调查措施，监察法律体系中并不存在“强制措施”这一概念。

**延伸阅读推荐**

赵晓光：《监察留置的属性与制约体系研究》，载《中国社会科学院研究生院学报》2018 年第 2 期，第 114－121 页。

## 问题 4：何谓“以捕代侦”？

办案机关适用强制措施，应当遵守比例原则，合目的性是该原则的要求之一。“强制措施的适用，只能是为了保障刑事诉讼的顺利进行，而不得为其他目的适用强制措施。例如，对实践中的‘以捕代侦’现象应当予以禁止，此即‘合目的性原则’。”[3] “以捕代侦”是我国刑事司法实践中存在的一种现象，简言之，即“不是把犯罪事实基本查清了

---

① 江必新主编：《〈最高人民法院关于适用《中华人民共和国刑事诉讼法》的解释〉理解与适用》，中国法制出版社 2013 年版，第 206 页。

② 参见秦前红主编：《监察法学教程》，法律出版社 2019 年版，第 257 页。

③ 《刑事诉讼法学》编写组：《刑事诉讼法学》（第 4 版），高等教育出版社 2022 年版，第 179 页。

再捕，而是捕了再查”[1]。适用逮捕措施的核心考量因素是采取取保候审尚不足以防止发生社会危险性，而并非直接为了控诉机关收集证据之方便。“检察机关对公安机关移送的案件或自行侦查的案件进行审查，为防止犯罪嫌疑人、被告人逃避侦查、起诉和审判，往往通过批准逮捕的形式羁押犯罪嫌疑人和被告人，借此进一步收集控诉证据。实际上这种做法使检察机关的批捕权变成了服务于其行使控诉职能的手段和工具。”[2]

**延伸阅读推荐**

邓红阳、刘立新：《张国臣：通过羁押必要性审查监督“以捕代侦”》，载《法制日报》2012年6月5日，第7版。

## 第二节 拘 传

### 问题1：拘传是否以传唤为必要前提?

拘传的适用与传唤并无必然联系。传唤是公安司法机关使用传票通知犯罪嫌疑人、被告人或其他有关人员到案接受讯问或询问的措施。根据《公安规定》第78条第1款之规定，传唤的适用有两种情况：其一，根据案件情况，公安机关可直接拘传犯罪嫌疑人；其二，经传唤，若犯罪嫌疑人无正当理由不到案，公安机关可对其适用拘传措施，强制其到案接受讯问。传唤措施并不具有强制性，其性质是一种“通知”，由被传唤人自行到案。传唤的适用对象亦不限于犯罪嫌疑人、被告人，公安司法机关对于其他当事人亦可适用。例如，《高法解释》第221条第1款第5项规定：“开庭三日以前将传唤当事人的传票和通知辩护人、诉讼代理人、法定代理人、证人、鉴定人等出庭的通知书送达”。

**延伸阅读推荐**

胡锡庆：《传唤不是刑事拘传的必经程序》，载《法学与实践》1986年第3期，第63页。

### 问题2：拘传的地点可以是公安司法机关办案场所之外的地点吗?

关于拘传的地点，《刑事诉讼法》并未作规定。依据《公安规定》第78条第1款，公安机关“可以拘传到其所在市、县公安机关执法办案场所进行讯问”。可见，对于公安机关而言，犯罪嫌疑人所在市、县公安机关的执法办案场所可以作为拘传地点。然而，两院司法解释未作类似规定。《高检规则》主要是在地域层面作了规定，并未涉及更为具体的地点。其第84条规定：“人民检察院拘传犯罪嫌疑人，应当在犯罪嫌疑人所在市、县内的地点进行。犯罪嫌疑人工作单位与居住地不在同一市、县的，拘传应当在犯罪嫌疑人工作单位所在的市、县内进行；特殊情况下，也可以在犯罪嫌疑人居住地所在的市、县内进行。”《高法解释》未对拘传地点作出规定，但相关释义指出：“对被拘传人讯问的地

---

① 顾昂然：《立法工作纪事》，中国民主法制出版社2021年版，第475页。

② 叶青主编：《刑事诉讼法学：问题与阐述》，上海人民出版社2003年版，第152页。

点，应是被拘传人所在市、县内的指定地点或者他的住处，不得进行异地拘传……"[①]《高检规则》第84条中的"地点"以及上述最高法相关释义中的"指定地点"到底是何具体地点？是否亦指《公安规定》第78条第1款中的"执法办案场所"？"执法办案场所"是否为拘传的唯一场所？

拘传的功能在于强制被追诉人到案接受讯问，可结合办案机关讯问被追诉人的地点对拘传地点进行解释。结合《刑事诉讼法》第118条第2款、第119条第1款之规定，对于已被羁押的犯罪嫌疑人，讯问地点只能是看守所内；对于未被羁押的，则可在"犯罪嫌疑人所在市、县内的指定地点或者到他的住处"。拘传并非羁押措施，故拘传的地点可以是上述所谓"指定地点或者到他的住处"。《公安规定》第198条第1款对"指定地点"作了限缩性规定，即除有特殊情况，公安机关讯问犯罪嫌疑人，"应当在公安机关执法办案场所的讯问室进行"。《高检规则》第183条第1款亦规定的是"指定地点或者到他的住处"，《高法解释》并未作规定。综上，对于公安机关而言，拘传的地点应当是公安机关执法办案场所的讯问室，有特殊情况的，可在犯罪嫌疑人住处；对于检察机关和法院而言，拘传的地点则是"指定地点或者到他的住处"，但"指定地点"不得为看守所，因为拘传并非羁押措施。

**延伸阅读推荐**

（1）姚莉、齐文远：《再论刑事诉讼法实施过程中出现的若干问题》，载《法商研究》2000年第5期，第45－53页。

（2）罗许生、熊丽敏：《我国拘传制度的运行实践检讨与规范续造——以我国〈刑事诉讼法〉第119条为靶向》，载《宜春学院学报》2023年第1期，第25－31页。

## 问题3：拘传持续的时间从何时开始起算？

《刑事诉讼法》第119条第2款规定了拘传的持续时间：一般情况下，拘传持续的时间不得超过12小时；案情特别重大、复杂，需要采取拘留、逮捕措施的，拘传持续的时间不得超过24小时。那么，上述期限从何时开始起算？这事关办案机关适用该强制措施的合法性问题，然而《刑事诉讼法》并未对这一细节问题作出明确规定。从《公安规定》《高检规则》相关条文内容来看，拘传时间是从被追诉人到案时开始计算。《公安规定》第79条第2款规定："犯罪嫌疑人到案后，应当责令其在拘传证上填写到案时间；拘传结束后，应当由其在拘传证上填写拘传结束时间。"从文义看，"到案时间"即拘传起算时间。《高检规则》第83条第1款则有明确之规定："拘传的时间从犯罪嫌疑人到案时开始计算。"《高法解释》并未有上述类似规定。以到案时间为起算点，应该符合《刑事诉讼法》的规范目的。若以办案机关宣布拘传时为起算点，由于我国幅员辽阔，可能会存在路途时间较多挤占有效拘传时间的情况；若以到案后开始讯问为起算点，则实践中可能会出现被拘传人到案后，办案机关不立即开展讯问，进而变相延长拘传时间的情况。[②]

---

① 江必新主编：《〈最高人民法院关于适用《中华人民共和国刑事诉讼法》的解释〉理解与适用》，中国法制出版社2013年版，第135页。

② 参见石太峰主编：《中华人民共和国诉讼法律实务全书（上）》，改革出版社1999年版，第181页。

综上，拘传期限的起算时间应是被追诉人到案时。

**延伸阅读推荐**

石太峰主编：《中华人民共和国诉讼法律实务全书（上）》，改革出版社1999年版。

### 问题4：为何禁止连续拘传？拘传间隔时间是多少？

《刑事诉讼法》第119条第3款第1句规定：不得以连续拘传的形式变相拘禁犯罪嫌疑人。此乃1996年修改《刑事诉讼法》新增之规定。在司法实践中，以连续拘传形式变相拘禁犯罪嫌疑人的现象，损害了犯罪嫌疑人的合法权利，上述规定之规范目的即为防止此种变相拘禁的发生。[①] 但是，两次拘传的间隔时间是多久，才是上述规定中所指的“连续拘传”?《刑事诉讼法》对此并未作更为明确的规定。《高检规则》第83条第2款第二句规定：“两次拘传间隔的时间一般不得少于十二小时，不得以连续拘传的方式变相拘禁犯罪嫌疑人。”然而该规定只针对检察机关作为拘传适用主体时具有约束力，公安机关、法院等其他办案机关则可能不受上述“十二小时”的约束，且《公安规定》《高法解释》未有此类规定。因此，对“连续拘传”的判断，我们只能根据《刑事诉讼法》第119条第3款第一句的上述规范目的进行具体分析。例如，曾经司法实践中存在所谓的“八步半”现象，即拘传时间一到，就让犯罪嫌疑人、被告人离开指定场所，当其跨出第九步时，马上让其返回，重新对其实施新一次的拘传。这显然属于通过“连续拘传”变相对被追诉人实施拘禁。[②] 上述所禁止的“连续拘传”是“变相拘禁”的情形，若依据《刑事诉讼法》第66条“根据案件情况”确有再次拘传之必要，即使第二次拘传间隔时间较短，也不宜被认定为第119条第3款第一句所禁止的“连续拘传”。

**延伸阅读推荐**

郭烁：《中国刑事拘传存在的问题及其变革》，载《比较法研究》2013年第4期，第123－134页。

## 第三节　取保候审

### 问题1：多个侦查机关能否分别对同一犯罪嫌疑人采取取保候审措施？

司法实践中存在多个侦查机关对同一犯罪嫌疑人立案侦查的情况，进而可能出现多个侦查机关对同一犯罪嫌疑人均采取取保候审措施的情形。例如，张三涉嫌网络诈骗，犯罪地甲省A市公安机关对张三立案侦查，根据案件具体情况，侦查机关决定对张三采取取保候审措施。后来，居住在乙省B市的被害人李四报案亦遭到张三的网络诈骗，该市公安机关故对张三诈骗李四案立案侦查；B市公安机关联系到张三，并决定对其取保候审。这里出现的问题是：在A市公安机关已对张三采取取保候审措施的情况下，B市

① 参见胡康生、李福成主编：《〈中华人民共和国刑事诉讼法〉释义》，法律出版社1996年版，第107页。

② 参见刘斌：《论拘传强制措施的立法完善》，载张智辉主编：《强制措施立法完善研究》，中国检察出版社2010年版，第143页。

公安机关是否亦有权对张三取保候审？目前学界和实务界更多关注的是同一侦查机关的重复取保候审问题①，不同侦查机关的重复取保候审问题并未受到足够关注。

《刑事诉讼法》及相关司法解释并未对上述问题作出具体规定。若单从诉讼客体理论考虑，“一人一犯罪行为”即为一个案件。故张三诈骗B市的李四为另一刑事案件，B市公安机关有权亦有责对该案件立案侦查，并可能进一步推导出B市公安机关有权对张三取保候审。但若回归到取保候审以及整个强制措施的制度目的来看，取保候审的适用客体是“人”而非“案”，即取保候审的适用对象是案件中的犯罪嫌疑人，而不是笼统的某一个案件；适用取保候审的目的在于防止犯罪嫌疑人妨碍诉讼活动的顺利进行。在明确该大前提后，进一步结合取保候审的具体规则设计分析，A市公安机关在对张三采取取保候审措施后，依据《刑事诉讼法》第71条第1款第1项，张三“未经执行机关批准不得离开所居住的市、县”，张三的活动范围已经受到了一定限制。若B市公安机关亦对张三取保候审，产生的法律效果亦包括上述张三“未经执行机关批准不得离开所居住的市、县”。在前一取保候审行为已对张三活动范围产生限制效果的情况下，后一重复取保候审行为可能不会产生新的法律效果，即不存在适用价值和适用必要。另外，B市公安机关的重复取保候审是以张三再次缴纳保证金或提供保证人作为适用条件，这又额外增加了张三的义务负担，在犯罪嫌疑人权利保障方面产生不利后果。综上，在多个侦查机关对同一犯罪嫌疑人立案侦查的情况下，若最初立案的侦查机关已对犯罪嫌疑人采取取保候审措施，其他侦查机关则不应再对其重复取保候审。为避免此种情况发生，不同侦查机关及时协商并案侦查事宜，由同一侦查机关负责侦查，可能是更为根本的解决途径。

**延伸阅读推荐**

孙春雨、高悦：《侦查机关对犯罪嫌疑人能否重复适用取保候审》，载《人民检察》2020年第9期，第78-79页。

## 问题2：何种情形下办案机关不得对被追诉人取保候审？

《刑事诉讼法》第67条从正面角度规定了取保候审的适用条件，第74条第2款规定了一种排除性事由，即：“对符合取保候审条件，但犯罪嫌疑人、被告人不能提出保证人，也不交纳保证金的，可以监视居住。”《刑事诉讼法》其他条款并未涉及相关排除性事由，但《公安规定》和《高检规则》对此作了规定。依据《公安规定》第82条②，公安机关对以下五种情形不得取保候审：（1）累犯；（2）犯罪集团的主犯；（3）以自伤、自残办法逃避侦查的犯罪嫌疑人；（4）严重暴力犯罪的犯罪嫌疑人；（5）其他严重犯罪的犯罪嫌疑人。但是，上述犯罪嫌疑人具有《公安规定》第81条第1款第3项、第4项③规定

① 参见孙春雨、高悦：《侦查机关对犯罪嫌疑人能否重复适用取保候审》，载《人民检察》2020年第9期。

② 《公安规定》第82条：“对累犯，犯罪集团的主犯，以自伤、自残办法逃避侦查的犯罪嫌疑人，严重暴力犯罪以及其他严重犯罪的犯罪嫌疑人不得取保候审，但犯罪嫌疑人具有本规定第八十一条第一款第三项、第四项规定情形的除外。”

③ 《公安规定》第81条第1款第3项、第4项：“公安机关对具有下列情形之一的犯罪嫌疑人，可以取保候审：……（三）患有严重疾病、生活不能自理，怀孕或者正在哺乳自己婴儿的妇女，采取取保候审不致发生社会危险性的；（四）羁押期限届满，案件尚未办结，需要继续侦查的。”

情形的除外。《高检规则》第 87 条则规定："人民检察院对于严重危害社会治安的犯罪嫌疑人，以及其他犯罪性质恶劣、情节严重的犯罪嫌疑人不得取保候审。"与《公安规定》第 82 条相比，《高检规则》第 87 条的内容相对更具原则性，在具体适用时还需围绕《刑事诉讼法》第 67 条的规范目的具体进行把握。

**延伸阅读推荐**

郭烁：《取保候审适用的影响性因素实证研究》，载《政法论坛》2017 年第 5 期，第 158－166 页。

## 问题 3：被取保候审人的义务有哪些？

《刑事诉讼法》第 71 条第 1 款和第 2 款规定了被取保候审人的义务。第 1 款规定的义务包括五项：(1) 未经执行机关批准不得离开所居住的市、县；(2) 住址、工作单位和联系方式发生变动的，在 24 小时以内向执行机关报告；(3) 在传讯的时候及时到案；(4) 不得以任何形式干扰证人作证；(5) 不得毁灭、伪造证据或者串供。第 2 款规定的义务包括四项：(1) 不得进入特定的场所；(2) 不得与特定的人员会见或者通信；(3) 不得从事特定的活动；(4) 将护照等出入境证件、驾驶证件交执行机关保存。上述两款的区别在于：第 1 款是所有被取保候审人必须遵守的一般性义务，类似于公安司法机关的"必选项"。第 2 款则是人民法院、人民检察院和公安机关可以根据案件情况责令被取保候审人遵守的一项或多项的特别性义务，相当于公安司法机关的"可选项"。上述第 2 款是 2012 年《刑事诉讼法》新增设的内容，"这些规定不是所有的被取保候审人都应当遵守的规定，公检法在适用这些规定时，只有在十分必要的情况下才能加以适用"。因此，《刑事诉讼法》第 71 条第 1 款和第 2 款所规定的被取保候审人的义务又被称为"法定义务"和"酌定义务"①。

**延伸阅读推荐**

宋英辉等：《刑事诉讼法修改的历史梳理与阐释》，北京大学出版社 2014 年版。

## 问题 4：被取保候审人"未经执行机关批准不得离开所居住的市、县"，其中"所居住的市、县"具体所指的范围是什么？

依据《刑事诉讼法》第 71 条第 1 款第 1 项，"未经执行机关批准不得离开所居住的市、县"是被取保候审的犯罪嫌疑人、被告人应当遵守的规定之一。对"所居住的市、县"作何理解，关乎被取保候审人活动范围的大小。其由两部分进行限定：一是"所居住的"，二是"市、县"。所谓"所居住的"，即居住地所在的，这跟居住地的含义有关。依据《取保候审规定》第 15 条，"公安机关决定取保候审的，应当及时通知被取保候审人居住地的派出所执行。被取保候审人居住地在异地的，应当及时通知居住地公安机关，由其指定被取保候审人居住地的派出所执行"。该文件第 16 条进一步解释了"居住地"的范围："居住地包括户籍所在地、经常居住地。经常居住地是指被取保候审人离开户籍

① 宋英辉等：《刑事诉讼法修改的历史梳理与阐释》，北京大学出版社 2014 年版，第 150 页。

所在地最后连续居住一年以上的地方”；“取保候审一般应当在户籍所在地执行，但已形成经常居住地的，可以在经常居住地执行”。另外，被取保候审人具有特定情形的，“也可以在其暂住地执行取保候审”。综上，“所居住的”一般是指“户籍所在地的”或者“经常居住地的”，特殊情况下亦可指“暂住地的”。

关于“市、县”的理解，“县”的含义相对明确，这里主要探讨“市”所指的范围。相关权威释义对上述条文中的“市”作了具体的解释：这里所说的“市”，是指直辖市、设区的市的城市市区和县级市的辖区，在设区的同一市内跨区活动的，不属于离开所居住的市、县。[①] 按照上述解释，例如张三居住在北京市海淀区，其从海淀区到昌平区上班，李四居住在长春市南关区，其从南关区到宽城区上学，均不属于“离开所居住的市、县”，亦即无须经过执行机关批准。再例如王五居住在长春市下辖的县级市榆树市，其从榆树市到长春市区就医，即属于“离开所居住的市、县”，因而需经过执行机关批准。上述对“市”的释义，对于居住在直辖市、设区的市的城市市区的被取保候审人来讲，更便于其日常生活，符合“有利于被追诉人”的解释原则，但对于居住在县级市辖区以及县辖区的被取保候审人而言，可能存在权利保障不平等的问题。

**延伸阅读推荐**

最高人民法院、最高人民检察院、公安部、国家安全部关于印发《关于取保候审若干问题的规定》的通知（公通字〔2022〕25号）。

## 问题5：取保候审、监视居住的期限是侦查、审查起诉、审判三个阶段分别12个月、6个月，还是三阶段共计12个月、6个月？

《刑事诉讼法》第79条第1款规定：“人民法院、人民检察院和公安机关对犯罪嫌疑人、被告人取保候审最长不得超过十二个月，监视居住最长不得超过六个月。”相关权威释义指出，“这里规定的取保候审、监视居住的期限，是指犯罪嫌疑人、被告人分别被公安机关、检察机关、法院采取取保候审、监视居住措施，每一机关有权决定的最长期限”。“也就是说，在每一诉讼阶段，每一机关有权决定的取保候审期限最长不超过十二个月”，“监视居住期限最长不超过六个月”[②]。相关司法解释及规范性文件亦与上述解释保持了一致。《公安规定》第107条第2款和第122条第2款分别规定，“取保候审最长不得超过十二个月”，“监视居住最长不得超过六个月”。《高检规则》第102条规定：“公安机关决定对犯罪嫌疑人取保候审，案件移送人民检察院审查起诉后，对于需要继续取保候审的，人民检察院应当依法重新作出取保候审决定，并对犯罪嫌疑人办理取保候审手续。取保候审的期限应当重新计算并告知犯罪嫌疑人……”该规则第113条对监视居住作出了重新计算期限的类似规定。《高法解释》第162条亦作出规定：“……决定继续取保候审、监视居住的，应当重新办理手续，期限重新计算……”当然，对于《刑事诉讼法》已明确规定办案期限的诉讼阶段而言，在该阶段适用的取保候审、监视居住的实际期限，还要受到办案期限本身的限制。

---

① 参见王爱立主编：《中华人民共和国刑事诉讼法释义》，法律出版社2018年版，第147页。

② 王爱立主编：《中华人民共和国刑事诉讼法释义》，法律出版社2018年版，第173－174页。

**延伸阅读推荐**

王爱立主编：《中华人民共和国刑事诉讼法释义》，法律出版社 2018 年版。

## 第四节 监视居住

### 问题 1：如何理解指定居所监视居住的适用条件？

依执行地点作为区分标准，监视居住可分为住所地监视居住和指定居所监视居住。① 依据《刑事诉讼法》第 75 条第 1 款之规定，“监视居住应当在犯罪嫌疑人、被告人的住处执行；无固定住处的，可以在指定的居所执行。对于涉嫌危害国家安全犯罪、恐怖活动犯罪，在住处执行可能有碍侦查的，经上一级公安机关批准，也可以在指定的居所执行”。可见，住所地监视居住乃原则性规定，指定居所监视居住为例外情形。指定居所监视居住又分为两种类型：无固定住处类和特定案件类。前者是指对于无固定住处的犯罪嫌疑人、被告人，可以在指定的居所执行监视居住。这里重点探讨此类监视居住的适用条件。何为“固定住处”？《公安规定》第 112 条第 1 款和《高检规则》第 116 条第 2 款均对这一概念作出了具体解释，即被追诉人“在办案机关所在的市、县内生活的合法住处”。可见，办案机关的地理位置是“固定住处”的判断要素之一。因而即使被追诉人拥有住处，但若办案机关为异地机关，此时可能为上述被追诉人无“在办案机关所在的市、县内生活的合法住处”即“无固定住处”之情形，进而符合指定居所监视居住的条件。

**延伸阅读推荐**

（1）汪建成、胡星昊：《论监视居住制度的司法完善》，载《中国刑事法杂志》2013 年第 6 期，第 54－65 页。

（2）尹吉：《“指定居所监视居住”的法律适用研究》，载《中国刑事法杂志》2012 年第 6 期，第 61－65 页。

### 问题 2：被监视居住人未经执行机关批准不得会见和通信的人员范围是什么？

依据《刑事诉讼法》第 77 条第 1 款第 2 项之规定，被监视居住人“未经执行机关批准不得会见他人或者通信”。这里的“他人”是指与被监视居住人共同居住的家庭成员和辩护律师、辩护人以外的人。② 有调研报告曾指出，实践中存在办案机关限制辩护人会见权的情况，即辩护律师会见犯罪嫌疑人的要求不被批准。③ 这可能是由于办案机关对上述第 2 项之规定理解有误。辩护人会见被监视居住人，应直接适用“辩护与代理”章节中的相关条款。《刑事诉讼法》第 39 条第 5 款明确规定：“辩护律师同被监视居住的犯罪嫌疑人、被告人会见、通信，适用第一款、第三款、第四款的规定。”另外，监视居住并非

---

① 参见陈瑞华：《刑事诉讼法》，北京大学出版社 2021 年版，第 314 页。

② 参见王爱立主编：《中华人民共和国刑事诉讼法释义》，法律出版社 2018 年版，第 169 页。

③ 参见张智辉、洪流：《监视居住适用情况调研报告》，载《中国刑事法杂志》2016 年第 3 期。

羁押措施，举重以明轻，监视居住对辩护人会见权的限制必然不得强于辩护人会见在押犯罪嫌疑人、被告人的相关规定。

**延伸阅读推荐**

张智辉、洪流：《监视居住适用情况调研报告》，载《中国刑事法杂志》2016年第3期，第92－111页。

### 问题3：公安机关对被监视居住人进行通信监控，是否需要另行办理审批手续？

依据《刑事诉讼法》第78条之规定，在侦查期间，执行机关即公安机关可以对被监视居住的犯罪嫌疑人的通信进行监控。有学者指出："现行《刑事诉讼法》并没有对监视居住中的通信监听性质予以明确定位，也并没有区分对被监视居住者与其亲属被监听的范围（现实中也无法区分），从而给具体操作带来相当大的困扰。"[①] 我们认为，可通过体系解释对监视居住中的通信监控进行规制，并明确其相关程序要求。监视居住仅是一种强制措施，而非具体的侦查行为；公安机关对被监视居住人采取的通信监控，则是一种具体的侦查行为，应遵守其本身的特定法律规则。《公安规定》第264条第1款将"通信监控"作为技术侦查措施的具体方式之一。对被监视居住人采取通信监控，由于《刑事诉讼法》并未对此处的"通信监控"作特殊之规定，则应按照技术侦查措施的一般性程序要求进行规制。即应遵循《公安规定》第265条第1款之要求："需要采取技术侦查措施的，应当制作呈请采取技术侦查措施报告书，报设区的市一级以上公安机关负责人批准，制作采取技术侦查措施决定书。"综上，公安机关对监视居住的授权并非对被监视居住人进行通信监控的概括性授权。监视居住和技术侦查的授权主体不同，前者为"经县级以上公安机关负责人批准"（《公安规定》第110条），后者则为"报设区的市一级以上公安机关负责人批准"。从这一角度来看，对被监视居住人进行通信监控亦需另行办理审批手续。

**延伸阅读推荐**

宋远升：《监视居住的异化与规训》，载《齐鲁学刊》2017年第2期，第67－73页。

## 第五节　拘　　留

### 问题1：拘留的适用主体是否仅限侦查机关？

2018年《刑事诉讼法》修改之前，拘留的适用对象为现行犯或重大嫌疑分子，仅公安机关、检察机关在侦查过程中有权适用此项强制措施。[②] 为配合国家监察体制改革以及实现与《监察法》的衔接，2018年《刑事诉讼法》新增了以下内容，于第170条第2款规定："对于监察机关移送起诉的已采取留置措施的案件，人民检察院应当对犯罪嫌疑人

---

① 宋远升：《监视居住的异化与规训》，载《齐鲁学刊》2017年第2期。

② 参见张建伟：《刑事诉讼法通义》（第2版），北京大学出版社2016年版，第367页。

先行拘留，留置措施自动解除。人民检察院应当在拘留后的十日以内作出是否逮捕、取保候审或者监视居住的决定。在特殊情况下，决定的时间可以延长一日至四日。人民检察院决定采取强制措施的期间不计入审查起诉期限。”此种“拘留”与修法前的“拘留”在性质上有所区别，前者更具过渡性和衔接性，后者则更具急迫性和紧急性。2018 年修法后，拘留的适用主体不再限于侦查机关，在审查起诉阶段检察机关亦获得了适用拘留措施的权限。

**延伸阅读推荐**

（1）高童非：《监检衔接中先行拘留措施的法教义学反思》，载《地方立法研究》2020 年第 2 期，第 79－98 页。

（2）谢小剑：《衔接留置型刑事拘留的法规范分析》，载《内蒙古社会科学》2022 年第 1 期，第 105－112 页。

## 问题 2：拘留的羁押期限如何计算？

对于公安机关侦查的案件，拘留的羁押期限由两个时间段组成：第一，从拘留之日起到公安机关提请检察机关审查批准逮捕之日；第二，检察机关审查批准逮捕的期限。在这两个时间段内，犯罪嫌疑人均处于被拘留的状态，这两个时间段相加即拘留的期限。依据《刑事诉讼法》第 91 条第 1 款和第 2 款，公安机关对被拘留的人，认为需要逮捕的，应当在拘留后的 3 日以内，提请人民检察院审查批准。在特殊情况下，提请审查批准的时间可以延长 1 日至 4 日。对于流窜作案、多次作案、结伙作案的重大嫌疑分子，提请审查批准的时间可以延长至 30 日。因此，上述从拘留后到提请检察机关审查批准逮捕的第一个时间段最长为 3 日或 7 日或 30 日。第二个时间段即检察机关审查批捕的期限为 7 日（《刑事诉讼法》第 91 条第 3 款），其与第一个时间段相加即得拘留的期限：10 日、14 日或 37 日。

检察机关自侦案件的拘留期限为 14 日或 17 日。《高检规则》第 126 条则直接规定了检察机关自侦案件的拘留期限：“人民检察院直接受理侦查的案件，拘留犯罪嫌疑人的羁押期限为十四日，特殊情况下可以延长一日至三日。”进一步分析可见，这里的拘留羁押期限亦包括两部分：检察机关侦查部门移送捕诉部门（履行审查逮捕和审查起诉职责的办案部门）审查逮捕的期限和捕诉部门审查决定逮捕的期限。前者由《高检规则》第 296 条规定，为 7 日；后者由第 297 条规定，一般情况为收到报请逮捕书后 7 日内，特殊情况可延长 1 至 3 日。两者相加即为 14 日或 17 日。

2018 年修改的《刑事诉讼法》新增了一类特殊的拘留，即检察机关在审查起诉阶段对监察留置案件的拘留。依据《刑事诉讼法》第 170 条第 2 款之规定，人民检察院应当在拘留后的 10 日以内作出是否逮捕、取保候审或者监视居住的决定；在特殊情况下，决定的时间可以延长 1 至 4 日。可见，此类拘留的期限为 10 日或 14 日。

**延伸阅读推荐**

王国华、张亮亮：《异地羁押时间应计入刑事拘留期限》，载《检察日报》2017 年 4 月 9 日，第 3 版。

### 问题3：公安机关拘留犯罪嫌疑人后，是否必然对其提请检察机关审查批准逮捕？

根据《刑事诉讼法》的相关规定及其意旨，拘留并非逮捕的前置条件，逮捕亦非拘留的必然结果。拘留一般被定位为紧急情况下临时剥夺现行犯或重大嫌疑分子的人身自由的强制措施。与取保候审、监视居住、逮捕等措施相比，拘留更具临时性和过渡性；《刑事诉讼法》第82条中的“先行”（拘留）二字，即是这种属性的体现。《公安规定》第131条规定：“对被拘留的犯罪嫌疑人审查后，根据案件情况报经县级以上公安机关负责人批准，分别作出如下处理：（一）需要逮捕的，在拘留期限内，依法办理提请批准逮捕手续；（二）应当追究刑事责任，但不需要逮捕的，依法直接向人民检察院移送审查起诉，或者依法办理取保候审或者监视居住手续后，向人民检察院移送审查起诉；（三）拘留期限届满，案件尚未办结，需要继续侦查的，依法办理取保候审或者监视居住手续；（四）具有本规定第一百八十六条规定情形之一的，释放被拘留人，发给释放证明书；需要行政处理的，依法予以处理或者移送有关部门。”该条较为全面地规定了公安机关拘留犯罪嫌疑人后可能的处理方式，可见，“拘留”之后的“出口”并不只是“提请逮捕”。

**延伸阅读推荐**

张栋：《我国拘留和批捕的定位与完善》，载《政法论坛》2020年第6期，第127-137页。

## 第六节　逮　　捕

### 问题1：“批准逮捕”和“决定逮捕”有何区别？

我国《刑事诉讼法》中存在“批准逮捕”和“决定逮捕”两个概念，两者有不同含义，不可混同。《刑事诉讼法》第80条对逮捕权限作出了一般性的规定：“逮捕犯罪嫌疑人、被告人，必须经过人民检察院批准或者人民法院决定，由公安机关执行。”《刑事诉讼法》第81条第2款规定：“批准或者决定逮捕，应当将犯罪嫌疑人、被告人涉嫌犯罪的性质、情节，认罪认罚等情况，作为是否可能发生社会危险性的考虑因素。”从逮捕权限划分来看，公安机关、检察机关、法院在各自诉讼阶段均有权适用逮捕措施。对于公安机关而言，其自身并无决定逮捕的权力。公安机关侦查的案件，若要逮捕犯罪嫌疑人，需向检察机关提出申请，由检察机关审查“批准”。《刑事诉讼法》第167条第1句规定：“人民检察院对直接受理的案件中被拘留的人，认为需要逮捕的，应当在十四日以内作出决定。”可见，对于检察机关自侦案件而言，即为检察机关“决定”逮捕。《高检规则》第337条规定：“人民检察院在审查起诉阶段认为需要逮捕犯罪嫌疑人的，应当经检察长决定。”所以，当案件进入审查起诉阶段，检察机关亦有权“决定”逮捕。例如，公安机关在侦查阶段并未对犯罪嫌疑人采取逮捕措施，移送审查起诉后检察机关经审查认为有必要逮捕，则其“决定”逮捕。由上述《刑事诉讼法》第80条的表述来看，案件进入审判阶段后，法院若认为需要逮捕被告人，则由其“决定”逮捕。

综上，“批准逮捕”仅指公安机关在侦查阶段逮捕犯罪嫌疑人需由检察机关批准；“决定逮捕”则指检察机关在侦查阶段对其自侦案件犯罪嫌疑人适用逮捕、检察机关在审查起诉阶段对犯罪嫌疑人适用逮捕，以及法院在审判阶段对被告人适用逮捕。

**延伸阅读推荐**

刘计划：《逮捕审查制度的中国模式及其改革》，载《法学研究》2012 年第 2 期，第 122－142 页。

## 问题 2：羁押必要性审查和审查逮捕有何区别?

审查逮捕通常是指检察机关对于犯罪嫌疑人是否符合逮捕条件进行审查，其包括审查批准逮捕和审查决定逮捕，前者是指检察机关对公安机关提请逮捕的案件进行审查，后者则针对检察机关的自侦案件以及在审查起诉阶段是否需要逮捕犯罪嫌疑人进行审查。检察机关审查逮捕的核心内容为是否有逮捕犯罪嫌疑人的必要性。羁押必要性审查与审查逮捕是两个不同的并列概念，前者是指犯罪嫌疑人、被告人被逮捕后，人民检察院仍应当对羁押的必要性进行审查（《刑事诉讼法》第 95 条)。依据《高检规则》第 575 条之规定，检察机关经审查认为不需要继续羁押的，应当建议公安机关或者人民法院释放犯罪嫌疑人、被告人或者变更强制措施；审查起诉阶段，负责捕诉的部门经审查认为不需要继续羁押的，应当直接释放犯罪嫌疑人或者变更强制措施。

综上可见，审查逮捕和羁押必要性审查的主要区别有二。第一，时间节点不同，前者是在逮捕犯罪嫌疑人之前，后者是在逮捕被追诉人之后。第二，检察机关的角色和作用有所不同，审查逮捕是从逮捕权限划分角度，由检察机关行使审查批准逮捕或审查决定逮捕的权力；羁押必要性审查主要是强调检察机关作为法律监督机关，对已执行的逮捕措施的必要性进行事后的、动态的监督，涉及侦查、起诉、审判三个诉讼阶段，既针对公安机关又针对法院，是检察机关对整个刑事诉讼活动进行法律监督的重要体现。

**延伸阅读推荐**

最高人民检察院、公安部《人民检察院、公安机关羁押必要性审查、评估工作规定》。

## 问题 3：诉讼各方对检察机关批准或不批准逮捕的决定是否有救济权利?

公安机关对检察机关不批准逮捕的决定有权申请复议、复核。《刑事诉讼法》第 92 条规定：“公安机关对人民检察院不批准逮捕的决定，认为有错误的时候，可以要求复议，但是必须将被拘留的人立即释放。如果意见不被接受，可以向上一级人民检察院提请复核。”

被害人一方有权对检察机关认为犯罪嫌疑人不承担刑事责任而不批准逮捕的决定提出申诉。《刑事诉讼法》并未对此作出直接规定，最高人民检察院《人民检察院办理刑事申诉案件规定》将被害方的上述权利予以明确。依据该规定第 8 条第 1 款第 1 项，“不服人民检察院因犯罪嫌疑人没有犯罪事实，或者符合《中华人民共和国刑事诉讼法》第十六条规定情形而作出的不批准逮捕决定的申诉”是检察机关应受理的刑事申诉之一。对于检察机关认为证据不足、无逮捕必要而作出的不批准逮捕的决定，被害人一方未被赋予申诉权。

犯罪嫌疑人并不享有对检察机关批准逮捕的决定提出复议或申诉的权利，但其可通过申请变更强制措施或申请羁押必要性审查的方式进行救济。《刑事诉讼法》第 97 条规定："犯罪嫌疑人、被告人及其法定代理人、近亲属或者辩护人有权申请变更强制措施。人民法院、人民检察院和公安机关收到申请后，应当在三日以内作出决定；不同意变更强制措施的，应当告知申请人，并说明不同意的理由。"《高检规则》第 574 条第 2 款规定："犯罪嫌疑人、被告人及其法定代理人、近亲属或者辩护人可以申请人民检察院进行羁押必要性审查。申请时应当说明不需要继续羁押的理由，有相关证据或者其他材料的应当提供。"

**延伸阅读推荐**

(1) 闵春雷：《论审查逮捕程序的诉讼化》，载《法制与社会发展》2016 年第 3 期，第 62－69 页。

(2) 孙长永：《少捕慎诉慎押刑事司法政策与人身强制措施制度的完善》，载《中国刑事法杂志》2022 年第 2 期，第 108－131 页。

## 本章课后演练

**(一) 不定项选择题**

1. 人民法院有权决定适用的强制措施是（　　）。

A. 取保候审　　B. 监视居住

C. 拘留　　D. 逮捕

2. 公安机关有权决定适用的强制措施是（　　）。

A. 取保候审　　B. 监视居住

C. 拘留　　D. 逮捕

3. 关于拘传的适用，下列选项错误的是（　　）。

A. 张三涉嫌故意杀人，因涉嫌罪行严重，公安机关不得对张三适用拘传措施

B. 李四涉嫌盗窃，公安机关决定拘传李四之前，无须先传唤李四

C. 王五酒后驾车涉嫌危险驾驶，2023 年 12 月 12 日 9 时被公安机关拘传到案，王五认罪态度较好，案情较为清楚，公安机关认为没有拘留王五之必要，于 2023 年 12 月 13 日 15 时结束对王五的拘传

D. 陈六涉嫌故意伤害，公安机关将其拘传至看守所进行讯问

4. 张三涉嫌故意伤害李四，侦查机关认为张三可能毁灭证据将其拘留。在拘留期限即将届满时，因逮捕张三的证据尚不充足，侦查机关责令其交纳 2 万元保证金取保候审。下列选项错误的是（　　）。

A. 取保候审由本案侦查机关执行

B. 如张三表示无力全额交纳保证金，可降低保证数额，同时责令其提出保证人

C. 侦查机关可要求张三在取保候审期间不得进入李四居住的小区

D. 侦查机关应要求张三在取保候审期间不得变更住址

5. 在符合逮捕条件时，对下列哪些人员可以适用监视居住措施？（　　）

A. 张三患有严重疾病，生活不能自理

B. 李四正在哺乳自己的婴儿

C. 王五系生活不能自理的人的唯一扶养人

D. 陈六系聋哑人

6. 张三涉嫌黑社会性质组织犯罪，2023 年 9 月 4 日上午 10 时被刑事拘留。下列选项属于违法的是（　　）。

A. 张三于当月 5 日上午 10 时前被送至看守所羁押

B. 张三在当月 5 日被送至看守所之前，公安机关对其进行了讯问

C. 张三涉嫌黑社会性质组织犯罪，因考虑通知家属有碍进一步侦查，公安机关决定暂不通知

D. 公安机关讯问后，发现张三依法需要逮捕，当月 7 日提请检察院审批

7. 2023 年 12 月 4 日上午 8 时，因张三涉嫌盗窃罪，公安机关对其执行拘留，随后报请检察机关审查批准逮捕。下列哪种情形存在时，检察机关应在审查批准逮捕时讯问张三？（　　）

A. 张三的供述前后反复且与其他证据矛盾

B. 张三要求向检察机关当面陈述

C. 公安机关于当月 5 日上午 10 时将张三送交看守所羁押

D. 张三是聋哑人

8. 张三、李四涉嫌绑架罪被取保候审。本案提起公诉后，法院认为对张三可继续适用取保候审，李四因有伪造证据的行为而应予逮捕。对于法院适用强制措施，下列哪项是正确的？（　　）

A. 对张三可变更为保证人保证

B. 决定逮捕之前可先行拘留李四

C. 逮捕李四后应在 24 小时内讯问

D. 逮捕李四后，同级检察院可主动启动对李四的羁押必要性审查

9. 在审判阶段，法院认为被告人张三有毁灭证据的可能，遂决定逮捕某张三。关于该案逮捕程序，下列选项正确的是（　　）。

A. 法院可以自行执行逮捕

B. 异地执行逮捕的，可以由当地公安机关负责执行

C. 执行逮捕后，应当由法院负责对某张三进行讯问

D. 执行逮捕后，应当由公安机关负责通知被逮捕人的家属

10. 下列哪种情形下，检察机关在审查起诉阶段对已经逮捕的犯罪嫌疑人应当变更强制措施或者释放？（　　）

A. 涉嫌盗窃的张三，认罪态度良好

B. 涉嫌故意杀人的李四，检察机关在法律规定的审查期限内尚未办结

C. 涉嫌贩毒的王五，患有严重疾病

D. 涉嫌故意伤害的陈六，与被害方依法自愿达成和解协议

**（二）判断分析题**

1. 强制措施也是一种侦查措施。

2. 涉案财物亦是强制措施的适用对象。

3. 重罪案件被追诉人不得适用取保候审。

4. 可能被判处拘役的被追诉人也可能会被逮捕。

5. 有固定住处的被追诉人不可能被适用指定居所监视居住。

**（三）简答题**

1. 刑事强制措施有哪些特征？

2. 拘传与传唤有哪些区别？

3. 被取保候审人应遵守的义务有哪些？

4. 被监视居住人应遵守的义务有哪些？

5. 逮捕的法定适用条件有哪些？

**（四）论述题**

1. 拘留与逮捕是何关系？

2. 羁押必要性审查如何适用？

**（五）法条分析题**

1.《刑事诉讼法》第80条："逮捕犯罪嫌疑人、被告人，必须经过人民检察院批准或者人民法院决定，由公安机关执行。"

2.《刑事诉讼法》第77条第1款第2项："被监视居住的犯罪嫌疑人、被告人应当遵守以下规定：……（二）未经执行机关批准不得会见他人或者通信……"

**（六）案例分析题**

2023年10月9日晚，张三与朋友在某烧烤摊吃夜宵，与邻桌李四发生争吵，后来双方发生打斗，李四被打伤。警察赶到后将张三、李四带走。李四经鉴定为重伤。公安机关于10月10日决定对张三刑事拘留，后于10月27日提请检察院对张三批准逮捕。张三的辩护律师要求向检察院提供辩护意见。检察院经审查认为，张三的行为属于正当防卫，拟不批准逮捕甲，没有听取辩护律师意见的必要，拒绝了律师的要求。11月10日，检察院作出不批准逮捕张三的决定。公安机关不服，向上一级检察机关申请复议。在公安机关复议期间，张三一直被羁押在看守所，直到上级检察机关作出维持不批准逮捕的决定，公安机关才将张三释放。

问题：本案在程序方面存在哪些不当之处？简要说明理由。

## 参考答案

**（一）不定项选择题**

1. ABD　2. ABC　3. ACD　4. BD　5. ABC　6. C　7. ABCD　8. ACD　9. C　10. B

**（二）判断分析题**

1. 题略。

错误。在我国《刑事诉讼法》中，强制措施和侦查措施在某种意义上具有一定的交叉关系，不具有种属关系。一方面，强制措施的适用主体并非限于侦查主体，分别负责审查起诉和审判的检察院和法院均有权适用强制措施。另一方面，强制措施和侦查措施的目的存在差别。前者旨在通过对被追诉人人身自由一定程度上的限制，确保诉讼程序顺利进行；后者之目的则在于“收集证据、查明案情”。

2. 题略。

错误。从《刑事诉讼法》第 66 条、第 81 条和第 82 条相关表述来看，强制措施的适用对象为犯罪嫌疑人、被告人，且仅为其人身，而不涉及其财产或者涉案财物。查封、扣押、冻结等针对涉案财物的强制性措施，在我国《刑事诉讼法》上并不属于强制措施的范畴，而属于侦查行为或者检察机关、法院调查核实证据时可采取的措施。

3. 题略。

错误。从《刑事诉讼法》第 67 条第 1 款之规定来看，尽管“可能判处管制、拘役或者独立适用附加刑的”犯罪嫌疑人可以被取保候审，但不意味着重罪案件的被追诉人就绝对地被排除适用取保候审。结合《刑事诉讼法》第 67 条第 1 款第 2 项（“可能判处有期徒刑以上刑罚，采取取保候审不致发生社会危险性的”）和第 81 条第 3 款（“对有证据证明有犯罪事实，可能判处十年有期徒刑以上刑罚的，或者有证据证明有犯罪事实，可能判处徒刑以上刑罚，曾经故意犯罪或者身份不明的，应当予以逮捕”）可知，对于可能判处 10 年以下有期徒刑刑罚的被追诉人，采取取保候审不致发生社会危险性的，即可以对其适用取保候审。因此，重罪案件中的被追诉人亦有适用取保候审之可能。

4. 题略。

正确。转化逮捕，是适用逮捕的法定情形之一。一般而言，依据《刑事诉讼法》第 67 条第 1 款第 1 项，可能判处拘役的被追诉人可以适用取保候审。《刑事诉讼法》第 81 条第 4 款为转换逮捕条款，其规定：“被取保候审、监视居住的犯罪嫌疑人、被告人违反取保候审、监视居住规定，情节严重的，可以予以逮捕。”因此，尽管可能判处拘役的被追诉人并不属于直接适用逮捕措施的范围，但其可能符合转化逮捕的适用条件。

5. 题略。

错误。依据《刑事诉讼法》第 75 条第 1 款，指定居所监视居住有两种类型：无固定住处类和特定案件类。进一步根据《公安规定》第 112 条第 1 款和《高检规则》第 116 条第 2 款可知，“在办案机关所在的市、县内”无合法住处的，即为《刑事诉讼讼法》第 75 条第 1 款中所指的“无固定住处”，进而可以在指定的居所监视居住。例如，犯罪嫌疑人仅在 A 市有固定住处，但该案由 B 市公安机关侦查，此时 B 市公安机关有可能因其无固定住处而适用指定居所监视居住。即使犯罪嫌疑人在办案机关所在的市、县内有合法住处，但若涉嫌危害国家安全犯罪、恐怖活动犯罪，在住处执行可能有碍侦查的，经上一级公安机关批准，也可以在指定的居所执行。综上可见，有固定住处的被追诉人亦有可能适用指定居所监视居住。

### （三）简答题

1. 题略。

（1）适用主体的特定性。（2）适用对象的唯一性。（3）适用目的的预防性。（4）内容的人身干预性。（5）适用程序的法定性。（6）适用期间的临时性。

2. 题略。

（1）性质不同，拘传的性质是强制措施，而传唤只是类似于一种“通知”；（2）强制力不同，拘传是强制犯罪嫌疑人、被告人到案接受讯问，传唤并无强制力；（3）适用对象不同，拘传仅适用于犯罪嫌疑人、被告人，传唤则适用于所有当事人。

3. 题略。

包括一般性义务和特别性义务，或者说法定义务和酌定义务，前者是指所有被取保候审人必须遵守的义务，后者则指公安司法机关可以根据案件情况责令被取保候审人遵守的一项或多项义务。一般性义务主要包括：未经执行机关批准不得离开所居住的市、县；住址、工作单位和联系方式发生变动的，在24小时以内向执行机关报告；在传讯的时候及时到案；不得以任何形式干扰证人作证；不得毁灭、伪造证据或者串供。特别性义务主要包括：不得进入特定的场所；不得与特定的人员会见或者通信；不得从事特定的活动；将护照等出入境证件、驾驶证件交执行机关保存。

4. 题略。

（1）未经执行机关批准不得离开执行监视居住的处所；（2）未经执行机关批准不得会见他人或者通信；（3）在传讯的时候及时到案；（4）不得以任何形式干扰证人作证；（5）不得毁灭、伪造证据或者串供；（6）将护照等出入境证件、身份证件、驾驶证件交执行机关保存。

5. 题略。

逮捕包括一般逮捕、径行逮捕和转化逮捕三种类型，法定适用条件分别如下。

（1）一般逮捕，需同时具备以下三个条件：1）证据条件：有证据证明有犯罪事实；2）刑罚条件：可能判处有期徒刑以上刑罚；3）社会危险性条件：采取取保候审不足以防止发生社会危险性，而有逮捕必要的。

（2）径行逮捕，满足以下情形之一：1）有证据证明有犯罪事实，可能判处10年有期徒刑以上刑罚；2）有证据证明有犯罪事实，可能判处徒刑以上刑罚，曾经故意犯罪；3）有证据证明有犯罪事实，可能判处徒刑以上刑罚，身份不明。

（3）转化逮捕：被取保候审、监视居住的犯罪嫌疑人、被告人违反取保候审、监视居住规定，情节严重的，可以予以逮捕。

**（四）论述题**

1. 题略。

一方面，拘留并非逮捕的前置条件，逮捕亦非拘留的必然结果。拘留一般被定位为紧急情况下临时剥夺现行犯或重大嫌疑分子的人身自由的强制措施，与逮捕相比，拘留更具临时性和过渡性。依据《公安规定》第131条之规定，公安机关拘留犯罪嫌疑人后可能有多种处理方式，“拘留”之后并非一定是“提请批准逮捕”。

另一方面，拘留往往又是逮捕之前的一种过渡性措施。例如，当犯罪嫌疑人违反取保候审、监视居住，需要逮捕的，可以先行拘留。检察机关在审查起诉阶段对监察留置案件所适用的先行拘留，亦是对接下来是否决定适用逮捕措施的一种临时过渡。

2. 题略。

犯罪嫌疑人、被告人被逮捕后，人民检察院仍应当对羁押的必要性进行审查。羁押必要性审查适用于被追诉人被逮捕之后，其属性与检察机关审查批准或决定逮捕不同，羁押必要性审查属于检察机关对逮捕行为的事后监督，审查批准或决定逮捕则是检察机关对逮捕行为的事前控制。羁押必要性审查的具体适用如下。

（1）审查主体：检察机关，具体为检察机关捕诉部门。

（2）启动方式：1）依职权：检察院应当依职权对羁押必要性进行审查。2）依申请：犯罪嫌疑人、被告人及其法定代理人、近亲属、辩护人申请进行羁押必要性审查的，应当说明不需要继续羁押的理由。3）依建议：看守所根据在押人员身体状况，可以建议人民检察院进行羁押必要性审查。

（3）处理方式：1）侦查阶段、审判阶段：经审查认为不需要继续羁押的，应当建议公安机关或者人民法院释放犯罪嫌疑人、被告人或者变更强制措施。2）审查起诉阶段：捕诉部门经审查认为不需要继续羁押的，应当直接释放犯罪嫌疑人或者变更强制措施。

**（五）法条分析题**

1. 题略。

该条主要涉及逮捕措施的权限分配，可具体从以下五个方面分析：

（1）总体而言，逮捕的决定权和执行权分离；

（2）公安机关提请人民检察院审查“批准”逮捕；

（3）检察机关自侦案件以及在审查起诉阶段，人民检察院“决定”逮捕；

（4）在审判阶段，法院“决定”逮捕；

（5）执行权由公安机关行使。

2. 题略。

该项涉及被监视居住人的会见和通信的权利，可从以下几个方面进行分析：

（1）一般规则为，被监视居住人会见他人或通信须经执行机关批准；

（2）无须经执行机关批准即可会见或通信的对象为与被监视居住人一同生活的人以及辩护人、辩护律师；

（3）辩护人会见被监视居住人、与被监视居住人通信，适用辩护权行使方面的相关规定。

**（六）案例分析题**

问题：本案在程序方面存在哪些不当之处？简要说明理由。

（1）检察院没有听取辩护律师意见。辩护律师提出要求的，检察机关应当听取辩护律师的意见（《刑事诉讼法》第 88 条第 2 款）。

（2）检察院于 11 月 10 日作出不批准逮捕张三的决定。犯罪嫌疑人被拘留的，检察院应当自接到公安机关提请批准逮捕书后的 7 日以内，作出批准逮捕或者不批准逮捕的决定（《刑事诉讼法》第 91 条第 3 款）。

（3）公安机关不服不批准逮捕的决定，向上一级检察机关申请复议。公安机关如果认为不批准逮捕的决定有错误的，可以向同级人民检察院申请复议，如果意见不被接受，可以向上一级人民检察院提请复核（《刑事诉讼法》第 92 条）。

（4）在公安机关复议期间，张三一直被羁押在看守所，直到上级检察机关作出维持不批准逮捕的决定，公安机关才将张三释放。人民检察院不批准逮捕的，公安机关应当在接到通知后立即释放犯罪嫌疑人（《刑事诉讼法》第 91 条第 3 款）。

# 第七章 刑事诉讼证据

## 本章知识图谱

- 刑事诉讼证据
  - 刑事诉讼证据概述
    - 概念—可以用于证明案件事实的材料，都是证据
      - 事实说
      - 材料说
    - 证据转化为定案根据的要求—证据未经当庭出示、辨认、质证等法庭调查程序查证属实，不得作为定案的根据
      - 证据“三性”
      - 证据“两力”
    - 证据“三性”与证据“两力”的关系—要素论与结构论并重
  - 证据制度的基本原则—证据裁判原则
    - 认定案件事实只能以证据为根据
    - 认定案件事实只能以具备证据资格的证据为根据
    - 证据只有经过法庭调查程序查证属实才能成为定案根据
    - 证据只有达到确实、充分的程度，才能证明犯罪事实
  - 刑事诉讼证据的种类
    - 物证
      - 以外部特征、存在状态、物质属性等证明案件事实的物品和痕迹
      - 客观性强
      - 需依赖科学技术发挥证明价值
      - 通常是间接证据
    - 书证
      - 文字、符号、图画等所表达的思想内容来证明案件事实的书画材料或者物品
      - 具有较强的稳定性
      - 某些情况下，可以把书证作为直接证据，如犯罪嫌疑人记载作案经过的日记、书信等
    - 证人证言
      - 证人陈述的是亲身感知的事实
      - 证人具有不可替代性
      - 证人是犯罪嫌疑人、被告人、被害人以外的人
    - 被害人陈述—刑事案件中的被害人就自己所知道的案件事实向公安司法机关所作的陈述
    - 犯罪嫌疑人、被告人供述和辩解
      - 是直接证据
      - 具有一定的虚假性
    - 鉴定意见
      - 必须是由专门机关指派或聘请，当事人不能聘请
      - 必须具备鉴定人资格
      - 必须是对事实认定的专门性问题提出分析判断意见
    - 勘验、检查、辨认、侦查实验等笔录
      - 制作主体具有特定性
      - 属于对侦查活动的客观记录，不包括记录人员的主观意见
      - 多属于间接证据
    - 视听资料、电子数据
      - 具有直观性、连贯性
      - 具有物质依赖性，其信息均储存于有形的物质载体中
      - 易被毁损、篡改，导致失真

- 刑事诉讼证据
  - 刑事诉讼证据的分类
    - 言词证据与实物证据 — 按照证据表现形式的不同进行分类
      - 收集方式有差异
      - 审查判断方式有差异
      - 运用方式有差异
    - 原始证据与传来证据 — 根据证据来源的不同进行分类
    - 直接证据与间接证据 — 根据证据与案件主要事实的证明关系不同进行分类
    - 有罪证据与无罪证据 — 根据证据的内容和证明作用的不同进行分类
  - 刑事诉讼证据规则
    - 关联性规则 — 只有与案件事实有关的材料，才能作为证据使用
    - 非法证据排除规则 — 违反法定程序、以非法方法收集的证据不具有证据能力，应被法庭排除使用，不得作为定案根据
    - 补强证据规则 — 为防止错误认定事实，在运用某一证明力薄弱的证据来认定案件事实时，法律规定需要有其他证据予以补强的规则
    - 意见证据规则 — 证人只能陈述自己亲身感受和经历的事实，不得陈述对该事实作出的推断性意见
    - 最佳证据规则 — 原始文书规则，是指在以书证来证明案件主要事实时，除非有法定的例外情形，必须提供书证材料的原始件

## 本章重点问题

## 第一节　刑事诉讼证据概述

### 问题 1：刑事诉讼证据的概念是什么？

为证据的概念下一个权威的定义，是我国刑事证据立法的传统。《刑事诉讼法》第 50 条规定：“可以用于证明案件事实的材料，都是证据。”一般认为，这是刑事诉讼法对刑事诉讼证据概念的明确规定。据此，刑事诉讼证据是指，可以用于证明案件事实的材料。

梳理立法史可见，刑事诉讼证据的概念经历了从“事实说”到“材料说”的转变。在 2012 年修改《刑事诉讼法》之前，《刑事诉讼法》曾将证据界定为“证明案件真实情况的一切事实”。之所以会出现这种转变，原因在于，“事实说”存在着较大的缺陷，即如果采取“事实说”，容易混淆证据与定案根据之间的区别。“既然证据可用来证明案件的‘真实事实’，那么，刑事诉讼法又何来证据只有‘经过查证属实，才能成为定案的根据’之类的规定呢？既然证据已经能够证明案件‘真实情况’，那么，那些为审查证据真实性而举行的举证、质证、辩论活动岂不就是多余的吗？”[①]

与“事实说”相比，现行的“材料说”定义更科学，更契合诉讼程序动态发展的特点。一方面，“材料说”强调了审查判断证据的重要性。将证据定位于“材料”这个中性词汇，表明证据不一定都是真实、合法的事实，它只是包含各种可能的材料，需要司法工作人员认真进行审查判断。另一方面，“材料说”将证据与定案根据区分开来，强调了

① 陈瑞华：《刑事证据法》（第 3 版），北京大学出版社 2018 年版，第 87 页。

证明活动的重要性，更符合诉讼程序动态发展的特点。[①]

**延伸阅读推荐**

董坤：《证据、定案的根据：论刑事证据的概念——对〈刑事诉讼法〉第48条的解释》，载《西南民族大学学报（人文社科版）》2015年第12期，第104－108页。

## 问题2：证据转化为定案根据的要求是什么？

《刑事诉讼法》第50条第3款规定："证据必须经过查证属实，才能作为定案的根据。"《高法解释》第71条规定："证据未经当庭出示、辨认、质证等法庭调查程序查证属实，不得作为定案的根据。"据此，证据不等于定案根据，证据只有满足某些要求，才能转化为定案根据。

对证据转化为定案根据的要求，理论界有两种观点。传统的观点认为，证据只有具备"关联性""合法性""客观性"，才可以作为定案根据。

1. 证据的"三性"

（1）关联性。

证据的关联性是指，证据与待证的案件事实具有实质性的联系。与待证的案件事实没有实质性联系的材料，不能成为刑事诉讼证据。证据的关联性可以分为正向的关联性和负向的关联性。正向的关联性是指，证据能够证明待证案件事实存在所具有的性质。负向的关联性是指，证据能够证明待证事实不存在所具有的性质。[②] 对证据关联性的判断，主要是一种经验和逻辑的判断。

（2）合法性。

证据的合法性是指，证据的收集、证据的形式等应当符合法律规定的要求。具体而言，要从五个方面确保证据的合法性：

一是取证主体的合法性。《刑事诉讼法》第3条第1款规定了侦查权、检察权、审判权由专门机关依法行使原则。该条款第二句以禁止性规定的方式，否认了其他机关侦查取证的合法性[③]，其他机关如果违反该禁止性规定，产生的诉讼行为应无效，包括收集的证据应当被排除使用，除非获得了法律的特别授权。目前，行政机关收集的证据材料，可以作为刑事诉讼证据使用，主要是得到了《刑事诉讼法》第54条第2款的特别授权[④]，但不能以这一特别授权条款否定刑事诉讼法确立的取证主体合法性规定。

二是取证手段的合法性。刑事诉讼法对非法的取证手段作了禁止性规定，侦查机关违反这些禁止性规定，以非法的取证手段取得的证据，应被排除使用。例如，《刑事诉讼法》第52条禁止刑讯逼供和以威胁、引诱、欺骗以及其他非法方法收集证据，第56条

---

① 参见《刑事诉讼法学》编写组：《刑事诉讼法学》（第3版），高等教育出版社2019年版，第134页。

② 美国《联邦证据规则》第401条规定："在下列情况下，证据具有相关性：（a）有该证据与没有该证据相比，使得某事实更可能存在或者更不可能存在的任何趋向；并且（b）该事实对于确定诉讼具有重要意义（是诉讼上有意义的事实）。"

③ 2018年《刑事诉讼法》对侦查的概念作了修改，"侦查"是指公安机关、人民检察院对于刑事案件，依照法律进行的收集证据、查明案情的工作和有关的强制性措施。可见，侦查包括收集证据活动。

④ 且这个特别授权只包括实物证据，不包括言词证据，授权的范围有限。

禁止采用暴力、威胁等非法方法收集证人证言、被害人陈述。

三是取证程序的合法性。《刑事诉讼法》第3条第2款规定："人民法院、人民检察院和公安机关进行刑事诉讼，必须严格遵守本法和其他法律的有关规定。"据此，侦查机关在收集证据时应当遵守刑事诉讼法规定的法定程序。如果侦查机关违反某些重要的取证程序，可能导致取得的证据因欠缺合法性而不能转化为定案根据。

四是证据表现形式的合法性。所谓证据表现形式的合法性是指，证据载体在记录证据收集过程和证据相关情况方面符合法定的要求。在某些情况下，如果证据的表现形式不符合法定要求，将导致该证据被排除使用。例如，《高法解释》第142条第2款规定："证明被告人自首、坦白、立功的证据材料，没有加盖接受被告人投案、坦白、检举揭发等的单位的印章，或者接受人员没有签名的，不得作为定案的根据。"

五是取证对象的合法性。《刑事诉讼法》第62条第2款规定："生理上、精神上有缺陷或者年幼，不能辨别是非、不能正确表达的人，不能作证人。"据此，刑事诉讼法规定了一类取证对象禁止，即生理上、精神上有缺陷或者年幼，不能辨别是非、不能正确表达的人。侦查机关如果违反上述规定，取得的证人证言不得作为定案根据。

对证据合法性的判断，主要是一种法律规范判断。

(3) 客观性。

证据的客观性是指，证据必须是客观存在的事实，不以人的主观意志为转移。任何来源于主观想象、虚构、猜测、臆断的信息，都因不具有客观性，不能成为定案根据。

2. 证据的"两力"

较新的观点认为，证据只有具备"证据能力"和"证明力"，才可以作为定案根据。

对证据的证据能力，理论界有两种观点，分别是"法律资格说"和"准入法庭"说。

"法律资格说"认为，证据能力也称证据资格，是对证据的法律要求，解决的是证据的法律资格和容许性问题。一项证据要成为法庭认定事实的根据，必须以具有证据能力为前提条件。①

"准入法庭说"认为，证据只有具备证据能力，才被允许准入法庭调查。如果欠缺证据能力，该证据就不得准入法庭调查。"证据能力系指某项证据能否提到法庭上调查的问题，即证据有无'资格'或'容许性'的问题，证据能力具备后，始得提出于法院依法定程序进行调查。"②

证据的证明力是指，证据对待证的案件事实具有的证明作用大小。证据的证明力由两个方面构成：一是真实性，也就是证据无论是从其载体还是从所包含的事实来看，都是真实可靠的，而不是伪造或变造的。二是关联性，即证据所包含的事实信息与案件事实具有逻辑上的联系，具有能够证明案件事实成立或者不成立的性质。

在证据能力与证明力的关系上，一般认为，应当先审查证据的证据能力，再审查证据的证明力。"应当先判断证据能力的问题，再审查证明力的有无和大小。对于不具备证据能力的证据，不必进行下一步的证明力审查，更不能作为定案的根据。"③

---

① 参见《刑事诉讼法学》编写组：《刑事诉讼法学》(第3版)，高等教育出版社2019年版，第135页。

② 陈运财：《严格证明法则》，载《月旦法学教室》2004年第23期。

③ 《刑事诉讼法学》编写组：《刑事诉讼法学》(第3版)，高等教育出版社2019年版，第136页。

**延伸阅读推荐**

(1) 龙宗智:《论我国诉讼证据审查要素及审查方法的调整改革》,载《法学研究》2023年第4期,第169-188页。

(2) 艾明:《我国刑事证据能力要件体系重构研究》,载《现代法学》2020年第3期,第71-84页。

## 问题3:证据“三性”和证据“两力”之间的关系是什么?

在我国司法实践和学术研究中,传统的证据“三性”说和较新的证据“两力”说均有运用,由此引发一个问题:证据“三性”和证据“两力”之间的关系为何?对此,有学者从证据属性层次论的角度,对二者之间的关系进行了剖析。

证据属性层次论的第一个体现是区分要素论与结构论。关联性(相关性)、真实性(客观性)和合法性等要素属性是证据评价的基本要素,证据能力(可采性)和证明力等结构属性则体现事实认定的程序结构进程。三个要素属性之间是由相关性统领的平行关系,两个结构属性之间是基于程序结构进程的递进关系;同时,三个要素属性都不同程度地影响着对两个结构属性的审查判断。

证据属性层次论的第二个体现是基于认识论与价值论的区分,可将证据属性分为自然属性与法律属性。在要素属性中,相关性和真实性(客观性)是促进事实认定准确性之内部目标的自然属性,合法性是促进除事实认定准确性之外的外部目标的法律属性;在结构属性中,证据能力(可采性)是属于法律问题的法律属性,证明力是属于事实问题的自然属性。

我国证据法学应从“只注重要素论”或“只注重结构论”迈向“要素论与结构论并重”的研究范式,并在深入理解“证据规则体系是证据属性层次性的逻辑展开”的基础上,通过改造后的西式结构属性或改良后的“中式结构属性三分法”重塑我国的证据规则体系。[①]

**延伸阅读推荐**

郑飞:《证据属性层次论——基于证据规则结构体系的理论反思》,载《法学研究》2021年第2期,第123-137页。

## 问题4:监察机关依法收集的证据材料在刑事诉讼中可以作为证据使用吗?

2017年10月,党的十九大报告在部署“健全党和国家监督体系”时指出:“深化国家监察体制改革,将试点工作在全国推开,组建国家、省、市、县监察委员会,同党的纪律检查机关合署办公,实现对所有行使公权力的公职人员监察全覆盖。”2018年3月20日,十三届全国人大一次会议审议通过了《监察法》,明确了监察工作的原则和方针、监察委员会的产生和职责、监察范围和管辖、监察权限和程序等内容。针对公职人员的职务违法犯罪案件的立案调查活动由新成立的国家机构监察委员会依据《监察法》实施。至此,我国形成了较有特色的二元式刑事诉讼体系:一是由公安机关等国家机关立案侦

① 参见郑飞:《证据属性层次论——基于证据规则结构体系的理论反思》,载《法学研究》2021年第2期。

查并由检察院审查起诉和法院审判的刑事诉讼体系；二是由监察委员会针对职务犯罪立案调查并由检察院审查起诉和法院审判的刑事诉讼体系。

《监察法》第33条第1款规定："监察机关依照本法规定收集的物证、书证、证人证言、被调查人供述和辩解、视听资料、电子数据等证据材料，在刑事诉讼中可以作为证据使用。"《高法解释》第76条规定："监察机关依法收集的证据材料，在刑事诉讼中可以作为证据使用。"上述规定明确了监察调查证据在刑事诉讼中的证据资格。

从规范性质角度而言，《监察法》第33条第1款是一条注意规定，它的作用主要是发挥"提醒"功能。监察法之所以设立这一注意规定，主要是因为，在这一问题上，以前的做法较为混乱，因此有必要通过设立注意规定提醒司法工作人员。国家监察体制改革以前，"纪委在双规调查后将涉嫌职务犯罪的案件移送检察院立案侦查，移送证据的做法是：物证、书证等实物证据移送后直接适用于侦查阶段；询问笔录、证人证言等言词证据不直接移送，由检察院重新收集，转化为合法的证据材料"[①]。国家监察体制改革后，监察机关收集的证据材料已经不存在证据转化的问题，但鉴于以前存在证据材料分类转化的做法，为提醒司法工作人员传统的做法已经改变，监察法专门通过设立注意规定的方式进行提示。

需要明确的是，"可以作为证据使用"是指监察调查证据具有进入刑事诉讼的资格，不需要刑事侦查机关再次履行取证手续。其最终能否成为定案根据，还需要接受司法机关的审查。

**延伸阅读推荐**

艾明：《监察调查证据在刑事诉讼中使用的规范分析》，载《暨南学报（哲学社会科学版）》2019年第10期，第29－38页。

## 第二节 证据制度的基本原则

### 问题1：证据裁判原则的内涵是什么？

党的十八届四中全会《决定》提出，全面贯彻证据裁判规则，保证庭审在查明事实、认定证据、保护诉权、公正裁判中发挥决定性作用。两院三部《关于推进以审判为中心的刑事诉讼制度改革的意见》规定，严格按照法律规定的证据裁判要求，没有证据不得认定犯罪事实。《法庭调查规程》第1条规定，法庭应当坚持证据裁判原则。认定案件事实，必须以证据为根据。证据未经当庭出示、宣读、辨认、质证等法庭调查程序查证属实，不得作为定案的根据。《高法解释》继续坚持将证据裁判原则作为"证据"一章的总原则，第69条规定："认定案件事实，必须以证据为根据。"第71条规定："证据未经当庭出示、辨认、质证等法庭调查程序查证属实，不得作为定案的根据。"

上述规定是我国证据裁判原则的法源依据。

一般认为，证据裁判原则包括如下含义：

第一，认定案件事实只能以证据为根据。该点要义在于，禁止法官以非理性的方式

① 陈光中、邵俊：《我国监察体制改革若干问题思考》，载《中国法学》2017年第4期。

（水审、火审、决斗）、偏见、主观猜测以及外界压力，认定案件事实。对于任何一个犯罪构成要件事实，法官只能根据在案证据进行认定。

第二，认定案件事实只能以具备证据资格的证据为根据。该点要义在于，禁止侦查人员违法收集证据，确保作为定案根据的证据本身具备合法性。

第三，证据只有经过法庭调查程序查证属实才能成为定案根据。该点要义在于，禁止法官规避法庭调查程序，“偷渡”使用证据。同时，该点也昭示出法庭调查程序所具有的重要作用。法庭调查程序的主要作用是为法官评价证据的证明力，形成认定事实的心证基础提供程序性保障。

第四，证据只有达到确实、充分的程度，才能证明犯罪事实。该点要义在于，禁止法官以较低的证明标准作出有罪事实认定，剥夺被告人的生命、自由、财产。

**延伸阅读推荐**

吴洪淇：《审判中心主义背景下的证据裁判原则反思》，载《理论视野》2015 年第 4 期，第 34－36 页。

## 第三节　刑事诉讼证据的种类与分类

### 问题 1：刑事诉讼证据的种类有哪些？各自的审查要点是什么？

证据的种类，也称为证据的法定形式，是指法律规定的证据的不同表现形式。《刑事诉讼法》第 50 条第 2 款通过列举方式规定了刑事诉讼证据的八个种类，分别为：（1）物证；（2）书证；（3）证人证言；（4）被害人陈述；（5）犯罪嫌疑人、被告人供述和辩解；（6）鉴定意见；（7）勘验、检查、辨认、侦查实验等笔录；（8）视听资料、电子数据。

1. 物证

物证是指以其外部特征、存在状态、物质属性等证明案件事实的物品和痕迹。物证的证明作用是通过其外部或自身固有特征实现的。物证具有以下特征：第一，物证以其外部特征、存在状态、物质属性等证明案件事实。第二，物证的客观性强。第三，多数物证需依赖科学技术发挥证明价值。第四，物证通常是间接证据。刑事诉讼中常见的物证有：（1）犯罪工具；（2）犯罪行为侵犯的对象；（3）犯罪现场遗留下的物品或痕迹；（4）犯罪行为产生的物品。

根据《高法解释》的规定，对物证的审查应当着重注意以下几点：（1）物证是不是原物，物证的照片、录像、复制品与原物是否相符。物证的照片、录像或者复制品，不能反映原物的外形和特征的，不能作为定案的根据。（2）物证的收集程序、方式是否符合法律、有关规定。（3）物证在收集、保管、鉴定过程中是否受损或者改变。（4）物证与案件事实有无关联。（5）与案件事实有关联的物证是否全面收集。物证的来源非常重要，在勘验、检查、搜查过程中提取、扣押的物证，未附笔录或者清单，不能证明物证来源的，不得作为定案的根据。

2. 书证

书证是指以文字、符号、图画等所表达的思想内容来证明案件事实的书画材料或者物品。书证具有以下特征：第一，书证以其表达的思想内容来证明案件事实。这是书证与物证的根本区别。如果一个物品不仅能以其记载的内容或表达的思想证明案件事实，而且能以其外部特征、存在状态、物质属性证明案件事实，这个物品就既是书证，也是物证。例如，案发现场收集到一封书信，通过信的内容查出了被告人，属于书证，同时又通过笔迹鉴定得出该信是被害人本人所写，则为物证。第二，书证具有较强的稳定性。第三，某些情况下，可以把书证作为直接证据，如犯罪嫌疑人记载作案经过的日记、书信等。书证与物证同属实物证据，二者在审查、认定方面有许多共同之处。根据《高法解释》的规定，以下两种情形的书证不得作为定案的根据：一是对书证的更改或者更改迹象不能作出合理解释，或者书证的副本、复制件不能反映原件及其内容的，不得作为定案的根据。二是在勘验、检查、搜查过程中提取、扣押的书证，未附笔录或者清单，不能证明书证来源的，不得作为定案的根据。

3. 证人证言

证人证言是指，证人就其感知的案件情况向公安司法机关所作的陈述。证人证言具有以下特征：第一，证人陈述的是亲身感知的事实。第二，证人具有不可替代性。证人既不能由公安司法机关自由选择和指定，也不能由别人代替和更换。证人也不适用回避。第三，证人是犯罪嫌疑人、被告人、被害人以外的人，一般而言，与犯罪嫌疑人、被告人、被害人相比，其陈述受利害关系影响较小。《刑事诉讼法》第 62 条第 2 款规定："生理上、精神上有缺陷或者年幼，不能辨别是非、不能正确表达的人，不能作证人。"据此，虽然生理上、精神上有缺陷或者年幼，如果能够辨别是非并能够将自己感知的案件情况准确表达出来，也可以作为证人。对于证人能否辨别是非、能否正确表达，必要时可以进行审查或者鉴定。

根据《高法解释》第 87 条的规定，对证人证言应着重审查以下内容：(1) 证言的内容是否为证人直接感知；(2) 证人作证时的年龄，认知、记忆和表达能力，生理和精神状态是否影响作证；(3) 证人与案件当事人、案件处理结果有无利害关系；(4) 询问证人是否个别进行；(5) 询问笔录的制作、修改是否符合法律、有关规定，是否注明询问的起止时间和地点，首次询问时是否告知证人有关权利义务和法律责任，证人对询问笔录是否核对确认；(6) 询问未成年证人时，是否通知其法定代理人或者《刑事诉讼法》第 281 条第 1 款规定的合适成年人到场，有关人员是否到场；(7) 有无以暴力、威胁等非法方法收集证人证言的情形；(8) 证言之间以及与其他证据之间能否相互印证，有无矛盾；存在矛盾的，能否得到合理解释。

4. 被害人陈述

被害人陈述是指，刑事案件中的被害人就自己所知道的案件事实向公安司法机关所作的陈述。证人只能是自然人，被害人既可以是自然人，也可以是单位。相较于证人，被害人与案件的利害关系更紧密，因此，被害人陈述的主观性更强。由于被害人陈述与证人证言在内容、形式等方面具有相似性，因此，对被害人陈述的审查、认定方法与证人证言基本相同。

5. 犯罪嫌疑人、被告人的供述和辩解

犯罪嫌疑人、被告人供述和辩解，也称为"口供""自白"，是指犯罪嫌疑人、被告人就其涉嫌的犯罪事实向公安司法机关所作的陈述。供述是指不利于犯罪嫌疑人、被告人的陈述，辩解是指有利于犯罪嫌疑人、被告人的陈述。犯罪嫌疑人、被告人供述和辩解具有以下特征：第一，犯罪嫌疑人、被告人供述是直接证据，对于全面查明案件事实十分重要。第二，犯罪嫌疑人、被告人供述和辩解具有一定的虚假性。犯罪嫌疑人、被告人与诉讼处理结果具有最直接的利害关系，面对不利的诉讼后果，犯罪嫌疑人、被告人作出虚假陈述的可能性较大。第三，犯罪嫌疑人、被告人供述和辩解具有不稳定性，容易出现翻供现象。

根据《高法解释》第93条的规定，对犯罪嫌疑人、被告人供述和辩解应当着重审查以下内容：(1) 讯问的时间、地点，讯问人的身份、人数以及讯问方式等是否符合法律、有关规定；(2) 讯问笔录的制作、修改是否符合法律、有关规定，是否注明讯问的具体起止时间和地点，首次讯问时是否告知被告人有关权利和法律规定，被告人是否核对确认；(3) 讯问未成年被告人时，是否通知其法定代理人或者合适成年人到场，有关人员是否到场；(4) 讯问女性未成年被告人时，是否有女性工作人员在场；(5) 有无以刑讯逼供等非法方法收集被告人供述的情形；(6) 被告人的供述是否前后一致，有无反复以及出现反复的原因；(7) 被告人的供述和辩解是否全部随案移送；(8) 被告人的辩解内容是否符合案情和常理，有无矛盾；(9) 被告人的供述和辩解与同案被告人的供述和辩解以及其他证据能否相互印证，有无矛盾；存在矛盾的，能否得到合理解释。

6. 鉴定意见

鉴定意见是指，国家专门机关就案件中的专门性问题，指派或聘请具有专门知识的鉴定人进行鉴定后出具的判断性意见。理解鉴定意见概念要注意以下几点：第一，必须是由专门机关指派或聘请，当事人不能聘请。因此，犯罪嫌疑人自行到某精神病医院看病，精神病医生对其所作的精神病诊断结论，不是鉴定意见。第二，必须具备鉴定人资格。因此，普通医院对被害人伤情的诊断证明是书证，不是鉴定意见。第三，必须是对事实认定的专门性问题提出分析判断意见。因此，案发后，法官向某位法律专家咨询法律适用问题，专家作出的解答不是鉴定意见。2005年，全国人民代表大会常务委员会颁布了《关于司法鉴定管理问题的决定》，该决定将鉴定意见范畴限定在四个方面：法医类、物证类、声像资料类以及“根据诉讼需要由国务院司法行政部门商最高人民法院、最高人民检察院确定的其他应当对鉴定人和鉴定机构实行登记管理的鉴定事项”。但从实践而言，对鉴定人和鉴定机构没有实行登记管理的鉴定事项，也可出具鉴定意见。

根据《高法解释》第97条的规定，对鉴定意见应当着重审查以下内容：(1) 鉴定机构和鉴定人是否具有法定资质；(2) 鉴定人是否存在应当回避的情形；(3) 检材的来源、取得、保管、送检是否符合法律、有关规定，与相关提取笔录、扣押清单等记载的内容是否相符，检材是否可靠；(4) 鉴定意见的形式要件是否完备，是否注明提起鉴定的事由、鉴定委托人、鉴定机构、鉴定要求、鉴定过程、鉴定方法、鉴定日期等相关内容，是否由鉴定机构盖章并由鉴定人签名；(5) 鉴定程序是否符合法律、有关规定；(6) 鉴定的过程和方法是否符合相关专业的规范要求；(7) 鉴定意见是否明确；(8) 鉴定意见与案件事实有无关联；(9) 鉴定意见与勘验、检查笔录及相关照片等其他证据是否矛盾；存在矛盾的，能否得到合理解释；(10) 鉴定意见是否依法及时告知相关人员，当事人对鉴定意见有无异议。

7. 勘验、检查、辨认、侦查实验等笔录

勘验、检查笔录，是公安司法人员对与犯罪有关的场所、物品、人身、尸体进行勘验、检查时所作的记录。辨认笔录，是指对辨认的时间、地点、过程、结果等所作的记录。侦查实验笔录，是侦查机关对侦查实验的时间、地点、实验条件、实验经过、实验结果等所作的记录。勘验、检查、辨认、侦查实验等笔录具有以下特征：第一，勘验、检查、辨认、侦查实验等笔录的制作主体具有特定性，由公安司法机关工作人员制作。第二，勘验、检查、辨认、侦查实验等笔录属于对侦查活动的客观记录，不包括记录人员的主观意见。因此，现场分析意见不属于侦查笔录类证据。第三，勘验、检查、辨认、侦查实验等笔录多属于间接证据，笔录本身不能直接证明曾经发生的案件主要事实。

根据《高法解释》第 102 条的规定，对勘验、检查笔录应当着重审查以下内容：(1) 勘验、检查是否依法进行，笔录制作是否符合法律、有关规定，勘验、检查人员和见证人是否签名或者盖章；(2) 勘验、检查笔录是否记录了提起勘验、检查的事由，勘验、检查的时间、地点，在场人员、现场方位、周围环境等，现场的物品、人身、尸体等的位置、特征等情况，以及勘验、检查的过程；文字记录与实物或者绘图、照片、录像是否相符；现场、物品、痕迹等是否伪造、有无破坏；人身特征、伤害情况、生理状态有无伪装或者变化等；(3) 补充进行勘验、检查的，是否说明了再次勘验、检查的缘由，前后勘验、检查的情况是否矛盾。根据《高法解释》第 104 条的规定，对辨认笔录应当着重审查辨认的过程、方法，以及辨认笔录的制作是否符合有关规定。根据《高法解释》第 106 条的规定，对侦查实验笔录应当着重审查实验的过程、方法，以及笔录的制作是否符合有关规定。

8. 视听资料、电子数据

视听资料是指，以录音、录像、计算机磁盘等记载的音像信息来证明案件事实的资料。电子数据是指，案件发生过程中形成的，以数字化形式存储、处理、传输的，能够证明案件事实的数据。电子数据包括但不限于下列信息、电子文件：(1) 网页、博客、微博客、朋友圈、贴吧、网盘等网络平台发布的信息；(2) 手机短信、电子邮件、即时通信、通讯群组等网络应用服务的通信信息；(3) 用户注册信息、身份认证信息、电子交易记录、通信记录、登录日志等信息；(4) 文档、图片、音视频、数字证书、计算机程序等电子文件。视听资料、电子数据具有以下特征：第一，视听资料、电子数据具有直观性、连贯性。第二，视听资料、电子数据具有物质依赖性，其信息均储存于有形的物质载体中。第三，视听资料、电子数据易被毁损、篡改，导致失真。

根据《高法解释》第 108 条的规定，对视听资料应当着重审查以下内容：(1) 是否附有提取过程的说明，来源是否合法；(2) 是否为原件，有无复制及复制份数；是复制件的，是否附有无法调取原件的原因、复制件制作过程和原件存放地点的说明，制作人、原视听资料持有人是否签名；(3) 制作过程中是否存在威胁、引诱当事人等违反法律、有关规定的情形；(4) 是否写明制作人、持有人的身份，制作的时间、地点、条件和方法；(5) 内容和制作过程是否真实，有无剪辑、增加、删改等情形；(6) 内容与案件事实有无关联。

根据《高法解释》第 110 条的规定，对电子数据应当着重审查以下内容：(1) 是否移送原始存储介质；在原始存储介质无法封存、不便移动时，有无说明原因，并注明收集、提取过程及原始存储介质的存放地点或者电子数据的来源等情况；（2）是否具有数字签名、数字证书等特殊标识；（3）收集、提取的过程是否可以重现；（4）如有增加、删除、修改等情形的，是否附有说明；（5）完整性是否可以保证。

**延伸阅读推荐**

刘静坤编著：《最新刑事诉讼法司法解释条文对照与适用要点》，法律出版社2021年版。

## 问题2：专门性问题报告和事故调查报告属于什么证据种类？

2012年《高法解释》第87条第1款规定："对案件中的专门性问题需要鉴定，但没有法定司法鉴定机构，或者法律、司法解释规定可以进行检验的，可以指派、聘请有专门知识的人进行检验，检验报告可以作为定罪量刑的参考。"

该规定进一步扩展了有专门知识的人在司法证明中发挥作用的空间，但规定本身仍然略显保守：一是将有专门知识的人进行的活动局限于"检验活动"；二是只规定检验报告可以作为定罪量刑的参考，并未明确检验报告的证据资格。实践中上述规定不能满足实务需求，实务部门倾向于作扩大解释。

例如，2020年最高人民法院发布的指导性案例——张某明、毛某明、张某故意损毁名胜古迹案。江西省高级人民法院的生效裁判认为，三被告人打入26个岩钉的行为对巨蟒峰造成严重损毁的程度，目前全国没有法定司法鉴定机构可以进行鉴定，但是否构成严重损毁又是被告人是否构成犯罪的关键。《高法解释》（2012年）第87条规定："对案件中的专门性问题需要鉴定，但没有法定司法鉴定机构，或者法律、司法解释规定可以进行检验的，可以指派、聘请有专门知识的人进行检验，检验报告可以作为定罪量刑的参考。……经人民法院通知，检验人拒不出庭作证的，检验报告不得作为定罪量刑的参考。"故对打入26个岩钉的行为是否对巨蟒峰造成严重损毁的这一事实，依法聘请有专门知识的人进行检验合情合理合法。

本案中的四名地学专家，都长期从事地学领域的研究，都具有地学领域的专业知识，在地学领域发表过大量论文或专著，或主持过地学方面的重大科研课题，具有对巨蟒峰受损情况这一地学领域的专门问题进行评价的能力。四名专家均属于"有专门知识的人"。

四名专家出具专家意见系接受侦查机关的有权委托，他们依据自己的专业知识和现场实地勘查、证据查验，经充分讨论、分析，从专业的角度对打岩钉造成巨蟒峰损毁的情况给出了明确的专业意见，并共同签名。且经法院通知，四名专家中的两名专家以检验人的身份出庭，对"专家意见"的形成过程进行了详细的说明，并接受了控辩双方及审判人员的质询。"专家意见"结论明确，程序合法，具有可信性。

综上，本案中的"专家意见"从主体到程序均符合法定要求，从证据角度而言，"专家意见"完全符合《刑事诉讼法》第197条的规定，以及2012年《高法解释》第87条关于有专门知识的人出具检验报告的规定，可以作为定罪量刑的参考。

在生效裁判中，江西省高级人民法院对检验报告的定位仍然是定罪量刑的参考，但最高人民法院发布的指导性案例之裁判要点中，对此规定作了扩大解释。该裁判要点指出：对刑事案件中的专门性问题需要鉴定，但没有鉴定机构的，可以指派、聘请有专门知识的人就案件的专门性问题出具报告，相关报告在刑事诉讼中可以作为证据使用。

2021年《高法解释》完全吸收了上述裁判要点，将专门性问题报告和事故调查报告纳入鉴定意见范畴。其第100条第1款规定："因无鉴定机构，或者根据法律、司法解释的规定，指派、聘请有专门知识的人就案件的专门性问题出具的报告，可以作为证据使用。"根据该条，由有专门知识的人出具的专门性问题报告，具备证据资格，经法庭程序查证属实，可以作为定案根据。第101条规定："有关部门对事故进行调查形成的报告，在刑事诉讼中可以作为证据使用。"该规定进一步赋予事故调查报告在刑事诉讼中的证据资格。

**延伸阅读推荐**

（1）纵博：《论刑事诉讼中专门性报告的证据能力》，载《内蒙古社会科学》2023年第3期，第105－113页。

（2）艾明、庄嘉伟：《专门性问题报告的证据法问题研究》，载《证据科学》2023年第3期，第261－277页。

## 问题3：如何理解技术侦查证据？

2021年《高法解释》在第四章"证据"中增加一节"技术调查、侦查证据的审查与认定"，并用七个条文进行了规定，据此，有必要了解技术侦查证据。《公安规定》第264条规定："技术侦查措施是指由设区的市一级以上公安机关负责技术侦查的部门实施的记录监控、行踪监控、通信监控、场所监控等措施。"技术侦查证据，就是侦查机关使用技术侦查措施取得的证据。从实务运作情况看，技术侦查证据的载体具有多样化特征，这些多样化的证据载体能对多种待证事实发挥证明作用。

1. 视听资料

电话监听是技术侦查措施的重要类型，运用电话监听可以录制通话人的通话内容，形成视听资料。对运用技术侦查措施取得的视听资料，我国审判实践不乏使用的案例。2015年三亚市中级人民法院审理的陈某贩卖、运输毒品罪一案，判决书载明：根据技术工作支持，三亚市公安局禁毒支队缉毒侦查大队在前期侦查本案时收集到的视听资料通话内容：2014年8月28日21时53分许，1515391（陈某）主叫1871726（李某年）内容如下：

陈某说："你有空把那次'猪肉'打包分出来，一包100，回来也跟人家吵架，我夹在中间很难受。"

李某年说："你什么时候上来？"

陈某说："你想我什么时候上？"

李某年说："你十二点钟上来。"

陈某说："我十二点钟从三亚上去吗？"

李某年说："对。"

陈某说："你的'沙'什么时候下来？"

李某年说："我今天叫人上去拿了，后天应该到他的手上。"

陈某说："我是想上去早点，你说十二点钟就十二点钟，那我就找一名司机帮我开车……"①

2. 电子数据

实务中，往往运用技术侦查措施获取手机信息或者通信记录，证明被告人与案发时空的某种联系，并以此作为其他证据的补强证据。2015年安徽省马鞍山市雨山区人民法院审理的盛某、王某诈骗罪一案，判决书列举的证据有"两被告人手机通话记录证实手机通话起始时间、通话时长、呼叫类型、对方号码、漫游局数据、基站小区代码。公安机关根据两被告人的通话记录、通话基站代码与被害人陈述的案发时间、地点比对作出的研判报告，证实被告人在案发时间、案发地点有过通话记录"。法官运用这一证据作为辨认笔录和被害人陈述的补强证据。"各被害人对被告人的辨认笔录证实实施诈骗的是本案的被告人，并且在被害人吴某、李某、晋某某、秦某、彭某报称的案发时间段内，两被告人均有相对应的通话记录，且通话地点根据基站定位都是在案发现场或者附近。在被害人陈某、黄某报称的案发时间段内，分别有被告人王某、盛某的主叫记录，主叫的地点根据基站定位就在案发现场或者附近。"②

3. 监听译文

实务中，当庭出示并播放运用监听手段录制的视听资料毕竟是极少数情形，绝大多数情况下，公诉方提交的技术侦查证据是由监听录音转化而来的监听译文。从形式上看，这种监听译文是将监听语音内容转化为文字后形成的一种书面文字记录。例如朱世炎贩卖、运输毒品案，监听译文显示有多段被告人朱世炎与郭冬生的通话内容，摘录情况见下。③

| 通话时间：2017年4月5日22：19：09 | |
|---|---|
| 郭冬生（主叫） | 朱世炎（被叫） |
| "小海"质量怎么样？ | 还好，是白颜色的。 |
| 劲怎么样？ | 劲还可以。 |
| 明天打电话联系。 | |
| 通话时间：2017年4月6日15：02：32 | |
| 朱世炎（主叫） | 郭冬生（被叫） |
| 搞好了没有？ | 钱拿到了，马上给寄过去，还是寄给你那工行卡里面。40个。 |
| 对，东西一样的好，40个。 | |
| 通话时间：2017年4月6日15：34：33 | |
| 朱世炎（主叫） | 郭冬生（被叫） |
| 是否要"泡泡"？ | 过几天再拿，今天先拿"小海"。 |
| 40个吗？我已讲好了。 | 我现在去寄钱。 |

① 海南省三亚市中级人民法院（2015）三亚刑初字第20号刑事判决书。

② 安徽省马鞍山市雨山区人民法院（2015）雨刑初字第00130号刑事判决书。

③ 参见江苏省高级人民法院（2017）苏刑终282号刑事裁定书。

4. 情况说明、破案经过、抓获经过和到案经过

尽管出现了视听资料、电子数据和监听译文等新的证据载体，但从实务观察，传统的技侦转化类证据，诸如各种情况说明、破案经过、抓获经过和到案经过仍然在庭审中大行其道。例如，2015 年梅州市大埔县人民法院审理的冯某某抢劫一案，判决书援引了情况说明："大埔县公安机关侦办吕某某被入户抢劫案中，根据被害人吕某某反映，其被抢的手提包内有一部开机状态的步步高品牌手机（号码 13430××××12），公安机关将此信息反馈至梅州市公安局技术侦查支队。根据此手机号码，梅州市公安技术侦查支队通过技术侦查手段作出这部步步高手机的机身码及运动轨迹，同时发现案发后有一个手机号码为 13421××××21 的手机运动轨迹与步步高手机运动轨迹相一致，经查手机号码为 13421××××21 的机主是冯某某，从而锁定被告人冯某某的抢劫犯罪事实。"①

**延伸阅读推荐**

艾明：《技术侦查证据使用问题研究》，载《证据科学》2018 年第 5 期，第 547－562 页。

## 问题 4：什么是大数据证据？

近年来，世界范围内司法领域发生了巨变，突出表现为基于机器算法、机器人和高级人工智能等新兴科技的各种大数据材料涌向法庭。我国司法舞台也上演着同样的故事。早期，海量的通信数据、资金流数据、账户信息、网页数据、网络舆情信息、GIS 地理信息及专业数据库的数据被运用于侦查活动中，成为侦查信息化转型的一道道亮丽风景。新近，人们又陆续看到将"舆情分析报告""百度指数""淘宝客反作弊系统数据""轨迹大数据""公安大数据平台数据""证券交易监控系统数据""大数据资金分析报告"等用于证明的情景。

从技术原理上讲，大数据变身证据通常要经过三个环节：第一步是汇总数据并进行数据清洗，第二步是建构分析模型或机器算法，第三步是进行运算形成分析结论。这一过程结束后，就会产生大数据证据。因此，所谓"大数据证据"是指，基于海量电子数据形成的分析结果或报告。在这个定义中，海量的电子数据是"源"，分析得出的结果或报告是"果"。直接起证明作用的往往是"果"——大数据分析结果或报告。例如，在证明涉众型犯罪案件的组织架构时，传统上调查工商注册材料等证明方法面临着工作量巨大、材料真假难辨的困扰，而海量资金流数据等能够像 DNA 一样将涉众型犯罪中不同涉案人员识别并关联起来，揭示不同人员在犯罪组织中的具体角色。

目前，大数据证据已广泛应用于司法实践中，亟须围绕该类证据构建富有特色的证据规则：一是创建以"大"真实性为主的大数据来源真实性规则，二是构建针对机器算法是否可信的大数据分析结果真实性规则，三是探索超越人类经验判断的大数据证据关联性规则。②

① 广东省梅州市大埔县人民法院（2015）梅埔法刑初字第 52 号刑事判决书。

② 参见刘品新：《论大数据证据》，载《环球法律评论》2019 年第 1 期。

**延伸阅读推荐：**

刘品新：《论大数据证据》，载《环球法律评论》2019年第1期，第21－34页。

## 问题5：刑事诉讼证据在学理上有哪些分类？

证据的分类，是指按照不同标准在理论上将证据划分为不同的类别。证据种类是法律上的规定，证据分类是学理上的分类。

1. 言词证据与实物证据

按照证据表现形式的不同，可以将证据分为言词证据与实物证据。言词证据是以人的陈述作为存在和表现形式的证据，如证人证言、被害人陈述、犯罪嫌疑人供述和辩解、鉴定意见。实物证据是指以实物、文件等物质载体作为存在和表现形式的证据，如物证、书证、侦查笔录、视听资料、电子数据等。

言词证据与实物证据在如下方面存在着差异：第一，收集方式的差异。言词证据一般通过询问和讯问的方式取得，实物证据主要通过勘验、搜查、扣押、查封、冻结方式收集。第二，审查判断方式的差异。言词证据主观性强，重点审查内容本身的真实性、可靠性；实物证据的客观性强，重点审查其来源、出处的真实性和关联性。第三，运用方式的差异。言词证据可以直接、全面地证明案件的主要事实，实物证据对案件的主要事实大多起间接证明作用。

2. 原始证据与传来证据

根据证据来源的不同，可以将证据分为原始证据和传来证据。原始证据，是直接来源于案件事实且未经复制或者转述的证据。传来证据，是指从原始出处以外的来源获取的证据，如书证的复印件、转述他人感知事实的证言等。区分原始证据与传来证据的主要意义在于，揭示两类证据在证明力上的差异。一般而言，原始证据直接来源于案件事实，没有经过中间环节，其可靠性要大于传来证据。传来证据不同于英美证据法上的“传闻证据”。传闻证据是证人在本案法庭审理程序之外作出的用以证明其主张事项真实性的各种陈述。传闻证据规则，又称为传闻证据排除规则，旨在排除传闻证据，强调证人出庭作证，以保证被告人质证权的实现。

3. 直接证据与间接证据

根据证据与案件主要事实的证明关系不同，可以将证据分为直接证据和间接证据。刑事案件中的主要事实，是指犯罪嫌疑人、被告人是否实施了被指控的犯罪事实，易言之，案件的主要事实采取“人事结合型”，即案件主要事实＝发生了犯罪事实＋是指控的犯罪嫌疑人所为。直接证据，是指能够独立、直接证明案件主要事实的证据。直接证据不必经过推理过程即可证明案件主要事实。间接证据，是指不能独立、直接证明案件主要事实，而需要通过推理并与其他证据结合起来才能证明案件主要事实的证据。区分直接证据和间接证据的主要意义在于，两类证据在运用中的差异。直接证据运用起来比较简单、便捷，但是，直接证据多为言词证据，主观性较强，需要对这类证据进行补强才可以作为定案根据。

根据《高法解释》第140条的规定，间接证据只有同时符合下列五个条件，才可以认定被告人有罪：（1）证据已经查证属实；（2）证据之间相互印证，不存在无法排除的矛盾和无法解释的疑问；（3）全案证据形成完整的证据链；（4）根据证据认定案件事实足以排除合理怀疑，结论具有唯一性；（5）运用证据进行的推理符合逻辑和经验。

4. 有罪证据和无罪证据

根据证据的内容和证明作用的不同，可以将证据分为有罪证据和无罪证据。有罪证据是指，能够证明犯罪事实的发生、犯罪行为是犯罪嫌疑人或者被告人所为的证据。无罪证据是指，能够证明案件事实没有发生，或者犯罪行为不是犯罪嫌疑人、被告人所为的证据。

《刑事诉讼法》第 52 条规定："审判人员、检察人员、侦查人员必须依照法定程序，收集能够证实犯罪嫌疑人、被告人有罪或者无罪、犯罪情节轻重的各种证据。"根据该规定，公安司法机关人员应当客观、全面收集证据，不仅要收集有罪证据，也要收集无罪证据，防止主观臆断和认识的片面性。

## 第四节　刑事诉讼证据规则

### 问题 1：我国主要有哪些刑事诉讼证据规则？

证据规则，是指在刑事诉讼中，控辩双方收集和出示证据，法庭采纳和运用证据认定案件事实必须遵循的重要准则。在我国，证据规则主要包括关联性规则、非法证据排除规则、补强证据规则、意见证据规则、最佳证据规则。

1. 关联性规则

关联性规则，是指只有与案件事实有关的材料，才能作为证据使用。关联性是证据被采纳的首要条件。没有关联性的证据不具有可采性，但具有关联性的证据未必都具有可采性。一般而言，英美证据法认为下列几种证据不具有关联性，不得作为认定案件事实的依据：（1）品格证据；（2）类似行为；（3）特定的诉讼行为，例如曾作有罪答辩，后来又撤回等，不得作为不利于被告人的证据采纳；（4）特定的事实行为，例如关于事件发生后某人实施补救措施的事实等；（5）被害人过去的行为，例如在性犯罪案件中，有关被害人过去性行为方面的名声或评价的证据。我国刑事诉讼法有多个条文体现了关联性规则的精神。如《刑事诉讼法》第 50 条规定："可以用于证明案件事实的材料，都是证据。"《高法解释》第 139 条第 2 款规定："对证据的证明力，应当根据具体情况，从证据与案件事实的关联程度、证据之间的联系等方面进行审查判断。"

2. 非法证据排除规则

非法证据排除规则，是指违反法定程序，以非法方法收集的证据，不具有证据能力，应被法庭排除使用，不得作为定案根据。根据我国《刑事诉讼法》和《高法解释》的规定，非法证据排除规则适用的范围包括如下几类证据：（1）采用殴打、违法使用戒具等暴力方法或者变相肉刑的恶劣手段，使犯罪嫌疑人或被告人遭受难以忍受的痛苦而违背意愿作出的供述；（2）采用以暴力或者严重损害本人及其近亲属合法权益等相威胁的方法，使犯罪嫌疑人或被告人遭受难以忍受的痛苦而违背意愿作出的供述；（3）采用非法拘禁等非法限制人身自由的方法收集的犯罪嫌疑人或被告人供述；（4）采用刑讯逼供方法使犯罪嫌疑人或被告人作出供述，之后犯罪嫌疑人或被告人受该刑讯逼供行为影响而作出的与该供述相同的重复性供述；（5）采用暴力、威胁以及非法限制人身自由等非法方法收集的证人证言、被害人陈述；（6）收集物证、书证不符合法定程序，可能严重影响司法公正，且不能补正或者作出合理解释的。

3. 补强证据规则

补强证据规则，是指为防止错误认定事实，在运用某一证明力薄弱的证据来认定案件事实时，法律规定需要有其他证据予以补强的规则。被补强的证据称为主证据。用以印证主证据真实性的其他证据，被称为“补强证据”。补强证据规则主要适用于言词证据。《刑事诉讼法》第55条规定：“只有被告人供述，没有其他证据的，不能认定被告人有罪和处以刑罚。”这一规定强调了不能把被告人的供述作为定罪和处罚的唯一证据，被告人供述必须得到其他证据的补强，才能认定被告人有罪和处以刑罚。关于证人证言的补强，《高法解释》第143条规定，下列证据应当慎重使用，有其他证据印证的，可以采信：（1）生理上、精神上有缺陷，对案件事实的认知和表达存在一定困难，但尚未丧失正确认知、表达能力的被害人、证人和被告人所作的陈述、证言和供述；（2）与被告人有亲属关系或者其他密切关系的证人所作的有利于被告人的证言，或者与被告人有利害冲突的证人所作的不利于被告人的证言。补强证据必须满足以下条件：（1）补强证据必须具有证据能力；（2）补强证据本身必须具有担保主证据真实的能力；（3）补强证据必须具有独立的来源，如不能以被告人在前一诉讼阶段的口供，来补强其在后一诉讼阶段的口供。

4. 意见证据规则

意见证据规则，是指证人只能陈述自己亲身感受和经历的事实，不得陈述对该事实作出的推断性意见。意见证据规则的理论根据主要表现在：（1）证人发表推断性意见侵害了事实认定者的职权；（2）证人发表推断性意见可能对案件事实的认定产生误导；（3）普通证人缺乏发表推断性意见所需要的专门性知识。《高法解释》第88条第2款规定：“证人的猜测性、评论性、推断性的证言，不得作为证据使用，但根据一般生活经验判断符合事实的除外。”该规定体现了意见证据规则的精神。

5. 最佳证据规则

最佳证据规则，也称为原始文书规则，是指在以书证来证明案件主要事实时，除非有法定的例外情形，必须提供书证材料的原始件。《高法解释》第84条第1款规定：“据以定案的书证应当是原件。取得原件确有困难的，可以使用副本、复制件。”这一规定体现了最佳证据规则的精神。

**延伸阅读推荐**

（1）戴长林主编：《非法证据排除规定和规程：理解与适用》，法律出版社2019年版。

（2）董坤：《规范语境下口供补强规则的解释图景》，载《法学家》2022年第1期，第114－127页。

### 问题 2：法庭决定对证据收集的合法性进行调查的，应当如何做？

2012 年修改的《刑事诉讼法》虽然正式于法律层面确立了非法证据排除规则，但没有吸收两院三部《非法证据排除规定》创设的先行当庭调查原则。2012 年《高法解释》亦没有明确规定该原则，第 100 条第 2 款规定："对证据收集合法性的调查，根据具体情况，可以在当事人及其辩护人、诉讼代理人提出排除非法证据的申请后进行，也可以在法庭调查结束前一并进行。"根据该条，对证据收集合法性的调查时点，法庭享有裁量权，既可以将时点提前至法庭调查程序的开始阶段，也可以将时点押后至法庭调查结束前。

两院三部《严格排除非法证据规定》承继了《非法证据排除规定》创设的先行当庭调查原则（第 30 条），并有所发展：一是以禁止性规定的形式进一步明确了排非决定作出前的法律效果；二是创设了当庭裁判原则。同年，最高人民法院制定的"三项规程"[①]，吸收了上述内容，主要体现在《办理刑事案件排除非法证据规程》第 20 条（先行当庭调查原则）、第 28 条（当庭决定原则和法律效果），《法庭调查规程》第 30 条（先行当庭调查原则）、第 1 条（法律效果）。

对控辩双方达成一致意见的非法证据，《非法证据排除规定》更是将处理时点提前至庭前会议。根据《办理刑事案件排除非法证据规程》第 17 条，在庭前会议中，控辩双方如对证据收集的不合法性达成一致意见，该证据不能进入审判期日的法庭调查程序，成为法庭调查对象，这实际意味着，此类证据已在庭前会议阶段被排除。

《高法解释》吸收了两院三部《严格排除非法证据规定》和"三项规程"的部分内容。其中，第 134 条明确规定了先行当庭调查原则[②]，第 228 条和第 233 条赋予庭前会议对控辩双方达成一致意见的非法证据享有实际排除功能。

由此，一个前置的、独立的非法证据调查处理程序已然成形，具体而言分为两种情况：第一种情况，在庭前会议中，如果控辩双方已就证据收集的不合法性达成一致意见，则法庭可于庭前会议进行确认，确认后，该非法证据不能进入审判期日的法庭调查程序。第二种情况，在庭前会议中，如果控辩双方未达成一致意见，且法庭决定启动证据收集合法性调查程序，则法庭应在审判期日进行的法庭调查程序中先行当庭调查该证据收集的合法性。

**延伸阅读推荐**

吴洪淇：《被嵌入的程序空间：庭审排非程序十二年观察与反思》，载《中国法律评论》2022 年第 6 期，第 60－71 页。

---

① "三项规程"是指《人民法院办理刑事案件庭前会议规程（试行）》、《人民法院办理刑事案件排除非法证据规程（试行）》和《人民法院办理刑事案件第一审普通程序法庭调查规程（试行）》。"三项规程"自 2018 年 1 月 1 日起在全国试行，前两项规程已为两院三部 2024 年 7 月 25 日印发的《办理刑事案件庭前会议规程》和《办理刑事案件排除非法证据规程》所取代。

② 《高法解释》第 134 条规定："庭审期间，法庭决定对证据收集的合法性进行调查的，应当先行当庭调查。但为防止庭审过分迟延，也可以在法庭调查结束前调查。"

## 本章课后演练

**（一）不定项选择题**

1. 公安机关勘验杀人现场时，提取了插在被害人胸部上的一把匕首。从证据分类的角度看，该匕首属于下列哪种分类？（　　）

A. 原始证据、直接证据　　B. 传来证据、间接证据

C. 实物证据、直接证据　　D. 原始证据、间接证据

2. 石某杀人后弃尸河中。在法庭审理中，对下列哪些事实不必提出证据证明？（　　）

A. 被弃尸的河流从案发村镇穿过的事实

B.《刑法》关于杀人罪的法律规定

C. 检察机关和石某都没有异议的案件基本事实

D. 石某的精神状态

3. 下列哪些选项属于实物证据？（　　）

A. 杀人案中现场勘验笔录

B. 贪污案中证明贪污数额的账册

C. 强奸案中证明被害人精神状态的鉴定意见

D. 伤害案中证明伤害发生过程情况的监控录像

4. 张某、李某共同抢劫被抓获。张某下列哪一陈述属于证人证言？（　　）

A. 我确实参加了抢劫银行

B. 李某逼我去抢的

C. 李某在这次抢劫前还杀了赵某

D. 李某策划了整个抢劫，抢的钱他拿走了一大半

5. 对下列哪个案件能够作出有罪认定？（　　）

A. 甲供认自己强奸了乙，乙否认，该案没有其他证据

B. 甲指认乙强奸了自己，乙坚决否认，该案没有其他证据

C. 某单位资金30万元去向不明，会计说局长用了，局长说会计用了，该案没有其他证据

D. 甲乙两人没有通谋，各自埋伏，几乎同时向丙开枪，后查明丙身中一弹，甲乙对各自犯罪行为供认不讳，但收集到的证据无法查明这一枪到底是谁打中的

6. 关于证据的审查判断，下列哪一说法是正确的？（　　）

A. 搜查获得的杀人案凶器，未附搜查笔录，不能证明该凶器来源，一律不得采信

B. 与被告人有利害冲突的证人提供的对被告人不利的证言，在任何情况下都不得采信

C. 公安机关制作的放火案的勘验、检查笔录没有见证人签名，一律不得采信

D. 被害人有生理缺陷，对案件事实的认知和表达存在一定困难，故其陈述在任何情况下都不得采信

7. 具有特定情形的下列哪些证据不能作为定案的根据？（　　）

A. 视听资料的制作时间、地点存有异议，不能作出合理解释，也没有提供必要证

明的

B. 在做DNA检测时送检材料与比对样本属于同一个来源的

C. 证人在犯罪现场听到被告人喊“给他点厉害瞧瞧”的陈述

D. 犯罪嫌疑人拒绝签名、盖章而由侦查人员在笔录上注明情况的讯问笔录

8. 关于非法证据的排除，下列哪些说法是正确的？（　　）

A. 非法证据排除的程序，可以根据当事人等申请而启动，也可以由法庭依职权启动

B. 申请排除以非法方法收集的证据的，应当提供相关线索或者材料

C. 检察院应当对证据收集的合法性加以证明

D. 只有确认存在《刑事诉讼法》第56条规定的以非法方法收集证据情形时，才可以对有关证据应当予以排除

9. 辩护律师在庭审中对控方证据提出异议，主张这些证据不得作为定案依据。对下列哪些证据的异议，法院应当予以支持？（　　）

A. 因证人拒不到庭而无法当庭询问的证人证言

B. 被告人提供了有关刑讯逼供的线索及材料，但公诉人不能证明讯问合法的被告人庭前供述

C. 工商行政管理部门关于查处被告人非法交易行为时的询问笔录

D. 侦查人员在办案场所以外的地点询问被害人所获得的被害人陈述

10. 甲驾车将昏迷的乙送往医院，并垫付了医疗费用。随后赶来的乙的家属报警称甲驾车撞倒乙。急救中，乙曾短暂清醒并告诉医生自己系被车辆撞倒。医生将此话告知警察，并称从甲送乙入院时的神态看，甲应该就是肇事者。关于本案证据，下列哪些选项是正确的？（　　）

A. 甲垫付医疗费的行为与交通肇事不具有关联性

B. 乙告知医生“自己系被车辆撞倒”属于直接证据

C. 医生基于之前乙的陈述，告知警察乙系被车辆撞倒，属于传来证据

D. 医生认为甲是肇事者的证词属于符合一般生活经验的推断性证言，可作为定案依据

**（二）判断分析题**

1. 用非法限制人身自由的方式收集的证人证言，经查证属实可以作为定案根据。

2. 侦查人员只应当收集证明被告人有罪和罪重的证据，而不需要收集证明被告人无罪或罪轻的证据。

3. 来源不明的物证、书证是非法证据，不能作为定案根据。

**（三）简答题**

1. 简述书证的审查判断要点。

2. 简述直接证据的特点。

**（四）法条分析题**

《刑事诉讼法》第55条第2款：“证据确实、充分，应当符合以下条件：（一）定罪量刑的事实都有证据证明；（二）据以定案的证据均经法定程序查证属实；（三）综合全案证据，对所认定事实已排除合理怀疑。”

请结合所学知识，对上述法条进行评析。

**（五）案例分析题**

某日凌晨，A 市某小区地下停车场发现一具男尸，经辨认，死者为刘瑞，达永房地产公司法定代表人。停车场录像显示一男子持刀杀死了被害人，但画面极为模糊，小区某保安向侦查人员证实其巡逻时看见形似刘四的人拿刀捅了被害人后逃走（开庭时该保安已辞职无法联系）。

侦查人员在现场提取了一只白手套，一把三棱刮刀（由于疏忽，提取时未附笔录）。侦查人员对现场提取的血迹进行了 ABO 血型鉴定，认定其中的血迹与犯罪嫌疑人刘四的血型一致。

刘四到案后几次讯问均不认罪，后来交代了杀人的事实并承认系被他人雇用所为，公安机关据此抓获了另外两名犯罪嫌疑人康雍房地产公司开发商张文、张武兄弟。

侦查终结后，检察机关提起公诉，认定此案系因开发某地块利益之争，张文、张武雇佣社会人员刘四杀害了被害人。

法庭上张氏兄弟、刘四同时翻供，称侦查中受到严重刑讯，不得不按办案人员意思供认，但均未向法庭提供非法取证的证据或线索，未申请排除非法证据。

公诉人指控定罪的证据有：（1）小区录像；（2）小区保安的证言；（3）现场提取的手套、刮刀；（4）ABO 血型鉴定；（5）侦查预审中三被告人的有罪供述及其相互证明。三被告对以上证据均提出异议，主张自己无罪。

问题：请分析本案中的每个证据，并综合评析本案是否已达到证明标准。

## 参考答案

**（一）不定项选择题**

1. D　2. AB　3. ABD　4. C　5. D　6. A　7. AB　8. ABC　9. BC　10. AC

**（二）判断分析题**

1. 题略。

错误。根据两院三部《严格排除非法证据规定》第 6 条“采用暴力、威胁以及非法限制人身自由等非法方法收集的证人证言、被害人陈述，应当予以排除”的规定，用非法限制人身自由的方式收集的证人证言属于非法证据，不具备证据合法性，无法查证属实，也不得作为定案依据，应当直接排除。

2. 题略。

错误。根据《刑事诉讼法》第 115 条“公安机关对已经立案的刑事案件，应当进行侦查，收集、调取犯罪嫌疑人有罪或者无罪、罪轻或者罪重的证据材料”的规定，侦查人员收集证据应包括证明被告人有罪、罪重和无罪、罪轻的证据。

3. 题略。

错误。第一，根据《刑事诉讼法》第 56 条“收集物证、书证不符合法定程序，可能严重影响司法公正的，应当予以补正或者作出合理解释；不能补正或者作出合理解释的，对该证据应当予以排除”的规定，来源不明的物证、书证属于瑕疵证据的范畴而不属于非法证据。第二，根据《高法解释》第 86 条“物证的照片、录像、复制品，书证的副本、复制件没有制作人关于制作过程和原物、原件存放地点的说明，或者说明中无签名的”，“不得作为定案的根据”的规定，物证、书证不能作为定案根据的前提不是来源不明。

**（三）简答题**

1. 题略。

在审查书证时，重点审查：(1) 该书证的来源；(2) 收集程序是否合法；(3) 在收集保管过程中有无伪造、损害、变形、变质等情况；(4) 与案件的关联程度；(5) 与案件有关的证明被告人有罪、无罪、罪重和罪轻的物证、书证是否全面收集，不能有所偏漏。

2. 题略。

直接证据是指能直接证明当事人的主要争议事实的，或能独立证明犯罪事实是否存在和该犯罪事实是否是犯罪嫌疑人或被告人所实施的证据。直接证据具有如下特点：(1) 能直接证明案件主要事实；(2) 直接证据多表现为言词证据；(3) 直接证据的数量较少，收集不易。

**（四）法条分析题**

《刑事诉讼法》第 55 条第 2 款是对我国有罪判决证明标准的内涵阐释。根据我国《刑事诉讼法》的规定，我国认定被告人有罪的证明标准为“案件事实清楚，证据确实、充分”。此标准是一个主客观相结合的标准，案件事实清楚是对司法人员的主观认识状态的描述，证据确实、充分则是从客观层面对证据的质和量提出的总体要求。

《刑事诉讼法》第 55 条第 2 款从以下三个方面对何谓证据确实、充分进行了解释：一是定罪量刑的事实都有证据证明。这是对证据量的要求，要求与定罪量刑有关的全部证明对象都有证据予以证明。二是据以定案的证据均经法定程序查证属实。这是对证据质的要求。该要求既包括每个证据必须是客观真实的，不是虚假的，并且具有客观的关联性；还包括证据必须具有证据能力，即必须经过法定的举证、质证和认证程序。三是综合全案证据，对所认定事实已排除合理怀疑。这要求在综合全案证据的基础上，以排除合理怀疑为标准对案件事实进行综合性判断。“证据确实、充分”既对证据的量作出了要求，也对证据的质作出了要求。这种综合性判断既包括所认定事实的确实性之判断，也包括认定事实所依据的证据的充分性之判断。坚持“证据确实、充分”既是坚持实事求是唯物认识观的必然要求，也是查清案件事实、实现司法公正的重要保障。坚持“证据确实、充分”的证明标准，不仅是可能的，而且是必要的，如果不坚持这一标准，就很有可能导致错判的后果，如湖北的佘祥林案件、云南的杜培武案件。因此，只有坚持“证据确实、充分”的证明标准，才能保证案件的客观真实，防止发生冤枉无辜的现象。但是，我国的司法实践证明，“证据确实、充分”的证明标准不好把握，具有一定模糊性，实践中缺乏可操作性。有鉴于此，立法部门和中央司法机关决定使用“排除合理怀疑”这一表述来对“证据确实、充分”进行解释，使之成为我国有罪判决证明标准的重要补充。

学界基本上认可了引入“排除合理怀疑”标准的操作优势，但是，对于“排除合理怀疑”标准引入刑诉法是取代了原先的“证据确实、充分”标准，还是对其判断的一种辅助手段，存在不同认识。有观点认为，“排除合理怀疑”与“证据确实、充分”分别从主观和客观两个方面表述了同样的证明要求，“排除合理怀疑”标准的引入并没有降低原先的证明标准，故该说又可被称为“等同说”。还有观点认为，新刑诉法虽然保留了“证据确实、充分”的形式标准，但是其内核已经被“排除合理怀疑”标准所取代，该说可以被称为“内核说”。还有学者提出，“排除合理怀疑”标准是一种主观判断，只能是判断待证事实是否达到“证据确实、充分”的辅助手段，该说可被称为“辅助说”。

### （五）案例分析题

问题：请分析本案中的每个证据，并综合评析本案是否已达到证明标准。

本案中，公诉人提出了若干证据材料。

关于“小区录像”，属于视听资料，属于原始证据、实物证据、有罪证据、直接证据。虽然录像显示一男子持刀杀死了被害人，但是，拍摄的画面极度模糊，无法准确反映犯罪嫌疑人的特征，该证据具有证据能力，但证明力很低。

关于“保安证言”，属于证人证言，属于原始证据、言词证据、有罪证据、直接证据。虽然小区某保安向侦查人员证实其巡逻时看见形似刘四的人拿刀捅了被害人后逃走，但侦查人员调取该证言时没有形成证言笔录，并且在开庭时该保安已辞职无法联系，因而不能保证证言的真实性。《高法解释》第 89 条规定：“证人证言具有下列情形之一的，不得作为定案的根据：（一）询问证人没有个别进行的；（二）书面证言没有经证人核对确认的；（三）询问聋、哑人，应当提供通晓聋、哑手势的人员而未提供的；（四）询问不通晓当地通用语言、文字的证人，应当提供翻译人员而未提供的。”可见，没有制作证言笔录相当于证人没有核对证言，该证言不得作为定案根据。

关于“手套、刮刀”，属于物证，属于原始证据、实物证据、有罪证据、间接证据。一方面，侦查人员由于疏忽，提取时未附笔录。《高法解释》第 86 条第 1 款规定：“在勘验、检查、搜查过程中提取、扣押的物证、书证，未附笔录或者清单，不能证明物证、书证来源的，不得作为定案的根据。”可见，如果因为没有制作笔录而导致无法证明手套和刮刀来源的，手套和刮刀不得作为定案根据。另一方面，案例中没有体现侦查人员对手套和刮刀进行了鉴定，如果不对手套及刮刀上的生物样本或者指纹、血迹进行鉴定，将可能导致该证据与案件没有关联性。

关于“血型鉴定”，属于鉴定意见，属于原始证据、言词证据、有罪证据、间接证据。该鉴定意见作为证据使用没有问题，但该证据属于间接证据，无法证明主要案发过程，仍需要与其他证据结合起来共同证明案件事实。

关于“三被告人有罪供述”，属于被告人供述，属于原始证据、言词证据、有罪证据、直接证据。本案中，三被告人有罪供述虽然能够相互印证，但仍存在被刑讯逼供的可能性，即使当事人没有申请人民法院启动排除非法证据的调查程序，人民法院如果发现存在非法取证行为时，也可以依职权启动调查程序。《刑事诉讼法》第 60 条规定：“对于经过法庭审理，确认或者不能排除存在本法第五十六条规定的以非法方法收集证据情形的，对有关证据应当予以排除。”因此，本案中“三被告人有罪供述”极有可能被依法排除。

综合分析上述证据可见，本案中有的证据没有证据能力，有的证据虽然具有证据能力，但证明力低下。《刑事诉讼法》第 55 条规定：“对一切案件的判处都要重证据，重调查研究，不轻信口供。只有被告人供述，没有其他证据的，不能认定被告人有罪和处以刑罚；没有被告人供述，证据确实、充分的，可以认定被告人有罪和处以刑罚。证据确实、充分，应当符合以下条件：（一）定罪量刑的事实都有证据证明；（二）据以定案的证据均经法定程序查证属实；（三）综合全案证据，对所认定事实已排除合理怀疑。”可见，我国认定被告人有罪的证明标准是证据确实、充分，要求：（1）有证据；（2）证据属实；（3）排除合理怀疑。本案中的证据无法形成完整的证据链条，无法达到这一标准。此外，我国虽然没有确立无罪推定原则，但在审判中应当贯彻疑罪从无的精神，本案中，人民法院基于现有证据的状况，应当对被告人作出疑罪从无的无罪判决。

# 第八章　刑事诉讼证明

## 本章知识图谱

- 刑事诉讼证明
  - 证明概述
    - 证明的概念
      - 证明贯穿刑事诉讼过程
      - 证明应依法进行
        - 区别于生活中的证明
        - 法律对证据能力、证明力、证明程序进行规范
      - 证明是一系列诉讼活动:举证、质证、认证
    - 证明的分类
      - 严格证明和自由证明
        - 严格证明是在证明的根据和程序上受到严格限制的证明
        - 自由证明是指在根据和程序上不受上述限制的证明
      - 实体性证明和程序性证明
        - 实体性证明：对定罪量刑的实体法事实进行证明
        - 程序性证明：对案件的程序性争议或程序性请求相关事实进行证明
  - 证明对象 — 证明对象是要件事实
    - 实体法事实
      - 定罪事实
        - 犯罪构成要件事实
        - 违法阻却事由、责任阻却事由不存在的事实
      - 量刑事实
        - 法定量刑情节事实
        - 酌定量刑情节事实
    - 程序法事实 — 与诉讼程序相关的事实，包括管辖、回避、符合强制措施条件、程序合法性等事实
    - 证据法事实
      - 证据合法性事实
      - 其他与证据能力相关的事实
    - 免证事实 — 无须用证据证明的事实
      - 自然规律、定律、定理
      - 众所周知的事实
      - 法律规定的推定事实
      - 根据经验法则推论的事实:与上述法律规定的推定事实区别
      - 裁判预决事实：并非只要生效裁判认定的事实均为预决事实
  - 证明责任
    - 主观证明责任与客观证明责任
      - 主观证明责任：由何方举证的责任，诉讼中可在控辩之间转移
      - 客观证明责任：事实真伪不明时何方承担不利后果，不会转移
    - 刑事诉讼的证明责任分配
      - 控方承担的证明责任
        - 符合犯罪构成要件的事实的证明责任
        - 违法阻却事由和责任阻却事由不存在的事实的证明责任
        - 被告人从重处罚事实的证明责任
        - 证据合法性的证明责任
      - 辩方承担的证明责任
        - 程序法事实的证明责任
        - 法律分配的部分定罪事实的证明责任(如巨额财产来源不明罪)
        - 从轻量刑事实的证明责任

- 刑事诉讼证明
  - 证明标准
    - 内涵
      - 待证事实需要达到的证明程度，与证明对象、证明责任紧密相连
      - 证明标准只能付诸裁判者对客观事实的主观判断，是主客观的统一
    - 刑事证明标准
      - 定罪事实和从重处罚事实：证据确实、充分，排除合理怀疑
      - 从轻处罚事实：低于排除合理怀疑，高于优势证据
      - 程序法事实：程序法事实无须达到排除合理怀疑
      - 证据法事实：除取证合法性事实外，其他证据法事实无须达到排除合理怀疑

# 本章重点问题

## 第一节　刑事诉讼证明概述

### 问题 1：审前阶段公检人员对证据的收集审查活动属于证明吗？

刑事诉讼中的证明，通常定义为“司法工作人员及诉讼参与人所进行的收集、审查判断、运用证据以认定案件事实的活动”①，这是一种广义的证明，按照这种定义，审前阶段公检人员对证据的收集审查活动属于证明。西方国家一般持狭义的证明概念，即将证明界定为控辩双方在法庭上举证以说服法官确认本方所主张的案件事实的活动。我国也有学者在西方证明概念的基础上认为应当区分证明与查明，并对证明作狭义理解，即司法中的证明与查明不同，查明主要是侦查阶段对案件事实的探知活动，而证明则主要存在于法庭审判过程中，是指负有证明责任的一方向法庭证明所主张的事实成立的活动。但该学者同时也承认，查明过程也包含着证明，即在尚未完成查明的时候，有可能对某一假设的命题进行验证。②

将证明理解为广义或狭义，与一国刑事证据制度的结构与传统有密切关系。西方国家之所以一般从狭义上理解“证明”，是因为其刑事诉讼法及理论基本上是以审判程序为中心而构建的，即便是审前程序中对相关事项的证明，通常也是由法官作为裁判者的，也即法官要对各种审前行为进行司法审查，在此过程中对相关事实的证明与审判中对实体事实的证明具有几乎相同的结构，所以对证明的规范和学术探讨集中于审判程序的证明，尤其是英美法国家，其证据规则只针对审判中的证明问题。而我国的刑事诉讼法具有明显的阶段性特征，每个阶段在诉讼制度上都并非绝对的中心，而且每个阶段有其相对独立的证明程序，因此对证明问题也持一种广义理解，即证明涵盖每个阶段的需要以证据证明的事项。

因此，对证明的广义和狭义理解都不能说是错误的，即便西方国家将审前证明另行规范和探讨，也依然属于证明，否则英美法系将证明标准分为若干等级并分别适用于审判和审前事项就是没有意义的，因为如果不属于证明，又何谈证明标准？所以我国将证

① 《刑事诉讼法学》编写组：《刑事诉讼法学》（第 4 版），高等教育出版社 2022 年版，第 162 页。

② 参见陈瑞华：《刑事证据法学》，北京大学出版社 2012 年版，第 204－205 页。

明理解为广义概念并无不当，审前阶段公检人员通过提供证据而证明特定事实主张的活动当然也属于证明，如在审前阶段，检察机关在很多程序事项中处于事实上的裁判者地位，而侦查机关常需要向检察机关证明某些事实，如侦查机关向检察机关证明嫌疑人符合逮捕的证据条件、证明案件符合起诉的标准、证明并无侵害辩护人诉讼权利等，而当事人及其律师有时也需向检察机关证明相关事实，如律师控告或申诉时需证明存在侦查机关侵害其诉讼权利的事实。但在上述传统界定中，将收集证据也作为证明活动，是不妥当的，收集证据是为证明做准备，是提供证明所需的认识素材，对收集证据行为主要由其他程序性规则进行规范，将其作为证明活动之一不仅不当而且无意义。

## 问题 2：什么是严格证明与自由证明？

严格证明是指在证明的根据与证明程序上都受到严格限制的证明，证明根据上的限制即要求所用的证据必须具备证据能力，证明程序上的限制是要求所有证据都必须依据直接、言词原则在法庭上经过证据调查后方可作为定案根据，原则上不允许使用证据的替代品。自由证明则在上述两项要求方面有所放松，裁判者可以采取更为宽松的方式查明事实。

从域外的做法来看，严格证明主要适用于实体法事实和少数程序法事实，而自由证明则主要针对程序法事实。实体法事实之所以基本上都要适用严格证明，是因为只有通过严格证明才更有利于发现事实真相、保障当事人诉讼权利，并制约国家刑事司法机关权力的滥用；而自由证明则更注重诉讼效率，主要对重要性相对较低的程序法事实适用，不会影响当事人的基本诉讼权利，也不至于妨碍发现事实真相。

我国《刑事诉讼法》虽然并未明确规定严格证明和自由证明，但从相关的证据规范来看也是存在二者的区分的，如对开庭审理程序中案件实体事实的法庭调查部分规定了较为完整的调查程序，而对回避、证据合法性、强制措施等程序事由的证明并未规定类似的程序，可由司法人员进行较为灵活的证明。但有的规定依然未能充分体现严格证明的需要，如对证人出庭作证的不完善规定、对书证物证替代品的宽松要求等。近年来所进行的庭审实质化改革实际上是在向严格证明的方向努力，也取得了一定的成效，但与严格证明的要求还有一定差距。

## 问题 3：刑事证明中是否可以适用经验法则？

经验法则通常被界定为人们从生活经验中归纳获得的关于事物因果关系或属性状态的法则或知识，既包括一般人日常生活所归纳的常识，也包括某些专门性的知识，如科学、技术、艺术、商贸等方面的知识等。[①] 刑事证明中必须运用经验法则，无论是间接证据的推理，还是直接证据的证明力判断，都离不开经验法则的运用。经验法则在证明中通常被作为进行逻辑三段论推理大前提。如根据物品上灰尘很多推断出该物很久没有被人触摸，作为这一推理前提的经验法则就是久置的物品上会有很多灰尘。

---

① 参见张卫平：《认识经验法则》，载《清华法学》2008 年第 6 期。

以往刑事证据理论中常有观点认为，经验法则具有规范性，是对自由心证的限制，因为对证据的判断过程中必须遵守经验法则，这些说法是否能够成立是需要仔细研究的。

首先，对于其性质，有一些观点认为经验法则是一种具有规范性的准规则，甚至认为经验法则是准法规，如“经验法则的规范性既是对法官裁判行为的约束，也是对社群内公众行为的约束”①；“正因为经验法则具有规则性特征，因此诉讼中亦可能将其作为准法规对待”②。但经验法则的本质是否真的是一种规则是值得怀疑的。按照通常理解，经验法则是从生活经验中归纳的盖然性大小不同的知识，这些知识以命题的方式呈现，所以经验法则实际上就是盖然性大小不等的命题。正如汉斯·普维庭将经验法则按照盖然性大小分为四类，即生活规律、经验基本原则、简单的经验规则、纯粹的偏见。他认为，除生活规律（包括自然规律、思维规律和其他生活中的规律）外，其他具有不同盖然性的经验法则自身并无对法官的直接约束作用，法官对经验法则的采纳仍是自由的。③ 这一观点无疑是正确的，因为如果那些盖然性较低的简单经验规则甚至纯粹偏见都能约束法官心证的话，就会产生无数的错案。而且，因为经验法则中的大多数都是基于对生活经验进行不完全归纳而得出的命题，而且这种归纳都是由具体的个人进行的，所以在具有一定客观性的同时也具有较强的主观性，甚至会有因人而异的情况。因此，经验法则的认定和选择具有相当的主观性，社会上并不存在固定的“认知共识”，它无法像法律规则那样明确、具体，不能发挥法律规则那样的规范作用。

其次，因为经验法则的盖然性大小不同，而且其认定、选择和运用都具有相当的主观性，所以其不仅不能发挥限制法官自由心证的作用，而且其本身就是自由心证的表现，只有法定证据制度下才不允许运用经验法则判断证据。正是由于经验法则本身的运用具有主观性，所以还需对其运用进行必要的规范，防止法官随意运用经验法则认定事实。实际上，国内外学术界曾有不少对经验法则进行规范的主张，如用概率方法计算经验法则的盖然度、将经验法则进行类型化、对经验法则进行证明等。但这些主张要么不具有可行性，要么难以创设有效的机制。相对而言，以法律规范对经验法则的认定、选择和运用进行指导性规范能取得直接效果，而且具有较好的操作性。当然，无论如何规范，经验法则的运用都避免不了主观性，不可能对它进行完全客观化的规范，但通过指导性的、有弹性的必要规范，至少可以避免明显的滥用经验法则的情形，如将个人经验作为经验法则，随意以经验法则推翻科学证据证明的事实等。

**延伸阅读推荐**

（1）张卫平：《认识经验法则》，载《清华法学》2008 年第 6 期，第 6－24 页。

（2）吴洪淇：《从经验到法则：经验在事实认定过程中的引入与规制》，载《证据科学》2011 年第 2 期，第 157－166 页。

（3）李江海：《经验法则及其诉讼功能》，载《证据科学》2008 年第 4 期，第 418－431 页。

---

① 陈林林：《论经验法则的司法定位》，载《求是学刊》2017 年第 3 期。

② 李江海：《经验法则及其诉讼功能》，载《证据科学》2008 年第 4 期。

③ 参见［德］汉斯·普维庭：《现代证明责任问题》，吴越译，法律出版社 2006 年版，第 153 页。

## 第二节　刑事证明对象

### 问题 1：刑事证明对象的范围?

所谓证明对象，通常定义为诉讼中提出诉讼主张的一方需要用证据予以证明的事实。从这一概念界定来看，证明对象源自诉讼主张，而诉讼主张在刑事诉讼中就是控辩双方所主张的案件事实。在刑事证明中，确定证明对象的范围，一来是为了明确应当证明的事实范围是什么，二来是为了解决哪些事实未能证明时需以证明责任规范作出裁判的问题。虽然在证明中要对客观事实进行认知，但作为证明对象的应是要件事实，即根据不同的法律规范对自然事实进行评价分析后得出的规范化事实，而非自然发生的客观事实，因为只有要件事实方可与证明责任相连接。

在我国的刑事诉讼理论上，一般认为证明对象的范围包括实体法事实、程序法事实，也有观点认为还应包括证据法事实。[①]

实体法事实是证明对象的核心，主要包括犯罪构成要件事实、阻却违法性和有责性的事实、量刑事实。对于犯罪构成要件事实来说，犯罪论体系不同构成要件事实也不同。《高法解释》第 72 条第 1 款将应当运用证据证明的事实归纳为 11 项，从这 11 项的具体内容来看，基本上涵盖甚至超出了犯罪构成要件事实、阻却违法性和有责性的事实、量刑事实的范围，所以需要注意，该款规定的事实并非在所有案件中都是证明对象，如对于盗窃案件来说，盗窃时间并非定罪要件事实，如果该时间对于量刑也没有意义，那么它也非量刑要件事实，所以即便无法证明，只要其他证据足以证明被告人实施盗窃行为，也就不影响案件的定罪量刑。

程序法事实是指能够产生诉讼程序上的法律后果的事实，是诉讼程序中的客观事实适用程序规则而归纳出的要件事实。《高法解释》第 72 条第 1 款将管辖、回避、延期审理明确列举为程序法事实，除此之外还包括符合强制措施条件、违反法定程序等方面的事实。程序法事实的证明通常会影响诉讼的顺利推进，而且同样存在无法证明时的证明责任分配问题，所以必须研究各种程序事项的要件事实及其证明标准、证明责任，以明确程序法事实的证明问题。

证据法事实不同于概念含混不清的证据事实，证据法事实是指能够发生证据法上效力的事实[②]，如《高法解释》第 88 条第 1 款规定的证人感知和表达能力缺陷的事实，而证据事实一般是指证据所包含的客观事实遗留的信息[③]，是证据之所以能够成为证据的前提，这种信息虽然是客观存在的事物，但其本身实际上不属于诉讼证明意义上的事实，固然需要审查判断其真实性，但其并非证明问题，而只是判断问题，所以证据事实自然不是证明对象。但证据法事实则需要证明，在无法证明时也存在证明责任分配问题，所以应当属于证明对象。当然，如果将程序法事实作广义理解，似乎也可包含证据法事实，

---

① 参见毕玉谦：《证据制度的核心理论基础》，北京大学出版社 2013 年版，第 12 页。

② 参见张建伟：《证据法要义》，北京大学出版社 2014 年版，第 377 页。

③ 参见陈光中主编：《证据法学》，法律出版社 2019 年版，第 294 页。

但对于类似《高法解释》第88条第1款的证人感知和表达能力事实，将其作为程序法事实非常牵强，另外还有《高法解释》第83条第2款物证的复制品无法反映原物、第84条第2款书证更改无法解释以及书证的复制品无法反映原件、第98条规定的鉴定检材污染、与样本不一致等事实，都不宜归入程序法事实。所以，证据法事实应当作为证明对象的一种。

**延伸阅读推荐**

(1) 陈光中、周国均：《论刑事诉讼中的证明对象》，载《中国政法大学学报》1983年第3期，第58-64页。

(2) 孙远：《证明对象、要件事实与犯罪构成》，载《政治与法律》2011年第8期，第102-111页。

## 问题2：刑事证明中有哪些事实是免证事实？

所谓免证事实，即在诉讼中无须用证据证明的事实，无论这些事实由何方承担证明责任，都不需对这些事实进行举证证明，裁判者可以直接认定事实成立与否。我国《刑事诉讼法》并未规定免证事实，《高法解释》对此也未加补充规定，只有《高检规则》第401条规定了法庭审理中可以不必提出证据证明的事项，包括常识性事实、生效裁判确认的事实、法律法规及其适用、不存在异议的程序性事实、法律规定的推定事实、自然规律或者定律等。之所以规定以上免证事实，有的是因为没有必要证明，否则就是浪费司法资源或给当事人造成不应有的负担；有的是因为不允许再举证证明，否则就会破坏司法的权威性，如上述第401条规定的生效裁判确认的事实。

从法理上来说，由检察机关的司法解释规定免证事实的范围是存在正当性问题的，因为检察机关虽然属于司法机关，但在刑事诉讼中也是承担控诉职能的机关，类似于原告的角色，如果原告可以自己规定免证事实的范围，对被告人来说显然是不利的，同时也涉嫌侵犯法官的诉讼指挥权和庭审调查权。因此，免证事实的范围应当由《刑事诉讼法》作出明确规范，至少应该由《高法解释》加以规定，而不是由《高检规则》进行规定。

另外，《高检规则》中规定的免证事实也存在一些不合理之处，如仅简单规定“人民法院生效裁判所确认并且未依审判监督程序重新审理的事实”为免证事实，没有区分民事裁判与刑事裁判的效力，也没有区分裁判理由与裁判结果中认定的事实的效力。实践中，还经常出现控方将共同犯罪案件分案审理，然后以部分认罪被告人的案件裁判文书作为证据指控不认罪被告人的情形，明显违反证据裁判原则，也侵害了不认罪被告人的质证权。

因此，刑事证明中对免证事实的界定是有必要的，但其范围、效力、认定等问题仍是需要继续研究的重要问题，也有必要将其正式在法律中予以明确，防止随意将某种事实认定为免证事实。

## 问题3：如何把握“证明对象”“证明责任”“证明标准”三者的关系？

证明对象与证明责任、证明标准三者紧密相连不可分，因为所谓证明责任，就是在证明对象未被证明到证明标准所要求的程度（真伪不明）时，如何作出判决的规则。而之所以要确定证明对象的范围，就是因为在其真伪不明时要适用证明责任规则进行裁判。

如前所述，并非案件的所有事实都是证明对象，只有实体法事实、程序性事实、证据法事实才属于证明对象，这些事实都是经由法律规范所归纳出的要件事实，只有要件事实才需要在真伪不明时按照证明责任规则进行裁决，其他非要件事实真伪不明时不影响案件的裁判，也不需按证明责任规则进行裁决。① 而证明标准是用于衡量要件事实的证明是否达到所需的程度的，至于其他非要件事实，即便无法达到证明标准所需的程度，也未必会影响作出裁判，如在普通的抢劫、盗窃案件中，时间并非必须要证明的要件事实，所以如果实在无法证明到较为准确的时间点，而其他证据已经足以证明被告人实施了犯罪，则不影响对其定罪量刑。除非这些非要件事实的存疑导致要件事实也存疑，如案发时间无法证明导致被告人是否有作案时间存在疑问，则无法对其定罪量刑，只能按照证明责任分配规则作出疑罪从无的裁判。

综上，证明对象、证明责任、证明标准是紧密的统一体，每个证明对象都有其相对应的证明责任分配，且有其对应的证明标准。

## 第三节 刑事证明责任

### 问题1：证明责任是专属于控诉方独自承担的责任吗?

在我国的刑事诉讼法及其理论中，证明责任也称为举证责任，包含两个方面的含义：一是指证明主体就其诉讼主张承担的提供证据予以证明的责任，也即行为责任；二是当其没有提供证据或所提供的证据不足以证明其诉讼主张时，要承受其诉讼主张不被裁判者采纳的不利后果，也即结果责任。学术界常将我国理论上的行为责任与结果责任和大陆法系理论上的主观证明责任与客观证明责任视为等同，但实际上还是有所区别。大陆法系的主观证明责任是指控辩双方在诉讼中都要提供一定证据，客观证明责任是指当事实真伪不明时由何方承担不利后果；主观证明责任随着诉讼进程可在双方之间发生来回转移，而客观证明责任则不发生改变。相比之下，我国理论中的行为责任一般就是由证明责任主体承担的，不在控辩双方之间来回转移；而结果责任是以诉讼主张未能证明或证明责任主体未提供证据为前提，而不是以事实真伪不明为前提。因此，虽然在多数情形下无论是以我国的传统证明责任理论来判断还是以大陆法系的主客观证明责任理论来判断一个具体案件，得到的结果都是相同的，但其原理存在一些区别。相比之下，大陆法系的客观证明责任更符合证明责任规则的本质，因为证明责任规则的根本意义就是在事实无法被证明至相应标准时如何裁判的规则，它针对的是事实真伪不明，实质上是对事实真伪不明的风险分配。②

我国《刑事诉讼法》第51条规定：“公诉案件中被告人有罪的举证责任由人民检察

① 参见［日］伊藤滋夫：《事实认定的基础——法官判断事实的构造》，有斐阁1997年版，第175页。转引自胡学军：《在“生活事实”与“法律要件”之间：证明责任分配对象的误识与回归》，载《中国法学》2019年第2期。

② 参见［德］汉斯·普维庭：《现代证明责任问题》，吴越译，法律出版社2006年版，第26页。

院承担，自诉案件中被告人有罪的举证责任由自诉人承担。”在2011年《刑事诉讼法》修正案草案中，这一条曾有一个但书“但是，法律另有规定的除外”，但后来正式通过的修正案则删去了这一但书。这是否意味着刑事诉讼中控方就要承担全部证明责任呢？对此问题不能如此理解。《刑事诉讼法》第51条是刑事诉讼证明责任分配的一般规范，也就是说原则上控方承担被告人有罪的证明责任，但如果《刑事诉讼法》或其他同位阶法律对个别事实的证明责任分配作出与一般规范不一致的特别规定，那么则适用特别法优于一般法的原则，由相应的主体承担证明责任。因此，《刑事诉讼法》第51条虽然删去但书，但不意味着刑事诉讼中所有的证明责任都是由控方承担的，在法律有特别规定的时候，其他诉讼主体也要对特定事实承担部分证明责任。需要注意的是，由于对刑事诉讼中被告人有罪事实的证明责任进行特殊分配是无罪推定原则的例外，所以只有与《刑事诉讼法》同位阶的法律方可作出这种特殊分配，其他法律、法规、司法解释、规章是不得进行特殊分配的。另外，程序法事实、证据法事实的证明责任通常是由主张方承担，所以这些事实的证明责任也未必都是由控方承担的。

**延伸阅读推荐**

（1）李昌盛：《积极抗辩事由的证明责任：误解与澄清》，载《法学研究》2016年第2期，第171－190页。

（2）陈光中、陈学权：《中国语境下的刑事证明责任理论》，载《法制与社会发展》2010年第2期，第50－57页。

## 问题2：刑事诉讼中被告人是否需要承担证明责任？

如上所述，虽然基于无罪推定原则，刑事诉讼中被告人有罪的事实通常是由控方承担证明责任的，但在法律对特定事实有特殊分配的时候，其他诉讼主体就要承担一定的证明责任，因此被告人是否需要承担证明责任取决于法律中是否有对被告人的特殊证明责任分配规则。

在大陆法系，被告人通常对于证明其有罪的事实不承担证明责任，对于包括违法性、有责性在内的所有犯罪构成要件事实，都是由控方承担证明责任的；但在英美法系，被告人通常要对积极抗辩事由承担证明责任，有时承担提供证据的责任，有时还要承担说服责任。所谓积极抗辩事由，即独立于犯罪本体要件之外的其他辩解事由。[①] 另外，在两大法系，程序性事实在很多情况下是由提出主张的一方承担证明责任，少数情况下法律将证明责任分配给另一方。如在美国，有些州要求被告人对证据非法取得负有提供证据的责任与说服责任；少数州要求被告人要对自白非任意性承担证明责任。[②] 再如日本在对于逮捕、保释、扣押、扣押物品退还等诉讼程序事项的抗告中，法院要审查是否有理由，若认为证据不足以证明理由，则会驳回抗告[③]，这表明这些程序性事实的证明责任是由抗告方承担的。

---

① 参见李昌盛：《积极抗辩事由的证明责任：误解与澄清》，载《法学研究》2016年第2期。

② 参见王兆鹏：《美国刑事诉讼法》，北京大学出版社2005年版，第533页。

③ 参见［日］松尾浩也：《日本刑事诉讼法》（下），张凌译，中国人民大学出版社2005年版，第203页。

我国《刑事诉讼法》第 51 条虽然在字面上只规定被告人有罪的举证责任由检察机关和自诉人承担，但不意味着被告人就不需承担任何证明责任。刑事诉讼中诸多程序性事实都要由被告人承担证明责任，如申请回避，我国实行有因回避，根据《高法解释》第 33 条规定，当事人及其法定代理人依《刑事诉讼法》第 30 条申请法官回避，应当提供证明材料，这也就意味着，如果是被告人申请法官回避，且最终法官是否具有《刑事诉讼法》第 30 条规定的情形真伪不明，则法院不会决定让法官回避，这显然是由申请方也即被告人承担证明责任的。在实体法事实方面，《刑法》第 395 条巨额财产来源不明罪的罪状为“国家工作人员的财产、支出明显超过合法收入，差额巨大的，可以责令该国家工作人员说明来源，不能说明来源的，差额部分以非法所得论”，此处“差额部分以非法所得论”意味着当财产来源的合法性真伪不明时，将会认定该财产为非法所得，这显然是将事实真伪不明的不利后果分配给被告人承担，也就是将财产来源合法性事实的证明责任分配给被告人。除此之外，《刑法》第 155 条第 2 款“在内海、领海、界河、界湖运输、收购、贩卖国家禁止进出口物品的，或者运输、收购、贩卖国家限制进出口货物、物品，数额较大，没有合法证明的”，以及第 282 条“非法持有属于国家绝密、机密的文件、资料或者其他物品，拒不说明来源与用途的”也是将行为合法性的证明责任分配给被告人。另外，对被告人从重量刑的事实应由控方承担证明责任，但对被告人从轻量刑的事实则应由被告人承担证明责任，因为对于从轻处罚的事实来说，根据《高法解释》第 72 条第 2 款规定“认定被告人有罪和对被告人从重处罚，适用证据确实、充分的证明标准”，意味着从轻处罚事实只需达到较低的优势证明标准即可，若从轻处罚事实甚至无法达到这一较低证明标准，当然不应对被告人从轻处罚，否则就有违刑法上的罪刑相适应原则，所以在从轻处罚事实真伪不明时被告人要承担无法被从轻处罚的不利后果。

因此，我国的刑事被告人对特定待证事实要承担证明责任，包括《刑法》中对实体法事实特殊分配的证明责任、程序性事实、除取证合法性外其他证据法事实的证明责任。但需要注意，让被告人承担证明责任必须有明确的法律依据，而不存在法官裁定转移证明责任的可能性，因为证明责任只能由法律事前分配，不能由法官自由裁量分配。

**延伸阅读推荐**

(1) 龙宗智：《推定的界限及适用》，载《法学研究》2008 年第 1 期，第 106－125 页。

(2) 何家弘：《刑事诉讼中举证责任分配之我见》，载《政治与法律》2002 年第 3 期，第 68－74 页。

## 问题 3：自诉案件的证明责任分配依据是什么？与公诉案件有什么不同？

根据《刑事诉讼法》第 51 条规定，自诉案件中被告人有罪的证明责任由自诉人承担。这是自诉案件证明责任分配的一般性原理，而且只针对被告人的犯罪构成要件事实的证明责任分配。基于如上所述的原理，在法律对证明责任有特殊分配的时候，则适用特别分配规范。因为在实体法事实方面我国《刑法》仅在巨额财产来源不明罪、非法持有国家绝密、机密文件、资料、物品罪以及第 155 条第 2 款走私罪中将部分要件事实的证明责任分配给被告人承担，所以自诉的三类案件中并无特殊的证明责任分配。虽然自诉案件是平权主体被害人与被告人之间的诉讼，但与民事诉讼中通常适用法律关系主张一方承担证明责任的分配原则不同，自诉案件中被告人有罪的证明责任全部由自诉人承担，包括犯罪构成要件事实的证明责任以及正当防卫、紧急避险等违法或责任阻却事由不成立的证明责任，被告人无须承担证明责任。

但与公诉案件一样，自诉案件中的程序性事实通常都是由申请一方承担证明责任，所以对于回避、管辖、证据排除事由等程序法事实和证据法事实，如果被告人提出申请，要承担相应的证明责任。

## 问题 4：刑事证明责任是如何转移的?

在我国刑事诉讼法学界，经常有人提及“证据责任的转移”[①]，严格来说这是非常不准确的说法，尤其是有人还提出“法官转移证明责任的决定”之类的说法[②]，更是有误导之嫌。证明责任本质上是一种事实真伪不明（也即无法达到证明标准）时的裁判规则，证明责任只能由法律进行事前的分配，不存在转移之说，法官只能适用证明责任分配规则，不能随意变更法定的证明责任分配。如我国《刑事诉讼法》第 51 条明确规定“公诉案件中被告人有罪的举证责任由人民检察院承担，自诉案件中被告人有罪的举证责任由自诉人承担”，这就意味着除非《刑事诉讼法》或与《刑事诉讼法》同位阶的其他法律中有证明责任的特殊分配规则，否则被告人有罪事实的证明责任均应由检察机关和自诉人承担，也即当有罪事实真伪不明时，只能由检察机关和自诉人承担不利后果——被告人被宣告无罪。

有时还有“证明责任倒置”一说[③]，但这种说法同样似是而非，而且容易引人误解。这种说法大多数时候是指法律将本应由 A 承担的证明责任分配给 B 承担，所以谓之“倒置”。法律在分配证明责任时，考虑多种因素，交由何方承担即应由何方承担，如果一种事实的证明责任通常应由 A 承担却被分配给 B，从立法角度似乎也可谓之倒置。当然，法律也不可能随意分配证明责任规则，如在刑事诉讼中，基于未经人民法院依法判决对任何人都不得确定有罪原则的限制，法律当然不可能随意将有罪事实的证明责任交由被告人承担，否则无异于破坏未经人民法院依法判决对任何人都不得确定有罪原则，但在确有必要的情况下，经过审慎权衡法律可作出特殊的证明责任分配，将部分事实的证明责任分配给被告人。但为了避免误解，最好不要用“证明责任倒置”的说法，否则容易使人误以为在司法过程中司法人员可以随意将证明责任予以倒置。

## 问题 5：推定与证明责任的关系是什么?

推定是一种根据已知事实得出推定事实的法律机制和规则。推定与推理、推论不同，推定是法定的特殊证明责任分配规则，也即将正常情况下应当由一方承担的证明责任分配给另一方，这种情况下就明显减轻了一方的证明负担而增加了另一方的证明负担[④]，而

① 如房保国：《论辩护方的证明责任》，载《政法论坛》2012 年第 6 期。

② 参见马可、吕升运：《非法证据排除规则适用中的司法证明问题——以〈非法证据排除规定〉、2012 年〈刑事诉讼法〉修正案及司法解释为视角》，载《苏州大学学报（哲学社会科学版）》2014 年第 3 期。

③ 参见彭荣、李一珊：《论刑事诉讼中的证明责任》，载《云南大学学报（法学版）》2015 年第 2 期。

④ 参见龙宗智：《推定的界限及适用》，载《法学研究》2008 年第 1 期。

推理、推论则是指根据证据、运用经验而逐步得出结论；推定必须是法律明确规定的，而推理、推论则是指思维过程和结果；推定会改变通常的证明责任分配，而推理、推论与证明责任无关。

刑事诉讼中的未经人民法院依法判决对任何人都不得确定有罪原则本身也是一种推定，但其是一种政策性推定，与这里所说的推定并不完全相同，未经人民法院依法判决对任何人都不得确定有罪原则将被告人有罪事实的证明责任分配给控方，除非有法定的例外情形，而这里所说的推定就是刑事实体法事实证明责任分配的例外情形之一，典型的就是我国《刑法》第 395 条巨额财产来源不明罪，该罪的罪状是根据国家工作人员的财产明显超出其合法收入，将财产推定为非法所得，除非能够证明为合法收入。在此过程中，本应由控方承担的财产来源合法性事实的证明责任被分配给被告人，减轻了控方的证明负担。当最终财产来源究竟合法还是非法无法查明时，被告人要承担不利后果，即其财产被“以非法所得论”。推定所分配的一般只是部分要件事实的证明责任，也就是推定事实的证明责任，而基础事实的证明责任不变，如在巨额财产来源不明罪中，被告人拥有与其合法收入不相符的巨额财产这一基础事实仍由控方承担证明责任。

因此，推定是一种分配证明责任的特殊机制，它改变通常的证明责任分配原则，而这一般是基于政策、便利等方面的考虑。在刑事诉讼中，由于推定所改变的证明责任分配构成无罪推定原则的例外，所以必须严格控制，只能由《刑事诉讼法》或与《刑事诉讼法》同位阶的其他法律作出规定，司法解释不能规定推定。

## 第四节 刑事证明标准

### 问题 1：如何把握“排除合理怀疑”的证明标准？

“排除合理怀疑”本身是英美法的证明标准，适用于对刑事被告人犯罪事实的证明。2012 年之前，其也曾在部分地方司法机关的司法文件中出现过。2012 年《刑事诉讼法》修改将“排除合理怀疑”正式纳入我国的刑事证明标准，作为“证据确实、充分”的解释性要素。从字面意义上来看，“排除合理怀疑”就是指不存在合理的疑点，但在具体运用中，如何理解“排除合理怀疑”有诸多不同观点，以至于其发源地英美法系国家目前也没有对其统一的理解，对于是否需要向陪审团解释其含义、如何对其进行解释，皆有不同观点。

虽然我国学术界和理论界对“排除合理怀疑”这一术语都不陌生，但在其被正式纳入立法之后，要使其发挥预想的效果，就必须对其有更合理的理解。根据全国人大常委会法工委刑法室的说明，之所以引入“排除合理怀疑”，是因为原《刑事诉讼法》未对“证据确实、充分”的具体含义进行规定，导致实践中对此存在不同认识，因此修改后的《刑事诉讼法》增加了认定“证据确实、充分”的条件，进一步明确刑事案件的证明标准。“排除合理怀疑”是指对于认定的事实已经没有符合常理的、有根据的怀疑，实际上达到确信的程度。“证据确实、充分”具有较强的客观性，但在司法实践中，这一标准是否达到还是需要通过司法人员的主观判断，以达到主客观相统一，只有对案件已经不存在合理的怀疑，形成内心确信，才能认定案件“证据确实、充分”。使用“排除合理怀疑”这一提法，并不是修改了我国刑事诉讼的证明标准，而是从主观方面的角度进一步明确了“证据确实、充分”的含义，便于办案人员把握。①

通过全国人大常委会法制工作委员会刑法室的上述说明可以看出，之所以在立法中非常罕见地直接将英美的法律术语纳入，是因为以往“证据确实、充分”的证明标准不仅过于抽象，而且偏重于客观方面，但证据究竟是否确实、是否充分，最终只能由司法人员进行主观判断。人们可以认识过去的客观事实，但这种认识不可能是对客观事实的完整映像，而只能通过感官、语言、概念对过去的客观事实进行观念上的把握，达到认识与客观事实的符合，所以这种符合是有限度的，而证明标准的作用就是从主观角度对认识与客观事实的符合程度提出明确要求。因此，“排除合理怀疑”就是这种从主观角度而提出的具有更强操作性的明确要求，只要司法人员认为已经不存在合理的、有根据的疑点，就说明达到了主观与客观事实的符合程度，就可以定案。对于我国的司法实务来说，为避免对“排除合理怀疑”的不当理解，有必要通过对“排除合理怀疑”进行学理解释，让司法人员准确掌握其精神和内涵，避免走向只要有疑问就不敢定案以及无论何种疑问均不假思索直接定案两种相反的极端。

**延伸阅读推荐**

（1）龙宗智：《中国法语境中的“排除合理怀疑”》，载《中外法学》2012年第6期，第1124－1144页。

（2）李训虎：《“排除合理怀疑”的中国叙事》，载《法学家》2012年第5期，第52－67页。

（3）魏晓娜：《“排除合理怀疑”是一个更低的标准吗?》，载《法学家》2013年第9期，第57－63页。

## 问题2：适用的审判程序不同，证明标准是否也不同?

我国《刑事诉讼法》将审判程序按照繁简程度分为三种，即普通程序、简易程序、速裁程序，其中简易程序适用于基层人民法院管辖的案件事实清楚、证据充分、被告人承认所犯罪行且对适用简易程序没有异议的案件；速裁程序适用于基层人民法院管辖的可能判处3年以下有期徒刑，案件事实清楚，证据确实、充分，被告人认罪认罚且同意适用速裁程序的案件。

《刑事诉讼法》虽然将审判程序分为三种，但第55条所规定的“证据确实、充分”标准是适用于所有类型案件的，从文义中即可看出这一点，因为该条规定为“对一切案件的判处都要重证据，重调查研究，不轻信口供。只有被告人供述，没有其他证据的，不能认定被告人有罪和处以刑罚；没有被告人供述，证据确实、充分的，可以认定被告人有罪和处以刑罚”，并未对简易程序和速裁程序规定不同的证明标准。因此，至少从法律来看，并未因程序的繁简不同而设置高低不同的证明标准。

---

① 参见全国人大常委会法制工作委员会刑法室：《关于修改中华人民共和国刑事诉讼法的决定：条文说明、立法理由及相关规定》，北京大学出版社2012年版，第53页。

有学者认为，审判程序的繁简不同，意味着当庭对证据举证质证的深度不同，也就意味着裁判者对证据的认知是不同的，在这种情况下，即便是同一个案件，如果适用三种程序分别审判能否使裁判者获得对案件事实相同程度的认知，是有疑问的。也就是说，获取心证的具体程序设置不同，所达到的“证据确实、充分”程度亦不可能相同。① 但证明标准是对裁判者的认识与客观事实符合程度的要求，无论诉讼程序如何设置，也无论提供的证据素材数量多少，只有裁判者确信自己的认识达到这种符合程度的要求才可定案，所以如果认为因为程序不同裁判者的认识符合程度就会不同，似乎缺乏有力的论据。

综上，法律并未对不同程序设定不同的证明标准，所以我国刑事诉讼的三种审判程序适用的证明标准应当是同一的，没有高低之分，这一点是应当强调的，否则司法人员可能会产生程序简化证明标准也降低的错误认识。

### 问题 3：认罪认罚案件的证明标准是否会因为被告人认罪认罚而降低?

认罪认罚案件的证明标准问题是过去几年颇有争议的刑事证据法问题之一。实务界有支持降低证明标准的声音②，而理论界的主流观点是不能降低证明标准，但有学者认为实践中证明标准会被隐性降低③，也有学者认为坚持证明标准不意味着不可以根据案件特点和证明对象进行灵活把握。④ 但另有一种更具说服力的观点认为，认罪认罚案件是由于达到证明标准的难度较低所以程序相应简化，而非程序简化故而可以降低证明标准。⑤

认罪认罚制度是贯彻宽严相济刑事政策在实体法和程序法上的双重体现，同时也是为了推动案件的繁简分流。但认罪认罚案件仍要坚持证据裁判原则，全面收集、固定、审查和认定证据，坚持法定证明标准，不能因犯罪嫌疑人、被告人认罪而降低证据要求和证明标准。无论《刑事诉讼法》还是有关司法解释，均未对认罪认罚案件的证明标准作出特殊规定。如前所述，《刑事诉讼法》第 55 条第 2 款规定的证据确实、充分的证明标准适用于所有案件，而且没有其他条款对认罪认罚案件的证明标准作出特殊规定；两院三部《关于适用认罪认罚从宽制度的指导意见》专门强调要坚持认罪认罚案件的法定证明标准，不能降低证据要求和证明标准，还要求对于证据不足、事实不清的案件，应当依法作出撤销案件、不起诉或宣告无罪的处理。因此，从规范层面来看，认罪认罚案件的证明标准与其他案件一样，均为“证据确实、充分，排除合理怀疑”。

有学者认为，在认罪认罚案件中，我国刑事证明标准中的实体要件与心证要件均不存在放宽或降低之可能性，但因为证据调查程序的严格性程度，可较不认罪案件做一定程度的降低，从而达到实质上降低证明标准之效果。⑥ 但基于如上所述的理由，认罪认罚案件固然因为被告人同意认罪认罚而降低了控方证明难度，但这并不意味着裁判者就因此降低了对被告人实施犯罪行为这一事实的确信程度，如果认为被告人是否实施犯罪行

---

① 参见孙远：《刑事证明标准层次性理论之适用问题研究》，载《法学家》2019 年第 5 期。

② 参见山东省高级人民法院刑三庭课题组：《关于完善刑事诉讼中认罪认罚从宽制度的调研报告》，载《山东审判》2016 年第 3 期。

③ 参见孙远：《论认罪认罚案件的证明标准》，载《法律适用》2016 年第 11 期。

④ 参见孙长永：《认罪认罚案件的证明标准》，载《法学研究》2018 年第 1 期。

⑤ 参见谢澍：《认罪认罚从宽制度中的证明标准——推动程序简化之关键所在》，载《东方法学》2017 年第 5 期。

⑥ 参见孙远：《论认罪认罚案件的证明标准》，载《法律适用》2016 年第 11 期。

为存在合理疑问，即便被告人认罪认罚且签署具结书，也不可给其定罪。所以，认罪认罚案件的证明标准既不能也不会被隐性降低。

**延伸阅读推荐**

（1）孙长永：《认罪认罚案件的证明标准》，载《法学研究》2018 年第 1 期，第 167－187 页。

（2）孙远：《论认罪认罚案件的证明标准》，载《法律适用》2016 年第 11 期，第 14－19 页。

（3）谢澍：《认罪认罚从宽制度中的证明标准——推动程序简化之关键所在》，载《东方法学》2017 年第 5 期，第 131－137 页。

## 问题 4：间接证据定案的证明标准如何判断？

在证据理论上可将证据分为直接证据和间接证据，一般认为间接证据就是不能直接证明案件主要事实，而需要通过推理并与其他证据结合起来才能证明案件主要事实的证据；而直接证据则是不需推理就可单独证明案件主要事实的证据。但这种区分标准并不准确，因为无论直接证据还是间接证据的判断都需要推理，只不过推理的链条长短不同而已。直接证据也需要推理，但其推理一般直接指向其证明力大小问题，只要能确定其证明力没有疑问，基本上就能够认定案件事实，而单个间接证据证明力再大也无法单独证明案件事实。因此，直接证据与间接证据的关键区别在于直接证据能够单独证明案件主要事实而间接证据不能单独证明主要事实。

如果案件中有直接证据，理论上来说，只要能够确信直接证据的真实性，且在法律并未规定强制性补强规则的情况下，就可以定案，如直接证据为拍下案发过程的视频，证明力较大，可直接据以定案；但如果直接证据是口供，则需满足口供补强规则方可定案。但我国在司法实践中形成了“孤证不定案”之类的证明潜规则，所以即便具有较强证明力的直接证据，通常也需要其他证据的印证方可定案。而间接证据定案则更为复杂，因为间接证据无法单独证明案件事实，必须形成所谓“证据链”方可定案，也即每个要件事实都需有相应的间接证据通过多步推理而得到证明。《高法解释》第 140 条对间接证据定案作出了细化的规范，即必须满足“（一）证据已经查证属实；（二）证据之间相互印证，不存在无法排除的矛盾和无法解释的疑问；（三）全案证据形成完整的证据链；（四）根据证据认定案件事实足以排除合理怀疑，结论具有唯一性；（五）运用证据进行的推理符合逻辑和经验”五个条件，不仅要在证据查证属实的基础上形成环环相扣的证据链，使每个要件事实都得到证明，还必须排除证据链中存在的合理疑点，方可定案。这也就意味着，间接证据不存在孤证定案的可能，必须具有多个能够证明要件事实的实质性证据，而且多个证据之间必须能够印证，最终使证据体系排除合理怀疑，较之直接证据定案的路径更为复杂。

司法解释之所以对间接证据定案的证明标准作出专门规定，是因为间接证据的推理链条比直接证据的要长，要运用更多的经验法则。而经验法则基本上都是盖然性大小不等的经验命题，因此也潜藏着更多的错误认定案件事实的风险，要从证据印证、证据链方面对间接证据定案提出更高的要求。虽然如此，最终仍是以裁判者是否认为存在合理怀疑作为定案的标准，在这一点上与直接证据定案并无本质区别。

**延伸阅读推荐**

（1）阮堂辉：《“证据锁链”的困境及其出路破解——论间接证据在我国刑事诉讼中的独立定案功能》，载《中国刑事法杂志》2006 年第 4 期，第 68－74 页。

（2）何家弘、吕宏庆：《间接证据的证明方法初探》，载《证据科学》2021 年第 3 期，第 261－273 页。

（3）张倩、刘静坤：《间接证据案件的定案规则探析》，载《中国检察官》2012 年第 7 期，第 28－30 页。

## 本章课后演练

**（一）不定项选择题**

1. 下列哪些选项属于刑事诉讼中的证明对象？（　　）

A. 行贿案中，被告人知晓其谋取的系不正当利益的事实

B. 盗窃案中，被告人的亲友代为退赃的事实

C. 强奸案中，用于鉴定的体液检材是否被污染的事实

D. 侵占案中，自诉人申请期间恢复而提出其突遭车祸的事实，且被告人和法官均无异议

2. 甲是一名 17 岁的高中生，在 2023 年 9 月 30 日中秋放假期间，他潜入某单位办公室，盗窃显示屏 5 个。在公安机关立案侦查时，下列哪些内容属于刑事诉讼的证明对象？（　　）

A. 甲的年龄

B. 2023 年 9 月 30 日放假的事实

C. 甲的盗窃事实

D. 甲犯罪后的表现

3. 关于《刑事诉讼法》规定的证明责任分担，下列哪一选项是正确的？（　　）

A. 公诉案件中检察院负有证明被告人有罪的责任，证明被告人无罪的责任由被告方承担

B. 自诉案件的证明责任分配依据“谁主张，谁举证”的法则确定

C. 巨额财产来源不明案中，被告人承担说服责任

D. 非法持有枪支案中，被告人不负证明自己无罪的责任

4. 关于刑事诉讼中的证明责任，下列哪些选项是正确的？（　　）

A. 总是与一定的积极诉讼主张相联系，否认一方不负证明责任

B. 总是与一定的不利诉讼后果相联系，受到不利裁判的不一定承担证明责任

C. 是主观证明责任与客观证明责任的统一，举出证据并非履行了客观证明责任

D. 是专属于控诉方独自承担的责任，具有一定的责任排他性

5. 下列关于刑事诉讼中证明责任的表述，正确的是（　　）。

A. 甲故意伤害案中，辩护人提交了甲不在案发现场的证据，其对该事项承担证明

责任

B. 乙侵占案中，乙主张被侵占的财产属于自己占有，其对该事项承担证明责任

C. 丙故意杀人案中，丙提出排除在看守所之外讯问所获得的供述，检察院对侦查讯问程序的合法性承担证明责任

D. 丁因盗窃戊的财物，被提起公诉，戊对被盗窃的财物归其所有承担证明责任

6. 关于我国刑事诉讼的证明主体，下列哪些选项是正确的？（　　）

A. 故意毁坏财物案中的附带民事诉讼原告人是证明主体

B. 侵占案中提起反诉的被告人是证明主体

C. 妨害公务案中就执行职务时目击的犯罪情况出庭作证的警察是证明主体

D. 证明主体都是刑事诉讼主体

7. 下列关于证明责任分配理论的表述，正确的有（　　）。

A. 检察院指控被告人犯强奸罪，辩护人发现案发时被告人在外地的证据，应当向法庭承担被告人不在犯罪现场的证明责任

B. 被告人申请法庭排除自己的供述，声称遭受刑讯逼供并向法庭提供了被打掉牙的X光片，检察院应当向法庭承担侦查机关没有对被告人实施刑讯逼供的证明责任

C. 被告人申请法庭排除自己的供述，声称在羁押期间，侦查人员将自己带出看守所进行讯问并实施了刑讯逼供，被告人应当向法庭承担自己遭受刑讯逼供的证明责任

D. 自诉人向法院起诉被告人犯侵占罪，被告人提出被侵占的财产属于自己所有，被告人应当向法庭承担财产归自己所有的证明责任

8. 下列在刑事诉讼活动中需要承担证明责任的主体有（　　）。

A. 公诉人　　B. 自诉人

C. 自诉案件中提起反诉的被告人　　D. 附带民事诉讼原告人

9. 甲以乙诽谤自己向法院提起自诉，法庭审理中，甲、乙都向法庭申请调取新的证据。根据乙的申请，法院依法向证人丙调取了证据。下列哪一主体在该案中负有主观证明责任？（　　）

A. 甲　　B. 乙

C. 丙　　D. 法院

10. 根据刑事诉讼法有关规定，我国刑事诉讼的证明标准是（　　）。

A. 排除合理怀疑

B. 排他性

C. 唯一性

D. 犯罪事实清楚，证据确实、充分

**（二）判断分析题**

1. 审前阶段公检人员对证据的收集活动属于证明。

2. 程序法事实不是刑事诉讼法的证明对象。

3. 刑事诉讼中被告人有时也需要承担证明责任。

4. 自诉案件中程序性事实的证明责任也由自诉人承担。

5. 适用普通程序与速裁程序的证明标准不同。

**（三）简答题**

1. 刑事诉讼中证明对象的范围？

2. 自诉案件中证明责任是如何分配的？

3. 我国刑事诉讼中定罪的证明标准是什么？

4. 刑事诉讼中免证事实有哪些？

**（四）论述题**

1. 如何理解“排除合理怀疑”中的合理怀疑？

2. 试述我国刑事诉讼中的证明责任。

# 参考答案

**（一）不定项选择题**

1. AB　2. ACD　3. D　4. ABC　5. C　6. ABD　7. B　8. ABCD　9. A　10. AD

**（二）判断分析题**

1. 题略。

错误。审判阶段公检人员通过提供证据而证明特定事实主张的活动属于证明，如在审前阶段，检察机关在很多程序事项中处于事实上的裁判者地位，而侦查机关常需要向检察机关证明某些事实；但是将收集证据也作为证明活动，是不妥当的，收集证据是为证明做准备，是提供证明所需的认识素材，对收集证据行为主要由其他程序性规则进行规范。

2. 题略。

错误。程序法事实是指能够产生诉讼程序上的法律后果的事实，是诉讼程序中的客观事实适用程序规则而归纳出的要件事实。程序法事实的证明通常会影响诉讼的顺利推进，而且同样存在无法证明时的证明责任分配问题，所以程序法事实也是刑事诉讼中的证明对象之一。

3. 题略。

正确。虽然基于未经人民法院依法判决对任何人都不得确定有罪原则，刑事诉讼中被告人有罪的事实通常是由控方承担证明责任的，但在法律对特定事实的证明责任有特殊分配的时候，其他诉讼主体就要承担一定的证明责任。因此当法律对被告人的证明责任进行特殊分配时，被告人要承担部分要件事实的证明责任，如巨额财产来源不明罪中财产来源合法性事实的证明责任。

4. 题略。

错误。与公诉案件一样，自诉案件中的程序性事实通常都是由申请一方承担证明责任，所以对于回避、管辖、证据排除事由等程序性事实和证据法事实，被告人提出申请的，要承担相应事由的证明责任。

5. 题略。

错误。法律并未对不同程序设定不同的证明标准，所以我国刑事诉讼的各种审判程序适用的证明标准应当是同一的，没有高低之分，这一点是应当强调的，否则司法人员可能会产生程序简化证明标准也降低的错误认识。

### （三）简答题

1. 题略。

所谓证明对象，通常定义为指诉讼中提出诉讼主张的一方需要用证据予以证明的事实，在证明对象无法证明时存在证明责任分配问题。证明对象的范围包括实体法事实、程序法事实以及证据法事实。

实体法事实是证明对象的核心，主要包括犯罪构成要件事实、阻却违法性和有责性的事实、量刑事实。程序法事实是指能够产生诉讼程序上的法律后果的事实，是诉讼程序中的客观事实适用程序规则而归纳出的要件事实。证据法事实是指能够发生证据法上效力的事实，如《高法解释》第88条第1款规定的关于证人感知和表达能力缺陷的事实。

2. 题略。

根据《刑事诉讼法》第51条的规定，自诉案件中被告人有罪的证明责任由自诉人承担。因此在法律未对属于自诉案件的某种犯罪进行特殊证明责任分配的情况下，自诉案件中被告人有罪的证明责任全部由自诉人承担，包括犯罪构成要件事实的证明责任以及正当防卫、紧急避险等违法或责任阻却事由不成立的证明责任，被告人无须承担证明责任。自诉案件中的程序性事实通常都是由申请一方承担证明责任，所以对于回避、管辖、证据排除事由等程序性事实和证据法事实，如果被告人提出申请，一般要承担相应的证明责任。

3. 题略。

刑事诉讼中的证明标准，是指法律规定的公安司法人员运用证据证明案件事实要求达到的程度。依据刑事诉讼法的有关规定和诉讼理论，我国刑事诉讼证明标准可概括为：案件事实清楚，证据确实、充分，排除合理怀疑。“证据确实、充分”是总体要求，具体体现在“排除合理怀疑”的判断方面，“排除合理怀疑”是指对于认定的事实已经没有符合常理的、有根据的怀疑，实际上达到确信的程度。总体上，我国的刑事诉讼证明标准可以作以下理解：(1) 据以定罪的证据均已查证属实；(2) 案件事实均有必要的证据予以证明；(3) 证据之间、证据与案件事实的矛盾得到合理的排除；(4) 对案件事实的证明结论排除了其他合理存在的可能性。

4. 题略。

免证事实，即在诉讼中无须用证据证明的事实，无论这些事实由何方承担证明责任，都不需对这些事实进行举证证明，裁判者可以直接认定事实成立与否。《高检规则》第401条规定了法庭审理中不必提出证据证明的事项，包括常识性事实、生效裁判确认的事实、法律法规及其适用、不存在异议的程序性事实、法律规定的推定事实、自然规律或者定律等。

### （四）论述题

1. 题略。

首先，排除合理怀疑中的“合理怀疑”包括下列种类的怀疑：

(1) 客观性怀疑与主观性怀疑。客观性怀疑即证据中存在的无须进行主观上的复杂推理即可发现的疑点；主观性怀疑即证据在外观上并无疑点，但裁判者仍然在主观上认为存在的疑点。“排除合理怀疑”则要求无论是客观性怀疑还是主观性怀疑，只要是合理的且对定罪量刑有影响，均应予以排除才能定案。

(2) 单个证据的怀疑与全案证据的怀疑。单个证据的怀疑即对单个证据的真实性、关联性产生的怀疑；全案证据的怀疑即综合全部在案证据之后，对某个事实认定结论产生的怀疑。

(3) 逻辑性怀疑与经验性怀疑。逻辑性怀疑即证据推理中在逻辑规则方面存在的疑点，经验性怀疑即证据推理中经验性前提方面存在的疑点。

其次，合理怀疑的"合理"可以从正反两方面来界定：

(1) 从反面来看，"合理怀疑"不是毫无根据、凭空想象、纯粹臆测的怀疑，也不是所有的怀疑，否则就没有任何案件能够达到证明标准。

(2) 从正面来看，"合理怀疑"是指那些有证据支持的、有合理线索的、符合生活经验的、符合逻辑规则的怀疑。

2. 题略。

证明责任在我国也称为举证责任，通常是指证明主体就其诉讼主张承担的提供证据予以证明的责任，也即行为责任；以及当其没有提供证据或所提供的证据不足以证明其诉讼主张时，要承受其诉讼主张不被裁判者采纳的不利后果，也即结果责任。

《刑事诉讼法》第 51 条规定，公诉案件中被告人有罪的举证责任由人民检察院承担，自诉案件中被告人有罪的举证责任由自诉人承担。该条虽然在字面上只规定被告人有罪的举证责任由检察机关和自诉人承担，但不意味着被告人就不需承担任何证明责任。刑事诉讼中诸多程序性事实都要由被告人承担证明责任，如申请回避。在证据法事实方面，被告人也需要承担除取证合法性事实之外的其他证据法事实的证明责任；在实体法事实方面，被告人有时也要承担法律特殊分配的部分要件事实的证明责任，如《刑法》规定的"巨额财产来源不明罪""非法持有国家绝密、机密文件、资料、物品罪"都要求被告人承担部分要件事实的证明责任。

# 第九章　附带民事诉讼

## 本章知识图谱

- 附带民事诉讼
  - 概念
    - 附带民事诉讼，是指公安司法机关在刑事诉讼过程中，在解决被告人刑事责任的同时，附带解决被告人的犯罪行为所造成的物质损失的赔偿问题而进行的诉讼活动
  - 特点
    - 附带民事诉讼性质的特殊性
    - 附带民事诉讼法律依据的复合性
    - 附带民事诉讼处理程序的附属性
  - 意义
    - 有利于维护被害人的经济利益
    - 有利于打击和制裁犯罪活动
    - 有利于公安司法机关全面、正确处理案件
    - 有利于保证人民法院审判工作的统一性和严肃性
    - 有利于提高诉讼效率和效益
  - 成立条件
    - 附带民事诉讼必须以刑事诉讼的成立为前提条件
      - 附带民事诉讼是由刑事诉讼派生的，是在追究行为人的刑事责任的同时，附带追究行为人的损害赔偿责任。因此，附带民事诉讼必须以刑事诉讼的成立为前提，如果刑事诉讼不成立，附带民事诉讼就失去了存在的基础
    - 原告必须具有提起附带民事诉讼的权利能力
      - 因为犯罪行为而遭受物质损失的自然人
      - 被犯罪分子侵害遭受物质损失的企业、事业单位、机关、团体等
      - 如果被害人是未成年人或精神病患者，他们的法定代理人或监护人可以代为提起附带民事诉讼
      - 如果被害人死亡或者丧失行为能力，被害人的法定代理人、近亲属有权提起附带民事诉讼
      - 如果是国家财产、集体财产遭受损失的，人民检察院在提起公诉时，可以提起附带民事诉讼
    - 附带民事诉讼必须有明确的被告和具体的诉讼请求
      - 刑事被告人的监护人
      - 未被追究刑事责任的其他共同侵害人
      - 死刑罪犯的遗产继承人和共同犯罪案件中案件审结前死亡的被告人的遗产继承人
      - 其他对刑事被告人的犯罪行为依法应当承担民事赔偿责任的单位和个人
    - 附带民事诉讼的诉因是刑事被告人的犯罪行为给被害人造成了物质损失
      - 被害人所遭受的损失是物质性的
      - 被害人遭受的物质损失是由被告人的犯罪行为直接造成的
      - 物质损失包括：医疗费、护理费、交通费、误工减少的收入、残疾生活辅助器具费、丧葬费

- 附带民事诉讼
  - 程序
    - 附带民事诉讼的提起
      - 提起附带民事诉讼的期间
        - 起始时间：刑事案件立案以后即可提起附带民事诉讼
        - 终结时间：一审判决宣告
      - 提起附带民事诉讼的方式
        - 原则上以书面形式，即应当提交附带民事起诉状
        - 起诉人提交起诉状有困难的，也可以口头形式起诉
    - 附带民事诉讼的保全和先予执行
      - 附带民事诉讼的保全——是指人民法院为了保证将来发生法律效力的附带民事诉讼判决能够得到切实执行，而对被告人的财产采取一定的强制措施
        - 诉前财产保全：提出附带民事诉讼之前，管辖宽泛，申请人应当提供担保，必须48小时内裁定
        - 诉中财产保全：提出附带民事诉讼之后，刑事案件法院管辖，可以责令申请人提供担保，情况紧急的，必须48小时内作出裁定
      - 附带民事诉讼的先予执行——是指人民法院受理附带民事诉讼之后、作出判决前，根据民事原告人的请求决定民事被告人先付给民事原告人一定款项或特定物并立即执行的措施
    - 附带民事诉讼的审判
      - 附带民事诉讼审判的一般原则
        - 刑民合并审判原则——附带民事诉讼应当同刑事案件一并审判，只有为了防止刑事案件审判的过分迟延，才可以在刑事案件审判后，由同一审判组织继续审理附带民事诉讼
        - 先刑后民原则——如果附带民事部分同刑事部分一并审判，会影响刑事部分在法定时间内审结，也可以先审判刑事部分，后审判附带民事部分
        - 调判并用原则——人民法院审理附带民事诉讼案件，可以进行调解，或者根据物质损失情况作出判决、裁定
      - 附带民事诉讼的受理和审判程序
        - 受理——人民法院应在附带民事诉讼原告人提起附带民事诉讼后7日以内作出是否受理的决定。符合附带民事诉讼条件的，应当受理；不符合的，裁定不予受理
        - 举证责任——谁主张，谁举证。与刑事诉讼不同，附带民事诉讼中的举证责任承担依据《民事诉讼法》的规定确定。附带民事诉讼当事人对自己提出的主张，有责任提供证据
        - 调解与和解
          - 人民法院可以根据自愿、合法的原则进行调解
            - 经调解达成协议的，应当制作调解书。调解书经双方当事人签收后，即具有法律效力
            - 调解达成协议并即时履行完结的，可以不制作调解书，但应当制作笔录，经双方当事人、审判人员、书记员签名后即发生法律效力
          - 诉讼过程中当事人之间也可以就赔偿问题自行和解——自行和解达成协议并已履行完毕的，附带民事诉讼原告人可以撤回起诉，并由人民法院记入审判笔录。当事人之间就赔偿问题自愿达成调解或者和解协议的，赔偿范围和数额可以不受法律或司法解释规定的限制
        - 裁判
          - 判决驳回附带民事诉讼原告人诉讼请求
            - 法院对刑事案件作出证据不足，指控的罪名不能成立的无罪判决
            - 或者认为附带民事诉讼原告人主张的事实缺乏证据，诉讼请求缺乏充分理由的
          - 判决附带民事诉讼被告人依法承担赔偿责任——如果被告人侵权事实清楚，但行为依法不构成犯罪或者依法不应追究刑事责任的
          - 判决附带民事诉讼被告人承担相应的赔偿数额——支持附带民事诉讼原告人诉讼请求的，应当根据犯罪对被害人造成损害的程度，结合附带民事诉讼被告人的赔偿能力和已经对被害人作出的部分赔偿等情况
          - 裁定驳回起诉，告知附带民事诉讼原告人可以另行提起民事诉讼——人民法院准许人民检察院撤回公诉的，对于已经受理的附带民事诉讼，人民法院不宜调解或者调解不成的

## 本章重点问题

### 第一节　附带民事诉讼概述

#### 问题1：何谓刑事附带民事诉讼？

《刑事诉讼法》第101条规定："被害人由于被告人的犯罪行为而遭受物质损失的，在刑事诉讼过程中，有权提起附带民事诉讼。被害人死亡或者丧失行为能力的，被害人的法定代理人、近亲属有权提起附带民事诉讼。如果是国家财产、集体财产遭受损失的，人民检察院在提起公诉的时候，可以提起附带民事诉讼。"此即附带民事诉讼于规范层面的概念依据。尽管立法上对刑事附带民事诉讼作出了较为明确的规范界定，但学界对于刑事附带民事诉讼的概念始终存在较多的差异性观点。总体来看，主要存在以下几种概念界定：（1）刑事附带民事诉讼，是指公安司法机关在刑事诉讼过程中，在解决被告人刑事责任的同时附带解决由遭受损失的被害人或人民检察院提起的，由被告人的犯罪行为所引起的物质损失的赔偿而进行的诉讼活动。① （2）附带民事诉讼是指司法机关在刑事诉讼过程中，在解决被告人刑事责任时，附带解决由遭受物质损失的人或人民检察院所提起的，由被告人的犯罪行为所引起的物质损失的赔偿而进行的诉讼。② （3）刑事附带民事诉讼应分广义和狭义理解。从广义上讲，附带民事诉讼是指司法机关在刑事诉讼过程中，附带解决由被告人的犯罪行为或违法行为，或原告人控告被告人的犯罪行为所引起的有关民事诉讼。从狭义上讲，是指司法机关在刑事诉讼中，依法追究被告人刑事责任的同时一并解决由遭受物质损失的人或检察机关所提起的，由被告人的犯罪行为引起的物质损失的赔偿而进行的诉讼活动。③ （4）附带民事诉讼，是指人民法院、人民检察院在当事人及其他诉讼参与人的参加下，在依法追究被告人刑事责任的同时，附带解决由于被告人的犯罪行为而使被害人遭受物质损失的赔偿问题所进行的诉讼活动。④ （5）刑事附带民事诉讼，是指在刑事诉讼过程中，司法机关在解决被告人刑事责任的同时，附带解决由遭受损失的被害人或人民检察院提起的，由被告人的犯罪行为所引起的损失赔偿等民事责任而进行的诉讼行为。⑤

从根本上来讲，刑事附带民事诉讼发生的逻辑前提在于同一个犯罪行为带来了社会危害性和私人侵权性这一双重实体后果，并由此引发刑事追诉和民事侵权之诉的双重诉讼结果。⑥ 换言之，被告人所实施的同一危害社会的行为，在刑法上属于犯罪行为，应当追究刑事责任；在民法上则属于侵权行为，应当承担相应的民事赔偿责任。由于此两种法律责任溯源于同一行为，因而被害人可以在刑事诉讼过程中直接向审理刑事案件的同

① 参见陈光中、徐静村主编：《刑事诉讼法学》，中国政法大学出版社2001年版，第254页。

② 参见刘金友、奚玮：《附带民事诉讼原理与实务》，法律出版社2005年版，第1页。

③ 参见武延平：《论刑事附带民事诉讼》，中国政法大学出版社1994年版，第1页。

④ 参见程荣斌主编：《刑事诉讼法》，中国人民大学出版社1999年版，第240页。

⑤ 参见邵世星、刘选：《刑事附带民事诉讼疑难问题研究》，中国检察出版社2002年版，第3页。

⑥ 参见陈瑞华：《刑事附带民事诉讼的三种模式》，载《法学研究》2009年第1期。

一审判组织提起民事赔偿请求，由同一审判组织在查清案件事实的基础上，就刑事和民事案件一并作出裁判。[①]

**延伸阅读推荐**

陈立斌主编：《刑事附带民事诉讼案件审理精要》，人民出版社2018年版。

## 问题2：刑事附带民事诉讼的性质是刑事诉讼还是民事诉讼？

关于刑事附带民事诉讼的性质，学界主要存在三种观点，即刑事诉讼说、民事诉讼说以及综合说。三种观点主要基于纠纷产生的根源、诉讼目的、诉讼适用的实体性规则及程序性规则等方面围绕各自的结论作出阐述与证成。“刑事诉讼说”认为，刑事附带民事诉讼制度规定在刑事诉讼法之中，并且民事赔偿问题的解决是在刑事诉讼过程中进行的，因而附带民事诉讼在本质上应为刑事诉讼。“民事诉讼说”认为，附带民事诉讼的目的在于解决刑事被告人的民事责任问题，适用民事法律，附带民事诉讼只不过是在刑事诉讼期间进行而已，其本质仍为民事诉讼。“综合说”则认为，附带民事诉讼是将刑事诉讼和民事诉讼结合在一起的一种诉讼制度，它既不全然等同于刑事诉讼，也不完全等同于民事诉讼，而是由刑事诉讼与民事诉讼结合形成的一种特殊诉讼。[②]

“刑事诉讼说”过于强调附带民事诉讼对于刑事诉讼的依赖性，客观上忽略了刑事附带民事诉讼确立的民事赔偿目的，伴有消解附带民事诉讼当事人之民事实体权益与程序权益的保障可能。“民事诉讼说”尽管将刑事附带民事诉讼定性于民事诉讼的范畴之中，但却在一定程度上忽略了附带民事诉讼同单纯的民事侵权之诉在规则适用层面上的实质差异。“附带民事诉讼，虽然如同民法中的侵权责任之诉一样，是一种请求赔偿之诉，但却不是对任何其他原因引起的损害请求赔偿，而是对违反刑事法律的犯罪所造成的损害请求赔偿。此一诉讼所要求赔偿的损害，其根源具有违反刑法的性质，赋予其特别的面貌。”[③]“综合说”目前基本上已为学界所普遍接受，即认为刑事附带民事诉讼是刑事诉讼和民事诉讼的结合，是公法上刑罚权与私法上请求权的结合，具有公法和私法的双重属性[④]，因而在本质上是一种特殊的民事诉讼。

首先，刑事附带民事诉讼在性质上是民事诉讼，此一制度的目的在于追究因犯罪行为所引发的行为人的民事责任问题，其中主要是损失赔偿问题，属于典型的民法规定之下的侵权损害赔偿之债的内容。

其次，刑事附带民事诉讼又是一种特殊的民事诉讼。其特殊性主要体现在程序和实体两个方面。在程序上，该民事诉讼是附带于刑事诉讼的，并由刑事审判组织在刑事诉讼过程中予以解决，这就决定了刑事附带民事诉讼在提起期间、管辖、审理组织、送达等方面均优先适用刑事诉讼法的有关规定；而在实体上，行为人所涉的民事责任亦是由犯罪行为所引起，刑事责任与民事责任是同一个行为引起的两种后果。尽管两种不同的实体法律责任在诉讼上本应分别对应两种不同的诉讼形式，即刑事诉讼和民事诉讼，但

① 参见陈立斌主编：《刑事附带民事诉讼案件审理精要》，人民出版社2018年版，第1-2页。

② 参见陈立斌主编：《刑事附带民事诉讼案件审理精要》，人民出版社2018年版，第3页。

③ ［法］卡斯东·斯特法尼：《法国刑事诉讼法精义》（上），罗结珍译，中国政法大学出版社1998年版，第177页。

④ 参见刘金友、奚玮：《附带民事诉讼原理与实务》，法律出版社2005年版，第1-6页。

由于此两种诉讼均由同一犯罪行为所引发，因而具有特殊的关联性。

需要明确的是，“综合说”虽然肯定了刑事附带民事诉讼具有私法和公法的双重属性，但却带有较为浓厚的折中与调和之意，此一观点依然不能有效回应附带民事诉讼与纯粹的民事诉讼在诉讼程序、赔偿范围等方面何以适用不同标准的矛盾与困惑，进而引发理论与实务层面的多种争论。

**延伸阅读推荐**

杨良胜主编：《刑事附带民事诉讼理论与实践探索》，人民法院出版社2015年版。

## 问题3：刑事附带民事诉讼的核心特征有哪些？

由刑事附带民事诉讼的性质所决定，刑事附带民事诉讼的核心特征体现在如下几个方面。

第一，依附性。刑事附带民事诉讼的依附性表现在两个方面：一是侵害行为的同一性。即犯罪行为同时也是造成物质损失的民事侵权行为。行为人既要承担刑事责任，也要承担民事责任。行为人的行为既受刑事法律调整，同时也受民事法律调整。二是民事诉讼依附于刑事诉讼。附带民事诉讼的提起，以刑事诉讼的存在为前提。如果刑事诉讼未被提起或者已经终结，则被害人只能单独提起民事诉讼。

第二，复合性。刑事诉讼与民事诉讼在事实认定层面具有交叉性。换言之，刑事诉讼的追诉成功往往是民事侵权行为成立的前提。相应地，刑事附带民事诉讼除需要适用民事实体法和民事程序法的规定外，又不可避免地需要适用刑事实体法与刑事程序法的规定，尤其是刑事程序法的专门规定，于规范依据层面呈现出较为明显的复合性特征。

第三，从属性。一方面，从我国当下刑事附带民事诉讼的审理程序来看，刑事部分的审理具有优先性。即对于被害人提出的民事赔偿请求，刑事法庭先审理刑事部分，后审理民事部分。民事部分只能滞后，而不能提前。另一方面，从我国当下刑事附带民事诉讼的审理组织来看，为避免因审判人员不同可能带来的事实认定与法律适用的不一致，防止因作出相互矛盾的裁判结果而影响司法裁判的权威性和统一性，附带民事诉讼往往是由审理刑事诉讼部分的同一审判组织进行审理的，亦即，刑事法官在查清犯罪事实的基础上，一并对被告人的民事责任问题进行审理和裁判。

第四，分合性。就性质而言，刑事附带民事诉讼中的刑事部分和民事部分是两种不同性质的法律关系，因此完全可以分开审理。换言之，符合刑事附带民事诉讼条件的案件，当事人也可以就民事部分另行起诉，进行单独的民事诉讼，法院也可以就民事部分作为民事案件另行审理。需要明确的是，附带民事诉讼的合，并不是混合，而是附合。合是在分的前提下的合，分是在合中出现的结果。① 即使将刑事部分与民事部分合并到刑事程序中，也不应将刑事诉讼与民事诉讼混合进行审理，而是应当在刑事部分审理之后再进行民事部分的审理。

第五，民事裁判责任的相对单一性。从理论上来讲，在犯罪行为造成被害人损害的情形之下，被告人应当承担的民事责任可以是多方面的，不仅限于民事赔偿责任，还可以包括如赔礼道歉、责令具结悔过等其他民事责任。然而，从域外法治国家和地区，以

① 参见邵世星、刘选：《刑事附带民事诉讼疑难问题研究》，中国检察出版社2002年版，第4-5页。

及我国当下关于刑事附带民事诉讼的规范内容来看，附带民事诉讼对被告人所施加的民事责任较为单一，其制度目的往往限于追究被告人的民事赔偿责任。

**延伸阅读推荐**

邵世星、刘选：《刑事附带民事诉讼疑难问题研究》，中国检察出版社 2002 年版。

## 问题 4：我国刑事附带民事诉讼制度的形成有着怎样的沿革历史？

我国古代即有刑事损害赔偿制度。早在《尚书·舜典》中就有“金作赎刑”的记载。《尚书·吕刑》中也规定触犯刑法的人可以上交一定财物而免除一定的刑罚。但当时的赎刑实质上是变相以罚金的形式代替实刑，而不包含向被害人进行刑事损害赔偿的内容，此时的赎刑制度并不具有附带民事诉讼的意义。进入封建社会以后，赔偿金赎罪制度变得更加普遍，并逐步呈现两方面的发展：一是犯罪人向国家统治阶级缴纳赎罪金，后逐渐发展为现代刑法意义上的罚金制度；二是犯罪人向被害人赔偿赎罪金，成为刑事附带民事诉讼制度的渊源。客观而言，我国古代的诉讼制度已然具有一定程度的附带民事诉讼的内容和成分，但由于赔偿金赎罪制度下的赎金绝大多数要归官，只是在特定的情况下才将赎金交付给被害人，因此尚不具备现代附带民事诉讼制度的功能和意义。[①]

近代以来，我国对于附带民事诉讼的法律规定最早见于清末 1907 年制定的《各级审判厅试办章程》，该章程第 47 条规定：“于公诉时，并要求追还赃物、损害赔偿及恢复名誉者，得附带诉讼。”[②] 新中国的附带民事诉讼制度，则是在新民主主义革命时期根据地的附带民事诉讼制度的基础上逐步演化发展而来的。新中国成立后，在废除国民党“六法全书”和总结新民主主义革命时期根据地司法原则的基础上，逐步建立了我国刑事附带民事诉讼制度。由于各项法律制度受苏联影响较深，刑事诉讼法律在内容上也近似于苏联。新中国成立初期，最高人民法院在关于《十四个大城市高、中级人民法院刑、民事案件审理程序初步总结》中提出：“在审理过程中，对刑事附带民事诉讼可以合并审理”，在裁判时要评议“附带民事诉讼如何解决”。1963 年刑事诉讼法初稿中，对附带民事诉讼制度作了专章规定。[③]

作为我国历史上的第一部刑事诉讼法，1979 年《刑事诉讼法》以法律的形式正式确立了刑事附带民事诉讼制度，但受制于一系列的主客观原因，1979 年《刑事诉讼法》对于附带民事诉讼的实体问题和程序问题规定过于简单，操作性不强。1996 年《刑事诉讼法》虽然沿用 1979 年《刑事诉讼法》关于附带民事诉讼的相关规定，但最高人民法院于 1998 年颁布的《高法解释》，对附带民事诉讼制度进行了解释和细化，对于人民法院审理刑事附带民事诉讼案件的具体操作程序予以明晰。此后，最高人民法院又先后通过一系列的司法解释对于刑事附带民事诉讼的实体处理和程序规范作出细化规定[④]，我国刑事

① 参见陈立斌主编：《刑事附带民事诉讼案件审理精要》，人民出版社 2018 年版，第 11－14 页。

② 陈卫东、张弢：《刑事特别程序的实践与探讨》，人民法院出版社 1992 年版，第 81 页。

③ 参见郑鲁宁、何乃刚：《合并与分离：刑事附带民事诉讼制度的反思与重构》，载《政法论坛》2003 年第 4 期。

④ 2000 年《关于刑事附带民事诉讼范围问题的规定》《关于审理刑事附带民事诉讼案件有关问题的批复》、2001 年《关于人民法院是否受理刑事案件被害人提起精神损害赔偿民事诉讼问题的批复》、2003 年《关于审理人身损害赔偿案件适用法律若干问题的解释》等。

附带民事诉讼制度的规范体系基本形成。①

2012年《刑事诉讼法》修改时，对刑事附带民事诉讼的规范内容进行了结构调整，主要表现在：一是扩充提起附带民事诉讼的主体，明确规定被害人死亡或者丧失行为能力的，被害人的法定代理人有权提起附带民事诉讼；二是规定了人民法院审理附带民事诉讼案件时，可以采取保全措施；三是明确附带民事诉讼案件可以进行调解，以有效化解社会矛盾。上述修改，不仅兼顾了程序的依附性和独立性，而且平衡了诉讼效率和程序公正，并更加突出了被害人权益保障导向。② 2020年《高法解释》修改时，因应司法实践的现实需要，将2012年《高法解释》下"因受到犯罪侵犯，提起附带民事诉讼或者单独提起民事诉讼要求赔偿精神损失的，人民法院不予受理"的限制性范围规定调整为"因受到犯罪侵犯，提起附带民事诉讼或者单独提起民事诉讼要求赔偿精神损失的，人民法院一般不予受理"，为精神损害赔偿于刑事附带民事诉讼制度之下的司法适用开辟了空间。

**延伸阅读推荐**

（1）刘金友、奚玮：《附带民事诉讼原理与实务》，法律出版社2005年版。

（2）陈立斌主编：《刑事附带民事诉讼案件审理精要》，人民出版社2018年版。

（3）陈卫东、柴煜峰：《刑事附带民事诉讼制度的新发展》，载《华东政法大学学报》2012年第5期，第94－102页。

## 问题5：域外处理刑事损害赔偿问题的典型模式有哪些？

当前，世界各国的诉讼立法都面临着解决由刑事被告人的犯罪行为所引起的损害赔偿问题。但由于各国的历史传统、法律观念、价值选择等方面的差异，世界各国对于由犯罪行为引起的损害赔偿问题存在不同的处理模式。以被害人获得民事赔偿的途径是通过提起单独的民事诉讼程序解决，还是在刑事诉讼中一并审理解决为区分标准，可以将域外法治国家和地区处理刑事损害赔偿问题的模式划分为分离式模式和附带式模式两种。

第一，分离式模式。分离式模式又称平行式模式，主要为英美法系国家，如英国、美国所采用，少数大陆法系国家，如日本，亦采用此种模式。此一模式实行严格的民、刑分开制度，认为因同一犯罪行为所引发的刑事责任与民事责任应当分别适用刑事诉讼程序和民事诉讼程序进行追究。分离式模式强调民事诉讼的独立地位，不允许被害人在刑事诉讼中提出民事赔偿主张，被害人对于由犯罪行为所引起的损害赔偿仅能通过单纯的民事诉讼程序解决。民事诉讼并不当然地附带于刑事诉讼，并且被害人只能在刑事案件审结后提起追偿损失的民事赔偿之诉。

第二，附带式模式。采取附带式模式的主要是大陆法系国家，如法国、德国等。此一模式用以指代因犯罪行为遭受侵害的被害人可以在刑事诉讼程序中提出损害赔偿请求，由法院在处理刑事案件的同时就民事损害赔偿一并裁决。溯源于程序价值取向差异、证据制度差异等多重因素，尽管典型大陆法系国家之附带式模式在具体规定和实践做法上

---

① 参见陈立斌主编：《刑事附带民事诉讼案件审理精要》，人民出版社2018年版，第15－20页。

② 参见陈卫东、柴煜峰：《刑事附带民事诉讼制度的新发展》，载《华东政法大学学报》2012年第5期。

各有不同，但此一模式普遍呈现出附带民事诉讼相对独立，履行民事赔偿义务成为被告人从宽处罚的重要因素，以及民事赔偿具有优先地位等共同特征。我国当下刑事附带民事诉讼所采用的“先刑后民”模式即带有较为明显的附带式模式特征。

**延伸阅读推荐**

（1）陈立斌主编：《刑事附带民事诉讼案件审理精要》，人民出版社 2018 年版。

（2）杨良胜主编：《刑事附带民事诉讼理论与实践探索》，人民法院出版社 2015 年版。

## 问题 6：如何评价我国当下的“先刑后民”模式？

“先刑后民”模式，用以指代将民事侵权诉讼视为刑事诉讼的附带程序，先解决被告人的定罪量刑问题，再附带解决被害人的民事赔偿问题的特定审理模式。“先刑后民”模式中的“先刑”意指法院同一审判组织先大体查明犯罪事实并对刑事诉讼形成裁判意见，“后民”意指该审判组织再继续就民事赔偿问题进行审理并形成裁判意见。[①] 此一模式建立在“实体关联性理论”和“程序便利性理论”基础之上。根据“实体关联性理论”，由于社会危害后果和私人侵权后果都是由同一犯罪行为所引发的，法院只要查明犯罪事实，就既可以确定被告人的刑事责任，也可以对被告人的民事侵权责任作出相应的认定。而根据“程序便利性理论”，附带民事诉讼的制度设计既有着减少被害人讼累、便利被害人诉讼的考虑，也有着避免同一法院就同一案件作出自相矛盾之裁判，维护裁判公正性的积极功能。

尽管上述理论具有较强的说理性，但从我国当下“先刑后民”审理模式的实践现状来看，此一模式已然陷入一定的困境之中，突出表现在如下几个方面：

其一，“先刑后民”模式难以实现刑事责任与民事责任的协调。由于现行法律要求法院在审理公诉案件的同时附带审理民事赔偿问题，被害人一般丧失向法院提起独立的民事诉讼的机会；而被害人的附带民事诉讼请求又很难受到刑事法庭的认真对待。对于被害人提出的民事赔偿请求，刑事法庭通常是在刑事部分的审理结束之后，进行快速的法庭审理活动，在这短暂的民事审理活动中，法庭既不对被告人的民事赔偿能力进行调查，也不就民事赔偿所依据的事实展开法庭调查，更不会组织双方就民事赔偿请求的合理性、赔偿标准、执行方式等问题进行必要的辩论。法院试图在最短的时间内促使双方达成民事赔偿协议，使得刑事附带民事诉讼流为一种简单粗糙的简易民事程序。这种简单、粗糙的民事审理程序既难以保证法庭获得必要的民事裁判事实和信息，也无法维持最起码的程序公正，更难以促成民事赔偿协议的达成。

其二，“先刑后民”模式带来执行难的问题，导致裁判的权威和尊严受损。附带民事判决之所以“屡成空判”，一方面是因为被告人没有经济赔偿能力，另一方面是因为大量具有赔偿能力的被告人逃避了民事赔偿义务。由于附带民事诉讼通常发生在故意杀人、伤害、抢劫、寻衅滋事、交通肇事等刑事案件之中，被告人大都属于低收入者或无业人士，经济赔偿能力不足。而民事原告则往往会提出数额较高的赔偿要求，有的甚至“狮

① 参见叶榅平、常霄：《刑事附带环境民事公益诉讼的审理模式选择》，载《南京工业大学学报（社会科学版）》2020 年第 6 期。

子大开口”。与此同时，尽管法院在刑事诉讼中可以采取“查封、扣押和冻结被告人财产”的保全措施，但在实践中极少适用，因为在持续时间较长的审判前阶段，公安机关、检察机关既无权采取这种保全措施，也缺乏保障附带民事诉讼顺利进行的积极性和主动性，结果造成被告人近亲属经常从容地转移或隐匿财产，这就使得法院在审判阶段即使想采取财产保全措施，也变得无能为力。

其三，“先刑后民”模式在促成调解与和解方面具有一些先天的劣势。按照传统的“先刑后民”理念，法院首先要确定被告人的定罪和量刑问题，然后再来审理附带民事诉讼的赔偿问题，这往往造成附带民事诉讼的控辩双方既难以达成和解，法官也很难调解成功，因为这种传统的附带民事诉讼的审理方式认为民事赔偿与法院量刑没有必然的联系，被告方既不会因为赔偿而在量刑方面得到明显的“实惠”，也不会因为拒绝履行而在量刑方面受到惩罚。也正是因为如此，在被告人几乎肯定受到定罪量刑的情况下，被告方履行民事赔偿义务的动力就显得明显不足。①

**延伸阅读推荐**

陈瑞华：《刑事附带民事诉讼的三种模式》，载《法学研究》2009年第1期，第92-109页。

## 问题7：我国当下的刑事附带民事诉讼制度为何没有采用“刑民分离”模式?

基于“先刑后民”模式所面临的多重现实困境，“刑民分离”模式为部分学者所主张。在部分学者看来，“刑民分离”模式的确立不仅具有理论上的正当性，而且会带来一系列的积极效果。附带民事诉讼是一种特殊的侵权之诉，由于犯罪行为既造成了危害社会的后果，又给被害人造成民事侵权的后果，因此，民事侵权之诉其实是与刑事公诉并行的一种诉讼形式。现行的“先刑后民”模式忽视了刑事诉讼与民事诉讼之间存在的巨大差异，将两种性质迥异的制度糅合在一起，使得刑事附带民事诉讼天生便具有一种双重的、矛盾的制度特征。② 不仅如此，“先刑后民”模式过于强调当公权和私权发生冲突时，应当优先选择公权的价值立场，其实质就是“犯罪附带侵权”“国家附带个人”，由此导致被害人获得民事赔偿的利益被淹没在国家惩治犯罪的利益之中。③ 相应地，破解刑事附带民事诉讼难题的出路即在于正视两种诉讼的差异，使民事纠纷的解决回归本源，将“刑事的归刑事，民事的归民事”。

诚然，“刑民分离”模式有利于从根本上改变“重刑事公诉、轻民事诉讼”“重国家利益、轻私人利益”的局面。此一模式设计之下，刑事公诉与民事侵权之诉具有相对独立的地位，被害人的民事赔偿请求不再完全依附于刑事的公诉程序，这既可以确立侵权相对于犯罪的独立地位，最大限度地维护被害人的私权；也能够保障人民法院及时高效地采取保全措施与先予执行措施，进而保障民事判决的有效执行。然而，需要明确的是，

① 参见陈瑞华：《刑事附带民事诉讼的三种模式》，载《法学研究》2009年第1期。

② 参见陈瑞华：《刑事附带民事诉讼的三种模式》，载《法学研究》2009年第1期。

③ 参见谢佑平、江涌：《质疑与废止：刑事附带民事诉讼》，载《法学论坛》2006年第2期。

假使采用“刑民分离”模式，人民法院便无法将被告人履行赔偿义务作为从轻量刑的情节，从而在促成和解，适用缓刑、假释、减刑等宽大处罚方面失去一个极为重要的激励砝码。正因为如此，对于“刑民分离”模式的学术主张，立法机关并没有采纳，也几乎没有任何司法机关据此进行相应的改革试验。

**延伸阅读推荐**

谢佑平、江涌：《质疑与废止：刑事附带民事诉讼》，载《法学论坛》2006 年第 2 期，第 57－67 页。

## 问题 8：如何理解一些地方法院采取的“先民后刑”的改革措施?

为将民事赔偿有效地转化为从轻量刑情节，一些地方法院采取了“先民后刑”的改革措施，即先进行民事赔偿的调解工作，在民事赔偿及时足额到位后再考虑量刑问题，并将是否赔偿到位作为适用刑罚的重要情节。[①] 从目前各地法院从事附带民事调解的时间来看，“先民后刑”模式的具体程序机制又可以细分三种类型：一是在法庭审判之前进行附带民事部分的调解，也就是所谓的“庭前调解”；二是在刑事审判程序进行完毕之后，刑事法庭就附带民事赔偿问题组织双方进行调解，在调解程序结束之后，再来确定被告人的最终量刑结果；三是对于没有达成赔偿协议、没有履行赔偿义务的被告人，刑事法庭虽然不作出从轻量刑的裁决，但却仍然给予被告人获得从轻处罚的机会：对于那些在刑罚执行过程中履行赔偿义务的被告人，人民法院还可以此为根据，对其作出减刑、假释的裁定。[②]

“先民后刑”模式的出现，是我国法院秉持实用主义理念来解决刑事附带民事诉讼问题的现实结果。通过将民事赔偿与从轻量刑紧密联系在一起，有效地破解了被告方和被害方过去僵持不下的诉讼僵局，激发了他们达成民事赔偿协议的积极性。“先民后刑”的模式之下，人民法院不必做任何实质性上的制度改革，就可以达到较为理想的诉讼效果，有效规避了原有附带民事诉讼模式所带来的重重风险。转变“重刑轻民”的传统司法观念已为时代大势所趋，“先民后刑”的模式改革对于破除我国长久以来的重刑观念有所裨益，不仅顺应了时代对于司法改革的要求，有助于司法机关全面履行宪法和法律赋予的职责，而且强化了刑事附带民事诉讼制度本身对于受害人合法权益保护的制度初衷。[③]

尽管如此，“先民后刑”的审理模式在理论上也面临着不少质疑之声。反对采用此一审理模式的学者认为，“先民后刑”模式违反了“法律面前人人平等原则”。以民事赔偿作为从轻量刑理由的做法类似于“以钱赎刑”，使得两个可能犯了同罪的被告人，因为赔偿能力的不同而受到不同的判决，有违背司法正义的嫌疑。[④]“刑事的归刑事，民事的归民事”是刑事附带民事诉讼制度中重要的原则，刑事案件和民事案件虽然同归于一次诉

① “先民后刑”模式中的“先民”是指优先确定被告人的民事责任，“后刑”则是指法院在确定了被告人民事责任的基础上，再对被告人进行刑事量刑。

② 参见陈瑞华：《刑事附带民事诉讼的三种模式》，载《法学研究》2009 年第 1 期。

③ 参见于改之：《刑民交错案件的类型判断与程序创新》，载《政法论坛》2016 年第 3 期。

④ 参见卫宏战、刘静：《刑事附带民事案件调解对量刑的影响》，载《人民法院报》2008 年 9 月 10 日，第 6 版。

讼中，但是不能将二者混同，应该注意二者的独立性，更不能够把被告人对民事责任的承担当成刑事量刑的根据。①

**延伸阅读推荐**

（1）刘少军：《论“先民后刑”刑事附带民事诉讼程序的构建——兼论〈刑事诉讼法修正案〉对附带民事诉讼制度的改革》，载《政治与法律》2012 年第 11 期，第 139－148 页。

（2）杨忠民：《刑事责任与民事责任不可转换——对一项司法解释的质疑》，载《法学研究》2002 年第 4 期，第 131－137 页。

## 问题 9：附带民事诉讼与刑事和解如何有效衔接?

针对被害人民事损失的赔偿问题，我国现行《刑事诉讼法》确立了刑事和解与附带民事诉讼两种制度。从现行《刑事诉讼法》关于刑事和解与附带民事诉讼的规范内容来看，二者在适用对象、适用原则、适用主体、适用阶段与适用效果等多个方面均呈现出较为明显的同一性，可能引发当事人在程序选择上的冲突，以及由此带来的程序衔接问题。为最大限度地保障当事人的合法权益，基于尊重当事人程序选择权的目的考量，附带民事诉讼与刑事和解的有效衔接应当着力围绕如下情形展开：

首先，和解不成情形下的衔接。当事人不接受和解建议或者和解不成的，公安司法机关应当及时告知被害人有权向人民法院提起附带民事诉讼。

其次，和解成功后当事人反悔情形下的衔接。对于通过当事人和解程序达成和解协议，但是当事人一方事后反悔的，应当根据具体情况进行不同处理。

（1）当事人双方在审判前已经达成和解协议并已履行，一方反悔的。2021 年《高法解释》第 594 条规定：“双方当事人在侦查、审查起诉期间已经达成和解协议并全部履行，被害人或者其法定代理人、近亲属又提起附带民事诉讼的，人民法院不予受理，但有证据证明和解违反自愿、合法原则的除外。”此种处理方式亦可以适用于审判过程中双方达成和解协议且全部履行完毕的情形。此一情形下，除非有证据证明和解协议违反自愿合法原则，被害人不能就民事损失的赔偿问题向法院提起附带民事诉讼或是单独的民事诉讼。

（2）对于已经达成的和解协议，被告人并未履行且反悔不履行义务的。这又可细分为两种情形：一是和解协议确实存在违反自愿合法原则的情形；二是和解协议并未违反自愿合法原则，但被告人单方面反悔不履行的。在和解协议确实存在违反自愿合法原则的情形下，由于此时的和解协议丧失法律效力，被害人当然享有向人民法院提起附带民事诉讼程序以维护自身合法权益的权利。而在和解协议并未违反自愿合法原则，而被告人单方面反悔不履行的情形下，如果被告人基于正当理由如破产或其他原因导致其丧失向被害人履行赔付义务的经济能力，人民法院可以在查清被告人经济状况的基础上根据被告人的申请撤销之前的和解协议，由当事人双方重新签订和解协议，或者直接由被害人启动附带民事诉讼程序，由人民法院对被害人的经济损失作出附带民事诉讼判决。然

① 参见李国民：《杜绝“法律白条”，“赔钱从轻”不是办法》，载《检察日报》2007 年 2 月 1 日，第 5 版。

而，对于被告人无任何正当理由对和解协议提出的反悔，如果该和解协议并未违反自愿合法原则，人民法院应当根据被害人的请求对和解协议予以确认，使其成为被害人向法院申请强制执行的依据。被害人没有必要提起附带民事诉讼程序或者单独提起民事诉讼程序。即便提起，人民法院也不应当受理。

（3）当事人之间达成和解协议，加害人已履行部分义务但尚未履行完毕，被害人反悔认为协议金额无法充分弥补其损失，或者加害人认为协议赔偿数额畸高导致其无法履行而反悔的。当事人在自愿合法原则下签订的和解协议应当具有确定的法律效力。一般情况下，当事人仅仅由于赔偿金额方面的改变而对协议予以反悔的情形不应当被允许，因为这既不利于诉讼程序的安定，也不利于和解协议效力的维护。但如果当事人有证据证明之前的和解协议是在受胁迫、不自愿、重大误解或者显失公平的状况下签订的，当事人可以享有向人民法院提起附带民事诉讼程序维护其民事权益的权利。

再次，和解成功检察机关作出不起诉决定后当事人反悔情形下的衔接。一般来说，检察机关原则上要在犯罪嫌疑人向被害人全部履行赔付义务后才能对其作出不起诉决定。但实践当中，犯罪嫌疑人的经济状况难以整齐划一，可能会存在其在和解协议中允诺向被害人分期付款的情况，之后犯罪嫌疑人反悔不能继续履行赔付义务，如果仅仅出于客观原因不能按期履行，应当给予犯罪嫌疑人一个宽缓期限，不能随意更改不起诉决定。然而，对于和解协议并未违反自愿合法原则且犯罪嫌疑人主观上不愿履行支付义务，情形恶劣的，检察机关应当撤销不起诉决定，向法院提出公诉，被害人也可以提起附带民事诉讼程序以维护自己的民事损失赔偿权利。

最后，提起附带民事诉讼程序后又达成和解协议情形下的衔接。如果案件属于可以适用当事人和解程序的范围，此种和解应当界定为刑事和解，案件由附带民事诉讼程序自然流转至刑事和解程序，当事人之间就经济损失赔偿问题达成的和解协议应当成为人民法院对被告人从宽处理的依据。而对于不能适用当事人和解程序的案件，当事人之间就经济损失赔偿进行和解也是法院应当支持和保障的权利。此种和解应当属于民事和解的范围。当事人对民事损失赔偿达成的协议对被告人刑事责任的承担并不具有必然的影响力与约束力，人民法院可以根据当事人达成民事和解的内容，制作附带民事调解书。[1]

**延伸阅读推荐**

（1）穆远征：《认罪认罚从宽制度背景下刑事和解与附带民事诉讼的协调》，湘潭大学出版社 2022 年版。

（2）刘少军：《论当事人和解与刑事附带民事诉讼程序的衔接》，载《政法论坛》2016 年第 1 期，第 83－92 页。

## 问题 10：刑事附带民事公益诉讼的规则障碍有哪些？

《刑事诉讼法》第 101 条明确规定："如果是国家财产、集体财产遭受损失的，人民检察院在提起公诉的时候，可以提起附带民事诉讼。"此即刑事附带民事公益诉讼的规范依据。作为一种新生的附带民事诉讼类型，刑事附带民事公益诉讼涵盖了"刑事诉讼—

① 参见刘少军：《论当事人和解与刑事附带民事诉讼程序的衔接》，载《政法论坛》2016 年第 1 期。

民事诉讼—公益诉讼”的三重结构，不仅构成公诉权向社会公益的延伸，而且在生态环境和资源保护、食品药品安全等领域发挥着不可或缺的作用。[①] 然而，从刑事附带民事公益诉讼的司法实践来看，此一制度于应然和实然之间的规则障碍较为突出，集中体现在如下几个方面。

第一，管辖规则冲突。《关于检察公益诉讼案件适用法律若干问题的解释》第 20 条规定，刑事附带民事公益诉讼案件由审理刑事案件的法院管辖，即采用由刑事诉讼的管辖决定民事公益诉讼管辖的立法原则。通过对涉及刑事附带民事公益诉讼的罪名进行整理即可发现，刑事附带民事公益诉讼所涉之罪名可能判处无期徒刑或死刑的情况极少。相应地，刑事附带民事公益诉讼案件多由基层检察机关提起，而审判管辖权几乎“专属”于基层法院，由此带来管辖权低级化的现状与民事诉讼中关于公益诉讼应由中级人民法院管辖之规定发生冲突。[②]

第二，刑事被告人与附带民事公益诉讼被告人是否同一的现实冲突。为“节省司法资源，提升诉讼效率，进而妥当判定加害方的刑、民责任”，刑事被告人和附带民事公益诉讼中的被告人应该保持同一。[③] 假使刑事被告人和附带民事公益诉讼中的被告人不一致，进而不满足附带公益诉讼审理要件时，法官可以释明检察机关另行单独提起民事公益诉讼。[④] 反观附带民事公益诉讼的司法实践，很多司法案例中均出现了刑事被告人和附带民事公益诉讼被告人并不同一的现实问题。

第三，诉前公告规则不明。作为检察公益诉讼的必经环节，诉前程序的目的在于提高检察监督的效力，发挥其他机关和组织的能动性，节约司法资源。[⑤]《关于检察公益诉讼案件适用法律若干问题的解释》规定，检察机关在提起民事公益诉讼前，应当依法进行公告，公告期为 30 天。将诉前公告作为检察机关提起民事公益诉讼的必经程序予以强制规定。作为民事公益诉讼的特殊一种，附带民事公益诉讼程序之中是否应当进行诉前公告，制度规范上并不明晰，由此造成公告与不公告实然并存的司法现状。

第四，关于审判组织的规范冲突。依据《人民陪审员法》第 16 条之规定，公益诉讼应当由人民陪审员和法官组成七人合议庭进行审理。而《关于检察公益诉讼案件适用法律若干问题的解释》第 7 条则规定：“人民法院审理人民检察院提起的第一审公益诉讼案件，可以适用人民陪审制。”由此产生刑事附带民事公益诉讼程序是否“应当”由人民陪审员和法官组成七人合议庭进行审理的现实疑问，以及对于此一规范冲突司法机关如何作出回应的实践关切。

**延伸阅读推荐**

（1）王瑞祺：《刑事附带民事公益诉讼研究》，湖北人民出版社 2019 年版。

（2）苏和生、沈定成：《刑事附带民事公益诉讼的本质厘清、功能定位与障碍消除》，

---

① 参见庄玮：《刑事附带民事公益诉讼制度理论与实践问题研究》，载《中国应用法学》2021 年第 4 期。

② 参见苏和生、沈定成：《刑事附带民事公益诉讼的本质厘清、功能定位与障碍消除》，载《学术探索》2020 年第 9 期。

③ 参见江必新：《认真贯彻落实民事诉讼法、行政诉讼法规定全面推进检察公益诉讼审判工作》，载《人民法院报》2018 年 3 月 5 日，第 3 版。

④ 参见王玮：《如何判断被诉行政机关是否依法履职》，载《中国环境报》2018 年 11 月 29 日，第 6 版。

⑤ 参见最高人民检察院民事行政检察厅：《检察机关提起公益诉讼实践与探索》，中国检察出版社 2017 年版，第 110 页。

载《学术探索》2020年第9期，第74-83页。

## 第二节　附带民事诉讼的成立条件

### 问题1：如何理解附带民事诉讼成立条件中的“犯罪行为”？

附带民事诉讼下的赔偿问题是由被告人的犯罪行为引起的。这里的“犯罪行为”是指事实上构成犯罪的行为，还是指被指控构成犯罪的行为，在根本上关涉附带民事诉讼能否被提起，以及能否继续进行等前提性问题。依据法院统一定罪原则，这里的“犯罪行为”应当理解为被指控构成犯罪的行为。相应地，附带民事诉讼的成立并非是以法院判定被告人有罪为前提，而是以行为人被公安司法机关进行刑事追诉为前提。只要刑事案件立案了，因犯罪行为遭受物质损失的人就可以提起附带民事诉讼。这也就是为何《高法解释》第184条将附带民事诉讼的提起时间界定为“刑事案件立案后”，第185条规定“侦查、审查起诉期间，有权提起附带民事诉讼的人可以提出赔偿要求”，“公安机关、人民检察院可以进行调解”的原因。

需要注意的是，由于刑事附带民事诉讼所具有的依附性特征，假使在侦查和起诉阶段，公安机关和检察机关对于刑事部分作出撤销案件或不起诉决定的，因此时刑事诉讼已经不存在，故被害人只能向人民法院提起独立的民事赔偿之诉。而当案件到了审判阶段，被害人提起附带民事诉讼，如果法院经过审理就刑事部分终止审理或作出无罪判决，经调解不能达成协议的，则可以一并作出刑事附带民事判决，也可以告知附带民事诉讼原告人另行提起民事诉讼。

**延伸阅读推荐**

杨立新、刘洪林：《刑事附带民事诉讼的基础理论问题》，载《国家检察官学院学报》2013年第6期，第149-157页。

### 问题2：如何理解附带民事诉讼成立条件中的“物质损失”？

现行刑事立法并未对附带民事诉讼下的“物质损失”作出界定。就概念而言，“物质损失”应当是相对于精神损失而言的，其本身指代的是可以用金钱计算的损失。自1979年第一部《刑事诉讼法》开始，我国刑事立法即始终将附带民事诉讼的赔偿范围限定在因犯罪行为遭受的“物质损失”。2000年12月，最高人民法院颁布的《关于刑事附带民事诉讼范围问题的规定》将“物质损失”进一步界定为“被害人因犯罪行为已经遭受的实际损失和必然遭受的损失”，并明确指出对于被害人因犯罪行为遭受精神损失而提起附带民事诉讼的，人民法院不予受理。

一方面，被害人遭受的物质损失与被告人的犯罪行为之间必须存在因果关系。犯罪行为直接造成的物质损失，既包括犯罪行为已经给被害人造成的实际损失，如犯罪分子作案时破坏的门窗、车辆、物品，被害人的医疗费、营养费等，又包括被害人将来必然遭受的物质利益的损失，如因伤残减少的劳动收入、今后继续医疗的费用、被毁坏的丰收在望的庄稼等；但不包括可能得到的，或通过努力才能得到的物质利益，如发明奖、加班费等。[①]

另一方面，被害人只有因人身权利受到犯罪侵犯或财物被犯罪行为毁坏而遭受物质损失的，才有权在刑事诉讼中提起附带民事诉讼。而常见的侵犯财产犯罪，如非法占有、处置被害人财产而使其遭受物质损失的情况，则应当按照追缴和退赔程序处理。

**延伸阅读推荐**

刘道前：《中国刑事附带民事诉讼的局限性及其完善》，载《华南师范大学学报（社会科学版）》2019 年第 5 期，第 132－141 页。

## 问题 3：如何理解要求赔偿精神损失的，人民法院“一般不予受理”？

如前所述，自 1979 年《刑事诉讼法》开始，我国刑事立法即将附带民事诉讼的赔偿范围限定为因犯罪行为遭受的“物质损失”。对于被害人因受到犯罪侵犯，提起附带民事诉讼或单独提起民事诉讼要求赔偿精神损失的，2021 年《高法解释》以“一般不予受理”的处理规范修订了 2012 年《高法解释》下本为“不予受理”的处理规范，再次引发理论界与实务界对于刑事附带民事诉讼中能否提起精神损害赔偿的观点论争。

长久以来，在刑事附带民事诉讼的赔偿范围是否应当包括被害人遭受的精神损失的问题上，我国理论界与实务界存在肯定说与否定说两种观点。肯定说认为精神损害赔偿应当适用于附带民事诉讼。其主要理由在于：(1) 从实体层面展开分析，刑法与民法的法律地位相同，刑事立法与刑事司法不能以刑法规定否认民法规定，亦即，被害人依法享有的民事权利（包括精神损害赔偿）必须被依法保护，而不能被随意剥夺或限制。(2) 依据民事法律规定，精神损害赔偿是以民事侵权损害为前提，而刑法处罚的行为往往是侵权后果更为严重、社会危险性更大的犯罪行为，根据“举轻以明重”的法律适用原则，因严重侵权行为造成的精神损害似乎更应得到法律救济。(3) 刑事责任与民事责任之间具有不可替代性，被告人所受的刑事处罚并不等同于被害人的精神慰藉。只有建立允许附带民事诉讼中的精神损害赔偿才能实现公法与私法并重，更好地适应社会发展的现实要求。[②]

否定说则认为，附带民事诉讼的赔偿范围只应限于物质损失，而不应包括精神损失。其主要理由在于：(1) 人民法院对于被告人的定罪和量刑已然是对被害人的一种精神抚慰，假使允许受害人请求赔偿精神损失，可能带来对于刑事被告人之双重处罚的现实问题。(2) 刑法中规定的非刑罚处罚方式，如停止侵害、消除影响、赔礼道歉、恢复名誉、具结悔过、责令训诫等方式，亦可有效补偿受害人的精神损害。(3) 不同于物质损失，精神损害本身难以量化，加之实践中被害人提出的精神损害赔偿数额往往较大，极易形成执行不能的“空判”现象，进而影响刑事司法的权威性和公信力。[③]

“仅从法律条文之义来看，实践中掌握的附带民事诉讼案件范围过窄而不是过宽。”[④]

---

① 参见陈光中主编：《刑事诉讼法》(第 7 版)，北京大学出版社 2021 年版，第 267－268 页。

② 参见李大庆：《试论刑事犯罪被害人的精神损害赔偿——对最高人民法院〈批复〉的思考》，载《山西高等学校社会学报》2007 年第 6 期。

③ 参见田源：《刑事附带民事精神损害赔偿问题研究》，载《海峡法学》2016 年第 1 期。

④ 邵世星、刘选：《刑事附带民事诉讼疑难问题研究》，中国检察出版社 2002 年版，第 36 页。

或许正是基于回应多元司法实践，因应时代发展，强化特定对象之人权司法保障的现实需要，2021 年《高法解释》将 2012 年《高法解释》中的“不予受理”规范修改为“一般不予受理”，为精神损害赔偿于附带民事诉讼中的适用开辟空间。2021 年，上海市第二中级人民法院在牛某某强奸案的二审判决中维持了一审判决关于支持刑事附带民事诉讼下被害人提出精神损害赔偿请求的相关判项。此案成为 2021 年《高法解释》实施后，上海法院首个在刑事附带民事诉讼案件中支持精神损害赔偿请求的案例。[①] 需要注意的是，附带民事诉讼赔偿范围的确定关涉多重因素的综合考虑。假使一味地强调扩大附带民事诉讼的赔偿范围，也有可能将此一制度之司法适用推向另一个极端，带来不切实际甚至动摇刑事诉讼和民事诉讼界限根基的现实危险。因此，附带民事诉讼的赔偿范围，理应限定在一个合理的范围之内，并因应司法实践的需要和时代发展的现实语境渐进性地作出优化调整。

**延伸阅读推荐**

（1）段厚省：《我国刑事附带民事诉讼拒斥精神损害赔偿的立场批判与制度重构》，载《政治与法律》2021 年第 12 期，第 107－118 页。

（2）聂友伦：《刑事附带民事诉讼赔偿范围限制的制度逻辑》，载《环球法律评论》2023 年第 3 期，第 180－197 页。

## 问题 4：如何理解“但已经从其他共同犯罪人处获得足额赔偿的除外”？

《高法解释》第 183 条规定：“共同犯罪案件，同案犯在逃或下落不明的，不应列为附带民事诉讼被告人。逃跑的同案犯到案后，被害人或者其法定代理人、近亲属可以对其提起附带民事诉讼，但已经从其他共同犯罪人处获得足额赔偿的除外。”由于附带民事诉讼中调解结案没有数额限制，而判决须有明确的判赔数额，因此此一规定的立法本意可以被理解为先到案的被告人完全履行附带民事判决后，原告人无权再对后到案的其他同案被告人提起附带民事诉讼。《高法解释》基于侵权责任所适用的填平原则，明晰共同犯罪案件中附带民事诉讼原告人所能获得的以弥补其损失为规范目标的赔偿限度，明确禁止原告人于共同犯罪案件中的双重甚至多重赔偿。

从根本上来讲，共同犯罪案件中多名被告人承担的是对内按份、对外连带的赔偿责任。依据《民法典》的相关规范，法律规定承担连带责任的，被侵权人有权请求部分或者全部连带责任人承担责任。承担超过自己责任份额的连带责任人，有权向其他连带责任人追偿。据此，附带民事诉讼之中，若先到案的被告人全额履行附带民事判决，则附带民事诉讼原告人无权对后到案的同案被告人提起附带民事诉讼。但是，支付超过自身责任份额的先到案被告人全然可以在协商未果的情形下，依法向民事审判庭提起民事诉讼进行追偿，要求后到案的同案被告人承担相应赔偿责任，尽管人民法院并未在附带民事诉讼中对后到案的同案被告人应当承担的民事赔偿份额作出相应裁判。

**延伸阅读推荐**

杨良胜主编：《刑事附带民事诉讼理论与实践探索》，人民法院出版社 2015 年版。

---

① 参见上海市第二中级人民法院（2021）沪 02 刑终 484 号刑事判决书。

## 问题5：为被害人垫付医药费、丧葬费、护理费、营养费、残疾人生活补助费等费用的人，能否作为附带民事诉讼原告人？

根据《刑事诉讼法》第101条的规定，有权提起附带民事诉讼的主体系“由于被告人的犯罪行为而遭受物质损失的”被害人（当然，被害人死亡或者丧失行为能力的，被害人的法定代理人、近亲属也可提起附带民事诉讼，但出于简明书写的考虑，本问题暂时忽略被害人死亡或者丧失行为能力的特殊情况）。《高法解释》第175条将之进一步明确为“因人身权利受到犯罪侵犯或者财物被犯罪分子毁坏而遭受物质损失的”被害人。亦即，只有被告人犯罪行为所直接侵害并造成物质损失的被害人，才是适格附带民事诉讼原告人。

因此，司法实践中较为常见的为被害人垫付医药费、丧葬费、护理费、营养费、残疾人生活补助费等费用的人员，虽在广义上属于因犯罪遭受经济损失的人员，但由于其并非犯罪行为直接侵害的对象，不属于适格附带民事诉讼原告人。

但这并不意味着为被害人垫付医药费、丧葬费、护理费、营养费、残疾人生活补助费等费用的人员的利益无从得到保障：在被害人有继承人的情况下，为被害人垫付相关费用的人员实际上与被害人的继承人形成了债权债务关系，其可以要求被害人的继承人承担相应的偿还责任；在被害人无继承人的情况下，为被害人垫付相关费用的人员与犯罪行为人之间形成不当得利之债，前者有权要求后者返还——只不过考虑到附带民事诉讼只解决犯罪行为直接造成物质损失的赔偿问题，不当得利纠纷并不在其审理范围之内——为被害人垫付相关费用的人员只能另行提起不当得利返还之诉。①

实践中已有部分地区法院在规范性文件中明确上述界分。例如，广东省高级人民法院印发的《广东省高级人民法院关于审理刑事附带诉讼案件若干问题的指导意见（试行）》（粤高法发〔2008〕36号）第2条便规定：“为被害人垫付医药费、丧葬费、护理费、营养费、残疾人生活补助费等费用提起的附带民事诉讼，人民法院不予受理；但另行提起民事诉讼的，人民法院应予受理。”

**延伸阅读推荐**

郑高键：《刑事附带民事诉讼制度内容之主体分析》，载《甘肃政法学院学报》2006年第2期，第93-96页。

## 问题6：附带民事诉讼原告人在宣判前死亡的，后续程序应当如何进行？

刑事附带民事诉讼的本质仍是民事诉讼，附带民事诉讼原告人在宣判前死亡且没有继承人的情况下，民事部分的判决也就不存在实质意义，法院应当参照《民事诉讼法》第154条第1项关于“有下列情形之一的，终结诉讼：（一）原告死亡，没有继承人，或者继承人放弃诉讼权利的”规定，终结附带民事诉讼。

较为复杂的是，有继承人的附带民事诉讼原告人在宣判前死亡，后续的诉讼程序该当如何进行？这本质上是在解决如下理论质疑：其一，附带民事诉讼原告人的继承人是

---

① 参见陈立斌主编：《刑事附带民事诉讼案件审理精要》，人民出版社2018年版，第159页。

否有权替代死亡的被继承人承担诉讼？其二，在肯定前一问题的情况下，如何理解继承人的诉讼权利？

首先，基于法秩序统一性以及附带民事诉讼原告人的继承人合法权益保护之目的，应当允许附带民事诉讼原告人的继承人在被继承人死亡时替代其承担诉讼。原告人在附带民事诉讼中有请求赔偿的诉讼请求，如果该部分诉讼请求得到实现，附带民事诉讼被告人赔偿的财产将会成为死亡原告人的遗产。为了充分保障死亡原告人的继承人的合法权益，法院应当允许附带民事诉讼原告人的继承人在被继承人死亡时替代其承担诉讼，这种处理方案也符合《民事诉讼法》第 153 条第 1 项“有下列情形之一的，中止诉讼：（一）一方当事人死亡，需要等待继承人表明是否参加诉讼的”规定精神，在程序法秩序层面统一了法律适用。

其次，承担诉讼的继承人与死亡原告人（被继承人）享有同等的诉讼权利。有质疑者认为，参与调解、决定是否愿意接受赔偿、是否表示谅解等诉讼行为，因涉及刑事犯罪的处理，在附带民事诉讼中具有相当的人身专属性，死亡原告人的继承人无权实施。[1]这种观点虽然看到了特定诉讼行为与刑事处遇结果的关联性，但忽视了附带民事诉讼在本质上调整的是原告人与被告人之间的财产关系纠纷，承担诉讼的继承人继承了死亡原告人的债权请求权，自然也有权实施上述诉讼行为。

上述理论也在实践中有所回应，例如北京市高级人民法院印发的《关于审理刑事附带民事诉讼案件若干问题的解答（试行）》（京高法发〔2009〕226 号）第 19 条便明确：“一审宣判前附带民事诉讼原告人死亡的，应通知已死亡附带民事诉讼原告人的继承人参加诉讼；如果附带民事诉讼原告人没有继承人或者其继承人放弃诉讼权利的，应当终结附带民事诉讼。”

**延伸阅读推荐**

刘道前：《中国刑事附带民事诉讼的局限性及其完善》，载《华南师范大学学报（社会科学版）》2019 年第 5 期，第 132－141 页。

## 问题 7：刑事被告人在宣判前死亡的，后续附带民事诉讼应当如何进行？

有明确的刑事被告人是刑事诉讼成立的条件之一。刑事被告人在宣判前死亡，刑事追诉部分的诉讼条件便不充足，相应的诉讼系属关系自当消灭，法院应当根据《刑事诉讼法》第 16 条裁定刑事追诉部分终止审理（或在查明被告人无罪的情况下宣告无罪）。但对于此时附带民事诉讼部分应如何处理，理论上认识并不统一。

有观点认为，附带民事诉讼依附于刑事诉讼，因此刑事诉讼被终止审理的，附带民事诉讼部分应当一并终止，案涉财产权利纠纷应当通过单独提起民事诉讼的方式处理。实际上，这种看法只是简单地将民事部分同刑事部分“绑定”，未必能够很好地指导实践：一方面，《高法解释》第 180 条明确附带民事诉讼被告人不以刑事被告人为限，还包括“未被追究刑事责任的其他共同侵害人”“刑事被告人的监护人”等。因此，即便刑事追诉活动因被告人死亡、无法承担刑事责任而被迫终止，也不意味着民事赔偿责任的落

① 参见陈立斌主编：《刑事附带民事诉讼案件审理精要》，人民出版社 2018 年版，第 167 页。

空，附带民事诉讼待解决的财产权利纠纷依然存在。另一方面，要求附带民事诉讼原告人单独提起民事诉讼，意味着包括证据调查等在内的诉讼程序的重新践行，于司法效率提升及民事争议解决并无益处。

是故，我们认为，刑事被告人在宣判前死亡的，附带民事诉讼并不必然随刑事诉讼一并终止，而应当参照适用《民事诉讼法》的相关规定：若被告人有遗产与继承人，法院应当裁定中止诉讼，等待继承人表明是否参加诉讼。继承人参加诉讼的，其作为附带民事诉讼被告人在遗产范围内承担赔偿责任。继承人不参加诉讼的，法院可依法判决，原告人直接从遗产中获得清偿；若被告人没有遗产，也没有应当承担义务的人，法院应当裁定附带民事诉讼部分终止审理。

**延伸阅读推荐**

蒋凌申：《"刑事附带民事责任"的证伪与建议》，载《国家检察官学院学报》2016年第3期，第137－144页。

## 问题8：如何理解"未被追究刑事责任的其他共同侵害人"？

在刑事附带民事诉讼的审判实务中，存在大量共同侵权的案件，其中部分侵权行为人被追究刑事责任、但其他共同侵权行为人却未被追究刑事责任的情形，由此便产生"未被追究刑事责任的其他共同侵害人"是否属于适格附带民事诉讼被告人的问题。

我国《民法典》规定了共同侵权行为的连带赔偿责任（包括第1168条"共同加害行为"、第1169条"教唆帮助行为"、第1170条"共同危险行为"），且早在《侵权责任法》时代，上述规定便业已明确。我国1998年《高法解释》便在第86条中明确附带民事诉讼中依法负有赔偿责任的人包括没有被追究刑事责任的其他共同致害人。而2012年与2021年《高法解释》基本沿袭了1998年《高法解释》的上述规定，明确"未被追究刑事责任的其他共同侵害人"的适格附带民事诉讼被告人地位。在实践中，"未被追究刑事责任的其他共同侵害人"包括如下三类人群：其一，人民检察院没有提起公诉的与刑事被告人共同实施了侵害行为的其他共同侵害人；其二，自诉人没有提起自诉的与刑事被告人共同实施了侵害行为的其他共同侵害人；其三，公安机关或者人民检察院已经作出行政处罚或者不起诉处理的其他共同侵害人。①

另外，如果被害人或者其法定代理人、近亲属仅针对部分共同侵害人提起附带民事诉讼，即遗漏了未被追究刑事责任的其他共同侵害人的情形，《高法解释》第181条规定了法院的告知义务，即"人民法院应当告知其可以对其他共同侵害人，包括没有被追究刑事责任的共同侵害人，一并提起附带民事诉讼，但共同犯罪案件中同案犯在逃的除外"；对于被害人或者其法定代理人、近亲属放弃追究的，法院则应在践行充分的法律后果释明义务的基础上，尊重当事人的处分原则。

**延伸阅读推荐**

牛传勇：《刑事附带民事诉讼内在机理探析——哲学和法理学视角对赔偿范围之审

① 参见江必新主编：《最高人民法院刑事诉讼法司法解释理解与适用》（上），人民法院出版社2015年版，第443－444页。

视》，载《理论学刊》2014年第7期，第108－122页。

## 问题9：共同犯罪案件中，同案犯在逃的，附带民事诉讼程序如何处理？

部分同案犯在逃的共同犯罪案件中，如何进行附带民事诉讼程序？这实际上包含如下两个问题：其一，能否将在逃的刑事被追诉人列为附带民事诉讼被告人？其二，被列为附带民事诉讼被告人的民事责任该如何承担？

考虑到民事诉讼成立的条件以及附带民事诉讼中的刑民关系，现行《高法解释》第183条已经明确“共同犯罪案件，同案犯在逃的，不应列为附带民事诉讼被告人”。一方面，从民事诉讼成立条件的角度来看，针对在逃的同案犯不存在有效的送达途径，诉讼程序赖以推进的要件不完备；另一方面，民事责任的确定以刑事诉讼为前提，在被追诉人不在案的情况下，无法确定在逃人员涉嫌犯罪的事实是否存在，民事责任也无从确定。因此，早在1999年，最高人民法院便印发《全国法院维护农村稳定刑事审判工作座谈会纪要》，指导地方法院“在逃的同案犯不应列为附带民事诉讼的被告人”。该内容被2012年《高法解释》吸收，并沿袭至2021年《高法解释》第183条。

另外，涉及被列为附带民事诉讼被告人的民事责任承担问题，实践中认识并未统一，主要有以下三类做法：其一，先确定归案的共同犯罪人的责任份额，待其他共同犯罪人归案后再确定其份额；其二，判决归案的共同犯罪人承担相应的民事责任，等在逃共犯归案后，判决其对赔偿总额承担连带责任；其三，先确定共同犯罪人的责任份额并由已经归案的被告人进行赔偿，共同犯罪人之间承担连带责任。[①] 事实上，如果考虑《民法典》规定“共同侵权行为应承担连带赔偿责任”在适用层面的统一性，法院可以要求已经归案的附带民事诉讼被告人承担全部民事责任，待其他同案犯归案后，再按照连带责任的内部分配原理，明确各共同犯罪人之间的责任关系。实务中也有部分地区以规范性文件的形式明确上述责任承担规则，例如，天津市高级人民法院印发《关于审理刑事附带民事诉讼案件有关问题的意见》第2条第2款规定：“共同犯罪的案件，部分嫌疑人在逃的，在案被告人对全部赔偿数额承担连带责任，不需给未归案的犯罪嫌疑人预留出赔偿金额。其他被告人归案后，对已判决生效的全部赔偿份额承担连带责任。判决生效的刑事附带民事判决已全部执行完毕后，在逃的同案犯又归案的，被害人对后归案的被告人提起附带民事诉讼的，人民法院不予受理，已经受理的，驳回起诉。”

**延伸阅读推荐**

孙华璞：《关于附带民事责任正当性问题的思考》，载《法律适用》2017年第9期，第8－17页。

## 问题10：刑事附带民事诉讼能否适用惩罚性赔偿？

民事责任补偿性理论，历来为民法理论界所坚持，也为传统的民事立法所体现。依照此一理论，不法行为人承担民事赔偿责任的大小，以填平被害人的损失为限。与民事责任补偿性理论相对应的即为惩罚性赔偿理论，或曰惩罚性损害赔偿。所谓惩罚性损害

① 参见杨良胜：《刑事附带民事诉讼理论与实践探索》，人民法院出版社2015年版，第89页。

赔偿（简称惩罚性赔偿），是指由人民法院所作出的赔偿数额超过实际损害数额的赔偿。相较于传统的补偿性理论，惩罚性损害赔偿具有赔偿和惩罚的双重含义，强调在赔偿受害人遭受的损失的同时，惩戒和遏制加害人的不法行为。① 因此，就确定赔偿数额的依据而言，惩罚性赔偿数额的确定必须紧密围绕行为人的过错种类和过错程度，而并非必须考虑损害数额的具体大小。我国现行立法已有惩罚性赔偿的规范体现。例如，《消费者权益保护法》第 55 条规定："经营者提供商品或者服务有欺诈行为的，应当按照消费者的要求增加赔偿其受到的损失，增加赔偿的金额为消费者购买商品的价款或者接受服务的费用的三倍……"

具体到附带民事诉讼之中。刑事附带民事赔偿是由附带民事诉讼被告人之犯罪行为所引起。作为一种特殊的侵权行为，犯罪行为相较于一般的民事侵权行为具有更大的严重性和法益危害性。相应地，附带民事诉讼制度下的民事赔偿，其着眼点既在于弥补被害人的物质损失，又兼具惩戒、遏制犯罪行为的正向功用。从这个意义上来讲，刑事附带民事诉讼具有适用惩罚性赔偿的可行性与必要性。但是，为最大限度地实现刑事责任与民事责任的衡平，缓解惩罚性赔偿可能引申出的双重处罚问题，一方面，刑事附带民事诉讼制度应当进一步扩大民事责任优先的司法适用。质言之，在适用惩罚性赔偿之时，应当优先确立行为人承担民事上的惩罚性赔偿责任，并在刑事量刑环节中将惩罚性赔偿的积极承担纳入考虑，明晰其该当的量刑从宽幅度。另一方面，惩罚性赔偿的司法适用应当具有有限性。附带民事诉讼下的惩罚性赔偿只能适用于行为人主观故意且恶性较大的刑事案件，并需有一系列的程序规范保障。

**延伸阅读推荐**

（1）王利明：《惩罚性赔偿研究》，载《中国社会科学》2000 年第 4 期，第 112－122 页。

（2）杨新宝、李倩：《惩罚性赔偿的立法选择》，载《清华法学》2009 年第 4 期，第 5－20 页。

## 问题 11：如何理解侵财型案件中"被害人提起附带民事诉讼的，人民法院不予受理"？

作为被害人挽回物质损失与被告人承担赔偿责任的特定方式，附带民事诉讼与追缴、责令退赔的作用指向具有一致性。然而，从启动方式来看，附带民事诉讼以被害人提出民事请求为前提，其程序启动具有被动性；而追缴和责令退赔作为司法机关对涉案财物的强制性处理方法，系司法机关主动性的职权行为。相应地，依据现行《刑事诉讼法》与《高法解释》之规定，附带民事诉讼与追缴、责令退赔在所涉案件范围方面可谓是泾渭分明，前者主要适用于人身伤害型及财物毁坏型案件，而后者则适用于侵财型案件。

从历史发展的角度进行审视，1998 年《高法解释》第 84 条规定："人民法院受理刑事案件后，可以告知因犯罪行为遭受物质损失的被害人等权利人，有权提起附带民事诉讼。"依据该规定，在被告人非法占有、处置被害人财产的侵财型案件中，被害人同样有

① 参见王利明：《惩罚性赔偿研究》，载《中国社会科学》2000 年第 4 期。

权提起刑事附带民事诉讼。2012 年《高法解释》在 1998 年《高法解释》的基础上，基于允许侵财型案件被害人提起附带民事诉讼的实践效果并不理想；允许侵财型案件被害人提起附带民事诉讼并未实质性地提高被害人财产权利的保障程度；以及人身伤害型及财物毁坏型案件中的“物质损失”与侵财型案件中的“物质损失”明显不同，因而有必要在提起附带民事诉讼问题上作出不同规定的多重考量[1]，有针对性地对刑事附带民事诉讼的受案范围作出限缩规定。2012 年《高法解释》第 139 条（2021 年《高法解释》第 176 条）规定：“被告人非法占有、处置被害人财产的，应当依法予以追缴或者责令退赔。被害人提起附带民事诉讼的，人民法院不予受理。追缴、退赔的情况，可以作为量刑情节考虑。”明确将追缴、责令退赔作为侵财型案件中附带民事诉讼的替代措施，强化了司法机关在侵财型案件中依职权启动的追缴和责令退赔职责。

需要明确的是，在被告人非法占有、处置被害人财产的侵财型案件中，被害人提起附带民事诉讼的，人民法院不予受理。而在经过追缴与责令退赔，仍不能弥补被害人物质损失的情形下，尽管比较权威的解释是“如经司法机关追缴或者责令退赔，仍不能弥补被害人损失，通常表明被告人已无退还或者赔偿能力，被害人另行提起民事诉讼后，只会获得无执行可能的‘空判’，既增加当事人诉累，又影响裁判权威，影响案结事了；如发现被告人仍有违法所得未能追缴或者仍有退赔能力的，由司法机关继续依法追缴或者责令退赔即可，也不必由被害人另行提起民事诉讼”[2]，但我们认为，基于追缴、责令退赔与诉讼求偿的不同法律性质，为防止公权侵犯私权，并适时拓宽被害人的权利救济途径，假使经过追缴与责令退赔，仍不能弥补被害人物质损失，则应当允许被害人另行提起民事诉讼。

**延伸阅读推荐**

王玮：《刑事附带民事诉讼范围实证研究——以 S 省 H 市两级法院为例》，法律出版社 2019 年版。

## 问题 12：何谓刑事被害人国家补偿制度？

纵观世界范围内刑事诉讼制度的发展趋势，强化刑事被害人的权利保障及损失补偿，已然成为法治国家或地区刑事立法与刑事司法的重要内容。例如，中国香港、印度、马来西亚、新加坡以及文莱等国家和地区通过设置类似英国的“赔偿令”制度，将犯罪损害赔偿作为刑罚的替代，以期确保刑事被害人获得充分的损害赔偿。[3] 但不得不承认的是，受制于一系列的主客观原因，世界范围内的刑事司法实践中始终存在大量的案件，被害人的经济损失难以获得足够的弥补，因此需要国家采取特定的方式以国家的名义进行补偿和救济，此即“刑事被害人国家补偿制度”。

以比较法的视角来看，域外国家和地区关于刑事被害人国家补偿制度的内容大体包

① 参见陈立斌主编：《刑事附带民事诉讼案件审理精要》，人民出版社 2018 年版，第 152 页。

② 关于此一问题，参见张军、江必新：《新刑事诉讼法及司法解释适用解答》，人民法院出版社 2013 年版，第 171－172 页。

③ 参见［日］太田达也：《刑事被害人救助与刑事被害人权利在亚洲地区的发展进程》，武小凤译，载《环球法律评论》2009 年第 3 期。

括如下几个方面：其一，补偿对象和范围。由该国家或地区的经济发展水平决定，部分国家或地区将补偿对象和范围限于特定暴力犯罪的被害人及其近亲属。其二，补偿金来源。绝大部分国家和地区以国家财政为主，部分国家将犯罪人的劳动所得、犯罪所得、罚金作为资金的补充来源，个别国家还接受社会捐赠。其三，补偿标准。因各国或区域情况不同，采取的补偿范围和标准均有所差异，但总体上均遵守一个基本原则，即国家补偿的不是被害人的一切损失，而只是一种对被害人的救助。补偿的范围一般均为医疗费、殡葬费及丧失或减少劳动力的损失以及死者家属的生活费等费用。其四，补偿程序。一般是由被害人申请，再由机构进行调查并作出裁定，根据调查所掌握的事实和补偿的具体规定，决定是否予以补偿及补偿的金额。通常申请应于被害人受伤或死亡后一定期间为之，但有正当理由可以延长。如法国规定，如果被害人无法从被告人处获得充分赔偿，可以在犯罪事实发生后 3 年内或在刑事判决作出后 1 年内，向国家申请补偿损失。[①]

事实上，我国关于刑事被害人国家补偿制度的探索已经进行。2004 年 2 月，山东淄博在全国率先实施了刑事被害人经济困难补偿制度。2014 年，中央六部委又联合发布《关于建立完善国家司法救助制度的意见（试行）》。2015 年，全国人大常委会法制工作委员会亦正式提出将刑事被害人救助法列入后续的立法规划中。而前述域外国家和地区在刑事被害人国家补偿制度方面的有益经验，能够为我国未来刑事被害人国家补偿制度的立法建构提供镜鉴。

**延伸阅读推荐**

（1）赵国玲、徐然：《中国刑事被害人国家救助的现状、突围与立法建构》，载《福建师范大学学报（哲学社会科学版）》2015 年第 1 期，第 1－9 页。

（2）李红辉：《国家为何要救济刑事被害人——对东莞地区重大刑事案件的调查分析》，载《中国刑事法杂志》2008 年第 5 期，第 96－105 页。

## 第三节　附带民事诉讼的程序

### 问题 1：如何理解刑事附带民事诉讼关于“及时提起”的期间要求？

2012 年《高法解释》第 147 条规定：“附带民事诉讼应当在刑事案件立案后及时提起。”2021 年《高法解释》第 184 条承继了此一规定，将刑事附带民事诉讼的提起时间界定为“案件立案后及时提起”。不同于侦查羁押期限、审查起诉期限、一审审理期限等明确的期间要求，“及时提起”实为一个较为模糊的概念，可能引起理解上的观点分歧。

从立法沿革来看，1998 年《高法解释》第 89 条规定，“附带民事诉讼应当在刑事案件立案以后第一审判决宣告以前提起”。司法实践中，有些被害人在案发后尝试与被告人就经济损失自行和解，就没有在刑事立案以后及时提起附带民事诉讼。在被害人与被告人双方由于种种原因未能就和解方案达成一致意见时，被害人则表示要提起附带民事诉讼，并以此为筹码要求被告人提高赔偿数额。同时，考虑到判决执行不到位的风险，被

① 参见陈立斌主编：《刑事附带民事诉讼案件审理精要》，人民出版社 2018 年版，第 49－55 页。

害人又不愿意完全放弃和解，因此在是否提起附带民事诉讼方面存在犹豫反复，一方面向法院表明要求提起附带民事诉讼，另一方面却迟迟不提交附带民事起诉状。[①]

为解决上述问题，2012年《高法解释》第147条将附带民事诉讼的提起时间修改界定为“刑事案件立案后及时提起”。据此，有权提起附带民事诉讼的人不仅可以在侦查、审查起诉期间提出赔偿要求，而且应当在刑事立案后的“合理期限”内“及时”提起，以避免因《刑事诉讼法》下“在刑事诉讼过程中，有权提起附带民事诉讼”的规范内容带来司法资源浪费、诉讼成本提高，甚至引起附带民事诉讼及其所依附的刑事诉讼无法进行，背离附带民事诉讼制度本源设立初衷等一系列问题。当然，《高法解释》“及时提起”规范下的“合理期限”尚需由人民法院根据案件审理情况综合限定。可以考虑的限定方式是：在立案层面，立案庭可将提起附带民事诉讼的期限明确写在附带民事诉讼告知书上。若被害人与被告人双方因开展和解工作而无法在刑事案件进入审判庭以前作出决定，审判庭法官可以在开庭前召集被害人与被告人进行双方谈话并制作笔录，询问是否存在自行和解的情况，并为被害人限定提交附带民事起诉状的最后期限。到期被害人未能提交附带民事起诉状的，就视为被害人自动放弃提起附带民事诉讼的权利，法院可以直接就刑事部分进行开庭审理。法官为被害人限定的提交附带民事起诉状的期限可以不受民事诉讼中诉讼时效的限制。但是，如果被害人或其近亲属另行提起民事诉讼，则需要遵循民事诉讼中关于诉讼时效的规定。[②]

**延伸阅读推荐**

最高人民法院编：《刑事审判参考》2006年第6集（总第53集），法律出版社2007年版。

## 问题2：刑事附带民事诉讼的受理机关是否仅限于人民法院？

2021年《高法解释》第184条规定，“附带民事诉讼应当在刑事案件立案后及时提起”。第185条同时规定，侦查、审查起诉期间，有权提起附带民事诉讼的人可以提出赔偿要求。公安机关、人民检察院可以进行调解。此处因并未明晰附带民事诉讼的受理机关，而引发当事人是否必须向人民法院提交附带民事起诉状才能启动附带民事诉讼的观点分歧与实践争议。在部分学者看来，《高法解释》第184条下的“立案”是指在由立案、侦查、起诉、审判、执行等诉讼阶段所组成的“立案阶段”。相应地，对附带民事诉讼的受理，既指人民法院接受当事人附带民事诉讼的起诉，也包括公安机关、检察机关接受当事人附带民事诉讼的请求。有权提起附带民事诉讼的人可以向法检公任何一个机关提起。[③] 另有观点则认为，《高法解释》第184条下的“立案”特指人民法院的立案。相应地，有权提起附带民事诉讼的人只有向人民法院提交附带民事起诉状才具有启动附带民事诉讼的法律效力。

从立法沿革来看，1998年《高法解释》第90条规定：“在侦查、预审、审查起诉阶

---

① 参见陈立斌主编：《刑事附带民事诉讼案件审理精要》，人民出版社2018年版，第181页。

② 参见陈立斌主编：《刑事附带民事诉讼案件审理精要》，人民出版社2018年版，第181－182页。

③ 参见邵世星、刘选：《刑事附带民事诉讼疑难问题研究》，中国检察出版社2002年版，第72页。

段，有权提起附带民事诉讼的人向公安机关、人民检察院提出赔偿要求，已经公安机关、人民检察院记录在案的，刑事案件起诉后，人民法院应当按附带民事诉讼案件受理。”此一规定之下，公安机关、人民检察院和人民法院都可以成为刑事附带民事诉讼的受理机关，甚至于被害人或其近亲属在侦查、起诉阶段提出赔偿请求的，人民法院也必须按照附带民事诉讼案件受理。然而，反观刑事司法实践，被害人或其近亲属在侦查、审查起诉阶段提出的赔偿要求通常比较笼统、原则，赔偿事项及赔偿数额往往并不具体，请求的赔偿人亦往往仅限于犯罪嫌疑人或被告人，并不完全符合附带民事诉讼的条件。而在“已经公安机关、人民检察院记录在案的，刑事案件起诉后，人民法院应当按附带民事诉讼案件受理”的规范语境下，极易出现人民法院“带病”受理尚不符合起诉条件的附带民事诉讼案件，以及有权提起附带民事诉讼的人向公安机关、人民检察院提出赔偿要求后，又因各种原因放弃诉权的现实情况。①

考虑到1998年《高法解释》可能产生的各种实践弊端，2012年《高法解释》删除了“已经公安机关、人民检察院记录在案的，刑事案件起诉后，人民法院应当按附带民事诉讼案件受理”的规定。这意味着公安机关、人民检察院接收附带民事起诉状不再具有直接启动刑事附带民事诉讼的法律效力。有权提起附带民事诉讼的人若要提起附带民事诉讼，就只能在人民法院对刑事案件立案之后，依法向人民法院提起，由人民法院依照起诉条件进行审查并决定是否立案。②

**延伸阅读推荐**

最高人民法院研究室：《〈关于适用《中华人民共和国刑事诉讼法》的解释〉理解与适用》，中国法制出版社2013年版。

## 问题3：刑事附带民事诉讼与普通民事诉讼在程序提起方面有何区别?

作为一种特殊的民事诉讼，附带民事诉讼在程序提起方面具有不同于普通民事诉讼的特异性特征，集中表现在如下几个方面：

其一，司法机关主动关心附带民事诉讼的提起。刑事附带民事诉讼中，由于刑事责任与民事责任紧密联系，不可分割，因此公安司法机关在刑事诉讼中即应当主动关心、维护被害人及其他权利人的合法权益，支持、保障被害人及其他权利人依法提起附带民事诉讼。据此，不同于普遍民事诉讼中单纯的“不告不理”原则，刑事附带民事诉讼之下，公安司法机关负有告知被害人或其法定代理人、近亲属有权提起附带民事诉讼的“告知”义务。

其二，对于损害赔偿请求的具体数额，附带民事诉讼原告人可以在能够从实体上解决被告人的民事责任时提出。就普通民事侵权诉讼而言，原告起诉时应当提出具体的损害请求及赔偿数额，并根据赔偿数额的大小预交诉讼费。刑事附带民事诉讼之中，尽管《高法解释》第182条将“有请求赔偿的具体要求和事实、理由”作为附带民事诉讼的起

---

① 参见最高人民法院研究室：《〈关于适用《中华人民共和国刑事诉讼法》的解释〉理解与适用》，中国法制出版社2013年版，第155页。

② 参见陈立斌主编：《刑事附带民事诉讼案件审理精要》，人民出版社2018年版，第182页。

诉条件之一，但从司法实践的运行现状来看，一般允许附带民事诉讼原告人先提出附带民事诉讼请求，而后在能够从实体上解决被告人的民事责任时再提出具体的赔偿数额。[①]

其三，受案范围具有有限性。普通民事诉讼的受案范围能够涵摄债权债务纠纷案件、婚姻家庭纠纷案件、精神损害赔偿纠纷案件、房地产纠纷案件和继承纠纷案件等。其赔偿范围亦不限于物质损失，还包括精神损失。与之不同的是，刑事附带民事诉讼的受案范围仅限于被害人由于被告人的犯罪行为而遭受的物质损失。一方面，因受到犯罪侵犯，提起附带民事诉讼或者单独提起民事诉讼要求赔偿精神损失的，人民法院一般不予受理。另一方面，被告人非法占有、处置被害人财产的，人民法院应当依法予以追缴或者责令退赔。被害人提起附带民事诉讼的，人民法院不予受理。追缴、退赔的情况，人民法院可以作为量刑情节予以考虑。

**延伸阅读推荐**

李国强：《人民法院不应限制刑事附带民事诉讼受案范围》，载《江苏公安专科学校学报》2001年第5期，第94-98页。

## 问题4：人民法院认为公诉案件被告人的行为不构成犯罪与人民法院准许人民检察院撤回起诉的情形下，对已经提起的附带民事诉讼的处理方式为何不同?

《高法解释》第197条规定：“人民法院认定公诉案件被告人的行为不构成犯罪，对已经提起的附带民事诉讼，经调解不能达成协议的，可以一并作出刑事附带民事判决，也可以告知附带民事原告人另行提起民事诉讼。人民法院准许人民检察院撤回起诉的公诉案件，对已经提起的附带民事诉讼，可以进行调解；不宜调解或者经调解不能达成协议的，应当裁定驳回起诉，并告知附带民事诉讼原告人可以另行提起民事诉讼。”依照此一规定，在人民法院认定公诉案件被告人的行为不构成犯罪的情形下，人民法院应当先进行调解，调解不成再一并判决或告知附带民事诉讼原告人另行起诉。而在人民法院准许检察机关撤回起诉的公诉案件中，人民法院并非应当而是可以就已经提起的附带民事诉讼进行调解。假使经过法院调解，双方不能达成调解协议或不属于法院调解范围，人民法院则应当裁定驳回起诉，并告知附带民事诉讼原告人可以另行提起民事诉讼。

上述两种情形之下，人民法院对于已经提起的附带民事诉讼的处理方式之所以不同，其根本原因在于人民法院认为公诉案件被告人的行为不构成犯罪并不等于被告人的行为没有给附带民事诉讼原告人造成物质损失。判决无罪，相当于刑事庭审顺利结束，但附带民事诉讼部分仍有起诉依据，只不过基于诉讼效率之考虑，人民法院在作出刑事无罪判决的同时，可以对已经提起的附带民事诉讼一并处理[②]，或告知附带民事诉讼原告人另行起诉。但是，在人民法院准许检察机关撤回起诉的情形下，刑事庭审尚未结束即告终结，附带民事诉讼部分丧失了可以依附的存续依据，因此只能在不宜调解或调解不成之

① 参见邵世星、刘选：《刑事附带民事诉讼疑难问题研究》，中国检察出版社2002年版，第55页。

② 作出判决时，如果附带民事诉讼不成立，或者被告人不应承担民事赔偿责任，人民法院应当作出被告人无罪且不应当承担民事赔偿责任的判决；虽然被告人无罪，但如果应当承担民事赔偿责任，人民法院则应当作出被告人无罪但应当承担民事赔偿责任的判决。

时裁定驳回起诉，并告知附带民事诉讼原告人另行提起民事诉讼。

需要注意的是，无论是在人民法院认为公诉案件被告人的行为不构成犯罪，还是在人民法院准许人民检察院撤回起诉的情形之下，《高法解释》第197条所确立的对于已经提起的附带民事诉讼的差异化处理方式均可能增加诉讼环节，延长诉讼周期，增加当事人的诉讼负累。上述情形之下，刑事立法完全可以考虑确立刑事附带民事诉讼移送制度，即在调解不成之时应当事人的请求将附带民事诉讼部分进行移送。具体而言：假使本院的民事审判庭有管辖权，则由原审刑事审判庭将附带民事诉讼案件移送至本院的民事审判庭进行审理；对于本院无管辖权的，则应当由本院将附带民事诉讼案件移送至有民事管辖权的法院进行审理。①

**延伸阅读推荐**

（1）刘方：《刑事诉讼法适用重点难点问题详解》，法律出版社2014年版。

（2）夏伟：《基于大数据样本的刑事附带民事诉讼司法重构经验与逻辑》，载《法学论坛》2021年第5期，第111－120页。

## 问题5：共同犯罪中部分被告人与原告人达成调解协议，其他被告人的赔偿问题如何处理？

共同犯罪案件中，部分被告人已经按照附带民事判决全额赔偿或与原告人达成调解协议，此时其他被告人，特别是后到案的被告人的赔偿问题该如何处理往往成为司法机关不得不面对的现实问题之一。针对此一问题，《高法解释》第183条规定："共同犯罪案件，同案犯在逃或下落不明的，不应列为附带民事诉讼被告人。逃跑的同案犯到案后，被害人或者其法定代理人、近亲属可以对其提起附带民事诉讼，但已经从其他共同犯罪人处获得足额赔偿的除外。"《高法解释》基于侵权责任所适用的填平原则，明晰共同犯罪案件中附带民事诉讼原告人所能获得的以弥补其损失为规范目标的赔偿限度，明确禁止原告人于共同犯罪案件中的双重赔偿。但是，针对共同犯罪中部分被告人与原告人达成调解协议并已给付，附带民事诉讼原告人能否向其他被告人，特别是后到案的被告人提起附带民事诉讼的现实问题，现行刑事立法实则语焉不详，进而引发我们对于此一问题能否类推适用《高法解释》第183条处理的教义学思考。

从本质上来讲，尽管共同犯罪案件中多名被告人承担的是对内按份、对外连带的赔偿责任，但是，在部分被告人到案或与原告人达成调解协议的情形下，人民法院应当根据案情查明到案被告人的过错程度，明确其所应承担的赔偿份额。如果双方达成调解协议并已实际履行，继续要求达成调解协议的部分被告人对其他被告人的赔偿份额承担连带赔偿责任，必然会影响其赔偿积极性，不利于原告人的实际获赔。因此，在共同犯罪中部分被告人与原告人达成调解协议的现实情境下，人民法院应当在告知原告人相关权利后，由原告人在调解协议中明确作出放弃要求达成调解协议的部分被告人继续对未尽赔偿承担连带责任的意思表示。②至于原告人是否有权向后到案的其他被告人提起附带民

① 参见陈立斌主编：《刑事附带民事诉讼案件审理精要》，人民出版社2018年版，第202－203页。

② 参见杨良胜主编：《刑事附带民事诉讼理论与实践探索》，人民法院出版社2015年版，第96页。

事诉讼要求赔偿，其实则取决于先到案的部分被告人与原告人签订的调解协议内容：（1）如果调解协议中约定先到案的部分被告人愿意为后到案的被告人支付赔偿款，后到案被告人的赔偿责任一并免除，则视为原告人已经获得足额赔偿，原告人不得再向其他同案被告人提起附带民事诉讼要求赔偿。后到案的被告人主动要求赔偿的，可以作为补偿款交给附带民事诉讼原告人，但不影响先到案的部分被告人保有其向后到案被告人进行追偿的民事权利。（2）如果调解协议中约定原告人仅就该案不再向先到案的部分被告人提起民事诉讼，并未涉及后到案被告人，则视为原告人没有获得足额赔偿，后到案被告人的责任问题没有解决，附带民事诉讼原告人当然有权向其提起附带民事诉讼要求赔偿。[①]

**延伸阅读推荐**

（1）余剑：《如何规范附带民事诉讼中部分被告人与原告人的调解》，载《人民司法》2007 年第 20 期，第 74 - 76 页。

（2）温刚、温国鹏：《刑事附带民事诉讼调解中利益失衡问题的审视与展望》，载《法律适用》2012 年第 8 期，第 68 - 72 页。

## 问题 6：如何理解人民法院对当事人达成调解协议后反悔而提起附带民事诉讼的处理方式？

对于当事人达成调解协议后反悔而提起附带民事诉讼的处理，1998 年《高法解释》第 90 条规定："经公安机关、人民检察院调解，当事人双方达成协议并已给付，被害人又坚持向法院提起附带民事诉讼的，人民法院也可以受理。"此一规定并未对人民法院在何种情况下受理、何种情况下不受理，以及受理之后如何处理等内容进行细化规定，由此导致理论界与实务界对于当事人达成调解协议后反悔而提起附带民事诉讼如何处理的观点分歧与实践差异，引申出调解协议履行完毕又另行提起附带民事诉讼的"一事再理""一事二罚"等现实问题。

或许正是基于 1998 年《高法解释》第 90 条规定下的问题意识考虑，2012 年《高法解释》第 148 条（2021 年《高法解释》第 185 条）作出规定："侦查、审查起诉期间，有权提起附带民事诉讼的人提出赔偿要求，经公安机关、人民检察院调解，当事人双方已经达成协议并全部履行，被害人或者其法定代理人、近亲属又提起附带民事诉讼的，人民法院不予受理，但有证据证明调解违反自愿、合法原则的除外。"此一规定针对此前司法实践中可能出现的当事人达成调解协议且履行完毕后又另行提起附带民事诉讼的现实问题，将 1998 年《高法解释》下以"可以受理"为具体内容的处理范式调整为"不予受理为主、例外受理为辅"的两重处理范式。具体而言：

第一，如果被告人已按调解协议约定实际履行全部赔偿义务，为彰显契约当守的诚信精神，即使赔偿数额低于法律、司法解释规定的特定数额，人民法院也不应受理被害人或者其法定代理人、近亲属提出的附带民事诉讼；已经受理的，则应当裁定驳回起诉。

第二，如果有证据证明调解违反自愿、合法原则，被害方在调解后又提起附带民事诉讼的，人民法院则应当受理。作为一种特殊的民事诉讼，附带民事诉讼中的调解亦应

① 参见陈立斌主编：《刑事附带民事诉讼案件审理精要》，人民出版社 2018 年版，第 122 - 123 页。

当遵循普通民事调解下的“自愿、合法”原则。假使调解违背自愿、合法原则，则调解协议无效，此时被害方应然享有提起附带民事诉讼寻求损害赔偿的诉讼权利，其本身符合调解与裁判同为纠纷解决方式的诉讼法理。当然，此一情形之下，人民法院应当强化对于“调解违反自愿、合法原则”的证据审查。一方面，人民法院除审查当事人提交的证据外，还应通知当事人双方到场询问，在询问核实的基础上认真审查案卷、笔录，以此甄别公安和检察机关在适用调解以及调解协议的达成上是否违背当事人意愿。另一方面，人民法院还应重点关注调解协议之达成是否存在乘人之危（如利用被害方急需获得赔偿用以支付医疗费用，而大大压低赔偿数额）、显失公平（如在造成人身伤害的情况下，约定的赔偿数额远不足以支付被害人的后续治疗费用）、一方受胁迫（如被告方在当地称霸一方，被害方属于弱势群体，受到被告人家属的恐吓而被迫签订不利于自己的调解协议）等问题。①

需要注意的是，上述“不予受理为主、例外受理为辅”的两重处理范式，其前提预设均建立在双方已经达成协议且全部履行的基础之上。假使达成调解协议而没有履行，或者没有全部履行，当事人反悔而提起附带民事诉讼的，人民法院当然可以在满足附带民事诉讼起诉条件的情形下予以受理。

**延伸阅读推荐**

（1）宋高初：《论我国刑事附带民事诉讼调解前置问题》，载《浙江师范大学学报（社会科学版）》2014年第3期，第19－24页。

（2）刘蕊：《刑事附带民事诉讼的调解研究》，载《武汉理工大学学院学报（社会科学版）》2016年第4期，第665－672页。

## 问题7：刑事附带民事诉讼中被告人能否提起反诉？

反诉在民事诉讼中适用已久且应用广泛。而在刑事诉讼中，反诉的适用则相对较少。刑事附带民事诉讼的司法实践中，被告人反诉被害人的情况时有发生，但由于立法与司法解释中并未就附带民事诉讼中被告人能否提起反诉的问题作出规定，加之刑事诉讼理论对此一问题鲜有涉及，实践中各地法院的处理方式差别很大，引发理论界与实务界的观点论争，成为附带民事诉讼制度之下长期悬而未决的现实问题之一。②

对于此一问题，我们认为，应当允许被告人在刑事附带民事诉讼中向作为原告人的被害人提起反诉。具体理由如下：

第一，审判实践中实然存在着附带民事诉讼被告人提起反诉的现实情形，如被告人与被害人因琐事互殴，被告人将被害人打成轻伤，而其本身也被被害人打成轻微伤，实践做法是允许被告人就被害人的侵权行为请求赔偿，以抵消其对被害人的赔偿数额。

第二，作为一种特殊的民事诉讼，附带民事诉讼不仅具有一定的依附性，同时具有相对的独立性。同附带民事诉讼中当事人可以行使处分权，可以承认、放弃、变更诉讼

---

① 参见陈立斌主编：《刑事附带民事诉讼案件审理精要》，人民出版社2018年版，第184页。

② 参见廖中洪：《论刑事附带民事诉讼制度的立法完善——从被害人民事权益保障视角的思考》，载《现代法学》2005年第1期。

请求，可以自行和解等一样，反诉同样是附带民事诉讼之相对独立性的具体体现。其本身符合《高法解释》第 201 条关于“人民法院审理附带民事诉讼案件，除刑法、刑事诉讼法以及刑事司法解释已有规定的以外，适用民事法律的有关规定”的规范要义。

第三，除人民检察院提起的附带民事诉讼外，附带民事诉讼中的双方当事人处于平等地位，依法提起反诉实属附带民事诉讼被告人所享有的基本诉讼权利。亦即，被告人有权通过诉讼途径维护自身的合法权益，不应也不能因其刑事被告人的特定身份而被剥夺诉权。

第四，附带民事诉讼制度的确立目的之一即在于提高诉讼效率。假使不允许附带民事诉讼被告人提出反诉，被告人就只能在刑事案件审结后另行提起民事诉讼来解决，在减损诉讼效率价值的同时，人为地增加了诉讼成本与诉讼负累。

在承认附带民事诉讼被告人应当依法享有提起反诉的权利的同时，我们也必须明确，被告人提起反诉后，应当由人民法院根据反诉的具体条件裁定是否受理，且人民法院不能把反诉和刑事审判中被告人的悔罪态度联系起来，不能因被告人反诉而认为其悔罪态度不好，从而加重其刑罚。①

**延伸阅读推荐**

（1）谢军：《论在刑事附带民事诉讼中的反诉制度》，载《法学杂志》2000 年第 2 期，第 32－33 页。

（2）杨远林：《论刑事附带民事诉讼中的反诉制度——兼与谢军同志商榷》，载《重庆行政》2001 年第 6 期，第 72－73 页。

## 问题 8：附带民事诉讼下的财产保全能否全然适用《民事诉讼法》中关于财产保全的相关规定？

刑事附带民事诉讼下的财产保全规定于我国经历了从无到有、从粗疏到精细的发展过程。1996 年《刑事诉讼法》并未明确规定财产保全制度，2012 年《刑事诉讼法》修改时，通过第 100 条明确了在附带民事诉讼中可以采取财产保全措施（2018 年《刑事诉讼法》第 101 条承继了此一规定）。同年，2012 年《高法解释》在《刑事诉讼法》关于附带民事诉讼财产保全之规定的基础上，增加了关于诉前财产保全的相关规定。而基于附带民事诉讼本身所具有的民事诉讼属性，《刑事诉讼法》与《高法解释》均提到刑事附带民事诉讼中财产保全的具体操作适用《民事诉讼法》的有关规定。但是，刑事附带民事诉讼案件与普通的民事案件存在诸多不同，不能简单地将《民事诉讼法》中的财产保全规定全然适用于刑事附带民事诉讼下的财产保全，忽视财产保全在刑事诉讼领域中的特殊性。

以财产保全所涉及的担保要求为例。《民事诉讼法》区分诉前财产保全与诉中财产保全分别作出“应当”提供担保和“可以”提供担保的差异性规范要求。反观刑事附带民事诉讼，附带民事诉讼原告人作为刑事案件的被害人，往往是社会弱势群体，经济条件有限，案件发生后，其通常已为医疗救治等原因支出较大数额的费用。附带民事诉讼提

① 参见邵世星、刘选：《刑事附带民事诉讼疑难问题研究》，中国检察出版社 2002 年版，第 103 页。

出的核心目的即在于通过获得经济赔偿解决现实经济困境。此种情形之下，机械地要求被害人提供担保不仅可能加重其经济负担，而且可能因无法提供担保所附随的申请驳回处理虚置附带民事诉讼下的财产保全制度。不仅如此，从担保要求的规范目的来看，普通民事诉讼下诉前财产保全之“应当”型规定既是为了避免申请人滥用财产保全，也是基于案件尚未进行审理，法律上还不能确定被申请人的民事责任，诉前财产保全一旦发生错误即需要给予被申请人以救济和补偿的现实考量。刑事附带民事诉讼与之不同。刑事附带民事诉讼的被告人通常即是经过侦查机关侦查和检察机关审查起诉确定下来的犯罪嫌疑人，其对附带民事诉讼原告人造成损失的客观事实已经通过审前的侦查、审查起诉大致确定，对其财产进行保全发生保全错误的概率远远低于普通民事诉讼。[①] 因此，刑事附带民事诉讼下的财产保全制度应当综合刑事案件中被害人提供担保能力较弱的特点，以及对于被追诉人财产权保障的客观要求，探索建立灵活多样的诉前保全担保规则，而非全然适用《民事诉讼法》关于诉前财产保全的担保要求规定。

**延伸阅读推荐**

（1）穆远征、戴蕾：《刑事案件附带民事诉讼诉前财产保全的规则完善》，载《广西民族大学学报（哲学社会科学版）》2014 年第 5 期，第 170－173 页。

（2）刘庆伟：《关于刑事附带民事诉讼财产保全的几点思考》，载《山东审判》2012 年第 5 期，第 79－83 页。

## 问题 9：刑事附带民事诉讼中被害人能否申请先予执行？

作为民事诉讼中典型性诉讼保障制度的特定一种，同财产保全一样，先予执行在保障当事人实体权利有效实现方面发挥着积极作用。然而，不同于《刑事诉讼法》与《高法解释》对于财产保全的规范明定，我国现行刑事立法始终未就附带民事诉讼中被害人能否申请先予执行的问题作出回应。在刑事附带民事诉讼的司法实践中，被害人的民事赔偿问题因种种原因无法解决，附带民事判决成为一纸空文的“空判”现象时常发生，刑事附带民事诉讼执行难的问题日益凸显。

客观来讲，附带民事诉讼判决“空判”现象发生的原因具有多重性。其中既有我国现行刑事立法并无关于刑事附带民事判决如何执行的规范缺失原因，亦有刑事司法对于附带民事诉讼被告人自觉履行赔偿义务的激励机制缺失，附带民事诉讼被告人抗拒履行赔偿义务制裁不力，以及司法机关对于刑事附带民事诉讼被告人的财产控制机制，如财产保全、先予执行等制度不够健全的现实原因。而基于维护司法权威，及时救助经济困难被害人的目的考量，刑事立法与刑事司法理应允许刑事被害人在附带民事诉讼中申请先予执行。

一方面，刑事附带民事诉讼的被告人通常即是经过侦查机关侦查和检察机关审查起诉确定下来的犯罪嫌疑人，其对附带民事诉讼原告人造成损失的客观事实已经通过审前的侦查、审查起诉大致确定，因此符合先予执行制度项下当事人之间权利义务关系明确的条件要求。由于附带民事诉讼中被害人的经济状况往往比较拮据，其亟待获得经济赔

① 参见陈立斌主编：《刑事附带民事诉讼案件审理精要》，人民出版社 2018 年版，第 217 页。

偿缓解生活压力，因此亦满足先予执行制度项下有迫切需要的条件要求。而在被告人有履行能力的情况之下，对被告人的财产先予执行不失为维护被害人合法权益的又一良好途径。

另一方面，附带民事诉讼中的先予执行应当具有不同于普通民事诉讼的特殊性，较为突出地表现在提出先予执行申请的时间问题上。具体而言：普通民事诉讼中，先予执行只有在法院受理后才能提起。但在刑事附带民事诉讼中，某些案件可能会因被告未到案等原因延长办案期限，假使必须等到审判阶段才能申请先予执行，不仅不利于对刑事被害人的及时救济，而且不符合刑事案件立案后即可提起附带民事诉讼的规范语义。据此，刑事附带民事诉讼案件中的先予执行应当被提前至侦查阶段，刑事被害人在侦查阶段即可提出先予执行申请。

此外，为从根本上促使刑事被告人自觉履行附带民事诉讼判决，刑事立法与刑事司法尚需恰当处理好刑事附带民事赔偿与量刑的关系，刑事附带民事赔偿与缓刑、减刑、假释的关系，以及保全和先予执行错误时谁来承担赔偿责任等多重问题。①

**延伸阅读推荐**

*杨良胜主编：《刑事附带民事诉讼理论与实践探索》，人民法院出版社 2015 年版。*

## 问题 10：刑事附带民事诉讼应当适用民事证明标准还是刑事证明标准?

刑事附带民事诉讼下的责任承担既包括刑事责任，也包括民事责任。刑事附带民事诉讼除需要适用民事实体法和民事程序法的规定外，又不可避免地需要适用刑事实体法与刑事程序法的规定，此一制度在责任承担和规范依据层面均具有较为明显的复合性特征。然而，刑事诉讼与民事诉讼的证明标准不同，这是由诉讼的不同性质和诉讼的不同目的所决定的。刑事诉讼解决的是犯罪嫌疑人、被告人是否犯罪、应否处以刑罚以及如何处罚的问题，其结果往往是犯罪嫌疑人、被告人的人身权、财产权甚至生命权被限制或剥夺；民事诉讼主要解决当事人之间的权利义务纠纷，其责任承担往往只涉及公民的财产权。相较而言，刑事诉讼对当事人权利义务的影响较之民事诉讼更大，相应地，刑事诉讼的证明标准也就更高。②

作为一种特殊的民事诉讼，刑事附带民事诉讼概念项下尽管有着“附带”二字，但其并非完全依附于刑事诉讼，而是全然可以通过另行提起民事诉讼的方式实现其寻求侵权损害赔偿的诉讼目的。附带民事诉讼制度的设立初衷即在于提高诉讼效率，节约司法资源，最大可能地同时实现刑事追诉与损害赔偿的双重目标。然而，刑事诉讼与附带民事诉讼下的证明对象实然有别，两类诉讼的取证、举证和质证的重点亦不同。假使单纯依据附带民事诉讼所具有的“依附性”特征而对其设置较高的证明标准，不仅可能导致刑事附带民事诉讼的制度目的难以实现，而且可能因证明标准过高而侵害被害人本来能够通过普通民事诉讼而实现的损害赔偿权利。因此，刑事附带民事诉讼适用民事证明标准或许更为合理、妥当。

---

① 参见杨良胜主编：《刑事附带民事诉讼理论与实践探索》，人民法院出版社 2015 年版，第 114－116 页。

② 参见陈光中主编：《证据法学》，法律出版社 2013 年版，第 356 页。

**延伸阅读推荐**

王瑞祺：《刑事附带民事公益诉讼研究》，湖北人民出版社 2019 年版。

## 问题 11：立足于我国当下的“先刑后民”审理模式，刑事审理已经认定的事实和证据能否直接适用于附带民事诉讼？

刑事附带民事诉讼之下，刑事诉讼的成功往往是民事侵权行为成立的前提，刑事诉讼与民事诉讼在事实认定层面具有交叉性。在部分学者看来，附带民事诉讼的法庭审理基本依附于刑事诉讼，其证据收集，事实调查等主要庭审内容可以适用刑事诉讼已有的“成果”，而不必再次另行进行。① 基于附带民事诉讼所具有的依附性，以及此一制度本身所承载的提高诉讼效率，节约司法资源功能的研判分析，刑事诉讼中认定的事实和证据直接适用于附带民事诉讼似乎有其正当性与合理性。但是，并非所有经过刑事审理程序认定的事实和证据都应然在附带民事诉讼中具有免证的效力。假使一刀切式将刑事审理已经认定的事实和证据直接适用于附带民事诉讼，将造成刑事事实与证据在附带民事诉讼中效力过分扩张的问题。

一方面，刑事诉讼与附带民事诉讼的审理侧重点有所不同。刑事审理的侧重点在于定罪和量刑，而附带民事诉讼的审理侧重点则在于厘清民事权利义务关系，通过查明侵权事实、损害结果、因果关系等事实解决侵权损害赔偿纠纷。审理侧重点的不同决定了两种诉讼在证据的收集、固定、举证、质证和认证方面差异明显，附带民事诉讼中较为重要的事实和证据在刑事诉讼中对于定罪量刑问题的确定可能并没有那么紧要，控辩双方对此类事实和证据的举证、质证可能并不十分充分。另一方面，证明标准本身即为一种抽象、不确定的概念。自由心证的不确定性使得刑事、民事证明标准的差异并非绝对化。无论是刑事诉讼中的“排除合理怀疑”，还是民事诉讼中的“高度盖然性”标准，都只能作为事实审理者裁量案件事实与证据的一种内在的、心理上的衡量标尺，而永远无法成为如同数学公式一般严密的具体测度准则。② 从这个意义上来说，以证明标准的高低作为刑事审理已经认定的事实和证据能够直接适用于附带民事诉讼的理由似乎并不完全妥当。其实我国当下的“先刑后民”审理模式，刑事审理已经认定的事实和证据能否直接适用于附带民事诉讼不能一概而论，而是应当注意一定的区分和对具体情况的实质审查。

**延伸阅读推荐**

(1) 肖沛权：《排除合理怀疑及其中国适用》，载《政法论坛》2015 年第 6 期，第 51－64 页。

(2) 周翠芳：《司法认知论》，中国人民公安大学出版社 2008 年版。

## 问题 12：刑事附带民事诉讼的本质为民事诉讼，为何不收取诉讼费？

作为一种特殊的民事诉讼，刑事附带民事诉讼并不收取诉讼费的主要原因在于：

---

① 参见王瑞祺：《刑事附带民事公益诉讼研究》，湖北人民出版社 2019 年版，第 105 页。

② 参见王瑞祺：《刑事附带民事公益诉讼研究》，湖北人民出版社 2019 年版，第 108－110 页。

其一，附带民事诉讼原告人作为刑事案件的被害人，往往是社会弱势群体，经济条件有限。案件发生后，其通常已为医疗救治等支出较大数额的费用。附带民事诉讼提出的核心目的即在于通过获得经济赔偿解决现实经济困境。此种情形之下，如果硬性要求被害人提交诉讼费不仅可能加重其经济负担，而且可能带来被害人因经济条件限制而被迫放弃维护自身合法权益的现实结果。

其二，普通民事诉讼中，诉讼费的收取主要是为了敦促当事人积极、审慎、诚实地行使其诉讼权利、承担诉讼义务，防止其滥用诉权，甚至是恶意诉讼。如前所述，附带民事诉讼的被告人通常即是经过侦查机关侦查和检察机关审查起诉确定下来的犯罪嫌疑人，其对附带民事诉讼原告人造成损失的客观事实已经通过审前的侦查、审查起诉大致确定，被害人在刑事诉讼之中附带提出民事赔偿请求已有侦查机关和审查起诉机关的审前“背书”，因此鲜有权利滥用的可能。

需要注意的是，虽然法律规定附带民事诉讼的审理不收取诉讼费用。但是，由于在执行阶段适用的是《民事诉讼法》的相关规定，申请执行人依然需要支付相关的执行费用。尽管此一部分支出最终会由被执行人承担，但假使出现执行不能或执行不完全的客观情况，则该笔费用仍需由申请执行人所支付。[①]

**延伸阅读推荐**

（1）杨贝：《附带民事诉讼制度研究与实务》，中国政法大学出版社 2014 年版。

（2）孙洁冰主编：《附带民事诉讼制度研究》，重庆大学出版社 1990 年版。

## 问题 13：刑事附带民事诉讼中民事责任的承担是否会对刑事责任产生影响？

《高法解释》第 194 条规定：“审理刑事附带民事诉讼案件，人民法院应当结合被告人赔偿被害人物质损失的情况认定其悔罪表现，并在量刑时予以考虑。”依据此一规定，刑事附带民事诉讼中被告人对于民事责任的承担能够对刑事责任的最终确定产生影响。被告人积极赔偿被害人的物质损失属于酌定量刑情节的一种。一方面，对于被害人而言，经济赔偿实属弥补其物质损失的有效救济途径。假使在被告人可以赔偿的情况下，赔与不赔对其本人的刑事量刑没有影响，必然会消解被告人积极赔偿的内在动力。另一方面，依照刑罚个别化原则，刑事责任的确定既取决于犯罪行为的社会危害性，也取决于被告人本人的人身危险性。从理论上来讲，影响刑罚个别化的事实有很多种，罪后表现即为其中重要的一项考量因素。罪后表现既包括自首、坦白、立功，亦包括被追诉人积极主动向被害人承担民事责任等。

需要注意的是，刑事附带民事诉讼中，被告人积极履行民事责任会对刑事责任的承担产生一定的影响，但此种影响仅限于刑事量刑层面，而不涉及定罪层面，亦即，刑事附带民事诉讼中民事责任的承担影响的是刑事责任的“量”，而并非刑事责任的“质”。此外，民事责任的承担能够对刑事责任产生影响并不意味着可以简单地将民事赔偿数额与从轻量刑幅度挂钩，而是需要结合案件的具体情况，根据当事人履行赔偿义务的动机、

① 参见刘金友、奚玮：《附带民事诉讼原理与实务》，法律出版社 2005 年版，第 388－389 页。

积极性、实际履行情况、双方当事人的过错大小等综合判断。[①]

**延伸阅读推荐**

王志祥等：《民事赔偿与刑事责任》，中国政法大学出版社2021年版。

## 本章课后演练

**（一）不定项选择题**

1. 甲系某地交通运输管理所工作人员，在巡查执法时致一辆出租车发生重大交通事故，司机乙重伤，乘客丙当场死亡，出租车严重受损。甲以滥用职权罪被提起公诉。关于本案处理，下列哪一选项是正确的？（　　）

A. 乙可成为附带民事诉讼原告人

B. 交通运输管理所可成为附带民事诉讼被告人

C. 丙的妻子提起附带民事诉讼的，法院应裁定不予受理

D. 乙和丙的近亲属可与甲达成刑事和解

2. 法院可以受理被害人提起的下列哪一附带民事诉讼案件？（　　）

A. 抢夺案，要求被告人赔偿被夺走并变卖的手机

B. 寻衅滋事案，要求被告人赔偿所造成的物质损失

C. 虐待被监管人案，要求被告人赔偿因体罚虐待致身体损害所产生的医疗费

D. 非法搜查案，要求被告人赔偿因非法搜查所导致的物质损失

3. 韩某和苏某共同殴打他人，致被害人李某死亡、吴某轻伤，韩某还抢走吴某的手机。后韩某被抓获，苏某在逃。关于本案的附带民事诉讼，下列哪一选项是正确的？（　　）

A. 李某的父母和祖父母都有权提起附带民事诉讼

B. 韩某和苏某应一并列为附带民事诉讼的被告人

C. 吴某可通过附带民事诉讼要求韩某赔偿手机

D. 吴某在侦查阶段与韩某就民事赔偿达成调解协议并全部履行后又提起附带民事诉讼，法院不予受理

4. 张一、李二、王三因口角与赵四发生斗殴，赵四因伤势过重死亡。其中张一系未成年人，王三情节轻微未被起诉，李二在一审开庭前意外死亡。本案中依法负有民事赔偿责任的人是（　　）。

A. 张一、李二

B. 张一父母、李二父母

C. 张一父母、王三

D. 张一父母、李二父母、王三

5. 张一、李二、王三因口角与赵四发生斗殴，赵四因伤势过重死亡。其中张一系未

---

① 参见穆远征：《认罪认罚从宽制度背景下刑事和解与附带民事诉讼的协调》，湘潭大学出版社2022年版，第169页。

成年人，王三情节轻微未被起诉，李二在一审开庭前意外死亡。在一审过程中，如果发生附带民事诉讼原、被告当事人不到庭情形，法院的下列做法正确的是（　　）。

A. 赵四父母经传唤，无正当理由不到庭，法庭应当择期审理

B. 赵四父母到庭后未经法庭许可中途退庭，法庭应当按撤诉处理

C. 王三经传唤，无正当理由不到庭，法庭应当采取强制手段强制其到庭

D. 李二父母未经法庭许可中途退庭，就附带民事诉讼部分，法庭应当缺席判决

6. 司法工作人员甲涉嫌刑讯逼供被检察院立案侦查，检察院在侦查过程中发现甲在另一起案件的办理中涉嫌受贿和暴力取证，关于本案的处理，下列哪些选项是正确的？（　　）

A. 对于甲涉嫌的刑讯逼供案，检察院可以根据需要采取技术侦查措施

B. 对于甲涉嫌的暴力取证案，检察院可以立案侦查

C. 对于甲涉嫌的受贿案，检察院与监察委员会沟通后，认为由检察院管辖更为适宜的，可以由检察院立案侦查

D. 在甲涉嫌的暴力取证案中，法院对于被害人提起的附带民事诉讼应当不予受理

7. 为勒索钱财，左某绑架王某之女并将其杀害，一审法院判处左某死刑缓期两年执行，并赔偿附带民事诉讼原告人王某人民币35万元。检察院未提出抗诉，左某和王某对附带民事部分提起上诉。关于本案的审理，下列说法正确的有哪些？（　　）

A. 二审法院应将刑事部分和附带民事部分一并审理

B. 二审审结前可暂缓将左某送监执行

C. 若二审期间王某提出独立的诉讼请求，二审法院调解不成的，可以告知王某另行起诉

D. 二审法院不得增加左某的赔偿数额

8. 张某因超速驾驶发生交通事故，不慎将行人A撞成重伤，且把B停放在路边的摩托车撞毁了。张某因害怕承担责任在肇事后逃逸。S区公安局在张某哥哥的协助下将张某抓获归案。S区检察院以交通肇事罪对张某提起公诉。关于本案，下列说法正确的是（　　）。

A. 张某就民事赔偿问题与A没有达成和解，而与B达成了和解，法院应当对张某从轻处罚

B. B只有向法院提起附带民事诉讼后，才能委托诉讼代理人

C. B向法院提起附带民事诉讼后，张某与B达成和解，但张某不能即时履行全部赔偿义务，S区法院应当制作附带民事和解书

D. 对张某哥哥协助公安机关抓获张某的行为，因为不是法定量刑情节，法院可不予以审理

9. 王某被姜某打伤致残，在开庭审判前向法院提起附带民事诉讼，关于本案的处理，说法正确的是（　　）。

A. 对于王某提出财产保全的申请，法院可以采取查封、扣押或者冻结被告人财产的措施

B. 经法院调解，调解达成协议的，应当制作调解书

C. 调解达成协议并即时履行完毕的，可以不制作调解书，但应当制作笔录

D. 应当结合被告人赔偿被害人物质损失的情况认定其悔罪表现，并在量刑时予以考虑。追缴、退赔的情况，应当作为量刑情节考虑

10. 赵某（16周岁，高中学生）在游乐园游玩时因琐事与李某（15周岁，高中学生）发生争执，赵某殴打李某致其轻伤。李某向法院提起自诉，要求追究赵某的刑事责任。关于本案，说法错误的是（　　）。

A. 法院受理李某的自诉案件后，李某自愿撤诉，2个月后，李某又以同一事实对赵某提起自诉，法院应当受理

B. 赵某的父亲是一名律师，其可以同时担任赵某的辩护人

C. 李某的母亲可以为李某委托诉讼代理人

D. 法院在审理本案时，可以进行调解

11. 王某被姜某打伤致残，在开庭审判前向法院提起附带民事诉讼，并提出财产保全的申请。法院对于该申请的处理，下列哪一选项是正确的？（　　）

A. 不予受理

B. 可以采取查封、扣押或者冻结被告人财产的措施

C. 只有在王某提供担保后，法院才予以财产保全

D. 移送财产所在地的法院采取保全措施

12. 关于附带民事诉讼案件诉讼程序中的保全措施，下列哪一说法是正确的？（　　）

A. 法院应当采取保全措施

B. 附带民事诉讼原告人和检察院都可以申请法院采取保全措施

C. 采取保全措施，不受《民事诉讼法》规定的限制

D. 财产保全的范围不限于犯罪嫌疑人、被告人的财产或与本案有关的财产

13. 在罗某放火案中，钱某、孙某和吴某3家房屋均被烧毁。一审时，钱某和孙某提起要求罗某赔偿损失的附带民事诉讼，吴某未主张。一审判决宣告后，吴某欲让罗某赔偿财产损失。下列哪一说法是正确的？（　　）

A. 吴某可另行提起附带民事诉讼

B. 吴某不得再提起附带民事诉讼，可在刑事判决生效后另行提起民事诉讼

C. 吴某可提出上诉，请求法院在二审程序中判令罗某予以赔偿

D. 吴某既可另行提起附带民事诉讼，也可单独提起民事诉讼

14. 甲于2018年3月份生产、销售了一批不符合食品安全标准的膨化零食，在市场流通后多人因食用而出现不适症状，于是检察院以甲涉嫌生产、销售不符合安全标准的食品罪向法院提起公诉，另外检察院认为甲的行为致多人出现健康问题，损害了不特定消费者的生命健康权，在提起公诉的同时提起附带民事公益诉讼，关于本案的处理，下列选项正确的是（　　）。

A. 本案应由中级法院管辖，因其涉及公益诉讼

B. 检察院可以就附带民事公益诉讼判决提起上诉

C. 检察院可以在提起附带民事公益诉讼的同时，要求甲通过公开媒体向社会公众赔礼道歉

D. 法院对甲判处罚金的同时要求甲向检察院交付赔偿款，法院的做法符合法律规定

15. 一企业因破坏生态环境，损害社会公共利益的犯罪行为，某区人民检察院向某区人民法院提起公诉时对案件附带提起了公益诉讼，关于本案说法不符合法律规定的是（　　）。

A. 公益诉讼应当归中级人民法院管辖，所以区人民法院应当不予受理本案

B. 人民检察院对附带民事部分不服可以上诉

C. 不特定的消费者遭受损失的时候，法院应当判决被告人将损失赔偿给检察院

D. 被告人可以对附带公益诉讼提起反诉

16. 甲、乙殴打丙，致丙长期昏迷，乙在案发后潜逃，检察院以故意伤害罪对甲提起公诉。关于本案，下列哪些选项是正确的？（　　）

A. 丙的妻子、儿子和弟弟都可成为附带民事诉讼原告人

B. 甲、乙可作为附带民事诉讼共同被告人，对故意伤害丙造成的物质损失承担连带赔偿责任

C. 丙因昏迷无法继续履行与某公司签订的合同造成的财产损失不属于附带民事诉讼的赔偿范围

D. 如甲的朋友愿意代为赔偿，法院可以准许并作为酌定量刑情节考虑

**（二）判断分析题**

1. 在贪污案中，人民检察院在提起公诉的时候，可以就国家的财产损失提起附带民事诉讼。

2. 因受到犯罪侵犯，提起附带民事诉讼要求赔偿精神损失的，人民法院不予受理，单独提起民事诉讼要求赔偿精神损失的，人民法院可以根据案件的具体情况决定是否受理。

3. 附带民事诉讼的原告人不一定是公诉案件的被害人。

4. 法院审理刑事附带民事诉讼案件时可以进行调解。

5. 对于被害人没有提起附带民事诉讼的，检察院应在提起公诉的时候一并提起。

**（三）简答题**

1. 简述提起附带民事诉讼的条件。

2. 简述附带民事诉讼审判的一般原则。

**（四）论述题**

1. 论附带民事诉讼被告人的范围。

2. 论刑事附带民事诉讼的赔偿范围。

**（五）法条分析题**

1.《高法解释》第175条第2款："因受到犯罪侵犯，提起附带民事诉讼或者单独提起民事诉讼要求赔偿精神损失的，人民法院一般不予受理。"

2.《高法解释》第195条第3款："刑事被告人以外的附带民事诉讼被告人下落不明，或者用公告送达以外的其他方式无法送达，可能导致刑事案件审判过分迟延的，可以不将其列为附带民事诉讼被告人，告知附带民事诉讼原告人另行提起民事诉讼。"

3.《高法解释》第197条第1款："人民法院认定公诉案件被告人的行为不构成犯罪，对已经提起的附带民事诉讼，经调解不能达成协议的，可以一并作出刑事附带民事判决，也可以告知附带民事原告人另行提起民事诉讼。"

**（六）案例分析题**

张某与王某同为某码头上的装卸工。某日，二人发生口角进而相互厮打，张某在厮打中受伤。张某回家后，将该情况告诉了自己的妻子李某。李某知道后，当天下午，持一根木棒赶到码头，对王某进行殴打，其间，还咬了王某一口。王某边躲边跑，李某紧

追不舍，王某见无法摆脱，跳入河中。李某见王某跳水后不见了踪影，忙喊人相救，但等围观者捞出王某时，王某已经溺水身亡。检察院对李某向法院提起公诉，被害人王某的妻子赵某同时向法院提起附带民事诉讼。

问题：

(1) 如果一审宣判后，李某对刑事部分不服提起上诉，赵某对民事部分不服提起上诉，第二审法院在审理中发现本案的刑事部分和附带民事部分认定事实都没有错误，但适用法律有错误，应当如何处理?

(2) 如果一审宣判后，本案的刑事部分既没有上诉也没有抗诉，赵某对本案附带民事部分提起了上诉，在刑事部分已经发生法律效力的情况下，二审法院在审理中发现本案的刑事部分有错误，二审法院应如何处理?

(3) 如果一审宣判后，赵某对附带民事部分判决上诉中增加了独立的诉讼请求，李某在二审中也对民事部分提起了反诉，二审法院应当如何处理?

(4) 如果赵某在一审庭审中提出了精神损害赔偿的请求，法院是否应当支持? 如果赵某在刑事诉讼中未提出精神损害赔偿请求，但在刑事庭审后另行提起了民事诉讼，要求李某承担精神损害赔偿责任，法院是否应当受理?

(5) 如果人民法院认定李某的行为不构成犯罪，对于附带民事诉讼应当如何处理?

## 参考答案

### (一) 不定项选择题

1. C　2. B　3. D　4. D　5. B　6. ABD　7. ABC　8. A　9. ABC　10. A　11. B　12. B　13. B　14. BCD　15. ACD　16. ACD

### (二) 判断分析题

1. 题略。

正确。根据《高法解释》第 179 条的规定，国家财产、集体财产受到损失，受损失的单位未提起附带民事诉讼，人民检察院在提起公诉时提起附带民事诉讼的，人民法院应当受理。人民检察院提起附带民事诉讼的，应当列为附带民事诉讼原告人。被告人非法占有、处置国家财产、集体财产的，依照《高法解释》第 176 条的规定处理。

2. 题略。

错误。根据相关规定，因受到犯罪侵犯，提起附带民事诉讼或单独提起民事诉讼要求赔偿精神损失的，人民法院一般不予受理。

3. 题略。

正确。根据《高法解释》第 175、178、179 条等规定，有权提起附带民事诉讼的主体不仅包括被害人，还包括已死亡被害人的近亲属、无行为能力或限制行为能力被害人的法定代理人以及国家、集体财产遭受损失，受损失的单位未提起附带民事诉讼时的人民检察院。

4. 题略。

正确。根据《高法解释》第 190 条的规定，人民法院审理附带民事诉讼案件，可以根据自愿、合法的原则进行调解。经调解达成协议的，应当制作调解书。调解书经双方当事人签收后即具有法律效力。调解达成协议并及时履行完毕的，可以不制作调解书，但应当制作笔录，经双方当事人、审判人员、书记员签名后即发生法律效力。

5. 题略。

错误。根据法律的规定，民事权利是公民自身的权利，公民可以选择维护权利的方式，甚至是放弃权利。刑事诉讼中，如果被害人没有提起附带民事诉讼，司法机关可以告知其具有提起刑事附带民事诉讼或者单独提起民事诉讼的权利，但无权自行对民事部分进行审理。而对于国家财产、集体财产遭受损失的，受损失的单位未提起附带民事诉讼，人民检察院在提起公诉的时候，可以提起附带民事诉讼。

**（三）简答题**

1. 题略。

附带民事诉讼是指在刑事诉讼过程中，公安司法机关在解决被告人刑事责任的同时，附带解决被害人提起的因被告人犯罪行为而遭受的物质损失赔偿问题，或人民检察院提起的国家财产、集体财产遭受损失的赔偿问题所进行的诉讼活动。

提起附带民事诉讼的条件包括：（1）提起附带民事诉讼的原告人、法定代理人符合法定条件。（2）有明确的被告人。（3）有请求赔偿的具体要求和事实、理由。（4）被害人的物质损失是由被告人的犯罪行为造成的。（5）属于人民法院受理附带民事诉讼的范围。

2. 题略。

一并审判原则，是指人民法院在审理刑事案件的同时，由同一审判组织审理附带民事诉讼，并对刑事案件和附带民事案件一并作出判决。附带民事诉讼制度的宗旨就是提高诉讼效率，及时维护被害人的合法权益。一并审判是附带民事诉讼审判的基本原则，但也有例外。为了防止刑事案件过分迟延，也可以在刑事案件审判结束后再由同一审判组织继续审理附带民事诉讼。刑事案件审理期限更为严格，为了及时惩处犯罪，需要在法定的审理期限内及时审结案件。

**（四）论述题**

1. 题略。

附带民事诉讼被告人是指因犯罪行为造成他人物质损失以及对被告人的犯罪行为依法应承担赔偿责任的当事人，他们可以是自然人也可以是法人、企事业单位。附带民事诉讼被告人的范围如下：

（1）刑事被告人本人。在刑事被告人具有完全民事行为能力和独立民事责任能力的情况下，附带民事诉讼被告人即为刑事被告人本人。

（2）未成年刑事被告人的监护人。在刑事被告人是未成年人或其他无民事行为能力人、限制行为能力人的情况下，因此负有民事赔偿责任的监护人，则为附带民事诉讼被告人。在刑事被告人与其监护人共同负赔偿责任的情况下，监护人可以作为共同附带民事诉讼被告人。刑事被告人不足赔偿的部分，由监护人赔偿。

（3）机关、团体、企事业单位的工作人员，例如火车司机、汽车驾驶员、医务人员等，在执行职务中因过失犯罪而造成公民、法人财产损失的，刑事被告人所在的机关、团体、企业事业单位可以成为附带民事诉讼被告人。

（4）当有完全赔偿责任的刑事被告人在刑事诉讼过程中死亡，其法定继承人可以成为附带民事诉讼被告人。

(5) 未被追究刑事责任的其他共同侵权人。在共同侵权的情况下，共同侵权人负连带责任。只要其中一个共同侵权人被提起附带民事诉讼，其他共同侵权人无论是否构成犯罪，是否被追究刑事责任，都应成为附带民事诉讼共同被告人。如果被害人或者其法定代理人、近亲属仅对部分共同侵害人提起附带民事诉讼的，人民法院应当告知其可以对其他共同侵害人，包括没有被追究刑事责任的共同侵害人，一并提起附带民事诉讼，但共同犯罪案件中同案犯在逃的除外。

(6) 共同犯罪案件中，案件审结前死亡的被告人的遗产继承人。

2. 题略。

刑事附带民事诉讼旨在诉讼效率的提高、诉讼成本的节约，正确地处理和解决案件，保护国家、集体和人民的利益，实现良好的法律效果和社会效果。

(1) 我国现行立法对刑事附带民事诉讼赔偿范围的规定如下：

1) 我国现行《刑法》第 36 条规定："由于犯罪行为而使被害人遭受经济损失的，对犯罪分子除依法给予刑事处罚外，并应根据情况判处赔偿经济损失。"刑事损害赔偿，不是刑罚种类中的一种，而是针对遭受经济损失的被害人，判处受到刑罚处罚的犯罪行为人给予其一定经济补偿的补救方式。

2)《高法解释》第 176 条的有关规定指出，被告人非法占有、处置被害人的财产，不能在刑事诉讼中提起附带民事诉讼，只能通过法定的程序，进行追缴和退赔。从中推理能够得出，被害人因被告人非法占有其财产遭受的物质损失只能要求返还。

3)《高法解释》第 175 条第 2 款规定，人身权利受到犯罪行为侵犯的，既不能在刑事诉讼中提起附带民事诉讼要求精神损失赔偿，也不能另外单独在民事诉讼中提起精神损失赔偿诉讼；而《民法典》第 1183 条规定，自然人人身权益或对其具有人身意义的特定物遭受严重精神损害的，被侵权人有权请求精神赔偿。因此在刑事案件中人身权受到侵犯是不能要求赔偿精神损失的，只能要求赔偿物质损失，而民事案件中则可以要求赔偿精神损失。

我国现行法律和司法解释针对附带民事诉讼赔偿范围的规定，主要是为了诉讼资源的节省、诉讼效率的提升、社会冲突的解决，实现法律效果与社会效果的统一，然而，在落实过程中往往效果不尽如人意。

(2) 我国刑事附带民事诉讼赔偿范围的完善意见

现代社会，在具体法律规定中，已经有将精神损害赔偿归入赔偿范围的国家。《法国刑事诉讼法典》规定："凡是起诉犯罪行为所导致的全部损失，包括物质上的、身体上的或精神上的在内，都可以提起民事诉讼，民事诉讼可以与公诉同时并向同一法庭提起。"随着社会的发展，中国也将继续对外开放，并在日益频繁的对外交流中，把精神损害赔偿纳入附带民事赔偿的范围，是时代的潮流，是不可避免的，是我们顺应世界发展的一种方式。

只有将精神损害赔偿纳入刑事附带民事赔偿的范围，才能更为有效地实现对被害人的补偿、抚慰以及对被追诉人的教育和惩罚，更为充分地实现被害恢复、社会恢复等恢复性司法的效果，从而让人民群众在每一个司法案件中感受到公平正义。而且，刑事附带民事诉讼支持赔偿精神损失，有利于促进刑事司法与民事司法在人权保障力度上的协调统一。

**（五）法条分析题**

1. 题略。

可以从三个方面对该规定进行理解：

（1）本条在原解释的基础上增加“一般”二字，突破了原解释对刑事附带民事精神损害赔偿诉讼的“完全禁止”，为在刑事附带民事诉讼中主张精神损失赔偿提供了法律依据。

（2）被害人主张精神损失赔偿的前提未突破物质损失赔偿的前提范围，即因犯罪行为遭受损失。

（3）人民法院对被害人的精神损失赔偿要求要依法进行审查。对于被害人遭到“严重”精神损害的情形，可以受理；对于被害人遭到“一般”精神损害的情形，则可以不予受理。

2. 题略。

可以从四个方面进行理解：

（1）该条的适用对象是除刑事被告人之外的附带民事诉讼被告人。

（2）该条的适用条件是刑事被告人以外的附带民事诉讼被告人不在案。即下落不明或用公告送达之外的其他方式无法送达。

（3）该条的适用目的是避免刑事案件审判过分拖延。

（4）该条的适用结果是可以对案件进行分案处理。即可以不将其列为附带民事诉讼被告人，告知附带民事诉讼原告人另行提起民事诉讼。

3. 题略。

该规定是对被告人刑事部分作出无罪判决后附带民事部分的处理，可从以下方面进行理解：

（1）刑事部分被宣告无罪，附带民事部分仍可能承担责任。

（2）对已经提起的附带民事诉讼，调解是先行程序。

（3）调解不成的情况下，附带民事原告人享有程序选择权。即附带民事原告人可以要求法院一并作出刑事附带民事判决，也可以另行提起民事诉讼。

**（六）案例分析题**

题略。

（1）直接改判。根据法律规定，对于原判决认定事实没有错误，但适用法律有错误或者量刑不当的案件，二审人民法院应当撤销原判，重新判决，并在判决中阐明改判的根据和理由。因此案例中，二审法院在审理中发现本案的认定事实没有错误，但适用法律有错误，应当直接改判。

（2）应当对刑事部分按照审判监督程序进行再审，并将附带民事诉讼部分与刑事部分一并审理。根据《高法解释》的规定，二审人民法院审理对附带民事诉讼部分提出上诉，刑事部分已经发生法律效力的案件，如果发现第一审判决或裁定中的刑事部分确有错误，应当对刑事部分按照审判监督程序进行再审，并将附带民事诉讼部分与刑事部分一并审理。

（3）二审法院可以根据自愿、合法的原则进行调解，调解不成的，告知当事人另行起诉。

（4）一审的精神损失赔偿请求一般不予受理。根据《高法解释》第175条的规定，“因受到犯罪侵犯，提起附带民事诉讼或者单独提起民事诉讼要求赔偿精神损失的，人民法院一般不予受理”。

（5）根据《高法解释》第197条的规定，人民法院认定公诉案件被告人行为不构成犯罪，对已提起的附带民事诉讼，经调解不能达成协议的，可以一并作出判决，也可以告知附带民事原告人另行提起民事诉讼。

# 第十章　期间与送达

## 本章知识图谱

- 期间与送达
  - 期间
    - 期间的概念与确定的依据
      - 期间的概念
        - 法定期间
        - 指定期间
      - 期间确定的依据
        - 公安司法机关进行诉讼活动所必需的时间
        - 诉讼参与人在诉讼活动中能够有效行使诉讼权利和切实维护合法权益的需要
    - 期间的计算
      - 计算的单位：时、日、月
      - 计算的方法
        - 期间的起算方法
        - 期间终止日的确定方法
        - 法定期间不含路途时间
        - 以月为期间单位的计算方法
      - 特殊情况的计算
    - 期间的耽误与恢复
      - 期间的耽误
      - 期间的恢复
        - 期间恢复的含义
        - 期间恢复的条件
          - 申请恢复期间的主体是当事人
          - 期间的耽误是由于不能抗拒的原因或有其他正当理由
          - 当事人的申请应当在障碍消除后的5日以内提出
          - 申请恢复期间需经人民法院裁定批准
    - 刑事诉讼的法定期间
      - 强制措施期间
      - 侦查羁押期间
      - 审查起诉期间
      - 一审程序期间
      - 上诉抗诉期间
      - 二审程序期间
      - 再审程序期间
      - 辩护人、诉讼代理参与刑事诉讼的期间
      - 执行期间
  - 送达
    - 送达的概念和意义
      - 送达的概念
      - 送达的特点
        - 送达的主体是公安司法机关
        - 送达的内容是诉讼文书
        - 送达的方式和程序是法定的
    - 送达的方式和程序
      - 直接送达
      - 留置送达
      - 委托送达
      - 邮寄送达
      - 转交送达

## 本章重点问题

# 第一节 期 间

### 问题1：刑事诉讼期间制度的价值是什么？

在探讨中国刑事诉讼期间制度的价值时，我们可以聚焦于两个关键方面：首先是在追求案件的实体真实和办案效率之间寻找平衡，其次是在保障诉讼参与人权利与制约司法权力之间实现兼顾。这两个要素构成了该制度的基石，它们不仅彰显了对法治精神和人权的坚定守护，体现了中国的刑事司法体系在处理复杂案件时对细节的关注和对公正的追求。具体来说，刑事诉讼期间制度的价值体现在以下两个重要方面：

其一，发现案件实体真实与提高办案效率的平衡。在刑事诉讼中，追求"实体真实"是诉讼的重要目标之一。在这一过程中，期间规定扮演着决定性的角色，它不仅为真相的发现划定了时间界限，而且确保了在追求真相的过程中程序的公正性不被忽视。实体真实的追求涉及深入而全面的事实调查，包括收集和分析证据，讯问犯罪嫌疑人，以及询问证人等。期间规定为这些活动提供了必要的时间界限。例如，一个复杂的案件可能需要较长的时间来彻底调查，而期间规定可以确保在追求事实真相的同时，不会无限期地延长诉讼过程，从而避免造成不必要的延误和资源浪费。此外，期间规定还考虑到人类认识能力的局限性，"基于人类认识能力的有限，不可能对所有既往的案件事实予以全部查清，所以一味地强调实体公正，苛求真实探知，有违人类认识规律"[①]。通过设定合理的期限，法律程序鼓励刑事诉讼中的办案人员或诉讼参与人在有限的时间内作出最佳的事实判断，同时也防止了对案件事实的无限期、过度的追寻，这可能会导致诉讼过程的僵化和效率低下。简言之，刑事诉讼中对实体真实的追求不是无限制的，而是需要在法律规定的期间内实现。这种平衡旨在确保法律制度的高效运作和公正实施，同时考虑到了人类对复杂案件事实的理解和解释能力。通过这种方式，期间规定在保护程序公正的同时，也在一定程度上促进了实体真实的有效追求。

其二，权利保障与权力制约的兼顾。在刑事诉讼中，期间制度首先是对当事人尤其是被告人权利的保障。通过明确规定侦查、起诉和审判等各个阶段的法定期间，这一制度确保了被追诉人有足够的时间来准备辩护，咨询法律意见和准备应诉。此外，期间制度通过限制羁押等措施的时间，保护了被追诉人的人身自由权。例如，在审前羁押环节，法律规定了严格的时间限制，避免了长时间羁押而未审判的情况，从而保障了被告人的基本人权。同时从权力制约的角度看，期间制度也是对刑事诉讼中专门机关权力的一种有效制约。在刑事诉讼过程中，专门机关拥有广泛的权力，包括侦查、起诉和审判等。期间制度通过对这些权力行使的时间限制，防止了公权力的滥用。例如审判阶段的审判期限规定确保了法院在合理的时间内公正审理案件，避免了无限期拖延的审判对当事人

① 王雄飞、胡波、沈冲：《刑事诉讼期间配置问题研究》，载《河南社会科学》2014年第12期。

合法权益的影响。因此中国刑事诉讼期间制度从权利保障与权力制约两个维度出发，既保护了当事人特别是被告人的法律权益，也有效地制约了专门机关的权力，避免其滥用，确保了司法过程的公正和法治原则的实现。这种制度安排反映了我国刑事诉讼法对个人权利的尊重和对司法权力的理性监督，是中国刑事诉讼制度中的重要组成部分。

**延伸阅读推荐**

王雄飞、胡波、沈冲：《刑事诉讼期间配置问题研究》，载《河南社会科学》2014年第12期，第63－67页。

## 问题2："期间"和"期日"的区别是什么?

在刑事诉讼中，"期间"和"期日"两个概念虽然紧密相关，但在定义、功能上存在着明显的差异

首先，二者在概念上存在差别。"期间"描述的是刑事诉讼过程中，从开始到结束所涵盖的整个时间跨度。期间为诉讼中的各方——无论是公安司法机关、当事人还是其他诉讼参与人——提供了必须遵守的时间限制。这些时间限制可能是由法律明确规定的，如侦查羁押期限、审判期限等，也可能是根据案件的具体情况由司法机关灵活设定的。通过这种方式，期间为诉讼的各个阶段划分了合理的时间框架，有效减少了诉讼过程中不必要的延误。"期日"则具有更为具体的定义。它指的是刑事诉讼中某些特定活动必须发生的具体日期，如开庭审理的日期或证据提交的截止日期。这些关键日期通常是基于案件的具体情况和法律规定的期间来确定的，确保诉讼中的重要活动能够在适当的时间内得以进行。

其次，二者的功能与作用不同。期间的主要功能是确保当事人有足够的时间准备和参与诉讼，同时避免诉讼不必要的延长，同时高效的程序推进有助于证据固定和事实发现，是保障裁判正确的必然要求。① 例如，侦查期限的设立旨在防止侦查时间不合理的延长，从而保护嫌疑人的权利；而审判期限则是确保被告人在合理时间内得到审判。期日的功能则集中于确保诉讼中具体活动的有序进行，为诉讼活动提供了明确的时间点，如审判日期，以确保所有相关方能在特定时间集中参与案件审理。这不仅有助于维护诉讼的流程和节奏，还能防止因程序不明确而引发的混乱。

总而言之，期间与期日相互依赖，共同确保了诉讼的顺利进行。期间为诉讼提供了整体的时间框架，而期日则在这个框架内标定了具体的重要时间点。它们共同确保了刑事诉讼能够按照既定的时间表高效、有序地进行，为刑事诉讼的有效性和公正性提供重要保障。

**延伸阅读推荐**

尹西明：《法律期间制度的功能与建构》，载《法学论坛》2004年第4期，第37－40页。

## 问题3：我国刑事诉讼中为何要差别化地设置期间？在设置不同时间长度的期间时，考虑的因素有哪些？

我国刑事诉讼中期间的差别化设置基于对案件特性、审理复杂度和司法资源有效利

① 参见于增尊：《效率追求如何契合公正：刑事诉讼期限立法的基本原则》，载《法学杂志》2019年第5期。

用的全面考量。这种设置既能确保刑事诉讼高效进行，又能保障案件的公正审理。

在设定办案期限时，首先考虑的是提升诉讼的效率和保障公正性。刑事诉讼法对公安机关的侦查活动、检察机关的审查逮捕与起诉活动、法院的审判活动均设有明确的期限。这种设置旨在防止诉讼程序不必要的拖延，确保案件能够及时且公正地得到处理。

其次，期限的设置往往与专门机关的工作负载相关。如在刑事审判阶段，法院需完成包括立案、分案、庭前准备、庭审等在内的多项任务，因此，审理期限与这些环节的数量和复杂性成正比。工作环节越多、任务越复杂，所需的时间也就越多。

再次，期限的设置或调整要充分考虑案件的难易程度。如对于可能判处死刑的案件，考虑到其严重性和最终判决的重大影响，法律特别允许延长审理期限。这是因为死刑案件不仅涉及被告人的生命权，而且这类案件通常涉及复杂的法律问题和详尽的证据审查，因此需要更多的时间来进行深入的调查和审理，以确保裁判的准确性和公正性。再如对于附带民事诉讼案件，由于涉及刑事和民事两个方面的法律问题，这种案件的处理不仅需要审理刑事部分，还需对民事诉求进行裁判。这增加了法官的工作量，需要更多的时间来协调刑事与民事两方面的法律应用，确保两方面的问题都得到妥善处理。此外，根据《刑事诉讼法》第158条的规定，具有某些特定情况的案件也可以延长审理期限。这些特定情况可能包括案件涉及的事实特别复杂、需要进行广泛调查取证或存在多个共犯等情形。在这些情况下，延长审理期限是为了确保法庭能够充分考虑所有相关证据，进行全面的法律分析，最终作出公正的裁判。同时，期限延长并非无节制，需经过严格审查以避免滥用。同时对于一些特殊情况，如需要精神病鉴定或案件管辖权变更时，法律同样提供了灵活的期限调整机制，保障这些情况不影响案件的公正审理。

最后，期限的差别化设置也有合理利用司法资源和提高办案效率的考量。这种策略的核心在于根据案件的特点和复杂程度进行审判程序的合理分配，确保每一案件都能在适当的时间内得到公正审理。如通过扩大简易程序的适用范围，法院能够更高效地处理大量事实清楚、证据充分、犯罪情节较轻的案件。我国2018年《刑事诉讼法》正式增设的速裁程序针对的就是那些情节简单、证据确凿、被告人认罪悔罪的案件。简易程序与速裁程序的审判流程的简化，不仅缩短了审理时间，也减少了司法资源的消耗。这种设置使得法院能将更多的资源集中在那些更加复杂和严重的刑事案件上。面对着案件数量的增加和司法资源的有限性，这种根据案件性质和复杂度进行期限设置的策略显得尤为重要。它不仅保证了各类案件能够得到及时和有效的处理，还确保了司法机关能够在保持高效运作的同时，维护审判的公正性和质量。

总而言之，我国刑事诉讼中的期间差别化设置体现了对案件特性的关注和对司法资源的合理分配。这种差别化设置不仅提高了司法系统的效率，也增强了对当事人权利的保障，体现了司法公正的精神。通过这种设置，刑事诉讼能够在保障效率和公正的同时，适应各类案件的特殊需求。

**延伸阅读推荐**

于增尊：《效率追求如何契合公正：刑事诉讼期限立法的基本原则》，载《法学杂志》2019年第5期，第112－121页。

### 问题 4：在刑事诉讼法中，节假日是如何影响期间计算的？

在刑事诉讼法中，对于期间计算的规则特别提到了节假日对期限的影响以及对在押嫌疑人、被告人或罪犯羁押期的特殊规定。这种影响主要分为两类：对普通当事人诉讼权利行使期间的一般影响和对在押被追诉人羁押时间的特殊影响。

节假日对期间计算的一般影响主要体现为顺延原则，即当刑事诉讼中的某个期限的最后一日遇到国家法定节假日时，这个期限会顺延到节假日后的第一个工作日。这一规则的核心目的是确保所有当事人能够在法定期间内充分行使其诉讼权利，防止因司法机关的非工作状态而影响诉讼程序的正常进行。具体而言，这种顺延原则体现了对当事人诉讼权利的充分保护。在节假日，由于公安司法机关通常不正常对外办公，诸如诉状提交等诉讼相关活动均无法正常进行。若在这种情况下坚持原定的期限，将使当事人无法完成诉讼行为，从而可能遭受不利的法律后果。例如，对一审刑事案件的上诉状如果因节假日而无法及时提交，可能导致被告人上诉权利的丧失，法律通过顺延机制来保障当事人不会因节假日的特殊情况而错过关键的法律时限，确保其在整个诉讼过程中的权利得到平等的保护。此外，这一规则在维持诉讼效率和公正性方面也发挥着关键作用。诉讼过程的连续性和时效性是司法公正的重要组成部分。通过确保假期不会对诉讼进程造成不必要的中断或延迟，司法系统能够更高效地运转。

节假日对在押被追诉人的被羁押期有特殊影响，这种特殊影响体现为不延长原则，即对于在押的犯罪嫌疑人、被告人或罪犯，如果其羁押期限在节假日中到期，该期限不进行顺延。这一规定的核心目的是保护在押人员的权利，特别是其人身自由权。具体来说，这一规定考虑到了在押人员的特殊情况。这些人员已被剥夺人身自由，处于公安司法机关的控制之下，任何对其羁押期限的不必要延长都可能被视为对其基本人权的侵犯。例如，如果一个被告人的羁押期限因节假日而延长，即使是短暂的延期，也会对其合法权益造成侵害。

综上所述，刑事诉讼法中关于期间计算的规则充分体现了法律对不同当事人权利的保护和对诉讼效率的考虑。对于普通当事人，通过顺延原则保障其在节假日不受诉讼权利的限制；而对于在押嫌疑人、被告人或罪犯，通过不延长原则保护其人身自由权利，避免不必要的羁押时间延长。

**延伸阅读推荐**

王国新：《我国侦查羁押期限延长制度的立法完善》，载《人民检察》2015 年第 23 期，第 58－60 页。

### 问题 5：在侦查期间发现犯罪嫌疑人有其他重要罪行为何要重新计算侦查羁押期限？在重新计算侦查羁押期限时要注意些什么问题？

我国刑事诉讼法规定，在侦查期间发现犯罪嫌疑人另有其他重要罪行时，应当重新计算侦查羁押期限。重新计算侦查羁押期限的主要目的是确保充分侦查，即确保有足够的时间对新发现的重要罪行进行彻底调查。

这些新罪行可能更加复杂，涉及更广泛的证据搜集和分析，所以充分的侦查时间是充分搜集证据、确保案件侦查不遗漏关键细节、实现司法公正的前提条件。同时重新计算期限也是为了保障犯罪嫌疑人的合法权益，如果不允许额外的时间来调查新的重要罪行，同样可能导致对犯罪嫌疑人的不公正对待。具体来说，对于新发现的重要其他罪行，如果侦查机关没有足够的时间来彻底调查，这可能导致对这些罪行的调查不完整，关键证据被忽视，从而影响到案件的整体判断。如无法深入分析新罪行的性质和严重性，进而可能导致对犯罪嫌疑人的罪行作出错误认定，而致其面临不公正的审判和量刑，即嫌疑人可能因为未被充分侦查的罪行被错误地定罪或者受到过重的量刑。

一般来说，侦查机关新发现嫌疑人另有罪行时，首先要判断的是：与侦查机关已经在办理的罪行相比，该罪行是否属其他“重要罪行”。根据《公安规定》第151条的规定：“另有重要罪行，是指与逮捕时的罪行不同种的重大犯罪以及同种犯罪并将影响罪名认定、量刑档次的重大犯罪。”在确定罪行性质后，侦查机关应在发现新的重要罪行之日起5日以内向县级以上侦查机关负责人报告并获得批准，然后才能重新计算侦查羁押期限。一旦获得批准，侦查机关应制作变更羁押期限通知书，送达看守所，并报批准逮捕的人民检察院备案。侦查羁押期限则应从新发现的重要罪行之日起重新计算。

在我国刑事诉讼法体系中，侦查机关在发现犯罪嫌疑人涉及其他重要罪行时，对侦查羁押期限进行重新计算的规定，充分考虑了确保侦查的全面性和深入性，同时也着眼于维护犯罪嫌疑人的基本法律权利。但是在司法实践中，重新计算侦查羁押期限的制度亦存在一定的滥用风险，比如一些侦查机关可能通过不断发现新的罪行来重复延长羁押期限，导致犯罪嫌疑人在审判前被长时间羁押，这不仅侵犯了嫌疑人的合法权利，也可能损害司法公信力。此外，过度依赖于羁押期限延长的做法可能降低侦查的效率，如有的侦查人员可能由于过分依赖这一手段而缺乏在规定时间内完成侦查的动力。为了防止这一制度的滥用，需要加强对侦查机关工作的监督，确保侦查人员在延长羁押期限时有充分的理由和确凿的证据支持，而不是简单地依赖这一手段来拖延侦查时间。同时，在侦查过程中，还应充分考虑犯罪嫌疑人的合法权利，特别是在羁押期限延长的情况下，应确保羁押的必要性和合理性，避免无端延长羁押时间。

**延伸阅读推荐**

顾明：《我国延长侦查羁押期限制度的反思与调试——以某直辖市近三年延期羁押案件为研究样本》，载《天津法学》2017年第4期，第74-79页。

## 问题6：办案机关对在押犯罪嫌疑人或被告人进行精神病鉴定时，鉴定时间是否纳入办案期限？为何精神病鉴定在办案期限计算上与其他类型的鉴定不同？

精神病司法鉴定，是指根据案件事实和被鉴定人的精神状态，作出鉴定意见，为委托鉴定机关提供有关刑事责任能力科学依据的司法鉴定。[①] 在我国刑事诉讼法中，办案机

① 参见顾莉君、唐开明：《精神病司法鉴定期限规范执行之思考》，载《人民检察院》2010年第1期。

关对在押犯罪嫌疑人或被告人进行精神病鉴定时，这一鉴定过程所需时间通常不计入办案期限。这一规定反映了精神病鉴定在刑事案件办理中的特殊性与重要性。

精神病鉴定在刑事诉讼中占据着特殊的地位，主要是因为其本身的复杂性和深度评估的需求，这导致此类鉴定的时间通常不会计入办案的总期限。首先，相较于其他类型的鉴定，精神病鉴定通常较为复杂，所需的时间往往较长。精神病鉴定的过程不仅依赖于专家的丰富经验，还需要借助目前精神医学领域中可用的有限判定工具和相对发展中的医学知识。在面对人类复杂多变的精神状态时，这些工具和知识可能无法完全涵盖或精确解读被鉴定人的心理和精神状况。因此，这种鉴定通常是一个多层面、多角度的深入分析过程。在精神病鉴定过程中，专家不仅要综合考虑被告人的心理特征、行为表现和现有的精神状况，还需评估其在犯罪时的心理状态，特别是在犯罪时是否具有辨认或控制自己行为的能力。这种评估涉及精神病学的多个方面，如认知功能、情感状态、行为模式以及可能的心理疾病等。除了医学上的精确度，专家还需要将这些医学评估与法律标准相结合，考虑其对判定被告人刑事责任能力的法律影响。此外，精神病鉴定的结果可能会对案件走向产生决定性影响，如确定被告人是否适用刑事责任豁免、是否需要进行强制医疗或是有条件的释放。因此，这种鉴定不仅是医学判断，更涉及法律决策，要求鉴定人员不仅具备医学专业知识，还应对相关的法律规定和司法程序有深刻理解。

其次，精神病鉴定的结果对案件的判决具有重要影响，所以对精神病鉴定的进行必须极为审慎，这也是其鉴定期限不计入办案期限的主要原因。具体来说，对嫌疑人、被告人的精神病鉴定结果决定了其是否具有完全或部分刑事责任能力，还可能引发对其强制医疗程序的启动。《刑法》第 18 条明确规定："精神病人在不能辨认或者不能控制自己行为的时候造成危害结果，经法定程序鉴定确认的，不负刑事责任，但是应当责令他的家属或者监护人严加看管和医疗；在必要的时候，由政府强制医疗。间歇性的精神病人在精神正常的时候犯罪，应当负刑事责任。尚未完全丧失辨认或者控制自己行为能力的精神病人犯罪的，应当负刑事责任，但是可以从轻或者减轻处罚。"此规定表明精神病鉴定结果直接影响被告人是否应承担刑事责任，以及是否需要接受强制医疗。

鉴于精神病鉴定在刑事诉讼中的重要性，将其所需时间纳入办案期限可能会对鉴定结果的质量和准确性产生负面影响。时间限制可能会阻碍鉴定人对被告人精神状态的全面和深入评估，从而影响到最终的法律判断。因此，为了保持效率与公正的平衡，并且充分尊重被追诉人的基本人权，不将精神病鉴定时间计入办案期限是一项合理且必要的措施。这种做法既保障了司法流程的公正性，也确保了对被追诉人精神状态的全面和客观评估，体现了我国刑事诉讼法对精神病鉴定独有重要性的深刻理解和适当重视。

**延伸阅读推荐**

陈卫东、程雷：《司法精神病鉴定基本问题研究》，载《法学研究》2012 年第 1 期，第 163－178 页。

## 问题 7：为什么我国刑事诉讼法会就"交通不便的边远地区的重大复杂案件"、"重大犯罪集团案件"、"流窜作案的重大复杂案件"以及"犯罪涉及面广、取证困难的重大复杂案件"作特别的羁押期限延长规定？

根据我国现行《刑事诉讼法》第 158 条规定："下列案件在本法第一百五十六条规定

的期限届满不能侦查终结的，经省、自治区、直辖市人民检察院批准或者决定，可以延长二个月：（一）交通十分不便的边远地区的重大复杂案件；（二）重大的犯罪集团案件；（三）流窜作案的重大复杂案件；（四）犯罪涉及面广，取证困难的重大复杂案件”。即我国刑事诉讼法对于特定类型的案件设定特别的侦查羁押期限延长规定，反映了这些案件的特殊性质和实际调查的复杂性，具体而言：

对于交通不便的边远地区的重大复杂案件，延长羁押期限的规定是基于边远地区在侦查资源、交通条件和信息获取方面的困难。边远地区的侦查机关可能面临资源和设施限制、调查延迟以及信息传递障碍，因此需要更多时间来克服这些难题，进行有效侦查。在资源和设施方面，边远地区往往缺乏先进的侦查技术和专业设施，这限制了侦查机关进行快速有效调查的能力。同时，由于地理位置偏远，交通条件落后，边远地区的侦查人员在到达犯罪现场、搜集证据时，可能面临相应的延时问题。此外，信息传递障碍也是一个关键因素。在这些边远地区，由于网络覆盖不足或通信设施落后，信息传递和数据共享的效率远低于城市地区。这不仅影响了对案件情况的及时掌握，也影响了与其他司法机关或部门之间的协调工作。因此，考虑到边远地区在资源配置、交通便利性和信息传递效率方面的困境，延长羁押期限是确保侦查机关能够充分应对这些特殊挑战的必要时间保障。这一措施旨在为侦查工作提供必要的时间，确保即便在这些不利条件下，也有条件进行全面、细致的调查，最终达到查明真相、维护正义的司法目的。

在处理重大犯罪集团案件时，考虑到这些案件的特性，延长羁押期限也显得非常必要。重大犯罪集团案件的特点包括组织结构复杂、犯罪行为多样和涉及人员众多。这些犯罪集团往往具有严密的组织结构，每个成员都扮演着特定的角色，从底层的实施者到高层的策划者，每个环节都紧密相连。因此，侦查机关需要深入挖掘这种结构，逐层剥离，以揭示整个集团的运作模式。此外，这类案件的犯罪行为种类繁多，涉及范围广泛。从传统的诈骗、贩毒到更为复杂的洗钱、网络犯罪，犯罪集团可能涵盖了各类违法犯罪行为。这不仅增加了取证的难度，也意味着侦查人员必须对不同类型的犯罪有深入了解。更重要的是，重大犯罪集团案件往往涉及众多犯罪嫌疑人和被害人。侦查工作需要对大量的人员进行讯问取证，包括嫌疑人、证人以及被害人。因此，在处理重大犯罪集团案件时，延长羁押期限对于案件的有效办理就具有显著作用。这不仅是为了确保侦查工作能够深入进行，还是为了确保整个侦查过程的严谨性和有效性。这样的措施有助于防止因时间限制导致的调查遗漏，确保能够完整地解构犯罪网络，从而准确全面地认定案件事实。

流窜作案的重大复杂案件因其特有的犯罪特点，即犯罪分子不固定在一个地点作案，也需要延长羁押期限。这类案件的调查面临着追踪难度、跨区域调查的复杂性以及证据搜集的困难。因此，延长羁押期限是为了应对这些特殊的调查需求，确保能够有效追踪和搜集证据。流窜作案的重大复杂案件中，犯罪分子不固定在一个地点作案，常涉及多个地区，甚至跨越不同的行政辖区，由于犯罪分子在广泛的地域内活动，使得追踪和定位他们的行动变得极为困难。侦查人员不仅需要花费大量时间来追踪犯罪分子的行踪，还需要协调不同地区的执法机构进行联合行动，这无疑增加了调查的复杂性和时间成本。同时由于犯罪行为发生在不同的地点，收集和整合跨区域的证据也是对于侦查工作的重大挑战。每个作案地点可能留有不同的证据线索，从监控录像到目击证人的陈述，这些证据需要被收集、对比和分析，以构建完整的案件事实。同时，在实践中，流窜作案的犯罪分子通常具有较高的反侦查意识和能力，他们可能会采取各种手段来覆盖行踪，如改变交通工具、使用假身份等，这也进一步增加了侦查的难度。因此，针对流窜作案的重大复杂案件延长羁押期限，是为了确保侦查机关有足够的时间来进行有效的追踪嫌疑人、证据收集和案件分析。这一措施旨在确保即便面对这类特殊且复杂的案件，也能够确保调查的完整性和准确性，最终达到查明真相的目的。

对于那些犯罪涉及面广、取证困难的重大复杂案件，由于其广泛的影响范围和复杂的取证过程，同样需要延长侦查羁押期限。这类案件不仅在地理上覆盖广泛，而且在犯罪手段和影响上具有多样性，这对侦查工作提出了更高的要求。侦查机关在办理这类案件时需要处理和分析大量复杂的证据，这些证据常常涉及复杂的数据分析和法律评估，需要专业知识和技术支持。例如，对于涉及网络的犯罪行为，可能需要对大量的数字数据进行深度挖掘和分析，而这是一项时间密集型的工作。此外，由于案件的复杂性，涉及的法律问题也更为复杂。处理这些问题的时间往往也更为漫长。

因此，延长羁押期限的主要目的在于赋予侦查机关充足的时间，以应对上述挑战，实现对证据的全面搜集和深入分析，从而确保对案件的全方位和深层次调查。这样的做法不仅有助于全面揭示犯罪事实，还对整个司法流程的公正性和有效性起到了关键性保障作用。然而，值得强调的是，尽管存在这些特别规定，侦查机关在实际操作中仍需依法行事，合理且适度地行使延长羁押的权力。这意味着，任何延长羁押的决定都应当基于严谨的法律考量和实际必要性，以避免不当延长羁押期限，防止对犯罪嫌疑人的权利造成不必要的侵犯。这一准则是侦查活动中必须坚守的基本原则，确保司法活动既高效又公正，同时兼顾社会正义与个人权利的保护。

**延伸阅读推荐**

郭沙沙：《延长侦查羁押期限问题研究》，载《行政与法》2023 年第 2 期，第 76－84 页。

## 问题 8：当犯罪嫌疑人可能被判处 10 年以上有期徒刑时，关于侦查羁押期限的处理有何特别规定？为何我国刑事诉讼法会作此规定？

当犯罪嫌疑人可能被判处 10 年以上有期徒刑时，中国刑事诉讼法对侦查羁押期限的处理有特别规定。《刑事诉讼法》第 159 条规定："如果案件符合第一百五十八条规定的情形，且犯罪嫌疑人可能被判处十年以上有期徒刑，侦查羁押期限届满后，经省、自治区、直辖市人民检察院批准或决定，可以再延长两个月。"这一规定体现了对重刑案件的严重性和调查复杂性的深刻认识，旨在实现对这类案件的审慎处理。

具体来说，延长对可能被判处 10 年以上有期徒刑嫌疑人的侦查羁押期限首先是为了确保对重大犯罪进行彻底的侦查。在这些案件中，犯罪行为通常性质较为严重，社会影响较为广泛，在证据搜集方面的任务也更为复杂和繁重。因此，延长羁押期限就有其必要性，这不仅是为了确保所有相关证据能够被全面收集和分析，更是为了确保案件事实能被准确揭露，从而保障司法程序的有效性和公正性。通过这种方式，司法机关能够对涉嫌严重犯罪的嫌疑人进行深入调查，同时确保案件处理的质量。

其次，这一规定是为了保证审判的公正性。刑事诉讼过程中，对每一项证据进行细致审查，以及确保每项指控均基于可靠的证据，是确保公正审判的基石。因此，为了实现公正的审判结果，充分的调查和取证时间显得尤为重要。在处理复杂案件时，延长调查和羁押期限提供了额外的时间来梳理复杂的证据链条，解析可能存在的不同解读，并确保所有相关事实都得到充分考量。这样的审慎态度和方法是在现代刑事诉讼法中追求公正审判的体现，同时也符合法治原则和保障人权的要求。通过这样的过程，司法机构这种做法不仅有利于防止错判，还能够增强公众对司法公正性的信心。

最后，这一规定同样体现了对社会安全和法治秩序维护的考量。面对可能引发严重社会危害的犯罪案件，彻底和全面的侦查不仅是对单个案件公正处理的保证，更是维护法治秩序和社会安定的重要举措。特别是在处理涉及恐怖主义、重大经济犯罪或是有组织犯罪等可能对公共安全和社会稳定构成严重威胁的案件时，这一点非常重要。例如，在处理恐怖活动犯罪案件时，确保侦查的彻底性不仅关乎案件本身的正确解决，更关乎防止此类犯罪的未来发生，保护公民的生命财产安全。在经济犯罪领域，如金融诈骗或洗钱案件，彻底的侦查有助于恢复市场秩序，维护金融系统的稳定。因此，适时延长羁押期限，使得侦查机关有充分的时间对这些可能对社会造成严重后果的犯罪进行深入调查，这不仅有助于及时制止和惩处犯罪行为，还有助于预防类似犯罪的发生，从而在更广泛的层面上减少重大犯罪给社会带来的危害。这样的做法在确保个案公正的同时，也展现了司法系统对社会整体利益的关注和维护。综上所述，这一规定的制定是基于对重大犯罪案件特殊性的认识，旨在确保案件调查的全面性和深入性，同时平衡了对犯罪嫌疑人合法权益的保护与对社会公共利益的维护。

**延伸阅读推荐**

“延长侦查羁押期限问题研究”课题组：《延长侦查羁押期限案件实质审查的实践问题与模式重构》，载《中国人民公安大学学报（社会科学版）》2018 年第 3 期，第 96－103 页。

## 问题 9：为何中国对死刑复核案件没有规定具体的审理期限？

在中国，死刑复核案件没有规定具体的审理期限，这首先是考虑到死刑作为最严重的刑罚，其复核过程的严谨性和准确性至关重要。由于死刑案件的性质极其严重，一旦执行便无法逆转，因此在审理过程中需要对每个环节进行极为慎重的审查。这种审慎不仅体现在对每一个证据的细致审查上，还包括对案件的每一个细节进行深入分析，确保每一项司法判断都经得起推敲。在这个过程中，法官需要评估各种复杂的法律和事实问题，从案件的动机、行为的性质到可能的法律后果等各个方面作深入考量。这些因素都要求法院在审理过程中花费大量的时间和精力。因此，设定一个固定的审理期限可能会不利于法院对这些复杂问题的全面和深入理解，可能导致急于作出裁判而忽略了关键的证据或法律分析，进而影响裁决的公正性和准确性。因此，不为死刑复核案件设置具体审理期限是出于对案件审理质量和裁判公正性的高度重视，确保法官有足够的时间和空间来处理这些极其重要且复杂的案件。这样的做法旨在确保在对被告人作出最严厉的刑罚裁判之前，法院能够充分考虑所有相关因素，作出最公正、最准确的裁决。

其次，死刑复核案件的审理不仅是法律程序的问题，更涉及多方面的利益平衡。一是被告人的基本权利，包括公正审判的权利和申辩的机会。在死刑案件中，法院需要确保被告人得到充分的法律援助，有机会提出有效的辩护。同时，被害人及其家属的感受也是审理过程中不可忽视的重要因素。他们对于案件结果的期待、对公正的渴望，以及对事件的心理影响，都需要在审理过程中得到妥善处理。法院需要对所有这些因素进行全面而深入的审视，这是一个复杂且敏感的过程，需要时间和精力去仔细分析和评估。因此，为法院提供足够的时间来对死刑案件进行复核，确保所有相关的利益得到充分的考虑和平衡，不仅是对被告人和被害人权利的尊重，也是对社会公共利益的维护。

最后，我国在死刑复核案件中不规定具体审理期限的做法与多数国家一致。在全球范围内，多数实行死刑的国家在处理这类案件时，同样没有设定严格的审理期限。这主要是因为死刑案件的审理需要极度的严谨和细致，任何轻率的处理都可能导致不可挽回的错误。国际社会普遍认同，鉴于死刑的终极性质和严重后果，对此类案件的审理必须非常谨慎，确保所有的事实、证据、程序、结果都经得起法律和道德的检验。这种做法的核心在于对死刑案件处理的严谨性和公正性的高度重视。

因此，我国不为死刑复核案件设定具体审理期限，体现我国对司法过程公正性和法律严谨性的尊重。这不仅是对国际惯例的遵循，也是对人权保障的重视，确保在对被告人作出最后的死刑裁判前，司法机关能够对案件进行全面、细致且不受时间限制的审查。

**延伸阅读推荐**

于增尊：《论死刑复核期限制度之建构》，载《海南大学学报（人文社会科学版）》2017 年第 1 期，第 104－112 页。

## 问题 10：刑事诉讼中为何要设置期间恢复制度？

刑事诉讼中设置期间恢复制度的原因及意义根植于刑事诉讼法的基本原则和人性化考虑。在刑事诉讼中，遵守法定期间对于确保诉讼程序的正常进行和保护当事人的法定权利极为重要。然而，在司法实践中，不可抗拒的原因或其他正当理由可能导致当事人无法在法定期间内完成必要的诉讼行为，如及时提起上诉等。为应对这类情况，刑事诉讼法规定了期间恢复制度，允许在符合特定条件下恢复已过的法定期间，以维护当事人的合法权益。

从制度层面来看，期间恢复制度既体现了法律对公正性和人性化需求的综合考量，也反映了对诉讼效率与当事人权利保护之间平衡的追求。《刑事诉讼法》规定，如果当事人因不可抗拒的原因或有其他正当理由耽误了诉讼期间，可以在障碍消除后的 5 日内向人民法院提出恢复期间的申请。这种申请的提出，需要当事人提供充足的证据和合理的解释来证明其耽误期间的原因确实存在且无法避免。人民法院在审查这类申请时，将基于客观的事实和法律规定进行综合评估。如果法院认为当事人的申请合理，且确实因为不可抗拒的原因或其他正当理由未能在法定期间内完成必要的诉讼行为，法院应裁定准许恢复期间。这一裁定使得当事人得以继续其诉讼活动。此举不仅保障了当事人在特殊情况下的诉讼权利，而且维护了诉讼程序的连续性和完整性。所以，从制度上来说，期间恢复制度从根本上确保了法律的公正和有效实施，并避免了因程序性问题导致实质性正义无法实现的情况。同时，这一制度也体现了司法对人性的尊重和理解，确保法律不仅仅是冰冷的规则，而是能够适应复杂社会现实的生动体系。

从实践层面来看，期间恢复制度的应用进一步展现了法律的灵活性和对个体情况的敏感性。它使法律不再是僵化的规则集合，而成为一个能适应复杂社会现实、灵活处理各种情况并保护当事人基本权利的动态系统。在司法实践中，期间恢复制度的有效运用体现在多个方面。首先，它使得法律能够在不牺牲程序正义的基础上，对那些因不可抗拒的原因或其他正当理由而错过关键诉讼期限的当事人提供必要的救济。例如，当事人因突发重病或重大自然灾害而无法在规定时间内提出上诉时，期间恢复制度允许他们在情况改善后申请延长期限，从而确保了他们的诉讼权利得到充分的行使。其次，该制度的实施也体现了司法机关对当事人特殊情况的理解和尊重。当审判机关考虑是否准许期间恢复申请时，它们不仅仅依据法律条文，还会深入考虑当事人的具体情况，如其面临的困难、提出申请的理由等。此外，期间恢复制度的存在也强化了法律的公正性和效率。一方面，它避免了因形式主义而导致的潜在不公；另一方面，通过允许在特定情况下延长期限，它减少了不必要的司法纠纷，从而提高了司法效率和资源的合理利用。

综上所述，期间恢复制度不仅确保了诉讼效率和程序的连续性，而且增强了法律对个体权利的保护能力。这一制度的设置和运用体现了现代法律体系的灵活性，彰显了对个体尊重和权利保护的承诺，是确保法律在复杂社会背景下公正有效运作的关键机制。

**延伸阅读推荐**

吕子逸：《检视与重构：试论刑事诉讼期间恢复制度》，载《湘江青年法学》2020 年第 1 期，第 18－50 页。

## 第二节 送 达

### 问题 1：为什么刑事诉讼中送达的主体只能是公安机关、人民检察院、人民法院，而不能包括诉讼参与人或其他组织？

我国刑事诉讼法规定仅允许公安机关、人民检察院、人民法院作为送达的主体，而不包括诉讼参与人或其他组织。刑事诉讼对送达主体进行专门限定的原因主要有以下几个方面：

首先，在刑事诉讼中，公安机关、人民检察院、人民法院作为国家公权力机构，能有力地确保送达的规范性与公正性。通常来说，刑事诉讼中的专门机关具有法律赋予的权威性，能够在送达过程中保持公正和客观，确保诉讼文件的传递不受个人偏见或私人机构的干扰。这种相对中立的送达方式对维护当事人的法律权益和保证诉讼程序整体的公正性具有重大意义。在法治社会中，正义性和权威性是法律程序的基本支柱，是维护法律效力和社会秩序的基础。因此，通过国家机关执行送达，可以保证诉讼过程的公正性和透明度。这种做法不仅符合法治原则，也体现了对法定程序的严格遵守，是确保诉讼公正进行的重要机制。通过这种方式，刑事案件的处理就能维持其应有的严肃性和权威性。

其次，由公安机关、人民检察院、人民法院在刑事诉讼中执行送达，能保证送达行为的法律效力。这些专门机关在送达过程中通常能严格遵循法律规定的程序和要求，如准确无误的送达时间、适当的方式和完备的证明文件，确保送达的每一环节都符合法律规定。这种对细节的严格把控不仅赋予送达行为明确的法律效力，还能保障整个诉讼流程的顺利进行。此外，规范化的送达程序还提高了诉讼的效率，减少了由于送达不当造成的纠纷和延误，从而促进了司法系统的整体运行效率。

再次，限制送达主体为公安机关、人民检察院、人民法院，还可以有效保护当事人及其他诉讼参与人的合法权益。如果诉讼参与人或其他组织被允许负责送达工作，可能会引发利益冲突，导致送达过程中出现不公正行为，如故意延迟送达、隐瞒或歪曲诉讼文件内容等，进而损害他方当事人的合法权益。国家机关负责送达则可以有效避免这些问题，确保诉讼的公正和效率。

最后，公安机关、人民检察院、人民法院在负责送达的同时，其实也承担着法制教育和法律知识普及的重要角色。换句话说，由国家专门机关负责送达，不仅是在执行一项法律程序，同时也在进行法治教育和普及法律知识。通过这种规范化的送达程序，诉讼参与人得以更加深入地理解和尊重法律程序。同时，这种方式还有助于社会公众的法治意识，即国家专门机关通过其行动示范，向公众传达了严格遵守法律的信息。

总之，将送达的主体限定在公安机关、人民检察院、人民法院，是出于对诉讼公正性、规范性的重视，以及对维护当事人权益和法治精神的关切。这种做法有利于构建一个更加公正、高效的司法环境，体现了对法治原则的尊重和贯彻。

## 问题 2：为何公安司法机关送达诉讼文书应当以直接送达为原则？

所谓直接送达是指公安司法机关派员将诉讼文书直接送交收件人的一种送达方式。根据法律规定，送达通常应当将诉讼文书交给收件人本人，由收件人本人在送达回证上记明收到的日期，并且签名或者盖章。公安司法机关在送达诉讼文书时以直接送达为原则，主要基于以下几个方面的考虑：

首先，直接送达不通过中间环节，有助于强化办案机关与诉讼参与人直接沟通与互动。当诉讼文书由公安司法机关的工作人员亲手递交给收件人时，这种直接的人际互动能有效降低在信息传递过程中可能出现的误解或混淆的风险。面对面的交流不仅使收件人能够立即获得并确认文书的具体内容和要求，还有助于消除其关于诉讼程序的任何疑虑或不确定性。这种即时的反馈机制确保了收件人能够充分理解自己在诉讼中的权利和义务，同时，它也提升了诉讼过程中的参与度和互动性。通过直接送达，当事人得以直接与公安司法机关的代表进行交流，这种互动性使得诉讼过程不再是单向的，而是一个双向的、动态的沟通过程。当事人或其他诉讼参与人在这个过程中不再是被动接收信息的一方，他们还有机会提问、求证，甚至在必要时提出异议。这样的直接交流极大地增强了诉讼程序的透明度和参与者的主动性，使得诉讼参与人不仅清楚地了解自己的诉讼权利与义务，还能够积极参与到诉讼过程中，真正发挥自己的作用。因此在刑事诉讼中，直接送达不仅能提高诉讼效率，还能增强诉讼程序的可理解性，从而提高当事人对司法过程的信任度和满意度。

其次，直接送达更具有可靠性，能减少诉讼文书在送达传递过程中的遗失风险。由公安司法机关专人亲自将诉讼文书交到诉讼参与人手中，这种操作大幅减少了文书在传递过程中出现的丢失、篡改或延误等风险。在传统的或非正式的送达方式中，这些问题可能导致严重的法律后果，比如错失应对或上诉的关键时间点。直接送达通过确保文书的直接交付，有效地消除了这些潜在的风险。此外，直接送达的另一个重要方面是其反馈机制的即时性。当收件人亲手接收诉讼文书时，他们有机会立即对文书内容提出疑问或进行澄清，这对于解决诉讼过程中可能出现的任何疑问或误解至关重要。这种及时的沟通不仅有助于消除当事人的顾虑，还确保了诉讼过程中信息的准确性和完整性，从而保障了诉讼的顺利进行。

最后，直接送达更具有时效性，能有效克服中间环节可能延误时间的弊端。在刑事诉讼中，时间的管理对案件的进展和结果至关重要。传统的或间接的送达方式可能涉及多个中间环节，每个环节都有可能出现时间的延误。相反，直接送达通过削减这些中间环节，极大地加速了文书从发出到接收的过程。这种加速不仅限于物理上的快速传递，更重要的是，它为诉讼中的关键活动提供了及时的基础，如答辩准备、证据收集和提交以及对裁判结果的及时响应。快速的送达确保了当事人或其他诉讼参与人有足够的时间来准备和反应，这对于保障诉讼的公平性和有效性至关重要。因此，直接送达的快速性不仅关系到诉讼文书传递的效率，更深远地影响着整个刑事诉讼的时效性。

### 问题3：为何在留置送达过程中需要有见证人的参与或采用拍照、录像等方式记录?

留置送达是一种特殊的诉讼文书送达方式，是指收件人或者代收人拒绝签收向其送达的诉讼文书时，送达人依法将诉讼文书留在收件人住处的送达方式。在留置送达过程中，需要有见证人参与或采用拍照、录像等方式记录，这主要是出于以下几个原因：

首先，见证人的参与或送达过程的拍照、录像作为独立的证据，能有效证明专门机关适用留置送达方式的合法性。这种做法不仅是对法律程序合规性的一种保障，更是对整个送达行为合法性的一个强有力的证明。在收件人或代收人拒绝签收文书时，传统的送达记录可能无法提供足够的证据来证明专门机关已经依法进行了对收件人或代收人的送达尝试。然而，当有第三方见证人在场，或者通过可视的记录如拍照和录像，这些证据便为送达尝试提供了有效的证据。这种方法的重要性在于，它提供了一种客观的方式来记录送达过程，减少了关于是否已经尝试送达的争议。见证人的在场或视听资料记录为送达行为的合法性添加了一个额外的证据，使得送达过程更加透明和可信。这不仅有助于防止潜在的诉讼纠纷，还增强了送达程序的整体公信力。简言之，采用见证人见证或拍照、录像的方式，是确保法律程序正当性和诉讼文书送达有效性的关键措施。

其次，在留置送达中采用见证人或拍照、录像等手段，可以充分体现送达行为的法律效力和可信度。在司法实践中，存在收件人事后否认收到诉讼文书的情况。此时，见证人的证言或通过拍照、录像形成的证据，就能直接证明送达行为的确已经依法进行。同时这些记录还能展示收件人或代收人拒收诉讼文书的具体情况，包括时间、地点、当事人的行为等，为整个送达行为提供了翔实的背景信息。这种做法不仅提高了送达过程的透明度，还增强了整个送达过程的可信度。通过明确记录留置送达行为的细节，法院或相关机关可以更准确地判断送达过程是否符合法律规定性。

最后，通过见证人的在场或拍照、录像的记录留置送达，能在诉讼过程中起到有效预防和减少争议的作用。在诉讼中，尤其是在涉及关键诉讼文书的送达时，当事人有时会提出送达行为未曾发生或执行不当的异议，例如，如果当事人在后续诉讼中声称未收到某份重要文书，见证人的证言或现场的照片和视频可以直接反驳这一说法。它们不仅记录了送达行为的时间和地点，还能展示送达时的具体情况，如收件人的态度、送达人员的行为等。这些翔实的记录能展示送达过程的相关细节，不仅能减少诉讼中的不必要争议，还能加强公众对司法系统的信任。

因此，留置送达中采用见证人或拍照、录像等方式记录，是确保送达过程合法、有效的重要手段，它有助于确证留置送达的正当性和有效性。

### 问题4：调解书为何不适用留置送达？

调解书不适用留置送达，主要是因为调解书的性质和其在诉讼过程中的特殊作用。调解书是刑事诉讼中的一种重要文书，通常包含了诉讼双方对案件解决方案的协商结果。这些特点决定了送达调解书时所选择的送达方式的特殊性。

首先，调解书的核心在于它反映了诉讼双方对解决争议的共识。这种共识是基于双方对案件解决方案的充分理解和自愿接受而建立的。调解书中通常包含详细的权利和义务安排，这些安排对双方来说都具有重要意义。因此，确保双方对调解书内容的完整理解对于调解结果的履行非常关键。如果在一方拒绝签收的情况下采用留置送达，就存在该方未能充分了解和审慎考虑调解协议内容的风险。这不仅可能导致对调解内容的误解，还可能影响双方对调解结果的接受度。例如，调解书中可能涉及赔偿金额或履行义务的约定等关键事项。如果这些内容没有被当事人逐条审阅和理解，他们可能无法充分认识到自己的权利和义务，从而影响调解协议的执行。此外，调解的有效性很大程度上依赖于当事人的自愿性和积极参与。留置送达由于缺乏直接沟通，可能削弱这种自愿性，从而影响调解的真正效果。因此，调解书作为一种基于双方共识的重要法律文书，其送达方式需要更加关注当事人的积极参与和对协议内容的充分理解，才能真正达到通过调解解决争议的目的。

其次，调解的本质是它建立在自愿和协商的基础上。调解书作为调解过程的成果，体现了双方基于自愿原则达成的和解协议。这种自愿性是调解有效性的关键因素，它确保了双方对调解过程和结果的认可和接受。因此，调解书的送达方式必须能够体现这一自愿原则，直接且亲自送达给当事人就成为确保这一点的重要手段。直接送达使得当事人有机会立即、直接地了解调解书的内容，确保他们对协议的每一项条款都有清晰的理解和认同。这种理解和认同是基于当事人对调解内容的全面审视和自主选择，而非被动接受。留置送达在一定程度上可能会削弱调解协议的自愿性质。如果当事人感觉调解书是在无法接受的情况下被“强加”给他们的，那么他们可能会对调解结果持有保留或反感，这种感觉可能会影响调解协议的执行，降低调解的有效性和正当性。因此，为了保持调解的自愿性和确保调解结果的公正有效，调解书的送达方式需要更加注重直接性和亲自性。调解书的直接送达这种做法不仅体现了对调解原则的尊重，也是确保调解能够真正解决争议的关键。通过直接的送达方式，可以增强当事人对调解过程的信任，提高调解协议的执行力，从而有效地实现调解的目的。因此，由于调解书的特殊性质和在诉讼中的重要作用，调解书不适用留置送达。它需要通过更直接和个性化的方式送达，以确保调解的效果和调解协议的有效执行。

因此，调解书作为一种基于双方共识的重要法律文书，其送达方式需要更加关注当事人的积极参与和对协议内容的充分理解。这种送达方式的选择，不仅体现了法律程序的严谨和对当事人权益的尊重，也能确保调解结果能够得到有效执行，从而真正达到解决争议的目的。

## 问题5：邮寄送达时，为何选择挂号邮寄而非普通邮寄？

邮寄送达，是指公安司法机关在直接送达有困难的情况下，通过邮局将诉讼文书用挂号方式邮寄给收件人的送达方式。在司法程序中，选择挂号邮寄而非普通邮寄来进行邮寄送达，主要是基于以下几个方面的考虑：

首先，挂号邮寄之所以被选用于法律文书的送达，关键原因在于它提供了较高的安全性和可追踪性，能有效保证诉讼文书安全准时送达。挂号邮寄提供了更高的安全性和可追踪性。与普通邮寄相比，挂号邮件在整个邮寄过程中可以被追踪和记录，这意味着从发出到送达的每一个环节都有明确的记录。这种全程追踪的特点，为法律文书的送达提供了一个明确的时间线和责任链。例如，如果在诉讼过程中出现关于送达时间的争议，挂号邮件的追踪记录可以清楚地显示文书的送达时间和地点。此外，这种追踪记录对于预防和应对诉讼文书的丢失或损坏也极为重要。在司法实践中，诉讼文书的丢失或延误不仅可能导致案件处理的延迟，还可能影响案件的公正审理。因此，挂号邮寄的可追踪性为诉讼文书的安全送达提供了一个强有力的保障。通过这种方式，司法机关能够确保诉讼文书在传递过程中的安全性和准时性，能有效提高邮寄送达的可靠性。

其次，挂号邮寄中的签收机制在送达程序中发挥着关键性作用，它是确保诉讼文书送达有效性的核心环节。在这种送达方式下，诉讼文书的接收需要通过收件人或其授权代理人的亲自签收来确认。这个过程不仅确保了文书直接到达指定收件人的手中，而且在法律层面上明确标志着送达行为的完成。签收时的确认动作在司法程序中具有重大意义。一方面，它为文书的正式送达提供了明确的时间点。另一方面，如果在案件审理过程中出现关于文书送达的争议，例如收件人否认收到文书，签收记录就能成为关键的证据。邮局提供的签收记录能明确显示谁在何时接收了诉讼文书，这些信息在解决诉讼过程中的送达争议时能起到积极作用。

最后，挂号邮寄还体现了对司法文件处理的正式性和严肃性。选择这种邮寄方式，司法机关在处理案件相关文件时展示了对诉讼程序严谨性的尊重。挂号邮寄以其固有的安全性、可追踪性和正式性，确保了诉讼文件的送达不仅符合法律规定，而且达到了一种专业和高标准的处理水平。这种做法能够增强公众对司法系统的信任感：当公众看到司法机关在处理诉讼文书时采取每一个可能的预防措施来确保其安全和准确送达，他们对司法程序的公正性和有效性的信心会得到增强。此外，挂号邮寄的使用也反映了司法机关对诉讼文件处理的专业化和标准化追求。在法律程序中，每一个细节都可能影响案件的结果。因此，采用一种标准化、具有保障措施的邮寄方法，意味着司法机关致力于提供最高水平的服务和保障，确保每一项司法活动都在最严格的标准下进行。

因此，挂号邮寄在司法文件处理中的应用不仅是出于对安全和效率的考虑，更是对法律职业的严谨性的体现。

**延伸阅读推荐**

韩杰、刘振花：《论邮寄送达的实践问题和完善路径》，载《山东审判》2017 年第 5 期，第 85－89 页。

## 问题 6：转交送达与直接送达相比有何特殊之处？

转交送达，是指公安司法机关将诉讼文书交收件人所在机关、单位代收后再转交给收件人的送达方式。通常适用于军人、正在服刑或者被采取强制性教育措施的人。转交送达与直接送达相比具有一些特殊之处，主要体现在送达对象、送达过程和送达的适用条件上：

首先，送达对象的差异是转交送达与直接送达之间的主要区别所在。直接送达通常针对普通公民或法人实体，这些对象通常处于较为普通的社会环境中，能够方便地接收诉讼文书。而转交送达则专门设计用于特定群体，如军人、服刑人员或接受强制性教育的人。这些群体由于其独特的身份或所处的特定环境，使得直接送达的可行性受限。例如，军人可能因为服役需要经常变换驻地或处于难以直接接触的军事区域，使得直接送达存在困难。对于服刑人员，他们被限制在特定的封闭的服刑地点中，普通的送达方式可能无法直接实施。而接受强制性教育的人员也可能处于封闭或受限的环境中。在这些情况下，诉讼文书需要先送至其所在的机构，如部队的政治部门、监狱或强制教育机构，然后由这些机构将文书转交给个人。这种特定的送达方式考虑到了这些特殊群体的实际情况和需求，体现了法律程序的灵活性。通过转交送达，确保了即使在这些特殊情况下，当事人或其他诉讼参与人也能够及时收到诉讼文书。这种做法展示了司法系统对各种社会群体的关注和包容，确保法律服务于社会的每一个角落，维护每个人的法律权益。

其次，送达过程中的中介角色也是两者的一个重要区别。在直接送达中，诉讼文书直接由公安司法机关送到收件人手中。而在转交送达中，涉及一个中间环节，即由公安司法机关将诉讼文书先送到收件人所在机构（如部队、监狱或教育机构），再由该机构转交给收件人。这一中介环节使得转交送达在操作上比直接送达更为复杂，但同时也为特定情境下的送达提供了可行性。这一中间环节的加入，虽然在操作上增加了复杂性，但它在特定情况下提供了必要的送达解决方案。例如，对于服刑人员，由于其人身自由受限，无法直接接收来自外部的邮件，这时候，监狱机构作为中介角色，能够确保诉讼文书安全、准确地传递给收件人。在军队环境中，由于军人可能处于封闭或机密的地点，部队内部的政治部门作为转交点，能够有效地处理和分发诉讼文件。这种中介环节的设置虽然比直接送达烦琐，但能确保诉讼文书在复杂和特殊的环境中被正确送达。

# 本章课后演练

**（一）不定项选择题**

1. 以下关于期间计算的说法，正确的是（　　）。

A. 侦查阶段对被害人李某进行伤情鉴定的时间不计入办案期间

B. 审判期间，对在押被告人张某作精神病鉴定的时间不计入审理期限

C. 唐某涉嫌强奸罪一案被发回原审法院重审，原审人民法院从收到发回案件之日起，重新计算审理期限

D. 在公安局在侦查刘某盗窃案期间，发现刘某还涉嫌故意杀人罪，则刘某的侦查羁押期限应重新计算

2. 以下关于期间计算的说法，正确的是（　　）。

A. 期间开始的时和日要算在期间以内

B. 犯罪嫌疑人在押期间的终止日如为节假日，则以节假日后第一个工作日为期满时间

C. 法定期间不包括在路途上的时间

D. 以半月为期的，均以 15 天计

3. 某公安局在办理某抢劫案过程中，被逮捕的嫌疑人不讲真实姓名。关于本案的处理，以下正确的选项是（　　）。

A. 侦查羁押期限自查清其身份之日起计算

B. 侦查人员对嫌疑人身份进行调查时，也不得停止对其犯罪行为的侦查取证

C. 如确实查不清嫌犯身份的，可按其自报名起诉、审判

D. 如侦查机关确实查不清嫌犯身份的，应对嫌疑人采取监视居住的措施

4. 以下关于强制措施期间的说法，正确的是（　　）。

A. 拘留的时间不得超过 14 天

B. 监视居住的时间不得超过 6 个月

C. 取保候审的时间不得超过 12 个月

D. 指定居所监视居住时间不得超过 3 个月

5. 以下关于执行期间的说法，正确的是（　　）。

A. 黄某通过贿赂手段被暂予监外执行的，在监外执行的期间不计入执行刑期

B. 张某被裁定假释，检察院认为该裁定不当，应在 5 日内向提出抗诉

C. 李某因贩卖毒品罪被最高人民法院核准死刑，原审人民法院应在接到死刑执行令后 7 日内执行

D. 唐某因绑架罪二审法院维持无期徒刑的裁定，一审人民法院应当在裁判生效后 10 日以内，将判决书、裁定书等送达监狱

6. 以下哪些案件经省、自治区、直辖市人民检察院批准或者决定，可以延长羁押期限 2 个月？（　　）

A. 交通十分不便的边远地区的重大复杂案件

B. 重大的犯罪集团案件

C. 流窜作案的重大复杂案件

D. 犯罪涉及面广，取证困难的重大复杂案件

7. 张某因涉嫌故意伤害罪被公安局逮捕，张母委托李律师担任张某的辩护人，关于本案的说法，下列选项正确的是（　　）。

A. 侦查机关应在对张某执行逮捕后 3 日内通知张某有权委托辩护人

B. 李律师持律师执业证书、律师事务所证明和委托书要求会见张某，看守所应及时

安排会见，至迟不得超过 48 小时

C. 侦查机关应在立案后 3 日内通知被害人唐某有权委托诉讼理人参与诉讼

D. 检察院应在收到移送审查起诉案件材料之日起 3 日内通知被害人唐某有权委托诉讼理人参与诉讼

8. 关于送达的说法，以下选项正确的是（ ）。

A. 办案人员因联系不上收件人，则可以采取留置送达的方式

B. 因收件人在监狱服刑，办案人员可以采取转交送达方式

C. 因收件在部队服役，办案人员可以采取邮寄送达

D. 调解书可以采取留置送达方式进行送达

9. 关于检察机关办案期间的说法，以下选项正确的是（ ）。

A. 人民检察院对于公安机关移送审查起诉的案件，应当在 1 个月以内作出决定，重大、复杂的案件，可以延长半个月

B. 在未成年人刑事案件诉讼程序中，检察院对被不起诉人的考验期为 6 个月以上 1 年以下，从附条件不起诉决定送达被不起诉人之日起计算

C. 检察院认为假释裁定不当的，应自收到裁定之日起 5 日内提起抗诉

D. 人民检察院认为法院一审判决畸轻，应自收到判决之日起 10 日内提起抗诉

10. 关于人民法院办案期间的说法，以下选项正确的是（ ）。

A. 人民法院对于适用简易程序审理的案件应在 20 日内审结

B. 人民法院对于适用速裁程序审理的案件应在 10 至 15 日内审结

C. 人民法院对于适用普通程序审理的自诉案件，被告人未被羁押的，应在受理后 6 个月内审结

D. 最高人民法院作为二审法院受理的上诉案件的审限，由最高人民法院决定

**（二）判断分析题**

1. 指定管辖案件的审理期限，自指定管辖决定作出之日起计算。

2. 对犯罪嫌疑人逮捕后的侦查羁押期限不得超过二个月。案情复杂、期限届满不能终结的案件，可以经上一级公安机关批准延长一个月。

3. 张某因受贿罪被监察委员会留置，调查终结后张某被移送审查起诉，检察院对张某先行拘留，检察院对张某的逮捕审查时间不能超过 7 日。

4. 刘某以张某涉嫌诽谤罪为由向法院提起自诉，其自诉状可由刘某直接送达张某。

5. 人民法院按审判监督程序重新审判的案件，应当在当事人提出再审申请之日起三个月内审结。

**（三）简答题**

1. 直接送达的特点有哪些？

2. 确定刑事诉讼活动的期间主要应考虑哪些要素？

3. 刑事诉讼期间的意义主要表现在哪些方面？

4. 期间与期日有何区别？

5. 委托送达的具体程序是什么？

**（四）论述题**

1. 试述期间恢复制度。

2. 试述送达的特点。

**（五）法条分析题**

1.《刑事诉讼法》第105条第4款："期间的最后一日为节假日的，以节假日后的第一日为期满日期，但犯罪嫌疑人、被告人或者罪犯在押期间，应当至期满之日为止，不得因节假日而延长。"

2.《刑事诉讼法》第107条："送达传票、通知书和其他诉讼文件应当交给收件人本人；如果本人不在，可以交给他的成年家属或者所在单位的负责人员代收。

"收件人本人或者代收人拒绝接收或者拒绝签名、盖章的时候，送达人可以邀请他的邻居或者其他见证人到场，说明情况，把文件留在他的住处，在送达证上记明拒绝的事由、送达的日期，由送达人签名，即认为已经送达。"

**（六）案例分析题**

张某、黄某抢劫被害人唐某10万元人民币，在此过程中致唐某轻伤。后C市N区公安局对张某、黄某涉嫌抢劫罪一案立案侦查，后张某与黄某被执行逮捕。在侦查期间，侦查人员发现张某还涉嫌故意杀人罪，黄某还涉嫌重婚罪，遂在报N区人民检察院检察长批准后对二人重新计算侦查羁押期限。在审查起诉阶段，唐某委托王某作为起诉讼代理人，并向张、黄二人提起附带民事诉讼。本案经N区人民法院一审审理后，张某被判处有期徒刑15年，黄某被判处有期徒刑11年，且法院判决张、黄二人赔偿唐某经济损失5万元。宣判后，唐某突发疾病住院治疗。此间，法院向唐某送达判决书时，因联系不到唐某故采取了留置送达的方式。唐某身体恢复出院时已错过上诉期。唐某出院后第十天，由王某向N区人民法院提出恢复上诉期间的申请，N区人民法院判决驳回该申请。

问题：本案在程序方面存在哪些不当之处？简要分析原因。

## 参考答案

**（一）不定项选择题**

1. BCD　2. CD　3. ABC　4. BC　5. ACD　6. ABCD　7. BD　8. B　9. AD　10. BCD

**（二）判断分析题**

1. 题略。

错误。2021年《高法解释》第209条规定："指定管辖案件的审理期限，自被指定管辖的人民法院收到指定管辖决定书和案卷、证据材料之日起计算。"故指定管辖案件的审理期限应为自指定管辖决定书和案卷、证据材料之日起计算。

2. 题略。

错误。《刑事诉讼法》第156条规定："对犯罪嫌疑人逮捕后的侦查羁押期限不得超过二个月。案情复杂、期限届满不能终结的案件，可以经上一级人民检察院批准延长一个月。"故延长侦查期限应由上一级人民检察院批准，此命题错误。

3. 题略。

错误。《刑事诉讼法》第170条规定："对于监察机关移送起诉的已采取留置措施的案件，人民检察院应当对犯罪嫌疑人先行拘留，留置措施自动解除。人民检察院应当在拘留后的十日以内作出是否逮捕、取保候审或者监视居住的决定。在特殊情况下，决定的时间可以延长一日至四日。人民检察院决定采取强制措施的期间不计入审查起诉期限。”故检察院对张某应在10日至14日内作出是否逮捕的决定。

4. 题略。

错误。送达的主体只能是公安司法机关，自诉人刘某不是送达主体，故自诉状不能由刘某送达。

5. 题略。

错误。《刑事诉讼法》第258条第1款规定：“人民法院按照审判监督程序重新审判的案件，应当在作出提审、再审决定之日起三个月以内审结，需要延长期限的，不得超过六个月。”故再审审理期限的起算点应为人民法院作出提审、再审决定之日起3个月内。

## （三）简答题

1. 题略。

直接送达的特点有：（1）直接，不通过中间环节；（2）可靠，收件人就是送达对象，可避免由他人接受诉讼文书丢失的风险；（3）快速，克服了通过中间环节可能延误时间的弊端。

2. 题略。

（1）公安司法机关进行诉讼活动所需要的时间；（2）诉讼参与人特别是犯罪嫌疑人、被告人在诉讼活动中能够有效行使诉讼权利和切实维护合法权益的需要。

3. 题略。

刑事诉讼期间的意义主要表现在以下方面：（1）有利于提高诉讼效率；（2）有利于保障当事人等诉讼参与人的合法权益；（3）有助于诉讼参与人及时行使诉讼权利、履行诉讼义务。

4. 题略。

（1）期间，是指自某一时间起至另一时间止的时限。刑事诉讼中的期间，是指公安司法机关以及当事人和其他诉讼参与人进行刑事诉讼活动所必须遵守的时间期限。期日是指公安司法机关和诉讼参与人共同进行刑事诉讼活动的特定时间。（2）期日是一个特定的时间点，而期间则是指一定的时间段。

5. 题略。

（1）委托送达的公安司法机关应当将委托函、送达的诉讼文书及送达回证寄送收件人所在地的公安司法机关。（2）受委托的公安司法机关收到委托送达的诉讼文书，应当登记，由专人及时送交收件人，并将送达回证及时转回委托送达的公安司法机关。（3）受委托的公安司法机关无法送达时，应当将不能送达的原因及时告知委托的公安司法机关，并将诉讼文书及送达回证退回。

## （四）论述题

1. 题略。

期间的恢复是指当事人由于不能抗拒的原因或者有其他正当理由而在法定期限内没有完成应当进行的诉讼行为的，在障碍消除后5日以内，申请法院准许其继续进行应当在期满以前完成的诉讼行为的一种补救措施。

根据《刑事诉讼法》的规定，期间的恢复必须具备以下条件：（1）申请恢复期间是当事人特有的法定权利。由于只有当事人才与案件裁判结果有着切身的利害关系，因而只有当事人才有权提出恢复诉讼期间的申请，其他诉讼参与人无权提出这种申请。(2) 期间的耽误是由于不能抗拒的原因或有其他正当理由。不能抗拒的原因是指在诉讼活动中，发生了当事人不可预见又无法避免和无法克服的实际困难，例如，发生地震、洪水、火灾等情况，使当事人无法实施诉讼行为。其他正当理由，是指足以使当事人停止诉讼行为的特殊事由，如自身重病及父母病危，等等。(3) 当事人的申请应当在障碍消除后的 5 日以内提出。诉讼期间的恢复须在法定期间内完成，否则即失去恢复期间的权利。(4) 申请恢复期间需经人民法院裁定批准。是否恢复期间需由法院裁定。人民法院在接到当事人的申请后，经过审查，认为当事人确实存在不能抗拒的原因或者其他正当理由的，应当裁定准许其继续进行未完成的诉讼活动。

2. 题略。

刑事诉讼中的送达是指公安司法机关按照法定的程序和方式将诉讼文书送交收件人的诉讼活动。送达作为一项诉讼行为具有以下特点：第一，送达的主体只能是公安司法机关。送达是发生在送达主体与送达对象之间的一种法律关系。送达的主体只能是公安机关、人民检察院、人民法院，送达的对象是诉讼参与人和有关机关。因此，诉讼参与人向公安司法机关递交诉讼文书或者诉讼参与人相互之间传递诉讼文书的行为，不属于法律意义上的送达。第二，送达的内容是诉讼文书。公安司法机关制作的诉讼文书是送达的主要内容，如传票、通知书、不起诉决定书、起诉书、判决书、裁定书等。此外，诉讼参与人制作的自诉状副本、附带民事诉讼起诉状及答辩状副本、上诉状副本等诉讼文书也可通过人民法院送达。第三，送达的方式和程序是法定的。实施送达行为应遵循法律规定，否则即无法律效力。

**（五）法条分析题**

1. 题略。

《刑事诉讼法》第 105 条第 4 款的规定对于刑事诉讼中期间的确定具有重要意义。这一规定主要涉及两个方面：一是期间的计算方式，特别是当期间的最后一天遇到节假日时的处理；二是在被告人或罪犯在押的情况下，如何处理期间。

(1) 关于期间的计算方式，该条款明确规定了当期间的最后一日为节假日时，期满日期应延至节假日后的第一日。在司法实践中，节假日通常是非工作日，许多司法活动可能会暂停，因此将期满日期延至节假日后能有效保障诉讼活动的顺利进行。同时，这也有利于保护当事人的权利，避免因节假日导致的诉讼时效问题。

(2) 该条款对在押犯罪嫌疑人、被告人或罪犯的期间处理作了特别规定。即使遇到节假日，期间也不得延长，应当至期满之日为止。这一规定体现了刑事诉讼中对被追诉人权利保障的重视。在押人员的人身自由已受到限制，因此，对其诉讼期限的严格限定旨在防止不必要的羁押时间延长，保障被告人的诉讼权利和人身权利。

总之，这一法条体现了平衡司法效率与保护当事人权利之间的关系，体现了刑事诉讼法中人权保护的原则。

2. 题略。

《刑事诉讼法》第 107 条对诉讼文件的送达作出了详尽规定，其中涉及两个关键要点：直接送达和留置送达。

首先，关于直接送达，第 107 条第 1 款规定，诉讼文件应直接交给收件人本人。这体现了确保诉讼文件送达的直接性和准确性原则，旨在保障当事人能够及时、准确地获知诉讼相关信息，从而有效参与诉讼过程并保护自己的合法权益。如果收件人本人不在，文件可以交给其成年家属或所在单位的负责人代收。这一规定既考虑到了诉讼实效性，又兼顾到操作的便捷性，保证了诉讼程序的顺畅进行。

其次，第 107 条第 2 款涉及留置送达。当收件人本人或代收人拒绝接收诉讼文件时，送达人可以邀请邻居或其他见证人到场，说明情况后将文件留置在收件人的住处。在送达证上记录拒绝接收的事由、送达的日期，并由送达人签名。这样的留置送达机制在保证诉讼文件送达的有效性的同时，预防了因个别当事人的不合作导致的诉讼进程延误。这种处理方式在实务操作中具有高度的适用性，同时确保了诉讼程序的公正性和权威性。

总体来说，第 107 条的规定通过明确直接送达和留置送达的机制，既保障了当事人的知情权和参与权，又确保了诉讼进程的高效和公正。

**（六）案例分析题**

问题：本案在程序方面存在哪些不当之处？简要分析原因。

（1）侦查机关对黄某重新计算侦查羁押期限错误。《公安规定》第 151 条规定："在侦查期间，发现犯罪嫌疑人另有重要罪行的，应当自发现之日起五日以内报县级以上公安机关负责人批准后，重新计算侦查羁押期限，制作变更羁押期限通知书，送达看守所，并报批准逮捕的人民检察院备案。前款规定的'另有重要罪行'，是指与逮捕时的罪行不同种的重大犯罪以及同种犯罪并将影响罪名认定、量刑档次的重大犯罪。"黄某逮捕时的罪行为抢劫罪，后发现的罪行为重婚罪，虽是异种罪名，但后者不属于重大犯罪，故对黄某不应重新计算侦查羁押期限。

（2）侦查机关对张某重新计算侦查羁押期限批准程序错误。根据《公安规定》第 151 条规定，重新计算侦查羁押期限应由县级以上公安机关负责人批准，而不是由检察长批准。

（3）法院向唐某送达判决书时，不应以联系不上唐某为由而采取留置送达方式。《刑事诉讼法》第 107 条第 2 款规定："收件人本人或者代收人拒绝接收或者拒绝签名、盖章的时候，送达人可以邀请他的邻居或者其他见证人到场，说明情况，把文件留在他的住处，在送达证上记明拒绝的事由、送达的日期，由送达人签名，即认为已经送达。"故留置送达的条件是收件人或代收人拒绝接收或拒绝签名、盖章，而不是联系不上收件人。

（4）唐某在障碍消除后 10 日后才提出期间恢复申请错误。《刑事诉讼法》第 106 条规定："当事人由于不能抗拒的原因或者有其他正当理由而耽误期限的，在障碍消除后 5 日以内，可以申请继续进行应当在期满以前完成的诉讼活动。"期间恢复申请应在 5 日内提出。

（5）由诉讼代理人王某提出期间恢复申请错误。期间恢复申请的主体只限于当事人，即应由唐某提出期间恢复申请。

（6）法院以判决驳回该申请错误。根据《刑事诉讼法》第 106 条第 2 款规定，"前款申请是否准许，由人民法院裁定"，故法院用判决驳回申请错误。

# 第十一章　立案程序

## 本章知识图谱

- 立案程序
  - 立案的概念与功能
    - 立案的概念
    - 立案的功能
      - 开启诉讼程序
      - 为侦查提供依据
      - 保障公民合法权益
      - 为加强社会治理提供依据
  - 立案的材料来源与条件
    - 立案的材料来源
      - 侦查机关自行发现
      - 单位和个人的报案或者举报
      - 被害人的报案或者控告
        - （单位和个人的报案或者举报、被害人的报案或者控告）报案、举报、控告之间的区别
      - 犯罪人的自首
      - 其他单位的移送
    - 立案的条件
      - 公诉案件——有犯罪事实且应当追究刑事责任
      - 自诉案件
  - 立案程序和立案监督
    - 受理——先接受，后移送
    - 审查
      - 初查：不得限制被调查对象的人身、财产
      - 法院在立案前不进行调查
    - 审查后的处理——异议的处理
      - 控告人
      - 行政机关
    - 立案监督
      - 应该立案而不立案的监督
      - 不该立案而立案的监督

## 本章重点问题

### 第一节　立案的概念与功能

**问题 1：什么是立案？**

刑事诉讼中的立案，是指公安机关、人民检察院、人民法院对于报案、控告、举报、

自首等方面的材料进行审查后，依照管辖范围进行审查，以明确是否确有犯罪事实存在和应否追究刑事责任，并依法决定是否作为刑事案件进行侦查或审判的一种诉讼活动。可以说，刑事诉讼中的立案是刑事诉讼开启的标志，是每一个刑事案件都必须经过的法定阶段，只有经过立案程序，才能依照《刑事诉讼法》规定的程序进行侦查、起诉和审判。未经刑事立案，公诉案件不能启动侦查程序、实施侦查行为。

《刑事诉讼法》第 109 条规定，公安机关或者人民检察院发现犯罪事实或者犯罪嫌疑人，应当按照管辖范围，立案侦查。《刑事诉讼法》第 114 条规定，对于自诉案件，被害人有权向人民法院直接起诉。被害人死亡或者丧失行为能力的，被害人的法定代理人、近亲属有权向人民法院起诉。人民法院应当依法受理。有鉴于此，从性质上讲，立案是国家法律赋予公安机关、人民检察院、人民法院的一项重要职权，除此以外，其他任何机关、团体、企事业单位或个人均无权立案。但公安司法机关行使立案决定权，也必须严格遵守立案的法定程序，严格把握立案的条件和标准，不能超越各自的管辖范围和逾越法定职权，以保证国家法律的统一贯彻实施，既要做到准确、及时打击犯罪、惩罚犯罪，又要充分保护公民的合法权益不受侵犯。

**延伸阅读推荐**

（1）刘根菊：《刑事立案论》，中国政法大学出版社 1994 年版。

（2）朱良：《刑事立案制度研究》，武汉大学 2020 届博士学位论文。

## 问题 2：设立立案程序有何意义？

立案这一诉讼阶段具有特定的诉讼任务，即决定是否开始刑事诉讼程序。具言之，是公安机关、人民检察院、人民法院三机关通过对自行发现的或者报案、控告、举报、自首等材料进行审查，以确定是否存在犯罪事实和是否需要追究刑事责任，从而决定是否将案件交付侦查或审判。而抓获犯罪嫌疑人，揭露犯罪，证实犯罪，对被告人定罪量刑则是立案以后的侦查、起诉和审判阶段的任务。

基于上述分析，刑事诉讼中的立案在以下几个方面具有重要意义：

第一，立案是刑事诉讼的开端和必经程序。立案、侦查、起诉、审判和执行是刑事诉讼法的基本诉讼程序。公安机关、人民检察院、人民法院三机关进行刑事诉讼，必须严格依照法定程序进行，不能随意超越、颠倒任何一个诉讼阶段，这样才能保证准确、及时、有效地处理刑事案件，保证刑事诉讼任务和目的的实现。尽管不是每个案件都必须经历这五大程序，但在刑事诉讼中，立案程序确是每个刑事案件的必经阶段。没有经过立案程序，就不会开启刑事诉讼的整个流程。唯有经过立案程序，侦查、起诉、审判、执行等其他诉讼阶段才能依次进行，专门机关才能依照法律规定进行侦查、起诉和审判活动，上述活动才具备法律效力。例如，立案为强制性侦查措施提供了法律依据。任何案件不经立案，侦查机关都无权对犯罪嫌疑人适用强制性侦查措施。只有犯罪嫌疑人的行为达到《刑事诉讼法》规定的立案条件，经过侦查有证据证明是嫌疑对象实施了犯罪行为，侦查机关才能采取各种限制人身自由、财产权等强制性侦查措施，从而保障刑事诉讼顺利进行。当然，在立案前为发现案件事实或调查线索的，必要时，经相关负责人批准，可以进行调查核实。

第二，准确、及时立案有助于迅速揭露犯罪和惩罚犯罪。在刑事诉讼中，公安机关、人民检察院、人民法院三机关同犯罪行为作斗争始于立案程序。是以，一旦发现预备实施、正在实施或已经实施的犯罪行为，并且需要追究刑事责任的，公安司法机关必须迅速组织力量，严格按照法定立案条件进行审查，准确、及时地立案，积极主动开展侦查、审判活动，发现、收集证据，揭露犯罪、证实犯罪和惩罚犯罪，使一切依法应当追究刑事责任的犯罪分子不能逃避法律的制裁。

第三，正确、及时立案能有效地保护公民的合法权益不受侵犯。在立案阶段，刑事诉讼法所确立的保障无罪的人不受刑事追究，保护公民的人身权利、民主权利和其他合法权益不受侵犯的任务，集中体现在要求公安司法机关通过立案前的审查，即在发现不具有犯罪事实或者依法不应当追究被告人刑事责任的情形时，就不应当立案，从而避免公安机关、人民检察院、人民法院三机关对不应当追究刑事责任的无辜者错误地展开刑事追究，防止和减少冤假错案，在刑事诉讼的第一道关口上保障好公民的合法权益不受侵犯。

第四，正确、及时立案有利于加强社会治安综合治理。在立案过程中，公安机关、人民检察院、人民法院三机关通过对立案材料的接受和审查，可以及时发现和掌握该地区一段时间内各种违法犯罪活动的基本情况。通过研究和分析这些犯罪活动的特点、规律和发展态势，可以为公安司法机关有针对性地开展专项斗争、确立打击重点、提出防范措施和建议提供信息和依据，为国家决策和立法机关制定相应的法律、法规和对策提供数据支撑，将惩罚犯罪与制止、减少和预防有机结合起来，完善社会治安综合治理。

**延伸阅读推荐**

（1）张世琦编著：《中国刑事犯罪立案·定罪·量刑标准——定罪、量刑总原则》，法律出版社2008年版。

（2）李建明：《论立案审查程序中的人权保障》，载《南京师范大学学报（社会科学版）》2003年第1期，第20-26页。

## 第二节　立案的材料来源与条件

### 问题1：报案、举报和控告有什么区别?

单位和个人的报案或者举报、被害人的报案或者控告均是立案的材料来源。所谓报案是单位和个人以及被害人发现有犯罪事实发生，但尚不知犯罪嫌疑人为何人时，向公安机关、人民检察院、人民法院告发的行为。被害人的报案，与其他单位和个人的报案在内容上具有相同性，即告发、揭露的只是有关犯罪事实而不知犯罪嫌疑人是何人，但是两者在范围及主体方面存在明显差别。被害人报案的范围，仅限于其人身、财产权利遭受犯罪行为侵害的事实；而其他单位和个人的报案的范围则不受犯罪行为性质的限制。被害人是案件当事人之一，被害人的报案是为了自身的合法权益，其与案件处理结果具有直接利害关系；而其他单位和个人报案是为了维护他人的合法权益，通常与案件没有直接的利害关系。

举报是指单位和个人将其发现的犯罪事实或者犯罪嫌疑人，向公安机关、人民检察院或者人民法院检举、揭发的行为。根据《刑事诉讼法》第110条第1款规定，任何单位和个人发现有犯罪事实或者犯罪嫌疑人，有权利也有义务向公安机关、人民检察院或者人民法院报案或者举报。举报较之于报案，其告发的内容更加详细、具体，但举报的主体不包含被害人。

控告是指被害人就其人身权利、财产权利遭受犯罪侵害的事实以及犯罪嫌疑人的有关情况，向公安司法机关进行揭露和告发，要求依法追究其刑事责任的行为。被害人死亡或者丧失行为能力的，其法定代理人、近亲属也有权提出控告。《刑事诉讼法》第110条第2款规定，被害人对侵犯其人身、财产权利的犯罪事实或者犯罪嫌疑人，有权向公安机关、人民检察院或者人民法院报案或者控告。一方面，被害人作为遭受犯罪行为直接侵害的对象，具有揭露犯罪、追究犯罪的强烈意愿和积极主动性；另一方面，被害人通常情况下因与犯罪嫌疑人有过直接接触，能够提供较为详细、具体的有关犯罪事实和犯罪嫌疑人的情况，而使其控告对于追究犯罪具有重要的证据价值。相较于报案和举报，控告的主体仅限于被害人，控告的内容既包括犯罪事实也包括犯罪嫌疑人的有关情况。

### 问题2："有犯罪事实"是否要求相关证据已经查明？

"有犯罪事实"是立案的条件之一。但是，立案是追究犯罪的开始，此时所说的犯罪事实，仅是指发现有某种危害社会而且触犯刑法的犯罪行为发生。至于整个犯罪的来龙去脉、犯罪的具体细节、犯罪人到底是谁，并不要求在立案时就全部查明。

### 问题3：如何判断对一个非法经营行为是否可以立案？

"有犯罪事实，且应当追究刑事责任"是刑事案件立案的原则性规定。但是，具体到某个刑事案件是否应当立案，还必须结合刑法分则所规定的该种犯罪的构成要件来确定。由于犯罪行为多种多样，在实践中为便于把握立案条件，公安部、最高人民检察院根据刑事诉讼法的有关规定，对各自管辖的刑事案件，分别或者联合制定了一些具体的立案标准。比如针对非法经营行为，最高人民检察院和公安部在《关于公安机关管辖的刑事案件立案追诉标准的规定（二）》（2022年）中第71条就专门对"非法经营"应予立案追诉的情形作出了非常细致的规定。实践中，只有当非法经营行为符合该司法解释所明确列举的情形时，才应立案追诉。

**延伸阅读推荐**

（1）叶慧娟：《网络反腐过程中网络举报的规范化研究》，载《新疆大学学报（哲学·人文社会科学版）》2013年第4期，第45－51页。

（2）卢永红：《我国刑事立案条件的冲突与立法完善》，载《人民检察》2016年第5期，第61－63页。

## 第三节　立案程序和立案监督

### 问题1：报案后多久可以立案？

根据《刑事诉讼法》第112条的规定，人民法院、人民检察院或者公安机关对于报案、控告、举报和自首的材料，应当按照管辖范围，迅速进行审查。对立案材料的审查，就是确认犯罪事实和分析判断这种犯罪事实是否需要追究刑事责任的过程，是正确及时立案的关键。立案还是不立案，取决于对材料审查的结果。而审查材料的过程，也就是根据法律所规定的立案条件，确认有无犯罪事实和分析、评断对这种犯罪事实是否需要追究刑事责任的过程。因此，对立案材料的审查，是一项十分重要的工作。

公安司法机关对于立案材料审查的内容，主要是案件是否属于本部门管辖，是否符合立案条件。而对立案材料审查的方法，通常是根据已掌握的材料和证据，确认有犯罪事实存在，依法应当追究刑事责任的，应当迅速作出立案决定；对于经过审查认为证据不足，不能判明犯罪事实是否发生的，或对立案材料尚有疑问的，可以要求报案人、控告人、举报人补充材料或者进一步说明情况。公安司法机关也可以自行调查、收集证据，必要时可以采取勘验、检查、鉴定、询问知情人等一般调查方法。此外，对立案材料的审查，公安司法机关还可以委托发案单位进行调查，或者公安司法机关与发案单位或其上级主管部门等共同进行调查。

为依法惩治违法犯罪活动，切实维护人民群众合法权益，加快对立案材料的审查，《公安部关于改革完善受案立案制度的意见》（2015 年）中明确规定，刑事案件立案审查期限原则上不超过 3 日；涉嫌犯罪线索需要查证的，立案审查期限不超过 7 日；重大疑难复杂案件，经县级以上公安机关负责人批准，立案审查期限可以延长至 30 日。法律、法规、规章等对受案立案审查期限另有规定的，从其规定。对于自诉案件，根据《高法解释》第 320 条的规定，对自诉案件，人民法院应当在 15 日以内审查完毕。经审查，符合受理条件的，应当决定立案，并书面通知自诉人或者代为告诉人。

### 问题 2：公安机关作出不立案决定以后，还可以再立案吗？

可以再立案。根据《公安部关于改革完善受案立案制度的意见》（2015 年）的规定，公安机关决定不予受案立案后又发现新的事实证据，或者发现原认定事实错误，需要追究行政、刑事责任的，应当及时受案立案处理。

### 问题 3：公安机关作出撤案决定以后，还可以再立案吗？

可以再立案。根据《公安规定》第 186～190 条的规定，立案后经过侦查，公安机关发现具有下列情形之一的，应当撤销案件：（1）没有犯罪事实的；（2）情节显著轻微、危害不大，不认为是犯罪的；（3）犯罪已过追诉时效期限的；（4）经特赦令免除刑罚的；（5）犯罪嫌疑人死亡的；（6）其他依法不追究刑事责任的。对于经过侦查，发现有犯罪事实需要追究刑事责任，但不是被立案侦查的犯罪嫌疑人实施的，或者共同犯罪案件中部分犯罪嫌疑人不够刑事处罚的，应当对有关犯罪嫌疑人终止侦查，并对该案件继续侦查。

公安机关作出撤销案件决定后，应当在 3 日以内告知原犯罪嫌疑人、被害人或者其近亲属、法定代理人以及案件移送机关。如果公安机关撤销案件以后又发现新的事实或者证据，或者发现原认定事实错误，认为有犯罪事实需要追究刑事责任的，应当重新立案侦查。对犯罪嫌疑人终止侦查后又发现新的事实或者证据，或者发现原认定事实错误，需要对其追究刑事责任的，应当继续侦查。

## 问题4：为什么公安机关在对立案材料进行审查时不能采取搜查？

根据《公安规定》第174条的规定，对接受的案件，或者发现的犯罪线索，公安机关应当迅速进行审查。发现案件事实或者线索不明的，必要时，经办案部门负责人批准，可以进行调查核实。调查核实过程中，公安机关可以依照有关法律和规定采取询问、查询、勘验、鉴定和调取证据材料等不限制被调查对象人身、财产权利的措施。但是，不得对被调查对象采取强制措施，不得查封、扣押、冻结被调查对象的财产，不得采取技术侦查措施。从该规定可知，在立案前的调查核实阶段，由于立案决定尚未作出，刑事诉讼程序尚未正式启动，因此不能采取限制被调查对象人身、财产权利的措施。而搜查作为一种强制侦查行为，一旦实施将会对被搜查对象的人身、财产权利产生限制性影响，故不能在立案前的调查核实阶段实施。

## 问题5：公安机关决定不立案时是否会告知报案人？

接受立案材料的公安机关，经审查，如果认为不符合立案条件，即没有犯罪事实发生，或者不需要追究刑事责任时，应当作出不立案的决定。决定不予立案的，应当制作不立案决定书，写明案件的材料来源，决定不立案的理由和法律依据，决定不立案的机关等。不立案决定书也必须经过主管机关或者主管部门的负责人批准。

为了充分维护控告人的合法权益，监督公安司法机关的立案行为，如果案件材料来源于控告人提出的控告，公安机关和人民检察院作出不立案决定后，应当通知控告人。对有控告人的案件，决定不予立案的，公安机关应当制作不予立案通知书，并在3日以内送达控告人。人民检察院决定不予立案的，如果是被害人控告的，应当制作不立案通知书，写明案由和案件来源、决定不立案的原因和法律依据，由侦查部门在15日以内送达控告人，同时告知本院控告检察部门。

由此可见，如果仅是报案人，目前法律规定中并未要求公安机关的告知义务。但对于某些控告、举报的材料，虽不够立案条件，但公安机关审查后发现不具备立案条件的案件中的行为人有严重错误，或者存在一般的违法乱纪行为，需要其他有关机关处理的，应当将报案、控告、举报或自首材料移送有关主管机关处理，并通知控告人、报案人、举报人和自首人。

**延伸阅读推荐**

(1) 毕惜茜：《关于我国刑事立案程序的几点思考》，载《公安学刊（浙江公安高等专科学校学报）》2004年第2期，第31－33页。

(2) 邢志人、李新权：《我国刑事立案程序的反思与重构》，载《辽宁大学学报（哲学社会科学版）》2005年第3期，第18－23页。

## 问题6：立案监督的意义是什么？

“深化司法责任制综合配套改革，加强司法制约监督，健全社会公平正义法治保障制度，努力让人民群众在每一个司法案件中感受到公平正义”，是习近平总书记在中央全面依法治国工作会议上对司法为民提出的新要求。人民检察院依法对刑事诉讼实行法律监督，是由宪法赋予人民检察院的性质以及人民检察院在国家机关中的地位和作用决定的，是加强司法制约监督、强化刑事司法领域人权保障的重要内容。[①] 而立案是刑事诉讼中的独立诉讼阶段，人民检察院依法对刑事诉讼实行法律监督，自然包括对立案活动的监督。人民检察院立案监督的任务是确保依法立案，防止和纠正有案不立和违法立案，依法、及时打击犯罪，保护公民的合法权利，保障国家法律的统一正确实施，维护社会和谐稳定。立案监督也是贯彻落实司法为民的重要组成部分，是刑事司法领域保障人权的重要一环。

1979 年《刑事诉讼法》没有明确规定人民检察院对公安机关实行立案监督，人民检察院在法律监督活动中发现不应立案而公安机关已立案侦查的案件，主要通过审查批捕、审查起诉加以纠正。在司法实践中，出现了较为严重的“有案不立”“以罚代刑”等应立案而不予立案的问题。[②] 这些问题的存在，不仅有碍法律的统一正确实施，损害法律的权威和尊严，而且造成了对犯罪打击不力的现象。鉴于此，1996 年《刑事诉讼法》第 87 条增设了立案监督制度，2012 年《刑事诉讼法》第 111 条和 2018 年《刑事诉讼法》第 113 条保留了这一制度。2018 年《刑事诉讼法》就人民检察院对公安机关立案活动的监督作了专门规定，从而使人民检察院对公安机关的立案监督有了明确的法律依据，加强和完善了人民检察院刑事法律监督职能。

### 问题 7：对于公安机关应当立案而不立案的，人民检察院如何开展监督？

被害人及其法定代理人、近亲属或者行政执法机关，认为公安机关对其控告或者移送的案件应当立案侦查而不立案侦查，向人民检察院提出的，或者人民检察院发现公安机关可能存在应当立案侦查而不立案侦查情形的，应当依法进行审查。

人民检察院对于公安机关应当立案而不立案的线索进行审查后，应当根据不同情况分别作出处理：(1) 没有犯罪事实发生，或者犯罪情节显著轻微不需要追究刑事责任，或者具有其他依法不追究刑事责任情形的，及时答复投诉人或者行政执法机关。(2) 不属于被投诉的公安机关管辖的，应当将有管辖权的机关告知投诉人或者行政执法机关，并建议向该机关控告或者移送。(3) 公安机关尚未作出不予立案决定的，移送公安机关处理。(4) 有犯罪事实需要追究刑事责任，属于被投诉的公安机关管辖，且公安机关已作出不立案决定的，经检察长批准，应当要求公安机关书面说明不立案理由。

人民检察院要求公安机关说明不立案理由，应当制作要求说明不立案理由通知书，及时送达公安机关。公安机关应当在收到要求说明不立案理由通知书后 7 日以内作出书面说明，客观反映不立案的情况、依据和理由，连同有关证据材料复印件回复人民检察院。公安机关主动立案的，应当将立案决定书复印件及时送达人民检察院。公安机关说明不立案的理由后，人民检察院应当进行审查。认为公安机关不立案理由不能成立的，经检察长决定，应当通知公安机关立案。人民检察院通知公安机关立案，应当制作通知立案书，说明依据和理由，连同证据材料送达公安机关，并且告知公安机关应当在收到

---

① 参见孙谦：《刑事立案与法律监督》，载《中国刑事法杂志》2019 年第 3 期。

② 参见雷鑫洪：《刑事立案监督实证研究》，载《国家检察官学院学报》2016 年第 6 期。

通知立案书后 15 日以内立案，并将立案决定书及时送达人民检察院。

公安机关在收到通知立案书后超过 15 日不予立案或者未要求复议、提请复核的，人民检察院应当发出纠正违法通知书。公安机关仍不纠正的，报上一级人民检察院协商同级公安机关处理。为了防止监督立案后消极侦查或不侦查，监督立案后 3 个月未侦查终结的，人民检察院可以发出立案监督案件催办函，公安机关应当及时向人民检察院反馈侦查进展情况。

**延伸阅读推荐**

(1) 季美君、单民：《论刑事立案监督的困境与出路》，载《法学评论》2013 年第 2 期，第 148－155 页。

(2) 雷鑫洪：《刑事立案监督实证研究》，载《国家检察官学院学报》2016 年第 6 期，第 62－77 页。

(3) 孙谦：《刑事立案与法律监督》，载《中国刑事法杂志》2019 年第 3 期，第 3－15 页。

## 本章课后演练

**(一) 不定项选择题**

1. 王某向 C 省 B 市质量监督局举报某食品厂生产有毒有害食品。B 市质量监督局调查后认为该厂已构成生产有毒有害食品罪，遂将案件移送给 B 市公安局立案侦查。B 市公安局审查后以没有犯罪事实为由决定不予立案。关于本案，下列哪一选项是正确的？(　　)

A. 如王某对不立案决定不服，可向 B 市公安局申请复议

B. 如王某接到复议决定后仍不服，可向 C 省公安厅申请复核

C. 如 B 市质量监督局对不立案决定不服，可向 B 市公安局申请复议

D. 如 B 市质量监督局接到复议决定后仍不服，可向 C 省公安厅申请复核

2. A 县公安机关接到群众对毛某涉嫌贩卖毒品的举报。关于公安机关立案前的调查核实措施，下列哪些说法是错误的？(　　)

A. 由侦查员假扮吸毒人员与毛某联系购买毒品

B. 经上一级公安机关负责人批准，监听毛某的电话

C. 侦查人员趁毛某外出，秘密搜查其住所

D. 侦查人员到银行调取毛某的存款转账记录

3. 魏某在垃圾桶内发现一名刚出生的婴儿后向公安机关报案，公安机关紧急将婴儿送医院成功抢救后未予立案。关于本案的立案程序，下列哪一选项是正确的？(　　)

A. 确定遗弃婴儿的原因后才能立案

B. 魏某对公安机关不予立案的决定可申请复议

C. 了解婴儿被谁遗弃的知情人可向检察院控告

D. 检察院可向公安机关发出要求说明不立案理由通知书

4. 公安机关获知有多年吸毒史的田某近期可能从事毒品制售活动，遂对其展开初步调查工作。关于这一阶段公安机关可以采取的措施，下列哪些选项是正确的？（　　）

A. 监听　　B. 查询田某的银行存款

C. 询问田某　　D. 通缉

5. 甲公司以虚构工程及伪造文件的方式，骗取乙工程保证金400余万元。公安机关接到乙控告后，以尚无明确证据证明甲涉嫌犯罪为由不予立案。关于本案，下列哪一选项是正确的？（　　）

A. 乙应先申请公安机关复议，只有不服复议决定的才能请求检察院立案监督

B. 乙请求立案监督，检察院审查后认为公安机关应立案的，可通知公安机关立案

C. 公安机关接到检察院立案通知后仍不立案的，经省级检察院决定，检察院可自行立案侦查

D. 乙可直接向法院提起自诉

6. 毛某坠楼身亡，公安机关排除他杀，不予立案。但毛某的父母坚称他杀可能性大，应当立案，请求检察院监督。检察院的下列哪一做法是正确的？（　　）

A. 要求公安机关说明不立案理由

B. 拒绝受理并向毛某的父母解释不立案原因

C. 认为符合立案条件的，可以立案并交由公安机关侦查

D. 认为公安机关不立案理由不能成立的，应当建议公安机关立案

7. 黄某婚后常因琐事打骂其妻杨某。杨某性格懦弱，不愿告发，后不堪忍受，服药自杀。虽抢救后生还，但双目失明，可杨某仍不愿告发黄某。杨母欲追究黄某的责任。下列哪一说法是正确的？（　　）

A. 杨母只有征得杨某本人同意，方能追究黄某的责任

B. 杨母可直接向法院提起自诉，法院应当受理

C. 杨母可直接向公安机关控告黄某，公安机关应当立案

D. 杨母可直接向公安机关举报黄某，公安机关应当立案

8. 某小区保安刘某怀疑业主在家中组织传销活动，遂向公安机关报案。下列哪些说法是错误的？（　　）

A. 公安机关接到报案后可以传唤该业主到公安机关接受讯问

B. 公安机关审查后认为不符合立案条件的，应当将“不予立案通知书”送达给刘某

C. 刘某认为公安机关不立案的决定有误的，可以向原公安机关申请复议

D. 刘某认为侦查人员可能存在包庇纵容犯罪的，可以向检察机关举报

9. 刘某、刁某、王某系邻居，刁某因琐事被刘某打伤后去医院治疗，王某到公安机关报案。对此，下列哪一做法是正确的？（　　）

A. 公安机关不予立案，王某不服，可申请复议

B. 公安机关不予立案，王某不服，可向检察院提出申诉

C. 检察院认为公安机关应当立案的，应要求公安机关说明不立案的理由，认为该理由不能成立的，应通知公安机关立案，公安机关认为检察院的立案通知有错误的，可要求复议

D. 公安机关立案侦查后移送检察院审查起诉，检察院作出不起诉决定，刁某不服，

但在收到不起诉决定书7日之后才提出申诉，应由作出不起诉决定的检察院审查决定是否立案复查

**（二）判断分析题**

1. 只要确认有犯罪事实发生，公安机关就应该立案。

2. 对公安机关不予立案决定不服的，控告人可以在收到不予立案通知书后向作出决定的上一级公安机关申请复议。

**（三）简答题**

1. 立案程序具有哪些意义？

2. 控告人不服公安机关的不立案决定，有何救济途径？

**（四）论述题**

试论述人民检察院的立案监督。

**（五）法条分析题**

《刑事诉讼法》第113条规定："人民检察院认为公安机关对应当立案侦查的案件而不立案侦查的，或者被害人认为公安机关对应当立案侦查的案件而不立案侦查，向人民检察院提出的，人民检察院应当要求公安机关说明不立案的理由。人民检察院认为公安机关不立案理由不能成立的，应当通知公安机关立案，公安机关接到通知后应当立案。"

**（六）案例分析题**

2019年7月10日晚11时，甲县居民何某在骑自行车归家途中，目睹一辆摩托车从身旁飞驰而过。在经过路人胡某时趁其不备，摩托车驾驶人将胡某的手提包抢走。何某随即拨打了报警电话。7月18日，何某到当地公安机关了解案件办理情况时得知，公安机关并未立案，理由是民警询问了胡某后，胡某表示被抢的手提包不值钱，不需要立案。胡某认为公安机关怠于行使职责，遂向甲县检察院反映了该情况。甲县检察院经核实，胡某之所以表示不需要立案主要是怕打击报复，手提包中有自己的手机一部，笔记本电脑一台以及现金600元左右。后甲县检察院向甲县公安机关发出"要求说明不立案理由通知书"，甲县公安机关接到通知书后决定立案。后甲县公安机关将犯罪嫌疑人吴某抓获，并对吴某提请批准逮捕。甲县检察院经审查后发现吴某虽系摩托车车主，但案发当晚，驾驶摩托车的另有其人。甲县检察院在作出不批准逮捕决定后同时要求甲县公安机关撤销案件。

问题：请问本案中甲县公安机关、甲县检察院的哪些做法不符合相关法律规定？请简要分析原因。

## 参考答案

**（一）不定项选择题**

1. C　2. ABC　3. D　4. BC　5. D　6. A　7. D　8. ABC　9. D

**（二）判断分析题**

1. 题略。

错误。根据《刑事诉讼法》第112条，人民法院、人民检察院或者公安机关对于报案、控告、举报和自首的材料，应当按照管辖范围，迅速进行审查，认为有犯罪事实需要追究刑事责任的时候，应当立案；认为没有犯罪事实，或者犯罪事实显著轻微，不需

要追究刑事责任的时候，不予立案，并且将不立案的原因通知控告人。因此，立案必须同时具备有犯罪事实和需要追究刑事责任两个条件。即使是有犯罪事实发生，但如若属于法律规定的不追究刑事责任的情况，公安机关也不应当立案，这主要是指《刑事诉讼法》第16条规定的六种情形，如情节显著轻微、危害不大，不认为是犯罪的；犯罪已过追诉时效期限的；犯罪嫌疑人、被告人死亡的等。

2. 题略。

错误。根据《公安规定》第179条的规定，控告人对公安机关不予立案决定不服的，可以在收到不予立案通知书后7日以内向作出决定的公安机关申请复议，而非向作出决定的上一级公安机关申请复议。

**（三）简答题**

1. 题略。

立案是国家法律赋予公安机关、人民检察院、人民法院的一项重要职权，承担着决定是否开启刑事诉讼程序的特殊任务。刑事诉讼中的立案在以下几个方面具有重要意义：(1) 立案是刑事诉讼的开端和必经程序。(2) 准确、及时立案有助于迅速揭露犯罪和惩罚犯罪。(3) 正确、及时立案能有效地保护公民的合法权益不受侵犯。(4) 正确、及时立案有利于加强社会治安综合治理。

2. 题略。

控告人如果对不立案决定不服的，有以下三种救济途径：(1) 控告人对公安机关不予立案决定不服的，可以在收到不予立案通知书后7日以内向作出决定的公安机关申请复议；公安机关应当在收到复议申请后30日以内作出决定，并将决定书送达控告人。控告人对不予立案的复议决定不服的，可以在收到复议决定书后7日以内向上一级公安机关申请复核；上一级公安机关应当在收到复核申请后30日以内作出决定。对上级公安机关撤销不予立案决定的，下级公安机关应当执行。(2) 控告人对于公安机关不立案的决定不服，有权向人民检察院提出申诉，请求人民检察院按照立案监督程序要求公安机关立案。(3) 如果控告人有证据证明对被控告人侵犯自己人身、财产权利的行为应当依法追究刑事责任，而公安机关、人民检察院作出不立案决定的，控告人有权直接向人民法院起诉。

**（四）论述题**

题略。

人民检察院依法对刑事诉讼实行法律监督，是刑事诉讼的基本原则，是加强司法制约监督，强化刑事司法领域人权保障的重要内容。立案监督是检察机关进行法律监督的重要环节，是指人民检察院依法对公安机关的立案活动是否合法进行监督。其任务是确保依法立案，防止和纠正有案不立和违法立案，依法、及时打击犯罪，保护公民的合法权利，保障国家法律的统一正确实施，维护社会和谐稳定。

立案监督包括两个方面的内容：一是对公安机关应当立案而不立案情形的监督，二是对公安机关不应当立案而立案情形的监督。对于公安机关应当立案而不立案的监督而言，被害人及其法定代理人、近亲属或者行政执法机关，认为公安机关对其控告或者移送的案件应当立案侦查而不立案侦查，向人民检察院提出的，或者人民检察院发现公安机关可能存在应当立案侦查而不立案侦查情形的，应当依法进行审查。对于有犯罪事实需要追究刑事责任，属于被投诉的公安机关管辖，且公安机关已作出不立案决定的，经检察长批准，应当要求公安机关书面说明不立案理由。人民检察院要求公安机关说明不立案理由，应当制作“要求说明不立案理由通知书”，及时送达公安机关。

对于对公安机关不应当立案而立案的监督而言，人民检察院对于不服公安机关立案决定的投诉，可以移送立案的公安机关处理。但是，人民检察院经审查，有证据证明公安机关可能存在违法动用刑事手段插手民事、经济纠纷，或者办案人员利用立案实施报复陷害、敲诈勒索以及谋取其他非法利益等违法立案情形，且已采取刑事拘留等强制措施或者搜查、扣押、冻结等强制性侦查措施，尚未提请批准逮捕或者移送审查起诉的，经检察长批准，应当要求公安机关书面说明立案理由。要求公安机关说明立案理由，应当制作“要求说明立案理由通知书”，及时送达公安机关。

**（五）法条分析题**

题略。

可以从以下三个方面理解该法条：

（1）该条规定系对人民检察院的立案监督职能的规定；

（2）立案监督的意义；

（3）立案监督的具体规定。

**（六）案例分析题**

问题：请问本案中甲县公安机关、甲县检察院的哪些做法不符合相关法律规定？请简要分析原因。

（1）甲县公安机关以被害人胡某表示不需要立案为由不予立案的决定错误。因为只要有犯罪事实且应当追究刑事责任，就应当立案。本案系一起抢夺案件，公安机关不能仅因为被害人表示不追究就作出不予立案的决定。

（2）甲县检察院要求公安机关撤案的决定错误。虽然吴某不是本案的犯罪嫌疑人，但实施该抢夺行为的另有他人，因此应当对吴某终止侦查，并对该案件继续侦查，而不是撤销案件。

# 第十二章　侦查程序

## 本章知识图谱

- 侦查程序
  - 侦查简述
    - 侦查行为的司法制约
      - 事前审查——强制性侦查措施（逮捕、羁押、搜查等）
      - 事后审查——一般侦查措施
    - 对违法侦查的救济——申诉、控告
      - 主体：当事人、诉讼代表人、辩护人、利害关系人
      - 范围
        - 采取强制措施法定期限届满，不予以释放、解除或者变更
        - 应当退还取保候审保证金不退还
        - 对与案件无关的财物采取查封、扣押、冻结措施
        - 应当解除查封、扣押、冻结不解除
        - 贪污、挪用、私分、调换、违反规定使用查封、扣押、冻结的财物
      - 受理机关：实施违法侦查行为的主体
      - 不服救济
        - 对公安机关、法院不服：向同级检察院申诉
        - 对检察院不服：向上一级检察院申诉
        - 没有向办案机关申诉、控告，直接向检察院申诉：检察院应告知其向办案机关申诉、控告
        - 检察院发现：主动监督纠正
  - 侦查措施
    - 讯问犯罪嫌疑人
      - 主体：公安机关或检察院的侦查人员
      - 人数：不少于两人
      - 地点
        - 已羁押：看守所
        - 未羁押
          - 传唤至犯罪嫌疑人所在的市、县内指定地点 } 出示检察院或公安机关的证明文件
          - 犯罪嫌疑人的住所 } 出示检察院或公安机关的证明文件
          - 犯罪现场——出示工作证件
      - 时间
        - 拘留、逮捕：拘留、逮捕后24小时内开始讯问
        - 拘传、传唤：采取措施后立即讯问
          - 持续时间不得超过12小时
          - 案情特别重大、复杂，需要采取拘留、逮捕措施的，传唤、拘传持续的时间不得超过24小时
      - 方式
        - 应当首先讯问犯罪嫌疑人有无犯罪行为
        - 犯罪嫌疑人对侦查人员的提问，应当如实回答；对与本案无关的问题，有拒绝回答的权利
        - 应当告知犯罪嫌疑人享有的诉讼权利，如实供述自己罪行可以从宽处理和认罪认罚的法律规定
        - 对同案犯应当分别进行
        - 严禁刑讯逼供及威胁、引诱、欺骗的手段获取口供
      - 特殊对象
        - 未成年人
          - 应当通知法定代理人到场（或其成年亲属、其他代表）
          - 到场的法定代理人可以代为行使未成年犯罪嫌疑人、被告人的诉讼权利
        - 女性未成年人：应当有女性工作人员在场
        - 聋哑人、不通晓当地语言的人：应当为其聘请翻译

- 侦查程序
  - 侦查措施
    - 讯问犯罪嫌疑人
      - 讯问笔录
        - 应交犯罪嫌疑人核对，没有阅读能力的应当宣读
        - 有遗漏、差错，犯罪嫌疑人可提出补正、改正
        - 犯罪嫌疑人请求自行书写供述的，应当准许。必要的时候，侦查人员也可以要求犯罪嫌疑人亲笔书写供词
        - 应当核对、签名
          - 犯罪嫌疑人、被告人未签名：不得作为定案依据
          - 侦查人员未签名：可以补正
      - 录音录像：录音或录像应当全程进行，保持完整性
        - 公安机关侦查案件
          - 一般案件：可以录
          - 可能判处无期徒刑、死刑的案件或者其他重大犯罪案件：应当录
        - 检察机关自侦案件：应当录
    - 询问证人、被害人
      - 主体：仅限侦查人员（至少两人）
      - 地点
        - 现场——出示工作证件
        - 证人所在单位、住处；证人提出的地点——出示证明文件
        - 必要时可通知证人到人民检察院或者公安机关提供证言
      - 方式
        - 应当个别进行
        - 应当告知证人应当如实地提供证据、证言和有意作伪证或者隐匿罪证要负的法律责任；不得向证人泄露案情，不得采用拘禁、暴力、威胁、引诱、欺骗以及其他非法方法获取证言
        - 询问重大或者有社会影响的案件的重要证人，应当对询问过程实行全程录音、录像，并在询问笔录中注明
      - 特殊对象：同讯问
      - 询问笔录：应当核对、签名
        - 证人、被害人未签名:不得作为定案依据
        - 侦查人员未签名:可以补正
      - 证人出庭：对证人证言有异议，且对定罪量刑有重大影响，法院认为有必要的，应当通知出庭。经法院通知，证人没有正当理由拒绝出庭或者出庭后拒绝作证，法庭对其证言的真实性无法确认的，该证人证言不得作为定案的根据
    - 勘验、检查
      - 定义
        - 对死物：勘验
        - 对活物：检查
        - 主体：侦查人员，必要时可以指派或者聘请具有专门知识的人，在侦查人员的主持下进行勘验、检查
      - 类型
        - 现场勘验
          - 任何单位和个人，都有义务保护犯罪现场，并立即通知公安机关派员勘验
          - 侦查人员执行勘验、检查，必须持有人民检察院或者公安机关的证明文件
          - 应当邀请两名以上见证人在场
          - 勘验笔录应当签名，未签名可以补正
          - 重大、特别重大案件应当录音录像
        - 物证勘验
        - 尸体勘验：对于死因不明的尸体，公安机关有权决定解剖，并且通知死者家属到场
        - 人身检查
          - 对被害人：应在征求本人同意后方可进行
          - 对犯罪嫌疑人：侦查人员认为有必要，可强制检查
          - 对妇女：女工作人员或医师（男女均可）
        - 强制取样：可以提取指纹信息，采集血液、尿液等生物样本
        - 侦查实验
          - 经公安机关负责人批准
          - 禁止一切足以造成危险、侮辱人格或有伤风化的行为
        - 复验、复查：检察院审查案件
          - 要求公安机关复验、复查，并可派检察人员参加
          - 自行复验、复查

- 侦查程序
  - 侦查措施
    - 搜查
      - 主体：只能由公安机关或检察院的侦查人员进行（两人以上）
      - 对象：人身、物件、场所
      - 程序
        - 必须向被搜查人出示搜查证（在执行逮捕、拘留时，遇到紧急情况，可不另用搜查证）
        - 公安机关或检察院负责人签发搜查证
        - 应当有被搜查人或其家属、邻居或其他见证人在场
        - 搜查妇女身体应当由女性工作人员进行
        - 搜查的情况应当写成笔录，由侦查人员和被搜查人或者他的家属、邻居或者其他见证人签名或者盖章。如果被搜查人或者他的家属在逃或者拒绝签名、盖章，应当在笔录上注明
        - 监察机关：可以根据工作需要提请公安机关配合，搜查时必须出示搜查证
    - 查封、扣押、查询、冻结
      - 主体：仅限侦查人员（两人以上）
      - 对象
        - 查封：不方便移动的物件
        - 扣押：可带走的物件
        - 查询、冻结：存款、汇款、债券、股票、基金份额等财产（不得重复冻结，可以轮候冻结）
      - 程序
        - 扣押无须专门出示扣押证
        - 对查封、扣押的财物、文件，应当会同在场见证人和被查封、扣押财物、文件持有人查点清楚，当场开列清单一式二份，由侦查人员、见证人和持有人签名或者盖章，一份交给持有人，另一份附卷备查
        - 检察机关采取查封、扣押、冻结等强制性限制财产手段时须经检察长批准，而公安机关在采取这些手段时决定和批准主体较为复杂
        - 扣押邮件电报，须经公安机关或检察院批准
        - 经查明确实与案件无关的，应当在3日以内解除查封、扣押、冻结，予以退还
        - 对使用违法所得与合法收入共同购置的不可分割的财产，可先行查封、扣押、冻结。对无法分割的财产，应当在结案后予以拍卖、变卖，对合法部分予以退还
    - 鉴定
      - 主体：有侦查机关指派或聘请的有专门知识的人
      - 对象：专业性问题
      - 程序
        - 应当写出鉴定意见，并且签名。多人参加鉴定且有不同意见的，应当注明
        - 对犯罪嫌疑人的精神病鉴定时间不计入办案期限
        - 鉴定意见应告知犯罪嫌疑人、被害人。被害人死亡或无诉讼能力的，应当告知其法定代理人、近亲属或诉讼代理人
        - 犯罪嫌疑人、被害人提出补充重新鉴定的申请
          - 费用一般由请求方承担。若原鉴定程序违法则由检察院承担
          - 犯罪嫌疑人的辩护人或近亲属以犯罪嫌疑人有精神病而申请对犯罪嫌疑人进行鉴定的，费用由申请方承担
        - 鉴定人出庭：对鉴定意见有异议，法院认为有必要的，应当出庭。经通知拒不出庭的，鉴定意见不得作为定案依据

- 侦查程序
  - 侦查措施
    - 辨认
      - 主持：侦查人员主持下进行（不少于两人）
        - 侦查人员只有一人：程序违法，但可补正
        - 没有侦查人员主持：应当排除
      - 主体：犯罪嫌疑人、被害人、证人
      - 对象：与犯罪有关的物品、文件、尸体、场所、犯罪嫌疑人等
      - 程序
        - 几名辨认人对同一辨认对象进行辨认时，应当由辨认人个别进行
        - 不得在辨认前向辨认人展示辨认对象及其影像资料，不得给辨认人任何暗示
        - 对犯罪嫌疑人的辨认，辨认人不愿意公开进行时，可以在不暴露辨认人的情况下进行，并应当为其保守秘密
        - 必要时，可以有见证人在场
        - 辨认时，应当将辨认对象混杂在特征相类似的其他对象中
          - 公安机关侦查案件
            - 辨认犯罪嫌疑人：被辨认的人数不得少于7人；辨认嫌疑人的照片时：不得少于10人的照片
            - 辨认物品：混杂的同类物品不得少于5件；辨认物品的照片时，不得少于10个物品的照片
          - 检察机关自侦案件——辨认犯罪嫌疑人时，被辨认的人数不得少于7人，照片不得少于10张；辨认物品时，同类物品不得少于5件，照片不得少于5张
          - 例外：对场所、尸体等特定辨认对象进行辨认，或者辨认人能够准确描述物品独有特征的，陪衬物不受数量的限制
        - 对辨认经过和结果，应当制作辨认笔录，由侦查人员、辨认人、见证人签名（可补正）。必要时，应当对辨认过程进行录音录像
    - 技术侦查
      - 主体
        - 执行主体：公安机关（国安）
        - 决定主体：公安机关（国安）、检察院
      - 案件范围
        - 公安机关：危害国家安全犯罪、恐怖活动犯罪、黑社会性质的组织犯罪、重大毒品犯罪案件及其他严重危害社会的犯罪案件等
        - 检察院：利用职权实施的严重侵犯公民人身权利的重大犯罪案件
        - （以上）经过严格的批准手续
        - 不限范围：追捕被通缉或者批准、决定逮捕的在逃的犯罪嫌疑人、被告人
      - 程序
        - 批准
          - 签发之日内3个月有效；复杂疑难案件经批准可延长有效期，每次不超过3个月
          - 应当按需确定种类及适用对象
        - 执行
          - 严格按照种类、适用对象、适用期限执行
          - 采用技术措施获取的材料只能用于对犯罪的侦查、起诉和审判，不得用于其他用途
          - 侦查人员对执行中知悉的国家、商业秘密、个人隐私等应当保密；与案件无关的材料必须及时销毁。有关单位和个人应当配合，并对有关情况予以保密
      - 秘密侦查措施的适用
        - 隐匿身份
          - 为查明案情，必要时经公安机关负责人决定，可隐匿身份
          - 不得诱使他人犯罪，不得采用可能危害公共安全或发生重大人身危险的方法
        - 控制交付：涉及给付毒品等违禁品或者财物的犯罪活动，公安机关根据侦查犯罪的需要，可以依照规定实施控制下交付
      - 证据使用
        - 收集的材料在刑事诉讼中可以作为证据使用
        - 如果使用该证据可能危及有关人员的人身安全，或者可能产生其他严重后果的，应当采取不暴露有关人员身份、技术方法等保护措施。必要时可由审判人员在庭外核实证据
      - 批准的文书应当附卷，律师具有阅卷权
    - 通缉
      - 主体
        - 决定主体：公安机关、检察院、监察机关
        - 发布主体：公安机关
      - 对象：应当逮捕(留置)而在逃的犯罪嫌疑人
      - 范围：仅限本辖区内，超出辖区的应当报请有权决定的上级机关发布

- 侦查程序
  - 侦查终结、侦查羁押期限、补充侦查
    - 侦查终结
      - 终结条件：犯罪事实清楚；证据确实、充分；法律手续完备；犯罪性质和罪名认定正确；依法应当追究刑事责任
      - 辩护意见：辩护律师提出要求的，侦查机关应当听取辩护律师的意见，并记录在案。辩护律师提出书面意见的，应当附卷
      - 案件处理
        - 移送起诉：应当制作起诉意见书，经县级以上公安机关负责人批准后，连同全部案卷材料、证据，以及辩护律师提出的意见，一并移送同级人民检察院审查决定；同时将案件移送情况告知犯罪嫌疑人及其辩护律师。犯罪嫌疑人自愿认罪认罚的，应当记录在案，随案移送，并在起诉意见书中写明有关情况；认为案件符合速裁程序适用条件的，可以向人民检察院提出适用速裁程序的建议
        - 撤销案件
        - 不起诉：对于犯罪情节轻微，依法不需要判处刑罚或者免除处罚的，公安机关在移送审查起诉时，应当注明不起诉的条件，由检察院审查决定起诉或不起诉
        - 其他处理：由于同案犯罪嫌疑人在逃，在案犯罪嫌疑人的犯罪事实无法查清的，可以报请延长侦查羁押期限、变更或解除强制措施
    - 侦查羁押期限
      - 一般情况：最长不超过两个月
      - 案件复杂：经上一级检察院批准，可延长一个月
      - 交集流广：交通十分不方便的边远地区的重大复杂案件；流窜作案的重大复杂案件；犯罪涉及面广、取证困难的重大复杂案件；重大的犯罪集团案件，经省一级检察院批准，可延长两个月
      - 10年以上：对犯罪嫌疑人可能判处10年有期徒刑以上刑罚，经省一级检察院批准，可延长两个月
      - 特殊原因：因特殊原因，在较长时间内不宜交付审判的特别重大复杂的案件，由最高人民检察院报请全国人民代表大会常务委员会批准延期审理，不限期限
      - 监委会留置：不得超过3个月，特殊情况可延长一次，延长时间不得超过3个月。省级以下监察机关采取留置措施的，延长留置时间应当报上一级监察机关批准
    - 补充侦查
      - 适用对象：事实不清、证据不足、遗漏犯罪或犯罪嫌疑人的案件
      - 审查批捕阶段：通知公安机关补充侦查
      - 审查起诉阶段
        - 形式
          - 公安机关移送案件：可以退回补充侦查，也可自行补充侦查
          - 检察机关自侦、监委移送案件：原则上退回补充侦查，必要时可以自行补充侦查
        - 次数：退回均限两次；审查起诉期限内改变管辖的，退回补充侦查总数不得超过两次
        - 期限：退回均限一个月；自行补充侦查案件只需在审查起诉期限内侦查完毕
        - 后续处理
          - 补充侦查完毕后移送检察院，重新计算审查起诉期限
          - 认为证据不足，不符合起诉条件
            - 已补充侦查一次：可以作出不起诉决定
            - 已补充侦查两次：应当作出不起诉决定
      - 审判阶段
        - 形式：只能退回检察院补充侦查
        - 启动：公诉人提出延期审理建议的，合议庭可以同意；被告人提出新的立功线索的，法院可以建议检察院补充侦查
        - 次数：仅限两次
        - 期限：仅限一个月
        - 后续处理
          - 补充侦查完毕后移送法院，重新计算审理期限
          - 补充侦查期限届满，经法院通知，检察院未将案件移送法院，且未说明原因的，按撤诉处理

## 本章重点问题

# 第一节 一般规定

### 问题 1：什么是刑事诉讼中的侦查？它包括哪些内容？

侦查是我国刑事公诉程序中的一个独立诉讼阶段，在具体语境下可理解为依法承担侦查职能的国家专门追诉机关，在刑事案件立案后，为搜集相关证据、查明案件事实、查获犯罪嫌疑人以保证刑事诉讼顺利进行，而依照法律规定实施的一系列具体活动。

我国《刑事诉讼法》对“侦查”一词含义的解释载于第 108 条第 1 项中，该条文于 2018 年《刑事诉讼法》的第三次修正中修改。现行规范的表述为：“公安机关、人民检察院对于刑事案件，依照法律进行的收集证据、查明案情的工作和有关的强制性措施。”而旧法律文本对“侦查”含义的表述为：“公安机关、人民检察院在办理案件过程中，依照法律进行的专门调查工作和有关的强制性措施。”该条文关于侦查含义的修改包含两处：一是将“在办理案件过程中”修改为“对于刑事案件”，二是将“专门调查工作”修改为“收集证据、查明案情的工作”。一方面，立法者在新刑诉法中将侦查权行使的范围明确限制于刑事案件中，期以杜绝侦查机关将刑事侦查权适用于非刑事领域的侦查权滥用行为。由于国家专门追诉机关实施的侦查活动，往往以限制或剥夺人身自由、扣押财产等措施展开，存在严重侵犯公民合法权利与利益的倾向，故对于侦查权需要严格加以限制。另一方面，该条文的修改带有立法技术性因素的考量。《监察法》于 2018 年 3 月 20 日第十三届全国人民代表大会第一次会议通过，监察委员会依法履行监督、调查、处置等职责。为明确区分刑事诉讼中的“侦查”与监察活动中的“调查”，立法者对刑诉法中的文字表述进行了适当修改，以实现立法表述上的统一。

依据上述现行法律条文的规定，刑事诉讼中的侦查可分为两类活动：一是收集证据、查明案情的工作；二是采取有关强制性措施。收集证据、查明案情，是指侦查机关为了还原刑事案件发生时的各种事实，而进行的各种侦查工作，如讯问犯罪嫌疑人，询问被害人，勘验，检查，搜查、查封、扣押，鉴定，技术侦查，通缉等活动。其目的主要有二：一是通过侦查活动了解案件的真实情况，在刑事诉讼程序中追求客观真实；二是收集足以证明犯罪嫌疑人有罪或无罪、罪重或罪轻的证据，以便刑事诉讼程序后续阶段的追诉机关得以顺利进行追诉活动。采取有关强制性措施，是指侦查机关为了收集和保全证据，查明案件事实，抓获和控制犯罪嫌疑人，而对犯罪嫌疑人采取的强制限制或剥夺其人身自由的措施。我国刑诉法中规定的强制措施共有五种，包括拘传、取保候审、监视居住、刑事拘留和逮捕。

此外，需要注意，监察委员会的调查与刑事诉讼法上的侦查，存在立法上明确的区分，但二者在实践中的功能和效果存在一定的重合。监察机关并非法定的刑事诉讼专门追诉机关，而是行使国家监察职能的专责机关，依法对所有行使公权力的公职人员进行监察，调查职务违法和职务犯罪。在国家监察体制改革完成后，监察委员会与党的纪律检查委员会进行合署办公，监察委员会的调查工作同时具备党纪调查、政纪调查和刑事调查的性质。被调查人，依调查结果不同，面临着不同的处理方式：触犯党纪的，纪委可进行党纪处分；触犯有关法规的，监察委员会可作出政务处分；存在严重违法行为，可能涉及职务犯罪的，还可能移送检察机关进行审查起诉，追究其刑事责任。倘若监察委员会调查的案件仅仅止步于党纪处理或者政务处理，那么，其调查权就仅仅具有党纪调查权或政务调查权的性质。但是，如果监察委员会经过党纪调查和政务调查，认为被调查人已经涉嫌职务犯罪，需要移送检察机关审查起诉，那么，这种调查就具有了刑事调查的性质。

**延伸阅读推荐**

（1）程雷：《“侦查”定义的修改与监察调查权》，载《国家检察官学院学报》2018年第5期，第125－137页。

（2）陈瑞华：《刑事诉讼法》，北京大学出版社2021版。

## 问题2：侦查的主体有哪些机关？它们分别负责哪些案件？

侦查的主体，即侦查机关，是指依法在刑事诉讼中承担侦查职能、行使刑事案件侦查权的国家专门机关。我国《刑事诉讼法》中所称的侦查机关一般指公安机关和检察院，而在特定案件中，依照法律规定，侦查权由国家安全机关、军队保卫部门、海警局和监狱行使。

（1）在我国，大部分类型的刑事案件由公安机关负责立案侦查。《刑事诉讼法》第3条第1款规定：“对刑事案件的侦查、拘留、执行逮捕、预审，由公安机关负责……”刑法分则当中规定的大部分罪行，由公安机关负责查明案件事实、收集相关证据，并对犯罪嫌疑人实施有关强制措施。

（2）针对部分犯罪的侦查活动，由检察机关负责。《刑事诉讼法》第3条第1款后半部分规定：“检察、批准逮捕、检察机关直接受理的案件的侦查、提起公诉，由人民检察院负责。”由检察机关负责立案侦查的案件，通常是指检察机关在对诉讼活动实施法律监督的过程中发现的，司法工作人员利用职权实施的侵犯公民权利、损害司法公正的犯罪。此外，对于公安机关管辖的国家机关工作人员利用职权实施的重大犯罪案件，需要人民检察院直接受理的，经省级以上人民检察院决定，也可由检察机关直接立案侦查。需要注意的是，对国家公职人员实施的贪污贿赂犯罪、渎职犯罪等犯罪行为进行的立案侦查，原本由检察机关负责实施，但在国家监察体制改革之后，对该类犯罪的立案管辖权被划分给了监察委员会，检察机关的职务犯罪侦查部门“转隶”监察机构，原有的职务犯罪侦查机构不复存在，基本由监察委员会全盘接手对职务犯罪案件的调查工作。①

（3）对危害国家安全的犯罪活动，由国家安全机关负责立案侦查。我国《刑事诉讼法》第4条规定：“国家安全机关依照法律规定，办理危害国家安全的刑事案件，行使与公安机关相同的职权。”由此可知，我国《刑法》分则第一章当中规定的犯罪行为一般由国家安全部门进行立案侦查。

---

① 参见陈瑞华：《论监察委员会的调查权》，载《中国人民大学学报》2018年第4期。

（4）军队保卫部门对军队内部发生的刑事案件行使侦查权。

（5）中国海警局对海上发生的刑事案件行使侦查权。

（6）监狱负责对罪犯在监狱内犯罪的案件进行侦查。

虽然法律对不同类型案件的侦查主体进行了规定，但实务当中的刑事案件复杂多样，对案件的真相查明和证据搜集，有时候会存在管辖权竞合的问题。例如，行为人既涉嫌一般刑事犯罪，又涉及职务犯罪的，理论上似乎公安机关与监察委员会都有权立案，并在自己的权限范围内开展相关工作。但对此种情形下的案件管辖，《监察法》第34条第2款作出了明确规定："被调查人既涉嫌严重职务违法或者职务犯罪，又涉嫌其他违法犯罪的，一般应当由监察机关为主调查，其他机关予以协助。"

**延伸阅读推荐**

（1）孙长永：《侦查程序与人权——比较法考察》，中国方正出版社2000年版。

（2）陈瑞华：《论监察委员会的调查权》，载《中国人民大学学报》2018年第4期，第10－20页。

## 问题3：侦查应当遵守什么基本原则？

侦查的基本原则是指，贯穿刑事侦查全过程，对追诉机关的侦查活动具有普遍化指导意义，且国家专门机关在侦查活动中必须遵循的基本行为准则。侦查的基本原则体现了刑事诉讼法的基本精神，反映了立法者对侦查目的的理解以及在侦查价值上的倾向和追求。需要注意的是，侦查的基本原则有别于侦查机关在侦查活动中的工作原则。侦查机关在侦查活动中除遵守刑诉法侦查一章的一般规定外，还应当遵循迅速及时原则、客观全面原则、深入细致原则、遵守法制原则、保守秘密原则等工作原则。[①] 上述原则是侦查机关在侦查工作当中为了及时有效地查明案件事实、收集完整证据，而应当遵守的工作上的规范要求，而并非内含于侦查本身的基础性准则。

侦查应当遵守的基本原则包括强制处分法定原则、侦查比例原则和侦查秘密原则。

（1）强制处分法定原则。

强制处分法定原则是指实施损害公民合法权益的侦查行为，应当有法律明文规定作为依据。侦查行为，依其对公民是否存在物理上或实质上的强制效果，以及是否对其产生权益上的侵害，可分为任意处分性侦查行为和强制处分性侦查行为。刑事侦查活动往往直接关乎公民的合法权益，侦查机关在实施侦查活动时应当尽可能避免对公民的权益造成侵害，在公民的自愿协助下开展工作。故侦查活动应当以任意处分为原则，以强制处分为例外。然而，作为国家追诉犯罪职能的承担主体，侦查机关在实务中为了更高效地侦破案件，往往具有实施强制处分的高度倾向。这就使得处于刑事追诉中的公民，时常暴露在被公权力肆意侵害的危险中。因此，强制处分的实施，尤其是其中限制或剥夺人身自由的强制措施，必须由法律进行明文规定，以防止侦查人员滥用侦查权。

在这个问题上，其他国家或地区在刑事诉讼中一般须遵循"法官保留原则"和"令状原则"。"法官保留原则"是指强制处分除需要法律以明文规定的形式予以设定外，在

---

① 参见陈卫东主编：《刑事诉讼法》（第4版），高等教育出版社2022年版，第237－238页。

实际操作中还需要有处于中立地位的法官或侦查法官、预审法官的批准作为强制处分启动的依据，作为追诉一方的主体的国家机关不得以保障公共安全、维护社会秩序等借口对公民擅自实施强制处分。"令状原则"是指搜查、逮捕等强制处分应当在签发的许可令中载明强制处分实施的时间、地点、对象、范围、方式等具体细节，不得含糊不清或存在严重的表意瑕疵，应当为强制处分的实际执行机关提供明确的工作指引，限定其实施强制的范围和程度，执行机关必须严格依照令状进行操作。对上述两项原则贯彻执行较好的国家和地区的长期刑事司法实践表明，这样的制度设计在很大程度上能够让公民的基本权利在刑事诉讼中受到有效保障，限制侦查机关滥用权力或作出不合理的强制处分行为。然而我国尚未建立起审判机关在审前阶段对侦查和审查起诉进行监督与制约的机制，现实中仍存在犯罪嫌疑人被不合理甚至违法实施强制处分的现象。

(2) 侦查比例原则。

侦查比例原则是指在侦查活动中，公民遭受的权益损害应当与侦查的目的和手段之间保持必要且适当的比例关系。我国宪法保障公民的一系列基本权利，国家机关在追诉犯罪的活动中，不得借口维护公共利益而对公民的权利、自由和利益实施不加限制的侵害。为防止侦查机关滥用侦查权，避免公民在刑事诉讼中遭受来自侦查机关的不法侵害，必须将侦查行为限制在一定比例内。

侦查比例原则包括两个具体方面：其一，合目的性原则，即侦查机关实施的侦查行为必须符合查明案件事实、收集证据等刑事诉讼的正当目的，不得以谋取私利等非正当目的启动侦查程序或实施侦查行为；其二，狭义的比例原则，即在侦查机关实际办理的案件中实施的侦查行为应当与案件重大程度、案情复杂程度、查明事实收集证据的难度等因素相适应，若存在数种可采取的能够达成侦查目标的侦查措施，侦查机关应当尽量选择其中对公民权益侵害最小的一种。

(3) 侦查秘密原则。

侦查秘密原则是指侦查活动的内容一般不得轻易向与案件办理没有直接关联的第三方主体或社会公众公开，除案件当事人和部分利害关系人外，任何其他机关、组织或个人均不得介入刑事案件的侦查活动，以确保侦查的秘密状态。侦查秘密原则包含三个方面的考量：第一，在法院作出的有罪判决生效之前，任何人都不能被确定有罪，若过早地将侦查的内容公之于众，势必使得社会公众产生对行为人不利的舆论，导致公民的名誉、隐私等权益遭受侵害；第二，对于尚处于侦破中的刑事案件，可能存在犯罪嫌疑人尚未全部捉拿归案、证据尚未收集完整并适当保全的情形，泄露侦查的内容可能导致犯罪嫌疑人串供、毁灭或伪造证据等情形发生，阻碍案件侦查工作的正常进行；第三，侦查内容的公开引发的社会舆论可能会给刑事诉讼后续阶段的司法工作人员造成先入为主的判断，在心中形成行为人有罪的初步印象，并受到来自舆论的不合理压力，影响案件审查起诉、审理和裁判的公正性。

**延伸阅读推荐**

(1) [日] 绿大辅、肖萍：《日本侦查程序中的强制处分法定主义》，载《国家检察官学院学报》2014 年第 2 期，第 167 - 176 页。

(2) 韩德明：《侦查比例原则论》，载《山东警察学院学报》2007 年第 2 期，第 90 - 95 页。

## 问题 4：什么是任意侦查与强制侦查？两者应如何区分？

侦查行为中包括一些严重侵损公民权益的措施，如搜查、扣押等强行侦查手段，以及拘留、逮捕等强制措施。在实践中侦查机关为了迅速高效地侦破案件，往往更倾向于实施此类强制性行为，因而存在严重的合法权益侵害的倾向。侦查权的行使虽然是为实现国家刑罚权而进行的准备工作，与保障国家安全、维护社会秩序息息相关，但绝不可以此为借口，过度干预公民的私人活动，随意侵害公民合法权益。故侦查机关在面对刑事案件查明事实、收集证据的任务时，应当进行公民权益尊重与保护的相关考量，在侦查措施的选择上，尽可能避免对公民的权利、自由或其他利益造成妨碍。因此侦查行为应当以任意侦查为原则，以强制侦查为例外，尽量在侦查对象自愿配合的情形下，或以不侵害其权益的方式开展案件侦查工作。据此，对任意侦查和强制侦查进行区分就成为在刑事诉讼侦查阶段实现人权保障首先要解决的问题。

然而，我国法律并未对任意侦查和强制侦查作出明确的分别，在学术界，不同学者对这个问题的解决提出了不同的标准。(1) 形式强制力说认为，应当以侦查机关的侦查行为是否伴随直接物理性质的强制力，或者是否对侦查对象产生含有制裁性质的义务，作为判断任意侦查和强制侦查的标准。(2) 中间领域说认为，在“任意”与“强制”之间，存在一个尚未达到强制程度的侦查行为行使空间，在该领域内，社会一般观念认为可接受的强力程度的侦查行为，或在特定情况下亟须采取的具有一定强制性质的侦查行为，可被包容为任意侦查。(3) 形式权利侵害说认为，是否对侦查对象的权益造成损害是任意侦查与强制侦查的唯一区分标准，不论侦查行为是否伴随有强制力，凡是未经侦查对象同意而对其权益产生限制或损害的侦查活动皆应当归属于强制侦查的范畴。(4) 实质权利侵害说认为，应当以是否违反侦查对象明示或默示的意思而对其重要权益产生侵害，作为任意侦查与强制侦查的判断依据。

第一种和第二种观点着眼于侦查行为在客观上的强制力，其中形式强制力说注重强制力有无问题的判断，而中间领域说更强调对侦查行为的强制程度进行分析。此两种观点产生的时间较早，在以往的侦查活动中，强制侦查几乎只以拘留、逮捕、搜查、扣押等产生物理上强制力的形式存在。然而随着刑事侦查技术和理念的发展，如今，电话监听、仪器测谎、影像记录、计算机设备追踪检测等不包含物理性质强制力的侦查手段得以推广。虽然不具有物理上的强制或威胁，但这些“无形的”侦查措施确实对公民的权益产生重大侵害，部分措施的影响程度甚至超过传统物理强制。在这种情况下，传统标准难以再对任意侦查与强制侦查作出有效区分。第三种和第四种观点以侦查对象权益遭受的损害作为分析判断的关键。形式权利侵害说关注的是行为人的合法权益是否遭受侦查机关的侵害，而实质权利侵害说重点关注对侦查对象权益侵害的程度。侦查是一种追诉犯罪性质的活动，任何侦查行为都包含着一定对犯罪行为否定评价的因素，即便是任意侦查行为也可能包含着妨碍侦查对象自我意愿或轻度限制自由的可能，无法将权益限制或损害性从侦查行为中完全抽离。倘若要求任意侦查不得对公民权益产生任何妨碍，则可能使得大多数的侦查行为被不适当地归类于强制侦查，实践中的侦查工作便难以展开。试想，侦查人员面对具有重大嫌疑之人时对其进行阻拦、盘问，固然妨碍其自由权利行使，但倘若此种程度的侦查行为也被视为强制侦查，并要求严格依令状规则实施，那么侦查人员面对绝大多数犯罪活动都将无能为力。因此，以是否侵害合法权益作为任意侦查与强制侦查的唯一判断标准有违刑事案件侦查的实际实施需要，以权利侵害的程度作为主要判别标准似乎更为合理，此外还需要在特定案件中结合案件特殊情形与具体侦查手段的性质进行综合研判。

关于任意侦查与强制侦查有两个问题需要特别注意：

第一个问题是，在强制侦查与任意侦查的区分中，是否应当将侦查对象的同意作为一项单独的判断要件。若将一切未获得侦查对象事先同意的行为都认定为强制侦查，则过分局限了任意侦查的实施范围，相对而言，即便获得了侦查对象对侵损其权益的许可，侦查机关在侦查行为中亦不得不加限制地扩大侵损权益的范围和程度或径行实施事实上的强制处分。因此，侦查对象的同意与否，不宜直接作为任意侦查与强制侦查判断问题中的一个独立要件，但可作为一项参考依据。

第二个问题是，将侦查行为控制在任意侦查的边界内，是否就意味着侦查机关的行为无须受到任何限制。前文提及，任何侦查行为都包含着一定对犯罪行为否定评价的因素，即便是任意侦查行为也具有损害合法权益的可能。倘若任由侦查机关肆意实施轻微程度的侵害行为，对侦查对象而言也必然造成难以忽视的实际困扰。故对这个问题的回答显然应当是否定的，侦查机关在任意侦查的范围内也应当遵循比例原则等要求，合理行使侦查权，避免对公民合法权益造成不应有的损害。

**延伸阅读推荐**

(1) 孙长永：《强制侦查的法律控制与司法审查》，载《现代法学》2005 年第 5 期，第 72 - 81 页。

(2) 马方、周腾：《论任意侦查标准之构建》，载《西南政法大学学报》2007 年第 5 期，第 75 - 81 页。

## 问题 5：侦查不公开的适用范围如何？有何例外？

在侦查内容的保密问题上，当前我国刑诉法仅仅规定禁止将刑事诉讼中发现、获取的各种涉密信息进行泄露或公开，但刑事诉讼中的侦查不公开原则绝不止步于保密的需要。

从侦查的性质角度而言，依照“无罪推定”的原则，侦查只是检察机关审查起诉和法院审判的前期准备活动，侦查的结论在刑事案件中并非具有终局性的权威性判断。因此，在侦查阶段，乃至法院判决生效之前的刑事诉讼程序中，都应当对诸如犯罪嫌疑人的基本身份信息、侦查机关通过侦查活动获取的证据以及认定的事实等予以保密，不得随意向与案件无关的第三人泄露或对社会公众进行公布，否则势必会提前让媒体和民众给尚未定罪的人打上“恶人”的标签，严重损害其在社会中的名誉，甚至招致非法报复，造成严重的权利侵害。

从侦查的目的角度而言，侦查机关实施侦查活动有两大主要目的：其一为查获犯罪嫌疑人，为后续审查起诉和审理判决确定一个具体的对象；其二为查明该行为人是否实施犯罪以及如何实施犯罪的案件事实，并收集和保全足以证明该行为人有罪或无罪、罪重或罪轻的证据，为后续的刑事诉讼活动做好充分的准备。为实现侦查之目的，遵循侦查不公开原则也是必要的。倘若将尚处于侦查阶段的案件信息公之于众，可能会在无形中为犯罪嫌疑人逃匿、串供、销毁和伪造证据、威胁和伤害证人提供“指引”，不利于案件的正常侦查“侦破”。

值得强调的是，虽然从两个角度而言，侦查不公开原则都要求得到良好的遵循，但我们应当始终坚持将人权保障作为该原则的核心追求。侦查机关在实现侦查目的的前提下，应尽可能做到对侦查对象的权利保护，防止因过早公布案件信息形成对其不利的刻板印象，而造成其在社会生活中的困扰。

侦查不公开原则的遵循主体不仅限于侦查机关及侦查人员，任何参与刑事诉讼的国家机关及其工作人员，以及知悉案件具体信息的机关、组织和个人都应当受到侦查不公开原则的约束，以避免不利于侦查活动进行和被追诉人人权保障的现象发生。

侦查不公开的范围主要包括三个方面的内容：(1) 刑事案件犯罪嫌疑人、被告人、被害人及证人的基本信息以及案件一般性细节信息应当保密，以防涉案人员名誉和人身安全遭受侵害。(2) 与案件侦破有重大关联的信息不应当公开，否则可能发生不利于侦查机关查获犯罪嫌疑人、查明事实、收集证据的情形。(3) 侦查人员在刑事诉讼中获取的涉及国家秘密、商业秘密、犯罪嫌疑人或第三人隐私的信息。

侦查不公开的例外：(1) 对于既不属于法律规定禁止公开的秘密信息，也不与案件侦破发生直接关联的一般性案件信息，在获取犯罪嫌疑人、被害人等案件相关人员的明确同意后，“无罪推定”的顾虑便应当不再成为侦查公开的阻碍。(2) 根据近年来法院裁判文书网络公开的要求，案件中的具体信息可能会载于中国裁判文书网上发布的案件生效判决书中，故法院作出的判决书生效之后，相关侦查内容便不再具有保密的意义和必要性。(3) 在部分特殊情形下，对侦查内容进行公开，有助于查获犯罪嫌疑人、查明案件事实、收集相关证据信息。我国的刑事追诉活动向来坚持“群众路线”，奉行“依靠群众”的侦查工作方针。同时为了更有效地缉捕嫌疑人或者获取新的线索，刑事悬赏、通缉等侦查措施适用频繁，适用过程中必然涉及信息公开，包括有助于公众对其进行识别的犯罪嫌疑人个人信息。

**延伸阅读推荐**

(1) 程雷、吴纪奎：《侦查秘密原则初步研究》，载《山东警察学院学报》2006 年第 4 期，第 93 - 99 页。

(2) 刘为军：《超越侦查公开与不公开之争——兼论侦查公正的实现》，载《中国刑事法杂志》2010 年第 4 期，第 34 - 40 页。

## 第二节 侦查措施

### 问题 1：侦查机关讯问犯罪嫌疑人应遵守哪些具体规则？

侦查机关对犯罪嫌疑人的讯问是指侦查人员依照法定程序和法定方式以言词形式对犯罪嫌疑人就案件事实相关问题调查提问并依法进行记录的一种侦查行为。在任何一个刑事案件中，讯问犯罪嫌疑人都是侦查机关侦查工作的必经程序，对案件事实确认、证据核实、侦查结论作出，以及犯罪嫌疑人的人权保障都具有十分重要的意义。

依照我国《刑事诉讼法》中的规定，侦查机关在讯问犯罪嫌疑人时应当遵循的具体规则如下：

（1）侦查权只得由侦查机关行使，对犯罪嫌疑人的讯问工作必须由侦查机关的侦查人员具体负责，其他任何主体皆无权代为执行。且《刑事诉讼法》第118条第1款规定："……讯问的时候，侦查人员不得少于二人。"

（2）对于不同情形下的犯罪嫌疑人的讯问，须依法采取不同的程序。对于无须采取羁押措施的犯罪嫌疑人，可将其传唤到指定地点或前往其住处进行讯问，讯问前应当出示侦查机关的证明文件。对当场发现的"现行犯"，侦查机关人员出示工作证件后即可口头传唤，但应当在笔录中注明情况。对犯罪嫌疑人实施传唤的，需要出示"传唤通知书"，犯罪嫌疑人经合法传唤无正当理由拒不到案的，可以拘传。传唤、拘传持续的时间不得超过12小时，案情特别重大、复杂，需要采取拘留、逮捕措施的，传唤、拘传持续的时间不得超过24小时。不得以连续传唤、拘传的形式变相拘禁犯罪嫌疑人，且传唤、拘传过程中应当保证犯罪嫌疑人必要的饮食和休息。对于被拘留或逮捕的犯罪嫌疑人，讯问应当在24小时内进行。犯罪嫌疑人被送交看守所羁押以后，侦查人员对其进行讯问，应当在看守所内进行。

（3）侦查人员在讯问犯罪嫌疑人的时候，应当首先讯问犯罪嫌疑人是否有犯罪行为，让他陈述有罪的情节或者无罪的辩解，然后向他提出问题。犯罪嫌疑人对侦查人员的提问，应当如实回答；但是对与本案无关的问题，有拒绝回答的权利。侦查人员在讯问犯罪嫌疑人的时候，应当告知犯罪嫌疑人享有的诉讼权利，如实供述自己罪行可以从宽处理和认罪认罚的法律规定。

（4）对不通晓当地通用语言文字的犯罪嫌疑人进行讯问，应当为其提供翻译人员。讯问聋、哑的犯罪嫌疑人，应当有通晓聋、哑手势的人参加，并且将这种情况记明笔录。

（5）讯问时应当制作笔录。笔录记录完毕后应当交犯罪嫌疑人核对，对于没有阅读能力的，应当向他宣读。如果记载有遗漏或者差错，犯罪嫌疑人可以提出补充或者改正。犯罪嫌疑人承认笔录没有错误后，应当签名或者盖章。侦查人员也应当在笔录上签名。犯罪嫌疑人请求自行书写供述的，应当准许。必要的时候，侦查人员也可以要求犯罪嫌疑人亲笔书写供词。

（6）侦查人员在讯问犯罪嫌疑人的时候，可以对讯问过程进行录音或者录像；对于可能判处无期徒刑、死刑的案件或者其他重大犯罪案件，应当对讯问过程进行录音或者录像。录音或者录像应当全程进行，保持完整性。

（7）对于未成年人刑事案件，在讯问和审判的时候，应当通知未成年犯罪嫌疑人、被告人的法定代理人到场。无法通知、法定代理人不能到场或者法定代理人是共犯的，也可以通知未成年犯罪嫌疑人、被告人的其他成年亲属，所在学校、单位、居住地基层组织或者未成年人保护组织的代表到场，并将有关情况记录在案。

**延伸阅读推荐**

（1）徐美君：《侦查讯问的程序性原则》，载《政法论坛》，2003年第1期，第131－

136 页。

(2) 孙长永主编：《侦查程序与人权保障：中国侦查程序的改革和完善》，中国法制出版社 2009 年版。

## 问题 2：犯罪嫌疑人在接受讯问时是否有权保持沉默？

近现代法律意义上的沉默权最早确立于 17 世纪英国的约翰-李尔本案件，其核心要旨为不得以被追诉者之沉默作出不利于他的推论。随着法律理念在实践中的发展，产生了所谓“积极沉默权”，保障犯罪嫌疑人的沉默被转化为刑事案件追诉机关的义务，具有代表性的便是美国“米兰达原则”的确立。

我国 2012 年修订的《刑事诉讼法》首次明文确立了禁止强迫自证其罪原则，并通过一些具体的制度吸收了这一原则的内容。《刑事诉讼法》第 52 条规定：“审判人员、检察人员、侦查人员必须依照法定程序，收集能够证实犯罪嫌疑人、被告人有罪或者无罪、犯罪情节轻重的各种证据。严禁刑讯逼供和以威胁、引诱、欺骗以及其他非法方法收集证据，不得强迫任何人证实自己有罪……”

然而，在现代法律观念的语境之下，禁止强迫自证其罪并不能等同于对犯罪嫌疑人沉默权的肯定，更不意味着“无罪推定”原则在法律上的确立。《刑事诉讼法》第 120 条规定：“犯罪嫌疑人对侦查人员的提问，应当如实回答。但是对与本案无关的问题，有拒绝回答的权利。”我国的法律并未明确规定赋予犯罪嫌疑人保持沉默的权利，相反，法律要求犯罪嫌疑人在面对侦查人员的讯问时如实作答，若其的确存在实施犯罪行为的事实，则依照法律规定须作出事实上不利于自己的陈述。

在学理上，“无罪推定”原则之下包含四项具体要求：第一，在诉讼主体的地位上，犯罪嫌疑人、被告人在法院的有罪判决正式生效前应被承认具有无罪的诉讼地位；第二，在举证责任问题上，由控诉方承担完整的证明被告人有罪的责任，不得要求犯罪嫌疑人、被告人负担任何证明自己有罪或者无罪的义务；第三，在诉讼权利上，犯罪嫌疑人、被告人享有包括沉默权等在内的一系列的诉讼权利，此类诉讼权利是其基本人权的延伸；第四，当刑事案件中的事实或证据存疑时，应作有利于被追诉一方的解释，即“疑罪从无”“疑罪从轻”。沉默权制度是“无罪推定”原则所要求的内容之一，它具体体现和支撑了“无罪推定”原则保障犯罪嫌疑人、被告人人权的理念。从这个意义上说，只有在法律正式确立了“无罪推定”之原则的前提下，赋予犯罪嫌疑人、被告人沉默权才具有实际意义。通过确立和完善相关制度，继续加强对犯罪嫌疑人、被告人的权利保障，应当是我国刑事诉讼制度改革的一个重要方向。

**延伸阅读推荐**

(1) 孙长永：《侦查程序与人权——比较法考察》，中国方正出版社 2000 年版。

(2) 姜小川：《沉默权制度的发展、利弊与限制》，载《政法论丛》2011 年第 5 期，第 78－88 页。

## 问题 3：为什么要对侦查讯问进行录音录像？该制度的功能定位如何？

我国刑事诉讼中的侦查讯问录音录像制度为 2012 年《刑事诉讼法》所增设。现行

《刑事诉讼法》第123条规定："侦查人员在讯问犯罪嫌疑人的时候，可以对讯问过程进行录音或者录像；对于可能判处无期徒刑、死刑的案件或者其他重大犯罪案件，应当对讯问过程进行录音或者录像。录音或者录像应当全程进行，保持完整性。"

基于实施侦查讯问录音录像的决定主体不同，以及录音录像口供功能的有无，不同国家和地区的讯问录音录像制度模式可以分为权利保障型和权力主导型。权利保障模式更加尊重犯罪嫌疑人的沉默自由和自主选择录音录像的权利，在此模式下，被讯问人供述的自愿性以及肖像权、隐私权等均能够得到充分保障，且录音录像能够发挥口供的功能。权力主导模式以规制侦查讯问行为为目标，赋予侦查讯问方录音录像的决定权，犯罪嫌疑人一旦放弃沉默往往会被强制录音录像，其供述自由和肖像权、隐私权等权益面临被侵害的风险，权力主导模式下录音录像的口供功能被弱化。

我国侦查中的讯问录音录像制度，从其创设初衷和历史沿革来看，主要是围绕侦查讯问这一核心，集中于两个方面发挥其功能。一方面，通过录音录像防范刑讯逼供等违法讯问行为，保证讯问程序的合法性。自古以来，在任何国家或地区的刑事诉讼当中，侦查讯问都存在对犯罪嫌疑人使用酷刑或其他难以忍受的手段，以逼迫其作出供述的现象，这是为现代法律价值和基本人权理念所不能容忍的。讯问录音录像制度的建立，有利于排除刑讯逼供行为，确保讯问过程的合法性，保障犯罪嫌疑人的人权。另一方面，通过全程录音录像的形式客观记录审讯内容，有利于纠正讯问笔录中可能出现的谬误或纰漏，保障讯问笔录的公信力和确定力，并防止犯罪嫌疑人在诉讼的后续阶段中翻供。但是，由于倾向于权力主导模式，加之我国的侦查讯问环境不理想，我国讯问录音录像的口供功能难以发挥，录音录像制度对接受讯问的犯罪嫌疑人的权利保障效果仍有待提升。所以有必要通过相关制度的改革向权利保障模式转型，实现录音录像制度功能的多元化。

**延伸阅读推荐**

董坤：《侦查讯问录音录像制度的功能定位及发展路径》，载《法学研究》2015年第6期，第156－173页。

## 问题4：侦查询问证人、被害人应遵守哪些具体规则？有何区别？

询问证人是指侦查人员依照法律规定的询问程序，以言词的方式向刑事案件的证人了解案件发生的事实情况的一种侦查行为。

依照《刑事诉讼法》的相关规定，询问证人应当遵守如下规则：

（1）侦查人员询问证人，可以在现场进行，也可以到证人所在单位、住处或者证人提出的地点进行，在必要的时候，可以通知证人到人民检察院或者公安机关提供证言。在现场询问证人，应当出示工作证件，到证人所在单位、住处或者证人提出的地点询问证人，应当出示人民检察院或者公安机关的证明文件。

（2）询问证人应当个别进行。

（3）询问证人，应当告知他应当如实地提供证据、证言和有意作伪证或者隐匿罪证要负的法律责任。

（4）询问应当制作笔录。询问笔录记录完毕后应当交证人核对，对于没有阅读能力的，应当向他宣读。如果记载有遗漏或者差错，证人可以提出补充或者改正。证人承认笔录没有错误后，应当签名或者盖章。侦查人员也应当在笔录上签名。证人请求自行书写证言的，应当准许。必要的时候，侦查人员也可以要求证人亲笔书写证言。

询问被害人是指侦查人员依照法定程序，以言词方式向遭受犯罪行为侵害的人就其遭受伤害的相关案件事实进行调查询问的一种侦查行为。我国《刑事诉讼法》规定，询问证人和被害人适用相同的程序。

但是，由于证人与被害人在刑事案件中有着不尽相同的遭遇，犯罪行为对二者权利和心理状态的影响也存在区别，故侦查机关在对二者的询问中应当遵循不同的规范。一方面，由于被害人是直接遭受犯罪侵害的人，在案件中往往与犯罪嫌疑人产生过直接接触，询问被害人可能获得更多犯罪事实和犯罪嫌疑人的相关情况。① 另一方面，犯罪行为对被害人造成的伤害有时不仅是法益的侵害，还可能对其产生心理上的创伤，侦查人员在询问被害人时应当格外注意方式方法，避免对被害人产生心理上的二次伤害。

**延伸阅读推荐**

陈卫东主编：《刑事诉讼法》（第4版），高等教育出版社2022年版。

## 问题5：什么是勘验、检查？其实施对象有哪些？包括哪些具体类型？

刑事诉讼中的勘验、检查是指侦查人员对与犯罪有关的场所、物品、尸体、人身等进行实地勘察和检验，以发现、收集和固定犯罪活动所遗留的各种痕迹和物品的一种侦查活动。勘验、检查的行为主体均为侦查人员，但二者针对的行为对象不同：勘验的行为对象是现场、物品和尸体，检查的行为对象是活人的身体，主要是被害人、犯罪嫌疑人的身体。

根据我国《刑事诉讼法》与《公安规定》的规定，勘验、检查的具体类型包括现场勘查、物证检验、尸体检验、人身检查和侦查实验。现场勘查是侦查人员对发生犯罪的地点或者其他遗留有与犯罪相关的痕迹和物品的场所进行专门调查的一种侦查活动，其任务是查明犯罪现场情况，收集证据，判断案情，为破案提供线索。侦查人员进行现场勘查时人数不得少于二人，必须持有公安机关或者检察机关的证明文件，并邀请与案件无关的公民作为见证人，必要时，可以指派或者聘请具有专门知识的人，在侦查人员的主持下进行勘验、检查。现场勘查应当按照现场勘查规则的要求拍摄现场照片、绘制现场图与制作笔录，侦查人员、参加现场勘查的其他人员和见证人都需要在笔录上签名或者盖章，对于重大案件的现场勘查，还应当录音录像。

物证检验是侦查人员对其在现场收集到的物品和痕迹，利用科学技术原理和设备进行鉴别和判断的一种侦查活动。物证检验在必要时应当指派或聘请拥有专门技术的鉴定人进行鉴定。物证检验应当制作笔录，参加检验的侦查人员、鉴定人与见证人均应在笔录上签名或者盖章。

尸体检验是在侦查人员的主持下，由法医或医师对非正常死亡者的尸体进行检验或者解剖，以确定或判断死亡的时间和原因，致死的工具和手段、方法等，为查明案情提

① 参见陈卫东主编：《刑事诉讼法》（第4版），高等教育出版社2022年版，第243-244页。

供根据的一种侦查活动。尸体检验分为尸表检验和尸体解剖，通过尸表检验不能确定死因的，应当进行尸体解剖。根据《公安规定》第 218 条的规定，对死因不明的尸体，为了确定死因，经县级以上公安机关负责人批准，可以解剖或开棺检验，并通知死者家属到场。尸体检验的情况应当制作笔录，并由侦查人员、法医或者医师签名或盖章。

人身检查是指侦查人员为了确定被害人、犯罪嫌疑人的某些特征、伤害情况或者生理状态，依法对其身体进行检验、查看，提取指纹信息、采取血液、尿液等生物样本的一种侦查活动。人身检查必须由侦查人员进行，必要时也可以在侦查人员的主持下聘请法医或者医师依法进行。犯罪嫌疑人如果拒绝检查，侦查人员认为确有必要可以进行强制检查，但不得对被害人进行强制人身检查。检查妇女的身体应当由女工作人员或者医师进行。人身检查的情况应当制作笔录，并由侦查人员和进行检查的法医或医师签名或盖章。

侦查实验是指在侦查过程中，为了查明案情，验证案件中的某些事实或者情节是否存在或可能发生，按照原有条件实验性地重演的一种侦查活动。作为一种特殊的勘验、检查类型，侦查实验在实施上受到了法律的严格限制，只有在为了查明案情，且确有必要的情况下，经公安机关负责人批准或在人民检察院自侦案件中经检察长批准才可以进行。侦查实验的经过与结果应当制作侦查实验笔录，由参加侦查实验的人签名或者盖章。

**延伸阅读推荐**

宋维彬：《论刑事诉讼中勘验、检查笔录的证据能力》，载《现代法学》2016 年第 2 期，第 174－188 页。

## 问题 6：为什么需要侦查实验？实施侦查实验应遵守哪些规则？

随着科技水平的不断发展，犯罪活动的复杂性与隐蔽性也在上升，刑事诉讼打击犯罪与保障人权的两大基本功能均呼唤刑事侦查活动的现代化、法治化发展，要求侦查手段与侦查水平的不断提高，作为我国刑事诉讼侦查活动中的特殊侦查手段，侦查实验在侦查过程中的重要性与日俱增。[①] 通过侦查实验，侦查人员可以利用科学知识实现犯罪场景复现，在已知事实与证据的基础之上，审查判断现场发生的事件的性质、审查犯罪嫌疑人供述的真伪程度、审查证人证言的真伪、审查辨认结果是否正确等等，有助于确定后续侦查方向，发现未知的侦查线索和信息。在验证办案思路的同时，侦查实验亦发挥着将其所验证的事实固定下来的作用，为案件中的某个现象或行为是否发生提供确定性的结论，以证据而非猜测的形式为后续法院证据裁判提供支持与佐证。

根据我国《刑事诉讼法》、《公安规定》以及《高检规则》的有关规定，实施侦查实验应遵循以下规则：在侦查实验的启动上，只有为了查明案情，在必要的时候，经县级以上公安机关负责人批准或者在人民检察院自侦案件中经检察长批准，才可以实施侦查实验。在侦查实验的限度上，禁止一切足以造成危险、侮辱人格或者有伤风化的行为。在侦查实验的过程中，侦查人员应当全程录音录像，并制作侦查实验笔录，由参加侦查实验的人签名或盖章。同时，《公安机关刑事案件现场勘验检查规则》第 71 条对侦查实

① 参见杨东亮：《侦查实验笔录简论》，载《证据科学》2011 年第 5 期。

验的规则作出了进一步的细化规定："（一）侦查实验一般在发案地点进行，燃烧、爆炸等危险性实验，应当在其他能够确保安全的地点进行；（二）侦查实验的时间、环境条件应当与发案时间、环境条件基本相同；（三）侦查实验使用的工具、材料应当与发案现场一致或者基本一致；必要时，可以使用不同类型的工具或者材料进行对照实验；（四）如条件许可，类同的侦查实验应当进行二次以上；（五）评估实验结果应当考虑到客观环境、条件变化对实验的影响和可能出现的误差；（六）侦查实验，禁止一切足以造成危险、侮辱人格或者有伤风化的行为。"

**延伸阅读推荐**

(1) 张跃兵：《论侦查实验》，载《公安研究》2007年第4期，第60-63页。

(2) 蒋石平：《特殊侦查行为研究》，暨南大学出版社2008年版。

## 问题7：搜查、查封、扣押有哪些具体规范？在实践中存在什么问题？

在我国《刑事诉讼法》中，搜查是指侦查人员为了收集犯罪证据、查获犯罪人，对犯罪嫌疑人以及可能隐藏罪犯或者犯罪证据的人的身体、物品、住处和其他有关的地方依法进行检查的一种侦查活动。搜查既涉及犯罪的有效控制，又与人权保障紧密联系，直接关系到公民的人身自由和住宅不受侵犯的权利，故我国《刑事诉讼法》以及《公安规定》有关条文详细规定了进行搜查所遵循的规则：首先，搜查只能由侦查人员进行，执行搜查的侦查人员不得少于二人。其次，侦查人员进行搜查，必须向被搜查人出示搜查证，只有在执行拘留、逮捕的时候，遇有紧急情况，才可以不使用搜查证进行搜查。根据《公安规定》第224条的规定，紧急情况包括："（一）可能随身携带凶器的；（二）可能隐藏爆炸、剧毒等危险物品的；（三）可能隐匿、毁弃、转移犯罪证据的；（四）可能隐匿其他犯罪嫌疑人的；（五）其他突然发生的紧急情况。"同时，在侦查人员进行搜查的时候应当有被搜查人或者他的家属、邻居或者其他见证人在场。并且，公安机关可以要求有关单位和个人交出可以证明犯罪嫌疑人有罪或者无罪的物证、书证、视听资料等证据。遇到阻碍搜查的，侦查人员可以强制搜查。但搜查妇女的身体，应当由女工作人员进行。另外，搜查的情况应当写成笔录，由侦查人员和被搜查人或者他的家属、邻居或者其他见证人签名或者盖章。如果被搜查人拒绝签名，或者被搜查人在逃，他的家属拒绝签名或者不在场的，侦查人员应当在笔录中注明。

查封、扣押在我国《刑事诉讼法》中是指侦查人员依法强制封存、截留或保留某人或者某单位所持有的与案件有关的物品、文件的一种侦查活动。作为一种具有强制性的侦查活动，我国《刑事诉讼法》以及《公安规定》同样详细规定了查封、扣押进行的具体规则：第一，在侦查过程中需要扣押财物、文件的应当经办案部门负责人批准，制作扣押决定书；在现场勘查或者搜查中需要扣押财物、文件的，由现场指挥人员决定；但扣押财物、文件价值较高或者可能严重影响正常生产经营的，应当经县级以上公安机关负责人批准，制作扣押决定书；在侦查过程中需要查封土地、房屋等不动产，或者船舶、航空器以及其他不宜移动的大型机器、设备等特定动产的，应当经县级以上公安机关负责人批准并制作查封决定书。第二，查封、扣押的范围仅限于与犯罪活动有关的财物、文件，与案件无关的财物、文件，不得查封、扣押。持有人拒绝交出应当查封、扣押的财物、文件的，公安机关可以强制查封、扣押。第三，对查封、扣押的财物、文件，侦查机关应当妥善保管或者封存，不得使用、调换或者损毁。在侦查期间，对于易损毁、灭失、腐烂、变质而不宜长期保存，或者难以保管的物品，经县级以上公安机关主要负责人批准，可以在拍照或者录音录像后委托有关部门变卖、拍卖，变卖、拍卖的价款暂予保存，待诉讼终结后一并处理。对于违禁品，应当依照国家有关规定处理；需要作为证据使用的，应当在诉讼终结后处理。第四，侦查人员认为需要扣押犯罪嫌疑人的邮件、电报的时候，经公安机关或者人民检察院批准，即可通知邮电机关将有关的邮件、电报检交扣押。不需要继续扣押的时候，应立即通知邮电机关。第五，人民检察院、公安机关根据侦查犯罪的需要，可以依照规定查询、冻结犯罪嫌疑人的存款、汇款、债券、股票、基金份额等财产。有关单位和个人应当配合。但犯罪嫌疑人的上述财产已被冻结的，不得重复冻结。第六，对查封、扣押的财物、文件、邮件、电报或者冻结的存款、汇款、债券、股票、基金份额等财产，经查明确实与案件无关的，应当在 3 日以内解除查封、扣押、冻结，予以退还。

搜查与查封、扣押因关涉公民的人身权、住宅权、财产权等宪法性权利，从而使完善相关法律规定成为我国进一步加强刑事法治人权保障的重要任务之一。我国虽然已经对搜查与查封、扣押中公权力的行使设置了诸多约束，但在实践中仍然存在一些问题：首先，我国《宪法》虽然明确规定了禁止非法搜查以及禁止非法侵入公民住宅，即任意的、不合理的搜查与查封、扣押均属于被宪法禁止的行为，但问题的关键在于如何界定“任意的、不合理的搜查与查封、扣押”。尽管我国刑事诉讼明文规定搜查必须出示搜查证，但搜查证的签发主体为侦查机关，由于对签发搜查证启动搜查这一行为是否合法缺乏中立的司法监督审查，很可能对公民的宪法性权利造成侵害。[①] 其次，我国现行立法缺乏对搜查、扣押时空范围的限制，侦查人员拥有较大的自由裁量权。同时，当前我国规制电子搜查、扣押的立法尚不完善。随着科技的发展和网络犯罪的复杂化，运用技术手段收集电子数据的行为屡见不鲜，但我国传统搜查制度所规制的对象仅限于电子数据存储介质这种有体物的搜查、扣押，对电子数据这种无体物的搜查、扣押程序则存在立法空白，难以对侦查机关的行为进行有效限制。[②] 另外，公民宪法性权利受侵犯后的救济途径规定粗疏。我国《刑事诉讼法》仅规定“对与案件无关的财物采取查封、扣押、冻结措施的，可以向有权机关申诉或控告”，除此之外没有对非法搜查扣押行为侵犯公民权利如何制裁与公民救济手段进行详细规定，在人权保障方面存在不足。[③]

**延伸阅读推荐**

（1）林钰雄：《搜索扣押注释书》，元照出版公司 2001 年版。

（2）吴宏耀：《刑事搜查扣押与私有财产权利保障——美国博伊德案的启示》，载《东方法学》2010 年第 3 期，第 140－143 页。

---

① 参见王弘宁：《我国搜查与扣押制度的完善——从中美搜查与扣押制度比较研究谈起》，载《法学杂志》2016 年第 7 期。

② 参见骆绪刚：《电子数据搜查扣押程序的立法建构》，载《政治与法律》2015 年第 6 期。

③ 参见王秋玲：《刑事搜查扣押中的被追诉人财产权保障与非法证据排除》，载《法学杂志》2019 年第 4 期。

## 问题8：鉴定是为了解决刑事诉讼的何种问题？侦查中的鉴定与其他司法鉴定有何区别？

刑事诉讼中的鉴定是就案件中某些专门性问题，由侦查机关指派或者聘请具有专门知识的人，进行科学鉴别和判断并作出鉴定意见的一种侦查活动。鉴定所解决的某些专门性问题，一般是指需要相关领域内行人利用所掌握的知识、技术或经验来解决的问题。但并非实践中所有的专门性问题都会成为鉴定的对象，“未经法律认可的专门性问题尽管与案件有关，但由于现代科学技术方法尚不能对鉴定对象的本质加以科学的认识，其鉴定结论不能作为证据使用”①。具体来说，鉴定所解决的专业性问题通常包括：刑事技术问题、人身伤害判断、司法精神病学问题、扣押物的价格判断、毒物毒品问题、会计相关问题与其他涉及工业、运输、建筑等一般技术问题。而刑事案件的一般问题或者法律问题则由侦查人员进行分析判断，不属于鉴定所解决的专门性问题。

我国的司法鉴定在广义上是指在诉讼过程中，对案件中的专门性问题，由当事人申请，司法机关或者准司法机关决定，或者由司法机关主动决定，指派或者聘请具有专门知识的人，运用专门的技术方法，对专门性问题作出科学判断的活动。侦查中的鉴定与其他类型的司法鉴定相比，在以下方面有所不同：第一，二者在性质上存在不同。侦查中的鉴定专属于侦查阶段，在性质上属于一种侦查行为；而其他司法鉴定，例如民事诉讼庭审阶段的鉴定，是按诉讼法所规定的程序进行的证据调查活动。第二，二者实施的主体不同。侦查中的鉴定实施主体是侦查机关的鉴定人员，履行的是侦查机关的侦查职能，其存在明显的封闭性，绝大多数刑事鉴定意见是由侦查机关内部的鉴定机构作出，呈现出“侦鉴一体”的样态，社会性质的鉴定机构发挥的作用较小。② 而其他司法鉴定活动可以由依法取得司法鉴定资格的司法鉴定人实施，面向社会服务的鉴定机构在其中发挥重要作用。第三，二者的作用不同。侦查中的鉴定旨在为查找和认定犯罪嫌疑人提供线索依据，因后续程序阻隔其结果不一定可以直接作为定案依据。如果作为证据使用，需要经过法定的诉讼程序。而其他司法鉴定主要是为审判中认定案件事实提供证据，符合法定要件和要求即可作为法定证据，具有相应证据能力。

**延伸阅读推荐**

陈邦达：《司法鉴定基本问题研究：以刑诉法司法鉴定条款实施情况为侧重点》，法律出版社2016年版。

## 问题9：什么是通缉？其主体、对象、程序分别有什么要求？通缉与强制措施有何区别？

通缉是指公安机关以发布通缉令的方式通令缉拿应当逮捕而在逃的犯罪嫌疑人以及越狱逃跑的被告人或者罪犯的一种侦查活动。根据《刑事诉讼法》、《公安规定》以及《高检规则》的有关规定，通缉的执行主体仅包括公安机关，只有公安机关有权发布通缉

---

① 何家弘：《司法鉴定概论》，北京大学出版社2002年版，第1页。

② 参见汪建成：《中国刑事司法鉴定制度实证调研报告》，载《中外法学》2010年第2期。

令。在人民检察院自侦案件中，检察长批准逮捕之后，人民检察院应当将通缉通知书和通缉对象的照片、身份、特征、案情简况送达公安机关，由公安机关发布通缉令，追捕归案。此外，我国《监察法》规定，监察委员会在调查案件过程中，需要追捕被调查人的，应当在依法作出通缉决定后交由公安机关发布通缉令。

通缉的对象包括应当逮捕而在逃的犯罪嫌疑人以及越狱逃跑的被告人或者罪犯。通缉应当按照以下程序进行：第一，由县级以上公安机关负责人批准通缉或者监察委员会决定通缉，以及在人民检察院自侦案件中，应当逮捕的犯罪嫌疑人在逃，或者已被逮捕的犯罪嫌疑人脱逃的，经检察长批准，也可以通缉。第二，由公安机关制作通缉令。通缉令中应当尽可能写明被通缉人的姓名、别名、曾用名、绰号、性别、年龄、民族、籍贯、出生地、户籍所在地、居住地、职业、身份证号码、衣着和体貌特征、口音、行为习惯，并附被通缉人近期照片，可以附指纹及其他物证的照片。除必须保密的事项以外，应当写明发案的时间、地点和简要案情。第三，由公安机关发布通缉令。县级以上公安机关在自己管辖的地区内，可以直接发布通缉令；在超出自己管辖的地区，应当报请有权决定的上级公安机关发布。而通缉令的发送范围，由签发通缉令的公安机关负责人决定。在通缉令发出之后，如果发现新的重要情况可以补发通报。通报必须注明原通缉令的编号和日期。同时，为发现重大犯罪线索，追缴涉案财物、证据，查获犯罪嫌疑人，必要时，经县级以上公安机关负责人批准，可以发布悬赏通告。悬赏通告应当写明悬赏对象的基本情况和赏金的具体数额。第四，公安机关接到通缉令后，应当及时布置查缉。抓获犯罪嫌疑人后，报经县级以上公安机关负责人批准，凭通缉令或者相关法律文书羁押，并通知通缉令发布机关进行核实，办理交接手续。经核实，犯罪嫌疑人已经自动投案、被击毙或者被抓获，以及发现有其他不需要采取通缉、边控、悬赏通告的情形的，发布机关应当在原通缉、通知、通告范围内，撤销通缉令、边控通知、悬赏通告。

在刑事诉讼中，保证犯罪嫌疑人、被告人到庭接受审判是刑事审判活动顺利进行的前提，那么必然要在审前实现对犯罪嫌疑人、被告人的发现与保全。因此，刑事侦查活动的第一个目标，就是查获犯罪嫌疑人、被告人。通缉作为侦查机关采取的一种强制性侦查措施，其目的在于快捷地对在逃犯罪嫌疑人、被告人及罪犯予以擒获。[①] 而我国刑事诉讼中的强制措施则是通过对犯罪嫌疑人、被告人人身自由进行暂时性剥夺和限制来保证刑事诉讼顺利进行的。通缉过程中并没有实现对犯罪嫌疑人、被告人人身自由的直接限制，而是通过发布通缉令与布置查缉等方法查获犯罪嫌疑人、被告人，为后续强制措施的适用创造条件。此外，强制措施是一种事前预防性措施，是为了防止犯罪嫌疑人、被告人逃避侦查、起诉和审判，通缉则更倾向于一种事后恢复性手段，即在犯罪嫌疑人、被告人逃避侦查、起诉和审判的情形现实发生之后，借由通缉来重新实现对犯罪嫌疑人、被告人的控制，恢复刑事诉讼活动的应然秩序。故通缉作为侦查活动，在对人身自由的限制程度与具体适用的时间阶段上均不同于强制措施。

**延伸阅读推荐**

（1）王秋杰：《困境与完善：论我国通缉制度》，载《法学杂志》2012 年第 11 期，

① 参见吴秋元：《我国通缉制度的程序设置及完善》，载《甘肃社会科学》2016 年第 6 期。

第149-153页。

（2）吴秋元：《中国通缉制度的理论与实务研究》，人民日报出版社2016年版。

## 问题10：技术侦查包括哪些措施？其实施流程如何？

技术侦查是指侦查机关为了侦破特定的刑事案件，根据国家有关规定，经过严格审批程序，运用各种技术装备确定犯罪嫌疑人和获取案件证据的秘密侦查活动，其适用对象是犯罪嫌疑人、被告人以及与犯罪活动直接关联的人员，具体措施包括记录监控、行踪监控、通信监控、场所监控等。

作为一种特殊的侦查活动，我国《刑事诉讼法》、《公安规定》以及《高检规则》对技术侦查的实施流程进行了详细的规定：第一，仅有侦查机关及人民检察院可以采取技术侦查措施，其他任何机关、团体、个人均无权采取技术侦查措施。公安机关需要采取技术侦查措施的，应当制作呈请采取技术侦查措施报告书，报设区的市一级以上公安机关负责人批准，制作采取技术侦查措施决定书。人民检察院等部门决定采取技术侦查措施，交公安机关执行的，由设区的市一级以上公安机关按照规定办理相关手续后，交负责技术侦查的部门执行，并将执行情况通知人民检察院等部门。第二，技术侦查的适用范围仅限于公安机关办理危害国家安全犯罪、恐怖活动犯罪、黑社会性质的组织犯罪、重大毒品犯罪、其他严重危害社会的犯罪案件或者人民检察院办理利用职权实施的严重侵犯公民人身权利的重大犯罪案件以及追捕被通缉或者批准、决定逮捕的在逃的犯罪嫌疑人、被告人。第三，技术侦查措施的适用需要严格批准，批准决定应当根据侦查犯罪的需要，确定采取技术侦查措施的种类和适用对象。批准决定自签发之日起3个月以内有效。在有效期限内，对不需要继续采取技术侦查措施的，办案部门应当立即书面通知负责技术侦查的部门解除技术侦查措施；负责技术侦查的部门认为需要解除技术侦查措施的，报批准机关负责人批准，制作解除技术侦查措施决定书，并及时通知办案部门。对复杂、疑难案件，采取技术侦查措施的有效期限届满仍需要继续采取技术侦查措施的，经负责技术侦查的部门审核后，报批准机关负责人批准，制作延长技术侦查措施期限决定书。批准延长期限，每次不得超过3个月。有效期限届满，负责技术侦查的部门应当立即解除技术侦查措施。第四，在技术侦查的执行过程中，侦查人员必须严格按照批准的措施种类、适用对象和期限执行。在有效期限内，需要变更技术侦查措施种类或者适用对象的，应当按照有关规定重新办理批准手续。侦查人员对采取技术侦查措施过程中知悉的国家秘密、商业秘密和个人隐私，应当保密；对采取技术侦查措施获取的与案件无关的材料，必须及时销毁。侦查人员采取技术侦查措施获取的材料，只能用于对犯罪的侦查、起诉和审判，不得用于其他用途。公安机关依法采取技术侦查措施，有关单位和个人应当配合，并对有关情况予以保密。

**延伸阅读推荐**

（1）宋英辉：《刑事程序中的技术侦查研究》，载《法学研究》2000年第3期，第73-86页。

（2）程雷：《论检察机关的技术侦查权》，载《政法论丛》2011年第5期，第95-100页。

（3）谢登科：《论技术侦查中的隐私权保护》，载《法学论坛》2016 年第 3 期，第 32 - 40 页。

## 问题 11：什么是诱惑侦查？其与控制下交付的边界何在？

我国《刑事诉讼法》第 153 条第 1 款规定："为了查明案情，在必要的时候，经公安机关负责人决定，可以由有关人员隐匿其身份实施侦查。但是，不得诱使他人犯罪，不得采用可能危害公共安全或者发生重大人身危险的方法。"上述规定中的侦查活动一般被称为秘密侦查，是指公安机关基于侦查的必要性，指派有关人员隐匿身份进行的侦查活动。诱惑侦查属于秘密侦查的表现形式之一，具体是指侦查人员隐匿身份，设下圈套暗示或引诱犯罪嫌疑人暴露犯罪意图并实施犯罪行为从而拘捕犯罪嫌疑人的侦查措施。在理论上，诱惑侦查又可以进一步分为"犯意诱发型"诱惑侦查与"机会提供型"诱惑侦查，学界通说认为"机会提供型"诱惑侦查是合法的秘密侦查措施，而"犯意诱发型"诱惑侦查则为我国法律所禁止。

我国《刑事诉讼法》第 153 条第 2 款则规定了另一种特殊侦查措施，即控制下交付。控制下交付是指侦查机关在发现非法或可疑交易的物品后，在对物品进行秘密监控的情况下，允许非法或可疑物品继续流转，从而查明参与犯罪的人员，彻底查明该案的一种侦查措施。诱惑侦查与控制下交付虽然均属于特殊性侦查措施，但其在基本行为方式、适用案件类型与适用对象等方面存在明显差别。首先，在基本行为方式上，诱惑侦查强调"欺骗性"，控制下交付强调"监控性"，这也是二者的本质差别。诱惑侦查的实施基本沿着"诱惑嫌疑对象→嫌疑对象实施犯罪→抓捕嫌疑对象"的流程来进行，以策略性欺骗为侦查活动进行的核心。而控制下交付的进行模式则属于"发现违禁品→监控违禁品流转→抓捕接货人→深挖犯罪"[①]，以监视和控制物品的流转作为侦查活动进行的关键，在本质上可以被归入技术侦查的范畴，并不围绕欺骗而展开。[②] 其次，在适用案件类型上，诱惑侦查针对"未然犯罪"，即尚未现实发生，但在一定条件作用下必然或大概率发生的犯罪。而控制下交付则针对"已然犯罪"，即某些犯罪行为已经开始实施，相关法律已经被违反，侦查人员只是对其后续发展进行监视与控制。[③] 最后，在适用对象上，诱惑侦查通常直接针对犯罪嫌疑人本身的活动，而控制下交付则针对物品的流转进行监控。

**延伸阅读推荐**

（1）程雷：《诱惑侦查的程序控制》，载《法学研究》2015 年第 1 期，第 154 - 169 页。

（2）陈学权：《程序法视野中的控制下交付》，载《西北大学学报（哲学社会科学版）》2012 年第 2 期，第 65 - 70 页。

---

① 邓立军：《控制下交付与诱惑侦查的边界及其勘定》，载《法学评论》2016 年第 6 期。

② 参见程雷：《刑事诉讼法〈修正案〉中的隐藏身份实施侦查与控制下交付》，载《中国检察官》2012 年第 7 期。

③ 参见王国民：《控制下交付研究》，中国检察出版社 2011 年版，第 12 页。

# 第三节　其他规定

## 问题1：侦查终结须满足哪些条件？

根据我国《刑事诉讼法》第162条的规定，侦查终结的案件需要满足以下条件：第一，案件事实已经查清，这是侦查终结的事实条件。具体是指犯罪人、犯罪时间和地点、犯罪动机和目的、犯罪手段、犯罪后果都已经查清，并且没有遗漏罪行和其他应当追究刑事责任的人。第二，证据确实、充分，这是侦查终结的证据条件。根据我国《刑事诉讼法》第55条的要求，"证据确实、充分"应当符合以下条件："（一）定罪量刑的事实都有证据证明；（二）据以定案的证据均经法定程序查证属实；（三）综合全案证据，对所认定事实已排除合理怀疑。"第三，法律手续完备，这是侦查终结的程序条件。即侦查机关所采取的专门侦查活动和有关强制性侦查措施的各种法律文书及其审批、签字、盖章等手续均齐全完整，符合法律规定。

在我国刑事诉讼立法中，"证据确实、充分"这一证据标准不仅被规定在侦查终结阶段，也同样被规定在后续审判环节。从形式上看，各诉讼阶段的证据标准相同，侦查终结时确定的证据标准在后续程序中并不发生变化，但实质上"证据确实、充分"的具体内涵在侦查终结阶段与审判阶段并不相同。侦查终结时所认定的"证据确实、充分"是由侦查机关单方进行判断的，属于侦查人员自向证明而非他向证明，这一司法证明机制的缺乏使得通过侦查阶段达到的法定证据标准并不属于证明标准的范畴，具有较强的主观性，只能为法庭上的司法活动提供证据支持，无法作为定罪量刑的直接依据。[①] 而在庭审活动中，因控辩审三方均参与到证据调查之中，由控辩审三方共同对证据的争议焦点作出评价、达成共识，故审判阶段的"证据确实、充分"是通过完备的庭审证明程序构建起来的，更加客观公正，对案件事实的支持力度更强。

**延伸阅读推荐**

陈学权：《论侦查终结、提起公诉与审判定罪证据标准的同一——以审判中心主义为视角》，载《苏州大学学报（哲学社会科学版）》2017年第2期，第57-65页。

## 问题2：《刑事诉讼法》对侦查中的羁押期限有哪些规定？最长可达多久？

侦查中的羁押期限是指犯罪嫌疑人在侦查过程中从被逮捕到侦查终结的期限，我国《刑事诉讼法》规定了一般案件的侦查羁押期限、特殊案件的侦查羁押期限、侦查羁押期限的重新计算以及不计入侦查羁押期限的情况。在一般案件之中，对犯罪嫌疑人逮捕后的侦查羁押期限不得超过2个月。而针对不同类型的特殊案件，《刑事诉讼法》作出了更为具体的规定：第一，根据《刑事诉讼法》第156条的规定，案情复杂、两个月期限届满不能侦查终结的案件，可以经上一级人民检察院批准延长一个月。第二，根据《刑事诉讼法》第157条的规定，因为特殊原因，在较长时间内不宜交付审判的特别重大复杂的案件，由最高人民检察院报请全国人民代表大会常务委员会批准延期审理。第三，根

① 参见陈瑞华：《刑事证据法》，北京大学出版社2021年版，第433页。

据《刑事诉讼法》第 158 条的规定，对于交通十分不便的边远地区的重大复杂案件、重大的犯罪集团案件、流窜作案的重大复杂案件以及犯罪涉及面广，取证困难的重大复杂案件，在《刑事诉讼法》第 156 条规定的期限届满时仍不能侦查终结的，经省、自治区、直辖市人民检察院批准或者决定，侦查期限可以延长两个月。第四，根据《刑事诉讼法》第 159 条的规定，对犯罪嫌疑人可能判处 10 年有期徒刑以上刑罚，依照《刑事诉讼法》第 158 条规定延长期限届满，仍不能侦查终结的，经省、自治区、直辖市人民检察院批准或者决定，可以再延长两个月。

《刑事诉讼法》也规定了羁押期限的重新计算的情况：一是，在侦查期间中发现犯罪嫌疑人另有重要罪行的，自发现之日起依照《刑事诉讼法》第 156 条的规定重新计算侦查羁押期限。二是，犯罪嫌疑人不讲真实姓名、住址，身份不明的，侦查羁押期限自查清其身份之日起计算，但在此期间不得停止对其犯罪行为的侦查取证。对于犯罪事实清楚，证据确实、充分，确实无法查明其身份的，也可以按其自报的姓名起诉、审判。此外，《刑事诉讼法》规定对被羁押的犯罪嫌疑人作精神病鉴定的期间不计入侦查羁押期限，其他鉴定期间则应当计入侦查羁押期限。对于因鉴定时间较长，办案期限届满仍不能终结的案件，自期限届满之日起，应当对被羁押的犯罪嫌疑人变更强制措施。

根据上述规定，对于一个特殊案件来说，若其同时满足《刑事诉讼法》第 156、158、159 条所规定的情况，其侦查羁押期限累计最长可达 7 个月。然而，若在此之外存在特殊事由导致侦查羁押期限重新计算，或者属于《刑事诉讼法》第 157 条因延期审理导致侦查无法终结的情况，其侦查羁押期限随之延长，并无明确上限。

**延伸阅读推荐**

(1) 陈光中、路旸：《我国逮捕与羁押制度改革若干问题探讨》，载《中国法学》2023 年第 5 期，第 5－26 页。

(2) 左卫民、马静华：《侦查羁押制度：问题与出路——从查证保障功能角度分析》，载《清华法学》2007 年第 2 期，第 65－87 页。

## 问题 3：补充侦查包括哪些类型？其具体程序如何？

补充侦查是指公安机关和人民检察院依照法定程序，在原有侦查工作的基础上继续补充收集证据的一种侦查活动，通常适用于事实不清、证据不足或者遗漏罪行、遗漏同案犯罪嫌疑人的案件。补充侦查具体类型包括：审查批捕阶段的补充侦查、审查起诉阶段的补充侦查以及法庭审理阶段的补充侦查。

审查批捕阶段的补充侦查是附属于人民检察院作出的不批准逮捕决定的，根据《刑事诉讼法》第 90 条规定，人民检察院对于公安机关提请批准逮捕的案件进行审查后，对于不批准逮捕的，人民检察院应当说明理由，需要补充侦查的，应当同时通知公安机关。在这一阶段，人民检察院在决定补充侦查时应当交由公安机关进行补充侦查，不得自行侦查。根据《公安规定》第 138 条的规定，对于人民检察院不批准逮捕并通知补充侦查的，公安机关应当按照人民检察院补充侦查提纲的要求补充侦查。公安机关补充侦查完毕，认为符合逮捕条件的，应当重新提请批准逮捕。

审查起诉阶段的补充侦查是在人民检察院在审查案件之后决定的。根据《刑事诉讼法》第175条的规定，这一阶段的补充侦查既可以由公安机关进行，也可以由人民检察院自行补充侦查。但无论由公安机关进行，还是由人民检察院进行，补充侦查都应当在一个月内完成，并以二次为限，对于二次补充侦查的案件，人民检察院仍认为证据不足，不符合起诉条件的，应当作出不起诉的决定。

法庭审理阶段的补充侦查包括检察人员主动建议退回补充侦查和人民法院建议补充侦查。根据《刑事诉讼法》第204、205条的规定，在法庭审判过程中，检察人员发现提起公诉的案件需要补充侦查，提出建议，影响审判进行的，案件可以延期审理。检察人员主动建议退回补充侦查的案件，人民检察院应当在一个月以内补充侦查完毕。同时，根据《高法解释》第277条第2款的规定，审判期间，被告人提出新的立功线索的，人民法院可以建议人民检察院补充侦查。但是，法院仅能就补充侦查提出建议，法庭审理阶段补充侦查的决定权专属于人民检察院。此外，这一阶段的补充侦查一般由人民检察院自行侦查，必要时可以要求公安机关协助。

**延伸阅读推荐**

（1）黄烨：《论补充侦查制度》，载《中国刑事法杂志》2005年第4期，第62－66页。

（2）韩旭：《庭审阶段补充侦查制度合理性省思——以审判中心主义为背景》，载《法商研究》2022年第1期，第71－84页。

## 问题4：侦查活动受检察机关监督，侦查监督具体包括哪些内容？

侦查监督是指人民检察院依法对侦查机关和侦查人员的侦查活动是否合法进行的监督。我国侦查监督具体包括三个方面的内容，即批准逮捕、审查起诉和对具体侦查活动的监督。

人民检察院批准逮捕是人民检察院侦查监督权的重要组成部分，人民检察院通过审查批准逮捕，监督公安机关严格依法执行逮捕的条件和程序。公安机关要求逮捕犯罪嫌疑人的时候，应当写出提请批准逮捕书，连同案卷材料、证据，一并移送同级人民检察院审查批准。人民检察院对于公安机关提请批准逮捕的案件进行审查后，应当根据情况分别作出批准逮捕或者不批准逮捕的决定。

人民检察院审查起诉是依法对公安机关认定的犯罪事实和证据、犯罪性质以及适用法律等进行审查核实并作出处理决定的诉讼活动。人民检察院经审查起诉，认为移送起诉的案件证据不足的，人民检察院可以要求公安机关补充侦查或者采用自行侦查的方式弥补案件疏漏。

人民检察院依法对公安机关的具体侦查活动是否合法实行法律监督，包括发现和纠正以下违法侦查行为：（1）采用刑讯逼供以及其他非法方法收集犯罪嫌疑人供述的；（2）讯问犯罪嫌疑人依法应当录音或者录像而没有录音或者录像，或者未在法定羁押场所讯问犯罪嫌疑人的；（3）采用暴力、威胁以及非法限制人身自由等非法方法收集证人证言、被害人陈述，或者以暴力、威胁等方法阻止证人作证或者指使他人作伪证的；（4）伪造、隐匿、销毁、调换、私自涂改证据，或者帮助当事人毁灭、伪造证据的；（5）违反刑事诉讼法关于决定、执行、变更、撤销强制措施的规定，或者强制措施法定期限届满，不予释放、解除或者变更的；（6）应当退还取保候审保证金不退还的；（7）违反刑事诉讼法关于讯问、询问、勘验、检查、搜查、鉴定、采取技术侦查措施等规定的；（8）对与案件无关的财物采取查封、扣押、冻结措施，或者应当解除查封、扣押、冻结而不解除的；（9）贪污、挪用、私分、调换、违反规定使用查封、扣押、冻结的财物及其孳息的；（10）不应当撤案而撤案的；（11）侦查人员应当回避而不回避的；（12）依法应当告知犯罪嫌疑人诉讼权利而不告知，影响犯罪嫌疑人行使诉讼权利的；（13）对犯罪嫌疑人拘留、逮捕、指定居所监视居住后依法应当通知家属而未通知的；（14）阻碍当事人、辩护人、诉讼代理人、值班律师依法行使诉讼权利的；（15）应当对证据收集的合法性出具说明或者提供证明材料而不出具、不提供的；（16）侦查活动中的其他违反法律规定的行为。

**延伸阅读推荐**

（1）最高人民检察院侦查监督厅编：《侦查监督办案规范手册》，中国检察出版社2018年版。

（2）林喜芬：《公检侦查监督与协作配合机制改革与前瞻》，载《国家检察官学院学报》2023年第5期，第58-76页。

## 问题5：刑事诉讼实践中存在的“侦查中心主义”有哪些表现？

一般认为，诉讼运行的机理应当是由控方就其与辩方的纠纷向中立的裁判者提起诉讼，控辩双方在审理过程中充分表达自己的主张和观点并提供相应的证据予以支撑，裁判者在听审后基于理性判断作出公正的裁决。刑事诉讼亦当如是，审判机关在对行为人犯罪与否和罪行轻重的认定中，应当处于绝对的中心地位。但是在我国的刑事诉讼当中，侦查处在刑事诉讼的中心地位，侦查机关的侦查结果往往决定着刑事诉讼程序的后续发展走向，审查起诉和审判在很大程度上沦为对侦查结论的形式审查。这种畸形刑事诉讼职能分配和诉讼运作模式，即学术界所称的“侦查中心主义”。依照我国宪法和法律“分工负责，互相配合，互相制约”的要求，刑事诉讼程序被切割成侦查、审查起诉、审判三个阶段，承担国家犯罪追诉职能的公安、检察院、法院三家机关在刑事诉讼中分别承担侦查、公诉、审判的任务，三个机关在各自负责的阶段中发挥主导作用，形成“流水线”作业的运行模式。与理想化的诉讼构造相比，我国的刑事诉讼构造设计过分扩大侦查机关的权限，事实上弱化了法院在刑事案件中发挥的作用。在公安机关主导侦查程序，违法侦查行为不受司法制约且后续的检察、审判环节又难以发挥实质作用的情况下，公安机关的错误侦查结论很难得到有效的审查和纠正。[①]

以下列举一部分实践中呈现出的“侦查中心主义”问题：

第一，过分重视侦查阶段的案卷文本，法院庭审功能被严重削弱。侦查是我国刑事诉讼程序中的第一个阶段，侦查机关的侦查结论在实务中往往对案件起着“定调子”的作用。侦查机关在侦查阶段收集到的证据材料将随案移交给公诉机关和审判机关，在以往很长的一段时间内，法院的开庭审理呈现出纯粹的“案卷审理”的状态，法官在庭审

① 参见陈卫东：《推进由“侦查中心”向“审判中心”转变的刑事诉讼程序改革》，载《人民论坛》2019年第29期。

中仅仅对侦查产生的以文本形式呈现的被害人陈述、证人证言、鉴定意见等案卷材料进行再次确认，被告人以外的案件相关人员并不会轻易到庭参与质证，案件事实无法得到有效的实质化审查。如此刑事诉讼运行状态在实践当中呈现出的主要后果便是审判机关在刑事案件中发生司法误判，法院对犯罪嫌疑人进行不适当的定罪量刑，甚至产生冤假错案，损害国家司法公信力。近年来，国家将“以审判为中心的诉讼制度改革”作为司法改革的重点方向，并陆续出台了一些改革意见和措施。但此类意见仅仅是重申现行刑事诉讼法所确立的一些理念和制度，根本不足以撼动长期存在的侦查中心主义构造。①

第二，对犯罪嫌疑人的审前羁押制度存在诸多问题。审前羁押是指国家追诉机关在刑事诉讼中出于查明事实、收集证据，保障刑事诉讼顺利进行的需要，依照法律规定和法定程序在一定期限内对涉嫌犯罪的公民的人身自由进行限制或剥夺的强制处分。审前羁押是一种严重损害公民权益的行为。在法院判决生效前，犯罪嫌疑人的刑事犯罪事实和刑事责任尚处于未定的状态，原则上不应当将为惩罚犯罪者而设计的国家强力施加在尚未被定罪的人身上。但侦查机关承担的是国家追诉犯罪的职能，其工作往往带有排除行为人行为合法性的目标，故侦查机关具有实施审前羁押的高度倾向性。诚然实践中存在确实需要适用审前羁押的特殊情况，但在此类情形中审前羁押的启动和行使程序也需要由法律进行严格约束。国外的审前羁押一般须遵循“法官保留原则”和“令状原则”，然而在我国“侦查中心主义”的构造之下，对审前羁押的启动和羁押期限进行限制的理念并未在刑事诉讼制度和追诉活动中得到良好实现。

在拘留的问题上，在其他国家和地区，拘留通常被认为是逮捕的预先措施，其目的仅仅是在侦查机关获得逮捕令之前对需要逮捕的人进行临时性的人身自由限制，因此在期限设置上不宜将拘留过分延长。在我国，公安机关有权自行对犯罪嫌疑人实施刑事拘留，其期限最长可达 37 天，而刑法当中规定的拘役刑的起刑也仅为 1 个月，侦查机关对尚未定罪的人采取的拘留已构成实质上的“羁押”，这有违拘留制度在刑事诉讼中的目的。

在逮捕的问题上，在其他国家和地区通常遵循法官保留原则，由中立的裁判机关对是否需要逮捕进行审查和批准，以防止刑事诉讼追诉一方滥用权力侵损公民权益。而我国一般刑事案件的逮捕程序为，由侦查机关提出申请，检察院进行审批后交侦查机关执行。侦查机关与公诉机关同属刑事诉讼的追诉一方，二者在证明行为人存在犯罪事实的目标上存在利益的一致性，故难以期待检察院在审查逮捕的过程中作出公正合理的判断，现实中也实际存在一些不合理逮捕的现象。

第三，刑事案件“侦破”制度的不合理存在。依“无罪推定”的理念，公民只有在法院的有罪判决生效后才获得犯罪人的身份，在刑事诉讼进行过程中，犯罪嫌疑人或被告人不应当被施以罪犯的待遇。但在我国一般观念中，犯罪嫌疑人被提请逮捕即意味着侦查机关收集到了较为充分的有罪证据，案件“告破”。侦查机关在“侦破”部分社会影响重大的案件后，常常举行新闻发布会向社会展示工作成果，或举办“庆功会”对案件的侦查人员进行嘉奖，这也同时意味着这些案件中的犯罪嫌疑人在不精通法律的公民面前被打上了“罪犯”的标签。“侦破”制度是“以侦查为中心”的固有思想的产物，同时

① 参见陈瑞华：《论侦查中心主义》，载《政法论坛》2017 年第 2 期。

其存在本身也是对“侦查中心主义”的肯定与强化，这一制度对法院在案件中客观公正地行使国家刑罚权产生了多重阻碍。其一，在我国历史中长期存在的“侦破”制度使公民对刑事诉讼本质的理解产生偏差，即便是国家司法机关的工作人员也难以摆脱其桎梏，法官在实际工作中常常将侦查机关的侦查结果作为刑事诉讼的实质结论，并在工作中失去客观公正的内心立场。其二，“侦破”制度存在引导社会舆论、放大社会公众情绪的效果，在重大案件中侦查机关将侦查内容细节以及侦查结论向社会发布后，被激起的公众情绪将难以控制地蔓延，势必会在诉讼的后续阶段给司法工作人员施加非案件来源的压力。其三，“侦破”制度往往附带着强烈的政治因素。在刑事案件中作出重要贡献的侦查人员可能受到立功嘉奖，这种嘉奖由于发生在侦查阶段，再加上主流新闻媒体的渲染，党政、人大、政协负责人以及公检法三机关负责人的亲自参与，容易给检察机关和法院造成另一种强大的政治压力。于是，侦查机关通过公开立功受奖制度，不仅绑架了检察机关，而且对法院造成一种挟持状态。①

**延伸阅读推荐**

（1）陈瑞华：《论侦查中心主义》，载《政法论坛》2017年第2期，第3－19页。

（2）秦宗文：《“侦查重心主义”研究——对“以审判为中心”诉讼制度改革的反思与拓展》，载《四川大学学报（哲学社会科学版）》2017年第3期，第141－152页。

## 本章课后演练

**（一）不定项选择题**

1. 在侦查过程中，下列哪些行为违反我国刑事诉讼法的规定？（　　）

A. 侦查人员拒绝律师讯问时在场的要求

B. 公安机关变更逮捕措施，没有通知原批准的检察院

C. 公安机关认为检察院不批准逮捕的决定有错误，提出复议前继续拘留犯罪嫌疑人

D. 侦查机关未告知犯罪嫌疑人家属指定居所监视居住的理由和处所

2. 关于补充侦查，下列哪些选项是正确的？（　　）

A. 审查批捕阶段，只有不批准逮捕的，才能通知公安机关补充侦查

B. 审查起诉阶段的补充侦查以两次为限

C. 审判阶段检察院应自行侦查，不得退回公安机关补充侦查

D. 审判阶段法院不得建议检察院补充侦查

3. 儿科医生宋某在接诊时发现一8岁女童身上有被长期虐打的伤痕，女童父亲郭某闪烁其词，称这些伤痕是孩子玩耍时不慎从高处摔下来所致，宋某认为从高处摔下来不可能产生这些伤痕，公安机关开展立案侦查。关于本案处理，下列表述正确的有（　　）。

A. 侦查人员到医院后，可以口头传唤郭某到派出所接受调查

B. 侦查人员到医院后，紧急情况下可以现场讯问郭某

① 参见陈瑞华：《论侦查中心主义》，载《政法论坛》2017年第2期。

C. 因郭某有故意伤害女童的重大嫌疑，侦查人员到医院后可以单独就身体伤痕情况询问女童

D. 宋某的报警行为属于控告

4. 甲打伤乙，至乙轻伤害，某县公安机关对甲立案侦查，下列表述正确的有（　　）。

A. 若侦查机关对甲采取取保候审措施，为了核实案情，侦查人员可以将甲传唤到本县指定地点进行讯问

B. 若侦查机关对甲拘留并羁押于某县看守所，侦查人员应当在看守所讯问甲

C. 在对乙的伤情鉴定意见出来前，某县公安机关不得对甲采取拘留措施

D. 若某县公安机关撤销案件，乙向法院提起自诉，他可以委托在检察院工作的母亲担任诉讼代理人

5. 侦查措施是查明案件事实的手段，与公民的权利保障密切相关。关于查封、扣押措施，下列选项正确的是（　　）。

A. 查封、扣押犯罪嫌疑人与案件有关的各种财物、文件只能在勘验、搜查中实施

B. 根据侦查犯罪的需要，可以依照规定扣押犯罪嫌疑人的存款、汇款、债券、股票、基金份额等财产

C. 侦查人员认为需要扣押犯罪嫌疑人的邮件、电报的时候，可通知邮电机关将有关的邮件、电报检交扣押

D. 对于查封、扣押的财物、文件、邮件、电报，经查明确实与案件无关的，应当在3日以内解除查封、扣押，予以退还

6. 关于询问被害人，下列选项正确的是（　　）。

A. 侦查人员可以在现场进行询问

B. 侦查人员可以在指定的地点进行询问

C. 侦查人员可以通知被害人到侦查机关接受询问

D. 询问笔录应当交被害人核对，如记载有遗漏或者差错，被害人可以提出补充或者改正

7. 赵某、石某抢劫杀害李某，被路过的王某、张某看见并报案。赵某、石某被抓获后，2名侦查人员负责组织辨认。关于辨认的程序，下列选项正确的是（　　）。

A. 在辨认尸体时，只将李某尸体与另一尸体作为辨认对象

B. 在2名侦查人员的主持下，将赵某混杂在9名具有类似特征的人员中，由王某、张某个别进行辨认

C. 在对石某进行辨认时，9名被辨认人员中的4名民警因紧急任务离开，在2名侦查人员的主持下，将石某混杂在5名人员中，由王某、张某个别进行辨认

D. 根据王某、张某的要求，辨认在不暴露他们身份的情况下进行

8. 下面关于技术侦查的说法，正确的有（　　）。

A. 实施技术侦查需要经过省级公安机关批准

B. 在经过批准已经实施监听措施的前提下，实施跟踪措施无须再报请批准

C. 通过技术侦查获得的涉及国家秘密的证据不得在审判中使用

D. 对于重大的毒品案件，对贩毒者和买毒者均可实施技术侦查

9. 黄某、张某在A省B市组建“P2P”网贷公司进行非法集资，B市公安局立案侦

查，经过群众举报，侦查人员将黄某抓获，张某逃窜至C省D市躲藏。下列表述正确的是（　　）。

A. 若需要通缉张某，B市公安局应当报请公安部发布通缉令

B. B市公安局将黄某侦查终结后移送B市检察院审查起诉，由于本案系共同犯罪案件，B市检察院需要等张某到案后一并审查起诉

C. B市公安局将黄某侦查终结后移送B市检察院审查起诉，B市检察院可以将黄某、张某组建的“P2P”网贷公司列为单位犯罪嫌疑人

D. 若B市检察院对黄某向B市中级法院提起公诉，在审理过程中张某到案，B市检察院对张某追加起诉需要经过B市中级法院同意

**（二）判断分析题**

1. 检查妇女的身体，可由男医师进行。

2. 在侦查阶段，辩护律师提出书面意见的，可以附卷。

3. 事后审查主要针对的是强制性侦查措施。

4. 在侦查阶段，出于必要考虑，可以指派或者聘请具有专门知识的人来主持进行勘验、检查。

5. 章某独居于A市，涉嫌故意杀人罪，因犯罪后企图逃跑被公安机关先行拘留。在搜查章某住所时，侦查人员无法联系到章某家属，于是请来了章某的邻居予以见证并进行了搜查。

**（三）简答题**

1. 刑事侦查措施的种类有哪些？

2. 在侦查阶段辩护人享有哪些诉讼权利？

3. 技术侦查措施适用于哪些案件？

4. 不用搜查证也可以进行搜查的情形有哪些？

5. 侦查终结应当符合哪些条件？

**（四）论述题**

1. 试论述证言笔录的核对规则。

2. 试论侦查阶段鉴定的程序规则。

**（五）法条分析题**

1.《刑事诉讼法》第52条：“不得强迫任何人证实自己有罪。”

2.《刑事诉讼法》第152条第2、3、4款：“侦查人员对采取技术侦查措施过程中知悉的国家秘密、商业秘密和个人隐私，应当保密；对采取技术侦查措施获取的与案件无关的材料，必须及时销毁。采取技术侦查措施获取的材料，只能用于对犯罪的侦查、起诉和审判，不得用于其他用途。公安机关依法采取技术侦查措施，有关单位和个人应当配合，并对有关情况予以保密。”

**（六）案例分析题**

某日，钱某、高某夫妇将社会上游荡的李、赵两名辍学高中生带入家中，询问其是否想发财，李、赵均表达愿意参与。尔后，钱某、高某夫妇二人向李某、赵某现场演示了盗窃技巧。次日，李、赵来到一商场欲行窃，因胆小而未实行，后向公安机关举报了钱某、高某二人。

后钱某、高某夫妇因涉嫌盗窃被公安机关立案侦查，民警王某对钱某高某住处执行搜查时，因情况紧急，尚未开具搜查证便进行了搜查，并将停放在钱某家后院内的一辆轿车开回家中。事后查明，该车为高某姐姐所有，因看望父母而暂放在高某家中。后因单位车辆紧张，此车始终处于公用状态。王某搜查回单位后，立即制作扣押物品清单。

钱某夫妇被拘留后，由男侦查员对钱某、高某的身体进行了搜查，后侦查人员要求被搜查人在搜查笔录及扣押清单上签字，在遭到二人回绝后即结束了搜查工作全过程。在民警董某、张某对钱某、高某夫妇讯问结束后，钱某、高某按照侦查人员要求，在讯问笔录上签字、捺指印。

问题：本案中侦查人员的做法存在哪些问题？

## 参考答案

**（一）不定项选择题**

1. BC　2. ABC　3. AB　4. BD　5. D　6. ACD　7. ABD　8. D　9. AC

**（二）判断分析题**

1. 题略。

正确。《刑事诉讼法》第132条规定，检查妇女的身体，应当由女工作人员或者医师进行。在此条规定中，女工作人员和医师间是并列关系，而不是强调要求医师必须具有女工作人员的特定属性，如必须为女性。一般认为医师基于其自身的职业和专业属性，在检查妇女身体时不限性别。

2. 题略。

错误。《刑事诉讼法》第161条规定，在案件侦查终结前，辩护律师提出要求的，侦查机关应当听取辩护律师的意见，并记录在案。辩护律师提出书面意见的，应当附卷。为保障侦查阶段辩护权的行使，侦查机关对辩护律师提出的书面意见“应当”附卷，而不是“可以”附卷。

3. 题略。

错误。根据侦查行为是否带有强制性、是否会侵犯犯罪嫌疑人的人身、财产权利，可以将侦查行为区分为强制性侦查措施和任意性侦查措施。如果不对侦查行为尤其是强制性侦查措施进行控制和监督，司法实践中可能会出现侵犯人权的现象。检察机关作为法律监督机关，依法行使法律监督职权。根据监督的时间不同，检察机关对侦查行为的监督可以被区分为事前监督和事后监督。事前监督指的是，侦查机关无权自行决定适用侦查措施，需要事先报请检察院批准、决定后方可实施的制度。事后监督指的是，侦查机关有权自行决定适用侦查措施，无须事先报请检察院批准、决定，检察院只在侦查措施实施后根据侦查机关的报备或者当事人的申诉对侦查措施进行审查的制度。一般认为，对于强制性侦查措施，譬如逮捕，需要接受事前审查；而对于任意性侦查措施，只接受事后审查即可。

4. 题略。

错误。《刑事诉讼法》第128条规定，侦查人员对于与犯罪有关的场所、物品、人身、尸体应当进行勘验或者检查。在必要的时候，可以指派或者聘请具有专门知识的人，在侦查人员的主持下进行勘验、检查。具有专门知识的人可以在侦查人员的主持下发挥其专业本领，在勘验、检查中发挥自身特长，而不能越俎代庖主持进行勘验、检查。

5. 题略。

错误。《刑事诉讼法》第140条规定，搜查的情况应当写成笔录，由侦查人员和被搜查人或者他的家属，邻居或者其他见证人签名或者盖章。如果被搜查人或者他的家属在逃或者拒绝签名、盖章，应当在笔录上注明。可见，刑事诉讼法中要求搜查时需要侦查人员、犯罪嫌疑人家属、见证人三方共同见证，由控、辩、中立方在相互制衡下保证搜查行为的程序正义属性。侦查人员虽然不能联系到犯罪嫌疑人章某的家属，但不能在缺失一方见证的情形下径行展开搜查，如此有违程序正义。

**（三）简答题**

1. 题略。

（1）讯问犯罪嫌疑人；（2）询问证人、被害人；（3）勘验、检查；（4）搜查；（5）查封、扣押和调取证据；（6）鉴定；（7）辨认；（8）犯罪信息采集及网上侦查措施；（9）技术侦查措施；（10）通缉等。

2. 题略。

（1）可以为犯罪嫌疑人提供法律帮助，代理申诉、控告，申请变更强制措施，向侦查机关了解犯罪嫌疑人涉嫌的罪名和案件有关情况，提出意见；（2）可以同在押的犯罪嫌疑人会见和通信；（3）辩护律师会见犯罪嫌疑人时不被监听；（4）辩护律师经证人或者其他有关单位和个人同意，可以向他们收集与本案有关的材料。

3. 题略。

（1）危害国家安全犯罪、恐怖活动犯罪、黑社会性质的犯罪、重大毒品犯罪或者其他严重危害社会的犯罪案件；（2）利用职权实施的严重侵犯公民人身权利的重大犯罪案件；（3）追捕被通缉或者批准、决定逮捕的在逃的犯罪嫌疑人、被告人的案件。

4. 题略。

在执行拘留、逮捕的时候遇有下列紧急情况之一，不用搜查证也可以进行搜查：（1）可能随身携带凶器的；（2）可能隐藏爆炸、剧毒等危险物品的；（3）可能隐匿、毁弃、转移犯罪证据的；（4）可能隐匿其他犯罪嫌疑人的；（5）其他突然发生的紧急情况。

5. 题略。

（1）案件事实清楚；（2）证据确实、充分；（3）犯罪性质和罪名认定正确；（4）法律手续完备；（5）依法应当追究刑事责任。

**（四）论述题**

1. 题略。

《刑事诉讼法》第126条规定："本法第一百二十二条的规定，也适用于询问证人。"故根据《刑事诉讼法》第122条规定，对证言笔录的核对应当遵守以下规则：（1）询问结束后，询问笔录应当交证人核对；对于没有阅读能力的，应当向他宣读；（2）如果记载有遗漏或者差错，证人可以提出补充或者改正；（3）证人承认笔录没有错误后，应当签名或者盖章，侦查人员也应当在笔录上签名；（4）证人请求自行书写证言的，应当准许，必要的时候，侦查人员也可以要求证人亲笔书写证言。

2. 题略。

（1）经县级以上公安机关负责人批准，制作鉴定聘请书聘请有专门知识的人进行鉴定。（2）公安机关应当为鉴定人提供必要条件，侦查人员应做好检材的保管和送检工作，由鉴定人按照鉴定规则科学独立地进行鉴定。若多人参加鉴定且鉴定意见不一致，应当注明。（3）侦查人员应当审查鉴定意见，对作为证据使用的鉴定意见应及时告知犯罪嫌疑人、被害人或者其法定代理人。若有异议，可将鉴定意见送交其他有专门知识的人员提出意见，必要时询问鉴定人并制作笔录附卷。（4）审查后若发现鉴定意见存在问题，应经县级以上公安机关负责人批准后，补充或重新鉴定。（5）公诉人、当事人或者辩护人、诉讼代理人对鉴定意见有异议，经人民法院依法通知的，公安机关鉴定人应当出庭作证。若鉴定人故意作虚假鉴定，应依法追责。

**（五）法条分析题**

1. 题略。

可以从以下四个方面理解该法条：

（1）任何人不得被迫成为反对他自己的证人。

（2）任何人不得受法律上、肉体上以及精神上的强迫而自证其罪。

（3）对于因受强迫而取得的犯罪嫌疑人、被告人供述，均应当予以排除。

（4）当犯罪嫌疑人、被告人愿意回答侦查人员的提问时，应当如实回答；不愿意时，侦查人员不得强迫其回答。

2. 题略。

可以按以下思路展开分析：

（1）技术侦查取得的证据可作为检察院指控犯罪的依据和法院定案的根据。

（2）技术侦查措施只能用于实现刑事诉讼法的目的，且获得的证据只能用于侦查、起诉、审判，不得对外泄露。

（3）技术侦查措施需要规定有关单位的配合与保密义务，不受他人影响。

**（六）案例分析题**

问题：本案中侦查人员的做法存在哪些问题？

（1）民警王某一人进行搜查错误。搜查时，侦查人员不得少于 2 名。

（2）搜查时未开具搜查证，也不存在可以无证搜查的紧急情况。

（3）搜查时没有被搜查人或者其家属、邻居或其他见证人在场。

（4）对钱某夫妇住处搜查时没有制作搜查笔录。

（5）将高某姐姐的轿车扣押错误。该车与本案无关。

（6）使用被扣押的车辆错误。对被扣押的财物，应当妥善保管，不得擅自使用。

（7）王某回单位后补做扣押清单错误。应当场开具扣押清单一式三份，并由侦查人员、持有人、见证人签名。

（8）由男侦查员对钱某夫妇进行人身搜查错误。对女性犯罪嫌疑人进行人身搜查只能由女侦查人员进行。

（9）侦查人员在遭到回绝后结束搜查工作的做法错误。侦查人员应当对被搜查人回绝签字的状况在笔录中注明。

（10）侦查人员仅要求犯罪嫌疑人在讯问笔录末页签字、捺指印的做法错误。犯罪嫌疑人在核对无误后，应当在笔录上逐页签名、捺指印，并在末页写明“以上笔录我看过（或向我宣读过），和我说的相符”。

# 第十三章　审查起诉

## 本章知识图谱

- 审查起诉
  - 审查起诉概述
    - 审查起诉的概念和特点
      - 概念
      - 特点
        - 主体是人民检察院
        - 对象有三类
        - 内容具有全面性
        - 程序具有独立性
    - 审查起诉的意义
      - 过滤案件，确保质量
      - 侦查监督，弥补缺漏
      - 启动审判，控制犯罪
  - 审查起诉的程序
    - 审查起诉的内容
    - 审查起诉的步骤和方法
      - 审阅案卷材料
      - 讯问犯罪嫌疑人
      - 听取被害人的意见
      - 听取辩护人或值班律师、诉讼代理人的意见
      - 进行必要的鉴定活动
      - 调查核实其他证据
      - 补充侦查或者补充调查
    - 审查起诉的处理
  - 提起公诉
    - 提起公诉的概念、条件和功能
      - 概念
      - 条件
        - 犯罪嫌疑人的犯罪事实已经查清，证据确实、充分
        - 依法应当追究刑事责任
        - 符合管辖的规定
      - 功能
        - 启动刑事审判程序
        - 限定法院的审判范围
        - 履行控诉职能
    - 起诉书及证据材料的移送
      - 起诉书的主要内容
      - 起诉书及证据材料的移送
    - 公诉的变更与撤回
      - 公诉变更
        - 追加公诉
        - 补充公诉
        - 狭义的变更公诉
      - 公诉撤回
        - 法律依据
        - 撤回的情形

- 审查起诉
  - 不起诉
    - 不起诉的概念
    - 不起诉的种类和适用条件
      - 法定不起诉
        - 概念
        - 七种法定不起诉的情形
      - 酌定不起诉
        - 概念
        - 起诉便宜主义的体现
      - 证据不足不起诉
        - 概念
        - 一般的前提条件是经过了两次补充侦查或者补充调查
        - 特殊的情形
          - 经过一次补充侦查或补充调查
          - 不需经过补充侦查或补充调查
      - 特殊的裁量不起诉
    - 不起诉的程序
      - 不起诉决定书的制作和送达
      - 被不起诉人和涉案财物的处理
    - 对不起诉决定的制约
      - 公安机关的要求复议与提请复核
      - 被害人的申诉或者起诉
        - 申诉
        - 公诉转自诉
      - 被不起诉人的申诉
        - 对象：针对酌定不起诉
        - 时间：自收到决定书后7日内
        - 主体：作出决定的检察院负责捕诉的部门进行复查
      - 监察机关移送起诉案件的不起诉决定之制约

# 本章重点问题

## 第一节 审查起诉概述

### 问题1：如何理解审查起诉的理论基础？

审查起诉，是指检察机关对侦查终结移送起诉的案件进行全面审查，确认收集的证据是否确实、充分，犯罪嫌疑人的行为是否已经构成犯罪，是否依法应当追究刑事责任而提起法院审判的诉讼活动。在国家权力和司法权力的配置中，审查起诉的理论基础可以从以下几个方面理解：

第一，公诉权的主体是国家，检察机关是代表国家行使公诉权的机关，因此，检察机关并不是公诉权的主体，而只是履行公诉权的职能主体。

第二，公诉权的权力基础是刑罚权，刑罚权的主体是国家，在刑罚权的基础上产生公诉权、审判权和刑罚执行权等多项权力。刑罚权是以犯罪作为打击对象的，如果人类社会没有犯罪，那么刑罚权就会失去存在的正当性。因此，公诉权取刑罚权为存在的近因，惩罚犯罪的需要为远因。对于具体案件而言，作为国家总体权力的刑罚权能否应用，取决于犯罪事实是否发生。作为国家权力的刑罚权为国家所固有，但作为刑罚权的行使必须有所限制，不能恣意作用于没有犯罪的人身上。单就某一具体案件而言，有无刑罚权必须依事实、证据和法律加以判断。这一原理同样可适用于对公诉权的认识，特别是对实质公诉权的认识，即公诉权的行使受权力客体限制，并非可以用于所有事件，只有对那些犯罪案件才可以行使公诉权。

第三，公诉的目的与刑事诉讼的目的有所区别，刑事诉讼的目的在于打击犯罪、保护人民。打击犯罪是对具体案件确认是否存在刑罚权，并在确认存在刑罚权的基础上对实施犯罪的人进行刑事处罚。不能抛开惩罚犯罪的目的而奢谈保护社会和补偿被害人，它们具有协调关系而没有冲突的可能，因此它们也不能独立于刑事诉讼目的之外构成与之并列的刑事诉讼目的。

第四，公诉的目的在于提请法院对具体案件进行审理，以裁判国家刑罚权在该案件中是否存在，并请求法院确认存在刑罚权时对犯罪人施以必要的刑罚处罚。因此，公诉的目的实际上是实现刑事诉讼的目的，公诉一旦得到法院的支持，将意味着国家刑罚权得以实现。因此，一般认为公诉的目的是确定刑罚权之存在及范围。

第五，公诉的理论基础在于对犯罪客体的全面认识，现代犯罪学理论已抛弃了对犯罪的片面认识，认为犯罪在侵害被害人权益的同时，也对国家利益造成侵犯。坚持公共秩序、公共安全和公共福利是国家的重要职能，也是国家作为一种组织形式、一种统治体系得以存在的合理依据和长治久安的必要条件，因此作为维护国家利益手段的刑罚权的行使，不能完全靠被害方，必须建立公诉制度，切实落实国家刑罚权。

第六，单纯依靠被害方行使自诉权，无法保证刑罚权的落实。例如，诸如环境公益诉讼的案件没有明确的被害人，有些案件的被害人不能、不敢、不愿揭发犯罪，有些被害人因为认识局限没有意识到加害行为已构成犯罪，还有的被害人在侵害之后接受了犯罪行为人的物质赔偿而愿意和对方私了。种种现象和成因都容易造成刑罚权被架空。采取公诉制度还可以避免被害人因举证能力不足而导致无法有效惩罚犯罪的后果。例如，在余杭法院立案受理“谷某某诉郎某某、何某某诽谤案”[①] 中，自诉人因被告人的网络诽谤行为造成侵害，如果该案件作为自诉案件来处理，很可能到审判阶段自诉人因为无法达到犯罪行为的证明标准而无法让被告人受到刑罚的制裁。

**延伸阅读推荐**

叶青主编：《刑事诉讼法学》，上海人民出版社 2021 年版，第 281－282 页。

## 问题 2：审查起诉具有什么意义？

我国《刑事诉讼法》规定第 168 条规定：“人民检察院侦查终结的案件，应当作出提起公诉、不起诉或者撤销案件的决定。”从这一条规定及其在司法实践中的运行效果可以看出审查起诉具有以下几个方面的意义：

第一，审查起诉可以过滤案件，确保质量。这是因为，检察机关主导的审查起诉阶段一头对接侦查程序（或调查程序），另一头对接审判阶段，根据审判阶段对案件事实认定、定罪量刑、证据审查等要求，发挥着倒逼的作用，通过对侦查终结或监察机关调查终结移送起诉的案件进行全面审查，对符合起诉条件的依法提起公诉，对不符合起诉条

① 浙江省杭州市余杭区人民法院（2021）浙 0110 刑初 180 号刑事判决书。

件的依法作出不起诉决定，有助于防止将那些事实上无罪、依法不应追究刑事责任或者指控证据不足的人交付法院审判，保证刑事追诉的公正性和准确性，保障犯罪嫌疑人的合法权益，同时也可以减轻司法机关的办案负担，节省司法资源。

第二，侦查监督，弥补缺漏。审查起诉是侦查程序的后续程序，通过审查起诉活动，人民检察院对侦查活动的合法性进行监督，对发现的侦查违法情况及时纠正，情节严重的，还要追究违法办案人员的刑事责任，以督促侦查人员严格执法。此外，对于发现的侦查或调查存在不足之处，还可以通过补充侦查或补充调查的方式予以弥补。

第三，启动审判，控制犯罪。审查起诉是公诉人员出席法庭支持公诉的准备阶段。人民检察院通过审查起诉和必要的补充侦查或补充调查，对那些犯罪事实清楚，证据确实、充分，依法应当追究刑事责任的犯罪嫌疑人准确及时地提起公诉，启动审判程序，进而证实犯罪活动，达到控制犯罪的诉讼目的。

总之，将审查起诉作为一个独立的诉讼阶段，体现了我国慎重起诉的思想。审查起诉活动一向被认为是保证案件质量的重要环节；检察机关通过审查起诉活动，为刑事诉讼程序提供一个重要的过滤机制，通过这项活动可以发现侦查工作中的瑕疵和漏洞，纠正侦查活动中的错误，保证提起公诉的案件真正达到《刑事诉讼法》所规定的"犯罪事实清楚，证据确实、充分"的起诉条件和证明标准。

**延伸阅读推荐**

姜伟：《论公诉的程序意义》，载《人民检察》2002年第2期，第15－18页。

## 问题3：公诉权主体和公诉权的来源是什么？

虽然检察官可以代表人民检察院在法庭上支持公诉活动，但行使公诉权的主体并不是检察官。从法律规定的角度看，我国《刑事诉讼法》第169条所表述的提起公诉的案件，一律由人民检察院审查决定。从司法文书表述的角度看，提起公诉的主体也是人民检察院，而非检察官，人民检察院向法庭提交的起诉书一般表述为"本院认为"，而不是"本检察官认为"。但如果从法理角度分析，公诉权的主体在本质上应当是国家，检察机关是代表国家行使公诉权的司法机关，因此，有观点认为："检察机关并非公诉权的主体，而只是履行公诉权的职能主体。"① 依照这一理论，公诉权的权力基础是刑罚权，刑罚权的主体同样是国家，在刑罚权的基础上生成公诉权、审判权和刑罚执行权等诸项权力。而对刑罚权的产生，无论是契约论、强力论，还是神授论，这些不同的学说都有一点共性，就是认为先有犯罪，才有刑罚，如果没有犯罪，刑罚就丧失了合理的前提。因此公诉权以刑罚权为近因，而惩罚罪犯的需要为远因。对于具体案件而言，作为国家总体权力的刑罚权能否应用，取决于犯罪事实是否发生，不能任意应用于非犯罪的人和事。单就某一具体案件而言，有无刑罚权必须依事实、证据和法律加以判断。这一原理同样可适用于对公诉权的认识，特别是对实质意义上的公诉权的认识，即公诉权的行使受权力所支配的对象范围的限制，并非可以应用于所有事件，只有对那些犯罪案件才可以行使公诉权。

① 叶青主编：《刑事诉讼法学》，上海人民出版社2020年版，第283页。

**延伸阅读推荐**

（1）陈卫东：《我国检察权的反思与重构——以公诉权为核心的分析》，载《法学研究》2002 年第 2 期，第 3－19 页。

（2）张智辉：《公诉权论》，载《中国法学》2006 年第 6 期，第 109－121 页。

（3）左卫民：《迈向新型的检察官司法？反思公诉权变迁》，载《法学论坛》2023 年第 2 期，第 49－56 页。

## 问题 4：审查起诉的对象主要包括哪些？

审查起诉是检察机关对公安机关侦查终结移送审查起诉的案件、监察机关调查终结移送起诉的案件和自行侦查终结需要提起公诉的案件依法进行全面审查，并决定是否将犯罪嫌疑人交付人民法院审判的一项诉讼活动。据此，审查起诉的对象有三类：

一是公安机关侦查终结移送人民检察院审查起诉的案件。根据刑事诉讼法职能管辖的规定，公安机关作为侦查机关，绝大部分刑事案件的侦查由公安机关进行，法律另有规定的除外。需要注意的是，刑事诉讼法规定的其他侦查机关包括国家安全机关、军队保卫部门、中国海警局、监狱等机关，当他们管辖的案件侦查终结之后，也要向检察机关移送审查起诉。

二是监察机关调查终结移送人民检察院审查起诉的案件。监察机关虽然不是刑事诉讼法规定的侦查机关，但监察机关主要是依据《监察法》和《刑事诉讼法》的有关规定，对公职人员和有关人员进行监察，对涉嫌职务犯罪的，监察机关经调查认为犯罪事实清楚，证据确实、充分的，制作起诉意见书，连同案卷材料、证据一并移送人民检察院依法审查、提起公诉。

三是人民检察院自行侦查终结需要提起公诉的案件。《刑事诉讼法》第 19 条规定，“人民检察院在对诉讼活动实行法律监督中发现的司法工作人员利用职权实施的非法拘禁、刑讯逼供、非法搜查等侵犯公民权利、损害司法公正的犯罪，可以由人民检察院立案侦查。对于公安机关管辖的国家机关工作人员利用职权实施的重大犯罪案件，需要由人民检察院直接受理的时候，经省级以上人民检察院决定，可以由人民检察院立案侦查”，亦即，检察机关管辖的案件包括“十四种罪名”[①] 以及“机动侦查”的案件。所谓机动侦查权，是指我国《刑事诉讼法》第 19 条第 2 款规定的“对于公安机关管辖的国家机关工作人员利用职权实施的重大犯罪案件，需要由人民检察院直接受理的时候，经省级以上人民检察院决定，可以由人民检察院立案侦查”。理论和实务界将这一授权称为检察机关的“机动侦查权”。

**延伸阅读推荐**

程雷：《刑事诉讼法与监察法的衔接难题与破解之道》，载《中国法学》2019 年第 2

---

① 根据《关于人民检察院立案侦查司法工作人员相关职务犯罪案件若干问题的规定》第 1 条规定，人民检察院在对诉讼活动实行法律监督中，发现司法工作人员涉嫌利用职权实施的下列侵犯公民权利、损害司法公正的犯罪案件，可以立案侦查：非法拘禁罪，非法搜查罪，刑讯逼供罪，暴力取证罪，虐待被监管人罪，滥用职权罪，玩忽职守罪，徇私枉法罪，民事、行政枉法裁判罪，执行判决、裁定失职罪，执行判决、裁定滥用职权罪，私放在押人员罪，失职致使在押人员脱逃罪，徇私舞弊减刑、假释、暂予监外执行罪。

期，第 167－182 页。

## 问题 5：公诉和自诉的区别是什么？

国家公诉与被害人自诉是目前世界各国追究犯罪的两种主要起诉方式。前者是以国家的名义进行，代表国家和全社会的利益，而后者仅代表被害人个人利益，由此决定这两种起诉方式在诸多方面存在很大差异，主要体现在：（1）追诉的主体不同；（2）追诉的客体（犯罪或案件）不同；（3）追诉权的性质不同；（4）追诉的原则不同；（5）追诉的程序不同；（6）导致审理程序的不同。

公诉与自诉在追诉主体和客体上的不同是显而易见的。国家公诉，顾名思义就是由国家专门机关代表国家对犯罪提出追诉。在日本等实行起诉国家垄断主义的国家，这是追诉犯罪的唯一方式，适用于一切刑事案件。在其他兼采被害人追诉主义的国家，公诉适用于除自诉案件以外的所有刑事案件。当出现法律规定的情况时，即使是自诉案件，也可以提出公诉，这反映了国家对自诉的适当干预。一般来说，检察机关是各国主要行使公诉权的专门机关，此外也存在着像大陪审团那样行使国家公诉权的组织形式。自诉由被害人提出，范围限制为法律有明确规定的少量情节轻微且性质为侵犯公民个人权益方面的犯罪。为了保证被害人在某种特殊情况下，其合法权益仍能得到适当的维护，许多国家不同程度地扩大了自诉人的范围，允许被害人的法定代理人、近亲属，在被害人行使追诉权发生障碍时，享有自诉权。所谓被害人行使追诉权发生障碍，是指被害人未成年，无行为能力或限制行为能力，或者死亡。如果这种障碍发生在自诉前，那么被害人的法定代理人、近亲属可以独立地提起自诉。如果障碍发生在自诉的诉讼过程中，可以由被害人的法定代理人、近亲属承受诉讼，即取代被害人获得当事人地位，继续被害人未完成的诉讼行为。

关于自诉主体，有一点需要注意的是，在有些国家，自诉案件的主体并不限于自然人，法人为刑事被害人时，也可以由其代表提起自诉，如《德国刑事诉讼法》第 374 条第 3 项明确规定："具有法人资格的团体、公司和其他协会在民事诉讼中可以提出这种请求的，在他们为被害人一方当事人时，则民事诉讼中代表他们的人，也具有在刑事诉讼中提出自诉的权力。"

公诉权与自诉权虽同属对犯罪的追诉权，但性质有所区别。诉讼理论上认为公诉权为绝对权，其行使与否，应依法律的规定。即公诉权由公诉机关按照法律的规定行使，应当追究犯罪人刑事责任的，便应当提起公诉，否则就是放纵犯罪。而自诉权是相对权，对被害人而言，是权利而不是义务，是否提起自诉，由被害人自己决定，法律不加以强制规定，国家不横加干预。公诉权与自诉权性质不同还表现在，公诉权属于国家权力的一部分，它的行使必须符合诉讼的目的，即依据刑法应当追究被告人刑事责任，被告人具有应受刑罚的可能性和必要性。公诉机关在决定提起公诉时应根据已查明的事实和证据，认为犯罪嫌疑人、被告人已构成犯罪并应当予以刑罚。这就要求在审查起诉时，不仅要注意对犯罪嫌疑人、被告人不利的事实和证据，也要注意对犯罪嫌疑人、被告人有利的事实和证据，还要考虑犯罪嫌疑人、被告人是否具有依法不应当追究刑事责任的情形以及是否有处罚的必要。这就赋予了公诉机关一定的追诉裁量权。犯罪嫌疑人、被告人可以请求公诉机关作出不起诉、撤销指控等有利于自己的处分。

国家公诉与被害人自诉采用不同的追诉原则。自诉的追诉原则是：如果被害人不追诉犯罪，没有惩罚犯罪人的要求，那么法院就不进行审判，国家就不追究犯罪人的刑事责任。这就是说，自诉诉讼程序的发生，包括对犯罪的追诉和审判，都实行不告不理。公诉活动由国家控诉机关依职权进行，对犯罪的侦查和起诉不受有无被害人控告，即被害人有无惩罚罪犯要求的限制（告诉才处理的案件除外）。没有被害人控告，或被害人没有惩罚罪犯的要求，国家侦查和起诉机关发现犯罪，有权进行侦查，有权提起公诉，支持公诉。相反，即使被害人控告犯罪，要求惩罚罪犯，公诉机关根据事实和法律，也可以对犯罪嫌疑人作出不起诉的处理。这就是说，公诉案件的起诉与审判不同，不实行“不告不理”。公诉权的行使依照法律进行，不受被害人意志左右，有被害人控告可以追诉，没有被害人控告也可以追诉，这就是所谓的“公诉原则”，在有些国家也称作“职权原则”。

国家公诉与被害人追诉在追诉程序上的不同，突出地表现在公诉案件有专门的侦查程序和独立的审查起诉程序。由于公诉案件犯罪性质的严重性和复杂性，为保证国家公诉权的正确行使，防止使无辜的人错误地受到刑事追诉，公诉机关在决定是否提起公诉前，通常要经过专门的侦查程序。通过侦查，收集证据，查明犯罪事实和犯罪人。根据我国的诉讼理论，一般将侦查作为公诉的准备，将侦查机关作为检察机关的辅助机关。因此，侦查是公诉活动的重要内容，警察也属于公诉主体的范围。在侦查终结后，一般有独立的审查起诉程序，由公诉机关根据侦查的结果，作出提起公诉或不起诉的决定。提起公诉的，由公诉机关制作起诉书移送有管辖权的法院，才引起刑事审判程序的发生。自诉案件则由被害人直接向法院起诉开始诉讼，没有侦查和审查起诉程序。

由于自诉控诉的对象是情节比较轻微的侵害公民个人权益的犯罪，而且既然国家将这部分案件的起诉权授予被害人行使，便应当充分尊重被害人的意志并贯彻始终，由此导致自诉案件的审理程序具有不同于公诉案件的若干特点。

**延伸阅读推荐**

（1）熊秋红：《论公诉与自诉的关系》，载《中国刑事法杂志》2021 年第 1 期，第 17－38 页。

（2）吴宏耀：《告诉才处理犯罪的追诉制度：历史回顾与理论反思》，载《中国刑事法杂志》2021 年第 1 期，第 39－50 页。

## 第二节 审查起诉的程序

### 问题 1：审查起诉的内容主要包括哪些方面？

根据《刑事诉讼法》第 171 条的规定，审查起诉的内容主要包括以下五个方面：（1）犯罪事实、情节是否清楚，证据是否确实、充分，犯罪性质和罪名的认定是否正确；（2）有无遗漏罪行和其他应当追究刑事责任的人；（3）是否属于不应追究刑事责任的；（4）有无附带民事诉讼；（5）侦查活动是否合法。

《高检规则》第 330 条在《刑事诉讼法》第 171 条的基础上，从 13 个方面规定了审查起诉的内容：(1) 犯罪嫌疑人身份状况是否清楚，包括姓名、性别、国籍、出生年月日、职业和单位等；单位犯罪的，单位的相关情况是否清楚。(2) 犯罪事实、情节是否清楚，实施犯罪的时间、地点、手段、危害后果是否明确。(3) 认定犯罪性质和罪名的意见是否正确；有无法定的从重、从轻、减轻或者免除处罚情节及酌定从重、从轻情节；共同犯罪案件的犯罪嫌疑人在犯罪活动中的责任认定是否恰当。(4) 犯罪嫌疑人是否认罪认罚。(5) 证明犯罪事实的证据材料是否随案移送；证明相关财产系违法所得的证据材料是否随案移送；不宜移送的证据的清单、复制件、照片或者其他证明文件是否随案移送。(6) 证据是否确实、充分，是否依法收集，有无应当排除非法证据的情形。(7) 采取侦查措施包括技术侦查措施的法律手续和诉讼文书是否完备。(8) 有无遗漏罪行和其他应当追究刑事责任的人。(9) 是否属于不应当追究刑事责任的。(10) 有无附带民事诉讼；对于国家财产、集体财产遭受损失的，是否需要由人民检察院提起附带民事诉讼；对于破坏生态环境和资源保护，食品药品安全领域侵害众多消费者合法权益，侵害英雄烈士的姓名、肖像、名誉、荣誉等损害社会公共利益的行为，是否需要由人民检察院提起附带民事公益诉讼。(11) 采取的强制措施是否适当，对于已经逮捕的犯罪嫌疑人，有无继续羁押的必要。(12) 侦查活动是否合法。(13) 涉案财物是否查封、扣押、冻结并妥善保管，清单是否齐备；对被害人合法财产的返还和对违禁品或者不宜长期保存的物品的处理是否妥当，移送的证明文件是否完备。

### 问题 2：什么是刑事附带民事公益诉讼？

2018 年 3 月，最高人民法院、最高人民检察院颁布的《关于检察公益诉讼案件适用法律若干问题的解释》首次规定了刑事附带民事公益诉讼制度。《高检规则》第 330 条规定，对于破坏生态环境和资源保护，食品药品安全领域侵害众多消费者合法权益，侵害英雄烈士的姓名、肖像、名誉、荣誉等损害社会公共利益的行为，审查起诉时应查明是否需要由人民检察院提起附带民事公益诉讼。这是对附带民事诉讼制度的一种创新举措。刑事附带民事公益诉讼，是指人民法院在刑事诉讼过程中，在审理破坏生态环境和资源保护，食品药品安全领域侵害众多消费者合法权益，侵害英雄烈士的姓名、肖像、名誉、荣誉等损害社会公共利益的刑事案件时，附带地审理被指控犯罪行为给社会公共利益所造成损害的赔偿责任，从而进行的诉讼活动。有学者经过调查发现，附带民事公益诉讼没有采取刑事附带民事诉讼的框架，直接将民事公益诉讼制度作为其程序框架，但由于仅有一条司法解释条文规范其程序，导致其在诉讼请求范围、是否诉前公告等程序上存在争议。刑事附带民事公益诉讼具有刑事诉讼、刑事附带民事诉讼、其他民事行政公益诉讼不具备的优势，彰显了其独特价值，应当在刑事诉讼法中加以规定，既体现公益诉讼的特殊性，又体现其对刑事诉讼的依附性。①

由于目前这项制度还处于探索阶段，司法实践中的案例就尤其值得关注。例如，在上海市浦东新区人民检察院诉张某侵犯公民个人信息刑事附带民事公益诉讼案中，2021

① 参见谢小剑：《刑事附带民事公益诉讼：制度创新与实践突围——以 207 份裁判文书为样本》，载《中国刑事法杂志》2019 年第 5 期。

年7月，张某通过网络技术手段非法侵入某软件公司计算机信息系统，获取该公司系统内客户订单信息6万余条。之后，张某将上述个人信息出售给他人，并在暗网获利人民币38 760元。因客户交易信息泄露，某软件公司被第三方交易平台索赔，部分客户接到诈骗电话，众多消费者面临诈骗风险，公共利益处于持续受损状态。浦东检察院通过上海市检察机关“公益诉讼全息办案智能辅助系统”发现张某侵犯公民个人信息线索。因为张某的行为已经涉嫌构成犯罪，因此在12月，浦东检察院以张某侵犯公民个人信息刑事附带民事公益诉讼立案。检察机关统筹发挥刑事检察与公益诉讼检察职能作用，引导公安机关调取某软件公司被索赔、消费者接到诈骗电话及张某通过网络交易获利等证据，证明张某实施违法侵权行为、社会公共利益受损及二者存在因果关系。2022年1月，浦东检察院以张某犯侵犯公民个人信息罪向浦东新区人民法院提起刑事附带民事公益诉讼，诉请判令张某在国家级新闻媒体上对其侵犯公民个人信息的行为公开赔礼道歉，删除保存在阿里云等存储介质内的公民个人信息数据，并按其侵犯公民个人信息的获利赔偿人民币38 760元。在浦东新区人民法院主持下，张某认可检察机关附带民事公益诉讼提出的诉讼请求，双方达成调解。

在这个案件中，被告人张某的行为已涉嫌构成侵犯公民个人信息罪，存在违法所得，并且对众多消费者的合法权益造成侵害。但这里面有个争议点，就是根据《高检规则》第330条第10项的规定对附带民事公益诉讼的案件范围的列举，对于破坏生态环境和资源保护，食品药品安全领域侵害众多消费者合法权益，侵害英雄烈士的姓名、肖像、名誉、荣誉等损害社会公共利益的行为，这里的消费者是否限于“食品药品安全领域”？但本案发生的行为并不是在这个特定领域，所以对众多消费者合法权益造成侵害的，能否适用附带民事公益诉讼是值得探讨的。

刑事附带民事公益诉讼制度具有以下特点：（1）提起刑事附带民事公益诉讼的主体是人民检察院。（2）提起刑事附带民事公益诉讼的范围限于司法解释列举的几类案件，即仅“对破坏生态环境和资源保护、食品药品安全领域侵害众多消费者合法权益等损害社会公共利益的犯罪行为提起刑事公诉时”，可以向人民法院一并提起刑事附带民事公益诉讼。其范围和《民事诉讼法》第58条的表述基本一致，即：“对污染环境、侵害众多消费者合法权益等损害社会公共利益的行为，法律规定的机关和有关组织可以向人民法院提起诉讼。”（3）审理刑事附带民事公益诉讼与审理刑事部分的审判组织一致，“由人民法院同一审判组织审理”。（4）人民检察院提起的刑事附带民事公益诉讼案件由审理刑事案件的人民法院管辖，体现了对刑事诉讼的依附性。（5）两院《关于检察公益诉讼案件适用法律若干问题的解释》是根据民法、民诉法、行政诉讼法制定的司法解释，将附带民事公益诉讼制度规定在第2条“民事公益诉讼”的结构中，而不是规定在刑事附带民事诉讼制度中。但《高检规则》第330条明确将其规定为刑事审查起诉内容的13个方面之一。（6）人民检察院“可以”提出，而不是必须提出，检察院具有裁量权。

根据两院《关于人民检察院提起刑事附带民事公益诉讼应否履行诉前公告程序问题的批复》（2019年11月25日颁布）的规定，人民检察院提起刑事附带民事公益诉讼，应履行诉前公告程序。对于未履行诉前公告程序的，人民法院应当进行释明，告知人民检察院公告后再行提起诉讼。因人民检察院履行诉前公告程序，可能影响相关刑事案件审理期限的，人民检察院可以另行提起民事公益诉讼。

**延伸阅读推荐**

谢小剑：《刑事附带民事公益诉讼：制度创新与实践突围——以 207 份裁判文书为样本》，载《中国刑事法杂志》2019 年第 5 期，第 92 页。

## 问题 3：审查起诉过程中，如果发现遗漏罪行和其他应当追究刑事责任的人，该怎么办？

根据《高检规则》第 330 条的规定，检察机关在审查起诉时必须审查的范围包括“有无遗漏罪行和其他应当追究刑事责任的人”。根据控审分离、不告不理的刑事诉讼原则以及诉因理论，人民检察院的起诉对象直接限定了审判范围，因而全面、准确地提起公诉对于有效打击和控制犯罪具有重要意义。人民检察院负责捕诉的部门在审查起诉中，应当注意审查公安机关、检察机关负责侦查的部门或者监察机关移送起诉的材料是否存在疏漏，有没有发现应当发现而未发现或者应当认定而未认定的罪行，以及是否遗漏应当追究刑事责任的人，从而使犯罪分子得到法律的制裁。

对于如果确实发现有遗漏罪行或者其他应当追究刑事责任的人的，检察机关该怎么处理？一旦出现这些情况，总体来说，检察机关应当退回补充侦查或者补充调查，或者自行补充侦查。具体而言，根据最高检司法解释的规定，需要区分下列情形进行处理：

（1）人民检察院认为犯罪事实不清、证据不足或者存在遗漏罪行、遗漏同案犯罪嫌疑人等情形需要补充侦查的，应当制作补充侦查提纲，连同案卷材料一并退回公安机关补充侦查。人民检察院也可以自行侦查，必要时可以要求公安机关提供协助。

（2）人民检察院对于监察机关移送起诉的案件，认为需要补充调查的，应当退回监察机关补充调查。必要时，可以自行补充侦查。需要退回补充调查的案件，人民检察院应当出具补充调查决定书、补充调查提纲，写明补充调查的事项、理由、调查方向、需补充收集的证据及其证明作用等，连同案卷材料一并送交监察机关。人民检察院决定退回补充调查的案件，犯罪嫌疑人已被采取强制措施的，应当将退回补充调查情况书面通知强制措施执行机关。监察机关需要讯问的，人民检察院应当予以配合。

（3）对于监察机关移送起诉的案件，具有下列情形之一的，人民检察院可以自行补充侦查：1）证人证言、犯罪嫌疑人供述和辩解、被害人陈述的内容主要情节一致，个别情节不一致的；2）物证、书证等证据材料需要补充鉴定的；3）其他由人民检察院查证更为便利、更有效率、更有利于查清案件事实的情形。

（4）自行补充侦查完毕后，应当将相关证据材料入卷，同时抄送监察机关。人民检察院自行补充侦查的，可以商请监察机关提供协助。

（5）人民检察院负责捕诉的部门对本院负责侦查的部门移送起诉的案件进行审查后，认为犯罪事实不清、证据不足或者存在遗漏罪行、遗漏同案犯罪嫌疑人等情形需要补充侦查的，应当制作补充侦查提纲，连同案卷材料一并退回负责侦查的部门补充侦查。必要时，也可以自行侦查，可以要求负责侦查的部门予以协助。

（6）退回监察机关补充调查、退回公安机关补充侦查的案件，均应当在一个月以内补充调查、补充侦查完毕。补充调查、补充侦查以二次为限。补充调查、补充侦查完毕移送起诉后，人民检察院重新计算审查起诉期限。

## 第三节 提起公诉

### 问题 1：提起公诉的实体条件和程序条件各是什么？

1. 提起公诉的实体条件

《刑事诉讼法》第 176 条规定了提起公诉的实体条件，即："人民检察院认为犯罪嫌疑人的犯罪事实已经查清，证据确实、充分，依法应当追究刑事责任的，应当作出起诉决定，按照审判管辖的规定，向人民法院提起公诉，并将案卷材料、证据移送人民法院。"根据这一规定，提起公诉的实体条件是：1）犯罪事实已经查清。2）证据确实、充分。3）依法应当追究刑事责任。这三项条件必须同时具备，才能决定提起公诉，欠缺其中任何一项，都不能提起公诉。

2. 提起公诉的程序条件

提起公诉的程序条件，指提起公诉必须满足的法律所规定的一定程式的要求。提起公诉是否符合法定程式，是人民法院进行开庭前审查的对象。程式是由法律规定的进行某一诉讼行为的定式，遵循之则产生相应的诉讼效力，不遵循之则不产生相应的诉讼效力。诉讼程式一般包括诉讼用语程式、文件程式和送达程式等，《刑事诉讼法》第 186 条规定："人民法院对提起公诉的案件进行审查后，对于起诉书中有明确的指控犯罪事实的，应当决定开庭审判。""起诉书中有明确的指控犯罪事实"，包含以下两项具体要求：一是人民检察院提起公诉必须向人民法院移送起诉书。二是起诉书应当明确记载指控犯罪事实，这是对起诉书内容的要求。它包括以下三项内容：1）起诉书必须记载案件事实，这种事实又被称为诉因。2）起诉书记载的事实必须是犯罪事实。3）起诉书记载的指控犯罪事实必须明确。

**延伸阅读推荐**

叶青主编：《刑事诉讼法学》，上海人民出版社 2021 年版，第 281－282 页。

### 问题 2：起诉书移送模式有何种类，我国的起诉书移送主义如何变迁？

当今世界范围内主要存在两种起诉书移送模式，一种是案卷移送主义，即检察官提起在提起公诉时，不仅将起诉书移送法院，还要将案卷材料和证据一并移送法院。法官在庭审之前就可以通过阅卷等活动对案件事实和证据进行了解，以便更好地组织庭审调查和辩论活动。这种起诉书移送制度主要存在于职权主义诉讼构造的国家。

另外一种是当事人主义刑事诉讼中的起诉书一本主义，即检察机关在提起公诉时，只能将起诉书移送法院，不能将案卷材料和证据一并移送给法院，也不得在起诉书中记载可能使法官形成预断的内容，因此，法官在庭前不可能对案件的处理产生先入为主的观念，从而保证法官不会先入为主地进行审理，而必须重视庭审中控辩双方的调查和法庭辩论活动，避免庭审走过场。当事人主义刑事诉讼构造又被称为侦审断裂式诉讼构造。

我国历年刑事诉讼法对这个问题采取的做法并不一致。1979 年《刑事诉讼法》采取的是全部案卷移送主义，也就是检察机关经过审查起诉向法庭移送案件时，必须将起诉书、案卷中的全部证据材料移送给法院。而法官在开庭前通过阅卷了解到的案件基本情况，就会造成先入为主、先判后审、庭审走过场等负面现象。1996 年《刑事诉讼法》规定了“主要证件复印件移送主义”的制度，即人民检察院提起公诉，应当向人民法院移送起诉书、证据目录、证人名单和主要证据复印件或者照片，以强化法官庭前审查的程序性审查性质，实现诉讼公正。不过，受制于诉讼传统、诉讼成本、人员素质等因素，这种折中型的案件移送模式运行的实践效果并不理想，很多地方依然延续案卷移送主义模式的传统做法。该法第 36 条规定“辩护律师自人民检察院对案件审查起诉之日起，可以查阅、摘抄、复制本案的诉讼文书、技术性鉴定材料”，因为检察机关只移送了主要证件复印件，所以律师通过阅卷来了解案件情况的信息就比较有限。但这种做法可以防止法官在庭前阅卷形成先入为主，也能避免庭审走过场。因此这种做法具有一定的合理性。2012 年《刑事诉讼法》又把案卷移送主义改回来了。该法规定人民检察院提起公诉，应一并将案卷材料、证据移送人民法院，这种做法延续至今。《刑事诉讼法》第 172 条规定：“人民检察院认为犯罪嫌疑人的犯罪事实已经查清，证据确实、充分，依法应当追究刑事责任的，应当作出起诉决定，按照审判管辖的规定，向人民法院提起公诉，并将案卷材料、证据移送人民法院。”这种做法与 1996 年《刑事诉讼法》的规定，也是存在区别的，前者更强调检察机关应当移送有罪证据，也要移送对被告人有利的无罪、罪轻的证据。

**延伸阅读推荐**

郭华：《我国案卷移送制度功能的重新审视》，载《政法论坛》2013 年第 3 期，第 151－159 页。

## 问题 3：什么是公诉的变更与撤回?

公诉的变更，是指人民检察院提起公诉以后，在案件审理过程中，发现起诉书指控的被告人、犯罪事实或者适用法律与案件事实不相符时，追加、补充或者变更指控的这一种诉讼活动。公诉的变更通常包括三种情形：追加公诉、补充公诉或者狭义的变更公诉。

追加公诉是指人民检察院提起公诉后，发现了起诉书中遗漏的同案犯罪嫌疑人，认为可以一并起诉和审理的，依法予以追加的诉讼活动。

补充公诉是指人民检察院提起公诉后，发现了起诉书中遗漏的罪行，依法予以补充的诉讼活动。

狭义的变更公诉则是指人民检察院提起公诉后，发现起诉书指控的被告人、犯罪事实或者罪名、适用法律有误而予以改变的诉讼活动。

公诉的撤回，指的是人民检察院提起公诉后，如果发现不应起诉或不必要起诉的情形，就会撤回已经提起的控诉。

需要注意的是，《刑事诉讼法》本身并没有规定公诉的变更、公诉的撤回等制度，公诉的变更与撤回制度所依据的主要是《高检规则》《高法解释》。《高检规则》第423条规定，人民法院宣告判决前，人民检察院发现被告人的真实身份或者犯罪事实与起诉书中叙述的身份或者指控犯罪事实不符的，或者事实、证据没有变化，但罪名、适用法律与起诉书不一致的，可以变更起诉。发现遗漏同案犯罪嫌疑人或者罪行的，应当要求公安机关补充移送起诉或者补充侦查；对于犯罪事实清楚，证据确实、充分的，可以直接追加、补充起诉。第424条规定了检察院可以撤回起诉的具体情形。这些情形包括：（1）不存在犯罪事实的；（2）犯罪事实并非被告人所为的；（3）情节显著轻微、危害不大，不认为是犯罪的；（4）证据不足或证据发生变化，不符合起诉条件的；（5）被告人因未达到刑事责任年龄，不负刑事责任的；（6）法律、司法解释发生变化导致不应当追究被告人刑事责任的；（7）其他不应当追究被告人刑事责任的。

人民检察院只能在法院宣告判决前进行公诉的变更与撤回活动，且应当报经检察长或者检察委员会决定，并以书面方式向人民法院提出。庭审中，公诉人提出补充、追加或者变更起诉的，可以建议法庭延期审理。对于撤回起诉的案件，人民检察院应当在撤回起诉后30日以内作出不起诉决定。需要重新调查或侦查的，应当在作出不起诉决定后将案卷材料退回监察机关或者公安机关，建议他们重新调查或侦查并书面说明理由，以便迅速、准确查明犯罪事实，但没有新的事实或者新的证据，人民检察院不得再行起诉。

诉因是日本借鉴大陆法系职权主义程序和英美法系对抗主义程序的一项独创，其主要目的是防止司法权滥用，制约公诉机关的起诉变更权，维护辩护方的合法权益，以协调控诉方、裁判方和辩护方在刑事诉讼中的相互关系。

## 第四节　不起诉

### 问题1：不起诉的种类和适用条件有哪些？

根据我国《刑事诉讼法》的规定，我国的不起诉有下列情况：

第一类叫法定不起诉。所谓法定不起诉，又称为绝对不起诉，是指《刑事诉讼法》第177条第1款规定的不起诉种类，法定不起诉包括下列七种情形：（1）犯罪嫌疑人没有犯罪事实的。这种情形是通过证据证明犯罪嫌疑人根本就没有实施犯罪的行为，理应作出无罪的处理。（2）情节显著轻微、危害不大，不认为是犯罪的。需要注意的是，“显著轻微”与“轻微”在定性上是有根本区别的，“情节显著轻微”适用于法定不起诉，而“情节轻微”往往适用于酌定不起诉。（3）犯罪已过追诉时效期限的。追诉时效是刑法意义上的概念。追诉时效，是指依法对犯罪分子追究刑事责任的有效期限。在法定的期限内，司法机关有权追究犯罪分子的刑事责任，一旦超过期限的规定，除法定最高刑为无期徒刑、死刑，并经最高人民法院特别核准必须追诉的以外，都不得再追究犯罪分子的刑事责任。已经追究的，应当撤销案件，或者不起诉，或者终止审理。[①]（4）经特赦令免

---

① 参见陈兴良主编，周光权、车浩副主编：《刑法总论精释》，人民法院出版社2018年版，第930页。

除刑罚的。特赦，一般指国家对较为特定的犯罪人免除执行全部或者部分刑罚的制度。我国的特赦要由党中央或国务院提出建议，经全国人大常委会审议决定，由国家主席发布特赦令，并授权两院执行。特赦不及于罪行，不是使宣告刑与有罪宣告无效，而只及于刑罚，并且对于刑罚并未全免，也有减轻刑罚的情况。（5）依照刑法告诉才处理的犯罪，没有告诉或者撤回告诉的。这是指刑法规定侮辱罪、诽谤罪、暴力干涉婚姻自由罪、侵占罪、虐待罪五类告诉才处理的案件，如果被害人没有向法院起诉，或者在起诉之后又撤回告诉的，则检察院就应当作出法定不起诉的处理。（6）犯罪嫌疑人、被告人死亡的。这是因为犯罪嫌疑人、被告人死亡的，刑罚没有执行的基础。（7）其他法律规定免予追究刑事责任的，这一点要注意区别于《刑法》规定的“免予处罚”的情形。免予处罚是有罪，但可以不罚而已。而免予追究刑事责任，本身就是无罪的。

第二类叫酌定不起诉。此类不起诉又叫相对不起诉。是指人民检察院经过审查认为犯罪嫌疑人的行为虽然构成犯罪，但情节轻微，依照刑法规定不需要判处刑罚或者免除刑罚的，可以作出的不起诉决定。在这种情况下，人民检察院被赋予了根据刑事政策和公共利益裁量决定如何处理的权力，既可以提起公诉，也可以不提起公诉。

酌定不起诉必须满足两个基本条件：其一，人民检察院认为犯罪嫌疑人的行为符合刑法规定的犯罪构成要件，已经构成犯罪，应当负刑事责任。其二，犯罪情节轻微，依照刑法规定不需要判处刑罚或者免除刑罚。其中，“刑法规定不需要判处刑罚”的情形，是指《刑法》第 37 条规定的“对于犯罪情节轻微不需要判处刑罚的，可以免予刑事处罚，但是可以根据案件的不同情况，予以训诫或者责令具结悔过、赔礼道歉、赔偿损失，或者由主管部门予以行政处罚或者行政处分”。《刑法》规定的“免除刑罚”的情况，主要包括以下几种：（1）在我国领域外犯罪，依照我国刑法应当负刑事责任，但在国外已经受过刑事处罚的；（2）犯罪嫌疑人又聋又哑，或者是盲人的；（3）犯罪嫌疑人因防卫过当而犯罪的；（4）犯罪嫌疑人因避险过当而犯罪的；（5）为犯罪准备工具、制造条件的；（6）在犯罪过程中自动放弃犯罪或者自动有效防止犯罪结果发生，没有造成损害的；（7）在犯罪过程中，起次要或者辅助作用的；（8）被胁迫参加犯罪的；（9）犯罪嫌疑人自首且犯罪较轻的，或者有重大立功表现的。

对于被不起诉人是被酌定不起诉的，是否会在档案里留下犯罪前科，司法实务中存在不同认识。例如，有实务人士建议将酌定不起诉记录纳入违法犯罪信息库。[①] 2021 年公安部《公安机关办理犯罪记录查询工作规定》第 2 条规定：“有关人员涉嫌犯罪，但人民法院尚未作出生效判决、裁定，或者人民检察院作出不起诉决定，或者办案单位撤销案件、撤回起诉、对其终止侦查的，属于无犯罪记录人员。”因此，按照现行规定，即使被不起诉人是酌定不起诉的，仍然属于无犯罪记录的人员。

第三类叫证据不足不起诉。证据不足不起诉，是指人民检察院对于经过两次补充侦查或者补充调查的案件，仍然认为证据不足，不符合起诉条件的，经检察长批准，依法作出的不起诉决定。《刑事诉讼法》第 175 条第 4 款规定：“对于二次补充侦查的案件，人民检察院仍然认为证据不足，不符合起诉条件的，应当作出不起诉的决定。”在教材中认为，这种不起诉的前提条件是必须经过了两次补充侦查或者补充调查。没有经过补充

① 参见王金勇：《建议将酌定不起诉记录纳入违法犯罪信息库》，载《检察日报》2020 年 1 月 20 日，第 3 版。

侦查或者补充调查的案件，不能直接作出这种不起诉决定。经过一次补充侦查或者补充调查，人民检察院仍然认为证据不足的，不符合起诉条件，且没有再次退回补充侦查或者补充调查必要的，经检察长批准，可以作出不起诉决定。但其实，根据司法解释的有关规定，不经过补充侦查或补充调查，仍存在作出证据不足不起诉决定的情形。这是因为，《高检规则》第73条规定："人民检察院经审查认定存在非法取证行为的，对该证据应当予以排除，其他证据不能证明犯罪嫌疑人实施犯罪行为的，应当不批准或者决定逮捕。已经移送起诉的，可以依法将案件退回监察机关补充调查或者退回公安机关补充侦查，或者作出不起诉决定。"所以，根据这一司法解释，即使没有经过补充侦查、补充调查，仍然可以作出证据不足不起诉决定。

**延伸阅读推荐**

汪建成：《论起诉法定主义与起诉便宜主义的调和》，载《中国人民大学学报》2000年第2期，第90-95页。

## 问题2：法定不起诉的情形为何比《刑事诉讼法》第16条规定的情形多了一种？

我国现行《刑事诉讼法》第177条规定，"犯罪嫌疑人没有犯罪事实，或者有本法第十六条规定的情形之一的，人民检察院应当作出不起诉决定"。这种不起诉简称为法定不起诉。通过对比我们发现，法定不起诉除《刑事诉讼法》第16条规定的六种情形之外，还多出一种情形，即"没有犯罪事实的情形"。如果我们查找1996年《刑事诉讼法》第142条的规定，会发现当时是这样规定的："犯罪嫌疑人有本法第十五条规定的情形之一的，人民检察院应当作出不起诉决定。"可见，1996年《刑事诉讼法》规定的法定不起诉只针对第15条规定的六种情形之一，对于公安机关移送审查起诉的案件，检察机关发现犯罪嫌疑人没有违法犯罪行为的，应当书面说明理由将案卷退回公安机关处理，如果犯罪嫌疑人已经被逮捕，应当撤销逮捕决定，通知公安机关立即释放。也就是由公安机关撤销案件。但这样一来造成案件进入诉讼回流，如果公安机关没有及时撤销案件还会造成犯罪嫌疑人的羁押时间被延长，还不如由检察机关直接作出法定不起诉，一步到位，既有利于实现诉讼效率的价值目标，又有利于实现人权保障。因此，2012年《刑事诉讼法》修改时，将法定不起诉的情形修改为目前的表述。

## 问题3：被不起诉人为何要对检察院作出的不起诉决定提出申诉？

根据《刑事诉讼法》的规定，对于人民检察院作出的酌定不起诉决定，被不起诉人如果不服，可以自收到决定书后7日以内向人民检察院申诉，由作出决定的人民检察院负责捕诉的部门进行复查。被不起诉人在收到不起诉决定书7日以内提出申请的，则由负责控告申诉检察的部门进行审查。经审查，认为不起诉决定正确的，出具审查结论直接答复申诉人，并做好释法说理工作；认为不起诉决定可能存在错误的，移送负责捕诉的部门复查。

很多同学不理解，为什么刑事诉讼法只赋予被不起诉人针对酌定不起诉决定提出申诉的权利，而对于法定不起诉、证据不足不起诉均没有提出申诉的权利。这是因为，法定不起诉是针对犯罪嫌疑人没有犯罪事实，或者符合《刑事诉讼法》第 16 条规定的六种情形之一的。证据不足不起诉在性质上也是一种无罪的事实认定，因为疑罪从无是法院统一定罪原则的一项基本内容，当案件事实真伪不明时，应当认定被告人无罪。酌定不起诉虽然只是程序终结处分而没有对被不起诉人作出法律上有罪的结论，但被不起诉人仍可能对不起诉的理由不服，即认为自己根本不构成犯罪或者不应当追究刑事责任，因此，立法赋予了被不起诉人不服不起诉决定时申诉的权利。而且，司法实践中有些被不起诉人在侦查阶段、审查起诉阶段已经被采取拘留、逮捕等刑事强制措施，他们也希望通过申请国家赔偿来救济，但国家赔偿法确立了无罪羁押赔偿的原则①，如果是属于酌定不起诉的，被不起诉人是无法申请国家赔偿的。例如，2013 年，王某因涉嫌聚众扰乱社会秩序罪被公安机关移送审查起诉。同年 12 月，检察院依据 2012 年《刑事诉讼法》第 173 条第 2 款之规定，对王某、李某作出不起诉决定。二人不服，先后向检察院提出申诉。2014 年，检察院对该案立案复查。经复查，决定将依照 2012 年《刑事诉讼法》第 173 条第 2 款作出的不起诉决定纠正为依照 2012 年《刑事诉讼法》第 173 条第 1 款作出不起诉决定。

那么，如果被不起诉人原来是认罪认罚的，但后来反悔怎么办?《高检规则》第 278 条规定，犯罪嫌疑人认罪认罚，人民检察院依照《刑事诉讼法》第 177 条第 2 款作出不起诉决定后，犯罪嫌疑人反悔的，人民检察院应当进行审查，并区分下列情形依法作出处理："（一）发现犯罪嫌疑人没有犯罪事实，或者符合刑事诉讼法第 16 条规定的情形之一的，应当撤销原不起诉决定，依照刑事诉讼法第一百七十七条第一款的规定重新作出不起诉决定；（二）犯罪嫌疑人犯罪情节轻微，依照刑法不需要判处刑罚或者免除刑罚的，可以维持原不起诉决定；（三）排除认罪认罚因素后，符合起诉条件的，应当根据案件具体情况撤销原不起诉决定，依法提起公诉。"

### 问题 4：我国历史上存在的免予起诉是指什么?

据樊崇义教授的考证，我国免予起诉的历史可以追溯到 20 世纪 50 年代，当时在镇反革命期间，检察机关根据"惩办与宽大相结合"，以及"区别对待，分别瓦解"的刑事政策和理论，针对当时的对敌斗争的需要，在实践中创立免予起诉的做法。在 1956 年召开的第三次全国检察工作会议上，时任全国人大常委会副委员长的彭真同志指出，政策的从宽从严是根据客观形势决定的，形势需要从宽就从宽，需要从严就从严。在这次全国检察工作会议之后，各级检察机关开展了针对反革命分子的政治攻势，宣传党的"肃反"政策，号召反革命分子投案自首。当时，对于罪行轻微或者仅有一般历史罪名而没有现行破坏活动的自首者，一般不予追究；对于应当追究刑事责任，但能真诚坦白或者有立功表现，可以免予刑罚的自首者，作出免予起诉的决定；对于已经坦白自首，但罪恶严重，仍需判刑的，在起诉时建议法院从宽处理。

① 《国家赔偿法》第 19 条规定："属于下列情形之一的，国家不承担赔偿责任：……依照刑事诉讼法第十五条、第一百七十三条第二款、第二百七十三条第二款、第二百七十九条规定不追究刑事责任的人被羁押的。"（注：该条文中所指为 2012 年《刑事诉讼法》的序号，分别对应的 2018 年《刑事诉讼法》的条文序号为第十六条、第一百七十七条第二款、第二百八十二条第三款、第二百九十条。）

虽然免予起诉在特定的历史年代发挥了作用，产生良好的社会效果，但从理论上分析，这项制度存在着一些弊端：(1) 免予起诉违背了现代诉讼控诉权与审判权分离的原则，人民检察院未经审判而对被告人是否有罪作出定罪免刑的终局性处理，这违背了现代诉讼原理。(2) 一般认为，免予起诉是人民检察院对刑事追诉者作出的定罪免罚决定，其性质是有罪决定。这一规定使得检察机关拥有定罪权，侵犯了审判机关的定罪权的唯一性。取消免予起诉制度符合了未经人民法院审判不得定罪原则。

1979年《刑事诉讼法》第93条规定，检察机关侦查的案件，侦查终结后，应当作出提起公诉、免予起诉或者撤销案件的决定。公安机关侦查的案件，侦查终结后，应当写出起诉意见书或者免予起诉意见书，连同案卷材料、证据一并移送同级人民检察院审查决定。第95条规定，凡需要提起公诉或者免予起诉的案件，一律由人民检察院审查决定。第101条规定，依照刑法规定不需要判处刑罚或者免除刑罚的，人民检察院可以免予起诉。第102条规定，对于公安机关移送起诉的案件，人民检察院决定免予起诉的，应当将免予起诉决定书送公安机关。公安机关认为免予起诉的决定有错误的时候，可以要求复议，如果意见不被接受，可以向上一级人民检察院提请复核。对于有被害人的案件，决定免予起诉的，人民检察院应当将免予起诉决定书送达被害人。被害人如果不服，可以在收到后7日内向人民检察院申诉。人民检察院应当将复查结果告知被害人。第103条规定，对于免予起诉的决定，被告人如果不服，可以在7日内向人民检察院申诉。人民检察院应当作出复查决定，通知被告人，同时抄送公安机关。

人民法院判决被告人有罪，必须严格依照法定程序进行公开、公正的审理，并给予被告人一切辩护上所需的保障。在法庭审理过程中，充分听取被告人及其辩护人的辩护意见，保障被告人的质证权，在获得确实可靠的证据的基础上对被告人作出是否有罪的裁决。

**延伸阅读推荐**

樊崇义：《我国不起诉制度的产生和发展》，载《政法论坛》2000年第3期，第124-129页。

## 本章课后演练

**(一) 不定项选择题**

1. 黄某（17周岁，某汽车修理店职工）与吴某（16周岁，高中学生）在餐馆就餐时因琐事与赵某（16周岁，高中学生）发生争吵，并殴打赵某致其轻伤。检察院审查后，综合案件情况，拟对黄某作出附条件不起诉决定，对吴某作出不起诉决定。关于本案审查起诉的程序，下列选项正确的是（　　）。

A. 应当对黄某、吴某的成长经历、犯罪原因和监护教育等情况进行社会调查

B. 在讯问黄某、吴某和询问赵某时，应当分别通知他们的法定代理人到场

C. 应当分别听取黄某、吴某的辩护人的意见

D. 拟对黄某作出附条件不起诉决定，应当听取赵某及其法定代理人与诉讼代理人的

意见

2. 甲、乙、丙、丁四人涉嫌多次结伙盗窃，公安机关侦查终结移送审查起诉后，甲突然死亡。检察院审查后发现，甲和乙共同盗窃 1 次，数额未达刑事立案标准；乙和丙共同盗窃 1 次，数额刚达刑事立案标准；甲、丙、丁三人共同盗窃 1 次，数额巨大，但经两次退回公安机关补充侦查后仍证据不足；乙对其参与的 2 起盗窃有自首情节。关于本案，下列哪些选项是错误的？（　　）

A. 对甲可作出酌定不起诉决定

B. 对乙可作出法定不起诉决定

C. 对丙应作出证据不足不起诉决定

D. 对丁应作出证据不足不起诉决定

3. 检察院对孙某敲诈勒索案审查起诉后认为，作为此案关键证据的孙某口供系刑讯所获，依法应予排除。在排除该口供后，其他证据显然不足以支持起诉，因而作出不起诉决定。关于该案处理，下列哪些选项是正确的？（　　）

A. 检察院的不起诉属于存疑不起诉

B. 检察院未经退回补充侦查即作出不起诉决定违反《刑事诉讼法》的规定

C. 检察院排除刑讯获得的口供，体现了法律监督机关的属性

D. 检察院不起诉后，又发现新的证据，符合起诉条件时，可提起公诉

4. 下列哪些不起诉的被不起诉人可以向检察院提出申诉？（　　）

A. 法定不起诉　　B. 存疑不起诉

C. 酌定不起诉　　D. 附条件不起诉

5. 关于补充侦查，下列哪些选项是正确的？（　　）

A. 检察院审查公安机关报请批准逮捕的案件，发现证据不足的，可以决定退回补充侦查，补充侦查的期限为一个月

B. 检察院审查起诉时，认为事实不清、证据不足，可退回公安补充侦查

C. 法院对提起公诉的案件进行审查后，对主要事实不清、证据不足的，可退回检察院补充侦查

D. 合议庭在案件审理过程中，发现被告人可能有自首、立功等法定量刑情节，而起诉和移送的证据材料中没有这方面的证据材料的，应当建议检察院补充侦查

**（二）判断分析题**

1. 补充侦查应当在 1 个月以内补充侦查完毕。补充侦查以 2 次为限。

2. 因证据不足不起诉的，被不起诉人如果不服，可以申诉。

3. 检察机关不批准逮捕的需要补充侦查的案件，以及审查起诉阶段补充侦查的案件，均能由公安机关补充侦查，不得由检察机关自行侦查。

4. 审查起诉阶段，检察机关认为犯罪嫌疑人没有犯罪事实的，应当将案件退回公安机关。

5. 公安机关认为不起诉的决定有错误的时候，可以要求复议，作出不起诉决定的检察官应当进行审查，如果意见不被接受，可以向上一级人民检察院提请复核。

**（三）简答题**

1. 法定不起诉的情形包括哪些？

2. 对不起诉决定的制约方式有哪些?

3. 简述审查起诉的步骤和方法。

4. 对被不起诉人的涉案财物如何处理?

**(四)论述题**

1. 审查起诉的意义。

2. 如何理解我国起诉书移送方式的改革?

**(五)法条分析题**

《高检规则》第424条规定:"人民法院宣告判决前,人民检察院发现具有下列情形之一的,经检察长批准,可以撤回起诉"。

**(六)案例分析题**

侯某系葛某经营的养生会所员工。2015年6月4日22时40分许,某足浴店股东沈某因怀疑葛某等人举报其店内有人卖淫嫖娼,遂纠集本店员工雷某、柴某等4人持棒球棍、匕首赶至葛某的养生会所。沈某先行进入会所,无故推翻大堂盆栽挑衅,与葛某等人扭打。雷某、柴某等人随后持棒球棍、匕首冲入会所,殴打店内人员,其中雷某持匕首两次刺中侯某右大腿。其间,柴某所持棒球棍掉落,侯某捡起棒球棍挥打,击中雷某头部致其当场倒地。该会所员工报警,公安人员赶至现场,将沈某等人抓获,并将侯某、雷某送医救治。雷某经抢救无效,因严重颅脑损伤于6月24日死亡。侯某的损伤程度构成轻微伤,该会所另有2人被打致轻微伤。公安机关以侯某涉嫌故意伤害罪,移送检察机关审查起诉。浙江省杭州市检察院根据审查认定的事实,依据《刑法》第20条第3款的规定,认为本案沈某、雷某等人的行为属于《刑法》第20条第3款规定的"其他严重危及人身安全的暴力犯罪",侯某对此采取防卫行为,造成不法侵害人之一雷某死亡,依法不属于防卫过当,不负刑事责任,决定对侯某不起诉。[①]

问题:试分析本案中不起诉决定的性质。

## 参考答案

**(一)不定项选择题**

1. BCD　2. ABC　3. ACD　4. C　5. B

**(二)判断分析题**

1. 题略。

正确。《刑事诉讼法》第175条第3款规定:"对于补充侦查的案件,应当在一个月以内补充侦查完毕。补充侦查以二次为限。补充侦查完毕移送人民检察院后,人民检察院重新计算审查起诉期限。"

2. 题略。

错误。《刑事诉讼法》第181条规定:"对于人民检察院依照本法第一百七十七条第二款规定作出的不起诉决定,被不起诉人如果不服,可以自收到决定书后七日以内向人民检察院申诉。人民检察院应当作出复查决定,通知被不起诉的人,同时抄送公安机关。"可见,被不起诉人有权申诉的不起诉决定,只限于酌定不起诉。

---

① 参见侯某正当防卫案,最高人民检察院第十二批指导案例48号(2018年)。

3. 题略。

错误。对于不批准逮捕的需要补充侦查的案件，只能由公安机关补充侦查。但审查起诉阶段补充侦查的案件，既可以由公安机关补充侦查，也可以由检察机关自行侦查。

4. 题略。

错误。《刑事诉讼法》第177条规定：“犯罪嫌疑人没有犯罪事实，或者有本法第十六条规定的情形之一的，人民检察院应当作出不起诉决定。”

5. 题略。

错误。《高检规则》第379条第2款规定：“公安机关认为不起诉决定有错误要求复议的，人民检察院负责捕诉的部门应当另行指派检察官或者检察官办案组进行审查，并在收到要求复议意见书后三十日以内，经检察长批准，作出复议决定，通知公安机关。”

**（三）简答题**

1. 题略。

（1）犯罪嫌疑人没有犯罪事实；（2）情节显著轻微、危害不大，不认为是犯罪的；（3）犯罪已过追诉时效期限的；（4）经特赦令免除刑罚的；（5）依照刑法告诉才处理的犯罪，没有告诉或者撤回告诉的；（6）犯罪嫌疑人、被告人死亡的；（7）其他法律规定免予追究刑事责任的。

2. 题略。

（1）公安机关要求复议与提请复核；（2）被害人的申诉或者起诉；（3）被不起诉人的申诉。

3. 题略。

（1）审阅案卷材料；（2）讯问犯罪嫌疑人；（3）听取被害人的意见；（4）听取辩护人或值班律师、诉讼代理人的意见；（5）进行必要的鉴定；（6）补充核实其他证据；（7）补充侦查或者补充调查。

4. 题略。

对被不起诉人的违法所得及其他涉案财产应当区分不同情形，作出相应处理：（1）因犯罪嫌疑人死亡而不起诉，依照刑法规定应当追缴其违法所得及其他涉案财产的，按照《刑事诉讼法》关于犯罪嫌疑人、被告人逃匿、死亡案件违法所得没收程序的规定办理。（2）因其他原因不起诉，对于查封、扣押、冻结的犯罪嫌疑人违法所得及其他涉案财产需要没收的，应当提出检察意见，移送有关主管机关处理。（3）对于冻结的犯罪嫌疑人存款、汇款、债券、股票、基金份额等财产需要返还被害人的，可以通知金融机构、邮政部门返还被害人；对于查封、扣押的犯罪嫌疑人的违法所得及其他涉案财产需要返还被害人的，直接决定返还被害人。

**（四）论述题**

1. 题略。

主要应围绕以下三个方面展开：

（1）过滤案件，确保质量。

（2）侦查监督，弥补缺漏。

（3）启动审判，控制犯罪。

2. 题略。

主要应围绕以下四个方面展开：

(1) 世界上主要的起诉书移送模式。

(2) 我国起诉书移送方式的沿革及其成因。

(3) 我国当前起诉书移送方式的评价。

(4) 改革的方向。

**(五) 法条分析题**

题略。

应主要围绕以下几个方面展开分析：

(1) 该条司法解释的性质。

(2) 撤回公诉的法律根据。

(3) 撤回公诉的法定情形及其裁量权的行使。

(4) 撤回公诉的效力效果。

**(六) 案例分析题**

问题：试分析本案中检察机关不起诉决定的性质。

本案中，根据《刑法》的规定，被不起诉人对非法侵害采取防卫行为，造成不法侵害人死亡，依法不属于防卫过当，不负刑事责任。因此，应当认定为没有犯罪事实，属于法定不起诉。《刑事诉讼法》第177条规定，犯罪嫌疑人没有犯罪事实，或者有本法第16条规定的情形之一的，人民检察院应当作出不起诉决定。在审查起诉中，对犯罪事实和情节的审查是最主要的内容之一，这也是追究犯罪嫌疑人刑事责任的事实基础。因此，如果在审查起诉中发现，被侦查机关移送审查起诉的犯罪嫌疑人根本没有实施过该犯罪事实的，则应当作出不起诉的决定。

# 第十四章　第一审程序

## 本章知识图谱

- 第一审程序
  - 第一审程序的审理：公诉案件
    - 庭前审查
      - 审查目的
      - 审查内容
      - 审查方式
      - 审查后的处理
    - 庭前准备
      - 庭前准备的内容
      - 庭前会议制度
    - 法庭审判
      - 开庭
      - 法庭调查
        - 公诉人宣读起诉书
        - 被告人、被害人陈述
        - 讯问被告人、询问被害人
        - 举证与质证
      - 法庭辩论
        - 法庭辩论的内容
        - 法庭辩论的顺序
        - 定罪与量刑程序
      - 被告人最后陈述
    - 评议和宣判
    - 延期审理、中止审理与终止审理
      - 延期审理的情形
      - 中止审理的情形
      - 终止审理的情形
  - 第一审程序的审理：自诉案件
    - 自诉案件的范围
      - 告诉才处理的案件
      - 可自诉可公诉的案件
      - 公诉转自诉的案件
    - 自诉案件的受理
      - 自诉案件的受理条件
      - 自诉案件的受理程序
    - 自诉案件的审理
      - 自诉案件审理程序的特点
      - 自诉案件的和解、调解与撤诉
      - 自诉案件中的反诉
  - 第一审程序的审理：简易程序
    - 简易程序的特点
    - 简易程序的适用范围
      - 简易程序的适用条件
      - 不适用简易程序的情形
    - 简易程序的审理
  - 第一审程序的审理：速裁程序
    - 速裁程序的特点
    - 速裁程序的适用范围
      - 速裁程序的适用条件
      - 不适用速裁程序的情形
    - 速裁程序的审理
  - 第一审程序的裁判
    - 判决
      - 判决的种类
        - 有罪判决的种类
        - 无罪判决的种类
      - 认罪认罚案件中的判决
    - 裁定
    - 决定

## 本章重点问题

# 第一节　第一审程序的审理

### 问题 1：为什么公诉案件的庭前审查是程序性审查？

我国 1979 年《刑事诉讼法》规定，法院应当在庭前审查环节对公诉案件进行实体性审查，即需要通过阅卷审查公诉案件是否满足“犯罪事实清楚，证据确实、充分”标准，而且可以采取勘验、检查、搜查、扣押和鉴定等方式进行调查。如果审查后认为公诉案件达不到开庭审理的标准，则作出“要求检察院撤回起诉”的终局性处理。

这种实体性审查模式存在易导致庭审形式化的问题。因为，法院在开庭前乃至决定受理案件前，通过实质性的阅卷活动和调查活动，对案件事实形成了深刻印象，对案件的处理形成了审前预断；开庭时可能会走过场，只是形式上对审前预断的结论进行呈现而已。因此，1996 年修改《刑事诉讼法》时，将公诉案件的庭前审查变为程序性审查。法院审查的事项和决定开庭审理的条件是：案件“有明确的指控犯罪事实并且附有证据目录、证人名单和主要证据复印件或者照片”。法院不需要再审查案件事实是否清楚、证据是否充分。审查的方式为阅卷，不再在开庭审理之前进行调查核实证据的工作。1998 年《高法解释》具体列举了十项需审查的内容，但均为程序性问题，不涉及对案件事实认定和法律适用的实体性审查。2012 年修改《刑事诉讼法》时，对于庭前审查的条件删除了“附有证据目录、证人名单和主要证据复印件或者照片”的表述，进一步强化了程序性审查。

**延伸阅读推荐**

喻海松编著：《实务刑事诉讼法评注》，北京大学出版社 2023 年版，第 1334 页。

### 问题 2：庭前会议应当发挥怎样的功能？

我国 2012 年修改《刑事诉讼法》，确立了庭前会议制度。其第 182 条第 2 款规定：开庭以前，法官可以召集控辩双方召开庭前会议，就证人出庭名单、非法证据排除等程序性问题集中听取意见，整理证据和梳理争点。司法解释进一步规定，审判人员在以下情形中可以召开庭前会议：当事人及其辩护人、诉讼代理人申请排除非法证据的；证据材料较多、案情重大复杂的；社会影响重大的；需要召开庭前会议的其他情形。可见，庭前会议主要解决两类问题：首先，对程序性问题进行调查和交换意见；其次，针对实体性问题，可以整理争点。这两类问题都是为了确保庭审的顺利进行，避免程序性问题打断庭审，使庭审聚焦于实质性争议，促进庭审的实质化和集中性。立法人员认为：召开庭前会议有利于法官确定并把握庭审重点，从而做好庭前准备，保证庭审质量和效率。①

但是在实施层面，庭前会议制度存在一些问题。第一，在实践中适用率较低。即使

① 参见郎胜主编：《中华人民共和国刑事诉讼法释义》，法律出版社 2012 年版，第 395 页。

存在法定的情形，法官基于办案时间成本的考虑可能也不愿意召开庭前会议。第二，庭前会议的适用条件缺乏约束性，法官的自由裁量权过大。尤其是，控辩方提出的召开庭前会议的申请对于法官没有刚性约束力。第三，庭前会议对于程序性问题的处理缺乏约束效力。立法中规定了法官可在庭前会议中对程序性问题听取意见，诉讼双方可以交换意见。但是所交换和听取的意见，对于后续诉讼活动缺乏约束力。到了庭审阶段若针对同一问题诉讼方提出新的意见，庭前会议中达成的“合意”就会被架空。于是法官又要重复做程序性工作。这也是司法实践中法官适用庭前会议制度积极性不高的原因之一。[①] 第四，一些法官在适用庭前会议制度整理事实争点时，不当地进行了实体审理。相关调研表明，相比于简单的证据与争点整理，有的法官认为庭前会议的最大作用在于发现控方证据的问题，从而促使控方在开庭前补充证据。[②] 尽管这样做有提高诉讼效率、确保集中庭审的意义，但是让法官在开庭审判前进行证据证明力审查，使庭前会议变成了一个实体性问题调查的场域。这既不符合立法规定，也与庭审实质化的要求相悖。

**延伸阅读推荐**

（1）孙长永主编：《中国刑事诉讼法制四十年：回顾、反思与展望》，中国政法大学出版社2021年版，第614－615页。

（2）左卫民：《未完成的变革：刑事庭前会议实证研究》，载《中外法学》2015年第2期，第469－483页。

## 问题3：什么是直接言词原则？我国的庭审方式符合直接言词原则吗？

按照通常的理解，直接言词原则包含直接审理原则和言词审理原则。直接审理原则又包含形式直接性和实质直接性这两项要求。第一，形式直接性。审判人员必须亲自参加法庭的证据调查，观察和聆听举证、质证过程，不能通过阅览书面卷宗或听取其他人员转述等间接方式获取案件信息，审判人员在整个审理程序中须始终在场且不得更换。第二，实质直接性。应当使用直接的证据方法（或称为原始证据方法），禁止法院以间接的证据方法（即从原始证据方法派生而来的证据方法）替代之。第三，言词审理原则，又称为口头审理原则、口证原则，要求只能依据在开庭审理时经口头陈述、口头辩论的证据和事实而作出判决。原则上不允许以侦查案卷记载的内容作为法院判决的基础。

形式直接性、实质直接性、言词审理这三个方面紧密相关，很难严格区分，在适用时经常重合。因此这三项要求被统合在直接言词原则中，一般无须拆分。它们的区别主要是角度不同：直接审理要求审理者和证据“直接”接触；形式的直接性要求不能因为“审理者的替代”，而造成审理者与证据不直接接触（例如让书记员代理审判，然后听取书记员的汇报）；实质的直接性要求不能因为“证据的替代”，而造成审理者与证据不直接接触（例如用他人的转述，代替证人的亲自陈述）；言词审理要求审理者和证据以“言词”的方式接触，不能以其他方式替代（例如通过阅览卷宗和其他书面材料而作出裁判）。

直接言词原则允许有例外。要求在任何情况下，裁判者本人必须与原始的证据以言

---

① 参见左卫民：《未完成的变革：刑事庭前会议实证研究》，载《中外法学》2015年第2期。

② 参见孙长永主编：《中国刑事诉讼法制四十年：回顾、反思与展望》，中国政法大学出版社2021年版，第614页。

词方式直接接触，是不现实的。法律中包含了许多作为直接言词原则之例外的规则。但是必须重视这些例外性规则与直接言词原则之间的紧张关系，除非具有充分的理由，否则立法者不应创设直接言词之例外。

许多国家的诉讼法，从不同角度规定或体现了直接言词原则。例如：德国《刑事诉讼法》第 250 条："对事实的证明如果是建立在一个人的感觉之上的时候，要在审判中对他进行询问。询问不允许以宣读以前的询问笔录或者书面证言而代替。"第 427 条第 2 款："法官只能以提交审理并经过双方辩论的证据为依据作出判决。"法国《刑事诉讼法》第 452 条："证人以口头作证。但是，作为例外，经审判长允许，证人也可以通过书面文件作证。"意大利《刑事诉讼法》第 526 条规定："法官在评议中不得采用不是依法在庭审中调取的证据。"日本《刑事诉讼法》第 43 条规定："判决，除本法有特别规定的以外，应当根据言词辩论而作出。"德国《民事诉讼法》第 286 条第 1 款："法院应当考虑言词辩论的全部内容……"日本《民事诉讼法》第 247 条："裁判所为判决时，应斟酌全部言词辩论之意旨……"

在我国诉讼法典和司法解释文件中，对于直接言词原则并无专门的规定。但是许多条款体现了直接言词原则。首先，证据需当庭出示和经当事人质证的一般要求(《高法解释》第 71 条)，体现了直接言词原则，尤其是其中的实质直接性和言词审理原则。例如，《高法解释》第 71 条规定："证据未经当庭出示、辨认、质证等法庭调查程序查证属实，不得作为定案的根据。"其次，直接言词原则也反映在关于各类证据的具体举证、质证程序要求和审查判断规则中，最明显的就是证人出庭作证规则。《刑事诉讼法》第 192 条第 1 款规定："公诉人、当事人或者辩护人、诉讼代理人对证人证言有异议，且该证人证言对案件定罪量刑有重大影响，人民法院认为证人有必要出庭作证的，证人应当出庭作证。"要求证人本人出庭，以口头方式作证且接受当面质证，是实质直接性和言词审理原则的核心之意。

除了上述法律和司法解释条款，一些改革政策文件也反映出，直接言词原则是我国改革司法制度和证据制度的一个重要方向。例如，司法责任制改革体现了直接言词原则（主要是形式直接性）的要求。最高人民法院《关于完善人民法院司法责任制的若干意见》第 1 条规定："完善人民法院的司法责任制……让审理者裁判、由裁判者负责……"第 9 条规定："审判委员会只讨论涉及国家外交、安全和社会稳定的重大复杂案件，以及重大、疑难、复杂案件的法律适用问题。"但是我国的立法规定、司法制度和司法实践，仍然与理想的直接言词原则存在较大距离。

### 问题 4：我国的证人作证程序包含什么内容？违反作证程序的制裁性后果是什么？

证人作证程序包含三部分内容：第一，关于证人作证的前置程序要求；第二，关于证人到庭作证的要求；第三，违反前述要求的制裁后果。

1. 关于证人作证的前置程序要求

证人作证前需要满足一些前置程序要求，包括：(1) 原则上，证人必须经法院通知（依申请通知或依职权通知）才能作证。最高人民法院《关于适用〈中华人民共和国民事诉讼法〉的解释》第 117 条第 3 款规定："未经人民法院通知，证人不得出庭作证，但双方当事人同意并经人民法院准许的除外。”《刑事诉讼法》和《高法解释》对此无明确规定，但应当将其作为证人可以作证的一个应然要求。(2) 原则上，证人作证前不得旁听法庭审理过程，以及对其他证人的庭外询问过程。《高法解释》第 264 条规定：“向证人、调查人员、侦查人员发问应当分别进行。”第 265 条规定：“证人、鉴定人、有专门知识的人、调查人员、侦查人员或者其他人员不得旁听对本案的审理。有关人员作证或者发表意见后，审判长应当告知其退庭。”(3) 原则上，证人作证前需经过具结程序。《高法解释》第 258 条规定：“证人应当保证向法庭如实提供证言，并在保证书上签名。”

2. 关于证人到庭作证的要求

证人既可以出庭作证，也可以以不出庭的方式作证（例如提交书面证言、提交事先录制的视频或音频形式的证言、以同步视频或音频传输的方式作证等）。直接言词原则要求证人亲自出庭、以口头方式作证，但允许有例外。在我国刑事诉讼中，不要求所有情况下证人必须出庭，而是规定：公诉人、当事人或者辩护人、诉讼代理人对证人证言有异议，且该证人证言对案件定罪量刑有重大影响，人民法院认为证人有必要出庭作证的，证人应当出庭作证（《刑事诉讼法》第 192 条第 1 款）。《高法解释》第 253 条还不完全列举了一些证人可以不出庭的情形：(1) 庭审期间身患严重疾病或者行动极为不便的；(2) 居所远离开庭地点且交通极为不便的；(3) 身处国外短期无法回国的；(4) 有其他客观原因，确实无法出庭的。具有前述规定情形的，可以通过视频等方式作证。相比之下，《民事诉讼法》关于证人出庭的要求，比《刑事诉讼法》的更高。①

3. 违反前述要求的制裁后果

证人作证前需要满足前述前置程序要求，如果违反了这些要求（经法院通知、不得旁听法庭审理和需经过具结程序），所作的陈述不应具有证据资格。但是如果证人应当出庭却未出庭，即违反了刑事诉讼法中关于证人到庭的规定，是否会导致“传闻”形式的证言（例如该证人在侦查阶段的询问笔录、在庭外所写的书面证言、采用视频录制方式提交的证言等）被排除？换言之，如果违反了《刑事诉讼法》第 192 条第 1 款，是否会以传闻排除规则作为制裁措施。对此，《刑事诉讼法》第 193 条规定：“经人民法院通知，证人没有正当理由不出庭作证的，人民法院可以强制其到庭，但是被告人的配偶、父母、子女除外。证人没有正当理由拒绝出庭或者出庭后拒绝作证的，予以训诫，情节严重的，经院长批准，处以十日以下的拘留。被处罚人对拘留决定不服的，可以向上一级人民法院申请复议。复议期间不停止执行。”其中将强制到庭、训诫、拘留作为制裁性后果，但未规定排除该证人的传闻证言。《高法解释》第 91 条第 3 款规定：“经人民法院通知，证人没有正当理由拒绝出庭或者出庭后拒绝作证，法庭对其证言的真实性无法确认的，该证人证言不得作为定案的根据。”看上去该款似乎规定了排除非到庭证人证言的后果，但是其中明确规定了要以“真实性无法确认”为条件，也就是说仅仅不到庭不构成一个排除传闻证言的法定理由。从这个意义上来说，在我国刑事诉讼中针对普通的证人证言不适用传闻排除规则。②

---

① 参见《民事诉讼法》第 73 条、《民事证据规定》第 68 条。

② 相比较之下，《民事证据规定》第 68 条规定“无正当理由未出庭的证人以书面等方式提供的证言，不得作为认定案件事实的根据”，明确以排除传闻证言作为证人违反出庭要求的制裁性后果。

## 问题5：在审判阶段法院可以勘验吗？法院的勘验笔录具有什么效力？

在我国三大诉讼中，均存在法院勘验笔录这一证据种类，指的是由法院工作人员在庭外对物证（通常是不便或不宜搬运的物体）、现场进行勘验时所作的记录。在刑事诉讼中，法院除了可以进行勘验，还可以对人身进行检查，制作检查笔录。《刑事诉讼法》第196条规定："法庭审理过程中，合议庭对证据有疑问的，可以宣布休庭，对证据进行调查核实。人民法院调查核实证据，可以进行勘验、检查、查封、扣押、鉴定和查询、冻结。"

有观点认为，将法院所作的勘验笔录作为一种独立的证据种类，是借鉴了大陆法系的法定证据方法之"勘验"。这一观点并不准确。大陆法系的法定证据方法，实际上指的是对证据的法定调查程序，而非法定证据种类。其中的"勘验"，指的是对物证进行法庭调查的一套程序规则。这与我国将勘验笔录作为一种独立的证据种类不同。对于勘验笔录，我国立法和司法解释规定了一些程序要求、格式要求。若违背这些要求，能否产生否定证据能力的效力？对此，现行规范无明确规定。

将笔录作为一种独立的证据种类，适用专门的证据规则，反映了我国诉讼程序的卷宗主义、书面审理风格。法院勘验笔录与侦查机关的侦查笔录、行政主体的现场笔录，在性质上有区别。法院勘验笔录的制作主体是法院的工作人员（既包括审判组织的成员，也包括法院内的其他工作人员）。因此法院进行的勘验属于法院行使审判职权的范围。不宜从言词证据能力规则或实物证据能力规则的角度限制法院的勘验笔录。对法院的勘验笔录，一方面要以直接言词原则进行限制，即强调审判者的亲历性，避免由审判组织之外的人代行勘验；另一方面要以当事人的质证权进行限制，即对于勘验的过程和结果，应给予当事人充分的质证机会。应当按照这两个方面的要求，构建法院勘验的程序规则和勘验笔录的格式规则。

## 问题6：什么是"审判中心主义"？应当如何改革刑事审判程序以符合审判中心主义的要求？

我们可以从制度愿景、改革内容和价值定位三个方面分析"审判中心主义"理论。

第一，制度愿景。审判中心主义理论所倡导的是一个立体化的诉讼制度改革方案，其制度愿景包含了多个层面的内容。它直接针对的是诉讼程序模式层面，即对诉讼制度的整体性、宏观性改革；诉讼程序模式层面的制度愿景，向下可以衍生出更微观的诉讼法规则层面（微观技术层面），向上可以通向更宏观的司法体制层面（宏观体制层面）。

首先，诉讼程序模式层面。在这个层面上，审判中心主义所针对的主要是中国刑事诉讼程序呈现出来的"流水作业的纵向构造模式""案卷中心主义""侦查中心主义""线性诉讼结构"或者"诉讼阶段论"特征。具体的主张可以概括为：以审判阶段代替侦查阶段作为诉讼程序的核心，将流水作业式的诉讼流程转型为三角形的控辩审结构，让法院的司法职能管控其他机关的行政职能等。

其次，微观技术层面。诉讼程序模式的改革需要许多微观的技术性规范来支撑，因此审判中心主义理论向下延伸至诉讼法规则的层面。在这个层面上，研究者论述了许多具体的诉讼程序和证据法规则，认为它们是审判中心主义的题中之义，以及实现审判中心主义的制度构建着力点。包括：(1) 言词审理和集中审理原则以及证人出庭作证规则；(2) 对质权和庭审质证程序规则；(3) 证据能力或者说证据可采性规则；(4) 证明标准规则；(5) 非法证据排除规则；(6) 庭前会议制度；(7) 针对审前强制性侦查行为的司法令状规则；(8) 案卷移送制度；(9) 辩护制度的完善与控辩平等原则的落实；等等。

最后，宏观体制层面。诉讼程序模式的改革还需要具备恰当的外部制度环境，一些司法体制层面的问题会对实现审判中心主义模式构成制约。因此，审判中心主义理论在司法体制改革的层面也有所延伸。具体而言，审判中心主义所要求的诉讼程序模式，不仅涉及侦查、起诉、审判三个程序阶段之间的关系，也涉及这三个阶段的主导办案机关即公、检、法之间的关系。研究者通常认为，这三个机关之间关系的规定和运行实践，在以下两方面构成了审判中心主义改革的瓶颈：其一，我国法律中关于公检法“分工负责，互相配合，互相制约”的规定，与审判中心主义所要求的公检法关系模式相悖；其二，检察院在诉讼中具有超越公诉职能的法律监督职能，这突破了审判中心主义模式中的检察院职能定位。可见，审判中心主义在司法体制层面的愿景，已经超越了诉讼法的领域，而涉及宪法性规范和制度实践。

第二，改革内容。从学界的论述来看，审判中心主义改革的内容主要被划分为三个方面：

首先，对诉讼阶段论的改革。我国刑事诉讼法的法典结构和传统理论都具有鲜明的阶段论特征，首先就是对这种阶段论的改革：“‘审判中心论’的概念与‘诉讼阶段论’相对称，意味着刑事诉讼总体结构的调整。审判中心主义不仅要求审判阶段对案件的调查具有实质化的特征，而且依此为基准认识和建构诉讼中的总体建构。”① 在阐述如何按照审判中心主义的要求重塑诉讼阶段关系的时候，学者们通常采取以下递进式表达：审判应当成为整个诉讼程序的中心，一审应当成为整个审判体系的中心，庭审应当成为一审程序的中心。②

其次，促进庭审实质化的改革。与对诉讼阶段论的改革相承接，既然法院审判阶段中的庭审环节应当成为整个诉讼流程的中心，那么庭审环节理所当然是实质性的而非形式性的。研究者将庭审实质化的内涵细分为以下几方面：审前阶段中的决定（例如批准逮捕）对审判工作不应具有预断效应；庭审方式应当是言词审理而非书面卷宗式的审理；审判阶段中庭审之外的活动（包括庭前会议）应当是程序性的而非实体性的；等等。③

最后，程序监控的审判中心改革。学界提出的审判中心主义理论，除包括诉讼阶段论改革和庭审实质化改革之外，还包括审判阶段对审前阶段（或者说法院对其他机关办

① 张建伟：《审判中心主义的实质内涵与实现途径》，载《中外法学》2015 年第 4 期。

② 相关论述可参见陈光中、步洋洋：《审判中心与相关诉讼制度改革初探》，载《政法论坛》2015 年第 2 期；樊崇义、张中：《论以审判为中心的诉讼制度改革》，载《中州学刊》2015 年第 1 期。也有学者将这三个方面区分为两个方向：在水平方向上，一方面在宏观的侦查、审查起诉和审判关系上实现以审判为中心，另一方面在审判阶段做到以庭审为中心；在纵向审级结构上，确保第一审在整个刑事程序体系中居于“重心”地位。参见魏晓娜：《以审判为中心的刑事诉讼制度改革》，载《法学研究》2015 年第 4 期。

③ 参见汪海燕：《论刑事庭审实质化》，载《中国社会科学》2015 年第 2 期。

案行为）的管控权。有学者称之为“程序监控的审判中心”[①]。也就是说，审判中心主义改革不仅涉及对案件的实体审理，还涉及纯粹的程序问题。具体而言，“在未来的制度设计中，应该有审判职能对侦查阶段合法性的审查和控制的具体方案，让审判职能的理性光辉照耀侦控环节”[②]。总而言之，审判中心主义内含着对诉讼程序的司法控制原则；这种司法控制的效力应当辐射到审前阶段，法院不应在此处缺位。最能体现该原则的法律机制就是司法令状规则，以及作为事后制裁措施的非法证据排除规则。

第三，价值定位。学界倡导审判中心主义，实际上对其采取了双重的价值定位。一方面，认为审判中心主义能够发挥工具性的价值。也就是说，通过构建这种类型的诉讼程序，能够更好地实现某些实体性价值目标。首先，关于事实认定目标（个案事实问题）。审判中心主义的诉讼程序能够更好地审查判断证据、认定案件事实、防范冤假错案。其次，关于定罪和量刑的法律适用目标（个案法律问题）。在非审判中心主义的诉讼程序中，即使法庭能够准确地认定事实，也会受制于一些程序内和程序外的因素而作出不符合法律的定罪、量刑裁判。最后，除个案事实认定和法律适用之外，审判中心主义还对于通过法律解释推动诉讼法的发展具有意义（一般性法律问题）。在我国现行司法实践中，最高人民法院和最高人民检察院都出台了对刑事诉讼程序的司法解释，公安部也出台了部门规章性质的解释文件。因为立场不同，这些文件之间会存在规范冲突。鉴于此，有学者认为，关于刑事诉讼的司法解释应当贯彻“以司法为中心原则”：“一是侦查机关应遵从起诉机关，而负责追诉犯罪的起诉机关和侦查机关，则应遵从负责审判的人民法院，以此体现审判中心主义的要求；二是不同部门对刑事诉讼中的相关问题所作的规定，如果存在差异，应以司法机关的解释性规定为准。”[③]

另一方面，学界还预设了审判中心主义独立的程序性价值。也就是说，认为审判中心主义本身就是一种好的、值得追求的、应然的诉讼模式，这种模式本身就体现了现代法治文明的要求，而不管它是否会发挥作为实体目标之程序工具的有效性。中国法学研究中倡导审判中心主义的动因，是在比较法视野下对中国现实诉讼程序的反思。这种反思具有如下意义：对侦查中心主义的纠偏，对案卷中心主义的矫正，对诉讼阶段论的检讨。尽管这些纠偏、矫正、检讨可能会促进实体性的法律目标，例如减少冤假错案的发生等；但是还具有使不恰当的诉讼程序回归理性、公正、文明的独立意义。审判中心主义的独立价值，也体现在贯彻正当程序原则和保障人权方面。程序监控的审判中心改革内容，就彰显了这种程序价值。

**延伸阅读推荐**

（1）龙宗智：《“以审判为中心”的改革及其限度》，载《中外法学》2015 年第 4 期，第 846 - 860 页；

（2）魏晓娜：《以审判为中心的刑事诉讼制度改革》，载《法学研究》2015 年第 4

---

① 龙宗智：《“以审判为中心”的改革及其限度》，载《中外法学》2015 年第 4 期。

② 谢佑平：《论以审判为中心的诉讼制度改——以诉讼职能为视角》，载《政法论丛》2016 年第 5 期。文中是在论述如何对“以审判为中心”的诉讼制度之顶层设计进行完善时，提出关于司法控制原则的论述。实际上这代表着“审判中心主义”的理论观点。

③ 王敏远：《2012 年刑事诉讼法修改后的司法解释研究》，载《国家检察官学院学报》2015 年第 1 期。

期，第86-104页；

(3) 樊传明：《审判中心论的话语体系分歧及其解决》，载《法学研究》2017年第5期，第192-208页。

## 问题7：我国的一审程序是如何分流的？还存在什么问题？

我国一审程序的繁简分流，目前在立法中已经形成了“普通程序—简易程序—速裁程序”的体系。[①] 基层人民法院管辖的案件，同时符合下列条件的，可以适用简易程序审判：案件事实清楚、证据充分的；被告人承认自己所犯罪行，对指控的犯罪事实没有异议的；被告人对适用简易程序没有异议的。基层人民法院管辖的可能判处3年有期徒刑以下刑罚的案件，案件事实清楚，证据确实、充分，被告人认罪认罚并同意适用速裁程序的，可以适用速裁程序。

简易程序在以下方面区别于普通程序：（1）审判组织的简化。可能判处3年有期徒刑以下刑罚的，可以由审判员一人独任审判，也可以组成合议庭审判；可能判处的有期徒刑超过3年的，必须组成合议庭审判。（2）送达文书的简化。送达文书的方式可以简化，送达起诉书副本不受期限限制；但应当在开庭3日前通知检察院、自诉人、被告人、辩护人。（3）法庭审判程序的简化：庭审程序可以变通、简化，但不得省略被告人最后陈述的环节。（4）宣判方式的规定。一般应当当庭宣判。速裁程序则在简易程序的基础上进一步简化，包括：（1）由审判员一人独任审判。（2）不受送达期限的限制。（3）一般不进行法庭调查、法庭辩论，但在判决宣告前应当听取辩护人的意见和被告人的最后陈述意见。（4）应当当庭宣判。

关于审判程序的分流还存在以下问题或争论：第一，在轻罪案件于刑事案件大幅占比的情势下，简易程序和速裁程序的适用率偏低，未能充分发挥出轻罪案件的快速处理优势。应当合理解释法定条件，在立法修改时完善法定条件，扩大简易程序和速裁程序的适用范围。第二，审判程序分流的依据是多元的。按照现行立法，在对审判程序进行分流时，既要考虑案件本身的复杂性（例如“事实清楚”），又要考虑被告人对实体问题的认答情况（例如“承认自己所犯罪行，对指控的犯罪事实没有异议”或“认罪认罚”），还要考虑被告人对程序简化的同意（即同意适用简易程序或速裁程序）。因此我国的审判程序分流不仅是程序上的繁简分流，而且过多牵涉案件实体问题。这导致审判程序分流的理念指引不够清晰。相比较而言，在域外的审判程序简化模式中，少有将被告人“认罚”情况作为程序简化根据的设置。[②] 程序分流主要考虑针对程序性事项的合意。第三，是否可以进一步简化速裁程序的审理过程。有研究者主张，对某些非常轻微的案件，借鉴德、法、意、日等国家的处罚令程序，适用书面审，省略庭审环节。但也有研究者认为，我国速裁程序目前尚不宜采用书面审理方式。因为，在实体维度上，我国与设置处罚令程序的国家在刑法上的结构性差异，导致两种程序在案件适用范围上存在重大区别。

---

① 以前还存在“普通程序简易审”的做法，即对某些适用普通程序审理的刑事案件，在被告人自愿作有罪答辩的前提下，在案件事实清楚、证据充分的基础上，采取简化部分审理程序，不必一证一质，快速审结案件的一种庭审方式。普通程序简易审在相关规范性文件中有所规定，但未规定于刑事诉讼法之中。

② 参见李本森、戴紫君：《反思与重塑：刑事速裁程序适用范围研究》，载《学术界》2021年第12期。

在程序维度上，不仅要关注两种程序审判阶段的情况，还应当关注审前阶段被追诉人权利保障方面的不同。较处罚令程序而言，无论是在实体维度还是程序维度上，我国速裁程序都还不具备书面审的条件。①

**延伸阅读推荐**

（1）贾志强：《“书面审”抑或“开庭审”：我国刑事速裁程序审理方式探究》，载《华东政法大学学报》2018 年第 4 期，第 132－145 页。

（2）李本森、戴紫君：《反思与重塑：刑事速裁程序适用范围研究》，载《学术界》2021 年第 12 期，第 133－143 页。

## 第二节 第一审程序的裁判

### 问题 1：事实清楚的无罪判决和事实不清的无罪判决有什么区别？

《刑事诉讼法》第 200 条规定：“在被告人最后陈述后，审判长宣布休庭，合议庭进行评议，根据已经查明的事实、证据和有关的法律规定，分别作出以下判决：（一）案件事实清楚，证据确实、充分，依据法律认定被告人有罪的，应当作出有罪判决；（二）依据法律认定被告人无罪的，应当作出无罪判决；（三）证据不足，不能认定被告人有罪的，应当作出证据不足、指控的犯罪不能成立的无罪判决。”其中第 2、3 项是两种不同性质的无罪判决。相应地，《高法解释》第 295 条第 3、4 项表述为：“案件事实清楚，证据确实、充分，依据法律认定被告人无罪的，应当判决宣告被告人无罪”；“证据不足，不能认定被告人有罪的，应当以证据不足、指控的犯罪不能成立，判决宣告被告人无罪”。可以将这两种情况简称为“事实清楚的（或证据确实、充分的）无罪判决”和“事实不清的（或证据不足的）无罪判决”。

这两种无罪判决的性质是不一样的。“事实清楚的无罪判决”意味着，裁判者形成了关于被告人无罪的内心信念，且信念的强度超过了法定的证明标准。此时，作出无罪判决是自由心证的结果。而“事实不清的无罪判决”意味着，裁判者未能形成超过法定证明标准的有罪信念。或者说，有证据证明被告人有罪，但是这些证据的综合证明力达不到证明标准的要求。此时，自由心证未果，裁判者就要根据法定的证明责任分配规则作出裁判。由于在刑事诉讼中原则上由控方承担证明责任，所以此时裁判者应作出无罪的判决。“事实清楚的无罪判决”本质上是一个事实裁决（或称作为事实问题的裁决），即根据内心信念认定事实问题；而“事实不清的无罪判决”本质上是法律裁决（或称作为法律问题的裁决），即由于无法认定事实，只能适用法律规则作出裁决。

这两类无罪判决对于再审程序的启动有影响。对于“事实清楚的无罪判决”，以后发现新的有罪证据，拟纠正裁判错误的，需要通过启动审判监督程序解决。而对于“事实不清的无罪判决”，法院宣告被告人无罪后，人民检察院根据新的事实、证据重新起诉

① 参见贾志强：《“书面审”抑或“开庭审”：我国刑事速裁程序审理方式探究》，载《华东政法大学学报》2018 年第 4 期。

的，法院应当受理。不需要通过审判监督程序纠正错误，因为原来的无罪判决是在事实不清情况下通过适用证明责任分配规则而作出的法律性质的判决，不存在事实认定错误的问题。

法学理论中“真伪不明”的概念，在刑事诉讼中对应于“事实不清的无罪判决”。真伪不明是德国诉讼法理论中常用的一个概念，源于罗马法中的“*non liquet*”，指的是“在诉讼结束时，当所有能够释明事实真相的措施都已经采用过了，但是争议事实仍然不清楚（有时亦称无法证明、法官心证模糊）的最终状态”[①]。受德国法学的影响，我国的民事诉讼证据理论中早已接受和常用真伪不明这个概念。刑事诉讼证据理论受英美法影响较多，未普遍使用这个概念。但刑事诉讼中常说的“存疑”“疑案”“事实不清”状态，等同于“真伪不明”的状态。第一，如果裁判者评价证据后形成的关于待证事实的信念强度高于证明标准（此时我们可以说：他形成了关于待证事实的“内心确信”，或待证事实被“完全证明”），就应认定待证事实成立。第二，如果关于待证事实的信念强度低于50％这个数值（此时我们可以说：待证事实“完全未被证明”），就应认定待证事实不成立。第三，如果信念强度位于证明标准和50％之间，就是所谓的真伪不明状态，此时应适用客观证明责任，“认定”（实际上是按照法律裁决）待证事实不成立。

### 问题2：在认罪认罚案件中法院是否一定要采纳检察院的量刑建议？

该问题涉及对《刑事诉讼法》第201条的理解。《刑事诉讼法》第201条第1款规定，对于认罪认罚案件，人民法院依法作出判决时“一般应当”采纳人民检察院指控的罪名和量刑建议。但是有所列的五种法定情形除外，这些情形包括：被告人的行为不构成犯罪或者不应当追究其刑事责任的；被告人违背意愿认罪认罚的；被告人否认指控的犯罪事实的；起诉指控的罪名与审理认定的罪名不一致的；其他可能影响公正审判的情形。该条第2款规定：“人民法院经审理认为量刑建议明显不当，或者被告人、辩护人对量刑建议提出异议的，人民检察院可以调整量刑建议。人民检察院不调整量刑建议或者调整量刑建议后仍然明显不当的，人民法院应当依法作出判决。”

我国认罪认罚从宽制度改革中，检察院发挥了主导作用。在最终形成的制度模式中，认罪认罚主要体现为检察院主导的控辩量刑协商。因此《刑事诉讼法》第201条反映出公诉权对裁判权的一定限制：一方面，对于量刑建议法院以采纳为原则，以拒绝为例外。另一方面，该条的文义可被解读为，调整量刑建议首先是检察院的权力，只有在检察院放弃调整或调整后仍明显不当的，法院才能依据法律作出判决。按照相关解释，量刑建议对于法院的约束力，也是“认罪认罚案件在程序上从简、实体上从宽的重要体现”，它一方面显示出认罪认罚的法律后果，即总体上人民法院会在案件的实体性判断上从宽把握；另一方面，也能够建立被追诉人对从宽利益直观和稳定的预期，激励被追诉人认罪认罚，促进认罪服判。[②] 但是《刑事诉讼法》第201条不否认法院在定罪量刑上的最终裁判权力，尤其是第2款明确了法院调整量刑、依据法律作出裁判的权力，符合以审判为中心的原则。域外的刑事诉讼法也尊重法院在定罪量刑问题上的最终裁决权力，通常不

---

① ［德］汉斯·普维庭：《现代证明责任问题》，吴越译，法律出版社2006年版，第21页。

② 参见王爱立主编：《中华人民共和国刑事诉讼法修改条文解读》，中国法制出版社2018年版，第141－143页。

在刑事诉讼法中规定控辩协商对法院裁决的刚性约束力。例如，《美国联邦刑事诉讼规则》第 11（c）（3）（A）条规定，法官在对控辩双方达成的协议进行审查后，可以选择接受、拒绝或者推迟决定。在法国的事先认罪出庭程序中，根据《法国刑事诉讼法》第 495－9 条及第 495－12 条的规定，大审法院院长或院长委派的法官可以裁定认可检察官提议的刑罚，也可以裁定拒绝认可。在《日本刑事诉讼法》建立的协议、合意制度中，法院既不介入诉、辩交易，也不受合意内容的约束。①

《刑事诉讼法》第 201 条中的“一般应当”应被理解为原则上采纳，但允许有例外。所谓的例外既包括第 1 款中列举的五项，也包括第 2 款规定的情况。此处需要解释两个问题：

首先，第 1 款和第 2 款是什么关系？第 2 款是否必须在出现了第 1 款所列情形时才能适用？或者可以单独适用？第一种观点认为，法院不应在未出现第 1 款情形时直接以第 2 款为依据，不采纳检察院的量刑建议。两款之间是继受关系，满足了第 1 款才能适用第 2 款。第二种观点认为，两款是并列关系，第 2 款可以单独适用。第二种观点较为妥当。因为，第 1 款所列的几种情形，与第 2 款规定的“量刑明显不当”和“对量刑建议提出异议”，从性质上是不同。第 1 款的情形在性质上属于否定了认罚的前提，即不构成犯罪、不应当追究刑事责任、违背自愿性、不认罪、罪名可能有误等。它们从性质上不属于量刑不当问题。第 2 款指的是不存在这些情形时，量刑却存在不当或异议的情况。因此第 2 款应当独立适用。

其次，在“例外”的情况下，法院不采纳检察院的量刑建议，是否必须先让检察院调整量刑建议，在检察院拒绝调整或调整后仍不当时才能不采纳？或者法院可以直接不予采纳，根据法律作出裁判？对此存在不同观点：第一种观点认为，对于第 1 款规定的情形，法院可以直接不予采纳，依法作出判决，而对于第 2 款规定的情形，法院必须先请检察院调整量刑建议。② 第二种观点认为，法院不经由检察院调整量刑建议而径行裁判属于“突袭性裁判”。具体可分为两种情形：若裁判结果有利于被告人，仅构成程序瑕疵，突袭性裁判不属于二审法院发回重审的事由；若裁判结果不利于被告人，构成影响公正审判的程序违法，二审法院应当支持抗诉、发回重审。③ 第三种观点则认为，所谓的法院径行裁判属于审判权行使应有之义。突袭性裁判的关注点应当在于，是否给予了控辩双方就重要事项展开“攻防”的机会，至于裁判结果孰轻孰重，究竟对何方有利则属于法官审判权应有之义。法院在认为量刑建议不当时，应重点关注其是否组织控辩双方就重点情节进行辩论，并在不采控辩双方合意时是否在判决书中加以释明。因此，法院调整量刑不以检察院自行调整为必要前置程序。④

**延伸阅读推荐**

（1）闫召华：《“一般应当采纳”条款适用中的“检”“法”冲突及其化解——基于对

① 参见闫召华：《“一般应当采纳”条款适用中的“检”“法”冲突及其化解——基于对〈刑事诉讼法〉第 201 条的规范分析》，载《环球法律评论》2020 年第 5 期。

② 参见闫召华：《“一般应当采纳”条款适用中的“检”“法”冲突及其化解——基于对〈刑事诉讼法〉第 201 条的规范分析》，载《环球法律评论》2020 年第 5 期。

③ 参见龙宗智：《刑事诉讼中防止突袭性裁判问题研究》，载《政法论坛》2022 年第 4 期。

④ 参见郭烁：《量刑协商正当性的补强与量刑建议刚性神话的祛魅》，载《法制与社会发展》2023 年第 3 期。

〈刑事诉讼法〉第201条的规范分析》，载《环球法律评论》2020年第5期，第133－148页。

（2）郭烁：《量刑协商正当性的补强与量刑建议刚性神话的祛魅》，《法制与社会发展》2023年第3期，第134－150页。

## 本章课后演练

**（一）不定项选择题**

1. 在公诉案件的庭前审查中，法院需要审查以下哪些事项？（　　）

A. 案件是否符合审判管辖的规定

B. 案件的材料移送是否齐全

C. 是否有足以证明被告人有罪的证据

D. 是否属于告诉才处理的案件

2. 对于刑事自诉案件，以下哪些情形视为不符合法院受理的条件？（　　）

A. 经法院调解结案后，自诉人反悔，就同一事实又告诉的

B. 因证据不足而撤诉或被驳回起诉后，又提出了新的足以证明被告人有罪的证据，再次起诉的

C. 不服人民检察院对未成年犯罪嫌疑人作出的附条件不起诉决定或者附条件不起诉考验期满后作出的不起诉决定，向人民法院起诉的

D. 自诉人起诉的犯罪已过追诉时效期限的

3. 下列哪些情形不能适用刑事简易程序审判？（　　）

A. 被告人不认罚的

B. 辩护人作无罪辩护的

C. 可能判处3年以上刑罚的

D. 有重大社会影响的

4. 关于刑事速裁程序，以下哪些说法是正确的？（　　）

A. 可以由审判员一人独任审判，也可以组成合议庭审判

B. 不进行法庭调查和法庭辩论

C. 必须当庭宣判

D. 在判决宣告前应当听取辩护人的意见

5. 对以下哪些情形应当重新计算审理期限？（　　）

A. 检察院补充侦查完毕，移送法院审理的

B. 在审理过程中，改变管辖的法院的

C. 在审理过程中，简易程序变为普通程序

D. 中止审理的

6. 下列哪一案件可适用简易程序审理？（　　）

A. 甲为境外非法提供国家秘密案，情节较轻，可能判处3年以下有期徒刑

B. 乙抢劫案，可能判处10年以上有期徒刑，检察院未建议适用简易程序

C. 丙传播淫秽物品案，经审查认为，情节显著轻微，可能不构成犯罪

D. 丁暴力取证案，可能被判处拘役，丁的辩护人作无罪辩护

7. 以下哪些情形应当延期审理？（　　）

A. 需要通知新的证人到庭，调取新的物证，重新鉴定或者勘验的

B. 被告人患有严重疾病，无法出庭的

C. 由于申请回避而不能进行审判的

D. 被告人脱逃的

8. 检察院以抢夺罪向法院提起公诉，法院经审理后查明被告人构成抢劫罪。关于法院的做法，下列哪一选项是正确的？（　　）

A. 应当建议检察院改变起诉罪名，不能直接以抢劫罪定罪

B. 可以直接以抢劫罪定罪，不必建议检察院改变起诉罪名

C. 只能判决无罪，检察院应以抢劫罪另行起诉

D. 应当驳回起诉，检察院应以抢劫罪另行起诉

9. 在一审法院审理中出现下列哪一特殊情形时，应以判决的形式作出裁判？（　　）

A. 经审理发现犯罪已过追诉时效且不是必须追诉的

B. 自诉人未经法庭准许中途退庭的

C. 经审理发现被告人系精神病人，在不能控制自己行为时造成危害结果的

D. 被告人在审理过程中死亡，根据已查明的案件事实和认定的证据，尚不能确认其无罪的

10. 在法院审理过程中被告人死亡的，应当如何处理？（　　）

A. 应当判决宣告无罪

B. 应当裁定终止审理

C. 应当裁定中止审理

D. 有证据证明被告人无罪的，可进行缺席审理

**（二）判断分析题**

1. 对于案情复杂的重罪案件，被告人及其辩护人向法院提出召开庭前会议申请的，法院可以根据案件审理情况，决定不召开。

2. 在我国审判程序的法庭调查环节，对证人进行直接询问时不得采用诱导性问题，进行交叉询问时可以采用诱导性问题。

3. 公诉人申请出示开庭前未提交法院的证据，辩护方提出异议的，审判长应不允许公诉人提交。

4. 被告人在最后陈述中提出新的辩解理由，合议庭认为可能影响正确裁判的，应当恢复法庭调查。

5. 被告人因未达到刑事责任年龄，不予刑事处罚的，应当作出无罪判决。

**（三）简答题**

1. 简述直接言词原则的内涵。

2. 简述延期审理和中止审理的情形。

3. 在刑事审判中适用简易程序的条件是什么？

4. 在刑事审判中简易程序和速裁程序的审理有什么不同？

5. 法院受理自诉案件的条件是什么？

**（四）论述题**

1. 我国庭前会议制度的适用条件、制度功能与存在的问题。

2. 审判中心主义的要求是什么？它对刑事诉讼制度改革的引领作用体现在哪些方面？

**（五）法条分析题**

1.《刑事诉讼法》第 192 条第 1 款："公诉人、当事人或者辩护人、诉讼代理人对证人证言有异议，且该证人证言对案件定罪量刑有重大影响，人民法院认为证人有必要出庭作证的，证人应当出庭作证。"

2.《刑事诉讼法》第 201 条第 2 款："人民法院经审理认为量刑建议明显不当，或者被告人、辩护人对量刑建议提出异议的，人民检察院可以调整量刑建议。人民检察院不调整量刑建议或者调整量刑建议后仍然明显不当的，人民法院应当依法作出判决。"

## 参考答案

**（一）不定项选择题**

1. ABD 2. ACD 3. BD 4. CD 5. ABC 6. B 7. AC 8. B 9. C 10. BD

**（二）判断分析题**

1. 题略。

正确。根据刑事诉讼法的规定：在开庭以前，审判人员可以召集公诉人、当事人和辩护人、诉讼代理人，对回避、出庭证人名单、非法证据排除等与审判相关的问题，了解情况，听取意见。可见是否召开庭前会议由审判人员决定。

2. 题略。

错误。我国刑事诉讼法未严格区分直接询问和交叉询问。根据《高法解释》第 261 条，"向证人发问应当遵循以下规则：……不得以诱导方式发问"。即不管是举证方的发问还是质证方的发问都不能采用诱导性问题。

3. 题略。

错误。根据《高法解释》第 272 条的规定，公诉人申请出示开庭前未移送或者提交人民法院的证据，辩护方提出异议的，审判长应当要求公诉人说明理由；理由成立并确有出示必要的，应当准许。辩护方提出需要对新的证据做辩护准备的，法庭可以宣布休庭，并确定准备辩护的时间。

4. 题略。

错误。根据《高法解释》第 236 条的规定，被告人在最后陈述中提出新的事实、证据，合议庭认为可能影响正确裁判的，应当恢复法庭调查；被告人提出新的辩解理由，合议庭认为可能影响正确裁判的，应当恢复法庭辩论。

5. 题略。

正确。根据《高法解释》第 295 条的规定，被告人因未达到刑事责任年龄，不予刑事处罚的，应当判决宣告被告人不负刑事责任。其本质上属于无罪判决，因为被告人不符合犯罪构成的主体要件。

**（三）简答题**

1. 题略。

直接言词原则包含直接审理原则和言词审理原则。直接审理原则又包含形式直接性和实质直接性这两项要求。(1) 形式直接性。审判人员必须亲自参加法庭的证据调查，观察和聆听举证、质证过程，不能通过阅览书面卷宗或听取其他人员转述等间接方式获取案件信息，审判人员在整个审理程序中须始终在场且不得更换。(2) 实质直接性。应当使用直接的证据方法（或称为原始证据方法），禁止法院以间接的证据方法（即从原始证据方法派生而来的证据方法）替代之。(3) 言词审理原则，又称为口头审理原则、口证原则，要求只能依据在开庭审理时经口头陈述、口头辩论的证据和事实而作出判决。原则上不允许以侦查案卷记载的内容作为法院判决的基础。

2. 题略。

在法庭审判过程中，遇有下列情形之一，影响审判进行的，可以延期审理：(1) 需要通知新的证人到庭，调取新的物证，重新鉴定或者勘验的；(2) 检察人员发现提起公诉的案件需要补充侦查，提出建议的；(3) 由于申请回避而不能进行审判的。

在审判过程中，有下列情形之一，致使案件在较长时间内无法继续审理的，可以中止审理：(1) 被告人患有严重疾病，无法出庭的；(2) 被告人脱逃的；(3) 自诉人患有严重疾病，无法出庭，未委托诉讼代理人出庭的；(4) 由于不能抗拒的原因。

3. 题略。

基层人民法院管辖的案件，符合下列条件的，可以适用简易程序审判：(1) 案件事实清楚、证据充分的；(2) 被告人承认自己所犯罪行，对指控的犯罪事实没有异议的；(3) 被告人对适用简易程序没有异议的。

4. 题略。

简易程序的审理具有以下特点：(1) 可能判处 3 年有期徒刑以下刑罚的，可以由审判员一人独任审判，也可以组成合议庭审判；可能判处的有期徒刑超过 3 年的，必须组成合议庭审判。(2) 送达文书的方式可以简化，送达起诉书副本不受期限限制；但应当在开庭 3 日前通知检察院、自诉人、被告人、辩护人。(3) 庭审程序可以变通、简化，但不得省略被告人最后陈述的环节。(4) 宣判方式：一般应当当庭宣判。

速裁程序是在简易程序的基础上进一步简化，包括：(1) 由审判员一人独任审判。(2) 适用速裁程序审理案件，不受送达期限的限制。(3) 一般不进行法庭调查、法庭辩论，但在判决宣告前应当听取辩护人的意见和被告人的最后陈述意见。(4) 适用速裁程序审理案件，应当当庭宣判。

5. 题略。

(1) 属于自诉案件的范围（即法院立案管辖的案件范围）。(2) 符合审判管辖的规定（级别管辖和地域管辖）。(3) 自诉人享有自诉权。被害人享有自诉权；若被害人因某种原因不能亲自起诉的，其法定代理人、近亲属可以起诉。(4) 有明确的被告人、具体的诉讼请求和能证明犯罪事实的证据。(5) 对于公诉转自诉的案件，应当提交证据证明：相关机关不立案，或者已撤销案件或决定不起诉。(6) 不存在不应当追究刑事责任的情形。

**(四) 论述题**

1. 题略。

(1) 审判人员在以下情形中可以召开庭前会议：当事人及其辩护人、诉讼代理人申请排除非法证据的；证据材料较多、案情重大复杂的；社会影响重大的；需要召开庭前会议的其他情形。

（2）庭前会议主要解决两类问题：首先，对程序性问题进行调查和交换意见；其次，针对实体性问题，可以整理争点。这两类问题都是为了确保庭审的顺利进行，避免程序性问题打断庭审，使庭审聚焦于实质性争议，促进庭审的实质化和集中性。召开庭前会议有利于法官确定并把握庭审重点，从而做好庭前准备，保证庭审质量和效率。

（3）庭前会议制度存在一些问题。第一，在实践中适用率较低。第二，庭前会议的适用条件缺乏约束性，法官的自由裁量权过大。尤其是，控辩方提出的召开庭前会议的申请对于法官没有刚性约束力。第三，庭前会议对于程序性问题的处理缺乏约束效力。第四，一些法官在适用庭前会议制度整理事实争点时，不当地进行了实体审理。

2. 题略。

（1）审判中心主义的要求。主要围绕以下三个方面展开：首先，诉讼程序模式层面。其次，微观技术层面。最后，宏观体制层面。

（2）对刑事诉讼制度改革的引领。应至少围绕以下三个方面分析：首先，对诉讼阶段论的改革。其次，促进庭审实质化的改革。最后，程序监控的审判中心改革。

**（五）法条分析题**

1. 题略。

可以从以下几个方面分析该法条：（1）证人出庭作证的意义是什么；（2）我国刑事诉讼中证人必须出庭的条件是什么；（3）证人应当出庭却不出庭时的制裁性后果是什么；（4）对“有重大影响”“有必要”应如何解释；（5）根据直接言词原则及其他刑事诉讼理念应当如何评价该条文。

2. 题略。

可以从以下几个方面分析该法条：（1）在认罪认罚案件中检察院的量刑建议对于法院有怎样的约束力？（2）如何理解“量刑明显不当”？（3）被告人和辩护人提出异议是否有所不同？（4）法院可否径行调整量刑，无须经过检察院自行调整？

# 第十五章　第二审程序

## 本章知识图谱

- 第二审程序
  - 审级制度概述
    - 概念
      - 是指宪法和法律规定的审判机关的层级及其案件可以经过几级法院审判便告终结的制度。主要有三级终审制（日本、英法德奥）和两级终审制
      - 我国《刑事诉讼法》第10条规定：人民法院审判案件，实行两审终审制
    - 内容
      - 由低到高，设定哪几个法院层级
      - 一个案件最多经过几级法院审判方可终结
    - 目的和意义
      - 保障上诉权不受剥夺 — 保障当事人寻求上一级法院复审的权利，确保审判的合法性、正确性、公正性
      - 有助于各级法院之间合理的司法职权配置，使各级法院的功能发挥最优化
      - 及时有效地纠正一审裁判的错误，保证审判的合法公正
      - 通过审级制度实现上级法院对下级法院的监督与指导，确保审判权依法、公正行使和法律的统一、正确实施
      - 确定裁判生效时间
        - 二审 — 二审裁判一经作出自动生效 — 两审终审
        - 一审—暂不生效
          - 上诉/抗诉 — 进入二审
          - 无上诉抗诉 — 上诉期间届满之日起一审裁判生效
      - 确定二审管辖 — 一审法院的上一级人民法院

- 第二审程序
  - 审级制度概述
    - 两审终审制
      - 概念——是指一个案件经过相邻的两级人民法院审判，普通审判程序即告终结的制度，对于第二审人民法院作出的终审判决、裁定，当事人等不得再提出上诉，人民检察院不得按照上诉审程序提出抗诉
      - 设置——我国人民法院的设置分为四级，即最高人民法院、高级人民法院、中级人民法院和基层人民法院。下级人民法院的审判工作要受上级人民法院的监督，二者之间是一种审级监督的关系。故又称四级两审终审制
      - 特殊和例外情况
        - 死刑复核程序、根据《刑法》第63条第2款在法定刑以下量刑的，也要经过最高人民法院的复核，核准后方能生效
        - 自诉以调解结案的
        - 最高人民法院审理的案件为一审终审
      - 类型
        - 复审型——审理范围不受上诉的范围限制（全面审查原则）——二审重新审理
        - 续审刑——审理范围受上诉的范围限制——在一审之上继续审理
      - 终审型和非终审型
        - 任意上诉——上诉不受任何限制
        - 强制上诉——不想上诉强制上诉
        - 上诉许可制（三审终审制）——二审法院审查上诉理由是否成立
      - 我国采用两审终审制的原因
        - 我国幅员辽阔，人口众多，交通尚不够发达，实行两审终审制，可以防止诉讼拖延，保证准确、及时地打击犯罪，节省司法资源，便利公民诉讼
        - 我国上下级人民法院之间是审级监督关系，二审法院通过审判上诉、抗诉案件，可以使错误的一审判决、裁定，在尚未发生法律效力之前，得到及时的纠正；上级法院可以通过二审经常了解下级法院的审判工作情况，改进审判工作，保证案件审理的公平、公开、公正
        - 我国刑事诉讼中有较完备的级别管辖制度、审查起诉制度，对死刑案件还设有死刑复核程序，能够确保办案的质量。即使极少数刑事案件的判决、裁定可能出现错误，也可以通过审判监督程序予以纠正
  - 第二审程序概述
    - 概念——又称上诉审程序，是第二审人民法院根据上诉人的上诉或者人民检察院的抗诉，就第一审人民法院尚未发生法律效力的判决或裁定认定的事实和适用的法律进行审理时所应当遵循的步骤和方式、方法。它是刑事诉讼中一个独立的诉讼阶段
    - 特点
      - 不能简单地认为第二审程序就是对同一案件进行第二次审理的程序
      - 第二审程序并不是审理刑事案件的必经程序
      - 除基层人民法院以外的各级人民法院，都可以成为上级人民法院，但第二审法院只能是作出裁判的一审法院的上级法院
      - 第二审程序是终审程序，裁判一经作出立即发生法律效力
    - 第二审程序的功能（参考审级制度）
      - 纠正：防患于未然
      - 救济：正当程序的体现
      - 统一法律适用

- 第二审程序
  - 第二审程序的提起
    - 上诉
      - 提起上诉的主体
        - 当事人：被告人、自诉人
        - 当事人的法定代理人——法律赋予他们以独立的上诉权
        - 被告人的辩护人和近亲属——不具有独立的上诉权，而是有条件地享有上诉权，经被告人同意
        - 附带民事诉讼的当事人和他们的法定代理人——享有部分的上诉权，他们可以对判决、裁定中的附带民事诉讼部分提起上诉
        - 缺席审判的特殊情况——人民法院应当将判决书送达被告人及其近亲属、辩护人。被告人或者其近亲属不服判决的，有权向上一级人民法院上诉。辩护人经被告人或者其近亲属同意，可以提出上诉
      - 提起上诉的期限
        - 被害人及其法定代理人不服地方各级人民法院第一审的判决的，自收到判决书后5日以内，有权请求人民检察院提出抗诉。人民检察院自收到被害人及其法定代理人的请求后5日以内，应当作出是否抗诉的决定并且答复请求人
        - 不服判决的上诉和抗诉的期限为10日，不服裁定的上诉和抗诉的期限为5日，从接到判决书、裁定书的第二日起算
      - 上诉的方式或途径——书面或口头均可，向原第一审法院或直接向上一级法院提出均可
      - 上诉的撤回
        - 《高法解释》第383条
          - 上诉人在上诉期限内要求撤回上诉的，人民法院应当准许
          - 上诉人在上诉期满后要求撤回上诉的，第二审人民法院经审查，认为原判认定事实和适用法律正确，量刑适当的，应当裁定准许；认为原判确有错误的，应当不予准许，继续按照上诉案件审理
          - 被判处死刑立即执行的被告人提出上诉，在第二审开庭后宣告裁判前申请撤回上诉的，应当不予准许，继续按照上诉案件审理
        - 《高法解释》第386条——在上诉、抗诉期满前撤回上诉、抗诉的，第一审判决、裁定在上诉、抗诉期满之日起生效。在上诉、抗诉期满后要求撤回上诉、抗诉，第二审人民法院裁定准许的，第一审判决、裁定应当自第二审裁定书送达上诉人或者抗诉机关之日起生效。——即上诉期限届满之前，上诉权人可以重新提起上诉

- 第二审程序
  - 第二审程序的提起
    - 抗诉
      - 提起抗诉的主体：提起公诉的人民检察院及其上一级人民检察院
      - 提起抗诉的方式：书面
      - 抗诉的期限：同上诉期限
      - 抗诉的理由
        - 判决、裁定在认定事实上有错误，或者缺乏确实、充分的证据
        - 判决、裁定在适用法律、定罪量刑上有错误
        - 违反诉讼程序，使当事人依法享有的诉讼权利受到侵犯，可能影响判决、裁定的正确性
      - 抗诉的撤回
        - 《高法解释》第385条
          - 人民检察院在抗诉期限内要求撤回抗诉的，人民法院应当准许
          - 人民检察院在抗诉期满后要求撤回抗诉的，第二审人民法院可以裁定准许，但是认为原判存在将无罪判为有罪、轻罪重判等情形的，应当不予准许，继续审理
          - 上级人民检察院认为下级人民检察院抗诉不当，向第二审人民法院要求撤回抗诉的，适用前两款规定
        - 上级人民检察院如果认为抗诉不当，可以向同级人民法院撤回抗诉，并且通知下级人民检察院

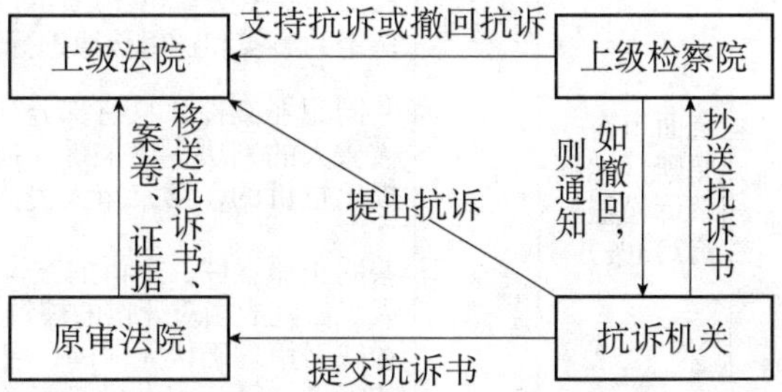


抗诉流程

- 二者的异同
  - 异
    - 主体不同
      - 独立上诉 —— 被告人、自诉人、法定代理人
      - 经同意上诉 —— 辩护人、近亲属
      - 附带民事诉讼上诉 —— 附带民事诉讼当事人及其法定代理人
      - 无权上诉 —— 被害人，可以请求检察院抗诉
    - 理由不同
      - 上诉不需要理由
      - 抗诉：确有错误
    - 方式不同
      - 上诉：口头书面均可
      - 抗诉：必须书面
    - 途径不同
      - 上诉
        - 原审法院
        - 直接向上一级法院
      - 抗诉 —— 原审法院（提出文书）
  - 同
    - 对象相同 —— 一审裁判
    - 期限相同 —— 判决10天裁定5天
    - 效力相同 —— 引起二审

- 第二审程序
  - 第二审案件的审判
    - 审判原则
      - 全面审查原则（《刑事诉讼法》第233条）
        - 概念 —— 第二审人民法院应当就第一审判决认定的事实和适用法律进行全面审查，不受上诉或者抗诉范围的限制
        - 内容
          - 既要审查原判决、裁定对案件事实的认定有无错误，也要审查其法律适用是否存在错误
          - 既要审查上诉人或抗诉机关声明不服的部分，也要审查其没有表示异议的部分
          - 既要审查原判实体方面的内容，也要审查程序方面的内容
          - 既要对上诉人的相关案情和法律适用进行审查，也要对其他当事人的有关案情和法律适用进行审查
          - 既要从有利于被告人的方面，也要从不利于被告人的方面进行全面审查
          - 对附带民事诉讼部分也要一并审理
        - 意义 —— 有利于最大限度地发现和纠正第一审判决、裁判中存在的错误，防止遗漏，有利于司法公正
        - 具体适用（《高法解释》）
          - 第二审人民法院审理上诉、抗诉案件，应当就第一审判决、裁定认定的事实和适用法律进行全面审查，不受上诉、抗诉范围的限制
          - 共同犯罪案件，只有部分被告人提出上诉，或者自诉人只对部分被告人的判决提出上诉，或者人民检察院只对部分被告人的判决提出抗诉的，第二审人民法院应当对全案进行审查，一并处理
          - 共同犯罪案件，上诉的被告人死亡，其他被告人未上诉的，第二审人民法院应当对死亡的被告人终止审理；但有证据证明被告人无罪，经缺席审理确认无罪的，应当判决宣告被告人无罪。具有前款规定的情形，第二审人民法院仍应对全案进行审查，对其他同案被告人作出判决、裁定
          - 对上诉、抗诉案件，应当着重审查的内容
            - 第一审判决认定的事实是否清楚，证据是否确实、充分
            - 第一审判决适用法律是否正确，量刑是否适当
            - 在调查、侦查、审查起诉、第一审程序中，有无违反法定程序的情形
            - 上诉、抗诉是否提出新的事实、证据
            - 被告人的供述和辩解情况
            - 辩护人的辩护意见及采纳情况
            - 附带民事部分的判决、裁定是否合法、适当
            - 对涉案财物的处理是否正确
            - 第一审人民法院合议庭、审判委员会讨论的意见

- 第二审程序
  - 第二审案件的审判
    - 审判原则
      - 开庭审理原则（《刑事诉讼法》第234条）
        - 概念——是指第二审人民法院在合议庭的主持下，由检察人员和诉讼参与人参加，通过法庭调查和辩论、评议、宣判的方式审理案件
        - 意义
          - 有利于保障当事人充分行使诉讼权利
          - 有利于更好地查明一审判决是否存在错误
          - 有利于保证二审的公正性、增强裁判的可接受性、提升司法公信力
      - 上诉不加刑原则（《刑事诉讼法》第237条）
        - 概念
          - 上诉不加刑原则，是指第二审人民法院审判被告人一方上诉的案件，不得以任何理由加重被告人刑罚的一项审判原则
          - 例外：人民检察院提出抗诉的案件或自诉人提出上诉的案件，不适用上诉不加刑原则
        - 要求
          - 刑
            - 刑种、刑期、附加刑、刑罚执行方法
            - 罪名不当的，可以更改罪名，但不得加刑
          - 犯数罪的，总刑不能加
          - 共同犯罪案件，检察院只对部分被告人抗诉的，对其他被告人不得加刑
          - 发回重审的不得加刑（有新事实且检察院补充起诉的除外）
        - 含义
          - 上诉是被告人的合法权利，不论上诉理由是否得当，都不能以被告人不服判决或态度不好而在二审判决中加重原判刑罚
          - 改判时，即使原判量刑畸轻，也不得加重被告人的刑罚；也不能借口事实不清、证据不足而将仅仅是量刑过轻的案件发回重审，指令一审法院加重被告人的刑罚
          - 确需改判的，不得加重被告人的刑罚；发回重审后，除非有新的犯罪事实，人民检察院补充起诉，原审人民法院也不得加重被告人的刑罚
        - 意义
          - 有利于保障被告人依法行使上诉权
          - 有利于及时救济错误判决
          - 有利于维护上诉制度，保证人民法院正确行使审判权
          - 有利于促使人民检察院履行审判监督职责
        - 具体适用：《高法解释》第401条、第402条
          - 第401条：审理被告人或者其法定代理人、辩护人、近亲属提出上诉的案件，不得对被告人的刑罚作出实质不利的改判，并应当执行下列规定
            - 同案审理的案件，只有部分被告人上诉的，既不得加重上诉人的刑罚，也不得加重其他同案被告人的刑罚
            - 原判认定的罪名不当的，可以改变罪名，但不得加重刑罚或者对刑罚执行产生不利影响
            - 原判认定的罪数不当的，可以改变罪数，并调整刑罚，但不得加重决定执行的刑罚或者对刑罚执行产生不利影响
            - 原判对被告人宣告缓刑的，不得撤销缓刑或者延长缓刑考验期
            - 原判没有宣告职业禁止、禁止令的，不得增加宣告；原判宣告职业禁止、禁止令的，不得增加内容、延长期限
            - 原判对被告人判处死刑缓期执行没有限制减刑、决定终身监禁的，不得限制减刑、决定终身监禁
            - 原判判处的刑罚不当、应当适用附加刑而没有适用的，不得直接加重刑罚、适用附加刑。原判判处的刑罚畸轻，必须依法改判的，应当在第二审判决、裁定生效后，依照审判监督程序重新审判
            - 人民检察院抗诉或者自诉人上诉的案件，不受上述限制
          - 第402条：人民检察院只对部分被告人的判决提出抗诉，或者自诉人只对部分被告人的判决提出上诉的，第二审人民法院不得对其他同案被告人加重刑罚

- 第二审程序
  - 第二审案件的审判
    - 审理方式
      - 开庭
        - 第二审人民法院对于下列案件，应当组成合议庭，开庭审理
        - 被告人、自诉人及其法定代理人对第一审认定的事实、证据提出异议，可能影响定罪量刑的上诉案件
        - 被告人被判处死刑的上诉案件
        - 人民检察院抗诉的案件
        - 其他应当开庭审理的案件
      - 不开庭——指第二审人民法院的合议庭依照法律规定决定不开庭审理，经过阅卷，讯问被告人，听取其他当事人、辩护人、诉讼代理人的意见后，作出判决或裁定的审理方式
    - 审理结果
      - 《刑事诉讼法》第236条："第二审人民法院对不服第一审判决的上诉、抗诉案件，经过审理后，应当按照下列情形分别处理：(一)原判决认定事实和适用法律正确、量刑适当的，应当裁定驳回上诉或者抗诉，维持原判；(二)原判决认定事实没有错误，但适用法律有错误，或者量刑不当的，应当改判；(三)原判决事实不清楚或者证据不足的，可以在查清事实后改判；也可以裁定撤销原判发回原审人民法院重新审判。原审人民法院对于依照前款第三项规定发回重新审判的案件作出判决后，被告人提出上诉或者人民检察院提出抗诉的，第二审人民法院应当依法作出判决或者裁定，不得再发回原审人民法院重新审判。"
      - 直接裁判
        - 裁定驳回上诉或抗诉、维持原判—原判决认定事实和适用法律正确、量刑适当的
        - 直接改判—原判决认定事实没有错误，但适用法律有错误，或者量刑不当的
      - 发回重审
        - 可以发回—原判决事实不清楚或者证据不足的（一次为限）
        - 应当发回—违反法律规定的诉讼程序的（不限次数）
          - 《刑事诉讼法》第238条："第二审人民法院发现第一审人民法院的审理有下列违反法律规定的诉讼程序的情形之一的，应当裁定撤销原判，发回原审人民法院重新审判：（一）违反本法有关公开审判的规定的；（二）违反回避制度的；（三）剥夺或者限制了当事人的法定诉讼权利，可能影响公正审判的；(四)审判组织的组成不合法的；(五)其他违反法律规定的诉讼程序，可能影响公正审判的。"
          - 程序性制裁
          - 发回重审的，一审法院应另行组成合议庭审理
    - 审理期限：2个月
      - 《刑事诉讼法》第243条："第二审人民法院受理上诉、抗诉案件，应当在二个月以内审结。对于可能判处死刑的案件或者附带民事诉讼的案件，以及有本法第一百五十八条规定情形之一的，经省、自治区、直辖市高级人民法院批准或者决定，可以延长二个月；因特殊情况还需要延长的，报请最高人民法院批准。最高人民法院受理上诉、抗诉案件的审理期限，由最高人民法院决定。"
      - 二审决定开庭审理的，检察院有一个月的阅卷时间，该时间不计入审限
      - 发回重审的，原审审限重新计算

# 本章重点问题

## 第一节 审级制度

### 问题 1：为什么要设置审级制度？

审级制度的产生源于审判程序是一种“不完美的程序正义”，“即使法律被仔细地遵循，过程被公正地引导，还是可能达到错误的结果”①。因此，为了保证判决的准确性、维护当事人的权益以及统一法律的适用，各国基本都设立了上诉制度。这一方面是为了克服案件经过一次审理就产生法律效力的局限性，另一方面则是因为刑事审级制度在刑事诉讼中具有不可或缺的独特功能，契合了现代刑事司法制度发展的需要。②

首先，出现错误是一个难以避免的客观现象。但当裁判出现错误时，若不赋予当事人寻求救济的机会，或者无法由上级法院进行纠正，不仅当事人的合法权益遭到侵害，而且会动摇司法的权威性和正当性，与国家通过司法保障人权和实现正义的目的背道而驰。因此，在刑事诉讼中，如果案件经过一次审理就宣告终结，不仅容易引起法官的裁判专断，增加误判的可能，而且会剥夺当事人要求复审的机会，使其无法发泄心中的不满，从而产生强烈的不公正感，损害司法裁判的公正性和权威性。在这种情况下，刑事审级制度可以起到安抚、说服的作用，能够让人们有理由相信，权利与自由受到了公正审判的关怀，正义得到了伸张，从而增强司法裁判的可接受性和权威性。这也可以被视为审级制度的纠错功能。

其次，审级制度具有权益保障、防止权力滥用、保证裁判正确性以及程序正义、统一法律适用、解释和发展法律等积极作用，这也是审级制度的治理功能。比如，法律面前人人平等的一个重要体现就是，法官适用法律的过程中平等地对待每一个当事人和每一起案件，保障在司法管辖区范围内，相同的案件得到大致相同的处理。否则，就有可能导致法律具有不可预测性和不稳定性，而这必然会影响到公民对法律的信仰，损害法律和司法的权威与公信力。同时，法律条文具有概括性、抽象性、模糊性，法官在将法律条文适用于纷繁复杂的具体案件时，不可能机械、简单地对号入座。法律条文具有稳定性和滞后性，也要求法官在面对瞬息万变的案情时，对法律条文进行必要的解释。

总之，“审级制度之目的，在于求取审判结果之正确与适当。借由审级制度之运作，上级审得以撤销、纠正下级审法院违法或不当之审判，减少下级审法院擅断、误判的机会，并进而保障被告之诉讼权利”③。

**延伸阅读推荐**

（1）王超：《西方国家刑事审级制度功能的比较分析》，载《比较法研究》2012 年第

---

① ［美］约翰·罗尔斯：《正义论》，何怀宏等译，中国社会科学出版社 2014 年版，第 86 页。

② 参见王超：《西方国家刑事审级制度功能的比较分析》，载《比较法研究》2012 年第 6 期。

③ 林钰雄：《刑事诉讼法》，中国人民大学出版社 2005 年版，第 216 页。

6 期，第 57-67 页。

（2）林喜芬：《我国刑事审级制度功能考辩与变迁改良》，载《东方法学》2009 年第 5 期，第 49-67 页。

（3）朱立恒：《刑事审级制度研究》，法律出版社 2008 年版。

## 问题 2：我国的审级制度是什么？采取该审级制度的原因是什么？

我国采用的审级制度是两审终审制，指第一审案件经过上一级人民法院审判，普通审判程序即告终结的制度，对于第二审人民法院作出的终审判决、裁定，当事人等不得再提出上诉，人民检察院不得按照上诉程序提出抗诉。根据两审终审制的要求，地方各级人民法院按照第一审程序对案件审理后所作的判决、裁定，尚不能立即发生法律效力，只有在法定期限内，有上诉权的人没有提起上诉，同时同级人民检察院也没有提出抗诉，第一审法院所作出的判决、裁定才发生法律效力。反之，如果在法定期限内，有上诉权的人提起上诉，或者同级人民检察院提出抗诉，上一级人民法院应当对该案件进行审判。上一级人民法院审理第二审案件作出的判决、裁定，是终审判决、裁定，立即发生法律效力。[①]

1951 年 9 月 3 日中央人民政府法制委员会代理主任委员许德珩在《关于〈中华人民共和国人民法院暂行组织条例〉的说明》中谈到该条例设立三级两审终审制的原因时，曾经指出："我们认为这样的规定，是既能保障人民的诉讼权利，又能及时有效地制裁反革命活动，而又防止了某些狡猾分子，故意拖延时间，无理取闹，造成当事人以及社会人力财力的损失。同时，这样的规定，又照顾了中国的实际情况：中国地域辽阔，交通不便，情况复杂，案件又多，三级三审，是使人民为诉讼长期拖累，耽误生产。所以我们采取了基本上的三级两审制，这是一种实事求是，为人民服务的审级制"[②]。因此，从审级增加所带来的工作和经济负担、提高诉讼效率、及时打击犯罪的要求等角度来看，实行两审终审制符合我国的国情和司法的实际需要。

同时从刑事审判制度和刑事诉讼程序的整体来看，两审终审足以保证案件审理的质量。这是因为：第一，我国第二审程序实行全面审查原则，既审查初审程序认定的案件事实有无错误，也审查适用法律是否正确，同时第二审程序原则上应当开庭审理，第二审程序基本上可以纠正一审裁判可能出现的错误；第二，我国刑事诉讼中具有较为完备的级别管辖制度和审查起诉制度，能够保障刑事初审案件的质量；第三，刑事诉讼法对死刑案件单独规定了一整套严格的复核程序，能够防止错杀，保证死刑案件获得正确的处理；第四，即使少数已经发生法律效力的判决或者裁定出现错误，也可以通过审判监督程序予以救济和纠正。[③]

**延伸阅读推荐**

（1）朱立恒、李辉：《中国两审终审制的理论反思》，载《华东政法大学学报》2008 年第 4 期，第 86-94 页。

---

① 参见陈光中主编：《刑事诉讼法》（第 7 版），北京大学出版社 2021 年版，第 390 页。

② 许德珩：《关于〈中华人民共和国人民法院暂行组织条例〉的说明》，载《人民日报》1951 年 9 月 5 日，第 4 版。

③ 参见陈光中主编：《刑事诉讼法》，北京大学出版社、高等教育出版社 2002 年版，第 323 页；樊崇义主编：《刑事诉讼法学》，中国政法大学出版社 1998 年版，第 387 页。

(2) 陈光中、曾新华:《刑事诉讼法再修改视野下的二审程序改革》,载《中国法学》2011 年第 5 期,第 5-18 页。

(3) 李世锋:《用程序写下正义:刑事二审专题实证研究》,湘潭大学出版社 2015 年版。

## 问题 3:两审终审制的特殊和例外情况有哪些?

1. 特殊情况。由于是否提起上诉是当事人的权利,并且存在死刑案件这类特殊的刑事案件,因此,在刑事诉讼进行过程中,有些案件实际并不需要经过两审就发生法律效力,而有些案件即使经两审终审后也不能立即发生法律效力,交付执行。特说明如下:(1) 在法定期限内,有上诉权或抗诉权的人或机关没有提出上诉或抗诉的案件。合法的上诉或抗诉是开始第二审程序必须具备的前提,如果不存在这个前提,即在法定期限内,有上诉权或抗诉权的人或机关没有提出上诉或抗诉,那么地方各级法院对第一审案件所作出的裁判,也应发生法律效力,交付执行,而不应再两审终审。这与两审终审制原则并无矛盾,只不过是有上诉权或抗诉权的人或机关根据自己的意志,自愿地选择放弃行使该项权利。(2) 判处死刑的案件。两审终审制是就刑事诉讼中的普通程序而言的,而死刑案件是特殊的案件,为确保质量,必须依法经过死刑复核的特殊诉讼程序后,其判决始发生法律效力。但它们同样属于两审终审,因为最高人民法院、高级人民法院对这类案件的复核并不属于一个审级,有上诉权或抗诉权的人和机关不能对这类案件的二审裁判提起上诉或抗诉。

2. 例外情况。两审终审制的唯一例外,是最高人民法院审理的第一审案件为一审终审,即两审终审制只适用于地方各级人民法院审判的第一审案件,而不适用于最高人民法院审判的第一审案件。因为最高人民法院是我国的最高审判机关,经其审判的一切案件,宣判后均立即生效,不存在按照上诉审程序提出上诉、抗诉的问题。

**延伸阅读推荐**

(1) 陈瑞华:《对两审终审制的反思——从刑事诉讼角度的分析》,载《法学》1999 年第 12 期,第 18-25 页。

(2) 陈卫东、李训虎:《公正、效率与审级制度改革——从刑事程序法的视角分析》,载《政法论坛》2003 年第 5 期,第 133-145 页。

## 问题 4:什么是三审终审制?

三审终审制是指当事人认为二审法院对其上诉案件作出的裁判系错误判决,可在一定期限内请求再上一级法院对该案进行第三审的审级制度。与两审终审制相比,三审终审制最明显的不同点在于其赋予了当事人两次上诉权。

目前,世界各国普遍设立三级或四级审判机关,大多数国家都采取三审终审制。多数国家,一般允许二审法院对事实问题和法律问题进行复审,三审法院只适用于法律审。为了保证法的安定性与和平性,采取三审终审制的国家通常将上诉权区分为权利型上诉与裁量型上诉。第二审程序基本都属于权利型上诉,第三审程序则属于法院裁量许可的范围。一般而言,两审终审制之下,刑事诉讼法确立的是权利型上诉,被告人只要不服一审裁判就可以提起上诉。而在美国联邦刑事司法系统，第一次上诉属于权利型上诉，只要当事人提起了合法的上诉，中间上诉法院就必须受理，而第二次上诉属于裁量型上诉，联邦最高法院对当事人第二次提起上诉的案件是否进行复审具有裁量权。①

三审终审制不是在两审终审制上叠加一个重新审判的法院，一般而言，在三审终审制之下三级法院各司其职，初审法院负责事实的认定，二审法院强调对争议事实的审查，三审法院的功能则是维护法律的统一。而在我国的两审终审制之下，各级法院都具有一定的初审权，都可能发挥事实认定的作用，二审法院要同时承担起对一审法院裁判的审查以及三审法院所具有的法律统一适用的双重任务。

**延伸阅读推荐**

郭川阳：《中国刑事审级制度的改革进路》，载《中南民族大学学报（人文社会科学版）》2022 年第 5 期，第 97 - 106 页。

## 问题 5：什么是飞跃上诉制度?

如果法律争议具有法律解释或者法律续造意义，不宜由二审法院上诉审理，可以允许被告人越级向三审法院就法律问题提起上诉，这项制度被称为“飞跃上诉”制度。飞跃上诉可以取代逐级请示，直接将法律适用难题诉至终审法院，并给予当事人发表意见的机会。

飞跃上诉旨在弥补三审制的不足，根据补强目标的不同，可分为两种模式：一是基于诉讼经济考量的效率提高型，以德国为代表；二是旨在促进法律统一与续造的政策形成型，以英国为代表。在以德国为代表的大陆法系地区，飞跃上诉旨在使当事人就事实认定无异议且判决仅取决于特定法律问题的诉讼，迅速取得法律审上诉法院的终局判决的机会，以提高诉讼效率，节约诉讼成本。②在以英国为代表的部分英美法系地区，飞跃上诉旨在为社会重大议题，或受到先例约束的规则提供检讨，并由此形成新公共政策的机会。③

2016 年最高人民法院就曾经对飞跃上诉制度进行过试点探索，允许当事人对特定情形特定类型的跨行政区域案件，越过高级法院直接向巡回法庭提起上诉。2019 年 1 月 1 日生效的最高人民法院《关于知识产权法庭若干问题的规定》明确规定：最高法知识产权法庭可以越过高级人民法院，直接受理一审由知识产权法院、中级人民法院审理的反垄断民事诉讼以及行政诉讼案件。尽管这些探索举措发生在民事和行政领域，却可以为刑事飞跃上诉制度提供借鉴。《人民法院第五个五年改革纲要（2019—2023）》提出：“要健全完善案件移送管辖和提级审理机制，推动将具有普遍法律适用指导意义、关乎社会公共利益的案件交由较高层级法院审理。”

**延伸阅读推荐**

方斯远：《我国飞跃上诉的制度构建：兼论有限三审制的改革路径》，载《中国法学》

---

① See Jonathan Matthew Cohen，Inside Appellate Courts，the University of Michigan 2002，p. 43.

② Vgl. Musielak/Voit/Ball，in：Kommentar zur ZPO，16. Aufl. 2019，§ 566 Rn. 1；Krüger，in：Kommentar zur ZPO，5. Aufl. 2016，§ 566 Rn. 1；Saenger/Koch，Zivilprozessordnung，8. Aufl. 2019，§ 566，Rn. 1；Zöller/Heßler，ZPO，28. Aufl. 2005，§ 566 Rn. 1.

③ 参见［美］杰弗瑞·西格尔等：《美国司法体系中的最高法院》，刘哲玮、杨微波译，北京大学出版社 2011 年版，第 1 - 16 页。

2020 年第 5 期，第 202－222 页。

## 问题 6：我国是否需要改造审级制度，例如能否采用三审终审制？

当前，针对我国刑事诉讼审级制度，主要存在以下争议：首先是相较于三审终审制，审级结构简单，减少了当事人再次上诉的机会，这样对案件的质量和当事人的合法权益有可能造成不利影响。其次是一审与二审的功能同质化严重，失去了区分审级的意义。在二审全面审查制之下，第二审程序与第一审程序不可避免地具有同构性。最后是两审终审制决定了最高人民法院难以通过审级制度维护法律适用的统一性。[①]

对此，不断有学者提出改革两审终审制，并向三审终审制过渡。一般认为，三审终审制具有以下制度优势：第一，实行三审终审制有利于保障被告人的权利。长期以来，我国特别强调惩罚犯罪，对查明案件事实、提高诉讼效率和维护正常秩序有所偏重，导致被告人权利保障方面相对较弱。为了改变这种状况，司法体制改革应在促成两者的平衡方面有所作为。第二，实行三审终审制是加强司法公正的需要。目前，第二审法院多为中、高级人民法院。第二审法院对第一审法院业务上的直接指导关系，事实上变成了行政领导与被领导的关系，上下级法院之间的行政化倾向，使得上级法院对下级法院裁判的独立审查甚至“两审终审制”都构成了严重的威胁。构建三审终审制后，随着审级的独立，第三审法院能够摆脱下级法院的影响，公正地处理案件。

就具体的改造思路而言，主要有整体的三审终审制和有限的三审终审制两种观点。

整体的三审终审制主张将该审级制度统一适用于全部刑事案件。[②] 根据这一设想，所有刑事案件均可适用三审终审，制度上构建专门的第三审，由其承担法律问题的审查，第三审实行裁量型上诉，需建立相配套的上诉审查制度；同时确立越级上诉制度，若仅针对法律适用问题，当事人可以直接提出第三审上诉。该主张主要基于以下考量：第一，域外已经有相当成熟且运行良好的刑事三审终审制度，可供我国借鉴参考，该制度也符合一国对司法公正和司法效率的目标追求。第二，我国的两审终审制度设立之初的缘由已全然不存在。我国“两审终审”制度创立的逻辑基础已不复存在。如因地域辽阔、人口众多、交通不便，为减少诉讼成本、方便诉讼而实行“两审终审”，在今天的中国，这些实在不能成为理由。第三，我国的死刑复核程序实质上已经成为刑事三审，死刑复核程序的三审式改造为三审终审制度建立提供了路径。针对现行两审终审制度的弊端，最直接最彻底的改革即是借鉴域外优秀的制度经验，重构“三审终审”的刑事审级制度。

有限的三审终审制则主张该审级制度仅适用于特定案件类型，如危害国家安全的犯罪，可能判处 15 年以上有期徒刑、无期徒刑、死刑的案件，一审判无罪、二审判有罪的案件，二审中的重大程序性违法案件等；除此之外的其他案件实行两审终审。[③] 该观点认为，尽管经过多年的发展，我国已经摆脱了经济落后、交通不便等情况，但由于我国尚

① 参见胡铭：《刑事诉讼法学》，法律出版社 2019 年版，第 107 页。

② 参见陈瑞华：《刑事诉讼的前沿问题》，中国人民大学出版社 2000 年版，第 475 页。

③ 参见陈卫东、李训虎：《公正、效率与审级制度改革——从刑事程序法的视角分析》，载《政法论坛》2003 年第 5 期；刘根菊、张建：《我国刑事审级制度的重新构建》，载《法学论坛》2005 年第 5 期；郭川阳：《中国刑事审级制度的改革进路》，载《中南民族大学学报（人文社会科学版）》2022 年第 5 期。

处于转型期间，两审终审制还具有语境的合理性，不宜贸然对其进行全盘改造，应当根据我国既有的审级制度，有针对性地对死刑等案件的审理程序进行改造。

**延伸阅读推荐**

(1) 刘根菊、张建：《我国刑事审级制度的重新构建》，载《法学论坛》2005 年第 5 期，第 76 - 84 页。

(2) 朱立恒：《中国刑事审级制度的渐进性改革》，载《法学评论》2012 年第 2 期，第 68 - 74 页。

(3) 陈瑞华：《对两审终审制的反思——从刑事诉讼角度的分析》，载《法学》1999 年第 12 期，第 18 - 25 页。

## 第二节 第二审程序概述

### 问题 1：不同国家的第二审程序主要有哪些构造模式？如何理解我国刑事诉讼第二审程序的全面审查原则？

世界各国二审程序的构造模式主要有复审制、续审制和事后审查制三种。其中，复审制是对案件完全重复审理，二审程序必须开庭审理，所有的证据原则上要重新调查，在一审出庭作证的证人原则上仍要在二审阶段出庭作证。大陆法系国家通常采用此种模式。续审制是指继续一审的审判，一审程序中的诉讼行为在第二审仍然有效。该模式多在各国民事诉讼中采用。事后审查制是指二审法院只根据初审记录、书证和法庭记录来审查原审法院在认定事实和适用法律方面有无错误，不再调查新的事实和证据。英美法系国家通常采取此种模式。①

我国刑事诉讼第二审程序采用全面审查原则。根据我国《刑事诉讼法》第 233 条的规定，第二审人民法院应当就第一审判决认定的事实和适用的法律进行全面审查，不受上诉或抗诉范围的限制。根据这一原则，第二审程序既审查事实问题，又审查法律适用问题；既审查上诉或抗诉部分，又审查未上诉或抗诉部分；既审查实体部分，也审查程序部分；共同犯罪中，对所有被告人的问题均进行审查；刑事附带民事诉讼案件中，只有附带民事诉讼当事人及其法定代理人上诉的，第二审人民法院应当对全案进行审查。

全面审查原则的适用固然有利于司法公正，但并未充分体现上诉人的意愿和检察机关抗诉的重点，也不利于提高诉讼效率。党的十八届四中全会《决定》中明确提出二审要“重在解决事实法律争议”，这就要求二审审理要明确案件争议点，对于有争议的事实认定或者法律适用问题，应当重点审查，着力分析；对于无争议的事实认定或者法律适用问题且不涉及冤假错案的，可以适度简化审理程序。应当注意的是，“重在解决事实法律争议”并未否定全面审查原则，只是对该原则有所调整，即二审法院在重点审查有争议问题，强化说理的同时，不能忽视案件中其他的事实与法律问题，以达到定纷止争的目的。总之，第二审人民法院在全面审查的基础上，对案件要作出全面处理，即通盘考

① 参见陈光中、曾新华：《刑事诉讼法再修改视野下的二审程序改革》，载《中国法学》2011 年第 5 期。

虑上诉、抗诉的理由是否充分，第一审判决、裁定是否正确，程序是否合法，从而使上诉状或抗诉书已指出的和未指出的、涉及已上诉或未上诉的被告人的错误判决、裁定都得到纠正。

《高法解释》第391条规定："对上诉、抗诉案件，应当着重审查下列内容：（一）第一审判决认定的事实是否清楚，证据是否确实、充分；（二）第一审判决适用法律是否正确，量刑是否适当；（三）在调查、侦查、审查起诉、第一审程序中，有无违反法定程序的情形；（四）上诉、抗诉是否提出新的事实、证据；（五）被告人的供述和辩解情况；（六）辩护人的辩护意见及采纳情况；（七）附带民事部分的判决、裁定是否合法、适当；（八）对涉案财物的处理是否正确；（九）第一审人民法院合议庭、审判委员会讨论的意见。"第399条也指出："开庭审理上诉、抗诉案件，可以重点围绕对第一审判决、裁定有争议的问题或者有疑问的部分进行。根据案件情况，可以按照下列方式审理：（一）宣读第一审判决书，可以只宣读案由、主要事实、证据名称和判决主文等；（二）法庭调查应当重点围绕对第一审判决提出异议的事实、证据以及新的证据等进行；对没有异议的事实、证据和情节，可以直接确认；（三）对同案审理案件中未上诉的被告人，未被申请出庭或者人民法院认为没有必要到庭的，可以不再传唤到庭；（四）被告人犯有数罪的案件，对其中事实清楚且无异议的犯罪，可以不在庭审时审理。同案审理的案件，未提出上诉、人民检察院也未对其判决提出抗诉的被告人要求出庭的，应当准许。出庭的被告人可以参加法庭调查和辩论。"

**延伸阅读推荐**

(1) 陈光中主编：《刑事诉讼法》(第7版)，北京大学出版社2021年版。

(2) 何挺、杨涛：《全面抑或有限：认罪认罚案件二审审查原则之反思与重构》，载《青少年犯罪问题》2021年第2期，第55-66页。

(3) 陈光中、曾新华：《刑事诉讼法再修改视野下的二审程序改革》，载《中国法学》2011年第5期，第5-18页。

## 问题2：相较于一审程序，第二审程序有哪些功能？

一是保证刑事司法的公正性。公正性是法院裁判的灵魂，但是基于法官理性的有限性，即使没有其他外界因素，第一审裁判也不可能完全杜绝错误。通过设置第二审程序，由法院系统中层级较高、素质较好的法官对第一审裁判认定的事实与适用的法律重新进行审理，就能尽量避免出现冤、假、错案，最大限度地保证刑事司法的公正性。

二是发挥上级法院对下级法院审判工作的指导与监督作用，保证刑事司法适用的统一性。由于法律规定的抽象性与原则性，各个法官对法律的理解往往可能存在差异，法律的适用就可能因人而异。通过设置第二审程序，赋予上级法院对下级法院错误裁判以一种纠错权力，就可使上级法院对下级法院的审判工作具有一种督导功能，在促使下级法院为避免裁判被上级法院撤销而公正裁判的同时，也尽量使刑事法律的理解避免个性化而具有统一性。

三是满足当事人的合理要求，疏泄当事人的不满情绪。刑事诉讼的结果直接关系到当事人的切身利益，当事人一般都希望获得一个公正的结果。但是，当事人对法律、对公正的理解可能有偏差，对法官能否公正裁判存在怀疑，因而往往会要求对不利于自己的法院裁判重新审理，当事人的这种心态与要求是可以理解的，法律也应当尽量满足这种要求。通过设置第二审程序，由上级法院对案件进行重新审理，不仅可以纠正下级法院的错误裁判，还可以缓解当事人的不满情绪，使法院生效裁判得以更顺利地执行。

**延伸阅读推荐**

史立梅主编：《法学原理与案例讲堂——刑事诉讼法》，北京师范大学出版社2013年版。

## 问题3：第二审程序与第一审程序有哪些主要区别?

一是案件来源不同。第一审程序来源于检察机关提起的公诉或者自诉人提起的自诉，而第二审程序来源于当事人的上诉或者检察机关的抗诉。

二是第二审程序并非审理刑事案件的必经程序。第二审程序是第一审程序的后续独立阶段，一审案件如没有上诉权人的上诉或检察机关的抗诉，上诉、抗诉期满后，一审裁判就发生法律效力，不存在第二审程序。

三是审理的法院不同。在我国，有权审理第一审程序案件的法院可以是从最高人民法院到基层法院的任何一级法院，而第二审程序则不同，由于只能是第一审法院的上级法院进行第二审程序，基层法院不能作为第二审程序的审理法院。

四是是否必须开庭审理不同。第一审程序是法院首次接触案件事实与证据，为了保证当事人的诉讼权利，同时也为了保证裁判的公正性，必须开庭审理，不能未经开庭审理就对被告人作出裁判。而第二审程序则不同，由于是在第一审程序的基础上对案件进行审判，根据《刑事诉讼法》的规定，对于经法院审查认为原判事实不清、证据不足，或者具有《刑事诉讼法》第238条规定的违反法定诉讼程序情形，需要发回重新审判的案件，在讯问被告人，听取其他当事人、辩护人、诉讼代理人的意见的基础上，可以不经开庭审理作出裁判。

五是法院裁判生效的时间不同。第一审程序作出的裁判在发生法律效力之前存在一段上诉、抗诉期，只有在此期限内不存在上诉或者抗诉时才发生法律效力。而就第二审程序作出的裁判而言，由于我国实行的是两审终审制，一个刑事案件最多经过两级法院的审判即告终结，它是终审的裁判，一经宣布就立即发生法律效力。

## 问题4：相比第一审程序，第二审程序承担哪些任务?

第二审程序的任务是：对第一审人民法院作出的判决或裁定所认定的事实是否清楚，证据是否确实、充分，适用法律是否正确，诉讼程序是否合法，进行全面审查和审理，并依法作出判决或裁定，以维持正确的一审判决和裁定，纠正错误的一审判决和裁定。第二审程序的意义是多方面的，主要是：

第一，通过第二审程序，维护一审法院的正确裁判。一审法院作出的判决、裁定并不当然生效，当事人或检察机关可通过有效上诉或抗诉使之不发生法律效力。通过第二审程序，可使这些正确的裁决发生效力，并具有执行效力。

第二，通过第二审程序，纠正一审法院的错误裁判，准确地惩罚犯罪分子，保护被告人的合法权益。通过第二审可以及时纠正第一审法院的错误裁判，保证生效判决的正确性。这样做既有利于准确地惩罚犯罪分子，保护被害人的人身权利和其他权益，又能使无罪的人免受刑罚处罚，有效地保护被告人的合法权益。

第三，有利于上级人民法院监督和指导下级人民法院的审判工作，保证办案质量。上级人民法院通过撤销、变更下级法院所作的错误裁判，发现和排除下级法院审判工作中存在的问题和缺点；通过维护下级法院的正确判决，肯定下级人民法院审判工作中的正确方面，这样做有利于下级人民法院总结经验教训，发扬成绩，改进不足，提高办案质量，保证人民法院审判权的正确行使。[①]

## 问题5：如何理解我国刑事诉讼中的上诉不加刑原则？

上诉不加刑原则是第二审人民法院审理只有被告人一方上诉的案件，不得以任何理由对被告人判处重于原判的刑罚。人民检察院提出抗诉或者自诉案件自诉人提出上诉的案件，以及仅有被告人一方上诉，第二审人民法院发回重审后，检察机关根据新的犯罪事实补充起诉的案件，不受该原则的限制。

所谓不得加重刑罚，主要包括以下要求：（1）同案审理的案件，只有部分被告人上诉的，既不得加重上诉人的刑罚，也不得加重其他同案被告人的刑罚；（2）原判认定的罪名不当的，可以改变罪名，但不得加重刑罚或者对刑罚执行产生不利影响；（3）原判认定的罪数不当的，可以改变罪数，并调整刑罚，但不得加重决定执行的刑罚或者对刑罚执行产生不利影响；（4）原判对被告人宣告缓刑的，不得撤销缓刑或者延长缓刑考验期；（5）原判没有宣告职业禁止、禁止令的，不得增加宣告；原判宣告职业禁止、禁止令的，不得增加内容、延长期限；（6）原判对被告人判处死刑缓期执行没有限制减刑、决定终身监禁的，不得限制减刑、决定终身监禁；（7）原判判处的刑罚不当、应当适用附加刑而没有适用的，不得直接加重刑罚、适用附加刑。原判判处的刑罚畸轻，必须依法改判的，应当在第二审判决、裁定生效后，依照审判监督程序重新审判。此外，仅有被告人一方上诉的案件，第二审人民法院发回重审，针对原审人民法院重新审判作出的判决，人民检察院抗诉的，第二审法院不得改判为重于原审人民法院第一次判处的刑罚。

刑事诉讼法上坚持上诉不加刑原则，主要基于以下考量：

第一，有利于保障被告人的上诉权，保证两审终审制的实现。被告人一方上诉的目的在于请求上级法院改变一审判决，减轻、从轻或免除对被告人的刑罚。如果上诉后二审法院可以加重被告人的刑罚，将使被告人处于更加不利的境地，被告人一方在上诉时就会产生各种顾虑，导致被告人一方即使认为一审判决有错误也不敢提出上诉，从而在客观上限制被告人的上诉权，使上诉制度流于形式。同时，被告人上诉权受到限制，也就相当于限制了二审终审制度的适用，不利于该制度的贯彻执行。

第二，有利于督促检察机关正确履行法律监督职能。检察机关是法律监督机关，对一审判决确有错误的，应当积极主动地向法院提出抗诉。如果检察机关怠于履行抗诉职责，导致一审判决即使存在有利于被告人的错误也不能在二审程序得以纠正，该检察机关就会因此获致上级检察机关的不利评价。对此，检察机关会增加其责任感，积极发挥

① 参见陈光中主编：《刑事诉讼法》（第7版），北京大学出版社、高等教育出版社2021年版，第392-393页。

监督功能，及时做好一审判决的抗诉工作。

第三，有利于促使一审法院提高办案质量。由于一审量刑偏轻的案件，在二审法院可能因为上诉不加刑原则而不能改判，一审法院往往会因此面临放纵罪犯的指责。这种指责的可能性会促使一审法官在审判一审案件时更加认真负责地定罪量刑，做到不枉不纵，以期经得起二审法院的检验。

**延伸阅读推荐**

徐建新、方彬微：《论上诉不加刑原则实践中的问题及对策》，载《法律适用》2016年第2期，第84-91页。

### 问题6：什么是禁止不利益变更原则？人民检察院为被告人利益抗诉，第二审人民法院能否加重被告人刑罚？

原则上，人民检察院提起抗诉的案件，无论其抗诉理由为何，第二审人民法院都不受上诉不加刑原则的限制。2020年余金平交通肇事案引发了对该规则的热议。该案一审中，人民检察院提出有期徒刑3年、缓刑4年的量刑建议，人民法院未予采纳，判决被告人余金平犯交通肇事罪，判处有期徒刑2年；余金平上诉请求改判适用缓刑，同时人民检察院以未采纳量刑建议为由抗诉，二审人民法院改判有期徒刑3年6个月。从上诉不加刑原则的角度出发，该案引发的争议主要在于，人民检察院为被告人利益抗诉时，第二审人民法院能否加重被告人刑罚。

禁止不利益变更原则所解决的即是上述问题，即仅为被告人利益上诉或抗诉时，上诉法院不得作出不利于被告人的变更。该原则反映出立法者在保障权利和实体正义之间的权衡和取舍，是对上诉审法院量刑权的限制。根据该原则，第二审程序能否加重被告人的刑罚，不以该程序的启动方式为依据，而是以启动事由为依据。因此，无论第二审程序由上诉或抗诉启动，只要为被告人利益提出，则原则上二审法院不得作出加重刑罚的裁判。相较于仅适用于第二审程序的上诉不加刑原则，禁止不利益变更原则可以有效统摄第一审程序之后的各类程序，同时为被告人权利提供更为周延的保障。

**延伸阅读推荐**

(1) 牟绿叶：《刑事程序禁止不利益变更原则及其中国化》，载《中外法学》2022年第2期，第465-484页。

(2) 刘计划：《抗诉的效力与上诉不加刑原则的适用——基于余金平交通肇事案二审改判的分析》，载《法学》2021年第6期，第174-191页。

(3) 胡晓霞：《上诉利益的判断标准》，载《法学评论》2019年第3期，第58-71页。

## 第三节 第二审程序的提起

### 问题1：我国刑事诉讼中哪些诉讼主体有权提起第二审程序？

我国刑事诉讼第二审程序的提起方式有两种：一是上诉，二是抗诉。上诉，是指有上诉权的人不服一审未生效的判决、裁定，依照法定程序与期限，要求上一级法院对案件进行重新审判的诉讼行为。抗诉，是指检察机关发现法院一审未生效判决、裁定确有错误时，依照法定程序与期限提请上一级法院对案件进行重新审判的诉讼行为。因此，我国第二审程序的提起主体可分为两类：上诉人与抗诉机关。

根据《刑事诉讼法》第227条的规定，有权提起上诉的人员包括：一是自诉人及其法定代理人；二是被告人及其法定代理人；三是经被告人同意的辩护人、近亲属，但需要注意的是，在缺席审判的案件中，被告人的近亲属不服判决的，有独立的上诉权；四是附带民事诉讼的当事人及其法定代理人，其可以对判决、裁定中的附带民事诉讼部分提出上诉。如果对刑事部分没有人提出上诉，检察机关也没有提出抗诉，附带民事诉讼当事人及其法定代理人的上诉，不影响一审判决、裁定中刑事部分的生效。就上诉是否需要理由而言，不同国家的制度有所不同，具体可以区分为有因上诉和无因上诉。我国《刑事诉讼法》对上诉没有任何理由方面的限制，是典型的无因上诉。

根据《刑事诉讼法》第228条，地方各级人民检察院认为本级人民法院第一审的判决、裁定确有错误的时候，应当向上一级人民法院提出抗诉。根据此条规定，对一审法院未生效判决、裁定具有抗诉权的是一审法院的同级检察机关，由二审法院同级人民检察院，即一审人民检察院的上一级人民检察院负责支持抗诉。上一级人民检察院有责任对抗诉进行审查，支持或部分支持抗诉意见的，可以变更、补充抗诉理由，及时制作抗诉意见书，并通知提出抗诉的人民检察院。

与上诉不同的是，抗诉必须认为一审判决、裁定"确有错误"，主要是指："（一）判决、裁定在认定事实上有错误，或者缺乏确实、充分的证据；（二）判决、裁定在适用法律、定罪量刑上有错误；（三）违反诉讼程序，使当事人依法享有的诉讼权利受到侵犯，可能影响判决、裁定的正确性。"

需要注意的是，我国公诉案件中的被害人虽然也属于当事人，但是并没有上诉权，只有请求抗诉权，即被害人及其法定代理人不服一审判决、裁定的，只能请求检察机关提出抗诉；检察机关经过审查后自主决定是否提出抗诉。换言之，被害人及其法定代理人请求抗诉权不等于上诉权，它并不必然引起第二审程序。

**延伸阅读推荐**

（1）刘方权：《刑事二审抗诉实证研究——以M省数据为主要对象的分析》，载《地方立法研究》2022年第5期，第16-40页。

（2）龙宗智：《新〈人民检察院刑事诉讼规则〉若干问题评析》，载《法学杂志》2020年第5期，第99-110页。

## 问题2：是否应当赋予刑事被害人独立的上诉权？

我国最高人民法院在1958年的《关于公诉案件的被害人对判决不服可否提起上诉问题的复函》中，对公诉案件被害人的上诉权予以认可，但自1979年《刑事诉讼法》之后，被害人不再享有上诉权。对于应否赋予被害人独立上诉权，存在两方意见。

反对意见主要基于以下考量：首先，如果赋予被害人及其法定代理人完全的上诉权，有可能因为被害人及其法定代理人任意的上诉行为使"上诉不加刑"原则难以发挥作用。

其次，赋予被害人以独立的上诉权可能会与检察机关的抗诉权发生冲突，被害人将变成追究犯罪的独立主体，使原来的公诉案件在形式上转变为自诉案件，对于检察机关在二审阶段的职能会形成冲击。最后，也有观点认为，若赋予被害人以上诉权，会促使上诉案件的大量增加，导致二审法院负担过重。①

肯定意见主要从被害人的角度出发，认为赋予被害人上诉权是保障被害人作为刑事诉讼当事人享有的诉权完整性的要求。一方面，如果检察机关拒绝提起抗诉，无论被告人是否上诉，被害人都无法通过第二审程序改变原审裁判。另一方面，检察机关与被害人的利益不一致意味着单纯抗诉可能无法全面反映被害人诉求。检察机关作为国家公权力机关，更多地从国家和社会全局的角度对案件进行考虑，在其未能对被害人的合法权益进行十分仔细的周全考虑时，也会出现其无意识地忽视对被害人合法权益的保护的情形②，不利于保障被害人权益。

有学者指出：我国关于被害人上诉权利的立法现状所存在的尴尬之处，即被害人虽然没有直接的、独立的上诉权，但在我国刑事诉讼法及司法解释中相关制度的综合作用下，被害人通过刑事附带民事诉讼的上诉权的行使，享有了间接发动二审程序的权利。③

**延伸阅读推荐**

（1）姜福先、张明磊：《论刑事公诉案件被害人的上诉权》，载《中国刑事法杂志》2005年第2期，第52-62页。

（2）李中钧、孙持明：《和谐社会语境下的被害人上诉权研究》，载《西南政法大学学报》2010年第3期，第123-129页。

## 问题3：我国刑事诉讼法如何在保障当事人上诉权的同时，避免其滥用诉权?

我国刑事诉讼法确立了一系列重要诉讼制度，力图在保障上诉权和避免滥用诉权之间形成平衡，集中体现在以下方面。

在保障方面，第一，我国《刑事诉讼法》第227条第3款明确规定："对被告人的上诉权，不得以任何借口加以剥夺。"第二，我国刑事诉讼法采用无因上诉制度，即当事人对未生效一审判决、裁定提起上诉，不需要提供任何上诉理由，只要表达对一审判决、裁定不服，并提出上诉要求即可。与之相对应，二审法院也不对当事人的上诉请求作实质性审查。第三，从提出方式来看，上诉既可以书面方式提出，也可以口头方式提出。第四，从提出对象来看，上诉既可以向原一审人民法院提出，也可以直接向上一级人民法院提出。

在限制方面，主要体现为上诉期限的设置。根据我国《刑事诉讼法》的规定，一审法院所作的判决，上诉期为10天；一审法院所作的裁定，上诉期为5天。

---

① 参见李中钧、孙持明：《和谐社会语境下的被害人上诉权研究》，载《西南政法大学学报》2010年第3期，第125页。

② 参见黄太云：《刑事诉讼制度的重大改革》，载《中国法学》1996年第2期，第39页。

③ 参见熊洋、姜辛辛：《"间接上诉权"引发的法律尴尬与合理解脱——兼论被害人当事人地位的切实保障》，载《人民检察》2005年第22期，第25-28页。

从域外立法来看，某些国家或地区会通过“上诉利益”这一实质要件来限制上诉权。刑事诉讼中的上诉利益是指当事人“不服一审法院在事实、证据、定罪、量刑、诉讼程序等方面对其作出的不利的裁判，通过向上级法院提出上诉，从而获得无罪、罪轻、减轻、免除刑事责任、重新审判或者其他救济的必要性和实效性”①。基于上诉利益，对上诉的基本要求是“没有利益，就没有上诉”，从而形成对上诉权的限制。我国刑事诉讼法没有确立上诉利益，学界研究多集中于民事诉讼领域。但随着认罪认罚从宽案件上诉问题的凸显，这一议题开始引发刑事诉讼学界的关注。

**延伸阅读推荐**

（1）陈瑞华：《刑事诉讼法》，北京大学出版社2021年版。

（2）郭烁：《二审上诉问题重述：以认罪认罚案件为例》，载《中国法学》2020年第3期，第244-260页。

## 问题4：如何处理认罪认罚案件中被告人一方上诉与上诉不加刑原则之间的关系？能否限制此类案件中被告人的上诉权？

我国刑事诉讼法没有对被告人的上诉理由作任何限制，同时以上诉不加刑原则保障被告人充分行使上诉权。近年来，随着认罪认罚从宽立法与司法实践的不断探索，此类案件与上诉权之间的冲突日益凸显，主要涉及以下三个方面的问题。

第一，被告人的上诉是否等同于撤回认罪认罚？在司法实践中，认罪认罚从宽案件中被告人上诉的理由多种多样，主要包括量刑过重、事实认定不当、法律适用错误、程序违法、留所服刑等，并非所有理由均可视为对认罪认罚的反悔。将上诉行为直接与撤回认罪认罚等同，实则是将上诉与剥夺量刑优惠挂钩，削弱了上诉制度的救济性。②

第二，是否应当限制认罪认罚案件被告人的上诉权？特别是针对被告人“投机型上诉”“留所服刑上诉”等滥用上诉权和上诉不加刑原则的情形，学界和实务界形成了限制上诉权、有条件地行使上诉权、保留上诉权等不同观点。与之相对应，基于速裁程序与普通程序的区别，目前主要形成了三种限制认罪认罚从宽案件被告人上诉权的制度改革设计：一是原则上适用速裁程序的案件不允许上诉，但适用普通程序的认罪认罚案件允许上诉③；二是速裁案件的被告人不允许上诉，但可以提出事后异议④；三是在速裁程序中引入上诉许可制，第二审法院基于被告人的申请，认为具有合理理由并符合上诉条件的，才启动二审程序。⑤此外，也有观点提出，在保障被告人上诉权的前提下，应简化认罪认罚从宽案件的二审程序来应对滥用上诉权的问题。⑥上述制度建议均需要从立法层面改革现有上诉制度，并且需要平衡与保障被告人上诉权之间的关系。

第三，检察机关能否以抗诉的方式来应对被告人利用上诉不加刑原则的投机型上诉？相对于立法层面的改革，检察机关同步抗诉是司法实践中衍生出的措施，核心在于利用

① 姜保忠：《我国刑事上诉利益审查制度的缺失与建构》，载《当代法学》2017年第3期。
② 参见汪海燕：《认罪认罚案件上诉问题实证研究——基于B市508件案例的分析》，载《中国应用法学》2023年第3期。
③ 参见陈卫东：《认罪认罚从宽制度研究》，载《中国法学》2016年第2期。
④ 参见魏晓娜：《完善认罪认罚从宽制度：中国语境下的关键词展开》，载《法学研究》2016年第4期。
⑤ 参见牟绿叶：《认罪认罚案件的二审程序——从上诉许可制展开的分析》，载《中国刑事法杂志》2019年第3期。
⑥ 参见谢小剑：《认罪认罚从宽案件中以抗诉应对量刑上诉之质疑》，载《环球法律评论》2023年第2期。

抗诉不受上诉不加刑原则限制的规则，限制认罪认罚被告人滥用上诉权。该做法在形式上符合上诉不加刑原则的现有规则，但与该原则所秉持的保障被告人上诉权的价值取向存在实质性差异。同时，以被告人上诉违反认罪认罚承诺为由提出抗诉，与抗诉需以“原审确有错误”为由的规则不完全兼容，由此形成检察机关的“技术性抗诉”。此外，检察机关的同步抗诉会削弱被告人的上诉意愿，从而间接弱化二审法院对认罪认罚案件自愿性、合法性等的审查。

**延伸阅读推荐**

(1) 韩旭：《认罪认罚案件被告人以量刑过重为由上诉引发的二审问题研究》，载《法治研究》2022年第2期，第51-61页。

(2) 孙长永：《比较法视野下认罪认罚案件被告人的上诉权》，载《比较法研究》2019年第3期，第37-52页。

### 问题5：提起上诉或抗诉后又撤回的，能否再次上诉或抗诉？法院应该如何处理？

我国《刑事诉讼法》原则上允许提起上诉或抗诉之后再撤回。根据《高法解释》第386条的规定，上述撤回主要涉及两种情形：第一种是在上诉、抗诉期满前撤回上诉、抗诉，此时人民法院应当准许，第一审判决、裁定在上诉、抗诉期满之日生效。第二种是在上诉、抗诉期满后撤回上诉、抗诉，此时能否撤回由人民法院裁定；如果裁定准许，则第一审判决、裁定应当自第二审裁定书送达上诉人或者抗诉机关之日起生效。

上述两种情形中，较为复杂的是后一种，即上诉、抗诉期限届满后的撤回。就上诉撤回而言，第二审人民法院经审查，认为原判认定事实和适用法律正确，量刑适当的，应当裁定准许；认为原判确有错误的，应当不予准许，继续按照上诉案件审理。同时，被判处死刑立即执行的被告人提出上诉，在第二审开庭后宣告裁判前申请撤回上诉的，应当不予准许，继续按照上诉案件审理。就抗诉撤回而言，人民检察院在抗诉期满后要求撤回抗诉的，第二审人民法院可以裁定准许，但是认为原判存在将无罪判为有罪、轻罪重判等情形的，应当不予准许，继续审理。

抗诉案件中，人民检察院接到开庭通知后不派员出庭，且未说明原因的，人民法院可以裁定按人民检察院撤回抗诉处理。

**延伸阅读推荐**

刘方权：《刑事二审抗诉实证研究——以M省数据为主要对象的分析》，载《地方立法研究》2022年第5期，第16-40页。

## 第四节　第二审程序的审判

### 问题1：我国刑事诉讼中第二审人民法院有哪几种审理方式？第二审程序中被告人认罪认罚的，适用何种审理方式？

我国刑事诉讼法确立了第二审人民法院的两种审理方式：一种是开庭审理方式，另一种是不开庭审理方式。

开庭审理方式，是指第二审人民法院组成合议庭，由检察人员和诉讼参与人参加，通过法庭调查、辩论、评议、宣判的方式审理案件。具体而言，开庭审理方式原则上适用于以下四类案件：一是被告人、自诉人及其法定代理人对第一审认定的事实、证据提出异议，可能影响定罪量刑的上诉案件；二是被告人被判处死刑的上诉案件；三是人民检察院抗诉的案件；四是其他应当开庭审理的案件。在死刑案件中，被判处死刑的被告人没有上诉，同案的其他被告人上诉的，第二审人民法院也应当开庭审理。

不开庭审理方式，也称调查讯问方式，是指第二审人民法院组成合议庭，通过全面查阅案卷材料，讯问被告人，听取其他当事人、辩护人、诉讼代理人意见，作出判决或裁定的审理方式。除应当开庭审理的案件外，第二审人民法院对其他案件均可以不开庭审理。此外，对于上诉、抗诉案件，第二审人民法院经审查，认为原判事实不清、证据不足，或者具有《刑事诉讼法》第 238 条规定的违反法定诉讼程序情形，需要发回重新审判的，也可以不开庭审理。

根据刑事诉讼法的规定，对于认罪认罚的案件而言，被告人在第一审程序中未认罪认罚，在第二审程序中认罪认罚的，案件审理按照第二审程序进行。但是，在应当开庭审理的案件类型中，并不明确包括在二审期间认罪认罚的案件，从而引发此类案件适用的审理方式问题。一方面，认罪认罚需要解决与谁协商、如何协商的问题，相较于居中裁判的人民法院，检察机关是更为合适的协商主体；另一方面，采用不开庭审理方式时，我国刑事诉讼法并未明确规定检察机关的参与权。对此，有学者提出，在二审期间认罪认罚的，即便采用不开庭审理的方式，人民法院也应当听取检察机关意见，由检察机关与被告人进行认罪认罚协商。[①]

**延伸阅读推荐**

刘方权：《刑事二审抗诉实证研究——以 M 省数据为主要对象的分析》，载《地方立法研究》2022 年第 5 期，第 16－40 页。

## 问题 2：如何理解第二审程序中庭审实质化与开庭审理的关系？

在司法改革的背景之下，立法者秉持“以开庭审理为原则，不开庭审理为例外”的指导理念，不断推进“以庭审为中心”的改革，强调庭审的实质化，以克服侦查案卷中心主义的局限性。

首先，开庭审理是实现庭审实质化的核心举措。庭审实质化，顾名思义，就是要让庭审成为审判的中心，让审判活动发生在庭审当中，而非案卷里面。要做到这一点首先必须进行开庭审理。事实上，二审法官在接触案件事实、发现客观真实的能力方面有着天然的弱势，因此有学者将上诉法官比作想用更少的肉和品质更差的调料制作出更好料理的厨师。[②]为弥补这一客观缺陷，充分发挥二审程序应有的纠错职能，就争议的事实和

① 参见董坤：《审判阶段适用认罪认罚从宽制度相关问题研究》，载《苏州大学学报（哲学社会科学版）》2020 年第 3 期。

② 参见［德］托马斯·魏根特：《德国刑事诉讼程序》，岳礼玲、温小洁译，中国政法大学出版社 2004 年版，第 222 页。

法律问题展开充分而有效的交涉，更应当坚持和维护应有的程序性保障。换言之，只有开庭审理才能保证庭审实质化的实现。然而，目前司法实践中刑事二审的开庭率仍不理想，并没有真正贯彻“以开庭审理为原则，不开庭审理为例外”的基本要求。除去因抗诉而开庭的案件外，实际上因其他事由启动二审的案件开庭审理的仅占所有上诉案件的较小比例。[①]在这种情况下，不开庭审理，被告人辩护的空间被压缩，举证质证得不到实现，诉讼参与人的诉讼权利被忽视，法官成为单纯的书面材料审核官，庭审实质化无法得到实现。

其次，庭审实质化，让法庭成为审判的中心，才能提升开庭审理率。在“庭审形式化”没有得到根本改善之前，二审开庭率很难得到大幅提高。在案卷中心主义之下，案件的审理“以书面审理为主，开庭审理为辅”，是否开庭根本不会对法官如何进行裁判造成任何影响，不少法官都认为“开庭形式化，效果不好”[②]。质言之，隐藏在法官审判理念背后、对是否开庭起着根本性决定作用的是法官对开庭审理的价值衡量，即开庭审理能否满足法官的审理需要。很早就有学者意识到：“只要法院仍然坚持以‘案卷笔录为中心’的裁判方式，仍然将侦查人员制作的案卷笔录视为具有天然证据能力的证据和具有优势证明力的裁判依据，那么，中国刑事审判的基本面目就不可能发生重大改观。”[③]只有在法官认可庭审的价值，通过庭审的实质化，“确保案件证据展示、质证、认证在法庭，证人、鉴定人作证在法庭，案件事实调查、认定在法庭，诉辩和代理意见发表、辩论在法庭，直接言词原则体现在法庭，当事人及其辩护、代理律师的诉讼权利行使在法庭，公正裁判决定在法庭，裁判说理讲解在法庭，等等”[④]。让审判发生在法庭，而不是案卷，让法官重拾对开庭审理的信心，如此才能真正提高开庭率。

**延伸阅读推荐**

(1) 郭天武、卢诗谣：《我国刑事二审审理方式的异化与回归》，载《华南师范大学学报（社会科学版）》2020 年第 2 期，第 114－129 页。

(2) 白国华：《刑事二审开庭率低的深层因素分析》，载《理论探索》2016 年第 5 期，第 177－122 页。

## 问题 3：审理第二审案件人民法院有哪些裁判方式?

第二审人民法院审理上诉、抗诉案件，主要有以下三种裁判方式。

第一，驳回上诉或抗诉，维持原判。该裁判方式主要适用于一审判决认定事实清楚，证据确实、充分，适用法律正确，且不存在影响公正审判的违反法定诉讼程序的情形。二审法院作出驳回上诉或抗诉、维持原判的裁定，并经宣告和送达后，原一审判决则发生法律效力。

---

① 参见郭天武、卢诗谣：《我国刑事二审审理方式的异化与回归》，《华南师范大学学报（社会科学版）》2020 年第 2 期。

② 白国华：《刑事二审开庭率低的深层因素分析》，载《理论探索》2016 年第 5 期。

③ 陈瑞华：《“案卷笔录中心主义”对中国刑事审判方式的重新考察》，载《法学研究》2006 年第 4 期。

④ 周强：《推进严格司法》，《〈中共中央关于全面推进依法治国若干重大问题的决定〉辅导读本》，人民出版社 2014 年版，第 112 页。

第二，撤销原判、依法改判。该裁判方式主要适用于两种情形：一是原审认定事实没有错误，但适用法律有错误或者量刑不当的情形；二是原判决事实不清或证据不足的情形。对前者而言，应当由第二审人民法院撤销原判，重新判决。对于后者而言，第二审人民法院可以在查清案件事实后直接改判，也可以裁定撤销原判，发回原审人民法院重新审判。需要注意的是，第二审人民法院审理刑事附带民事上诉案件的，如果发现刑事和附带民事部分均有错误需要依法改判，则应当一并审理和改判。如果此时刑事部分已经发生法律效力但确有错误，则应当对刑事部分按照审判监督程序处理。第二审人民法院审理刑事上诉、抗诉案件，附带民事诉讼部分已经发生效力但确有错误的，应当对民事部分按照审判监督程序处理。

第三，裁定撤销原判、发回重审。该裁判方式区分应当发回重审和可以发回重审两种情形。其中，应当发回重审又被称为"程序补救型发回重审"，主要适用于原审出现的以下情况：一是违反本法有关公开审判的规定的；二是违反回避制度的；三是剥夺或者限制了当事人的法定诉讼权利，可能影响公正审判的；四是审判组织的组成不合法的；五是其他违反法律规定的诉讼程序，可能影响公正审判的。可以发回重审又被称为"实体补救型发回重审"，适用于原判决事实不清或证据不足的情形。对于有多名被告人的案件，部分被告人犯罪事实不清、证据不足或者有新的犯罪事实需要追诉，且有关犯罪与其他同案被告人没有关联的，第二审人民法院根据案件具体情况，可以对该部分被告人分案处理，将该部分被告人发回原审人民法院重新审判。需要注意的是，针对发回重审后原审人民法院重新作出的裁判，当事人、检察机关可以再次上诉、抗诉。此时，第二审人民法院应当依法作出判决或裁定，不得再发回原审人民法院重新审判。

对于第二审的自诉案件，必要时可以进行调解，当事人也可以自行和解。调解结案的，第二审人民法院应当制作调解书，此时第一审判决、裁定视为自动撤销。当事人自行和解，自诉人撤回自诉，人民法院认为和解、撤回自诉确属自愿的，应当裁定准许；认为系强迫、威吓等并非自愿的，不予准许。裁定准许撤回自诉的，应当撤销原裁判，并立即解除强制措施。

第二审人民法院作出裁判后，可以委托第一审人民法院代为宣判，并向当事人送达第二审判决书、裁定书。第一审人民法院应当在代为宣判 5 日以内将宣判笔录送交第二审人民法院，并在送达完毕后及时将送达回证送交第二审人民法院。即便委托宣判，第二审人民法院仍应当直接向同级人民检察院送达第二审判决书、裁定书。

**延伸阅读推荐**

陈瑞华：《刑事诉讼法》，北京大学出版社 2021 年版，第 453－457 页。

## 问题 4：发回重审的案件，原审人民法院是否适用上诉不加刑原则？

根据《刑事诉讼法》第 237 条第 1 款的规定，"第二审人民法院发回原审人民法院重新审判的案件，除有新的犯罪事实，人民检察院补充起诉的以外，原审人民法院也不得加重被告人的刑罚"。同时，最高人民法院研究室《关于上诉发回重审案件重新判决后确需改判的应当通过何种程序进行的答复》指出，"对被告人上诉、人民检察院未提出抗诉的案件，第二审人民法院发回原审人民法院重新审判的，只要人民检察院没有补充起诉新的犯罪事实，原审人民法院不得加重被告人的刑罚。原审人民法院对上诉发回重新审判的案件依法作出维持原判的判决后，人民检察院抗诉的，第二审人民法院也不得改判加重被告人的刑罚”。据此，原则上，发回重审适用上诉不加刑原则，不得直接加重被告人的刑罚，但检察机关因新的犯罪事实补充起诉的除外。

这里产生的相关问题是，对于适用速裁程序审理的认罪认罚从宽案件，第二审程序发回重审的，原审人民法院是否适用上诉不加刑原则。根据两院三部 2019 年制定的《关于适用认罪认罚从宽制度的指导意见》第 45 条，此类案件中，“被告人以事实不清、证据不足为由提出上诉的，应当裁定撤销原判，发回原审人民法院适用普通程序重新审理，不再按认罪认罚案件从宽处罚”。此时，对于“从宽处罚”的撤销可能产生“加刑”的效果，从而不可避免地与上诉不加刑原则相冲突。对此，有必要进一步明晰上诉不加刑原则在认罪认罚从宽案件中的适用范围和条件。

**延伸阅读推荐**

董坤：《审判阶段适用认罪认罚从宽制度相关问题研究》，载《苏州大学学报（哲学社会科学版）》2020 年第 3 期，第 48－55 页。

## 本章课后演练

**（一）不定项选择题**

1. 郭某和刘某因共同贩卖毒品被法院一审分别判处有期徒刑 7 年和 6 年，郭某不服，上诉，刘某未上诉。二审法院经过审理认为，本案事实清楚，证据充分且原审量刑适当，但发现郭某还涉嫌容留他人吸毒，刘某没有参与。下列表述正确的有（　　）。

A. 二审法院审理过程中，刘某要求出庭的，二审法院应当准许

B. 刘某出庭参加二审的，可以参加质证

C. 二审法院可以对郭某案延期审理，对刘某案维持原判

D. 二审法院可以对郭某分案处理，对郭某案发回重审，对刘某案维持原判

2. 全面审查不受上诉、抗诉的限制，下列正确的是（　　）。

A. 全面审查体现程序和实体公正

B. 全面审查体现职权主义特征

C. 全面审查原则和两审终审是配套制度

D. 全面审查制度是集中审理的具体体现

3. 甲因犯诈骗罪被一审法院判处 5 年有期徒刑，犯盗窃罪被判处 5 年有期徒刑，合并执行 8 年有期徒刑，甲不服提起上诉，检察院未抗诉。二审法院审理后认为事实不清、证据不足发回重审，一审法院经重新审理，对甲所犯诈骗罪判处 6 年有期徒刑，对盗窃罪不予认定，检察院对判决不服提起抗诉。下列说法正确的是（　　）。

A. 某市中级法院可以改判甲犯盗窃罪和诈骗罪，但决定合并执行的刑罚不能超过 8 年有期徒刑

B. 某市中级法院可以改判甲犯盗窃罪和诈骗罪，但决定合并执行的刑罚不能超过 6

年有期徒刑

C. 某县检察院抗诉，某市中级法院经过审理，若改判甲犯盗窃罪，对该罪的量刑不能超过 5 年

D. 某县检察院抗诉，某市中级法院经过审理，若改判甲犯诈骗罪，对该罪的量刑不能超过 6 年

4. 甲驾车在路口等红灯时被乙驾驶的汽车追尾，遂发生争执，乙用车中携带的棒球棒击打甲，甲转身回车中拿出一把匕首刺中乙腹部，致乙重伤。某市公安局对甲立案侦查，某市检察院向某市中级法院以故意伤害罪提起公诉。某市中级法院经过审理判处甲无期徒刑。甲不服上诉，某省高级法院进行二审。下列表述不正确的有（　　）。

A. 在二审过程中，某市检察院认为本案认定故意伤害罪正确，但有新证据能够证明甲属于防卫过当，可以提出补充抗诉

B. 某市检察院若认为某市中级法院的第一审判决确有错误，应当向某市中级法院抗诉

C. 某省高级法院开庭进行二审时，某市检察院和某省检察院都应当派员出庭

D. 若某市检察院抗诉，最高人民检察院发现本案系疑难案件，可以派员出席某市检察院抗诉的二审审理程序

5. A 市 B 区检察院对唐某贩卖毒品案提起公诉，一审开庭后检察院申请撤诉，B 区法院裁定准许撤诉，唐某认为当前证据根本无法证明自己有罪，B 区法院应当判决自己无罪，于是向 A 市中级法院提起上诉，A 市中级法院应如何处理？（　　）

A. 以唐某无权就准许撤回起诉的裁定提起上诉为由，驳回唐某上诉

B. 若认为一审裁定确有错误，审理后应作出唐某有罪或无罪的判决

C. 应当开庭审理

D. 若认为一审裁定确有错误，应当裁定撤销原裁定并让原审法院继续审理，该裁定为终审裁定

6. 刘某因挪用资金罪被大江市龙平区法院判处有期徒刑 2 年，同级检察院以量刑畸轻为由抗诉，大江市中级法院以事实不清、证据不足为由将本案发回重审，龙平区法院改判挪用公款罪但刑期不变。刘某不服提起上诉，下列表述正确的有（　　）。

A. 如大江市检察院认为龙平区检察院抗诉不当，应要求龙平区检察院撤回抗诉

B. 刘某上诉，如大江市中级法院重审后发现龙平区法院一审时合议庭成员违反回避规定，应再次将本案发回重审

C. 刘某上诉，大江市中级法院不得改判刘某重于 2 年有期徒刑的刑罚

D. 刘某上诉，大江市中级法院曾参与本案审判的合议庭人员应当回避

7. 马某因贩卖毒品被逮捕并提起公诉，但始终辩称在其车中查获的毒品系被栽赃陷害，一审法院经过审理发现毒品的来源不明，不能排除合理怀疑，遂宣告马某无罪。检察机关提起抗诉并在二审开庭前取得毒品来源的关键性证据，关于本案处理，下列哪些选项是正确的？（　　）

A. 因本案出现新证据，二审法院审理后认为原判事实不清、证据不足的，应当发回一审法院重新审理

B. 检察院取得的新证据应当由法院通知辩方查阅、摘抄或复制

C. 一审法院作出无罪判决不违反全面贯彻证据裁判规则的要求

D. 一审宣判后应当立即释放马某，检察机关可以对其另行适用取保候审

8. 赵某因琐事故意伤害李某，李某向某县法院对赵某提起自诉，同时提起附带民事诉讼。某县法院经过审理判处赵某有期徒刑1年，附带民事诉讼赔偿李某3万元，赵某不服，认为判处1年有期徒刑过重，提出上诉。下列表述不正确的是（　　）。

A. 某县法院立案后，发现李某缺乏罪证，某县法院应当说服李某撤回起诉

B. 在一审程序中，李某要求撤回自诉，某县法院应当准许

C. 在二审程序中，李某对刑事部分提出反诉，法院可以进行调解

D. 李某对刑事部分不服上诉，案件进入二审程序后，附带民事部分也不生效

**（二）判断分析题**

1. 最高人民检察院如果认为最高人民法院的裁判确有错误，应当向其提起抗诉。

2. 第二审人民法院应当在上诉或抗诉的范围内，就第一审判决认定的事实和适用法律进行审查。

3. 最高人民检察院可以派员出席某市检察院的抗诉案件。

4. 二审法院受理案件后应通知同级检察院查阅案卷。

5. 第二审人民法院认为原判认定罪名不当而改变罪名的，是对上诉不加刑原则的违反。

**（三）简答题**

1. 第二审人民法院应当开庭审理的情形有哪些？

2. 检察机关提起第二审程序抗诉的理由有哪些？

3. 上诉与二审抗诉在程序上有哪些主要区别？

4. 第二审人民法院对上诉、抗诉案件审理后，可以作出哪几种类型的处理？

5. 对于仅对附带民事部分提出上诉、刑事部分已经发生法律效力的案件，第二审人民法院应当如何审理？

**（四）论述题**

1. 如何理解上诉不加刑原则中的“加刑”？

2. 如何理解第二审程序中庭审实质化与开庭审理的关系？

**（五）法条分析题**

1.《刑事诉讼法》第233条：“第二审人民法院应当就第一审判决认定的事实和适用法律进行全面审查，不受上诉或者抗诉范围的限制。共同犯罪的案件只有部分被告人上诉的，应当对全案进行审查，一并处理。”

2.《刑事诉讼法》第238条：“第二审人民法院发现第一审人民法院的审理有下列违反法律规定的诉讼程序的情形之一的，应当裁定撤销原判，发回原审人民法院重新审判：（一）违反本法有关公开审判的规定的；（二）违反回避制度的；（三）剥夺或者限制了当事人的法定诉讼权利，可能影响公正审判的；（四）审判组织的组成不合法的；（五）其他违反法律规定的诉讼程序，可能影响公正审判的。”

**（六）案例分析题**

某高校工科楼实验室老师在该栋楼一楼苗圃发现一具尸体，经鉴定，被害人赵某系被他人用绳勒颈致机械性窒息而死亡。某市公安机关经过侦查认为被害人赵某的同学曾

某和陈某有重大作案嫌疑，遂将二人逮捕。陈某到案后供认其与曾某合谋杀害赵某，称案发当日他把事先准备好的安定药投放于赵某的茶杯中让赵某喝下，其后把被害人赵某带到工科楼 308 教室，曾某当晚来到 308 室勒死赵某后，他帮助曾某打扫现场搬运了尸体。曾某到案后否认杀人行为，几经讯问后，他改变口供，承认杀害了赵某，但曾某对杀人所用棕绳的来源、长短供述不一。

曾某、陈某共同故意杀人一案经某市人民检察院审查起诉后提起公诉，某市中级人民法院对该案开庭审理。经审理，某市中级人民法院认为曾某和陈某的行为构成共同故意杀人，一审判决被告人曾某死刑立即执行，被告人陈某无期徒刑。判令两被告人赔偿附带民事诉讼原告人经济损失共计 20 万元。

判决宣告后，陈某没有上诉，曾某以没有杀人为由提起上诉。第二审法院开庭审理了该案。被告人陈某要求参与法庭审理，但合议庭认为陈某没有提起上诉，也没有被检察院抗诉，因而拒绝了陈某的请求。经过审理，合议庭认为，一审所认定的作案时间和作案工具都存在疑点，本案事实不清、证据不足，于是裁定撤销一审判决，发回重审。

原审人民法院重新组成合议庭开庭审理该案，经审理，合议庭认为曾某的有罪供述、陈某指证曾某杀人的供述等证据的真实性均有疑问，不能采信。原审公诉机关指控被告人曾某犯故意杀人罪，事实不清、证据不足。合议庭查明，案发前被告人陈某多次大量购买安定药，案发当日陈某把安定药投放于被害人赵某的水杯内并把赵某带到工科楼 308 室，其后一直与赵某在一起直至赵某遇害，被害人死亡后陈某还实施了清理现场、隐匿罪证等行为。陈某的行为与赵某的被害有必然联系。最终，法院以曾某犯故意杀人罪事实不清、证据不足，指控的犯罪不能成立，判决宣告曾某无罪，以故意杀人罪判决陈某死刑缓期二年执行。

问题：(1) 没有提出上诉的被告人陈某能否参加法庭审理活动？法庭拒绝其参加庭审的做法是否正确？(2) 该案经重新审理，判决曾某无罪，陈某死刑缓期二年执行。这种处理是否合法？(3) 本案一审宣判后，曾某对刑事部分提起上诉，但本案的民事部分没有上诉。如果第二审法院在审理中发现本案民事部分有错误，应该如何处理？

## 参考答案

**(一) 不定项选择题**

1. ABD　2. AC　3. A　4. ABC　5. B　6. BC　7. BC　8. ABCD

**(二) 判断分析题**

1. 题略。

错误。最高人民法院是国家的最高审判机关，它的一审判决和裁定就是终审的判决和裁定，对它既不能上诉，也不能按照二审程序抗诉。最高人民检察院如果认为最高人民法院的裁判确有错误，只能按照审判监督程序提出抗诉。

2. 题略。

错误。第二审程序遵循的是全面审查原则，即第二审人民法院应当就第一审判决认定的事实和适用法律进行全面审查，不受上诉或抗诉范围的限制。

3. 题略。

正确。在我国，上下级检察院之间是领导与被领导的关系。上级检察院可以依法统一调用辖区的检察人员办理案件，被调用的检察官可以代表办理案件的检察院履行出庭支持公诉等各项检察职责。可见，最高人民检察院当然可以调用本院的检察官办理其辖区内，即全国各地的刑事案件，可以派员出席某市检察院抗诉的二审审理程序。

4. 题略。

错误。检察院提出抗诉的案件或者第二审人民法院开庭审理的公诉案件，同级检察院都应当派员出席法庭。第二审法院应当在决定开庭审理后及时通知检察院查阅案卷。法院不开庭审理，同级检察院无须派员出席，也无须通知检察院阅卷。

5. 题略。

错误。上诉不加刑原则主要考虑的是刑罚的轻重或其对被告人的不利影响。在适用该原则的案件中，原判认定的罪名不当，第二审人民法院可以改变罪名，但不得加重刑罚或者对刑罚执行产生不利影响。

**(三) 简答题**

1. 题略。

(1) 被告人、自诉人及其法定代理人对第一审认定的事实、证据提出异议，可能影响定罪量刑的上诉案件；(2) 被告人被判处死刑的上诉案件；(3) 人民检察院抗诉的案件；(4) 其他应当开庭审理的案件。

2. 题略。

地方各级人民检察院认为本级人民法院第一审判决、裁定确有错误时，才能提出抗诉。具体包括：(1) 认定事实确有错误或者据以定罪量刑的证据不确实、不充分的；(2) 有确实、充分的证据证明有罪而判无罪，或者无罪而判有罪的；(3) 重罪轻判、轻罪重判，适用刑罚明显不当的；(4) 认定罪名不正确，一罪判数罪、数罪判一罪，影响量刑或者造成严重的社会影响的；(5) 免除刑事处罚或者适用缓刑、禁止令、限制减刑等错误的；(6) 人民法院在审理过程中严重违反法律规定的诉讼程序的。

3. 题略。

(1) 主体不同。上诉主体包括被告人、自诉人及其法定代理人、附带民事诉讼的当事人及其法定代理人、经被告人同意的辩护人和近亲属；抗诉主体包括地方各级人民检察院。(2) 理由不同。上诉不需要理由，只要不服即可；抗诉须是人民检察院认为原裁判确有错误。(3) 提起方式不同。上诉可以采用书面或口头形式，抗诉只能采用书面形式。(4) 提出途径不同。上诉既可以通过原审人民法院提出，也可以直接向第二审人民法院提出；抗诉应当向原审人民法院提出抗诉书，并将抗诉书抄送上一级人民检察院。(5) 适用原则不同。抗诉不适用上诉不加刑原则。

4. 题略。

(1) 裁定驳回上诉或者抗诉，维持原判。适用于原判认定事实清楚，证据确实、充分，适用法律正确、量刑适当，且不存在影响公正审判的违反法定诉讼程序的情形，提出上诉或抗诉的理由不能成立的案件。(2) 改判。适用于以下三种情形：一是原判认定事实没有错误，但适用法律有错误；二是原判认定事实没有错误，但量刑不当；三是原判事实不清楚或证据不足，二审法院可以在查清事实后改判。(3) 裁定撤销原判、发回重审，主要适用于以下情形：一是对事实不清楚或证据不足的案件，二审法院也可以裁定撤销原判、发回原审人民法院重新审判；二是一审人民法院的审理有违反法律规定的诉讼程序，可能影响公正审判的案件。

5. 题略。

第二审人民法院应当进行全案审查，并按照下列情形分别予以处理：(1) 第一审判决的刑事部分并无不当的，只需就附带民事部分作出处理；(2) 第一审判决的刑事部分确有错误的，依照审判监督程序对刑事部分进行再审，并将附带民事部分与刑事部分一并审理。

**(四) 论述题**

1. 题略。

上诉不加刑原则是第二审人民法院审理只有被告人一方上诉的案件，不得以任何理由对被告人判处重于原判的刑罚。人民检察院提出抗诉或者自诉案件自诉人提出上诉的案件，以及仅有被告人一方上诉，第二审人民法院发回重审后，检察机关根据新的犯罪事实补充起诉的案件，不受该原则的限制。

所谓不得加重刑罚，主要包括以下要求：(1) 同案审理的案件，只有部分被告人上诉的，既不得加重上诉人的刑罚，也不得加重其他同案被告人的刑罚；(2) 原判认定的罪名不当的，可以改变罪名，但不得加重刑罚或者对刑罚执行产生不利影响；(3) 原判认定的罪数不当的，可以改变罪数，并调整刑罚，但不得加重决定执行的刑罚或者对刑罚执行产生不利影响；(4) 原判对被告人宣告缓刑的，不得撤销缓刑或者延长缓刑考验期；(5) 原判没有宣告职业禁止、禁止令的，不得增加宣告；原判宣告职业禁止、禁止令的，不得增加内容、延长期限；(6) 原判对被告人判处死刑缓期执行没有限制减刑、决定终身监禁的，不得限制减刑、决定终身监禁；(7) 原判判处的刑罚不当、应当适用附加刑而没有适用的，不得直接加重刑罚、适用附加刑。原判判处的刑罚畸轻，必须依法改判的，应当在第二审判决、裁定生效后，依照审判监督程序重新审判。此外，仅有被告人一方上诉的案件，第二审人民法院发回重审，针对原审人民法院重新审判作出的判决，人民检察院抗诉的，第二审法院不得改判为重于原审人民法院第一次判处的刑罚。

之所以坚持上诉不加刑原则，主要基于以下考量：一是有利于保障被告人的上诉权，保证两审终审制的实现；二是有利于督促检察机关正确履行法律监督职能；三是有利于促使一审法院提高办案质量。

2. 题略。

在司法改革的背景之下，立法者秉持“以开庭审理为原则，不开庭审理为例外”的指导理念，不断推进“以庭审为中心”的改革，强调庭审的实质化，以克服侦查案卷中心主义的局限性。

一方面，开庭审理是实现庭审实质化的核心举措。庭审实质化，顾名思义，就是要让庭审成为审判的中心，让审判活动发生在庭审当中，而非案卷里面，要做到这一点首先必须进行开庭审理。事实上，二审法官在接触案件事实、发现客观真实的能力方面有着天然的弱势，为弥补这一客观缺陷，充分发挥二审程序应有的纠错职能，就争议的事实和法律问题展开充分而有效的交涉，更应当坚持和维护应有的程序性保障。换言之，只有开庭审理才能保证庭审实质化的实现。

另一方面，庭审实质化，让法庭成为审判的中心，才能提升开庭审理率。通过庭审的实质化，确保案件证据展示、质证、认证在法庭，证人、鉴定人作证在法庭，案件事实调查、认定在法庭，诉辩和代理意见发表、辩论在法庭，直接言词原则体现在法庭，当事人及其辩护、代理律师的诉讼权利行使在法庭，公正裁判决定在法庭，裁判说理讲解在法庭，让审判发生在法庭，而不是案卷，如此才能真正提高开庭审理率。

**(五) 法条分析题**

1. 题略。

可以按以下思路展开分析：

(1) 全面审查原则的内容及范围。

(2) 全面审查原则的积极意义。

(3) 全面审查原则的局限性。

(4) 全面审查原则的完善建议。

2. 题略。

可以按以下思路展开分析：

(1)"裁定撤销原判、发回重审"是二审案件的审理方式之一。

(2) 该法条规定的"裁定撤销原判、发回重审"所涉情形的共性之处。

(3) 结合法条列举的情形，对"可能影响公正审判"的具体构成要素进行分析。

**(六) 案例分析题**

题略。

(1) 本案中，应当允许被告人陈某参加法庭审理活动。法庭拒绝其参加庭审的做法是错误的。要求出庭参加法庭调查和法庭辩论是被告人的一项基本诉讼权利，没有提出上诉的被告人陈某同样有权参加法庭审理活动。对于没有提出上诉也没有被抗诉的被告人，人民法院可以不再传唤其出庭，但在被告人要求出庭的情况下，人民法院应当准许。

(2) 不合法，该案经重新审理，判决曾某无罪，陈某死刑缓期二年执行，此一做法违反了"上诉不加刑"原则。根据《刑事诉讼法》第237条第1款的规定，"第二审人民法院发回原审人民法院重新审判的案件，除有新的犯罪事实，人民检察院补充起诉的以外，原审人民法院也不得加重被告人的刑罚"。本案中，只有被告人曾某提起上诉，发回重审后，也没有发现新的犯罪事实，故不能加重陈某的刑罚。

(3) 第二审人民法院审理刑事上诉、抗诉案件，附带民事诉讼部分已经发生效力但确有错误的，应当对民事部分按照审判监督程序处理。

# 第十六章　审判监督程序

## 本章知识图谱

- 审判监督程序
  - 审判监督程序概述
    - 概念
      - 人民法院、人民检察院对已经发生法律效力的判决和裁定，发现认定事实或适用法律确有错误，依法提起抗诉或者决定重新审判，以及进行重新审判所应遵循的特别程序
      - 体现实事求是、有错必究的方针
    - 特征
      - 审判监督程序属于救济性程序
      - 审判监督程序并非案件必经程序
      - 审判监督程序对象是已经发生法律效力的判决、裁定
      - 审判监督程序提起主体具有特定性
      - 审判监督程序启动有严格条件
      - 审判监督程序提起没有期限限制
      - 审判监督程序审理主体广泛
      - 审判监督程序不受上诉不加刑原则限制
    - 功能
      - 维护当事人合法权益
      - 充分落实国家刑罚权
      - 实现对法院审判权的监督
  - 审判监督程序材料来源
    - 当事人及其法定代理人、监护人申诉
      - 效力
        - 不具有直接提起再审的法律效力
        - 不直接导致生效裁判的停止执行
      - 理由
        - 有新的证据证明原判决、裁定认定事实确有错误，可能影响定罪量刑 —— 何谓“新的证据”
          - 原判决、裁定生效后新发现的证据
          - 原判决、裁定生效前已经发现，但未予收集的证据
          - 原判决、裁定生效前已经收集，但未经质证的证据
          - 原判决、裁定所依据的鉴定意见，勘验、检查等笔录或者其他证据被改变或者否定的
          - 原判决、裁定所依据的被告人供述、证人证言等证据发生变化，影响定罪量刑，具有合理理由
        - 据以定罪量刑的证据不确实、不充分、依法应当予以排除，或者证明案件事实的主要证据之间存在矛盾的
        - 原判决、裁定适用法律确有错误的
          - 认定罪名错误
          - 量刑明显不当
          - 违反法律关于溯及力规定
        - 违反法律规定的诉讼程序，可能影响公正审判的
        - 审判人员在审理该案件的时候，有贪污受贿、徇私舞弊、枉法裁判行为的
        - 对违法所得或者其他涉案财物的处理确有明显错误的

- 审判监督程序
  - 审判监督程序案件信息来源
    - 当事人及其法定代理人、监护人申诉
      - 程序
        - 向人民法院申诉
          - 申诉对象 —— 可以向作出生效判决、裁定的人民法院或其上级人民法院、人民检察院提出
          - 受理单位
            - 一般情况 —— 作出生效判决、裁定的法院审查
            - 二审法院准许撤回上诉，针对第一审判决提出申诉 —— 由第一审人民法院审查
            - 疑难、复杂、重大案件 —— 上级法院可直接审查
            - 死刑案件
              - 可以由原核准法院审查
              - 可以交由原审法院审查
          - 审查结果
            - 符合《刑事诉讼法》第253条规定 —— 提交审判委员会讨论是否重新审判
            - 不符合上述规定
              - 说服申诉人撤回申诉
              - 坚持申诉的，应当书面通知驳回
          - 审查期限 —— 3个月，至迟不超过6个月
        - 向人民检察院申诉
          - 受理部门 —— 检察机关控告申诉部门统一接收
          - 管辖单位 —— 作出生效判决、裁定的人民法院的同级人民检察院
          - 审查结果
            - 认为法院已生效判决、裁定确有错误的，依法提请（出）抗诉或者提出再审检察建议
            - 认为已生效判决、裁定正确的，审查(复查)结案，并告知申诉人
    - 公安司法机关自行发现错误裁判
    - 其他机关、团体的监督
      - 各级人大代表纠正错判的议案
      - 人民群众来信来访
      - 机关、团体和新闻媒体等单位对生效判决的意见
  - 审判监督程序的提起
    - 提起主体
      - 各级法院院长和审判委员会
      - 上级人民法院
      - 最高人民法院
      - 上级人民检察院
      - 最高人民检察院
    - 启动方式
      - 提审 —— 最高人民法院或上级人民法院将案件提至本级进行审判
        - 原判决、裁定认定事实正确但适用法律错误
        - 案件疑难、复杂、重大
        - 不宜由原审人民法院审理
      - 指令再审 —— 最高人民法院或上级人民法院指令原审或者本级法院的其他下级法院重新审判
      - 再审抗诉
        - 抗诉主体
          - 发现同级人民法院判决、裁定确有错误
            - 无权提起抗诉
            - 提出提请抗诉报告书报上级人民检察院
            - 向其同级法院抗诉
          - 作出原审判决、裁定的上级人民检案院、最高人民检察院
        - 抗诉审查
          - 人民法院应当在收到抗诉书后1个月内立案
          - 处理结果
            - 不属于本院管辖，退回人民检察院
            - 无法送达原审被告人的，应当通知检察院3日内重新提供被告人住址，逾期不提供的，案件退回人民检察院
            - 以新的证据为由提出抗诉，未附相关证据材料，或者有关证据材料不指向原起诉事实的，应当通知检察院3日内补送相关材料，逾期不补送的，退回人民检察院

- 审判监督程序
  - 审判监督程序的提起
    - 提起条件
      - 事实认定错误
      - 适用法律错误
        - 实体法错误
          - 定性错误
          - 量刑错误
        - 程序法错误
          - 违反公开审判规定、回避制度等
          - 审判方法不合法
          - 剥夺或限制当事人法定权利可能影响公正审判的
        - 证据法错误
          - 应当排除证据没有排除
          - 采纳没有证据能力的证据
          - 错误排除证据等
  - 重新审判
    - 审判组织——由原审人民法院审理，应当另行组成合议庭
    - 程序
      - 原来是一审案件
        - 按照一审程序审判
        - 可以上诉、抗诉
      - 原来是二审案件或提审案件
        - 依照第二审程序审判
        - 所作裁判为终审裁判
    - 不开庭审理条件——原审被告人、自诉人死亡或丧失行为能力
    - 审理期限
      - 作出提审、再审之日起3个月内
      - 需要延长的，不得超过6个月
    - 撤回起诉/申请
      - 准许撤诉
        - 人民检察院在开庭前撤回抗诉
        - 申诉人在再审期间撤回申诉
      - 视为撤诉
        - 人民检察院抗诉案件，未说明理由不派员出庭
        - 申诉人依法通知无正当理由拒不到庭或未经法庭许可中途退庭——申诉人不是原审当事人的除外
    - 再审裁判
      - 认定事实和法律适用正确、量刑适当
        - 裁定驳回申诉或抗诉，维持原裁判
        - 姓名等身份信息错误——裁定予以更正
      - 定罪准确、量刑适当，但认定事实、适用法律存在瑕疵——裁定纠正瑕疵并维持原裁判
      - 事实认定准确，但适用法律错误或量刑不当——撤销原裁判，依法改判
      - 事实不清或证据不足
        - 查清事实后改判
        - 裁定撤销原裁判，发回原审法院重新审判
      - 事实无法查清，证据不足，不能认定被告人有罪的——撤销原裁判，判决宣告被告人无罪

## 本章重点问题

## 第一节　审判监督程序的性质与任务

### 问题1：审判监督程序的性质是什么？

审判监督程序又称再审程序，是指人民法院、人民检察院对已经发生法律效力的判决和裁定，发现在认定事实或适用法律上确有错误时，依法提出并对其进行重新审理的一种程序。我国审判监督程序是我国司法体系中的一项重要制度，其性质体现了维护司法公正、保障人权、促进法治建设的原则。我国审判监督程序的性质是一种错误补救程序，只适用于判决、裁定已经发生法律效力，并且确有错误的案件。在我国的审判监督

程序中，通过对生效判决的审查，确保判决结果符合法律规定和案件事实真相，以实现司法的实体公正和程序公正的统一。

除纠正错误判决，实现司法公正以外，审判监督程序同时也是一项人权保障程序。人权保障是现代社会的核心价值，也是我国宪法所保障的基本权利。在审判监督程序中，人民法院、人民检察院通过对生效裁判的审查和执行过程进行监督，确保被告人的合法权益得到保障。我国审判监督程序虽然没有明确禁止对不利于被告人的情形提起再审，但是对此作了比较严格的限制。对因各种原因导致的冤假错案进行及时纠正，能够最大限度地保障被告人的合法权益。近些年一些社会影响比较大的冤假错案均是通过审判监督程序得到了纠正，既维护了被告人的权利，也促进了刑事司法的公正。从这个角度讲，我国审判监督程序促进了我国社会主义法治建设。审判监督程序通过对司法活动的监督和审查，不仅能够及时纠正错误的判决，还能够推动法律的完善和司法的规范化。在我国，审判监督程序不仅关注具体案件的处理，也关注司法制度的完善和司法公信力的提升。通过审判监督程序，我国努力构建公正透明、高效规范的司法体系，以促进社会公平正义和法治的实现。

**延伸阅读推荐**

［日］谷口安平：《程序的正义与诉讼》，王亚新译，中国政法大学出版社 1996 年版。

## 问题 2：审判监督程序具有哪些功能？

我国审判监督程序具有以下几个方面的功能：首先，维护法律权威和司法权威。审判监督程序通过对司法判决的审查和监督，确保判决结果的合法性和权威性。这种审判监督的实施，既强调了法律的约束力和司法决策的权威性，也保证了司法机关的合法性和公信力。审判监督程序能够及时发现和纠正不当的判决，防止司法滥用权力和腐败行为，通过有错必究的举措体现了人民司法勇于担责的担当，增强了人民对司法的信任和对法律的敬畏。其次，促进司法公开和透明。司法公开和透明是现代司法制度的重要原则，也是保障司法公正的重要手段。在我国的审判监督程序中，公众有权了解和监督司法活动的过程和结果。通过审判监督程序，很多案件得到了媒体及大众的关注，通过公开对错误判决的纠正，人民可以了解司法机关的工作情况，监督司法活动的合法性和公正性，有助于减少司法腐败、减轻司法不公，进一步增强司法的公信力和公众的满意度。最后，维护社会稳定和公共秩序。审判监督程序通过及时纠正错误的判决和保障人权，能够维护社会的稳定和公共秩序。当判决结果被证实不公正或违法时，审判监督程序提供了一种修正错误的途径，防止社会冲突的发生，维护社会的和谐稳定。通过审判监督程序，社会中的各方能够对司法活动进行监督和参与，促进公正和秩序的维护。

**延伸阅读推荐**

陈卫东：《刑事审判监督程序研究》，法律出版社 2001 年版。

## 问题 3：审判监督程序与其他审判程序的区别是什么？

审判监督程序和一审、二审及其他审判程序共同构成了我国刑事诉讼的审判体系。

但是，由于性质和功能的区别，审判监督程序与其他审判程序之间还是存在比较大的不同。其中我们需要了解的最主要的是其与同属救济性程序的第二审程序和死刑复核程序之间的区别。

审判监督程序与二审程序存在以下几个方面的区别：

第一，两者的审理的对象不同。第二审程序和审判监督程序看上去都是对之前判决、裁定的再次审查，但是二审程序审理的对象是尚未发生法律效力的判决、裁定，而审判监督程序审理的对象是已经发生法律效力的判决、裁定。

第二，两个程序提起的主体不同。审判监督程序提起的主体是最高人民法院、最高人民检察院、作出生效裁判的人民法院的上级人民法院、上级人民检察院以及本级人民法院院长（通过提交审判委员会决定）。案件当事人可以通过申诉程序向上述主体提请启动审判监督程序，但是当事人的申诉并不具有决定性作用。第二审程序的提起主体是有上诉权的被告人及经被告人同意的近亲属、辩护人、自诉以及附带民事诉讼案件当事人及其近亲属，或者同级人民检察院的抗诉。被害人及其近亲属有权向人民检察院提出抗诉申请。

第三，两者提起的理由不同。提起审判监督程序的理由是，认为已生效的判决和裁定在认定事实或者适用法律上确有错误。第二审程序的提起没有理由的限制，只要有上诉权的当事人及其法定代理人，经被告人同意的辩护人和近亲属依法提出上诉，或人民检察院提起抗诉，必定引起第二审程序。

第四，审理案件的法院不同。适用审判监督程序审理案件的法院，既可是作出判决、裁定的原审法院，也可是原审法院的上一级法院。而按照第二审程序审判案件的法院，只能是原审法院的上一级法院。

第五，对被告人可否适用加重刑罚的原则不同。审判监督程序的判决结果可以减轻或者加重被告人的刑罚；而按照第二审程序，只有被告人上诉的案件，适用上诉不加刑原则，依法不得加重被告人的刑罚。

审判监督程序与死刑复核程序也存在明显的区别：首先，两者的审理的对象不同。审判监督程序是对发生法律效力的确有错误的判决、裁定所进行的重新审判；死刑复核程序是对尚未发生法律效力的死刑判决、裁定的核准程序。其次，提起程序的主体不同。审判监督程序必须由最高人民法院和其他上级人民法院，最高人民检察院和其他上级人民检察院以及各级人民法院院长和审判委员会依法提起；死刑复核程序则由下级人民法院将判处被告人死刑的案件主动报请有核准权的上级人民法院核准。最后，有权审理的法院不同。依照审判监督程序有权重新审理案件的法院可以是最高人民法院和地方各级人民法院，依照死刑复核程序审理的只能是最高人民法院和高级人民法院。

**延伸阅读推荐**

樊崇义主编：《刑事诉讼法学》，中国政法大学出版社 2020 年版。

## 问题 4：什么是禁止双重危险原则？

禁止双重危险原则是一项在全世界较为普遍的刑事诉讼原则，其含义是，一旦一个人已经经历了合法的审判程序，并被判定有罪或无罪，他们不应该因相同的罪行再次被起诉或处罚。该原则确保个人不会被重复起诉或处罚同一罪行。禁止双重危险原则的目的是保护个人的基本权利和确保司法公正。它有以下几个主要目标：第一，防止不公正的多次起诉。禁止双重危险原则确保一个人不会因同一罪行多次受到起诉、审判和处罚。这样做可以防止滥用司法权力，避免不公正的法律滥用，并保护被告免受无谓的骚扰和重复追究的困扰，保护公民对司法裁判确定性的预期。第二，维护司法稳定和终局性。禁止双重危险原则有助于确保司法系统的稳定性和终局性。一旦一个人被宣判无罪或有罪，禁止再次起诉相同的罪行可以促进对法律争议的最终解决，确保司法决定的权威性和信任度。第三，禁止双重危险原则保护个人自由和权益，它防止了政府滥用权力，确保个人在刑事审判中享有公平和合理的待遇，以及免受不当的惩罚和追究。第四，禁止双重危险原则在一定程度上可以促进司法效率。一旦一个人被宣判无罪，再次起诉相同的罪行需要更高的证据标准和更多的法律程序，而遵循这一原则可以减少司法资源的浪费，使司法系统能够更好地处理其他案件。

禁止双重危险原则有以下几个核心要点：(1) 一次审判原则。一旦一个人经历了一次合法的审判程序，无论结果是有罪或无罪，他们都不应该再次因同一罪行而被起诉。(2) 同一罪行的限制：禁止双重危险原则适用于同一罪行。这意味着如果一个人已经因某项罪行被起诉、审判和判决，他们不会再次因同一罪行而被追究刑事责任。(3) 审判终局原则。禁止双重危险原则要求一旦判决达到终局，即不再受到上诉或其他司法救济程序的挑战，就不能再对同一罪行追究刑事责任。

禁止双重危险原则在很多国家的法律体系中都得到了广泛的承认，在一些国家，禁止双重危险原则被视为一项基本的司法原则，被明确纳入其宪法或刑事法典中，具有强制性效力。这些国家通常将禁止双重危险视为保护个人权益和确保司法公正的重要原则，并在实践中严格遵守。尽管如此，禁止双重危险原则并不适用于所有国家和司法体系，不同国家和司法体系对禁止双重危险的适用可能存在差异。

世界上规定了禁止双重危险原则的国家及法律体系主要有以下几个：(1) 美国。禁止双重危险原则是美国宪法第五修正案保护的基本权利。它禁止政府在一个人被宣判无罪、有罪或某些审判错误情况，再次对其进行同一罪行的起诉。然而，也存在一些例外情况，例如涉及不同主权机构（例如联邦和州政府的起诉）或审判错误导致审判无效的情况。(2) 英国。英国传统上严格执行禁止双重危险原则，但该原则在 2003 年《刑事审判法》中经历了重大改革。根据该法案，在特殊情况下（例如出现有力的新证据或涉及严重罪行），上诉法院被赋予了允许对某些被判无罪的个人进行再审的权力。这是在特殊情况下寻求在终局和正义之间取得平衡。(3) 欧洲人权公约（ECHR）。欧洲人权公约对欧洲理事会成员国具有约束力，其中包括了 *ne bis in idem*（不重复起诉）条款，相当于禁止双重危险原则。然而，ECHR 允许在涉及新的决定性证据或严重违反公平审判权利的情况下进行重新审判的例外。

由此可以看出，禁止双重危险原则的具体适用可能因每个国家或法律体系而有所不同，因为它受到宪法规定、法律和司法解释的影响。而且该原则的适用并非是绝对的，常见的例外包括发现新的证据、由不同司法管辖区进行的重复追诉等。在确定原则的范围和例外时，常常考虑到终局和追求正义之间的平衡。

**延伸阅读推荐：**

张毅：《刑事诉讼中的禁止双重危险规则论》，中国人民公安大学出版社2004年版。

## 问题5：如何理解审判监督程序与裁判既判力之间的关系？

审判监督程序和既判力是刑事司法领域中两个重要的概念，它们在维护司法公正、确保判决的合法性方面发挥着重要作用。既判力是指判决生效后所形成的法律约束力，该学说从罗马法时期开始就已经存在。既判力体现了司法判决的终局性和不可逆转性。在一定程度上，既判力保障了判决的稳定性和司法决策的权威性。如果对每一个判决都可以无限制地进行监督和重新审判，将会导致司法系统的混乱和资源的浪费，也会削弱既判力的作用，使得判决的效力无法得到保障。

但是既判力也不是绝对的，无论从时间还是从空间上来讲，既判力都不具有普适性，更不存在具有绝对既判力的裁判。解释既判力的各种学说多是从维护法的稳定性的角度出发的，但是既判力理论存在一个共同的问题，即在“把既判力作为诉讼制度先验地被给定的不变前提下，同时试图只从诉讼制度本身或制度内部去说明其本质”①。这些解释并不能很好地说明审判监督制度的存在。

必须承认的是，法的安定性具有很强的价值，德国法哲学家拉德布鲁赫甚至将法的安定性视为比正义更重要的法的第一使命。② 但是，法的安定性也应当存在边界。就如“恶法非法”一样，如果出现一份极端不公正的判决，我们仍然要维持其“安定性”的话，那法律实现正义的目标就会丧失。因此，审判监督程序与既判力之间需要达到一种平衡。审判监督程序的目的是确保司法决策的合法性和公正性，但必须在一定的法定限度内进行，避免滥用权力。同时，对于已经生效的判决，应当尊重其既判力，除非存在重大错误或新的证据，否则不应随意推翻或重新审判。这样可以保障判决的稳定性和司法决策的权威性。

总之，审判监督程序与既判力之间存在一种相互制约和平衡的关系。审判监督程序可以纠正判决中存在的错误，确保司法公正和合法性；而既判力则保障判决的稳定性和司法决策的权威性。在实践中，需要建立健全的审判监督制度，确保审判监督程序的独立性和公正性，同时尊重既判力的原则，避免滥用审判监督权力。只有平衡好审判监督程序与既判力之间的关系，才能有效维护司法公正、保障判决的合法性，并建立一个公正、有效的司法体系。

**延伸阅读推荐**

［德］古斯塔夫·拉德布鲁赫：《法律智慧警句集》，舒国滢译，中国法制出版社2001年版。

---

① 王亚新：《对抗与判定——日本民事诉讼的基本结构》，清华大学出版社2002年版，第342页。

② 参见［德］古斯塔夫·拉德布鲁赫：《法律智慧警句集》，舒国滢译，中国法制出版社2001年版，第16页。

## 第二节 审判监督程序的提起

### 问题1：审判监督程序的案件信息来源有哪些？

审判监督程序以纠正错判为目的，因此具有广泛的错案信息来源途径。根据刑事诉讼法的规定和司法实践，审判监督程序的案件信息主要有以下几个渠道：

一是当事人及其法定代理人、近亲属向人民法院、人民检察院提出的申诉。案件当事人及其法定代理人、近亲属是与刑事判决、裁定关系最为密切的群体，如果真的发生错判，那么错误的裁判结果对其合法权益势必造成严重的影响。从司法实践中出现的多起冤假错案可以看出，错误判决所造成的后果是非常严重的，给当事人及其近亲属带来的痛苦是深重的。因此，遭受错判的当事人及其法定代理人、近亲属有着极其强烈的申诉翻案的动力。当事人及其法定代理人、近亲属可以通过上访、信访、提请再审申诉等向人民法院、人民检察院寻求救济，这也是人民法院或人民检察院发现错案、冤案的主要途径。

二是各级人民代表大会代表提出的纠正错案的议案。人民代表来源于人民群众，也深入群众中。各级人大代表在履职过程中，通过走访、调研、接受群众来访来信等方式能够了解基层的第一手信息和诉求，其中就包括对于错案的控告申诉。人大代表掌握了这些可能存在错案的材料后，有义务向相关司法机关提出监督议案，这体现了我国人民代表大会对于法院、检察院工作的监督职能。

三是机关、团体、企事业单位和新闻媒介以及人民群众对判决、裁定提出的意见、反映。机关、团体、企事业单位是与人民群众联系最紧密的主体，也是我国社会治理体系中的末梢神经，而新闻媒体则是对社情民意进行上传下达的重要力量，它们都具有了解和掌握错案线索的能力与便利，能够直接听到人民群众对于错误判决的反映和意见，因此也是实践中向司法机关提供错案线索比较多的一个途径。随着互联网自媒体的发展，媒体力量已经超越了传统的范围，网络“围观”也成为人民群众反映对司法裁判意见、建议的重要途径。

四是人民法院、人民检察院自行发现的涉及错案的材料。除上述通过司法机关外部力量获取错案线索外，人民法院、人民检察院也会通过自查自纠等方式，自行发现涉及错案的线索和材料。人民法院和人民检察院自行发现错案线索的意义在于能够及时纠正司法错误，确保司法决策的准确性和合法性。在自行发现错案线索的过程中，人民法院和人民检察院应当保持独立、公正和专业的原则。他们需要依法行使权力，严格按照法定程序进行调查和审查，确保证据的真实性和充分性，遵守法定的诉讼程序和规定的时限。同时，他们还应当倾听各方当事人的意见和申辩，确保案件审理的公正性和透明度。司法机关主要通过以下方式自行发现错案线索：（1）案件审查和调查：在审理案件的过程中，法官和检察官会对案件材料、证据和法律适用等进行仔细审查和分析，以发现案件中可能存在的错误线索。他们会对案件的事实和证据进行全面评估，并与法律规定进行比对，确保判决或起诉决定的准确性和合法性。（2）定期的案件排查：司法机关常会对自身的判决和裁定进行监督，以确保司法决策的正确性和公正性。

当然，也有观点认为，多渠道获取内外再审信息，有违程序正当理念。利害关系人为了实现启动再审，通过法院外部力量触动、激发法院系统内部的审判监督权，如果外部监督不经过正当程序的过滤，将使法院面临巨大的外部压力，进一步影响法院审判独立和司法责任制的落实。

**延伸阅读推荐**

王玲芳：《司法责任制视角下对审判监督程序的思考》，载《法律适用》2019 年第 11 期，第 100 - 107 页。

## 问题 2：启动审判监督程序的理由有哪些？

《刑事诉讼法》第 253、254 条对提起审判监督程序的理由作了严格的限制性规定。对于已经发生法律效力的判决、裁定，人民法院在审查再审申请或自行发现线索后，只有发现“在认定事实上或者适用法律上确有错误”时，才能提起审判监督程序，人民检察院也只能在此基础上向人民法院提起再审抗诉。根据《刑事诉讼法》和相关司法解释的规定，“确有错误”主要指以下三个大类的情况：第一类是原审判决、裁定存在实体错误的。包括：有新的证据证明原判决、裁定认定的事实确有错误，可能影响定罪量刑的；以及据以定罪量刑的证据不确实、不充分、依法应当予以排除，或者证明案件事实的主要证据之间存在矛盾的等两种情况。前一种情形包括认定事实的主要依据被依法变更或者撤销的情形。第二类是原判决、裁定适用法律确有错误的。包括：对于案件事实的定性错误，认定罪名错误的；以及量刑明显不当的，存在量刑畸轻畸重，判处的刑罚超过了法定刑幅度，或者在法定刑幅度内，量刑过轻或过重的情形等。第三类是原审判决的审理过程中出现了严重违反法律规定的诉讼程序，可能影响公正审判的情形。严重违反法定程序一般包括违反法律规定组成审判组织——如应当由合议庭审理的案件采用了独任庭；违反回避制度、公开审判制度等违法情形以及非法剥夺被告人辩护权的情形。同时，如果审判人员在审理该案件的时候，有贪污受贿、徇私舞弊、枉法裁判行为等，也是可以启动审判监督程序的一个理由。

## 问题 3：当事人及法定代理人如何提起申诉？

当事人及其法定代理人，近亲属的申诉是审判监督程序启动的重要渠道之一。当事人及其法定代理人、近亲属既可以向人民检察院申诉，也可以向人民法院申诉。根据《刑事诉讼法》及相关司法解释的规定，当事人等向人民检察院申诉的，既可以向作出生效判决、裁定的人民法院的同级人民检察院，也可以向上级人民检察院提起。一般案件由作出生效裁判的人民法院的同级人民检察院的刑事申诉检察部门受理；案情重大、疑难、复杂的，上级人民检察院可以直接受理。不服人民法院死刑终审判决、裁定尚未执行的申诉，由监所检察部门办理。

当事人向人民法院提起申诉的，申诉由终审人民法院审查处理。但是，第二审人民法院裁定准许撤回上诉的案件，申诉人对第一审判决提起申诉的，可以由第一审人民法院审查处理。上级人民法院可以直接审查处理对疑难、复杂、重大案件的申诉。对死刑案件的申诉，可以由原核准的人民法院直接审查处理，也可以交原审人民法院审查处理。

当事人及其法定代理人、近亲属向人民法院提出申诉，应当提交以下材料：（1）申诉状。申诉状应当写明当事人的基本情况、联系方式以及申诉的事实与理由。（2）原一、二审判决书、裁定书等法律文书。经过人民法院复查或者再审的，应当附有驳回通知书、再审决定书、再审判决书、裁定书。（3）支持启动审判监督程序的其他相关材料。比如，以有新的证据证明原判决、裁定认定的事实确有错误为由提出申诉的，应当附有新的证据材料；当事人向人民法院申请调查取证的，应当附有相关线索或者材料。对于当事人的申诉不符合规定的，人民法院应当告知申诉人补充材料。

人民法院、人民检察院应当对刑事申诉进行全面审查。经全面审查后，当事人及其法定代理人、近亲属的申诉符合上述问题 2 中所述的启动审判监督程序的情形之一的，人民法院应当重新审判申诉案件。人民法院审查申诉案件，应当在 3 个月内作出决定，至迟不得超过 6 个月。人民法院对立案审查的申诉案件，可以听取当事人和原办案单位的意见，也可以对原判据以定罪量刑的证据和新的证据进行核实。必要时，可以进行听证。

人民法院通过审查之后，对于不具有上述情形的，应当说服申诉人撤回申诉，对于申诉人仍然坚持申诉的，应当书面通知驳回。申诉人对驳回申诉不服的，可以向上一级人民法院申诉。上一级人民法院经审查认为申诉不符合法律规定的，应当说服申诉人撤回申诉，对仍然坚持申诉的，应当驳回或者通知不予重新审判。

**延伸阅读推荐**

王建民、赵宝华：《信访还是信法——以涉诉信访为视角浅谈司法公信力》，载《中国法学教育研究》2014 年第 4 期，第 163－142 页。

## 问题 4：如何理解提起审判监督程序时“新的证据”?

在提起审判监督程序的过程中，有“新的证据”证明原判决、裁定认定的事实错误为启动审判监督程序的条件之一。那么，如何理解这里的“新”？是否只有在原判决、裁定生效后出现的证据才属于“新的证据”？

根据《刑事诉讼法》及司法解释的规定，以下五类情形的证据应当认定为“新的证据”：第一，原判决、裁定生效后新发现的证据：在原判决、裁定生效之后，出现了新的证据。这意味着在判决或裁定生效后，发现了能够对案件事实进行新的证明的证据。这些证据在原判决、裁定作出时尚未被发现或未能使用。第二，原判决、裁定生效前已经发现但未予收集的证据：在原判决、裁定生效之前，已经发现了一些证据，但由于各种原因未能收集到法庭上。这些证据在提起审判监督程序时可作为新的证据使用。第三，原判决、裁定生效前已经收集但未经质证的证据：在原判决、裁定生效之前，已经收集了一些证据，但由于没有在庭审中进行质证，因此未能作为原判决、裁定的依据。这些证据在提起审判监督程序时可以重新质证，成为新的证据。第四，原判决、裁定所依据的鉴定意见、勘验、检查等笔录被改变或否定：如果原判决、裁定所依据的鉴定意见、勘验、检查等笔录在后续的调查或鉴定过程中发生了变化或被否定，这些变化或否定的结果可以作为新的证据。第五，原判决、裁定所依据的被告人供述、证人证言等证据发生变化，影响定罪量刑，并且有合理理由支持：如果原判决、裁定所依据的被告人供述、证人证言等证据发生了变化，并且有合理理由可以支持这种变化对定罪量刑产生影响，那么这些变化也可以作为新的证据。

综上，提起审判监督程序中的“新的证据”包括原判决、裁定生效后新发现的证据和原判决、裁定生效前已经发现但未予收集的证据，也包括原判决、裁定生效前已经收集但没有经过法定程序审查或发生改变的证据。在认定“新的证据”的过程中，除了要注意证据的变化对于事实认定和法律适用是否产生错误，还需要注意新的证据的出现是否足以导致对原审判决认定的犯罪事实和定罪量刑有影响。法律对提起审判监督程序要求有“新的证据”正体现了我国审判监督程序维护判决既判力和实体正义之间的平衡关系的目的。

**延伸阅读推荐**

林满山：《对以有新的证据提起再审检察建议的审查》，载《人民司法》2023 年第 11 期，第 53－55 页。

## 问题 5：人民检察院依照审判监督程序提起的抗诉程序是怎么样的？

人民检察院作为我国宪法确定的法律监督机关，对于生效裁判也具有监督职权。

人民检察院如果认为人民法院已经发生法律效力的判决、裁定确有错误，具有需要提出抗诉的法定情形的，应当按照审判监督程序向人民法院提出抗诉。对于同级人民法院已经发生法律效力的判决、裁定，人民检察院认为可能有错误的，应当另行指派检察官或者检察官办案组进行审查。经审查，认为具备需要提出抗诉的情形的，应当提请上一级人民检察院提出抗诉。

当事人及其法定代理人、近亲属针对生效判决、裁定向人民检察院提出申诉，人民检察院对申诉复查后，认为需要提请或者提出抗诉的，报请检察长决定。地方各级人民检察院对不服同级人民法院已经发生法律效力的判决、裁定的申诉复查后，认为需要提出抗诉的，应当提请上一级人民检察院抗诉。上级人民检察院对下一级人民检察院提请抗诉的申诉案件进行审查后，认为需要提出抗诉的，应当向同级人民法院提出抗诉。人民法院开庭审理时，同级人民检察院应当派员出席法庭。

最高人民检察院发现各级人民法院已经发生法律效力的判决或者裁定，上级人民检察院发现下级人民法院已经发生法律效力的判决或者裁定确有错误时，可以直接向同级人民法院提出抗诉，或者指令作出生效判决、裁定人民法院的上一级人民检察院向同级人民法院提出抗诉。

人民检察院按照审判监督程序向人民法院提出抗诉的，应当将抗诉书副本报送上一级人民检察院。

**延伸阅读推荐**

（1）最高人民法院《关于审理人民检察院按照审判监督程序提出的刑事抗诉案件若干问题的规定》。

（2）最高人民检察院《人民检察院受理控告申诉依法导入法律程序实施办法》。

## 第三节 审判监督程序的审理程序

### 问题 1：如何理解再审案件中存在的审前预断问题?

审判监督程序和普通审判程序存在一个比较大的区别是，审判监督程序以“原审判决存在错误”为启动前提。这就意味着，在刑事再审案件中，审判人员可能需要在庭审之前就要查阅全部卷宗材料，对案件进行实质性的审查，并对原判决、裁定存在的错误情形作出预先判断。这种审前预断可能会使审判人员过早地形成对案件事实认定、法律适用或程序问题的观点，从而不能全面且客观公允地分析、运用之后在庭审程序中呈现的材料或信息，从而影响对案件的公正审判。为了控制审前预断可能带来的负面影响，司法系统可以采取一些措施。例如，培训和教育法官，使他们意识到审前预断的存在和可能的影响，并提醒他们在庭审中保持客观和公正。此外，可以加强对证据的审查和辩论，确保案件中的所有证据得到充分考虑。同时，引入适当的监督和复核机制，可以帮助纠正因审前预断而导致的错误判决。

当然，审前预判的存在也并非毫无益处。因为审判监督程序与其说是对被告人刑事责任的再审查，不如说是对原审判决的审查。存在一定的审前预断有助于审判人员在审前了解案情，提高庭审效率，并集中资源解决案件关键问题。更适合我国司法实践的改进方向是探索如何在制度设计和司法实践中有效控制和合理利用审前预断，以最大限度地减少其不利影响，并发挥出审前预断的积极作用。

**延伸阅读推荐**

(1) 余飞：《刑事审判程序拒绝预断的两条路径》，载《四川理工学院学报（社会科学版）》2010 年第 2 期，第 51 - 54 页。

(2) 莫丹谊：《职权主义诉讼中预断排除质疑》，载《政治与法律》2012 年第 4 期，第 150 - 161 页。

### 问题 2：再审案件的审理程序是怎么样的?

根据刑事诉讼法和有关司法解释，人民法院在依照审判监督程序重新审理案件时需要遵循以下程序：首先，重新审判的案件必须采用合议制的形式进行，由 3 至 7 名审判人员组成合议庭，且原审合议庭的成员不得参与再审程序的审判。

其次，重新审判案件时要实行全面审查的原则。这意味着法院要对原判决、裁定所认定的事实、证据和适用法律进行全面的审查，不受申诉或抗诉范围的限制。只有通过全面审查，才能发现原判决、裁定中的错误，并作出公正的判决或裁定。

再次，根据原审案件的审级不同，重新审判的程序也有所区别。如果原审案件是由第一审人民法院审理终结的，那么再审时应当按照第一审的程序进行审判，所作的判决或裁定仍然是第一审判决或裁定，当事人可以提出上诉，人民检察院也可以提出抗诉。如果原审案件是由第二审人民法院审结的，或者是由上级人民法院提审的，那么再审时应当按照第二审的程序进行审判，所作的判决或裁定将是终审判决或裁定，当事人不得上诉，人民检察院也不得抗诉。

最后，人民检察院按照审判监督程序提出抗诉的、依照第一审程序审理的等具有应当开庭审理情形的再审案件，应当依法开庭审理。按照审判监督程序审理的案件，无论是人民检察院提起抗诉的案件还是人民法院决定再审的案件，人民检察院都必须派员出庭支持公诉，并依法对审判活动的合法性进行监督。人民法院依照审判监督程序重新审判的案件，应当在作出提审、再审决定之日起 3 个月以内审结，需要延长期限的，不得超过 6 个月。接受抗诉的人民法院依照审判监督程序审理抗诉案件，适用上述审理期限；对需要指令下级人民法院再审的，应该自接受抗诉之日起 1 个月以内作出决定，下级人民法院审理案件也适用上述期限。

**延伸阅读推荐**

（1）最高人民法院《关于刑事再审案件开庭审理程序的具体规定（试行）》。

（2）最高人民检察院《刑事抗诉案件出庭规则（试行）》。

## 问题 3：再审案件审理后应当如何处理？

根据法律规定，再审案件经过重新审理后，应根据以下情形进行处理：第一，如果原判决或裁定在认定事实和适用法律上是正确的，量刑也是适当的，那么应当裁定驳回申诉或抗诉，维持原判决或裁定。第二，如果原判决或裁定在定罪和量刑上是准确的，但在认定事实、适用法律等方面存在瑕疵，那么应当裁定纠正这些问题，并维持原判决或裁定。第三，如果原判决或裁定在认定事实方面没有错误，但在适用法律或量刑方面存在错误，那么应当撤销原判决或裁定，并依法进行改判。根据最高人民法院相关司法解释的精神，这里的量刑错误需要达到量刑畸轻的程度方宜裁定撤销原判发回重审，并在重审后赋予被告人上诉权。如果仅仅是量刑偏轻，则可以不启动审判监督程序。第四，对于按照第二审程序审理的案件，如果原判决或裁定存在事实不清或证据不足的情况，可以在查清事实后进行改判，也可以裁定撤销原判决，将案件发回原审人民法院重新审判。

如果原判决或裁定存在事实不清或证据不足的情况，并且在审理过程中事实已经查清，那么应当根据查清的事实依法进行裁判。如果事实仍无法查清，证据不足，无法认定被告人有罪，那么应当撤销原判决或裁定，并判决宣告被告人无罪。如果原判决或裁定中认定被告人的姓名等身份信息有误，但在认定事实和适用法律上是正确的，量刑也是适当的，那么作出生效判决或裁定的人民法院可以通过裁定予以更正有关信息。对于再审改判宣告无罪并依法享有申请国家赔偿权利的当事人，人民法院在宣判时应当告知其在判决生效后可以依法申请国家赔偿。

**延伸阅读推荐**

最高人民法院研究室《关于对第二审终审的刑事案件第二审法院进行再审时可否加重刑罚不给上诉权问题的电话答复》。

## 问题 4：根据审判监督程序获得无罪宣告的被告人是否有权获得国家赔偿？

与刑事再审相关的国家赔偿规定主要见于《国家赔偿法》《高法解释》中，要求人民法院在最终再审改判无罪时增加告知义务，以帮助当事人维护自身权益。这表明获得国家刑事赔偿是一项权利，类似于上诉权和申请再审的申诉权，是当事人在刑事诉讼中的救济性权利。人民法院的告知义务有助于确立申请国家赔偿的时效期限。根据《国家赔偿法》第17、18条，刑事赔偿只适用于侵犯人身权利和财产权利的情况。其中与刑事再审直接相关的情形包括依照审判监督程序再审改判无罪且原判刑罚已执行的情况，以及依照审判监督程序再审改判无罪且原判罚金或财产已执行的情况。刑事赔偿需要满足过错条件和损害事实条件，而与刑事再审相关的国家赔偿情形还需要满足无罪和刑罚已执行的条件。其中，无罪条件是刑事再审国家赔偿的关键，需要通过再审无罪裁判来确认。对于轻罪重判等情况，最高人民法院明确将其排除在刑事再审国家赔偿范围之外。

我国刑事再审国家赔偿的主要条件是再审改判宣告无罪。然而，这一条件被认为过于严苛。首先，国家赔偿法将刑事诉讼法中的错案范围进行了缩限，导致两者之间存在逻辑上的不一致。刑事诉讼法支持对轻罪重判、量刑畸重和无罪错判等不利于被告人的情况进行纠正，而国家赔偿法仅将无罪错判有罪纳入赔偿范围，这在法理和逻辑上难以自洽。其次，刑事再审国家赔偿仅针对改判无罪的极端情况，对于原审被告人在判决结果中承受过度刑罚的情况则无法得到补偿，这缺乏正当性。刑罚的轻重差异涉及较大的范围，有时仅仅是一个罪名的变化就可能导致刑罚差异达10年有期徒刑甚至更长，仅仅纠正判决结果对于原审被告人来说并非公平正义，对此国家应当承担赔偿责任，否则诉讼权利也将失去意义。此外，该条件可能对审判人员的裁判产生不必要的影响。审判人员在考虑判决结果的社会影响时，可能会寻求将最终判决与原审被告人已经服过的刑罚保持一致，以避免赔偿问题。这种情况会导致刑事再审的社会效果受到削弱，无法实现公平正义和树立司法权威。因此，需要重新审视刑事再审国家赔偿的条件，以确保当事人权益得到保护。

**延伸阅读推荐**

张航：《“再审改判无罪”赔偿条款的立法局限与解释方案》，载《交大法学》2021年第3期，第188-208页。

## 本章课后演练

**（一）不定项选择题**

1. 关于审判监督程序，下列哪些选项是正确的？（　　）

A. 只有当事人及其法定代理人、近亲属才能对已经发生法律效力的裁判提出申诉

B. 原审法院依照审判监督程序重新审判的案件，应当另行组成合议庭

C. 对于依照审判监督程序重新审判后可能改判无罪的案件，可中止原判决、裁定的执行

D. 上级法院指令下级法院再审的，一般应当指令原审法院以外的下级法院审理

2. 法院就被告人“钱某”盗窃案作出一审判决，判决生效后检察院发现“钱某”并不姓钱，于是在确认其真实身份后向法院提出其冒用他人身份，但该案认定事实和适用

法律正确。关于法院对此案的处理，下列哪一选项是正确的？（　　）

A. 可以建议检察院提出抗诉，通过审判监督程序加以改判

B. 可以自行启动审判监督程序加以改判

C. 可以撤销原判并建议检察机关重新起诉

D. 可以用裁定对判决书加以更正

3. 当事人及其法定代理人、近亲属对已经发生法律效力的判决、裁定可以向以下哪个机关提出申诉？（　　）

A. 公安机关　　B. 人民检察院

C. 司法行政机关　　D. 人民法院

4. 向人民法院提出申诉应当提交的材料中，以下哪项是必须的？（　　）

A. 申诉状　　B. 申诉费

C. 调查报告　　D. 律师代理委托书

5. 如果申诉不符合规定的材料要求，以下哪个情况是正确的？（　　）

A. 人民法院应当直接受理申诉

B. 人民法院应当告知申诉人补充材料

C. 申诉不予受理

D. 申诉人可以撤回申诉

6. 对申诉案件进行审查处理的机关是（　　）。

A. 终审人民法院　　B. 第一审人民法院

C. 上级人民法院　　D. 最高人民法院

7. 对立案审查的申诉案件，人民法院应当在多长时间内作出决定？（　　）

A. 一个月　　B. 三个月

C. 六个月　　D. 九个月

8. 以下哪种情形可以使人民法院决定重新审判申诉案件？（　　）

A. 违反法律关于溯及力规定　　B. 申诉不具有特殊原因

C. 申诉人撤回申诉　　D. 有新的证据可能影响定罪量刑

9. 以下哪种情形可以被认定为刑事诉讼法中的“新的证据”？（　　）

A. 原判决生效后新发现的证据

B. 原判决生效前已经发现但未予收集的证据

C. 原判决所依据的鉴定意见被改变或者否定

D. 原判决所依据的被告人供述发生变化

10. 上一级人民法院对申诉进行审查后，如果认为申诉不符合相关规定，应当作出什么决定？（　　）

A. 说服申诉人撤回申诉　　B. 决定重新审判

C. 驳回申诉　　D. 通知不予重新审判

11. 再审案件经过重新审理后，应当按照下列情形分别处理，以下哪种情况下应当撤销原判决、裁定，依法改判？（　　）

A. 原判决、裁定认定事实和适用法律正确、量刑适当

B. 原判决、裁定定罪准确、量刑适当，但在认定事实、适用法律等方面有瑕疵

C. 原判决、裁定认定事实没有错误，但适用法律错误或者量刑不当

D. 依照第二审程序审理的案件，原判决、裁定事实不清或者证据不足

12. 原判决、裁定认定被告人姓名等身份信息有误，但认定事实和适用法律正确、量刑适当的情况下，作出生效判决、裁定的人民法院可以（　　）。

A. 撤销原判决、裁定，重新审判案件

B. 对有关信息予以更正

C. 裁定驳回申诉或者抗诉，维持原判决、裁定

D. 宣告被告人无罪

13. 关于上级人民检察院发现下级人民法院已经发生法律效力的判决或者裁定确有错误时的抗诉程序，以下说法正确的是（　　）。

A. 可以直接向同级人民法院提出抗诉

B. 可以指令作出判决、裁定的人民法院上一级人民检察院提出抗诉

C. 指派检察官或检察官办案组进行审查

D. 报送上一级人民检察院抗诉书副本

14. 最高人民检察院对已经发生法律效力的判决和裁定发现错误时，可以采取以下哪种方式进行处理？（　　）

A. 提审　　　　B. 指令下级人民法院再审

C. 提出抗诉　　　　D. 提交审判委员会处理

**（二）判断题**

1. 如果人民检察院认为人民法院已经发生法律效力的判决、裁定可能有错误，应当按照审判监督程序提出抗诉。

2. 对于按照审判监督程序提出抗诉的案件，如果案件是依照第二审程序审判的，上一级人民检察院应当按照审判监督程序向同级人民法院提出抗诉。

3. 人民检察院依照审判监督程序提出抗诉的案件，人民法院必须在收到抗诉书后一个月以内立案。

4. 如果人民检察院以有新的证据为由提出抗诉，但未附相关证据材料或者有关证据不是指向原起诉事实的，人民法院应当立即受理抗诉请求。

**（三）简答题**

1. 再审案件的审理程序有哪些要求？

2. 再审案件的处理方式有哪些情形？

3. 审判监督程序有哪些特点？

4. 简述提起审判监督程序的主体。

**（四）论述题**

试述审判监督程序与第二审程序、死刑复核程序的区别。

**（五）法条分析题**

1.《刑事诉讼法》第253条规定："当事人及其法定代理人、近亲属的申诉符合下列情形之一的，人民法院应当重新审判：（一）有新的证据证明原判决、裁定认定的事实确有错误，可能影响定罪量刑的；（二）据以定罪量刑的证据不确实、不充分、依法应当予以排除，或者证明案件事实的主要证据之间存在矛盾的；（三）原判决、裁定适用法律确

有错误的；（四）违反法律规定的诉讼程序，可能影响公正审判的；（五）审判人员在审理该案件的时候，有贪污受贿，徇私舞弊，枉法裁判行为的。”

2.《刑事诉讼法》第256条规定：“人民法院按照审判监督程序重新审判的案件，由原审人民法院审理的，应当另行组成合议庭进行。如果原来是第一审案件，应当依照第一审程序进行审判，所作的判决、裁定，可以上诉、抗诉；如果原来是第二审案件，或者是上级人民法院提审的案件，应当依照第二审程序进行审判，所作的判决、裁定，是终审的判决、裁定。”

**（六）案例分析题**

聂某斌是河北省高邑县的一名普通农民，于1995年被控犯强奸杀人罪。据官方指控，聂某斌于1994年9月在高邑县的邻居女孩乔某燕家中强奸并杀害了她。根据警方的调查和取证，聂某斌被判定为罪犯，并于1995年12月被河北省高级人民法院判处死刑，剥夺政治权利终身。然而，聂某斌的家人和支持者始终坚信他的无罪，并对案件的调查和审判程序提出了质疑。他们指出聂某斌在审讯过程中曾经受到虐待和刑讯逼供，认为他的供词并不可信。此外，一些证据也被认为存在矛盾和不足，包括没有发现聂某斌的DNA证据和被害人家中其他人的指纹等。随着时间的推移，该案引起了广泛的关注和争议。在舆论和社会压力下，案件于2005年得到重新审查。最高人民法院组成专案组进行调查，但在2007年的审查中，维持了一审的死刑判决，并认为聂某斌的自白具有可信性。然而，该案继续引发争议。2016年，最高人民检察院启动了该案的再审程序。经过再审，最高人民法院于2018年3月改判聂某斌无罪，推翻了一审和二审的判决，并指出聂某斌的供词系被迫作出的，并不真实。

问题：请从审判监督程序的功能和价值的角度分析上述案件。

## 参考答案

**（一）不定项选择题**

1. BCD　2. D　3. BD　4. A　5. B　6. A　7. BC　8. AD　9. ABC　10. A　11. C　12. B　13. ABD　14. C

**（二）判断题**

1. 题略。

正确。依法提起抗诉既是人民检察院的权力，也是人民检察院的职责。

2. 题略。

正确。审判监督程序的特点之一，就是由上级检察院针对下级法院的错误裁判向同级人民法院提出抗诉。

3. 题略。

正确。司法解释的明确规定。

4. 题略。

错误。根据司法解释的规定，这种情形，人民法院应当通知检察院补送，逾期未补送的，将案件退回。

**（三）简答题**

1. 题略。

再审案件的审理程序包括另行组成合议庭、依照第一审或第二审程序进行审判、派员出席法庭、裁定准许或按撤回处理抗诉或申诉、根据事实情况裁判、更正身份信息等。具体要求根据法律规定而定。

2. 题略。

再审案件经过重新审理后，根据情形可以有以下处理方式：原判决、裁定认定事实和适用法律正确、量刑适当的情况下，再审案件可以维持原判决、裁定；原判决、裁定定罪准确、量刑适当，但在认定事实、适用法律等方面有瑕疵时，可以更正或者修改判决、裁定；原判决、裁定认定事实没有错误，但适用法律错误或者量刑不当时，可以撤销原判决、裁定，并依法改判；依照第二审程序审理的案件，原判决、裁定事实不清或者证据不足时，可以撤销原判决、裁定，发回原审法院重新审判。

3. 题略。

主要包括：(1) 审理的对象是已经发生法律效力的判决和裁定；(2) 提起的主体必须是最高人民法院、上级人民法院、各级法院院长或最高人民检察院、上级人民检察院；(3) 有严格的条件限制；(4) 法律没有规定期限；(5) 重新审判的法院可以是原审的一审法院或二审法院，也可以是提审的上级法院；(6) 不适用上诉不加刑原则。

4. 题略。

其主体是最高人民法院、上级人民法院以及各级人民法院院长（提交审判委员会决定），或者是最高人民检察院、上级人民检察院。

**（四）论述题**

题略。

审判监督程序与第二审程序的主要区别是：

(1) 审判监督程序审理的对象是已经发生法律效力的判决和裁定，包括已经执行完毕的案件。第二审程序审理的对象，则是判决和裁定尚未发生法律效力的案件。

(2) 提起审判监督程序的主体必须是最高人民法院、上级人民法院以及各级人民法院院长（提交审判委员会决定），或者是最高人民检察院、上级人民检察院。

(3) 审判监督程序的提起，有严格的条件限制，即必须经有权提起审判监督程序的人民法院、人民检察院审查，认为已生效的判决和裁定在认定事实或者适用法律上确有错误，第二审程序的提起，则对上诉人的上诉理由未作限制，不论上诉人提出什么理由以及理由是否充分，上一级人民法院都必须依照第二审程序进行审判。

(4) 提起审判监督程序，法律没有规定期限，只有要改无罪为有罪时，要受刑法规定的追诉时效期限的限制。而第二审程序的上诉或抗诉，必须在法定期限内提出，无正当理由而逾期上诉或抗诉的，第二审人民法院则不予受理。

(5) 按照审判监督程序重新审判案件的法院，既可以是原审的第一审人民法院或第二审人民法院，也可以是提审的上级人民法院。按照第二审程序审判案件的法院，则只能是第一审人民法院的上一级人民法院。

(6) 按照审判监督程序重新审判的案件，法律没有作出不得加重被告人刑罚的规定，因此，重新审理作出判决时，既可以减轻被告人的刑罚，也可以加重被告人的刑罚。而按照第二审程序审判的案件，必须严格遵守“上诉不加刑”原则，对被告人一方提出上诉的案件，改判时不得加重被告人的刑罚。

审判监督程序与死刑复核程序，虽然都是刑事诉讼中的特殊程序，都是实现审判监督的一种方式，但它们也各有特点。审判监督程序适用于一切判决和裁定已经发生法律效力而确有错误的案件，包括死刑案件；可以由各级人民法院进行重新审判。而死刑复核程序则只适用于判决未发生法律效力的死刑、死缓案件；有权对死刑案件进行复核的，只有最高人民法院。死缓的核准权则由高级人民法院行使。

**（五）法条分析题**

1. 题略。

应主要围绕《刑事诉讼法》第 253 条列举的每一种情形展开分析：

“有新的证据证明原判决、裁定认定的事实确有错误，可能影响定罪量刑的”。这一情形要求存在新的证据，这些证据能够证明原判决、裁定认定的事实确有错误，并且这些错误可能对定罪和量刑产生影响。新证据的出现可以改变案件的事实认定，因此需要重新审判以确保判决的准确性和公正性。

“据以定罪量刑的证据不确实、不充分、依法应当予以排除，或者证明案件事实的主要证据之间存在矛盾的”。这一情形涉及原判决、裁定所依据的证据的问题。如果据以定罪量刑的证据不确实、不充分，或者根据法律应当排除，或者主要证据之间存在矛盾，这些情况都可能导致原判决的不正确。因此，在这种情况下，需要重新审判以纠正原判决的错误。

“原判决、裁定适用法律确有错误的”。这一情形指的是原判决、裁定在适用法律方面存在错误。如果原判决、裁定在适用法律的过程中出现错误，可能导致判决结果的不公正。因此，需要重新审判以纠正法律适用上的错误。

“违反法律规定的诉讼程序，可能影响公正审判的”。这一情形意味着在诉讼程序中存在违反法律规定的情况，而这些违规行为可能对公正审判产生影响。如果诉讼程序的违规行为可能导致判决的不公正，需要重新审判以确保审判的公正性。

“审判人员在审理该案件的时候，有贪污受贿、徇私舞弊、枉法裁判行为的”。这一情形涉及审判人员的不当行为。如果审判人员在审理案件过程中存在贪污受贿、徇私舞弊、枉法裁判等行为，将导致判决的不公正。因此，在这种情况下，需要重新审判以纠正审判人员的不当行为。

该条规定旨在保障再审案件的公正性和准确性。它充分考虑了可能影响判决结果的各种情形，包括新证据的出现、证据的不确实或不充分、法律适用错误、违反程序规定以及审判人员的不当行为。这些情形的存在可能导致原判决的错误或不公正，因此需要重新审判以纠正错误、确保公正审判的实现。实施再审制度有助于保护当事人的合法权益，维护司法公正，并推动刑事司法的进步和发展。

2. 题略。

先分析《刑事诉讼法》第 256 条的内涵：对于经审判监督程序重新审判的案件，如果由原审人民法院进行审理，就需要另行组成合议庭来进行审判。具体的审判程序则取决于原案件的性质。如果原案件是第一审案件，那么重新审判时应当按照第一审程序进行。在重新审判过程中，所作出的判决或裁定可以被上诉或抗诉。如果原案件是第二审案件，或者是上级人民法院提审的案件，那么重新审判时应当按照第二审程序进行。在重新审判过程中，所作出的判决或裁定将是终审的判决或裁定，即不再接受上诉或抗诉。

再来分析该条规定的意义：该规定主要针对经过审判监督程序后需要重新审判的案件，旨在确保审判的公正性和准确性。根据原审人民法院的不同，重新审判时需要另行组成合议庭，以确保多方意见的充分参与，从而增加审判结果的客观性和权威性。此外，根据原案件的性质，重新审判将按照相应的审判程序进行。第一审案件将继续按照第一审程序审判，而第二审案件或上级人民法院提审的案件则将按照第二审程序审判。这一规定有助于确保重新审判的效力和终局性。

**（六）案例分析题**

问题：请从审判监督程序的功能和价值的角度分析上述案件。

（1）审判监督程序的一个重要功能是发现和纠正错误判决。在聂某斌案中，经过多次审查和再审，最终发现了证据不足、供词被迫等问题，推翻了聂某斌的原判决，并宣布其无罪。这表明审判监督程序可以确保案件得到公正审理，防止错误的判决对无辜人造成不可挽回的伤害。

（2）审判监督程序的另一个重要价值在于保护被告人的合法权益。在聂某斌案中，家属和支持者的坚持和呼声促使案件得到重新审查，为聂某斌提供了申诉和辩护的机会。通过审判监督程序，可以确保被告人的权益得到充分尊重和保护，防止滥用权力和不公正对待。

（3）审判监督程序对于维护司法公信力具有重要意义。聂某斌案引起了广泛的社会关注和争议，通过审判监督程序对案件进行再审和改判，彰显了司法系统对错误的自我纠正能力和对公平正义的追求。这种公正和透明的审判监督过程有助于增强人们对司法公信力的信任，提高社会对司法机关的认可度。

综上所述，聂某斌案从审判监督程序的角度来看，体现了审判监督程序在纠正错误判决、保护被告人权益和强化司法公信力方面的重要功能和价值。它对于确保司法公正、维护人权和提高司法效力具有积极的影响。

# 第十七章　执行程序

## 本章知识图谱

- 执行程序
  - 概述
    - 概念和特点
      - 概念——刑罚执行机关将已生效的判决、裁定所确定的内容付诸实施的活动
      - 特点——合法性、强制性、排他性、及时性、执行主体的广泛性
    - 性质
      - 执行实施权：执行机关将各种生效裁判交付实施以及对被执行人进行监管、矫正等方面的权力
      - 执行裁判权：刑事执行机关对生效裁判的内容及其执行方式作出变更的权力
    - 执行的依据和主体
      - 执行的依据——已经发生法律效力的判决和裁定
      - 执行主体
        - 执行机关
          - 人民法院：无罪、免予刑事处罚、罚金、没收财产、死刑立即执行
          - 监狱和未成年犯管教所：有期徒刑、无期徒刑、死刑缓期二年执行
          - 看守所：有期徒刑余刑在3个月以下
          - 公安机关：拘役、剥夺政治权利
          - 社区矫正机构：管制、缓刑、假释、暂予监外执行
        - 执行指挥机关：多机关共同参与
        - 执行监督机关：人民检察院
  - 各种判决、裁定的执行
    - 死刑立即执行判决的执行
      - 执行死刑前
        - 死刑立即执行命令的签发和期限
        - 死刑立即执行的监督
        - 死刑立即执行的主体及工作
        - 死刑罪犯会见近亲属
      - 执行死刑
        - 执行死刑的场所
        - 执行死刑的方法
      - 执行死刑后
        - 执行死刑的记录
        - 执行死刑后的处理
    - 死刑缓期二年执行、无期徒刑、有期徒刑和拘役判决的执行
      - 执行主体
      - 执行中的文书移送
      - 交付执行的期限
      - 收押和执行程序
      - 刑期的计算
        - 被判处有期徒刑、拘役的刑期，从判决执行之日起计算，判决前被拘留和逮捕的，羁押1日抵刑期1日；被指定居所监视居住的，2日折抵刑期1日
        - 死刑缓期二年执行的期间，从判决或者裁定核准死刑缓期二年执行的法律文书宣告或者送达之日起计算

- 执行程序
  - 各种判决、裁定的执行
    - 有期徒刑缓刑、拘役缓刑判决的执行
      - 缓刑的概念及执行机关
        - 概念
        - 执行机关：社区矫正机构
      - 宣告缓刑的条件
        - 对于被判处拘役、3年以下有期徒刑的犯罪分子，同时犯罪情节较轻、有悔罪表现、没有再犯危险、宣告缓刑对居住社区没有重大不良影响的可以宣告缓刑，对其中不满18周岁、怀孕的妇女和已满75周岁的人，应当宣告缓刑
      - 宣告缓刑的程序
      - 缓刑考验期
        - 拘役的缓刑考验期为原判刑期以上1年以下，但是不能少于2个月。有期徒刑的缓刑考验期为原判刑期以上5年以下，但是不能少于1年
      - 宣告缓刑后的限制
      - 缓刑考验期满
        - 没有违反《刑法》第75条的规定及人民法院判决书中的禁止令，原判刑罚不再执行，并向群众公开宣告
        - 罪犯在考验期内犯新罪或发现判决宣告以前还有其他没有判决的罪行，撤销缓刑，对新罪或漏罪作出判决，之后按照数罪并罚原则决定执行的刑罚
        - 在缓刑考验期内违反法律、行政法规以及有关缓刑监督管理规定，情节严重，撤销缓刑，执行原判刑罚
    - 管制、剥夺政治权利判决的执行
      - 管制判决的执行
        - 管制的概念和执行机关
          - 概念：对罪犯不予关押，但限制其一定人身自由、依法实行社区矫正的刑罚方法
          - 执行机关：社区矫正机构
        - 管制期限 — 管制的期限为3个月以上2年以下，从判决执行之日计算；判决执行以前先行羁押的，羁押1日折抵刑期2日；判决执行以前被指定居所监视居住的，监视居住1日折抵刑期1日
        - 管制执行期间的义务 — 遵守法律、行政法规、服从监督；未经执行机关批准不得行使言论、出版、集会、结社、示威自由的权利；按执行机关规定报告活动情况；遵守关于会客的规定；离开所居住的市、县或迁居，应经批准；人民法院可以同时禁止犯罪分子在执行期间从事特定活动，进入特定区域、场所，接触特定的人
      - 剥夺政治权利的执行
        - 概念：剥夺犯罪分子参加国家管理与政治活动权利的刑罚方法
        - 附加适用规则
          - 判处管制附加剥夺政治权利的，剥夺政治权利的期限与管制期限相等，同时执行
          - 附加剥夺政治权利的期限，从徒刑、拘役执行完毕之日或从假释之日起计算
          - 剥夺政治权利的效力当然适用于主刑执行期间
        - 独立适用规则 — 适用于罪行较轻、不需要判处主刑的罪犯

- 执行程序
  - 各种判决、裁定的执行
    - 罚金、没收财产判决的执行
      - 罚金
        - 概念及执行主体
          - 概念：人民法院依法判决犯罪公民或犯罪单位，向国家缴纳一定数额金钱的刑罚方法
          - 执行主体：第一审人民法院
        - 执行方式及期限
          - 执行方式：一次缴纳、分期缴纳、强制缴纳、随时追缴
          - 期限：应当在判决、裁定发生法律效力后3个月内执行完毕，至迟不能超过6个月
        - 中止执行或终结执行的情形
          - 中止执行：执行标的物系人民法院或者仲裁机构正在审理案件的争议标的物，需等待该案件审理完毕确定权属的；案外人对执行标的物提出异议的；应当中止执行的其他情形
          - 终结执行：根据执行的判决、裁定被撤销的；被执行人死亡或者被执行死刑，且无财产可供执行的；被判处罚金的单位终止，且无财产可供执行的；依照《刑法》第53条规定免除罚金的；应当终结执行的其他情形
      - 没收财产
        - 概念：将犯罪分子个人所有财产的部分或全部强制无偿地收归国有的刑罚方法
        - 范围：仅限于犯罪分子本人所有的部分或全部财产，不得没收属于罪犯家属所有或应有的财产
    - 无罪判决、免除刑罚判决的执行
      - 无罪判决：人民法院依法确认被告人的行为不构成犯罪或者依法不追究和不能追究其刑事责任的一种决定
      - 免除刑罚判决：人民法院依法作出的确认被告人有罪但因具有法定免除刑罚情形而免予刑事处罚的决定
    - 社区矫正的执行
      - 适用范围及执行机关
        - 适用范围：对被判处管制、宣告缓刑、假释或者暂予监外执行的罪犯，依法实行社区矫正
        - 执行机关：社区矫正机构
      - 社区矫正的交付执行与接收
      - 社区矫正的内容——社区矫正对象矫正期满或者被赦免的，社区矫正机构应当向社区矫正对象发放解除社区矫正证明书，并通知社区矫正决定机关、所在地的人民检察院、公安机关
      - 社区矫正程序的终止——社区矫正对象被裁定撤销缓刑、假释，被决定收监执行，或者社区矫正对象死亡的，社区矫正终止
      - 对涉罪未成年人的社区矫正
        - 社区矫正机构应当采取针对性的矫正措施；吸收熟悉未成年人身心特点的人员参加；应当与未成年人分别进行
        - 未成年社区矫正对象的监护人应当履行监护责任，承担抚养、管教等义务
        - 未成年社区矫正对象在复学、升学、就业等方面依法享有与其他未成年人同等的权利，任何单位和个人不得歧视

- 执行程序
  - 执行变更
    - 死刑立即执行的变更
      - 变更条件
        - 停止执行——在执行前发现判决可能有错误的；在执行前罪犯揭发重大犯罪事实或者有其他重大立功表现，可能需要改判的；罪犯正在怀孕
        - 暂停执行——罪犯可能有其他犯罪的；共同犯罪的其他犯罪嫌疑人到案，可能影响罪犯量刑的；共同犯罪的其他罪犯被暂停或者停止执行死刑，可能影响罪犯量刑的；罪犯揭发重大犯罪事实或者有其他重大立功表现，可能需要改判的；罪犯怀孕的；判决、裁定可能有影响定罪量刑的其他错误的；发现罪犯属于犯罪时未满18周岁或者审判时已满75周岁的人
      - 变更程序
      - 依法已停止执行的后果
        - 确认罪犯怀孕的，应当改判
        - 确认罪犯有其他犯罪，依法应当追诉的，应当裁定不予核准死刑，撤销原判，发回重新审判
        - 确认原判决、裁定有错误或者罪犯有重大立功表现，需要改判的，应当裁定不予核准死刑，撤销原判，发回重新审判
        - 确认原判决、裁定没有错误，罪犯没有重大立功表现，或者重大立功表现不影响原判决、裁定执行的，应当裁定继续执行死刑，并由院长重新签发执行死刑的命令
    - 死刑缓期二年执行的变更
      - 变更条件
        - 在死刑缓期执行期间，如果没有故意犯罪，死刑缓期执行期满，应当予以减刑
        - 如果故意犯罪，情节恶劣，查证属实，应当执行死刑的，由高级人民法院报请最高人民法院核准
        - 对于故意犯罪未执行死刑的，死刑缓期执行的期间重新计算，并报最高人民法院备案
      - 变更程序
      - 变更幅度
        - 在死刑缓期执行期间，没有故意犯罪，2年期满后，减为无期徒刑；确有重大立功表现，2年期满后，减为25年有期徒刑；如果故意犯罪，情节恶劣的，报请最高人民法院核准后执行死刑；对于故意犯罪未执行死刑的，死刑缓期执行的期间重新计算，并报最高人民法院备案
      - 变更程序
    - 暂予监外执行
      - 适用对象和条件
        - 适用对象：无期徒刑、有期徒刑、拘役
        - 适用条件（可以适用）
          - 有严重疾病需要保外就医的
          - 怀孕或者正在哺乳自己婴儿的妇女：被判处无期徒刑的孕妇也可以适用
          - 生活不能自理，适用暂予监外执行不致危害社会的
      - 暂予监外执行的程序
        - 决定或批准机关
        - 矫正和收监程序

- 执行程序
  - 执行变更
    - 减刑和假释
      - 减刑
        - 减刑：被判处管制、拘役、有期徒刑、无期徒刑的罪犯，在执行期间，认真遵守监规，接受教育改造，确有悔改或立功表现的，可以依法减轻其刑罚的一种制度
        - 减刑的幅度及其限制
          - 减刑的幅度：判处管制、拘役、有期徒刑的，不能少于原判刑期的1/2；判处无期徒刑的，不能少于13年；对同时宣告限制减刑的死刑缓期执行的犯罪分子，缓期执行期满后依法减为无期徒刑的，不能少于25年，缓期执行期满后依法减为25年有期徒刑的，不能少于20年
          - 减刑的限制：无期徒刑减为有期徒刑后的刑期，从裁定减刑之日起计算，已经执行的刑期，不应计入减刑后的刑期内；其他刑罚的刑期，原判刑期已执行的部分，应计入减刑后的刑期
        - 减刑建议的提出及管辖
          - 对于犯罪分子的减刑，由执行机关向中级以上人民法院提出减刑建议书
          - 管辖
      - 假释
        - 假释的条件
          - 被判处有期徒刑的罪犯，已经执行原判刑期1/2以上和被判处无期徒刑的罪犯已经执行13年以上刑期
          - 认真遵守监规，接受教育改造，确有悔改表现，没有再犯罪的危险
          - 有特殊情况，经最高人民法院核准，假释也可以不受上述执行刑期的限制，但对于累犯以及故意杀人、抢劫、强奸、绑架、放火、爆炸、投放危险物质或者有组织的暴力性犯罪被判处10年以上有期徒刑、无期徒刑的犯罪分子，不得假释
        - 假释的管辖
      - 对减刑、假释案件的审理程序
      - 缓刑、假释的撤销
        - 由审判新罪的法院撤销原判决、裁定，书面通知原审法院和执行机关
        - 应当作出撤销缓刑裁定的情形：违反禁止令，情节严重的；无正当理由不按规定时间报到或者接受社区矫正期间脱离监管，超过1个月的；因违反监督管理规定受到治安管理处罚，仍不改正的；受到执行机关二次警告，仍不改正的；违反法律、行政法规和监督管理规定，情节严重的其他情形
        - 撤销的裁定一经作出就生效，由公安机关将罪犯送交执行
    - 新罪、漏罪的追究程序
      - 对于在监狱、未成年犯管教所服刑的罪犯，发现新罪或者漏罪的，由执行机关侦查，侦查终结后移送审查决定
      - 在看守所、拘役所服刑的罪犯和被宣告缓刑、假释、暂予监外执行的罪犯以及被判处管制的罪犯，由负责执行的公安机关立案侦查，侦查终结后移送当地人民检察院
      - 对服刑罪犯脱逃后又犯罪的，如果新罪是监狱捕获后发现的，由监狱侦查终结后移送审查起诉；如果新罪是公安机关捕获后发现的，由公安机关侦查
      - 法院审查新罪、漏罪，应当将裁判书副本送达原审法院、人民检察院和执行机关
    - 错判和申诉的处理 —— 执行机关在执行过程中认为裁判有错误或者罪犯提出申诉的，应当转请人民检察院或者原判人民法院处理

- 执行程序
  - 执行监督
    - 对执行死刑的监督 —— 交付执行3日前，通知同级人民检察院派员临场监督
    - 对暂予监外执行的监督
      - 监督对象：人民检察院发现监狱、看守所、公安机关暂予监外执行的执行活动有违法情形的，应当提出纠正意见
      - 审查内容：人民检察院接到决定或者批准机关抄送的暂予监外执行决定书后，应当进行审查
      - 监督程序：人民检察院收到监狱、看守所抄送的暂予监外执行书面意见副本后，应当逐案进行审查
    - 对减刑、假释的监督
      - 监督程序
      - 监督结果：人民法院应当认真接受人民检察院的监督，在收到纠正意见书后的1个月内对案件进行重新审理，作出的终审裁定一经宣告，立即生效，并交付有关机关执行

## 本章重点问题

### 第一节　执行概述

#### 问题1：刑事执行程序本质是什么？

在刑事诉讼中，执行是指刑罚执行机关将已生效的判决、裁定所确定的内容付诸实施的活动。在实践过程中，执行程序具有合法性、强制性、排他性、及时性以及执行主体广泛性等特点，正如贝卡里亚所言：“惩罚犯罪的刑罚越是迅速和及时，就越是公正和有益”；“犯罪与刑罚之间的时间隔得越短，在人们心中，犯罪与刑罚这两个概念的联系越突出、越持续，因而，人们就很自然地把犯罪看作起因，把刑罚看作不可缺少的必然结果”①。

刑事执行程序作为刑事诉讼程序的有机组成部分，本质上是一种国家权力，其可分为执行实施权和执行裁判权。前者主要是指执行机关将各种生效裁判交付实施以及对被执行人进行监管、矫正等方面的权力；后者则是指刑事执行机关对生效裁判的内容及执行方式作出变更的权力。由于生效裁判是经过法定程序作出的法律结论，其具有强制性和终局性，而执行是将判决或裁定中所宣告的刑罚和其他决定付诸实施，因此它在整个刑事诉讼过程中占有重要地位，故对于生效裁判的内容和执行方式的变更必须严格遵守正规的法定程序，应当将其纳入刑事执行中的诉讼问题进行探讨。

**延伸阅读推荐**

（1）陈光中主编：《刑事诉讼法》（第7版），北京大学出版社、高等教育出版社2021年版。

---

① ［意］切萨雷·贝卡里亚：《论犯罪与刑罚》，黄风译，北京大学出版社2014年版，第57－58页。

（2）陈瑞华：《刑事诉讼法》，北京大学出版社 2021 年版。

## 问题 2：司法实践中，正确执行刑罚有何意义？

刑事诉讼由立案、侦查、起诉、审判和执行组成，执行是刑事诉讼的重要组成部分，是维护司法权威、实现公平正义的最终程序，因此，正确执行刑罚对实现刑事诉讼目的具有重大意义：（1）使犯罪分子受到所犯罪行应有的追究和处罚。在执行过程中，通过监管、教育、劳动和感化等手段矫治服刑人员，贯彻行刑社会化，使其最终能够重返社会，从而达到维护社会安全稳定的目的①，体现了惩罚与改造相结合、劳动与教育相结合的原则。（2）能够有效保障公民的合法权益。一方面，将罪犯交付执行刑罚，有利于保障被害人的人身权益和财产权益，使其得到补偿；另一方面，正确执行无罪、免除刑事处罚的裁判，及时释放在押被告人，有利于维护其合法权益，维护社会主义法制秩序的平稳运行。②（3）正确执行减刑、假释、暂予监外执行等刑罚，有利于防止刑罚执行变更过程中的权力滥用，维护司法公正。（4）正确执行刑罚，有利于加强社会主义法治教育，以实际案例指导社会公民积极勇敢地同犯罪行为作斗争，自觉遵守法律规范，同时警醒和震慑正在实施犯罪或有犯罪想法的社会不稳定分子，达到预防犯罪的效果。③

**延伸阅读推荐**

（1）闫召华主编：《刑事诉讼法学》，中国人民大学出版社 2023 年版。

（2）胡铭等：《刑事诉讼法入门笔记》，法律出版社 2019 年版。

## 问题 3：刑事执行的依据和主体有哪些？

刑事执行的依据是已经发生法律效力的判决和裁定。根据《刑事诉讼法》第 259 条、《刑法》第 48 条和《高法解释》第 417 条、第 429 条第 1 款的规定，发生法律效力的判决和裁定包括以下四种：已过法定期限没有上诉、抗诉的判决和裁定；终审的判决和裁定；高级人民法院核准的死刑缓期二年执行的判决和裁定；最高人民法院的判决和核准的死刑，对具有特殊情况的案件在法定刑以下处刑、特殊假释核准的裁判。

有权力（权利）和义务执行生效裁判的机关，皆为执行主体。按照各执行主体的职能的不同，可以把执行主体分为三类：

1. 执行机关。执行机关负责将生效裁判所确定的刑罚付诸实施，这些执行机关及其所执行的刑罚种类分别是：（1）人民法院，负责对无罪、免予刑事处罚、罚金、没收财产和死刑立即执行判决的执行；（2）监狱和未成年犯管教所，负责对被判处无期徒刑和有期徒刑判决的执行，监狱还负责对死缓判决的执行；（3）对于被判处有期徒刑的罪犯，在被交付执行刑罚前，剩余刑期在 3 个月以下的，由看守所代为执行；（4）对被判处拘役、剥夺政治权利的罪犯，由公安机关执行；（5）社区矫正机构负责对被判处管制、宣

① 参见熊秋红、余鹏文：《刑事裁判执行程序之重构——以检察官指挥执行为目标》，载《国家检察官学院学报》2022 年第 2 期。

② 参见陈光中主编：《刑事诉讼法》（第 7 版），北京大学出版社、高等教育出版社 2021 年版，第 433 页。

③ 参见胡铭等：《刑事诉讼法入门笔记》，法律出版社 2019 年版，第 303 页。

告缓刑、假释或者暂予监外执行的罪犯的执行。

2. 执行指挥机关。死刑立即执行案件的执行，需要由多机关共同参与，如法院负责行刑和整体的指挥，公安机关负责执行场所的警戒，人民检察院负责临场监督。

3. 执行监督机关。人民检察院是刑事执行的监督机关。人民检察院对执行活动实行监督的主要内容包括：（1）在人民法院执行死刑时，同级人民检察院派员临场监督；（2）对决定暂予监外执行、减刑、假释以及罪犯在服刑期间又犯罪等情形，人民检察院实行监督；（3）监狱和其他执行机关在执行中，如果认为有错误或罪犯提出申诉而转请人民检察院处理的，由人民检察院依法加以处理。

**延伸阅读推荐**

吴宗宪：《刑事执行法学》，中国人民大学出版社2013年版。

## 问题4：执行阶段如何体现刑罚的分配正义观?

刑罚执行解决的是对具体犯罪所判处的刑罚如何执行以及如何实现刑罚目的，是实现刑罚正义的保证。基于刑罚的分配正义理念，刑罚执行制度可以以刑罚效果最佳化实现和罪犯回归社会为核心，进行一体化配置。基于此，刑罚执行的分配基础是犯罪人的执行表现。那么，如何评估犯罪人的执行表现呢? 刑罚报应主义以罪犯接受应有的刑罚裁判为标准，如认真遵守监规，认真履行义务，遵守法律规范等；刑罚功利主义以罪犯的社会危险性和再犯可能性为标准，如确有悔改表现，不具有社会危险性等；现代刑罚分配理论则要求各项权利与义务的分配和付诸执行，并且恢复犯罪破坏的社会关系和社会秩序。

刑罚执行的分配要求主要体现在以下三个方面：（1）行刑权的分配要求。刑罚执行权规范不统一，会造成诸多不利影响，例如多头共管、执行分散化、责任推诿等。我国刑罚执行制度自改革开放以来经过了一系列的改革，总体趋势是弱化公安机关在刑罚执行中的主导作用，强化司法行政机关的参与力度，赋予其更多的执行权限。[①]（2）行刑方式的分配要求。行刑方式针对不同的犯罪人和受害人，具有一定的能动性，旨在修复因犯罪而受到损害的社会关系和社会秩序，因此，以人际关系为导向的行刑方式因主体的不同而有所不同。例如，依据《社区矫正法》的规定，社区矫正机构应当根据未成年社区矫正对象的年龄、心理特点、发育需要、成长经历、犯罪原因、家庭监护教育条件等情况，采取针对性的矫正措施，为未成年社区矫正对象确定矫正小组，吸收熟悉未成年人身心特点的人员参加，应当与成年人分别进行。这一规定为未成年社区矫正对象设定了不同的执行方式，能够“针对性地开展对罪犯的教育矫正及适应性帮扶，为其适应社会和成为守法公民创造条件”[②]。（3）行刑程序制度化的分配要求。美国著名程序正义研究专家泰勒认为，程序正义框架涵盖了四个要素：发言权、中立、尊重和尊严的待遇以及对当局的信任。[③] 程序制度化的内容非常丰富，包括罪犯所受待遇制度化、罪犯与当事

---

① 参见彭文华：《刑罚的分配正义与刑罚制度体系化》，载《中外法学》2021年第5期。

② 刘强：《论社区矫正的社区刑罚执行性质》，载《社会科学战线》2015年第8期。

③ See Derrick Franke, David Bierie, Doris Layton Mackenzie, “Legitimacy in corrections: a randomized experiment comparing a boot camp with a prison”, Criminology and Public Policy, Vol. 9, N0. 1 (2010), pp. 89 - 117.

人的参与权制度化、执行机构中立的制度化以及公众知情权的制度化等。

**延伸阅读推荐**

彭文华：《刑罚的分配正义与刑罚制度体系化》，载《中外法学》2021 年第 5 期，第 1318－1339 页。

### 问题 5：刑罚执行“一体化”制度在我国能否适用？

党的十八届四中全会《决定》提出了“完善刑罚执行制度，统一刑罚执行体制”的要求，这一要求在近期颁布的《法治中国建设规划（2020—2025）》中被继续纳入改革导向。基于此，学术界对统一刑罚执行体制的制度建立展开了激烈的讨论。部分学者认为从权力本质属性来看，刑罚执行权属于司法行政权[①]，应由司法行政部门统一行使，以减轻其他公权力机关的压力，同时有利于构建统一的制度进行管理。持支持意见的学者认为刑罚执行一体化制度建立具有较好的前景，并且有利于司法改革；但部分学者运用比较研究法，对美国、英国、德国等域外的刑罚执行体系进行探索研究，发现现有的部分理论对于域外刑罚执行的“一元化”认知存在差异，例如，德国“刑事执行”的概念实际存在 Strafvollstreckung（刑事诉讼法中的刑事执行）和 Strafvollzug（刑事执行法中的刑事执行）两个层面：前者是对生效判决执行方式的动态调控，涉及执行决策和监督；而后者是对自由刑和剥夺自由保安处分的实体性实施，涉及食宿、劳作等监禁附带事宜。[②] 这说明在域外的刑罚执行过程中也并非严格采用“一元化”模式，刑罚执行一体化并非普遍适用的制度。基于此，持反对意见的学者认为刑罚执行一体化的变革主张相对激进，并且有被过度期待的倾向，其认为在我国刑罚执行社会化的不可逆趋势和刑罚执行实施集中化的实践困境来看，“多元化”模式更适合我国司法实践。[③] 基于上述不同见解，关于刑罚执行一体化制度的前景与改革路径值得进一步斟酌。

**延伸阅读推荐**

（1）石茂生、陈北东：《刑罚执行权配置模式再探讨——对刑罚执行主体一元化观点的反思》，载《河南大学学报（社会科学版）》2021 年第 5 期，第 30－35 页。

（2）司绍寒：《德国刑事执行法研究》，中国长安出版社 2012 年版。

## 第二节 各种判决、裁定的执行

### 问题 1：死刑立即执行分为几个阶段？

根据我国《刑事诉讼法》和《高法解释》规定，死刑立即执行判决的执行可以大致分为三个阶段：

① 参见宗会霞：《刑罚执行一体化的基本步骤与风险应对》，载《政治与法律》2018 年第 4 期。

② 参见司绍寒：《德国刑事执行法研究》，中国长安出版社 2010 年版，第 94 页。

③ 参见石茂生、陈北冬：《刑罚执行权配置模式再探讨——对刑罚执行主体一元化观点的反思》，载《河南大学学报（社会科学版）》2021 年第 5 期。

第一阶段为执行死刑前。最高人民法院判处和核准的死刑立即执行的判决，应当由最高人民法院院长签发执行死刑的命令，由高级人民法院交付第一审人民法院执行。第一审人民法院接到执行死刑命令后，应当在7日内执行。人民法院在交付执行死刑前，应当通知同级人民检察院派员临场监督，人民检察院收到同级人民法院执行死刑临场监督通知后，应当立即派员并做好监督工作。根据《高法解释》第505条的规定，第一审人民法院在执行死刑前，应当告知罪犯有权会见其近亲属。罪犯申请会见并提供具体联系方式的，人民法院应当通知其近亲属，确实无法与罪犯近亲属取得联系，或者其近亲属拒绝会见的，应当告知罪犯；罪犯近亲属申请会见的，人民法院应当准许并及时安排，但罪犯拒绝会见的除外，罪犯拒绝会见的，应当记录在案并及时告知其近亲属；必要时，会见过程应当录音录像。罪犯申请会见未成年子女的，应当经未成年子女的监护人同意；会见可能影响未成年人身心健康的，人民法院可以通过视频方式安排会见，会见时监护人应当在场；会见一般在罪犯羁押场所进行，会见情况应当记录在案，附卷存档。

第二阶段为执行死刑时。《刑事诉讼法》第263条第2款规定："死刑采用枪决或注射等方法执行。"采用枪决、注射以外的其他方法执行死刑的，应当先报请最高人民法院批准。执行的场所应当在刑场或者指定的羁押场所。

第三阶段为执行死刑后。执行死刑后，在场书记员应当写成笔录。交付执行的人民法院应将执行死刑的情况以及所附执行死刑前后的照片，及时逐级报告核准死刑的最高人民法院。同时，应当通知罪犯家属，做好罪犯遗物、遗款清点移交工作。

**延伸阅读推荐**

(1) 陈妍茹：《生与死的距离——论死刑立即执行判决交付执行时间的法律缺陷与改革》，载《法治研究》2015年第2期，第82-88页。

(2) 周治华：《死刑案件中被害方态度的合理考量》，载《人民司法》2010年第6期，第15-20页。

## 问题2：死缓、无期徒刑、有期徒刑和拘役判决的执行有何区别?

死刑缓期二年执行、无期徒刑、有期徒刑、拘役虽然都属于限制人身自由的刑罚，但由于犯罪性质不同、刑种不同、刑期不同、犯罪人是否成年等不同，其执行主体、执行场所等方面都有所不同。

1. 执行主体方面存在差异。死刑缓期二年执行、无期徒刑、有期徒刑的罪犯，由公安机关依法将该罪犯送交监狱执行；对判处有期徒刑的罪犯，在被交付执行刑罚前，剩余刑期在3个月以下的，由看守所代为执行；被判处拘役的罪犯，由公安机关执行。

2. 刑期计算方面存在差异。被判处有期徒刑、拘役的刑期，从判决执行之日起计算，判决前被拘留和逮捕的，羁押1日抵刑期1日；被指定居所监视居住的，2日折抵刑期1日。死刑缓期执行的期间，从判决或者裁定核准死刑缓期执行的法律文书宣告或者送达之日起计算，死刑缓期执行期满减为无期徒刑、有期徒刑的，刑期自死刑缓期执行期满之日起计算；在死刑缓期执行期间犯罪的，应当由罪犯服刑地的中级人民法院依法审判，所作的判决可以上诉、抗诉，认定故意犯罪，情节恶劣，应当执行死刑的，在判决、裁定发生法律效力后，应当层报最高人民法院核准执行死刑，对故意犯罪未执行死刑的，不再报高级人民法院核准，死刑缓期执行的期间重新计算，并层报最高人民法院备案，备案不影响判决、裁定的生效和执行。

**延伸阅读推荐**

（1）孙点婧：《死缓限制减刑制度研究》，载《中国人民公安大学学报（社会科学版）》2021 年第 3 期，第 91－98 页。

（2）司明灯：《关于死缓变更执行死刑制度中“情节恶劣”的思考》，载《人民司法》2021 年第 4 期，第 82－89 页。

## 问题 3：未成年犯交付未成年犯管教所执行刑罚的意义何在？

未成年犯管教所，过去曾被称为“少年犯管教所”或者“少年管教所”，自《监狱法》颁布以来，被统称为“未成年犯管教所”，专门收押已满 14 周岁不满 18 周岁的未成年罪犯。[①] 我国自清末就有关于少年监设立的规定，民国时期也十分重视少年监的建设，但是，直至 1933 年中国近代意义上的少年监才正式诞生，即 1933 年建于济南的山东少年监和 1934 年建于武昌的湖北少年监。[②] 新中国成立以来，党和政府一贯重视对未成年人的保护，先后出台了多项法律规定，如《监狱法》《监狱教育改造工作规定》《未成年犯管教所管理规定》等，充分考虑未成年犯的特点，适应新形势，加强对未成年犯的教育和管理，取得了明显的成效。[③]

国家和社会之所以如此关注未成年犯，其原因在于未成年犯交付于未成年犯管教所执行刑罚具有重要意义：（1）未成年人心理、生理还没有发育完全，未成年犯管教所的环境相较于监狱更为宽松，可以为未成年人营造良好轻松的教育管理环境，不会造成未成年人精神上过大的压力。（2）将未成年犯与成年犯分押监管，有利于对未成年犯进行教育改造，避免成年犯对未成年犯造成不良影响，阻断成年犯对未成年犯的感染。（3）将未成年犯集中执行刑罚，有利于对其进行有针对性的教育，充分利用社会资源教育改造未成年犯，更好地传授文化知识、生产技能和生活能力。（4）对未成年犯在“管教所”执行，可以避免在他们心里刻下“监狱”的不好烙印，避免给他们造成不必要的伤害。

**延伸阅读推荐**

（1）杨木高：《中国未成年犯管教所发展史研究》，载《犯罪与改造研究》2012 年第 5 期，第 68－74 页。

（2）上海市第一中级人民法院少年审判庭课题组、秦明华、陆文奕：《未成年人重新犯罪的实证分析及对策研究——以上海市未成年犯管教所在押少年犯为研究样本》，载《青少年犯罪问题》2011 年第 3 期，第 30－36 页。

## 问题 4：死缓、无期徒刑、有期徒刑判决执行的程序？

我国《监狱法》第 15 条规定：“人民法院对被判处死刑缓期二年执行、无期徒刑、

---

① 参见杨木高：《中国未成年犯管教所发展史研究》，载《犯罪与改造研究》2012 年第 5 期。

② 参见王素芬：《明暗之间：近代中国狱制转型研究——理念更新与制度重构》，中国方正出版社 2009 年版，第 43 页。

③ 参见李豫黔：《我国未成年犯教育改造工作的实践与思考》，载《预防青少年犯罪研究》2013 年第 1 期。

有期徒刑的罪犯，应当将执行通知书、判决书送达羁押该罪犯的公安机关，公安机关应当自收到执行通知书、判决书之日起一个月内将该罪犯送交监狱执行刑罚。罪犯在被交付执行刑罚前，剩余刑期在三个月以下的，由看守所代为执行。”依据《高法解释》第512条的规定，同案审理的案件中，部分被告人被判处死刑，对未判处死刑的同案被告人需要羁押执行刑罚的，应当在其判决、裁定生效后10日内交付执行。但是该同案被告人参与实施有关死刑之罪的，应当在最高人民法院复核讯问被判处死刑的被告人后交付执行。

罪犯被交付执行刑罚，送达的法律文书齐备、没有错误的，应当予以收监。罪犯收监后，监狱应当对其进行身体检查，经检查，对于具有暂予监外执行情形的，监狱可以提出书面意见，报省级以上监狱管理机关批准，同时，对罪犯收监时，应当严格检查其人身和所携带的物品，非生活必需品由监狱代为保管或者征得罪犯同意退回其家属，违禁品予以没收。

### 问题5：我国关于缓刑制度有何特殊的规定？

根据《刑法》第72条的规定，缓刑包括拘役缓刑和有期徒刑缓刑，是人民法院对于被判处拘役、3年以下有期徒刑的犯罪分子，根据其犯罪情节和悔罪表现，认为暂缓执行原判刑罚，没有再犯罪的危险，且宣告缓刑不会对所居住社区产生重大的不良影响的，规定一定的考验期，暂缓其刑罚的执行，若犯罪分子在考验期内没有发生法定撤销缓刑的情形，原判刑罚就不再执行的制度。根据《刑事诉讼法》第269条的规定，对宣告缓刑罪犯，依法实施社区矫正，由社区矫正机构负责执行。

对于被判处有期徒刑、拘役缓刑的罪犯，在宣告缓刑时，应当同时宣告缓刑考验期，根据《刑法》第73条的规定，拘役的缓刑考验期为原判刑期以上1年以下，但是不能少于2个月；有期徒刑的缓刑考验期为原判刑期以上5年以下，但是不能少于1年。

被宣告缓刑的罪犯没有附加剥夺政治权利的，缓刑期间不应限制其政治权利，参加劳动的实行同工同酬。根据《刑法修正案（八）》的规定，可以根据犯罪情况同时禁止罪犯在缓刑考验期内从事特定活动、进入特定区域、场所或接触特定的人，禁止令由司法行政机关指定管理的社区矫正机构负责执行。

罪犯在考验期内没有违反《刑法》第75条的规定及人民法院判决书中的禁止令的，缓刑考验期满，原判刑罚不再执行，并向群众公开宣告；如果罪犯在考验期内犯新罪或发现判决宣告以前还有其他没有判决的罪行，应当撤销缓刑，对新罪或漏罪作出判决，然后把前罪和后罪依照数罪并罚原则决定执行的刑罚，收监执行。被宣告缓刑的罪犯，在缓刑考验期内违反法律、行政法规以及有关缓刑监督管理规定，情节严重的，应当撤销缓刑，执行原判刑罚。已执行的缓刑考验期不能折抵刑期，但是判决执行前先行羁押日期应予折抵。

**延伸阅读推荐**

（1）程骋、黄弘毅：《部分缓刑的价值阐明与制度构建》，载《警学研究》2023年第4期，第47－55页。

（2）张雍锭：《我国缓刑犯社区矫正性质探讨》，载《中国人民公安大学学报（社会科学版)》2021 年第 4 期，第 11－20 页。

## 问题 6：法院宣告缓刑有何具体程序?

根据《高法解释》第 519 条的规定，对被宣告缓刑的罪犯，人民法院应当依法确定社区矫正执行地。社区矫正执行地为罪犯的居住地；罪犯在多个地方居住的，可以确定其经常居住地为执行地；罪犯的居住地、经常居住地无法确定或者不适宜执行社区矫正的，应当根据有利于罪犯接受矫正、更好地融入社会的原则，确定执行地。

宣判时，应当告知罪犯自判决、裁定生效之日起 10 日以内到执行地社区矫正机构报到，以及不按期报到的后果。人民法院应当自判决、裁定生效之日起 5 日以内通知执行地社区矫正机构，并在 10 日以内将判决书、裁定书、执行通知书等法律文书送达执行地社区矫正机构，同时抄送人民检察院和执行地公安机关。需要注意的是，一审法院判处拘役或者有期徒刑缓刑的，判决尚未生效，不能将被告人交付执行，但如果被告人在押，一审法院应当先行将有关强制措施变更为取保候审或监视居住，并通知公安机关。对于被判处有期徒刑、拘役宣告缓刑的罪犯，在宣告缓刑时，应当同时宣告缓刑考验期。

## 问题 7：管制执行期间需要遵守哪些规定?

管制是我国独创的独立的刑种，是指对罪犯不予关押，但限制其一定人身自由、依法实行社区矫正的刑罚方法。管制是我国主刑中最轻的一种刑罚方法，属于限制自由刑。对判处管制的犯罪分子，依据《刑事诉讼法》第 269 条的规定，依法实行社区矫正，由社区矫正机构负责执行。管制的期限为 3 个月以上 2 年以下，从判决执行之日计算；判决执行以前先行羁押的，羁押 1 日折抵刑期 2 日；判决执行以前被指定居所监视居住的，监视居住 1 日折抵刑期 1 日。

根据《刑法》第 39 条的规定，被判处管制的犯罪分子，在执行期间，应当遵守下列规定：(1) 遵守法律、行政法规、服从监督；(2) 未经执行机关批准不得行使言论、出版、集会、结社、示威自由的权利；(3) 按执行机关规定报告活动情况；(4) 遵守关于会客的规定；(5) 离开所居住的市、县或迁居，应经批准。此外，依据《刑法》第 38 条第 2 款的规定，人民法院还可以根据犯罪情况，同时禁止犯罪分子在执行期间从事特定活动，进入特定区域、场所，接触特定的人。违反禁止令的规定的，由公安机关依照《治安管理处罚法》的规定处罚。

**延伸阅读推荐**

(1) 王占洲：《刑事禁止令的法理分析》，载《现代法学》2011 年第 4 期，第 106－113 页。

(2) 谢增益：《管制期间脱逃应构成拒不执行判决裁定罪》，载《检察日报》2019 年 5 月 30 日，第 3 版。

## 问题 8：剥夺政治权利判决有哪几种形式?

剥夺政治权利，是指剥夺犯罪分子参加国家管理与政治活动权利的刑罚方法，属于资格刑。根据《刑事诉讼法》第270条的规定，被判处剥夺政治权利的罪犯，由公安机关执行。剥夺政治权利判决有两种形式：附加适用和独立适用。

剥夺政治权利可以附加适用，根据《刑法》规定，判处管制附加剥夺政治权利的，剥夺政治权利的期限与管制期限相等，同时执行。附加剥夺政治权利的期限，从徒刑、拘役执行完毕之日或从假释之日起计算；剥夺政治权利的效力当然适用于主刑执行期间。

独立适用剥夺政治权利，是作为一种不剥夺罪犯人身自由的轻刑，适用于罪行较轻、不需要判处主刑的罪犯。对单处剥夺政治权利的罪犯，人民法院应当在判决、裁定生效后10日内，将判决书、裁定书、执行通知书等法律文书送达罪犯居住地的县级公安机关，并抄送罪犯居住地的县级人民检察院。执行期满，应当由执行机关通知本人，并向有关群众公开宣布恢复其政治权利。

**延伸阅读推荐**

王素娟、史笑东：《强化剥夺政治权利刑罚执行监督》，载《检察日报》2023年1月28日，第3版。

## 问题9：法律规定，罚金的执行方式有哪几种？

罚金，是人民法院依法判决犯罪公民或犯罪单位，向国家缴纳一定数额金钱的刑罚方法，不得以其他刑罚代替罚金。罚金判决由第一审人民法院负责裁判执行的机构执行。

根据《刑法》第53条的规定，我国罚金刑的执行方式分为：一次缴纳、分期缴纳、强制缴纳、随时追缴。根据《高法解释》第523、524、526条和最高人民法院《关于刑事裁判涉财产部分执行的若干规定》第9条第2款的规定，罚金在判决规定的期限内一次或者分期缴纳，期满无故不缴纳或者未足额缴纳的，人民法院应当强制缴纳，经强制缴纳仍不能全部缴纳的，在任何时候，包括主刑执行完毕后，发现被执行人有可供执行的财产的，应当追缴。因遭遇不能抗拒的灾祸等原因缴纳罚金确有困难，被执行人申请延期缴纳、酌情减少或者免除罚金的，应当提交相关证明材料，人民法院应当在收到申请后1个月以内作出裁定。符合法定条件的，应当准许；不符合条件的，驳回申请。执行罚金刑，应当参照被抚养人住所地政府公布的上年度当地居民最低生活费标准，保留被执行人及其所扶养家属的生活必需费用。行政机关对被告人就同一事实已经处以罚款的，人民法院判处罚金时应当折抵，扣除行政处罚已执行的部分。

罚金应当在判决、裁定发生法律效力后3个月内执行完毕，至迟不能超过6个月。

**延伸阅读推荐**

（1）最高人民法院《关于刑事裁判涉财产部分执行的若干规定》。

（2）文姬：《我国罚金刑裁量方法的改进》，载《清华法学》2021年第6期，第45-61页。

## 问题10：终结执行财产刑的情形分别是什么？

根据《高法解释》第529条的规定，在执行财产刑过程中，具有下列情形之一的，人民法院应当裁定终结执行：（1）据以执行的判决、裁定被撤销的；（2）被执行人死亡或者被执行死刑，且无财产可供执行的；（3）被判处罚金的单位终止，且无财产可供执行的；（4）依照《刑法》第53条规定免除罚金的；（5）应当终结执行的其他情形。

## 问题11：无罪判决与免除刑事处罚判决有何异同？

无罪判决，是指人民法院依法确认被告人的行为不构成犯罪或者依法不追究和不能追究其刑事责任的一种决定。而免除刑事处罚判决，是人民法院依法作出的确认被告人有罪但因具有法定免除刑罚情形而免予刑事处罚的决定。

法律依据不同，无罪判决所依据的是《刑事诉讼法》第200条的规定；而免除刑事处罚所依据的是《刑法》第37条的规定。一个以实体法为基础，一个以程序法为基础。

适用条件不同，无罪判决以法律规定无罪和证据不足应当作无罪判决为条件；免除刑事处罚判决以犯罪情节轻微且不需要判处刑罚为条件，只有两个条件同时符合才能适用。两者的适用条件存在极大区别。

法律后果不同，免除刑事处罚的判决以人民法院认为被告人构成犯罪为前提，也是承担刑事责任的一种形式，只是免除了对被告人的刑罚，是法律对被告人行为的否定性评价，简言之，就是有罪而免罚，仍然构成刑事犯罪，在个人档案中有前科记录。对于免除处罚的被告人，应当恢复他的人身自由，撤销非关押性质的其他强制措施，同时，人民法院可以根据案件不同情况予以训诫或责令具结悔过、赔礼道歉、赔偿损失，或建议有关主管机关给予被告人行政处罚或行政处分。无罪判决以人民法院认为被告人不构成犯罪或者证据不足以证明被告人构成犯罪为前提，被告人不构成刑事犯罪，在个人档案中没有前科记录，作出无罪判决后，被告人被羁押的，应当立即释放，造成损失的，应当启动国家赔偿程序。

除了以上区别，无罪判决和免除刑事处罚判决存在很多共同点。《刑事诉讼法》第260条规定，第一审人民法院判决被告人无罪、免除刑事处罚的，如果被告人在押，在宣判后应当立即释放。由此可知，无罪、免除刑事处罚的判决，都由人民法院执行。同时，如果人民法院作出无罪和免除刑罚判决，在其未发生法律效力以前，就应当立即释放已被羁押的被告人。由人民法院将无罪或者免除刑事处罚的判决书连同执行通知书送交看守所，看守所在接到上述法律文书后应当立即释放被关押的被告人。无罪和免除处罚判决生效后，人民法院和其他司法机关应当协同有关单位做好善后工作。

**延伸阅读推荐**

王新、张志钢：《我国刑法的有罪免刑制度论要》，载《中国政法大学学报》2014年第1期，第74-84页。

## 问题12：在社区矫正期间，社区矫正对象需要遵守哪些规定？执行机关应当如何开展工作？

根据《社区矫正法》第23条的规定，社区矫正对象在社区矫正期间应当遵守法律、行政法规，履行判决、裁定、暂予监外执行决定等法律文书确定的义务，遵守国务院司法行政部门关于报告、会客、外出、迁居、保外就医等监督管理规定，服从社区矫正机构的管理。

《社区矫正法》第27条规定，社区矫正对象离开所居住的市、县或者迁居，应当报经社区矫正机构批准。社区矫正机构对于有正当理由的，应当批准；对于因正常工作和生活需要经常性跨市、县活动的，可以根据情况，简化批准程序和方式。因社区矫正对象迁居等原因需要变更执行地的，社区矫正机构应当按照有关规定作出变更决定，社区矫正机构作出变更决定后，应当通知社区矫正决定机关和变更后的社区矫正机构，并将有关法律文书抄送变更后的社区矫正机构，变更后的社区矫正机构应当将法律文书转送所在地的人民检察院、公安机关。

当前我国社区矫正工作存在很多亟待解决的问题，如监督管理松散、方法较为粗浅单一，教育矫正内容同质化现象严重、缺乏针对性，社会适应性帮扶专业化水平有待提高，整体效果尚不尽人意等。[①] 有学者认为刑罚执行现代化在价值取向上表现为不断追求文明、人道、科学，核心价值是追求对罪犯的有效教育矫正，使其能够顺利回归社会。[②] 因此，在实践过程中，执行机关应当严格遵循《社区矫正法》所确立的“分类管理与个别化矫正原则”，实现社区矫正从粗泛式向精准式转变。

**延伸阅读推荐**

王希、刘双阳：《社区矫正精准矫治模式的理论基础与实践展开》，载《南大法学》2022年第5期，第150－163页。

## 问题13：我国对于涉罪未成年人的社区矫正有哪些特别规定？

《社区矫正法》在第七章以专章设立了未成年人社区矫正的特别规定，体现了对涉罪未成年人实行教育、感化、挽救的方针，坚持“教育为主、惩罚为辅”的原则。由于未成年人人生观、价值观、道德观的可塑性很强，他们的思想很容易被影响，因此，选择社区矫正的方式有利于教育和帮扶未成年人，消除其犯罪心理，纠正其行为缺点，使之更好地回归社会。依据《社区矫正法》的规定，社区矫正机构应当根据未成年社区矫正对象的年龄、心理特点、发育需要、成长经历、犯罪原因、家庭监护教育条件等情况，采取针对性的矫正措施。社区矫正机构为未成年社区矫正对象确定矫正小组，应当吸收熟悉未成年人身心特点的人员参加，未成年人的社区矫正，应当与成年人分别进行。

未成年社区矫正对象的监护人应当履行监护责任，承担抚养、管教等义务，监护人怠于履行监护职责的，社区矫正机构应当督促、教育其履行监护责任，监护人拒不履行监护职责的，通知有关部门依法作出处理。对未完成义务教育的未成年社区矫正对象，社区矫正机构应当通知并配合教育部门为其完成义务教育提供条件。未成年社区矫正对象的监护人应当依法保证其按时入学接受并完成义务教育。年满16周岁的社区矫正对象有就业意愿的，社区矫正机构可以协调有关部门和单位为其提供职业技能培训，给予就业指导和帮助。

未成年社区矫正对象在复学、升学、就业等方面依法享有与其他未成年人同等的权利，任何单位和个人不得歧视。有歧视行为的，应当由教育、人力资源和社会保障等部

① 参见王希、刘双阳：《社区矫正精准矫治模式的理论基础与实践展开》，载《南大法学》2022年第5期。

② 参见王平：《刑罚执行现代化：观念、制度与技术》，北京大学出版社2017年版，第5页。

门依法作出处理。

**延伸阅读推荐**

自正法：《涉罪未成年人社区矫正的实证考察与治理路径》，载《西南民族大学学报（人文社科版）》2020 年第 10 期，第 108－113 页。

## 问题 14：社工组织如何参与未成年人社区矫正？

《社区矫正法》正式颁行是我国社区矫正发展历史上的重大事件。社区矫正是 20 世纪在西方国家普遍盛行的相对于监狱矫正而言的刑罚执行方式，是“依法在社区中对犯罪人实施惩罚和提供帮助，以促进其过守法生活的刑罚执行活动”①。在域外的刑事执行体系中没有单独的社区矫正立法，主要通过本国的刑法典和刑事诉讼法典等法律加以规定。我国的《社区矫正法》作为世界上第一部由国家立法机关制定的社区矫正法律，引起了学界的广泛讨论。虽然美国、英国、德国等发达国家均未颁布国家立法机关制定的社区矫正法，但其刑罚执行制度中存在“社区矫正”所包含的各项制度和措施。例如在法国，并没有“社区矫正”这一说法，而是称为“监禁刑的替代措施”。从监禁刑的替代措施角度看，法国社区矫正主要以裁判机关为核心，以检察机关和司法部减缓刑及回归社会处为具体执行者，有关国家政府部门和众多社会组织密切配合②，从而形成了完备的社区矫正体系。法国作为一个单一制的成文法国家，与我国有许多相似之处，这对我国社区矫正制度的完善具有良好的借鉴意义。

目前，我国学术界除以管制、缓刑等具体制度为切入点，在《社区矫正法》的基础上提出相应的制度建设与对策建议的研究外，对于社工组织参与未成年人社区矫正的研究也逐渐兴起，部分学者以涉罪未成年人为研究对象，探讨在现今的社区矫正制度下社工组织参与社区矫正所存在的困境与治理路径。不难窥见，当前社工组织参与未成年人社区矫正的形式以“辅助型”为主，存在零散化、行政化和形式化倾向，专业化程度较低，缺乏评估指标体系等问题，针对出现的这些问题，学者提出应采取“渐进式”改革路径，注重社工组织参与矫正的“量”与“质”，建立相应的评估指标体系，夯实基础设施建设，使社工组织参与矫正从“辅助型”向“主导兼辅助型”转变，最终实现“主导型”③。社区矫正蕴含着人道性、效率性等深厚的价值，在预防再次犯罪上具有重要意义，其如何与其他刑罚有效衔接并充分发挥其作用，有待继续探索。

**延伸阅读推荐**

（1）吴宗宪：《再论社区矫正的法律性质》，载《中国司法》2022 年第 1 期，第 78－86 页。

（2）自正法：《论社工参与未成年社区矫正的模式与路径》，载《法治现代化研究》2023 年第 4 期，第 117－127 页。

---

① 吴宗宪：《社区矫正比较研究》（上），中国人民大学出版社 2011 年版，第 4 页。

② 参见江华锋：《法国社区矫正制度介评及其对中国的借鉴与启示》，载《湖湘论坛》2017 年第 4 期。

③ 自正法：《论社工参与未成年社区矫正的模式与路径》，载《法治现代化研究》2023 年第 4 期。

## 第三节 执行变更

### 问题1：死刑立即执行在什么情况下可以变更？

对已经发生法律效力的死刑判决，在执行过程中发现具有法定情形的，应当“停止执行”或“暂停执行”。根据《刑事诉讼法》第262条的规定，下级人民法院接到最高人民法院执行死刑的命令后，应当在7日以内交付执行。但是发现有下列情形之一的，应当停止执行，并立即报告最高人民法院，由最高人民法院作出裁定：（1）在执行前发现判决可能有错误的。此处的“错误”是指该生效判决在认定事实或适用法律上可能有错误。（2）在执行前罪犯揭发重大犯罪事实或者有其他重大立功表现，可能需要改判的。（3）罪犯正在怀孕。此处的“正在怀孕”应作扩大解释：罪犯从被羁押到执行死刑前，曾经怀过孕的，均视为“正在怀孕”。

根据《高法解释》第500条的规定，下级人民法院在接到执行死刑命令后、执行前，发现有下列情形之一的，应当暂停执行，并立即将请求停止执行死刑的报告和相关材料层报最高人民法院：（1）罪犯可能有其他犯罪的；（2）共同犯罪的其他犯罪嫌疑人到案，可能影响罪犯量刑的；（3）共同犯罪的其他罪犯被暂停或者停止执行死刑，可能影响罪犯量刑的；（4）罪犯揭发重大犯罪事实或者有其他重大立功表现，可能需要改判的；（5）罪犯怀孕的；（6）判决、裁定可能有影响定罪量刑的其他错误的。此外，根据《刑法》规定，还应当包括发现罪犯属于犯罪时未满18周岁或者审判时已满75周岁（特别残忍手段致人死亡的除外）的人。

**延伸阅读推荐**

林维：《论死刑执行之更变》，载《吉林大学学报（社会科学版）》2015年第4期，第57-65页。

### 问题2：死刑立即执行变更后有何程序安排？

据《高法解释》第501条至第503条的规定，无论是停止执行还是暂停执行的决定，一经作出，就应当立即报告核准死刑的最高人民法院，并由院长签发停止执行死刑命令，下级人民法院接到最高人民法院裁定停止执行死刑后，应当立即会同有关部门调查核实停止执行死刑的事由，并及时将调查结果和意见层报最高人民法院审核。经核实认为原判正确，且不具有《刑事诉讼法》第262条第2、3项规定的情形的，应当报请原核准死刑的最高人民法院院长再次签发执行死刑的命令，并注明撤销停止执行死刑的决定后，才能执行死刑；若经审核认为可能影响定罪量刑的，应当裁定下级人民法院停止执行死刑。最高人民法院对下级人民法院报送请求停止执行死刑的调查结果和相关材料，由作出核准死刑裁判的原合议庭负责审查，必要时，依法另行组成合议庭进行审查。

最高人民法院对于依法已停止执行死刑的案件，依照下列情形分别处理：（1）确认罪犯怀孕的，应当改判；（2）确认罪犯有其他犯罪，依法应当追诉的，应当裁定不予核准死刑，撤销原判，发回重新审判；（3）确认原判决、裁定有错误或者罪犯有重大立功表现，需要改判的，应当裁定不予核准死刑，撤销原判，发回重新审判；（4）确认原判决、裁定没有错误，罪犯没有重大立功表现，或者重大立功表现不影响原判决、裁定执行的，应当裁定继续执行死刑，并由院长重新签发执行死刑的命令。

## 问题3：死刑缓期二年执行在执行过程中可能出现哪些变更情形?

死刑缓期二年执行是对罪该判处死刑但具有不必立即执行的法定条件而在判处死刑的同时宣告缓期二年执行，实行监督改造以观后效的制度。死刑缓期执行必然产生减刑或执行死刑两种结果，均涉及执行的变更。

被判处死刑缓期二年执行的罪犯，在死刑缓期执行期间，如果没有故意犯罪，二年期满后，减为无期徒刑；如果确有重大立功表现，二年期满后，减为25年有期徒刑，由执行机关提出书面意见，报请高级人民法院裁定；如果故意犯罪，情节恶劣，查证属实，应当执行死刑的，由高级人民法院报请最高人民法院核准；对于故意犯罪未执行死刑的，死刑缓期执行的期间重新计算，并报最高人民法院备案。这一规定明确将罪犯是否在考验期内故意犯罪作为死刑缓期二年执行变更的唯一条件。

对被判处死刑缓期执行的累犯以及因故意杀人、强奸、抢劫、绑架、放火、爆炸、投放危险物质或者有组织的暴力性犯罪被判处死刑缓期执行的犯罪分子，人民法院根据犯罪情节、人身危险性等情况，可以在作出裁判的同时决定对其限制减刑。对上述犯罪分子缓期执行期满后依法减为无期徒刑的，最低服刑时间不能少于25年，缓期执行期满后依法减为25年有期徒刑的，最低服刑时间不少于20年。

**延伸阅读推荐**

(1) 蔡智玉：《死刑缓期执行期间故意犯罪“情节恶劣”的认定》，载《人民法院报》2018年10月17日，第6版。

(2) 高丽丽：《对死刑缓期执行期间故意犯罪结局的解读》，载《法学杂志》2017年第8期，第132-140页。

## 问题4：终身监禁是一种独立的刑种还是依附于现存刑罚的一种执行方式？终身监禁是否成为死刑的替代措施?

随着人类社会的进步与文明的发展，越来越多的国家开始废止或严格限制死刑的适用，在此制度下，对于有严重社会危害性的犯罪行为该如何使犯罪分子的罪责刑相适应，设置合理的死刑替代措施就成为国际社会开始探索的问题。以终身监禁替代死刑，逐渐被世界各国特别是已经废除死刑的国家吸收采纳。终身监禁大致可分为两种模式：一种是以大多数欧洲国家为代表的有假释的终身监禁；另一种是美国大多数州所选择的无假释终身监禁。在美国，不得假释的终身监禁作为死刑的替代措施得到了广泛适用，其适用于最严重的A级重罪；在亚洲，终身监禁于1956年被纳入印度刑法典，并在印度得到极为普遍的适用，超过50项犯罪可以适用该刑罚。[①] 在终身监禁作为死刑替代措施被广泛使用的同时，该制度也在国际社会中引发了人格尊严和基本人权的争议。例如在欧洲，由于人权标准非常严格，终身监禁制度受到了严格限制，同时明确禁止了不得假释的终

① 参见梁根林、王华伟：《死刑替代措施的中国命运：观念、模式与实践》，载《中国法律评论》2020年第5期。

身监禁的适用。

《刑法修正案（九）》第44条规定，对犯贪污罪，数额特别巨大被判处死刑缓期执行的，法院根据犯罪情节等情况可以同时决定在其死刑缓期执行期满依法减为无期徒刑后，终身监禁，不得减刑、假释。基于此，终身监禁首次被写入我国刑法法典；之后最高法、最高检联合发布《关于办理贪污贿赂刑事案件适用法律若干问题的解释》，明确了终身监禁适用的情形：判处死刑立即执行过重、判处一般死缓又偏轻的重大贪污受贿罪犯，可以决定终身监禁；凡决定终身监禁的，在一、二审作出死缓裁判的同时应当一并作出终身监禁的决定，而不能等到死缓执行期届满再视情而定；终身监禁一经作出应无条件执行，不得减刑、假释。不同于域外对于终身监禁的适用，我国目前严格限制了终身监禁的适用范围，明确其仅在重大的贪污贿赂犯罪中适用。

由于终身监禁制度的适用范围具有局限性，并且其在法律中没有明确定位，因此终身监禁的刑罚属性和适用范围引起了学界广泛的讨论。部分学者认为终身监禁是独立的刑罚方法。[①] 对于终身监禁的讲述，最早可追溯到贝卡里亚时代，在贝卡里亚看来，终身苦役与死刑相比同样残酷，如果将终身苦役受的苦加起来甚至有过之而无不及。[②] 相对于死刑立即执行，其执行方式相当于死刑的"分期"执行，阻断了犯罪人重新改造、回归社会的可能性，犯罪人虽然仍然活着，但是失去了活着的希望和意义，无异于变相的死刑。还有学者认为终身监禁不是一个独立的刑种，是依附于死缓、无期徒刑的一种特殊刑罚执行方式，犯罪人被判处死缓是适用终身监禁的前提，它是缓和死刑立即执行和可以减刑、假释的死刑缓期执行之间矛盾的有效方式。一方面，与死刑立即执行相比，终身监禁剥夺犯罪人的自由，轻于死刑立即执行；另一方面，与可以减刑、假释的死刑缓期执行相比，规定更为严格，阻断了死缓犯罪人减刑、假释的可能性，使得犯罪人的终身自由被剥夺成为现实。

**延伸阅读推荐**

（1）石晓波、王春阳：《"终身监禁"刑事立法的刑罚精准性研究》，载《政法论丛》2022年第1期，第139－150页。

（2）劳东燕：《死刑适用标准的体系化构造》，载《法学研究》2015年第1期，第170－190页。

## 问题5：暂予监外执行由谁执行？如何执行？

暂予监外执行，是指对被判处有期徒刑、拘役的罪犯，以及被判处无期徒刑的女性罪犯因具备或出现某种法定特殊情形不宜在监内执行的，暂时将其放在监外交由社区矫正机构执行的一种变通方法。

根据《刑事诉讼法》第265条和两院三部《暂予监外执行规定》的相关规定，对被判处有期徒刑或者拘役的罪犯，有下列情形之一的，可以暂予监外执行：（1）有严重疾病需要保外就医的；（2）怀孕或者正在哺乳自己婴儿的妇女；（3）生活不能自理，适用

---

① 参见詹红星：《终身监禁的宪法维度》，载《河南财经政法大学学报》2017年第5期。

② 参见［意］切萨雷·贝卡里亚：《论犯罪与刑罚》，黄风译，北京大学出版社2014年版，第79－80页。

暂予监外执行不致危害社会的。对被判处无期徒刑的罪犯，有前述第2项规定情形的，可以暂予监外执行。对适用保外就医可能有社会危险性的罪犯，或者自伤自残的罪犯，不得保外就医。对罪犯确有严重疾病，必须保外就医的，由省级人民政府指定的医院诊断并开具证明文件。在交付执行前，暂予监外执行由交付执行的人民法院决定；在交付执行后，暂予监外执行由监狱或者看守所提出书面意见，报省级以上监狱管理机关或者设区的市一级以上公安机关批准，同时应当将书面意见的副本抄送人民检察院。

根据《刑事诉讼法》第268、269条以及《社区矫正实施办法》的规定，对于暂予监外执行的罪犯，依法实行社区矫正，由社区矫正机构负责执行。在执行中，发现被保外就医的罪犯不符合保外就医条件的，或者严重违反有关保外就医规定的，应当及时收监。执行中，暂予监外执行的情形消失后，刑期未满的，负责执行的机构应当及时通知监狱等有关机关予以收监；刑期届满的，由原关押机关办理释放手续。

对于人民法院决定暂予监外执行的罪犯应当予以收监的，由人民法院作出决定，将有关的法律文书送达执行机关。不符合暂予监外执行条件的罪犯通过非法手段被暂予监外执行的，在监外执行的期间不计入执行刑期。罪犯在暂予监外执行期间脱逃的，脱逃的期间不计入执行刑期。罪犯在暂予监外执行期间死亡的，执行机关应当及时通知监狱或者看守所。

**延伸阅读推荐**

吴小军：《暂予监外执行案件办理中的若干问题——兼论〈人民法院办理暂予监外执行案件工作规程〉》，载《法律适用》2023年第7期，第159－167页。

## 问题6：减刑有哪几种幅度？由谁提出建议？

减刑是指被判处管制、拘役、有期徒刑、无期徒刑的罪犯，在执行期间，认真遵守监规，接受教育改造，确有悔改或立功表现的，可以依法减轻其刑罚的一种制度。减刑既可以减少原判刑期，也可以将原判较重的刑种改为较轻的刑种。

根据《刑法》第78条至第80条的规定，减刑以后实际执行的刑期不能少于下列期限：判处管制、拘役、有期徒刑的，不能少于原判刑期的1/2；判处无期徒刑的，不能少于13年；对同时宣告限制减刑的死刑缓期执行的犯罪分子，缓期执行期满后依法减为无期徒刑的，不能少于25年，缓期执行期满后依法减为25年有期徒刑的，不能少于20年。

根据《刑法》、《刑事诉讼法》和《监狱法》等有关法律规定，对于犯罪分子的减刑，由执行机关向中级以上人民法院提出减刑建议书。人民法院应当组成合议庭进行审理，对确有悔改或者立功事实的，裁定予以减刑，非经法定程序不得减刑。

**延伸阅读推荐**

最高人民法院《关于办理减刑、假释案件具体应用法律的规定》。

## 问题7：我国关于假释有何具体程序？

根据《刑法》第81、83条的规定，假释是指被判处有期徒刑的罪犯已执行原判刑期

1/2 以上和被判处无期徒刑的罪犯已执行 13 年以上刑期的，如果认真遵守监规，接受教育改造，确有悔改表现，没有再犯罪的危险的，将其附条件地予以提前释放的制度。如果有特殊情况，经最高人民法院核准，假释也可以不受上述执行刑期的限制，但对于累犯以及故意杀人、抢劫、强奸、绑架、放火、爆炸、投放危险物质或者有组织的暴力性犯罪被判处 10 年以上有期徒刑、无期徒刑的犯罪分子，不得假释。

根据刑事诉讼法及司法解释的规定，对假释案件的管辖与减刑案件基本相同，即对被判处无期徒刑罪犯的假释，由罪犯服刑地的高级人民法院根据省级监狱管理机关审核同意的监狱假释建议书作出裁定；对于被判处有期徒刑（包括死缓、无期徒刑减刑为有期徒刑）的罪犯的假释，由罪犯服刑地的中级人民法院根据当地执行机关提出的假释建议书作出裁定。

**延伸阅读推荐**

(1) 赵秉志：《英美刑法学》，科学出版社 2010 年版。

(2) 王书剑、王玉洲：《假释制度适用中存在的问题及解决》，载《人民司法》2021 年第 4 期，第 90－95 页。

## 问题 8：减刑、假释案件的具体审理程序？

为进一步规范减刑、假释案件的审理程序，确保减刑、假释案件审理的合法、公正，根据最高人民法院《关于减刑、假释案件审理程序的规定》的相关规定，对减刑、假释案件的审判，应当遵守如下规定：

1. 人民法院受理减刑、假释案件，应当审查执行机关移送的下列材料：减刑或者假释建议书；终审法院裁判文书、执行通知书、历次减刑裁定书的复印件；罪犯确有悔改或者立功、重大立功表现的具体事实的书面证明材料；罪犯评审鉴定表、奖惩审批表等；其他根据案件审理需要应予移送的材料。报请假释的，应当附有社区矫正机构或者基层组织关于罪犯假释后对所居住社区影响的调查评估报告。人民检察院对报请减刑、假释案件提出检察意见的，执行机关应当一并移送受理减刑、假释案件的人民法院。经审查，材料齐备的，应当立案；材料不齐的，应当通知执行机关在 3 日内补送，逾期未补送的，不予立案。

2. 人民法院审理减刑、假释案件，应当按照下列情形分别处理：(1) 被报请减刑、假释罪犯符合法律规定的减刑、假释条件的，作出予以减刑、假释的裁定；(2) 被报请减刑的罪犯符合法律规定的减刑条件，但执行机关报请的减刑幅度不适当的，对减刑幅度作出相应调整后作出予以减刑的裁定；(3) 被报请减刑、假释罪犯不符合法律规定的减刑、假释条件的，作出不予减刑、假释的裁定。在人民法院作出减刑、假释裁定前，执行机关书面申请撤回减刑、假释建议的，是否准许，由人民法院决定。

3. 人民法院发现本院已经生效的减刑、假释裁定确有错误的，应当依法重新组成合议庭进行审理并作出裁定；上级人民法院发现下级人民法院已经生效的减刑、假释裁定确有错误的，应当指令下级人民法院另行组成合议庭审理，也可以自行依法组成合议庭进行审理并作出裁定。

**延伸阅读推荐**

(1) 最高人民法院《关于减刑、假释案件审理程序的规定》。

(2) 司法部《监狱提请减刑假释工作程序规定》。

(3) 最高人民检察院《人民检察院办理减刑、假释案件规定》。

## 问题9:在哪些情形下应当作出撤销缓刑和假释的决定?

根据《高法解释》第542条至第545条的规定,罪犯在缓刑、假释考验期限内犯新罪或者被发现在判决宣告前还有其他罪没有判决,应当撤销缓刑、假释的,由审判新罪的人民法院撤销原判决、裁定宣告的缓刑、假释,并书面通知原审人民法院和执行机关。

人民法院应当在收到社区矫正机构的撤销缓刑、假释建议书后30日以内审查,确认罪犯在缓刑考验期限内具有下列情形之一的,应当作出撤销缓刑的裁定:(1)违反禁止令,情节严重的;(2)无正当理由不按规定时间报到或者接受社区矫正期间脱离监管,超过1个月的;(3)因违反监督管理规定受到治安管理处罚,仍不改正的;(4)受到执行机关二次警告,仍不改正的;(5)违反法律、行政法规和监督管理规定,情节严重的其他情形。

**延伸阅读推荐**

余振华:《日本缓刑假释与保护观察之法制与运作》,载《海峡法学》2017年第3期,第30-39页。

## 问题10:对新罪和漏罪应当如何进行追诉?

新罪是指判决宣告以后,刑罚执行完毕以前,被判刑的犯罪分子又实施了触犯刑法并应当追究刑事责任的行为。漏罪是指判决宣告以后,刑罚执行完毕以前,发现被判刑的犯罪分子在判决宣告以前还有其他尚未被判决的罪行。

根据《刑事诉讼法》第273条第1款、《公安规定》第315、316条以及《监狱法》第60条的规定,罪犯在服刑期间又犯新罪或者发现漏罪的,应当区分不同情形予以处理:

1. 发现罪犯犯新罪或漏罪的,对于在监狱、未成年犯管教所服刑的罪犯,由执行机关进行侦查,侦查终结后移送人民检察院审查起诉,由有管辖权的人民法院审判;对在看守所、拘役所服刑的罪犯和被宣告缓刑、假释、暂予监外执行的罪犯,以及被判处管制的罪犯,由负责执行的公安机关立案侦查,侦查终结后移送当地人民检察院,由有管辖权的人民法院审判。

2. 对服刑罪犯脱逃后又犯罪的,如果其新罪是监狱捕获罪犯后发现的,由监狱侦查终结后移送起诉;如果其新罪是公安机关捕获罪犯后发现的,由公安机关侦查终结后移送起诉。

**延伸阅读推荐**

谭尘:《假释考验期内犯新罪的刑法适用若干问题》,载《犯罪研究》2017年第5期,第103-107页。

### 问题 11：在刑罚执行过程中认为判决有错误或者罪犯提出申诉，应当如何处理？

根据《刑事诉讼法》第 275 条和《监狱法》的相关规定，监狱和其他执行机关在刑罚执行中，如果认为判决有错误或者罪犯提出申诉，应当转请人民检察院或者原判人民法院处理。监狱和其他执行机关对于罪犯的申诉及其撤销、变更刑罚的请求，应当及时转递，不得扣押。在罪犯申诉期间，只要人民法院尚未作出撤销原判和改判的裁判，不能停止对原生效裁判的执行。

人民法院、人民检察院接到执行机关转送的认为判决有错误的材料和意见，或者罪犯的申诉后，应当及时进行审查，对原判在认定事实或适用法律上确有错误的，应依法提起审判监督程序。对于不符合再审条件的，可以驳回申诉，并将处理结果通知申诉人和有关执行机关。人民检察院或人民法院应当自收到监狱及其他执行机关提请处理意见书之日起 6 个月内将处理结果通知监狱等执行机关。

## 第四节　执行监督

### 问题 1：对死刑执行过程谁享有监督权？

根据《刑事诉讼法》第 263 条第 1 款、《高检规则》和《人民检察院临场监督执行死刑工作规则（试行）》的规定，人民法院在交付死刑 3 日以前，应当通知同级人民检察院派员临场监督，人民检察院依法对执行死刑实行临场监督，保证执行死刑工作依法、准确、文明和规范进行。人民检察院的监督义务主要有以下几点：（1）核实执行人民法院是否收到最高人民法院核准死刑的判决或者裁定和最高人民法院院长签发的执行死刑命令；（2）依法监督执行死刑的场所、方法和执行死刑的程序是否合法：（3）发现不应当执行死刑情形的，建议执行人民法院停止执行；（4）执行死刑后，监督检查罪犯是否确已死亡；（5）发现和通知纠正执行死刑活动中的违法情况；（6）履行法律、司法解释规定的其他监督任务。

**延伸阅读推荐**

最高人民检察院《人民检察院临场监督执行死刑工作规则（试行）》。

### 问题 2：人民检察院对暂予监外执行如何进行监督？

人民检察院接到决定或者批准机关抄送的暂予监外执行决定书后，应当进行审查。审查的内容包括：（1）是否属于被判处有期徒刑或者拘役的罪犯；（2）是否属于有严重疾病需要保外就医的罪犯；（3）是否属于怀孕或者正在哺乳自己婴儿的妇女；（4）是否属于生活不能自理，适用暂予监外执行不致危害社会的罪犯；（5）是否属于适用保外就医可能有社会危险性的罪犯，或者自伤自残的罪犯；（6）决定或者批准机关是否符合《刑事诉讼法》第 265 条第 5 款的规定；（7）办理暂予监外执行是否符合法定程序。

人民检察院经审查认为暂予监外执行不当的，应当自接到通知之日起 1 个月以内，向决定或者批准暂予监外执行的机关提出纠正意见。下级人民检察院认为暂予监外执行不当的，应当立即层报决定或者批准暂予监外执行的机关的同级人民检察院，由其决定是否向决定或者批准暂予监外执行的机关提出纠正意见。人民检察院向决定或者批准暂予监外执行的机关提出不同意暂予监外执行的书面意见后，应当监督其对决定或者批准暂予监外执行的结果进行重新核查，并监督重新核查的结果是否符合法律规定，对核查不符合法律规定的，应当依法提出纠正意见，并向上一级人民检察院报告。对于暂予监外执行的罪犯，人民检察院发现罪犯不符合暂予监外执行条件、严重违反有关暂予监外执行的监督管理规定或者暂予监外执行的情形消失而罪犯刑期未满的，应当通知执行机关收监执行，或者建议决定或批准暂予监外执行的机关作出收监执行决定。

**延伸阅读推荐**

最高人民检察院《关于加强对监外执行罪犯脱管、漏管检察监督的意见》。

## 问题 3：对减刑、假释罪犯如何进行有效监督？

根据《刑事诉讼法》第 274 条及司法解释的相关规定，对减刑、假释案件审理、裁定活动的监督，由人民法院的同级人民检察院负责；同级人民检察院对执行机关不承担检察职责的，可以根据需要指定对执行机关承担检察职责的人民检察院派员出席法庭；下级人民检察院发现减刑、假释裁定不当的，应当及时向作出减刑、假释裁定的人民法院的同级人民检察院报告。人民检察院认为人民法院减刑、假释的裁定不当，应当在收到裁定书副本后 20 日以内，向人民法院提出书面纠正意见。人民法院应当在收到纠正意见后 1 个月以内重新组成合议庭进行审理，作出最终裁定，裁定一经宣告，立即生效，交付有关机关执行。

人民检察院收到执行机关抄送的减刑、假释建议书副本后，应当逐案进行审查，发现减刑、假释建议不当或者提请减刑、假释违反法定程序的，应当在收到建议书副本后 10 日以内，依法向审理减刑、假释案件的人民法院提出书面意见，同时将检察意见书副本抄送执行机关，案情复杂或者情况特殊的，可以延长 10 日。

人民检察院可以派员列席执行机关提请减刑、假释评审会议，了解案件有关情况，根据需要发表意见。人民检察院发现罪犯符合减刑、假释条件，但是执行机关未提请减刑、假释的，可以建议执行机关提请减刑、假释。

**延伸阅读推荐**

刘方：《检察机关对减刑、假释程序监督的立法完善》，载《西南政法大学学报》2010 年第 1 期，第 53－63 页。

## 问题 4：我国刑事执行检察监督现状如何？

为了充分保障被执行人的合法权益，刑事执行监督是每个国家刑罚执行中都不可或缺的制度。例如，英国设有专门的皇家监狱督察委员会、监狱独立监督委员会、监狱及社区矫正监督专员，对监狱罪犯的权利保障问题进行全面监督，范围覆盖了监狱建筑、安全戒备情况、罪犯生活、卫生、健康及其他权利的实现情况。[1] 德国要求刑罚执行机关组建顾问委员会，其成员接受罪犯的申请和控诉，了解有关关押、劳动、职业培训等情况。[2] 法国设立刑罚执行法官监督判决的执行，驻各个监狱的执行法官根据法定的条件作出监外执行、减刑、暂缓执行等裁决或提请有管辖权的法院调整刑罚等裁决。[3]

我国刑事执行检察职能主要包括刑罚执行监督、刑事强制措施执行监督等方面，党的十八大以来，刑事执行检察体制改革一直发挥着示范与样板作用。党的十九大后，职能体系整合与分离、监督手段体系化、检察一体化与检察官独立之间的冲突等，是刑事执行检察改革面临的重要课题。[4] 目前学界对于检察机关的执行监督聚焦于监督配置、履职方式等与改革要求是否匹配，检察机关在刑事执行中发挥职权作用的两种模式有何差异与必要性等方面，以期能为我国检察机关执行监督提出完善的建议。

**延伸阅读推荐**

张建伟：《检察机关刑事执行职权模式比较研究》，载《中国刑事法杂志》2022 年第 1 期，第 90 - 106 页。

## 本章课后演练

**（一）不定项选择题**

1. 下列关于执行主体的说法正确的是（　　）。

A. 人民法院负责无罪、免予刑事处罚、罚金、没收财产和死刑立即执行、死缓判决的执行

B. 监狱和未成年犯管教所负责被判处无期徒刑和有期徒刑判决的执行

C. 社区矫正机构负责对被判处管制、宣告缓刑、假释或者暂予监外执行的罪犯的执行

D. 公安机关负责拘役、剥夺政治权利判决的执行

2. 王某因故意杀人罪被判处死刑立即执行，关于执行程序，下列说法错误的是（　　）。

A. 由最高人民法院院长签发执行死刑的命令，由高级人民法院交付终审法院执行，终审法院在接到执行死刑的命令后，应当在 7 日内执行

B. 人民法院在交付执行死刑前，可以通知同级人民检察院派员临场监督，检察院收到同级人民法院执行死刑临场监督通知后，应当派员并做好监督工作

C. 临场执行死刑时，由人民法院审判人员负责指挥执行，对于执行死刑的主体，人民法院有条件执行的，应交付司法警察执行；没有条件执行的，可交公安机关的

① 参见唐彦：《英国刑事执行制度研究》，中国政法大学出版社 2017 年版，第 282 - 283 页。

② 参见中华人民共和国司法部编：《外国监狱法规汇编》（二），社会科学文献出版社 1988 年版，第 256 页。

③ 参见［荷］皮特·J. P. 泰克编著：《欧盟成员国检察机关的任务和权利》，吕清、马鹏飞译，中国检察出版社 2007 年版，第 113 页。

④ 参见桑先军、张泽涛：《论新时代刑事执行检察体制改革》，载《河南社会科学》2018 年第 11 期。

武装警察执行

D. 第一审人民法院在执行死刑前，罪犯近亲属申请会见的，人民法院判断是否符合有关规定，符合规定的应当及时安排，但罪犯拒绝会见的除外

3. 关于缓刑的执行，下列说法正确的是（　　）。

A. 对被宣告缓刑的罪犯，人民法院应当依法确定社区矫正执行地

B. 被宣告缓刑的罪犯没有附加剥夺政治权利的，缓刑期间不应限制其政治权利，参加劳动的实行同工同酬

C. 罪犯在缓刑考验期限内犯新罪或者被发现在判决宣告前还有其他罪没有判决，应当撤销缓刑的，由审判新罪的人民法院撤销原判决、裁定宣告的缓刑，并书面通知原审人民法院和执行机关

D. 法院撤销缓刑的裁定，一经作出立即生效

4. 关于刑事裁判涉财产部分执行，下列哪一说法正确？（　　）

A. 刑事裁判涉财产部分，由第一审人民法院执行，第一审人民法院可以委托财产所在地的同级人民法院执行

B. 人民法院执行查封、扣押、冻结的顺位不需要与侦查机关查封、扣押、冻结的顺位相同

C. 侦查机关查封、扣押、冻结的财产，人民法院执行中可以直接裁定处置，无须侦查机关出具解除手续

D. 判处没收部分财产的，应当明确没收的具体财物或者金额

5. 对于以下哪些刑罚实行社区矫正？（　　）

A. 管制

B. 缓刑、假释

C. 暂予监外执行

D. 剩余刑期在3个月以下的有期徒刑

6. 王某因涉嫌抢劫罪被提起公诉，在法庭审理过程中被诊断患有严重疾病，法院判处有期徒刑的同时决定予以监外执行。下列哪些说法是错误的？（　　）

A. 对王某应当依法实行社区矫正

B. 法院决定监外执行时，应当将暂予监外执行的决定抄送检察院

C. 在执行期间，发现王某捏造诊断书，应当及时收监

D. 法院作出收监决定，王某不服，可以向上一级法院申请复议

7. 出现下列哪些情形，下级人民法院应当暂停执行死刑？（　　）

A. 罪犯可能有其他犯罪

B. 共同犯罪的其他犯罪嫌疑人到案，可能影响罪犯量刑的

C. 罪犯怀孕的

D. 罪犯揭发重大犯罪事实或者有其他重大立功表现，可能需要改判的

8. 关于死刑缓期执行限制减刑案件的审理程序，下列哪些说法是正确的？（　　）

A. 对一审法院作出的限制减刑的判决，被告人的辩护人、近亲属可以独立提起上诉

B. 高级法院认为原判对被告人判处死刑缓期执行适当但限制减刑不当的，应当改判，撤销限制减刑

C. 最高人民法院复核死刑案件，认为可以判处死刑缓期执行并限制减刑的，可以裁定不予核准，发回重新审判

D. 最高人民法院复核死刑案件，认为对部分被告人应当适用死刑缓期执行的，如符合《刑法》限制减刑规定，应当裁定不予核准，发回重新审判

9. 下列关于减刑和假释的说法错误的是（　　）。

A. 人民法院审理减刑、假释案件，应当在立案后五日内将执行机关报请减刑、假释的建议书等材料依法向社会公示

B. 人民法院审理减刑、假释案件，应当依法由审判员或者由审判员和人民陪审员组成合议庭进行

C. 人民法院审理减刑、假释案件，应当开庭审理

D. 法院开庭审理减刑、假释案件，应当通知人民检察院、执行机关及被报请减刑、假释罪犯参加庭审

10. 以下关于刑事执行监督的说法，正确的是（　　）。

A. 随着“捕诉合一”改革的落实以及《高检规则》的修正，对同一刑事案件的审查逮捕、审查起诉以及出庭支持公诉、立案监督、侦查监督、审判监督和执行监督，都由检察院负责捕诉的部门办理

B. 被判处死刑的罪犯在被执行死刑前，人民检察院应当派员临场监督。死刑执行临场监督由人民检察院刑事执行检察部门负责

C. 某监狱近期相继发生被监管人员“喝水死亡”“睡梦中死亡”“噎死”等事件，对此，检察院可以开展事故检察

D. 在减刑、假释活动中，若监狱等执行机关将不符合减刑、假释法定条件的罪犯，提请人民法院裁定减刑、假释或者依法对应当减刑、假释的罪犯，不提请法院裁定减刑、假释，人民检察院都应当对其依法提出纠正意见

**（二）判断分析题**

1. 刑事执行权是执行实施权，主要是指执行机关将各种生效裁判交付实施以及对被执行人进行监管、矫正等方面的权力。

2. 同案审理的案件中，部分被告人被判处死刑，对未判处死刑的同案被告人需要羁押执行刑罚的，应当在判决、裁定生效后10日交付执行。该同案被告人参与实施有关死刑之罪的，应当在最高人民法院复核讯问被判处死刑的被告人后交付执行。

3. 被判处管制的犯罪分子，人民法院可以根据犯罪的情况，同时禁止犯罪分子在执行期间从事特定活动，进入特定区域、场所，接触特定的人，违反禁止令规定的，由社区矫正机构给予处罚。

4. 被判处死刑缓期二年执行的罪犯，在死刑缓期执行期间，如果故意犯罪，情节恶劣，查证属实，应当执行死刑的，由高级人民法院报请最高人民法院核准；不需要执行死刑的，死刑缓期执行期间重新计算，并报最高人民法院备案。

5. 罪犯确有严重疾病，必须保外就医的，由省级医院诊断病并开具证明文件。

**（三）简答题**

1. 刑事执行有哪些依据？

2. 缓刑考验期满会出现哪几种情形？

3. 暂予监外执行的条件是什么？

**（四）论述题**

1. 将未成年犯交付于未成年犯管教所执行刑罚有何意义？

2. 无罪判决和免除刑事处罚判决的区别？

**（五）法条分析题**

1.《刑事诉讼法》第 263 条第 1 款：“人民法院在交付执行死刑前，应当通知同级人民检察院派员临场监督。”

2.《刑事诉讼法》第 266 条：“监狱、看守所提出暂予监外执行的书面意见的，应当将书面意见的副本抄送人民检察院。人民检察院可以向决定或者批准机关提出书面意见。”

**（六）案例分析题**

被告人刘某（犯罪时 15 周岁）之父刘某方酒后与同村刘某文因琐事在刘某文家门口对骂，刘某文的两个儿子到场后，与刘某方互相扭打，继而两家发生殴斗，在殴斗过程中，被告人刘某闻讯赶到现场，用铁叉将刘某文叉成重伤，刘某作案后主动投案，并如实供述了自己的罪行。案发后，被害人刘某文与被告人刘某就附带民事赔偿达成和解，刘某文对刘某表示谅解。法院审理后，以故意伤害罪依法判处被告人刘某有期徒刑一年，缓刑一年六个月。缓刑考验期满后，刘某领取了“前科封存证明书”。

问题：

（1）法院对刘某的判决是否合理？如果合理，请说明其合理之处；如果不合理，请说明其不合理之处。

（2）法院判处刘某有期徒刑一年，缓刑一年六个月，应当如何执行？

（3）前科封存对刘某有何影响？

## 参考答案

**（一）不定项选择题**

1. CD　2. ABD　3. ABCD　4. ACD　5. ABC　6. D　7. ABCD　8. B　9. C　10. BD

**（二）判断分析题**

1. 题略。

错误。刑事执行权本质上是一种国家权力，可以分为执行实施权和执行裁判权。前者主要是指执行机关将各种生效裁判交付实施以及对被执行人进行监管、矫正等方面的权力；后者则是指刑事执行机关对生效裁判的内容及其执行方式作出变更的权力。

2. 题略。

正确。依据《高法解释》第 512 条的规定，同案审理的案件中，部分被告人被判处死刑，对未判处死刑的同案被告人需要羁押执行刑罚的，应当在其判决、裁定生效后 10 日内交付执行。但是该同案被告人参与实施有关死刑之罪的，应当在最高人民法院复核讯问被判处死刑的被告人后交付执行。

3. 题略。

错误。根据《刑法》第 38 条第 2 款的规定，被判处管制的犯罪分子，人民法院还可以根据犯罪情况，同时禁止犯罪分子在执行期间从事特定活动，进入特定区域、场所，接触特定的人。违反禁止令的规定的，由公安机关依照《治安管理处罚法》的规定处罚。据此，不是由社区矫正机构给予处罚，而是由公安机关按照《治安管理处罚法》的规定处罚。

4. 题略。

正确。根据《刑事诉讼法》第 261 条的规定，被判处死刑缓期二年执行的罪犯，在死刑缓期执行期间，如果没有故意犯罪，死刑缓期执行期满，应当予以减刑的，由执行机关提出书面意见，报请高级人民法院裁定；如果故意犯罪，情节恶劣，查证属实，应当执行死刑的，由高级人民法院报请最高人民法院核准；对于故意犯罪未执行死刑的，死刑缓期执行的期间重新计算，并报最高人民法院备案。

5. 题略。

错误。对罪犯确有严重疾病，需要保外就医的，应当由省级人民政府指定的医院诊断并开具证明文件，省级人民政府指定的医院并不一定是省级医院，二者是不同概念，因此说法错误。

### (三) 简答题

1. 题略。

执行的依据包括：(1) 已过法定期限没有上诉、抗诉的判决和裁定；(2) 终审的判决和裁定；(3) 高级人民法院核准的死刑缓期二年执行的判决和裁定；(4) 最高人民法院的判决和核准的死刑，对具有特殊情况的案件在法定刑以下处刑、特殊假释核准的裁判。

2. 题略。

(1) 罪犯如果在考验期内没有违反《刑法》第 75 条的规定及人民法院判决书中的禁止令，缓刑考验期满，原判刑罚不再执行，并向群众公开宣告；(2) 如果罪犯在考验期内犯新罪或发现判决宣告以前还有其他没有判决的罪行，应当撤销缓刑，对新罪或漏罪作出判决，然后把前罪和后罪依照数罪并罚原则决定执行的刑罚，收监执行；(3) 被宣告缓刑的罪犯，在缓刑考验期内违反法律、行政法规以及有关缓刑监督管理规定，情节严重的，应当撤销缓刑，执行原判刑罚。已执行的缓刑考验期不能折抵刑期，但是判决执行前先行羁押日期应予折抵。

3. 题略。

《刑事诉讼法》第 265 条规定，对被判处有期徒刑或者拘役的罪犯，有下列情形之一的，可以暂予监外执行：(1) 有严重疾病需要保外就医的；(2) 怀孕或者正在哺乳自己婴儿的妇女；(3) 生活不能自理，适用暂予监外执行不致危害社会的。对被判处无期徒刑的罪犯，有前款第 2 项规定情形的，可以暂予监外执行。

### (四) 论述题

1. 题略。

未成年犯交付于未成年犯管教所执行刑罚的意义在于：(1) 未成年人心理、生理还没有发育完全，未成年犯管教所的环境相较于监狱更为宽松，不会造成未成年人精神上过大的压力；(2) 将未成年犯与成年犯分押监管，有利于对未成年犯进行教育改造，避免成年犯对未成年犯造成不良影响；(3) 将未成年犯集中执行刑罚，有利于对其进行有针对性的教育，更好地传授文化知识、生产技能；(4) 对未成年犯在“管教所”执行，可以避免在他们心里刻下“监狱”的不好烙印，避免给他们造成不必要的伤害。

2. 题略。

无罪判决，是指人民法院依法确认被告人的行为不构成犯罪或者依法不追究和不能追究其刑事责任的一种决定。而免除刑事处罚判决，是人民法院依法作出的确认被告人有罪但因具有法定免除刑罚情形而免予刑事处罚的决定。两者具有以下区别：

（1）法律依据不同，无罪判决所依据的是《刑事诉讼法》第200条的规定，一类是法定无罪，一类是证据不足无罪；而免予刑事处罚所依据的是《刑法》第37条的规定。一个以实体法为基础，一个以程序法为基础。

（2）适用条件不同，无罪判决以法律规定无罪和证据不足应当作无罪判决为条件；免除刑事处罚以犯罪情节轻微且不需要判处刑罚为条件，只有两个条件同时符合才能适用。两者的适用条件存在极大区别。

（3）法律后果不同，免除刑事处罚的判决以人民法院认为被告人构成犯罪为前提，符合“犯罪情节轻微不需要判处刑罚”条件，人民法院应当依据法律规定，判决免除刑罚。这也是承担刑事责任的一种形式，是对被告人行为的否定性评价，只是免除了对被告人的刑罚，简言之，就是有罪而免罚，仍然构成刑事犯罪，在个人档案中有前科记录。对于免除处罚的被告人，应当恢复他的人身自由，撤销非关押性质的其他强制措施，同时，人民法院可以根据案件不同情况予以训诫或责令具结悔过、赔礼道歉、赔偿损失，或建议有关主管机关给予被告人行政处罚或行政处分。无罪判决以人民法院认为被告人不构成犯罪或者证据不足以证明被告人构成犯罪为前提，被告人不构成刑事犯罪，在个人档案中没有前科记录，作出无罪判决后，被告人被羁押的，应当立即释放，造成损失的，应当启动国家赔偿程序。

**（五）法条分析题**

1. 题略。

可以从以下四个方面理解该法条：（1）死刑临场监督具体由人民检察院哪个部门承担，监督过程中有哪些具体操作规定；（2）同级检察院临场监督过程中，发现有应当停止执行的情况，应当建议法院立即停止执行，并层报最高人民检察院负责死刑复核监督的部门；（3）检察院临场监督，发现法院有侵犯被执行死刑罪犯的人身权、财产权或者其他亲属、继承人合法权利等违法情形的，应当如何依法提出纠正意见；（4）人民检察院执行监督的意义以及其在执行监督体系中的地位。

2. 题略。

可以从以下角度分析该法条：（1）人民检察院在收到暂予监外执行书面意见后，如何进行审查，审查哪些内容；（2）人民检察院向决定或批准机关提出书面意见的情形有哪些，列举若干种；（3）人民检察院认为暂予监外执行不当的，应当如何提出书面意见，提出意见后应当监督决定或批准机关对决定或批准暂予监外执行的结果重新进行核查；（4）人民检察院监督暂予监外执行有何意义以及不足。

**（六）案例分析题**

题略。

此案是山东法院实施的第一例前科封存案件，对于探索推动设立未成年犯罪人前科封存制度发挥了良好的社会效果，在社会引起巨大反响，也引起了国内专家学者的关注，山东省高级人民法院也因此因势利导，在总结地方经验、组织专家论证的基础上，在全省全面推开“前科封存”制度。该制度的展开不仅是少年司法领域的改革创新，更是为相关刑事立法的修改提供了实践基础，《刑事诉讼法》及司法解释修正对未成年犯罪人前科封存作出了程序衔接规定。

（1）法院对刘某的判决合理。法院经审理认定被告人持械故意伤害他人身体，其行为已经构成故意伤害罪，但是本案由邻里纠纷引发，被告人刘某看到亲人被殴打一时愤怒，采取过激行为加入殴斗，其犯罪动机不恶劣，社会危害较轻；且刘某犯罪时未满16周岁，归案后能够坦白自己的犯罪事实，案发后积极赔偿被害人的损失，已经取得了被害人的谅解，据此，法院判决合理，做到了罪责相适应。

（2）对于被宣告缓刑的罪犯，人民法院应当依法确定社区矫正执行地，宣判时，告知罪犯自判决生效之日起10日以内到执行地社区矫正机构报到，以及不按期报到的后果；法院自判决生效之日起5日内通知执行地社区矫正机构，并在10日内将判决书、执行通知书等法律文书送达执行地社区矫正机构，同时抄送人民检察院和执行地公安机关。人民法院可以根据犯罪情况同时禁止罪犯在缓刑考验期内从事特定活动、进入特定区域、场所或接触特定的人，禁止令由司法行政机关指导管理的社区矫正机构负责执行。罪犯在考验期内没有违反《刑法》第75条规定以及人民法院判处的禁止令的，缓刑考验期满，原判刑罚不再执行，并向群众公开宣告。

（3）前科封存对刘某来说，意义重大：前科报告义务所带来的“犯罪标签化”是刘某重返社会的阻碍和阻力之一，本案对刘某进行前科封存，有利于其顺利回归社会，保证其正常学习生活；封存刘某的前科信息，有利于保障其隐私权，是维护其人格尊严的需要。

# 第十八章　死刑复核程序

## 本章知识图谱

- 死刑复核程序
  - 概述
    - 概念
      - 死刑复核程序是指人民法院对判处死刑和死刑缓期二年执行的案件进行的特别审判程序
      - 死刑复核与死刑核准的异同
        - 不同点
          - 内涵不同
          - 行使权力的法院不同
        - 相同点
          - 目的一致
          - 功能相同
          - 效果相同
    - 《刑事诉讼法》规定
      - 死刑案件和死刑缓期二年执行案件核准权的归属
      - 报请核准的死刑案件及其程序
      - 死刑复核程序的审判组织
      - 死刑复核程序的结果
      - 死刑复核程序中被告人的权利
      - 死刑复核程序中辩护人的权利
      - 最高人民检察院对死刑复核程序的监督权
    - 特点
      - 审理对象的特定性
      - 死刑核准权具有专属性
      - 程序启动上具有自动性
      - 报请复核程序的限制性
      - 报请复核程序的限制性
      - 死刑复核程序是死刑案件的终审程序
    - 死刑政策 — 保留死刑，严格控制和慎重适用死刑
    - 以古鉴今
      - 汉初初具雏形
      - 魏晋南北朝正式形成
      - 隋唐时期逐渐完备 —“录囚”，“三司推事”，“九卿会审”，死刑“三覆奏”“五覆奏”等制度
      - 宋朝别具特色— 无疑难的死刑案复核和死刑疑案的奏谳
      - 元朝承袭前朝
      - 明朝继续发展—“朝审”制度
      - 清朝不断完善— 死刑案件的“秋审”“朝审”制度。“秋审”的囚犯被分为“情实”“缓决”“可矜”“可疑”四类
    - 法治意义
      - 我国设置死刑复核程序有利于限制死刑的适用
      - 我国设置死刑复核程序有利于防止错杀、滥杀，保障人权
      - 我国设置死刑复核程序有利于统一死刑的适用标准
    - 新中国成立以来死刑核准权的历史沿革
      - 新中国成立至1979年《刑事诉讼法》颁布，死刑核准权归属的确立阶段
      - 20世纪80年代到21世纪初死刑核准权下放阶段
      - 2007年至今死刑核准权收回阶段
    - 死刑核准权收回的必要性
      - 统一死刑适用标准的迫切需要
      - 死刑核准权下放违反了法律适用和法制统一原则
      - 顺应国际潮流，保障人权的需要

- 死刑复核程序
  - 概述
    - 审查原则 — 全面审查原则
      - 被告人的年龄，被告人有无刑事责任能力、是否系怀孕的妇女
      - 原判认定的事实是否清楚，证据是否确实、充分
      - 犯罪情节、后果及危害程度
      - 原判适用法律是否正确，是否必须判处死刑，是否必须立即执行
      - 有无法定、酌定从重、从轻或者减轻处罚情节
      - 诉讼程序是否合法
      - 应当审查的其他情况。复核死刑、死刑缓期执行案件，应当重视审查被告人及其辩护人的辩解、辩护意见
  - 具体程序
    - 判处死刑立即执行案件的复核程序
      - 报请
        - 死刑立即执行由最高人民法院核准
        - 中级人民法院报核的案件，高级人民法院经过复核不同意判处死刑的
          - 可以提审
          - 可以发回
      - 复核
        - 审判组织 — 应当由审判员3人组成合议庭进行 → 不开庭审理，没有人民陪审员
        - 讯问、听取
          - 被告人 — 最高人民法院复核死刑案件，应当讯问被告人
          - 辩护律师 — 辩护律师提出要求的，应当听取辩护律师的意见
        - 律师提交手续
          - 最高人民法院复核死刑案件，辩护律师应当自接受委托或者受指派之日起10日内向最高人民法院提交有关手续，并自接受委托或者指派之日起一个半月内提交辩护意见
          - 辩护律师提交相关手续、辩护意见及证据等材料的，可以经高级人民法院代收并随案移送，也可以寄送至最高人民法院
          - 最高人民法院复核裁定作出后，律师提交辩护意见及证据材料的，应当接收并出具接收清单
          - 经审查，相关意见及证据材料可能影响死刑复核结果的，应当暂停交付执行或者停止执行，但不再办理接收委托辩护手续
        - 裁判送达
          - 最高人民法院复核裁定下发后。受委托进行宣判的人民法院应当在判后5日内将裁判文书送达辩护律师
          - 对被害人死亡的案件，被害人近亲属申请获取裁判文书的，受委托进行宣判的人民法院应当提供
      - 处理
        - 结果
          - 发回
            - 原判事实不清、证据不足的，应当裁定不予核准，并撤销原判，发回重新审判
            - 复核期间出现新的影响定罪量刑的事实、证据的，应当裁定不予核准，并撤销原判，发回重新审判
            - 原审违反法定诉讼程序，可能影响公正审判的，应当裁定不予核准，并撤销原判，发回重新审判
          - 核准
            - 原判认定事实和适用法律正确、量刑适当、诉讼程序合法的，应当裁定核准
            - 原判认定的某一具体事实或者引用的法律条款等存在瑕疵，但判处被告人死刑并无不当的，可以在纠正后作出核准的判决、裁定
          - 可改判可发回
            - 原判认定事实正确、证据充分，但依法不应当判处死刑的，应当裁定不予核准，并撤销原判，发回重新审判
            - 根据案件情况，必要时，也可以依法改判

- 死刑复核程序
  - 具体程序
    - 判处死刑立即执行案件的复核程序
      - 处理
        - 听取辩护意见——死刑复核期间，辩护律师要求当面反映意见的，最高人民法院有关合议庭应当在办公场所听取其意见，并制作笔录 ----→ 法律援助制度
        - 最高人民检察院法律监督
          - 死刑复核期间，最高人民检察院提出意见的，最高人民法院应当审查，并将采纳情况及理由反馈最高人民检察院
          - 最高人民法院应当根据有关规定向最高人民检察院通报死刑案件复核结果
        - 裁判生效
          - 原则——终审的判决、裁定自宣告之日起发生法律效力
          - 例外——共同犯罪案件
            - 一审宣判后，一部分被告人上诉，一部分被告人服判，上诉期满后服判的被告人裁判不生效，全案进入二审
            - 同案审理的案件中，部分被告人被判处死刑，对未被判处死刑的同案被告人需要羁押执行刑罚的，应当及时交付执行
            - 同案被告人参与实施有关死刑之罪的，应当在复核讯问被判处死刑的被告人后交付执行
    - 判处死刑缓期二年执行的复核程序
      - 中级人民法院判处死刑缓期二年执行的第一审案件，被告人未上诉、人民检察院未抗诉的，应当报请高级人民法院核准
      - 高级人民法院复核死刑缓期二年执行案件，应当讯问被告人
      - 高级人民法院复核死刑缓期二年执行案件，不得加重被告人的刑罚
      - 高级人民法院复核死刑缓期二年执行案件
        - 原判认定事实和适用法律正确、量刑适当、诉讼程序合法的，应当裁定核准
        - 原判认定的某一具体事实或者引用的法律条款等存在瑕疵，可以在纠正后作出核准的判决、裁定
        - 原判认定事实正确，但适用法律有错误，或者量刑过重的，应当改判
        - 原判事实不清、证据不足的。可以裁定不予核准，并撤销原判，发回重新审判，或者依法改判
        - 复核期间出现新的影响定罪量刑的事实、证据的，可以裁定不予核准，并撤销原判，发回重新审判，或者依法改判
        - 原审违反法定诉讼程序，可能影响公正审判的，应当裁定不予核准，并撤销原判，发回重新审判

## 本章重点问题

## 第一节 概 述

### 问题1：我国《刑法》对死刑的主要规定有哪些?

我国《刑法》规定了主刑和附加刑两类刑罚。其中，死刑是剥夺生命的刑罚，属于主刑范畴，被视为最严厉的刑罚手段。对此，我国《刑法》通过多章节相关条文的方式对死刑作出了若干严格的规定。

第一，关于死刑的类型及其适用对象。死刑分为死刑立即执行、死刑缓期二年执行。一方面，死刑只适用于罪行极其严重的犯罪分子；另一方面，对于应当判处死刑的犯罪分子，如果不是必须立即执行的，可以判处死刑同时宣告缓期二年执行。

第二，关于死刑、死刑缓期二年执行的核准程序。死刑除依法由最高人民法院判决的以外，都应当报请最高人民法院核准。死刑缓期二年执行的，可以由高级人民法院判决或者核准。

第三，关于死刑适用对象的限制。一方面，犯罪的时候不满18周岁的人和审判的时候怀孕的妇女，不适用死刑。另一方面，审判的时候已满75周岁的人，不适用死刑，但以特别残忍手段致人死亡的除外。此项规定体现了我国“矜老恤幼”的传统。

第四，关于死刑缓期二年执行的变更。一方面，判处死刑缓期二年执行的，在死刑缓期二年执行期间，如果没有故意犯罪，二年期满以后，减为无期徒刑；如果确有重大立功表现，二年期满以后，减为25年有期徒刑；如果故意犯罪，情节恶劣的，报请最高人民法院核准后执行死刑；对于故意犯罪未执行死刑的，死刑缓期二年执行的期间重新计算，并报最高人民法院备案。另一方面，对被判处死刑缓期二年执行的累犯以及因故意杀人、强奸、抢劫、绑架、放火、爆炸、投放危险物质或者有组织的暴力性犯罪被判处死刑缓期二年执行的犯罪分子，人民法院根据犯罪情节等情况可以同时决定对其限制减刑。2011年《刑法修正案（八）》增加了对死刑缓期2年执行限制减刑的规定。

第五，关于规定死刑的罪名情况。在1949年至1979年这一时期有死刑的罪名总体趋于减少。1979年《刑法》中共有28种犯罪可以适用死刑，1997年《刑法》修订之前，为了适应当时对严重刑事犯罪“严打”的政策，刑法典和单行刑法中的死刑罪名达到71种，创造了我国当时规定死刑罪名数量最多的纪录。[①] 1997年《刑法》修订时，取消了部分侵犯财产犯罪和妨害社会秩序犯罪的死刑，将死刑罪名由71种减少到68种。进入21世纪后，随着“宽严相济”的刑事政策的出台，死刑罪名进一步减少，2011年《刑法修正案（八）》对于13种经济性、非暴力性犯罪取消死刑，2015年《刑法修正案（九）》取消了9种非暴力犯罪的死刑。2015年至2023年，《刑法》关于死刑罪名的规定没有明显变化，但是司法机关在实践中适用死刑的审慎程度不断提升。以2023年为例，在这一

① 参见胡云腾：《论中国特色死刑制度的“三个坚持”》，载《中国法律评论》2023年第4期。

年度，司法机关严把死刑案件质量关，对事实不清、证据不足的陶雪案、范太应案一审依法作出无罪判决，对熊秋保案依法不予核准死刑，有效防范了重大冤错案件发生，体现了司法机关谨慎运用死刑的工作态度。[①]

**延伸阅读推荐**

（1）赵秉志、袁彬：《中国死刑制度改革的体系化思考——以刑事一体化为视角》，载《江海学刊》2022 年第 6 期，第 160－168 页。

（2）林维：《中国死刑七十年：性质、政策及追问》，载《中国法律评论》2019 年第 5 期，第 124－139 页。

## 问题 2：我国《刑事诉讼法》对死刑复核程序的主要规定有哪些？

2018 年《刑事诉讼法》在第三编第四章对死刑核准权归属、死刑复核程序、审判组织、辩护人权利、死刑复核结果等问题作出了系统的规定，另在其他编中同样规定了被告人以及其辩护律师在死刑复核程序中所享有的相关诉讼权利。

第一，死刑案件和死刑缓期二年执行案件核准权的归属。死刑由最高人民法院核准，死刑缓期二年执行由高级人民法院核准。

第二，报请核准的死刑案件及其程序。中级人民法院判处死刑的第一审案件，被告人不上诉的，应当由高级人民法院复核后，报请最高人民法院核准。高级人民法院不同意判处死刑的，可以提审或者发回重新审判。高级人民法院判处死刑的第一审案件被告人不上诉的，和判处死刑的第二审案件，都应当报请最高人民法院核准。

第三，死刑复核程序的审判组织。最高人民法院复核死刑案件，高级人民法院复核死刑缓期二年执行的案件，应当由审判员三人组成合议庭进行。

第四，死刑复核程序的结果。最高人民法院复核死刑案件，应当作出核准或者不核准死刑的裁定。对于不核准死刑的，最高人民法院可以发回重新审判或者予以改判。

第五，死刑复核程序中被告人的权利。犯罪嫌疑人、被告人可能被判处无期徒刑、死刑，没有委托辩护人的，人民法院、人民检察院和公安机关应当通知法律援助机构指派律师为其提供辩护。

第六，死刑复核程序中辩护人的权利。最高人民法院复核死刑案件，应当讯问被告人，辩护律师提出要求的，应当听取辩护律师的意见。辩护律师在死刑复核阶段享有阅卷权、会见权、调查取证权等权利。

第七，最高人民检察院对死刑复核程序的监督权。在复核死刑案件过程中，最高人民检察院可以向最高人民法院提出意见。最高人民法院应当将死刑复核结果通报最高人民检察院。

**延伸阅读推荐**

元明、张萍：《关于死刑复核的几个问题》，载《中国检察官》2019 年第 19 期，第 36－39 页。

---

① 参见《最高人民法院工作报告》，载最高人民法院官网 https：//www.court.gov.cn/zixun－xiangqing－391381.html，2023 年 12 月 6 日访问。

## 问题 3：如何界定我国的死刑复核程序？

死刑复核程序是指人民法院对判处死刑和死刑缓期二年执行的案件进行的特别审判程序。[①] 该程序的主要任务是由享有复核权的人民法院对下级人民法院报请复核的死刑判决、裁定，在认定事实和适用法律方面是否正确进行全面审查，依法作出是否核准死刑的决定。死刑复核程序主要是通过对死刑的适用进行程序上的限制来达到慎用死刑的目的。[②]

死刑复核程序蕴含着对古代死刑覆奏制度的历史继承和现代化改造，同时是慎刑思想的反映。设置死刑复核程序，在两审终审制的基础上增加一道专门的复核程序，以保障死刑适用的准确性和必要性，体现了对死刑案件更加重视程序保障的理念。[③]

死刑复核程序具有重要的价值与功能。首先，死刑复核程序具有防止错杀、纠正错案，为被告人提供程序性救济的功能。死刑案件涉及一个人的生命被强制剥夺的问题，因此对于死刑案件的审判程序必须慎之又慎。其次，死刑复核程序具有统一案件审判标准，有效制约法院的死刑裁判权，控制死刑的功能。司法机关通过统一把握死刑案件的审判标准，保持一定时期内刑事裁决中适用死刑个案标准的一贯和统一。最后，死刑复核程序具有保障国家司法权威性，增强公众对司法机关的信任感的功能。通过死刑复核程序的适用，能够尽量避免出现“错判”，减少冤案错案的发生，提升司法裁判的社会公信力。

**延伸阅读推荐**

胡云腾：《论中国特色死刑制度的“三个坚持”》，载《中国法律评论》2023 年第 4 期，第 1－17 页。

## 问题 4：死刑复核与死刑核准之间有何异同？

1. 死刑复核与死刑核准之间具有不同点

（1）内涵不同。1）死刑复核程序是人民法院对判处死刑的案件进行复查核准所遵循的一种特别审判程序。2018 年《刑事诉讼法》以及相关的司法解释都对此项程序作出了系统的规定，如 2018 年《刑事诉讼法》第 247 条规定：“中级人民法院判处死刑的第一审案件，被告人不上诉的，应当由高级人民法院复核后，报请最高人民法院核准。高级人民法院不同意判处死刑的，可以提审或者发回重新审判。高级人民法院判处死刑的第一审案件被告人不上诉的，和判处死刑的第二审案件，都应当报请最高人民法院核准。”2）死刑核准权是对判处死刑的案件进行审查核准的权力，是实施审判监督的重要权力之一。[④] 根据 2018 年《刑事诉讼法》第 246 条的规定，死刑核准权由最高人民法院行使。

（2）行使权力的法院不同。1）对于复核程序，如果中级人民法院判处死刑立即执行，被告人未上诉，复核由高级人民法院进行，后报最高人民法院核准；若中级人民法

① 参见《刑事诉讼法学》编写组：《刑事诉讼法学》（第 4 版），高等教育出版社 2022 年版，第 336 页。

② 参见孙长永主编：《刑事诉讼法学》（第 4 版），法律出版社 2019 年版，第 384 页。

③ 参见王敏远主编：《刑事诉讼法学》（下），知识产权出版社 2013 年版，第 843－844 页。

④ 参见卞建林主编：《刑事诉讼法学》（第 4 版），中国政法大学出版社 2019 年版，第 320 页。

院判处死刑立即执行后被告人上诉，高级人民法院维持死刑判决的，或高级人民法院一审作出死刑判决的，报最高人民法院复核并批准。故死刑复核程序可以由高级人民法院进行，但死刑核准程序仅能由最高人民法院进行。2）死刑案件的核准权归属于最高人民法院。

2. 死刑复核与死刑核准具有相同点

死刑复核与死刑核准都是我国死刑制度的重要组成部分，虽有不同但又有共同的法治功能，产生互相影响的法治作用。第一，目的一致。它们的目的都是贯彻“少杀、慎杀”的政策，依法减少死刑的适用，体现国家尊重和保障人权的目的。第二，功能相同。死刑复核和死刑核准的适用，使被告人获得程序性救济，同时促使司法机关依法行使职权，有利于实现程序正义。同时，它们丰富了死刑制度的内容，有利于实现刑法惩罚与教育相结合的功能。第三，效果相同。它们都有助于维护司法权威，更好维护司法裁判的稳定性，实现政治效果、社会效果和法律效果相统一。

**延伸阅读推荐**

胡常龙：《死刑核准权归位后的程序正当性分析》，载《政法论坛》2007 年第 3 期，第 142－151 页。

## 问题 5：我国关于死刑的一贯的刑事政策是什么？

我国关于死刑的一贯的刑事政策为“保留死刑，严格控制和慎重适用死刑”。这一刑事政策在新中国成立之前便具雏形。1948 年 1 月，毛泽东同志在《关于目前党的政策中的几个问题》指出：“必须坚持少杀，严禁乱杀。主张多杀乱杀的意见是完全错误的，它只会使我们党丧失同情，脱离群众，陷于孤立。”[①] 2007 年死刑核准权收归最高人民法院后，最高人民法院作出更为整体的死刑政策的贯彻规划。2007 年出台的《关于进一步严格依法办案确保办理死刑案件质量的意见》明确我国死刑的刑事政策为“保留死刑，严格控制死刑”。2009 年出台的最高人民法院《关于审理故意杀人、故意伤害案件正确适用死刑问题的指导意见》中对死刑政策的表述进一步完善，表述为“保留死刑，严格控制和慎重适用死刑”。2010 年最高人民法院《在审理故意杀人、伤害及黑社会性质组织犯罪案件中切实贯彻宽严相济刑事政策》和 2018 年最高人民检察院《人民检察院办理死刑第二审案件和复核监督工作指引（试行）》均沿用该表述。

“保留死刑，严格控制和慎重适用死刑”的死刑政策的基本内涵包括：对于有必要判处死刑的应当依法判处死刑，可杀可不杀的不杀。该政策彰显了我国传统“慎刑”思想。在事实清楚，证据确实、充分的前提下，对于罪大恶极需要判处死刑的，仍然可以适用死刑。但是由于死刑是一种剥夺人的生命权的极刑，一旦过于倚重死刑的威慑力量，则可能会造成难以挽回的损失。因此，对于不是“罪行极其严重的犯罪分子”，要谨慎把握死刑的适用。

死刑复核程序是我国“保留死刑，严格控制和慎重适用死刑”的死刑政策在刑事诉讼程序中的集中反映。死刑复核程序的良性运作有利于遏止滥杀，严防错杀，保障死刑

① 赵秉志主编：《关于在死刑案件中贯彻宽严相济刑事政策的意见》，中国法制出版社 2019 年版，第 15－26 页。

政策的贯彻实施。

**延伸阅读推荐**

阴建峰、周恺：《我国死刑政策中的人权蕴含及其彰显》，载《人权》2022年第5期，第65－86页。

## 问题6：我国古代有哪些与当今实施的死刑复核制度相似的制度或者做法?

古代的死刑复核制度于汉初年间便具雏形。[①] 汉高祖七年（公元前200年）制诏御史曰："自今以来，县道官司狱疑者，各谳所属二千石官，二千石以其罪名当报之，所不能决者，皆移廷尉，廷尉当报之。廷尉所不能决，谨具为奏，傅所当比律令以闻"，首次规定皇帝对二千石以上官员的死刑案件进行复核。魏晋南北朝时期，死刑复核制度正式确立。[②]

至隋唐时期，死刑复核制度逐渐完备，唐代十分重视对死刑的复核，除皇帝本人拥有最高的死刑复核权外，中央多个机构还拥有对死刑的复核权，其中刑部、门下省、中书省、尚书省及御史台从不同角度对死刑进行复核，在死刑的法定复核程序中分别起了很重要的作用，"录囚""三司推事""九卿会审"和死刑"三覆奏""五覆奏"等制度充分反映出唐朝的"慎刑"思想。[③] 宋朝的死刑复核别具特色，分为无疑难的死刑案复核和死刑疑案的奏谳。[④] 元朝基本承袭前朝，据《元史·刑法志》记载，"诸奏决天下囚，值上怒，勿辄奏。上欲有所诛，必迟回一二日，乃覆奏"，其规定死刑罪犯须申奏待报后才能行刑。[⑤]

明朝正式确立会审制度，对会审案件的类型、会审人员、审判方式等均有制度规定，形成了九卿圆审、热审、朝审、大审等系列会审，是对前朝死刑复核制度的新发展。[⑥] 清朝继承明朝的死刑复核制度并有所完善，建立了对死刑案件的"秋审""朝审"制度。"秋审"的囚犯被分为"情实""缓决""可矜""可疑"四类，奉旨入"情实"者，当年处决前，还须由刑科给事中向皇帝"覆奏"，初为三覆奏，乾隆时改为一覆奏，然后由各道御史奏请"勾到"，最后奉旨勾决者才下令处决。[⑦]

古代的上述制度是对"慎刑"思想的充分反映，对审慎运用死刑具有积极意义，一脉相承的传统也对新中国成立后的死刑复核程序具有借鉴意义。[⑧]

**延伸阅读推荐**

陈永生：《对我国死刑复核程序之检讨——以中国古代及国外的死刑救济制度为视角》，载《比较法研究》2004年第4期，第90－104页。

---

① 参见陈永生：《对我国死刑复核程序之检讨——以中国古代及国外的死刑救济制度为视角》，载《比较法研究》2004年第4期。

② 参见《中国法制史》编写组：《中国法制史》（第2版），高等教育出版社2019年版，第92页。

③ 参见王宏治：《唐代死刑复核制度探究》，载《政法论坛》2008年第4期。

④ 参见郭建主编：《中国法制史》，高等教育出版社2012年版，第216页。

⑤ 参见陈金全、汪世荣主编：《中国传统司法与司法传统》（上），陕西师范大学出版社2009年版，第149页。

⑥ 参见谢冬慧：《中国古代会审制度考析》，载《政法论坛》2010年第4期。

⑦ 参见《中国法制史》编写组：《中国法制史》（第2版），高等教育出版社2019年版，第222－223页。

⑧ 参见周国均、巩富文：《我国古代死刑复核制度的特点及其借鉴》，载《中国法学》2005年第1期。

## 问题 7：我国设置死刑复核程序的法治意义有哪些?

第一，我国设置死刑复核程序有利于限制死刑的适用。由于我国的传统文化、国情与民意等因素的影响，我国至今保留死刑的适用。死刑复核程序使死刑这一最严厉的刑罚措施得以审慎适用，通过更为严格地限制适用死刑，使死刑的合理控制成为可能。[①] 我国在不废除死刑的前提下适用死刑复核程序，这体现了国家对于死刑的慎重态度，有利于限制死刑的适用。

第二，我国设置死刑复核程序有利于防止错杀、滥杀，保障人权。死刑是剥夺公民生命权的刑罚，是最为严厉的刑罚，判处死刑、核准死刑的过程都需要极为慎重。死刑复核程序有利于防止不应适用死刑的人被错误地适用死刑。

第三，我国设置死刑复核程序有利于统一死刑的适用标准。贯彻罪责刑相适应原则，规范法官的自由裁量权，确保量刑均衡，实现同案同判，是司法公正的基本要求。死刑案件的核准权由最高人民法院行使，有利于统一死刑适用的量刑标准和证明标准，避免不同地区裁判轻重不一的状况，体现法的尊严。[②]

**延伸阅读推荐**

鲜铁可、刘辰：《重大刑事案件死刑适用与控制》，载《人民检察》2017 年第 15 期，第 23－27 页。

## 问题 8：我国死刑复核程序具有哪些特点?

第一，案件类型的特定性。死刑复核程序只适用于被告人被判处死刑的案件，包括判处死刑立即执行的案件和判处死刑缓期二年执行的案件。

第二，死刑核准权具有专属性。2018 年《刑事诉讼法》规定，有权进行死刑复核的机关只有最高人民法院和高级人民法院。

第三，程序启动上具有自动性。人民法院审理案件遵循不告不理原则，即只有人民检察院提起公诉或者自诉人提起自诉，人民法院才能受理起诉，启动第一审程序；只有人民检察院提起抗诉或者被告人、自诉人提起上诉，人民法院才能启动第二审程序。而死刑复核程序的启动既不需要人民检察院提起公诉或者抗诉，也不需要当事人提起自诉或上诉，只要二审法院审结，或者一审后经过法定的上诉期后被告人没有提出上诉或者经过抗诉期后检察院没有提起抗诉，人民法院就应当自动将案件报送高级人民法院或最高人民法院核准。

第四，报请复核程序的限制性。2018 年《刑事诉讼法》规定，报请核准死刑案件应当按照法院的组织系统逐级上报，不得越级报核。

第五，死刑复核程序的适用具有强制性。[③] 死刑复核程序是死刑案件的必经程序。死刑案件，除依法由最高人民法院判决的以外，都必须经过死刑复核程序核准，只有经过

---

① 参见林维：《中国死刑七十年：性质、政策及追问》，载《中国法律评论》2019 年第 5 期。

② 参见孙长永主编：《刑事诉讼法》(第 4 版)，法律出版社 2019 年版，第 385 页。

③ 参见《刑事诉讼法学》编写组：《刑事诉讼法学》(第 4 版)，高等教育出版社 2022 年版，第 336 页。

核准的死刑判决才能生效并交付执行。

第六，死刑复核程序是死刑案件的终审程序。一般刑事案件经过第一审、第二审程序审理以后，判决即发生法律效力。而死刑案件除经过第一审、第二审程序以外，还必须适用死刑复核程序，只有经过复核并核准的死刑判决才发生法律效力。同时仍需明确，死刑复核程序虽然是死刑案件经过两审终审后必不可少的一个程序，但死刑复核程序只是一种特殊的审判程序[①]，并不是一个审级，因此死刑复核程序并没有违反两审终审制。

**延伸阅读推荐**

赵秉志：《中国死刑制度改革路在何方——高铭暄教授死刑改革思想及其启迪》，载《法治现代化研究》2023 年第 3 期，第 1 - 11 页。

## 问题 9：我国法院行使死刑核准权经历了怎样的历史沿革？

死刑核准权的归属经历了一个变化的过程，我国法院行使死刑核准权的历史沿革包括以下几个阶段：

第一，新中国成立至 1979 年《刑事诉讼法》颁布，死刑核准权归属的确立阶段。1954 年《人民法院组织法》第 11 条规定：死刑案件的复核和核准权根据不同情况由最高人民法院和高级人民法院共同行使。1957 年第一届全国人民代表大会第四次会议决定："今后凡判处死刑立即执行的案件，都由最高人民法院判决或核准。"从 1958 年到 1966 年，死刑案件全部都要报请最高人民法院核准。1979 年 7 月，第五届全国人民代表大会第二次会议通过了《刑法》和《刑事诉讼法》，规定死刑案件除由最高人民法院判决的以外，应当报请最高人民法院核准。[②]

第二，20 世纪 80 年代到 21 世纪初死刑核准权下放阶段。20 世纪 80 年代，为了适应国家不同时期社会治安发展变化的需要，及时严惩严重危害社会的犯罪分子，维护社会稳定，1981 年通过的全国人民代表大会常务委员会《关于死刑案件核准问题的决定》规定："对犯有杀人、抢劫、强奸、爆炸、放火、投毒、决水和破坏交通、电力等设备的罪行，由省、自治区、直辖市高级人民法院终审判决死刑的，或者中级人民法院一审判决死刑，被告人不上诉，经高级人民法院核准的，以及高级人民法院一审判决死刑，被告人不上诉的，都不必报最高人民法院批准。"1983 年全国人民代表大会常务委员会进一步对《人民法院组织法》作出修改，规定："死刑案件除由最高人民法院判决的以外，应当报请最高人民法院核准。杀人、强奸、抢劫、爆炸以及其他严重危害公共安全和社会治安判处死刑的案件的核准权，最高人民法院在必要的时候，得授权省、自治区、直辖市的高级人民法院行使。"[③] 此后，在一段时期内，相当一部分死刑案件的核准权由省一级人民法院行使。但是，1996 年修改的《刑事诉讼法》与 1997 年修改的《刑法》对死刑核准权归属仍保留原来的规定，这表明了死刑核准权的下放只是保障社会治安、维护社会秩序的权宜举措。

---

① 参见陈光中、唐露露：《我国死刑复核程序之完善刍议》，载《法学杂志》2020 年第 2 期。

② 参见陈永辉：《历史的使命 人民的重托——最高人民法院统一行使死刑核准权历程回顾》，载《人民法院报》2006 年 12 月 29 日，第 6 版。

③ 周道鸾：《论死刑核准权的收回与死刑复核程序的完善》，载《时代法学》2005 年第 6 期。

第三，2007年至今死刑核准权收回阶段。在死刑核准权收归前的准备阶段，最高人民法院积极开拓创新，推动了死刑核准权最终收归最高人民法院行使。最高人民法院通过召开专家座谈会、增设死刑复核庭、增加编制法官人数等一系列准备活动为死刑核准权收归最高人民法院行使奠定了坚实而又充分的基础。① 2005年10月26日，最高人民法院发布的《人民法院第二个五年改革纲要》明确规定将死刑核准权统一收归最高人民法院行使。2006年10月31日，第十届全国人民代表大会常务委员会第24次会议通过了《关于修改〈中华人民共和国人民法院组织法〉的决定》，将《人民法院组织法》第13条修改为："死刑除依法由最高人民法院判决的以外，应当报请最高人民法院核准。"该决定自2007年1月1日起施行。从此，死刑核准权全部收回到最高人民法院。2015年最高人民法院印发《关于办理死刑复核案件听取辩护律师意见的办法》的通知。2019年最高人民法院通过了《关于死刑复核及执行程序中保障当事人合法权益的若干规定》，体现了我国死刑复核程序领域关注人权保障的最新发展动向。

**延伸阅读推荐**

陈光中、曾新华：《中国刑事诉讼法立法四十年》，载《法学》2018年第7期，第24-42页。

## 问题10：死刑核准权收归最高人民法院行使有何必要性？

2006年12月13日，最高人民法院下发《关于统一行使死刑案件核准权有关问题的决定》，宣布："自2007年1月1日起，死刑除最高人民法院判决的以外，各高级人民法院和解放军军事法院依法判决和裁定的，应当报请最高人民法院核准。"2007年死刑核准权正式收归最高人民法院行使。死刑核准权收归最高人民法院行使的必要性包括以下几个方面：

一是统一死刑适用标准的需要。② 由于各地社会经济发展水平不同，社会治安状况不一，加上司法理念和认识不一致，各地法院在量刑包括死刑判决时适用的标准可能存在差异。死刑核准权收归最高人民法院行使有利于贯彻法律面前人人平等原则，统一死刑的适用标准。

二是满足法律适用和法制统一原则的需要。③ 1996年《刑事诉讼法》第199条规定："死刑由最高人民法院核准。"1997年《刑法》第48条规定了："死刑除依法由最高人民法院判决的以外，都应当报请最高人民法院核准。"而1983年《人民法院组织法》规定："死刑案件除由最高人民法院判决的以外，应当报请最高人民法院核准。杀人、强奸、抢劫、爆炸以及其他严重危害公共安全和社会治安判处死刑的案件的核准权，最高人民法院在必要的时候，得授权省、自治区、直辖市的高级人民法院行使。"按照"后法优于前法"的法律适用的一般原则，理应适用修改后的《刑事诉讼法》和《刑法》的规定。

三是进一步保障人权和顺应国际潮流的需要。我国积极参与国际人权交流。1988年

---

① 参见孟伟：《死刑复核权的放与收——改革开放40周年系列报道》，载《法治周末报》2018年8月15日，第2版。

② 参见刘计划：《质疑死刑复核权的程序功能——以最高人民法院收回死刑核准权为切入点》，载《法商研究》2005年第6期。

③ 参见周道鸾：《论死刑核准权的收回与死刑复核程序的完善》，载《时代法学》2005年第6期。

我国签署联合国《禁止酷刑公约》，后于1998年签署联合国《两权公约》。2004年第十届全国人民代表大会第二次会议通过《中华人民共和国宪法修正案》，第一次将“国家尊重和保障人权”正式写入国家的根本大法。死刑核准权收归最高人民法院行使是我国人权领域法制建设的重要一环。

**延伸阅读推荐**

肖扬：《历史的回声——纪念最高人民法院收回死刑核准权十周年》，载《中国法律评论》2017年第1期，第1-8页。

## 第二节　具体程序

### 问题1：如何区分死刑立即执行案件和死刑缓期二年执行案件的报请核准规则？

2018年《刑事诉讼法》第247条规定：“中级人民法院判处死刑的第一审案件，被告人不上诉的，应当由高级人民法院复核后，报请最高人民法院核准。高级人民法院不同意判处死刑的，可以提审或者发回重新审判。高级人民法院判处死刑的第一审案件被告人不上诉的，和判处死刑的第二审案件，都应当报请最高人民法院核准。”2018年《刑事诉讼法》第248条规定：“中级人民法院判处死刑缓期二年执行的案件，由高级人民法院核准。”可见，死刑立即执行案件和死刑缓期二年执行案件的报请核准规则因一审法院和判决是否为生效判决的不同而有所不同。

第一，中级人民法院判处死刑的第一审案件，被告人未上诉、人民检察院未抗诉的，在上诉、抗诉期满后10日以内报请高级人民法院复核。高级人民法院同意判处死刑的，依法作出裁定，并应当在作出裁定后10日以内报请最高人民法院核准；认为原判认定的某一具体事实或者引用的法律条款等存在瑕疵，但判处被告人死刑并无不当的，可以在纠正后作出核准的判决、裁定；不同意判处死刑的，应当依照第二审程序提审或者发回重新审判。中级人民法院判处死刑缓期二年执行的案件，被告人未上诉，人民检察院未抗诉的，应当报请高级人民法院核准。

第二，中级人民法院判处死刑的第一审案件，被告人上诉或者人民检察院抗诉，高级人民法院终审裁定维持死刑判决的，应当在作出裁定10日以内报请最高人民法院核准。中级人民法院判处死刑缓期二年执行的案件，被告人提出上诉或者人民检察院提出抗诉的，高级人民法院经过第二审程序，同意判处死刑缓期二年执行的，作出维持原判并核准死刑缓期二年执行的裁定。

第三，高级人民法院判处死刑的第一审案件，被告人未上诉、人民检察院未抗诉的，应当在上诉、抗诉期满后10日以内报请最高人民法院核准。高级人民法院核准死刑缓期二年执行的案件不得加重被告人的刑罚，也不得以提高审级等方式变相加重被告人的刑罚。

第四，判处死刑缓期二年执行的罪犯，在死刑缓期执行期间，如果故意犯罪，查证属实，应当执行死刑的，由高级人民法院报请最高人民法院核准。而死刑立即执行案件无此核准规则。

**延伸阅读推荐**

夏勇：《死刑立即执行与死刑缓期执行之界限》，载《法治研究》2015年第1期，第39-45页。

## 问题2：死刑复核案件的审判组织有哪些类型？

2018年《刑事诉讼法》第249条规定："最高人民法院复核死刑案件，高级人民法院复核死刑缓期执行的案件，应当由审判员三人组成合议庭进行。"最高人民法院复核死刑立即执行案件，高级人民法院复核死刑缓期二年执行的案件，要由三名法官组成合议庭。

需要注意的是，死刑复核案件不适用人民陪审员制度。2018年《刑事诉讼法》第15条和第16条以及2018年《人民陪审员法》第14条规定了人民陪审员参加一审案件合议庭的两种形式，即三人合议庭和七人合议庭。人民陪审员参加三人合议庭一审案件，对事实认定、法律适用独立发表意见、行使表决权。人民陪审员参加七人合议庭一审案件，对事实认定独立发表意见，并与法官共同表决，对法律适用可以发表意见，但不参加表决。作为人民法院审理案件的内部组织形式，审判组织的设置、运行及表决方式直接关系到案件能否得到公正处理。[①] 2021年《高法解释》第427条规定了死刑复核程序的全面审查原则。死刑复核程序中审判员三人组成合议庭需要对死刑案件的事实证据问题以及法律适用问题等方面进行全面审查。死刑复核程序作为死刑案件的必经程序，涉及对死刑这一最严厉的刑罚处罚方式进行监督和把关，人民陪审员不宜参加。因此，我国相关法律规范明确规定了人民陪审员制度只能适用于第一审程序，而不能适用于第二审程序以及死刑复核程序。

**延伸阅读推荐**

卞建林、谢澍：《新中国刑事诉讼制度的诞生和发展——写于中华人民共和国成立70周年暨〈刑事诉讼法〉颁布40周年之际》，载《暨南学报（哲学社会科学版）》2019年第10期，第1-11页。

## 问题3：法院主要依照哪些程序复核或者核准死刑案件？

人民法院复核或者核准死刑案件的程序主要包括提审被告人、审查核实案卷材料、听取辩护律师意见、审查并反馈人民检察院建议、制作复核审理报告。[②] 法院严格按照法定程序进行死刑复核案件的依法推进，对实现司法程序正义、保障被告人合法权益、提高死刑复核案件办案质量具有重要意义。

第一，提审被告人。根据《高法解释》的规定，人民法院复核死刑案件，应当讯问被告人。人民法院在死刑案件复核过程中，应当重视审查被告人的辩解。

第二，审查核实案卷材料。法院对死刑案件的复核应采取全面审查原则。《高法解

---

① 参见李奋飞：《最高人民法院死刑复核程序新探》，载《国家检察官学院学报》2014年第5期。

② 参见《刑事诉讼法学》编写组：《刑事诉讼法学》（第4版），高等教育出版社2022年版，第341页。

释》第 427 条规定，法院复核死刑、死刑缓期二年执行案件，对以下内容应当全面审查："（一）被告人的年龄，被告人有无刑事责任能力、是否系怀孕的妇女；（二）原判认定的事实是否清楚，证据是否确实、充分；（三）犯罪情节、后果及危害程度；（四）原判适用法律是否正确，是否必须判处死刑，是否必须立即执行；（五）有无法定、酌定从重、从轻或者减轻处罚情节；（六）诉讼程序是否合法；（七）应当审查的其他情况。复核死刑、死刑缓期二年执行案件，应当重视审查被告人及其辩护人的辩解、辩护意见。"通过对以上内容等的全面审查，法院依法判断原判是否认定事实正确、量刑适当、程序合法，以便能够正确作出核准或者不核准死刑的裁定。

第三，听取辩护律师意见。最高人民法院复核死刑案件，应当讯问被告人，辩护律师提出要求的，应当听取辩护律师的意见。《高法解释》第 434 条规定："死刑复核期间，辩护律师要求当面反映意见的，最高人民法院有关合议庭应当在办公场所听取其意见，并制作笔录；辩护律师提出书面意见的，应当附卷。"辩护律师可以携律师助理参加。当面听取辩护律师意见时，应当制作笔录，由辩护律师签名后附卷，具备条件的人民法院应当指派工作人员全程录音、录像。

第四，审查并反馈人民检察院意见。在复核死刑案件过程中，最高人民检察院可以向最高人民法院提出意见。最高人民法院应当将死刑复核结果通报最高人民检察院。《高法解释》第 435 条规定："死刑复核期间，最高人民检察院提出意见的，最高人民法院应当审查，并将采纳情况及理由反馈最高人民检察院。"最高人民检察院在对死刑复核案件进行法律监督过程中，如经审查发现《高检规则》第 611 条所规定情形，则会依法向最高人民法院提出检察意见。最高人民法院对最高人民检察院提出的检察意见应当及时审查，并将是否采纳及理由予以反馈。最高人民检察院同意最高人民法院核准或者不核准意见的，经检察长批准，书面回复最高人民法院。

第五，制作复核审理报告。死刑复核的审理报告由三人合议庭作出，应当包含以下内容：其一，被害人和被告人的基本情况；其二，案件的由来和审理经过；其三，案件的侦破、揭发情况；其四，原审判决要点和控辩双方意见；其五，复核认定的事实和证据；其六，需要说明的问题（该项可以省略）；其七，合议庭评议和审判委员会讨论决定的意见。

**延伸阅读推荐**

陈光中、唐露露：《我国死刑复核程序之完善刍议》，载《法学杂志》2020 年第 2 期，第 1－10 页。

## 问题 4：如何理解死刑复核案件中的全面审查原则？

对于死刑复核案件的审查原则，2018 年《刑事诉讼法》并无明确规定。不过，相关司法解释和规范性文件对此进行了说明。1998 年《高法解释》第 283 条规定："复核死刑（死刑缓期二年执行）案件，应当全面审查以下内容：（一）被告人的年龄，有无责任能力，是否正在怀孕的妇女；（二）原审判决认定的主要事实是否清楚，证据是否确实、充分；（三）犯罪情节、后果及危害程度；（四）原审判决适用法律是否正确，是否必须判处死刑，是否必须立即执行；（五）有无法定、酌定从轻或者减轻处罚的情节；

（六）其他应当审查的情况。”上述条文作出了“全面审查”的要求。2012 年《高法解释》第 348 条规定对上述规定予以继承，并新增“诉讼程序是否合法”作为审查内容。2021 年《高法解释》第 427 条对上述条款完整采纳，要求法院在对死刑、死刑缓期二年执行案件进行复核过程中应当对案件事实证据、法律与程序适用等进行全面审查，即在复核死刑、死刑缓期二年执行的案件中实行全面审查原则。

死刑、死刑缓期二年执行案件采取全面审查原则，刑事诉讼法的司法解释中对人民法院应当全面审查的范围予以明确规定。2021 年《高法解释》第 427 条规定：“复核死刑、死刑缓期执行案件，应当全面审查以下内容：（一）被告人的年龄，被告人有无刑事责任能力、是否系怀孕的妇女；（二）原判认定的事实是否清楚，证据是否确实、充分；（三）犯罪情节、后果及危害程度；（四）原判适用法律是否正确，是否必须判处死刑，是否必须立即执行；（五）有无法定、酌定从重、从轻或者减轻处罚情节；（六）诉讼程序是否合法；（七）应当审查的其他情况。复核死刑、死刑缓期执行案件，应当重视审查被告人及其辩护人的辩解、辩护意见。”

关于死刑、死刑缓期二年执行案件的审理范围，我国现阶段采取全面审查原则，最高人民法院的司法解释要求全面审查死刑、死刑缓期二年执行案件的事实、证据、法律适用与诉讼程序，将防止冤假错案的发生、确保死刑办案质量放在核心地位。当然，有观点建议死刑复核案件审理采取重点审查模式——重点审查是指在死刑复核程序中仅需将可能对死刑正确适用产生影响的重点问题作为审查对象，重点审查证据的充分性、事实认定的内在逻辑性与死刑案件适用标准的一致性等。[①] 对此，还有观点同样认为，在死刑案件办案质量总体提高的基础上，全面审查原则已不再发挥核心作用，可以由重点审查予以取代。[②]

**延伸阅读推荐**

*左卫民：《死刑控制与最高人民法院的功能定位》，载《法学研究》2014 年第 6 期，第 195－205 页。*

## 问题 5：最高人民法院复核死刑案件后如何处理？

最高人民法院复核死刑案件，应当作出核准或者不核准死刑的裁定。对于不予核准死刑的，最高人民法院可以发回重新审判或者予以改判。具体而言，结合《高法解释》的规定，最高人民法院复核死刑案件后，主要存在以下两种处理情况。

1. 裁定核准。最高人民法院予以核准主要包括直接裁定核准和纠正后作出核准的判决、裁定两种情形。其一，原判认定事实和适用法律正确、量刑适当、诉讼程序合法的，最高人民法院应当裁定核准。最高人民法院对死刑案件的复核应当全面审查事实认定与法律适用是否正确，原判量刑是否适当，诉讼程序是否合法。其二，原判认定的某一具体事实或者引用的法律条款等存在瑕疵，但判处被告人死刑并无不当的，最高人民法院可以在纠正后作出核准的判决、裁定。对于不影响原判结论的部分事实认定或法律适用

① 参见魏晓娜：《以审判为中心的刑事诉讼制度改革》，载《法学研究》2015 年第 4 期。

② 参见高通：《最高人民法院死刑复核全面审查原则再检视》，载《法学家》2017 年第 3 期。

瑕疵，最高人民法院可以对此类瑕疵予以直接纠正，而后作出核准的判决、裁定，以减少司法资源的浪费。

2. 裁定不予核准，并撤销原判发回重新审判或依法改判。主要包括四种情形：其一，原判事实不清、证据不足的，应当裁定不予核准，并撤销原判，发回重新审判；其二：复核期间出现新的影响定罪量刑的事实、证据的，应当裁定不予核准，并撤销原判，发回重新审判；其三，原审违反法定诉讼程序，可能影响公正审判的，应当裁定不予核准，并撤销原判，发回重新审判；其四，原判认定事实正确、证据充分，但依法不应当判处死刑的，应当裁定不予核准，并撤销原判，发回重新审判；但是此情形下根据案件情况，必要时，也可以依法改判。

最高人民法院裁定不予核准死刑的，根据案件情况，可以发回第二审人民法院或者第一审人民法院重新审判。对最高人民法院发回第二审人民法院重新审判的案件，第二审人民法院一般不得发回第一审人民法院重新审判。第一审人民法院重新审判的，在程序上应当开庭审理。第二审人民法院重新审判的，可以依法直接改判；但必须通过开庭查清事实、核实证据或者纠正原审程序违法的，应当开庭审理。

最高人民法院的死刑复核程序是实现司法公正的重要一步。2021年“百香果女孩被害案”（又称杨光毅案、10·4灵山奸杀女童案）引发社会广泛关注，该案经历了一审、二审与再审，焦点问题在于对“自首与从宽”的理解。最高人民法院在死刑复核裁定书中对这一问题作出详尽分析，裁定核准死刑判决。该案表明，对于罪行不是十分严重的犯罪分子，一般不适用死刑；但对于罪行极其严重的犯罪分子，应当依法发挥死刑的威慑作用。①

**延伸阅读推荐**

李奋飞：《最高人民法院死刑复核程序新探》，载《国家检察官学院学报》2014年第5期，第24-32页。

## 问题6：高级人民法院复核死刑缓期执行案件后如何处理？

《高法解释》第428条规定，高级人民法院复核死刑缓期二年执行案件后应当裁定核准或裁定不予核准；作出不予核准的裁定的，应当发回重新审判或依法改判。具体而言，高级人民法院复核后存在以下两种处理情况：

1. 高级人民法院裁定核准。高级人民法院对死刑缓期执行复核案件予以核准存在直接予以核准和纠正后作出核准的判决、裁定两种情形。其一，原判认定事实和适用法律正确、量刑适当、诉讼程序合法的，高级人民法院应当依法裁定核准。高级人民法院对死刑缓期执行案件的处理需要全面考虑案件的事实认定、法律适用、量刑与诉讼程序等方面内容，高级人民法院对死刑复核案件予以核准的理想状态即原判在事实认定、法律适用、量刑与程序等方面均合法正确。其二，原判认定的某一具体事实或者引用的法律条款等存在瑕疵，但判处被告人死刑缓期二年执行并无不当的，可以在纠正后作出核准的判决、裁定。对于不影响原判结论的部分事实认定或法律适用瑕疵，高级人民法院可

① 参见最高人民法院（2021）最高法刑核78493152号刑事裁定书。

以对此类瑕疵予以直接纠正，而后作出核准的判决、裁定，以避免司法资源不必要的浪费与效率拖延。

2. 高级人民法院裁定不予核准，并撤销原判发回重新审判或依法改判。高级人民法院对死刑缓期执行复核案件不予核准主要存在四种情形：其一，原判认定事实正确，但适用法律有错误，或者量刑过重的，高级人民法院应当依法改判。此种情况下，原法院对死刑案件的事实认定没有问题，而在法律适用上存在错误或量刑过重，法律适用与量刑选择一定程度上囿于法官的专业素质与法律观点等的固有限制，高级人民法院若仅是撤销原判、发回重新审判将无法消除这一障碍。对于此类原法院的法律适用或量刑选择与高级人民法院的观点存在差异的死刑案件，直接由高级人民法院依法改判的程序设置更具有司法效率与程序价值。其二，原判事实不清、证据不足的，高级人民法院可以裁定不予核准，并撤销原判，发回重新审判，或者依法改判。原法院在事实不清、证据不足的情形下对被告人作出死刑的判决属于错误判决，严重损害被告人权利，有违司法公正。高级人民法院可以裁定不予核准，撤销原判发回原法院重新审判或直接依法改判。其三，复核期间出现新的影响定罪量刑的事实、证据的，可以裁定不予核准，并撤销原判，发回重新审判，或者经法定程序审理后依法改判。若死刑案件复核期间有新的可能影响定罪量刑的事实、证据出现，高级人民法院应当予以慎重处理，可以选择撤销原判发回重新审判或者经法定程序审理后依法改判。其四，原审违反法定诉讼程序，可能影响公正审判的，应当裁定不予核准，并撤销原判，发回重新审判。

**延伸阅读推荐**

冯军：《死刑适用的规范论标准》，载《中国法学》2018 年第 2 期，第 190－207 页。

## 问题 7：法院对于报请复核死刑、死刑缓期执行的案件应当报送哪些材料？

《高法解释》第 425 条规定："报请复核的死刑、死刑缓期执行案件，应当一案一报。报送的材料包括报请复核的报告，第一、二审裁判文书，案件综合报告各五份以及全部案卷、证据。案件综合报告，第一、二审裁判文书和审理报告应当附送电子文本。同案审理的案件应当报送全案案卷、证据。曾经发回重新审判的案件，原第一、二审案卷应当一并报送。"法院对于报请复核死刑、死刑缓期执行的案件原则上应当报送的材料包括：报请复核的报告，第一、二审裁判文书，案件综合报告，全部案卷、证据。对于曾经发回重新审判的案件，还应当一并报送原第一、二审案卷。

对报请复核的报告与案件综合报告所应包含的内容，《高法解释》第 426 条作出了具体要求。

1. 报请复核的报告。报请复核死刑、死刑缓期二年执行的报告，应当写明案由、简要案情、审理过程和判决结果。

2. 案件综合报告。案件综合报告应当包括以下内容：其一，被告人、被害人的基本情况：被告人有前科或者曾受过行政处罚、处分的，应当写明；其二，案件的由来和审理经过：案件曾经发回重新审判的，应当写明发回重新审判的原因、时间、案号等；其三，案件侦破情况：通过技术调查、侦查措施抓获被告人、侦破案件，以及与自首、立功认定有关的情况，应当写明；其四，第一审审理情况：包括控辩双方意见，第一审认定的犯罪事实，合议庭和审判委员会意见；其五，第二审审理或者高级人民法院复核情况：包括上诉理由、人民检察院的意见，第二审审理或者高级人民法院复核认定的事实，证据采信情况及理由，控辩双方意见及采纳情况；其六，需要说明的问题：包括共同犯罪案件中另案处理的同案犯的处理情况，案件有无重大社会影响，以及当事人的反应等情况；其七，处理意见：写明合议庭和审判委员会的意见。

人民法院公正审理案件、依法推进死刑复核程序有赖于完整有效的案卷材料。在孙小果案中，2019 年云南省高级人民法院依职权启动再审，将 1997 年的旧罪与 2010 年的新罪合并处罚、依法判处孙小果死刑，最高人民法院经法定程序对该死刑判决予以核准。[①] 本案跨时较久，审理难度较大，充分详尽的案卷、证据、裁判文书以及案卷综合报告等对于人民法院正确核准死刑、实现司法公正具有重要意义。

**延伸阅读推荐**

宋英辉、尹泠然：《死刑案件强制上诉制度的功能与构建》，载《河南社会科学》2018 年第 10 期，第 75－81 页。

## 问题 8：死刑复核期间如何保障辩护律师的诉讼权利?

为提高死刑复核程序中辩护律师的参与程度，保障辩护律师诉讼权利，进而充分保障死刑复核被告人利益，提高死刑复核案件办案质量，我国司法系统不断出台相关法律与规范性文件以保障辩护律师权利得以发挥。2012 年《刑事诉讼法》改革增加了辩护律师参与死刑复核程序的规定。2015 年施行的《关于办理死刑复核案件听取辩护律师意见的办法》明确了人民法院对辩护律师具体行使阅卷权、辩护权以及送达裁判文书等事项的处理办法。2019 年施行的最高人民法院《关于死刑复核及执行程序中保障当事人合法权益的若干规定》规定了辩护律师提交相关手续、辩护意见及证据等材料以及裁判文书送达等内容。《法律援助法》为法律援助辩护介入死刑复核程序提供了法律依据。2022 年施行的最高人民法院、司法部《关于为死刑复核案件的被告人依法提供法律援助的规定（试行）》除对死刑复核案件中法律援助申请的工作机制进行进一步规定外，也对辩护律师的权利作出了说明。

死刑复核期间辩护律师的诉讼权利保障体系不断完善，其包括但不限于以下方面：

1. 明确辩护律师在死刑复核期间享有充分的诉讼权利。辩护律师享有会见权、阅卷权、调查取证权、发表意见权等等。此外，辩护律师有权收到死刑复核的裁判文书。受委托宣判的人民法院应当在宣判后 5 日内将最高人民法院生效裁判文书送达辩护律师。广泛诉讼权利的享有有助于辩护律师充分发挥辩护职能，了解案情，提高辩护质量。此外，人民法院应当为辩护律师依法行使辩护权提供便利。

2. 增加指定辩护，拓宽辩护律师参与方式。《法律援助法》以立法形式将法律援助辩护纳入死刑复核程序，其中第 25 条第 1 款第 5 项规定在刑事案件中，“申请法律援助的死刑复核案件被告人”没有委托辩护人的，人民法院、人检察院、公安机关应当通知法律援助机构指派律师担任其辩护人。

---

① 参见云南省高级人民法院（2019）云刑再 3 号刑事判决书。

3. 人民法院应当尊重辩护人的辩护意见，将辩护人的辩护意见作为审查重点。《高法解释》第 427 条第 2 款规定："复核死刑、死刑缓期执行案件，应当重视审查被告人及其辩护人的辩解、辩护意见。"该条款强调了辩护人的辩护意见的重要性，要求死刑复核阶段的法院在审查过程中予以重视。

4. 检察机关的监督保障。《高检规则》第 609 条第 5 项规定了人民检察院对死刑复核案件的监督可以采取"讯问被告人、听取受委托的律师的意见"，明确将辩护律师意见作为死刑复核案件法律监督的来源之一。

我国辩护律师的诉讼权利保障在死刑复核程序中得到长足发展，为提高死刑复核案件办案质量，充分保障死刑复核阶段被告人合法权利，死刑复核程序中辩护律师的权利保障体制仍需不断完善。对此，有观点认为法院应当在死刑复核裁定书中尽可能对律师意见作出针对性说理反馈。①

**延伸阅读推荐**

吴宏耀：《新时代法律援助制度的发展愿景及实践要求》，载《中国司法》2021 年第 10 期，第 67－73 页。

## 问题 9：我国死刑复核程序中的法律援助制度经历了怎样的发展历程？

死刑案件中法律援助制度的发展经历了较长的过程，直至 2012 年《刑事诉讼法》明确了普通一审、二审程序中适用死刑案件的法律援助。2013 年《高法解释》为死刑复核案件中法律援助制度的适用提供依据："高级人民法院复核死刑案件，被告人没有委托辩护人的，应当通知法律援助机构指派律师为其提供辩护。"但此项规定中启动对象仅限定于高级人民法院，对最高人民法院的情况未予说明。国家相关政策持续推进死刑复核案件中的法律援助制度确立，死刑复核程序的法律援助制度的完整确立完成于《法律援助法》。②《法律援助法》对死刑复核案件中法律援助的程序启动条件、法律援助人员资格等重要问题作出了较翔实的规定。2021 年最高人民法院、司法部《关于为死刑复核案件被告人依法提供法律援助的规定（试行）》对《法律援助法》中死刑复核阶段法律援助制度的内容作出进一步说明。我国死刑复核程序中法律援助制度实现长足进步，对进一步保障被告人人权、提高死刑复核案件办案质量具有重要意义。

《法律援助法》第 25 条规定，在死刑复核阶段中法律援助程序的启动应当满足以下两个条件：第一，死刑复核案件被告人没有委托辩护人；第二，死刑复核案件被告人申请了法律援助。鉴于死刑复核程序的特殊性，《法律援助法》第 26 条对介入死刑复核程序的法律援助人员的资格作出了更高的要求，即："对可能被判处无期徒刑、死刑的人，以及死刑复核案件的被告人，法律援助机构收到人民法院、人民检察院、公安机关通知后，应当指派具有三年以上相关执业经历的律师担任辩护人。"上述条款明确了死刑复核程序中被告人获得法律援助的条件，并对法律援助律师资格作出限制性规定。2021 年最

① 参见叶青、王小光：《律师有效参与死刑复核程序研究》，载《比较法研究》2017 年第 2 期。

② 参见董坤：《论死刑复核案件中对被告人的法律援助——从〈中华人民共和国法律援助法〉第 25 条第 1 款第 5 项切入》，载《现代法学》2022 年第 6 期。

高人民法院、司法部《关于为死刑复核案件被告人依法提供法律援助的规定（试行）》第1条明确了指派律师的规则，即死刑复核阶段的法律援助律师由司法部法律援助中心指派，保障了指派机构的中立性与专业性；第2条规定了法院的告知义务，以确保死刑复核案件被告人更好地知悉其权利；第6条对被告人自行委托辩护与法律援助辩护相冲突的情况作出了规定，该情形下由法律援助中心终止法律援助的决定。这些规定对于实务中人民法院办理死刑复核案件起到重要的指引与规范作用。

随着《法律援助法》的出台与相关规范性文件的发布，死刑复核程序中的法律援助制度实现了进一步发展，但既有的死刑复核阶段法律援助制度仍有值得进一步完善的地方。例如，有观点认为现阶段死刑复核案件中被告人获得法律援助以“申请”为限，是对死刑复核案件被告人受援权利的不当限缩，甚至是对“国家责任”一定程度上的弃守。① 又如，有观点提出要实现死刑复核案件的法律援助制度的畅通，必须回应权利告知机制、法律援助服务机制等不完善的现实问题。② 再如，还有观点表示应当着重实现听取意见机制的实质化、有效化，克服死刑复核案件程序设计上的封闭性问题。③

**延伸阅读推荐**

*赵天红：《法律援助经费保障制度研究——以我国〈法律援助法〉为导向》，载《法学杂志》2022年第2期，第65-82页。*

## 问题10：如何看待死刑复核程序没有规定诉讼期限？

通过审视刑事案件诉讼期限制度可知，2018年《刑事诉讼法》对侦查、审查起诉、一审、二审和再审等诉讼程序通常都规定了诉讼期限。案件的诉讼期限根据具体情况的不同而有所不同，特殊情况的案件在一般期限之外还存在相应的延长期限，以保证办案质量。如2018年《刑事诉讼法》规定在一审普通程序中，人民法院审理公诉案件，应当在受理后2个月以内宣判，至迟不得超过3个月。对于可能判处死刑的案件或者附带民事诉讼的案件，以及有交通十分不便的边远地区的重大复杂案件、重大的犯罪集团案件、流窜作案的重大复杂案件、犯罪涉及面广取证困难的重大复杂案件情形之一的，经上一级人民法院批准，可以延长3个月；因特殊情况还需要延长的，报请最高人民法院批准。

不过，死刑复核程序的诉讼期限却存在无明确法律可依的境况。有观点认为如此设计的主要原因在于部分死刑案件存在事实证据认定、调查取证、阅卷提审等工作困难。④ 对此，有观点表示死刑复核程序中不应设置诉讼期限，死刑案件的处理事关被告人生命权，应当慎之又慎。⑤ 当然，有观点认为在死刑复核阶段不规定诉讼期限是不合理的，造成了司法资源的浪费与诉讼效率的降低，一定程度上损害了刑事诉讼的严肃性，增加了

---

① 参见潘金贵：《刑事法律援助制度的发展与完善——兼评〈法律援助法〉相关条文》，载《法学杂志》2022年第2期。

② 参见吴宏耀、王凯：《死刑复核案件的法律援助制度研究》，载《法学杂志》2022年第2期。

③ 参见樊崇义、孙道萃：《推进实施法律援助法的新机遇与新方向》，载《人民检察》2023年第3期。

④ 参见张加林、姜涛等：《死刑案件检察监督研究》，法律出版社2017年版，第369页。

⑤ 参见陈卫东、程雷：《不仅仅是收回“最高人民法院收回死刑复核权之对策”研讨会观点述评》，载《中外法学》2005年第5期。

案件久拖不决的风险，也不利于被害人的及时救济与权利保障的实现。[①]

**延伸阅读推荐**

陈卫东、程雷：《不仅仅是收回“最高人民法院收回死刑复核权之对策”研讨会观点述评》，载《中外法学》2005 年第 5 期，第 626 - 630 页。

## 问题 11：如何理解死刑复核程序中检察机关承担法律监督职能?

我国《宪法》规定，人民检察院是国家法律监督机关。在此前提下，我国 2018 年《刑事诉讼法》第 8 条进一步明确，“人民检察院依法对刑事诉讼实行法律监督”。

检察机关在死刑复核中的诉讼地位不是公诉人，而是法律监督者，主要发挥的是法律监督作用。[②]《高检规则》中第 13 章第 7 节对死刑复核程序中人民检察院所应履行的监督职责作出了翔实规定。

1. 人民检察院对死刑复核案件监督范围实现全面覆盖。《高检规则》第 602 条规定：“最高人民检察院依法对最高人民法院的死刑复核活动实行法律监督。省级人民检察院依法对高级人民法院复核未上诉且未抗诉死刑立即执行案件和死刑缓期二年执行案件的活动实行法律监督。”人民检察院实现了对最高人民法院死刑案件，高级人民法院复核的未上诉且未抗诉的死刑立即执行案件和死刑缓期二年执行案件的法律监督全覆盖。此外，《高检规则》第 603 条全面规定了人民检察院应当监督的案件类型：“最高人民检察院、省级人民检察院通过办理下列案件对死刑复核活动实行法律监督：（一）人民法院向人民检察院通报的死刑复核案件；（二）下级人民检察院提请监督或者报告重大情况的死刑复核案件；（三）当事人及其近亲属或者受委托的律师向人民检察院申请监督的死刑复核案件；（四）认为应当监督的其他死刑复核案件。”该司法解释第 606 条进一步规定：“当事人及其近亲属或者受委托的律师向最高人民检察院提出不服死刑裁判的申诉，由负责死刑复核监督的部门审查。”对于当事人及其近亲属或受委托律师的申诉，由专门部门负责审查。

2. 人民检察院对死刑复核案件监督方式多样。检察机关进行监督的主要方式包括提出检察意见、派员出席法庭或庭审活动、抗诉、纠正违法以及立案侦查审判人员职务犯罪等。《高检规则》第 609 条规定：“对死刑复核监督案件的审查可以采取下列方式：（一）审查人民法院移送的材料、下级人民检察院报送的相关案卷材料、当事人及其近亲属或者受委托的律师提交的材料；（二）向下级人民检察院调取案件审查报告、公诉意见书、出庭意见书等，了解案件相关情况；（三）向人民法院调阅或者查阅案卷材料；（四）核实或者委托核实主要证据；（五）讯问被告人、听取受委托的律师的意见；（六）就有关技术性问题向专门机构或者有专门知识的人咨询，或者委托进行证据审查；（七）需要采取的其他方式。”

3. 人民检察院对死刑复核案件中可能出现的特殊情况予以特别规定。《高检规则》第 605 条规定：“省级人民检察院发现死刑复核案件被告人有自首、立功、怀孕或者被告

---

① 参见李建玲、郭琳：《死刑复核程序应有期限》，载《人民检察》2003 年第 9 期。

② 参见元明：《完善死刑复核监督机制》，载《检察日报》2020 年 3 月 12 日，第 3 版。

人家属与被害人家属达成赔偿谅解协议等新的重大情况，影响死刑适用的，应当及时向最高人民检察院报告。”

**延伸阅读推荐**

韩大元、王晓滨：《强化检察机关监督死刑复核程序的宪法学思考》，载《人民检察》2006年第11期，第5-9页。

## 问题12：检察机关对死刑复核监督案件可以采取哪些审查方式？

人民检察院作为国家的法律监督机关，应当依法对法院的审判活动进行监督和制约，保障人民法院在审判过程中依法行使职权、公正合理裁判。在死刑复核程序中，人民检察院充分发挥法律监督功能，提高死刑案件办案质量，实现裁判公平正义。

《高检规则》第609条规定了人民检察院对死刑复核监督案件的审查可以采取的几种法定方式：“（一）审查人民法院移送的材料、下级人民检察院报送的相关案卷材料、当事人及其近亲属或者受委托的律师提交的材料；（二）向下级人民检察院调取案件审查报告、公诉意见书、出庭意见书等，了解案件相关情况；（三）向人民法院调阅或者查阅案卷材料；（四）核实或者委托核实主要证据；（五）讯问被告人、听取受委托的律师的意见；（六）就有关技术性问题向专门机构或者有专门知识的人咨询，或者委托进行证据审查；（七）需要采取的其他方式。”相较于2012年《高检规则》的相关规定，2019年《高检规则》上述条文增加了第3项、第4项、第6项、第7项以及“听取受委托的律师的意见”等几种审查方式，丰富了人民检察院进行死刑复核案件的审查举措。

《高检规则》第609条第7项“需要采取的其他方式”为兜底条款，为人民检察院根据案件具体情况因地制宜采取其他审查方式提供了法律依据，扩大了人民检察院对死刑复核监督案件的审查方式，有利于充分发挥人民检察院的法律监督职能。对此，有观点认为检察机关对死刑复核监督案件可采取的审查方式的扩充，有利于提高死刑复核监督案件的办案质量，提升法律监督工作的专业性。[①] 例如，对于王冲贩卖毒品案，最高人民检察院在进行死刑复核监督过程中，注意到与被告人有关的两名毒品上下家的信息，通过进一步审查成功发现其他三起毒品漏罪案件。[②] 由此可见，人民检察院在死刑复核监督案件中充分审查，依法行使法律监督权，对提高死刑复核案件办案质量具有重要意义。

**延伸阅读推荐**

鲜铁可、郭全新、刘辰：《〈人民检察院办理死刑第二审案件和复核监督工作指引（试行）〉的理解与适用》，载《人民检察》2018年第8期，第29-33页。

## 问题13：对于哪些死刑复核案件的法定情形，最高人民检察院应当依法向最高人民法院提出检察意见？

最高人民检察院在死刑复核案件中应当充分发挥法律监督作用，保证最高人民法院

① 参见元明：《完善死刑复核监督机制》，载《检察日报》2020年3月12日，第3版。

② 参见徐日丹、郭璐璐、单鸽：《被“漏”掉的毒品上下家》，载《检察日报》2021年6月8日，第5版。

公正合法作出判决，在发现可能对最高人民法院是否作出死刑核准决定产生影响的情形时，经检察长决定，应当依法向最高人民法院提出检察意见。

最高人民检察院向最高人民法院提出检察意见的法定情形在《高检规则》第 611 条中进行了明确规定："最高人民检察院经审查发现死刑复核案件具有下列情形之一的，应当经检察长决定，依法向最高人民法院提出检察意见：（一）认为适用死刑不当，或者案件事实不清、证据不足，依法不应当核准死刑的；（二）认为不予核准死刑的理由不成立，依法应当核准死刑的；（三）发现新的事实和证据，可能影响被告人定罪量刑的；（四）严重违反法律规定的诉讼程序，可能影响公正审判的；（五）司法工作人员在办理案件时，有贪污受贿，徇私舞弊，枉法裁判等行为的；（六）其他需要提出检察意见的情形。同意最高人民法院核准或者不核准意见的，应当经检察长批准，书面回复最高人民法院。对于省级人民检察院提请监督、报告重大情况的案件，最高人民检察院认为具有影响死刑适用情形的，应当及时将有关材料转送最高人民法院。"

向最高人民法院提出检察意见，是最高人民检察院行使法律监督权的重要方式。最高人民检察院应当向最高人民法院提出检察意见的主要情况大致可以分为以下类型。第一类是对可能影响最高人民法院复核结果情形的监督，即《高检规则》第 611 条第 1 款第 1 至 4 项。根据上述法条规定，死刑复核案件的事实认定、诉讼程序上的错误都可能对死刑复核的结果产生影响，最高人民检察院在发现法院上述错误足以影响被告人定罪或公正审判时有权提出检察意见。此外，对"认为适用死刑不当"或"认为不予核准死刑的理由不成立，依法应当核准死刑的"，最高人民检察院也具有提出检察意见的权利。第二类是对司法工作人员职务犯罪的监督，即《高检规则》第 611 条第 1 款第 5 项。最高人民检察院依法对死刑案件中的司法工作人员的职务行为予以监督。司法工作人员的职务犯罪行为对案件的公正审判具有重大影响，有上述情形的，最高人民检察院应当向最高人民法院提出检察意见。应当注意的是，《高检规则》第 611 条第 1 款采取了半封闭式立法模式，对最高人民检察院提出检察意见的类型作出了"其他需要提出检察意见的情形"的兜底规定，为实务中最高人民检察院在新类型下向最高人民法院提出检察意见提供了法律上的空间。

**延伸阅读推荐**

万春：《死刑复核法律监督制度研究》，载《中国法学》2008 年第 3 期，第 3－26 页。

## 本章课后演练

**（一）不定项选择题**

1. 被告人甲犯数罪被判死刑，甲向辩护律师咨询死刑复核程序的有关情况，辩护律师对此作出的下列哪一答复符合法律及司法解释的规定？（　　）

A. 应当调查甲的人际关系

B. 应当为甲指定辩护人

C. 应当审查甲犯罪的情节、后果及危害程度

D. 应当开庭审理并通知检察院派员出庭

2. 最高人民法院复核死刑案件时，裁定不予核准，发回重审的案件，应当如何处理？（　　）

A. 既可以发回二审法院重新审判，也可以发回一审法院重新审判

B. 发回二审法院重新审判的案件，除法律另有规定外，二审法院可以不经开庭直接改判

C. 发回一审法院重新审判的案件，一审法院应当开庭审理

D. 最高人民法院复核后认为原判认定事实正确，但依法不应当判处死刑的，裁定不予核准，并撤销原判，发回重新审判的案件，重新审判的法院应当另行组成合议庭进行审理

3. 被告人王某故意杀人案经某市中级法院审理，认为案件事实清楚，证据确实、充分。如王某被判处死刑立即执行，下列选项正确的是（　　）。

A. 核准死刑立即执行的机关是最高法院

B. 签发死刑立即执行命令的是最高法院审判委员会

C. 王某由作出一审判决的法院执行

D. 王某由法院交由监狱或指定的羁押场所执行

4. 关于死刑缓期执行限制减刑案件的审理程序，下列哪一说法是正确的？（　　）

A. 对一审法院作出的限制减刑的判决，被告人的辩护人、近亲属可以独立提起上诉

B. 高级法院认为原判对被告人判处死刑缓期执行适当但限制减刑不当的，应当改判，撤销限制减刑

C. 最高法院复核死刑案件，认为可以判处死刑缓期执行并限制减刑的，可以裁定不予核准，发回重新审判

D. 最高法院复核死刑案件，认为对部分被告人应当适用死刑缓期执行的，如符合《刑法》限制减刑规定，应当裁定不予核准，发回重新审判

5. 关于死刑复核程序，下列哪些选项是正确的？（　　）

A. 赵某因故意杀人罪和贩毒罪分别被判处死刑，最高法院对案件进行复核时，认为赵某贩毒罪的死刑判决认定事实和适用法律正确、量刑适当、程序合法，但故意杀人罪的死刑判决事实不清、证据不足，遂对全案裁定不予核准，撤销原判，发回重审

B. 钱某因绑架罪和抢劫罪分别被判处死刑，最高法院在对案件进行复核时，发现钱某绑架罪的死刑判决认定事实和适用法律正确、量刑适当、诉讼程序合法，抢劫罪的死刑判决认定事实清楚，但依法不应当判处死刑，遂对绑架罪作出核准死刑的判决，对抢劫罪的死刑判决予以改判

C. 孙某伙同李某持枪抢劫银行被分别判处死刑，最高法院进行复核时发现孙某的死刑判决认定事实和适用法律正确、量刑适当、程序合法，李某的死刑判决认定事实不清、证据不足，遂对全案裁定不予核准

D. 周某伙同吴某劫持航空器致人重伤被分别判处死刑，最高法院在复核时发现周某的死刑判决认定事实和适用法律正确、量刑适当、程序合法，吴某的死刑判决认定事实清楚，但依法不应当判处死刑，遂对周某作出核准死刑的判决，对吴某的

死刑判决予以改判

6. 鲁某与关某涉嫌贩卖冰毒500余克，B省A市中级法院开庭审理后，以鲁某犯贩卖毒品罪，判处死刑立即执行，关某犯贩卖毒品罪，判处死刑缓期二年执行。一审宣判后，关某以量刑过重为由向B省高级法院提起上诉，鲁某未上诉，检察院也未提起抗诉。如B省高级法院审理后认为，一审判决认定事实和适用法律正确、量刑适当，裁定驳回关某的上诉，维持原判，则对本案进行死刑复核的正确程序是（　　）。

A. 对关某的死刑缓期二年执行判决，B省高级法院不再另行复核

B. 最高法院复核鲁某的死刑立即执行判决，应由审判员三人组成合议庭进行

C. 如鲁某在死刑复核阶段委托律师担任辩护人的，死刑复核合议庭应在办公场所当面听取律师意见

D. 最高法院裁定不予核准鲁某死刑的，可发回A市中级法院或B省高级法院重新审理

7. 关于死刑复核程序，下列哪一选项是正确的？（　　）

A. 最高法院复核死刑案件，可以不讯问被告人

B. 最高法院复核死刑案件，应当听取辩护律师的意见

C. 在复核死刑案件过程中，最高检察院应当向最高法院提出意见

D. 最高法院应当将死刑复核结果通报最高检察院

8. 关于检察院办理死刑上诉、抗诉案件的开庭前审查程序，下列哪些说法是正确的？（　　）

A. 应当讯问被告人，听取被告人的上诉理由或者辩解

B. 应当听取辩护人的意见

C. 应当询问证人

D. 可以听取被害人的意见

9. 张某因犯故意杀人罪和爆炸罪，一审均被判处死刑立即执行，张某未上诉，检察机关也未抗诉。最高法院经复核后认为，爆炸罪的死刑判决事实不清、证据不足，但故意杀人罪死刑判决认定事实和适用法律正确、量刑适当。关于此案的处理，下列哪些选项是错误的？（　　）

A. 对全案裁定核准死刑

B. 裁定核准故意杀人罪死刑判决，并对爆炸罪死刑判决予以改判

C. 裁定核准故意杀人罪死刑判决，并撤销爆炸罪的死刑判决，发回重审

D. 对全案裁定不予核准，并撤销原判，发回重审

10. 甲和乙共同实施拐卖妇女、儿童罪，均被判处死刑立即执行。最高法院复核后认为全案判决认定事实正确，甲系主犯应当判处死刑立即执行，但对乙可不立即执行。关于最高法院对此案的处理，下列哪些选项是正确的？（　　）

A. 将乙改判为死缓，并裁定核准甲死刑

B. 对乙作出改判，并判决核准甲死刑

C. 对全案裁定不予核准，撤销原判，发回重审

D. 裁定核准甲死刑，撤销对乙的判决，发回重审

（二）判断分析题

1. 最高人民法院复核死刑案件，应当听取辩护律师的意见。

2. 最高人民法院复核死刑案件，可以不讯问被告人。

3. 在复核死刑案件过程中，最高人民检察院应当向最高法院提出意见

4. 中级人民法院判处死刑的第一审案件，被告人不上诉的，高级人民法院复核后不同意判处死刑的，应当发回重新审判。

5. 最高人民法院应当将死刑复核结果通报最高人民检察院。

（三）简答题

1. 死刑复核程序中如何保障辩护律师的诉讼权利？

2. 人民检察院对死刑复核案件进行法律监督时主要审查哪些内容？

3. 死刑复核程序的特点是什么？

4. 我国死刑政策的基本内涵是什么？

5. 我国设置死刑复核程序的法治意义有哪些？

（四）论述题

1. 论死刑立即执行案件的报请核准规则。

2. 论死刑复核程序的全面审查原则。

（五）法条分析题

1.《刑事诉讼法》第 250 条："最高人民法院复核死刑案件，应当作出核准或者不核准死刑的裁定。对于不核准死刑的，最高人民法院可以发回重新审判或者予以改判。"

2.《刑事诉讼法》第 251 条第 1 款："最高人民法院复核死刑案件，应当讯问被告人，辩护律师提出要求的，应当听取辩护律师的意见。"

（六）案例分析题

张三数次贩卖海洛因，重量超 3 千克。其中，张三向李四贩毒超 1 千克，李四将所购毒品均加价转卖他人。被告人张三、李四贩卖毒品罪一案经 A 省 B 市公安局侦查终结，由 B 市人民检察院提起公诉，B 市中级人民法院依法公开开庭审理，以贩卖毒品罪判处被告人张三死刑，剥夺政治权利终身，并处没收个人全部财产；以贩卖毒品罪判处被告人李四死刑缓期二年执行，剥夺政治权利终身，并处没收个人全部财产。宣判后，被告人张三、李四不服，提出上诉。张三上诉提出，其不是向王五购买海洛因后进行贩卖，而是受王五的雇用，进行账目整理工作。

A 省高级人民法院审理后，裁定驳回二人上诉，维持原判。A 省高级人民法院将被告人张三的死刑判决依法报请最高人民法院核准。最高人民法院经复核认为依现有证据无法排除贩卖毒品同案人王五的存在，无法确定张三在贩卖毒品犯罪中的地位、作用。最高人民法院作出不核准 A 省高级人民法院维持第一审对被告人张三以贩卖毒品罪判处死刑，剥夺政治权利终身，并处没收个人全部财产的刑事裁定，并撤销原判，发回重审。

问题：

（1）李四的死刑缓期二年执行判决由哪个法院核准，本案中核准法院应如何处理？

（2）最高人民法院对张三的死刑判决裁定不予核准，并发回重审。本案可以发回哪个或者哪几个法院重审？

# 参考答案

**（一）单选题**

1. C 2. ABC 3. AC 4. B 5. ABCD 6. ABD 7. D 8. ABD 9. ABC 10. BC

**（二）判断分析题**

1. 题略。

错误。辩护律师提出要求的，才应当听取辩护律师的意见。《刑事诉讼法》第 251 条规定：“辩护律师提出要求的，应当听取辩护律师的意见。”

2. 题略。

错误，最高人民法院复核死刑案件应当讯问被告人。《刑事诉讼法》第 251 条规定：“最高人民法院复核死刑案件，应当讯问被告人。”

3. 题略。

错误，最高人民检察院可以向最高人民法院提出意见。《刑事诉讼法》第 251 条规定：“在复核死刑案件过程中，最高人民检察院可以向最高人民法院提出意见。”

4. 题略。

错误。高级人民法院不同意判处死刑的，可以提审或者发回重新审判。《刑事诉讼法》第 247 条规定：“中级人民法院判处死刑的第一审案件，被告人不上诉的，应当由高级人民法院复核后，报请最高人民法院核准。高级人民法院不同意判处死刑的，可以提审或者发回重新审判。”

5. 题略。

正确。《刑事诉讼法》第 251 条规定：“最高人民法院应当将死刑复核结果通报最高人民检察院。”

**（三）简答题**

1. 题略。

（1）明确辩护律师在死刑复核期间享有充分的诉讼权利。（2）增加指定辩护，拓宽辩护律师参与方式。（3）人民法院应当尊重辩护人的辩护意见，将其作为审查重点。（4）人民检察院可以采取“讯问被告人、听取受委托的律师的意见”的方式对死刑复核程序进行监督。

2. 题略。

（1）审查人民法院移送的材料、下级人民检察院报送的相关案卷材料、当事人及其近亲属或者受委托的律师提交的材料；（2）向下级人民检察院调取案件审查报告、公诉意见书、出庭意见书等，了解案件相关情况；（3）向人民法院调阅或者查阅案卷材料；（4）核实或者委托核实主要证据；（5）讯问被告人、听取受委托的律师的意见；（6）就有关技术性问题向专门机构或者有专门知识的人咨询，或者委托进行证据审查；（7）需要采取的其他方式。

3. 题略。

（1）审理对象的特定性。（2）死刑核准权具有专属性。（3）程序启动上具有自动性。（4）报请复核程序的限制性。（5）死刑复核程序的适用具有强制性。（6）死刑复核程序是死刑案件的终审程序。

4. 题略。

(1) 对于有必要判处死刑的应当依法判处死刑，可杀可不杀的不杀。该政策在较大程度上彰显了我国传统“慎刑”思想。(2) 在事实清楚，证据确实、充分的前提下，对于罪大恶极需要判处死刑的，仍然可以适用死刑。(3) 但是由于死刑是一种剥夺人的生命权的极刑，一旦过于倚重死刑的威慑力量，则会造成难以挽回的损失，因此，对于不是“罪刑极其严重的犯罪分子”，要谨慎把握死刑的适用。

5. 题略。

(1) 我国设置死刑复核程序有利于限制死刑的适用。(2) 我国设置死刑复核程序有利于防止错杀、滥杀，保障人权。(3) 我国设置死刑复核程序有利于统一死刑的适用标准。

**(四) 论述题**

1. 题略。

《刑事诉讼法》第 247 条规定：“中级人民法院判处死刑的第一审案件，被告人不上诉的，应当由高级人民法院复核后，报请最高人民法院核准。高级人民法院不同意判处死刑的，可以提审或者发回重新审判。高级人民法院判处死刑的第一审案件被告人不上诉的，和判处死刑的第二审案件，都应当报请最高人民法院核准。”死刑立即执行案件的报请核准规则依一审法院和判决是否为生效判决的不同而有所不同。第一，中级人民法院判处死刑的第一审案件，被告人未上诉、人民检察院未抗诉的，在上诉、抗诉期满后 10 日以内报请高级人民法院复核。高级人民法院同意判处死刑的，依法作出裁定，并应当在作出裁定后 10 日以内报请最高人民法院核准；认为原判认定的某一具体事实或者引用的法律条款等存在瑕疵，但判处被告人死刑并无不当的，可以在纠正后作出核准的判决、裁定；不同意判处死刑的，应当依照第二审程序提审或者发回重新审判。第二，中级人民法院判处死刑的第一审案件，被告人上诉或者人民检察院抗诉，高级人民法院终审裁定维持死刑判决的，应当在作出裁定 10 日以内报请最高人民法院核准。第三，高级人民法院判处死刑的第一审案件，被告人未上诉、人民检察院未抗诉的，应当在上诉、抗诉期满后 10 日以内报请最高人民法院核准。第四，判处死刑缓期二年执行的罪犯，在死刑缓期执行期间，如果故意犯罪，查证属实，应当执行死刑的，由高级人民法院报请最高人民法院核准。

2. 题略。

《高法解释》第 427 条规定，“法院复核死刑、死刑缓期二年执行案件，对以下内容应当全面审查：(一) 被告人的年龄，被告人有无刑事责任能力、是否系怀孕的妇女；(二) 原判认定的事实是否清楚，证据是否确实、充分；(三) 犯罪情节、后果及危害程度；(四) 原判适用法律是否正确，是否必须判处死刑，是否必须立即执行；(五) 有无法定、酌定从重、从轻或者减轻处罚情节；(六) 诉讼程序是否合法；(七) 应当审查的其他情况。复核死刑、死刑缓期二年执行案件，应当重视审查被告人及其辩护人的辩解、辩护意见。”通过对以上内容的全面审查，法院依法判断原判是否认定事实正确、量刑适当、程序合法，以便能够正确作出核准或者不核准死刑的裁定。

**(五) 法条分析题**

1. 题略。

可以按照以下思路展开分析：

(1) 最高人民法院复核死刑案件的处理结果包括核准与不予核准。

（2）最高人民法院对死刑复核案件予以核准的具体情形。

（3）最高人民法院对死刑复核案件不予核准的具体情形。

（4）最高人民法院对死刑复核案件不予核准的后续处理。

2. 题略。

可以从以下方面理解：

（1）死刑复核程序中辩护律师辩护权的发展。

（2）死刑复核程序中被告人及其辩护律师辩护权的保障。

（3）死刑复核程序中辩护律师辩护权有待完善之处。

（4）完善该法条的若干建议。

**（六）案例分析**

问题：（1）李四的死刑缓期二年执行判决由哪个法院核准，本案中核准法院应如何处理？（2）最高人民法院对张三的死刑判决裁定不予核准，并发回重审。本案可以发回哪个或者哪几个法院重审？

（1）李四的死刑缓期二年执行判决应当由A省高级人民法院核准。结合2018年《刑事诉讼法》第248条的规定，中级人民法院判处死刑缓期二年执行的案件，由高级人民法院核准。本案中，李四的死刑缓期二年执行判决由B市中级人民法院依法作出；故而对其死刑缓期二年执行判决作出是否核准处理的高级人民法院应当为A省高级人民法院。

本案中，A省高级人民法院经审查认定原判认定事实和适用法律正确、量刑适当、诉讼程序合法后，应当在作出二审裁定的同时，对死刑缓期二年执行判决予以核准。根据《高法解释》第428条的规定，本案中，李四被判处死刑缓期二年执行，其提出上诉，A省高级人民法院裁定驳回上诉，维持原判。也即，A省高级人民法院认为原判认定事实和适用法律正确、量刑适当、诉讼程序合法，进而予以核准。因此，A省高级人民法院经审查认定原判认定事实和适用法律正确、量刑适当、诉讼程序合法后，应当在作出二审裁定的同时，对死刑缓期二年执行判决予以核准。

（2）本案可以发回A省高级人民法院或者B市中级人民法院重新审判。若发回B市中级人民法院，则B市中级人民法院应当开庭审理；若发回A省高级人民法院，则A省高级人民法院可以直接改判；若必须通过开庭查清事实、核实证据或者纠正原审程序违法，应当开庭审理。《高法解释》第430条规定，最高人民法院裁定不予核准死刑的，根据案件情况，可以发回第二审人民法院或者第一审人民法院重新审判。对最高人民法院发回第二审人民法院重新审判的案件，第二审人民法院一般不得发回第一审人民法院重新审判。第一审人民法院重新审判的，应当开庭审理。第二审人民法院重新审判的，可以直接改判；必须通过开庭查清事实、核实证据或者纠正原审程序违法的，应当开庭审理。因此，本案可以将案件发回A省高级人民法院或者B市中级人民法院重新审判。

# 第十九章　刑事特别程序

## 本章知识图谱

- 刑事特别程序
  - 未成年人刑事案件诉讼程序
    - 一般规定
      - 严格限制逮捕
        - 实际年龄难以判断，影响认定是否负刑责，不批捕不是不适用；也不是严格适用强制措施
      - 应当问和听
        - 批捕未成年犯罪嫌疑人、被告人，应当问（通知法代到场）、应当听；审查起诉未成年，应当听取父母、法定代理人（以下简称"法代"）、辩护人、被害人的意见
        - 询问未成年被害人、证人（对嫌疑人没有限制）
          - 公安：尽量减少次数
          - 检察院：应当以1次为原则
          - 法院：应当录音录像，尽量1次，
          - 对于女未成年被害人、证人，应当由女工作人员进行
      - 可以制作社会调查报告
        - 检察院、辩护人、法院均可委托有关组织制作
        - 调查报告不是证据，仅供参考
      - 认罪认罚
        - 认罪认罚，应当听取法代、辩护人、被害人及其诉讼代理人（以下简称"诉代"）意见
        - 应当在法代、辩护人在场时签署，法代、辩护人有异议的，可不签，不影响从宽
      - 未成年人案件审判组织
        - 应当：犯罪时不满18周岁、立案时不满20周岁
        - 可以：立案时不满22周岁的学生；性虐遗弃未成年，共同犯罪有小孩
      - 法律援助
        - 审判时不满18周岁，没有辩护人，法院应当通知法援
        - 未成年被害人经济困难没有代理人，法院应当帮助申请法援
      - 审理
        - 审判时不满18周岁，一律不公开
        - 经未成年被告及其法代同意，学校可派代表
        - 检察院：一般应当对未成年被告与成年被告分案办理、分案起诉
        - 法院：分案起诉的，可以由同一审判组织分别审理
        - 保密原则，不得向外界披露姓名、住所、照片等材料
      - 简易程序 — 应当征求未成年被告、法代、辩护人意见，有异议的，不得适用
      - 未成年被害人、证人一般不出庭 — 必须出庭的，应当采取保护隐私手段和心理干预
      - 补充陈述
        - 未成年被告最后陈述后，其法代可以进行补充陈述
        - 只能补充陈述，不能代替，辩护人不能补充
      - 宣判
        - 法代无法通知或不能到场的，可以通知合适成年人到场
        - 向成年亲属送达判决书，不是合适成年人

- 刑事特别程序
  - 未成年人刑事案件诉讼程序
    - 附条件不起诉
      - 适用条件
        - 可以：未成年人；涉嫌《刑法》分则第四、五、六章规定的犯罪；可能判处1年有期徒刑以下刑罚；符合起诉条件；有悔罪表现
        - 应当听取公安机关、被害人，未成年犯罪嫌疑人及其法代、辩护人意见；被害人是未成年人的，还应当听其法代、诉代的意见
      - 异议
        - 嫌疑人有异议
          - 对不起诉有异议
            - 应当提起公诉，起诉前可撤回异议
            - 提出无罪辩护理由成立，应当法定不起诉
          - 对条件有异议 — 可依法采纳，不采纳的释法说理
        - 被害人有异议—被害人不服只能申诉（向上一级检察院），不能自诉
        - 公安机关有异议—同级检察院复议，上一级检察院复核
      - 考察机关
        - 检察院：迁居时不变更，可要求协助
        - 6～12个月，可在法定范围内缩短或延长
      - 撤销
        - 有罪、漏罪；严重违规
        - 考验期满，无以上情形，应当作不起诉决定
    - 犯罪记录封存
      - 检察院
        - 对未成年犯罪嫌疑人作不起诉决定后，应当封存
        - 附条件不起诉不是终局性，不封存
        - 经过上下两级检察院，都应当封存
        - 申请出具无犯罪记录证明的，应当出具
      - 法院
        - 犯罪时不满18周岁，判5年以下以及免刑责的记录，应当封存记录不得向单位和个人提供，除非司法机关为办案
        - 对公开审理，但可能要封存记录的，不得组织旁听；有旁听的，告知不得传播
  - 当事人和解的公诉案件诉讼程序
    - 条件
      - 前提 — 公诉，真诚悔罪；取得谅解；自愿和解
      - 实质
        - 民间纠纷，3年以下；第四章，第五章
        - 除渎职罪以外的，7年以下的过失犯罪
      - 消极条件 — 5年内曾经故意犯罪的
    - 结果
      - 公安机关可以向检察院提从宽建议
      - 检察院可以向法院提从宽处罚建议，也可作酌定不诉
      - 法院应当从轻
    - 其他规定
      - 公安的作用 — 应当听取意见，审查合法自愿，主持
      - 和解内容
        - 就民事责任进行调解
        - 可商量同意或要求司法机关从宽
        - 不可对事实，证据采信、法律进行协商
      - 和解协议履行
        - 应当即时履行
        - 全部履行后反悔的，不予支持
        - 附民的和解，不能即时履行的，应当制作调解书
      - 代为和解
        - 被害人死亡，近亲属和解（不能称为代为）
        - 被害人为无民事行为能力、限制民事行为能力人的，法代和近亲属可以代为和解
        - 近亲属代为和解需经同意
        - 赔礼道歉应当由被告人本人履行

- 刑事特别程序
  - 缺席审判程序
    - 对象
      - “国恐贪”— 国家安全犯罪和恐怖活动犯罪案件要具备4个条件：“重国恐”，在境外，及时审，最高检核
      - “病半年”— 因病中止超过6个月+被告人及其法代等同意
      - “死无罪”— 被告人死亡的，一般应当裁定终止，但能证明无罪的，应当缺席判无罪
      - “死再审”— 再审案件，被告人死亡，应当依法判决
    - 管辖 — 只有“国恐贪”是中院，其他可在基层法院；犯罪地、居住地、指定地
    - 辩护权保障
      - 被告有权委托辩护，近亲属可代为委托
      - 没有委托的，应当通知法援
    - 一审
      - 参照一审普通程序 — 可对财产一并处理
      - 经审理罪名不适用缺席审判的，应当裁定终止
      - 到案后处理
        - 公安 — 应当立即通知检、法
        - 检
          - 审查起诉时到案+重新审查起诉
          - 报核期间到案+撤回报核，重新审查起诉
          - 公诉期间到案+撤回公诉，重新审查起诉
        - 法
          - 重新审理：已判决生效的，交付执行
          - 执行前，应当告知有权提异议，提异议的应当重新审理
      - 救济 — 被告人，近亲属有权上诉，辩护人经同意有权上诉 — 检察院有权抗诉
  - 犯罪嫌疑人，被告人逃匿、死亡案件违法所得的没收程序
    - 适用条件
      - 重大犯罪，通缉1年，应当追缴
      - 已经死亡，应当追缴
    - 申请主体
      - 检察院捕诉部门：公安不是申请主体，只能向检察院提意见
      - 检察院负举证责任
    - 处理
      - 应当受理 — 范围对，管辖对，材料齐
      - 应当退回 — 不属于受案范围或管辖错
      - 通知撤回 — 不符合有证据证明有犯罪事实
      - 通知补送 — 材料不全，通知7日补送
    - 管辖法院 — 犯罪地或居住地的中院；和原审法院无关
    - 保全 — 可以“查扣冻”
    - 参加诉讼
      - 可委托律师参加
      - 利害关系人在公告期满后申请参加的，应当有合理理由
    - 审理程序
      - 审判组织：只能合议庭
      - 有人来，就开庭；没人来，可不开
      - 利害关系人对其主张承担举证责任
      - 近亲属只需证明亲属关系
      - 终止审理：嫌疑人到案，应当终止；提起公诉的，可同一合议庭
    - 审理结果 — 属于或高度可能属于违法所得，除应当返还的，都应当裁定没收；不属于应当追缴的，裁定驳回申请
    - 救济 — 可上诉抗诉，期限5日
    - 二审
      - 对事实、证据没有争议的，可以不开庭
      - 一审未参加，二审申请参加的，发回重审
      - 处理 — 维持原裁；应当改裁；可改可撤；应当发回
    - 与普通程序、缺席审判程序结合
      - 普通程序中，发现符合没收程序，可启动没收程序
      - 发现符合缺席审判程序，可启动缺席程序
      - 可用同一合议庭审理
    - 生效后到案纠错
      - 生效后到案，依法公诉，可由同一合议庭审理
      - 没有错误的，维持
      - 确有错误的，撤销原裁定，在判决中一并处理

- 刑事特别程序
  - 依法不负刑事责任的精神病人的强制医疗（简称“强疗”）程序
    - 条件
      - 公——危害公共安全和严重危害人身安全
      - 暴——实施暴力行为
      - 继——有继续危害社会的可能
      - 定——经鉴定是不负刑责的精神病人
    - 主体
      - 启动主体：检察院、法院（没有公安）
      - 申请主体：检察院
      - 决定主体：法院
      - 送交执行主体：公安
      - 监督主体：检察院
    - 申请程序
      - 检察院申请——实施暴力所在地基层法院提出，也可是居住地的制作强疗申请书
      - 监督公安，发现公安应当启动而不启动，要求7日内说明理由
    - 审理程序
      - 公安可临时约束，可送医院接受治疗（不以能否看管为前提）
      - 应当组成合议庭，可能不开庭审理
      - 应当会见被申请人，听取被害人或法代意见
      - 被申请人可不出庭
      - 审理刑事案件，发现可能符合强疗条件的，应当鉴定
    - 结果
      - 符合强疗条件
        - 被申请人：决定强疗
        - 被告人：不负刑责+决定强疗
      - 是精神病人，但不符合强疗条件
        - 被申请人：驳回，严加管护
        - 被告人：无罪/不负刑责，严加管护
      - 需要承担刑责
        - 被申请人：驳回，退回检察院
        - 被告人：继续审理
      - 审限：1个月
    - 救济
      - 被强疗人、被害人及其法代、近亲属：5日内向上一级法院复议
      - 检察院：20日内提书面纠正意见，应当重组合议庭审理
    - 解除程序
      - 强疗机构应当定期诊断评估，不需要继续的应当提解除意见，报决定法院批准
      - 被强疗人及其近亲属有权向法院申请解除
      - 初次申请不受限，再次申请间隔6个月
      - 应当组成合议庭1个月内处理
      - 检察院认为解除不当，20日内提纠正意见

# 本章重点问题

## 第一节　未成年人刑事案件诉讼程序

### 问题 1：辩护人可否同时兼任合适成年人？

辩护人不得同时兼任合适成年人。辩护人是指在刑事诉讼中接受犯罪嫌疑人、被告人及其法定代理人的委托，或者接受法律援助机构的指派，依法为犯罪嫌疑人、被告人辩护，以维护合法权益的人。辩护人在刑事诉讼中只承担辩护职能，根据事实和法律，提出犯罪嫌疑人、被告人无罪、罪轻或者减轻、免除其刑事责任的材料和意见。讯问时，辩护律师参与诉讼，主要是为未成年人提供法律帮助，是未成年人合法权益的专门维护

者。而根据《刑事诉讼法》第281条规定可知，合适成年人的主要作用是见证并监督相关诉讼活动的合法性。合适成年人及时到场，以其所承担的监督、抚慰、沟通与教育职责为未成年人提供适当帮助，使得未成年人以更稳定的状态接受讯问，从而表达自己的意见。由于辩护人与合适成年人所处的法律地位、所履行的法律职责不同，如果由同一人兼任，在行使权利时会存在冲突。考虑到各级律师协会下均设有未成年人权益保护委员会，该组织可以视为未成年人保护组织，律师个人可以作为未成年人保护组织的代表，以合适成年人的身份参与到刑事诉讼中，但是对于该律师担任辩护人的案件，就不得同时再兼任该案的合适成年人。

**延伸阅读推荐**

俞楠：《律师担任合适成年人的适格性分析》，载《甘肃社会科学》2012年第2期，第121-124页。

## 问题2：法定代理人与其他合适成年人有无区别?

合适成年人到场制度是未成年人刑事案件诉讼程序的一项基本制度。虽然法定代理人与其他合适成年人都属于合适成年人，但两者存在一些区别，主要有：一是在位阶顺序方面，法定代理人优先，只有在法定代理人遇到障碍的情况下才能通知合适成年人。根据《刑事诉讼法》第281条和《未成年人刑事案件指引工作办法》第2条规定，出现有关八种情形时，应当通知合适成年人到场承担监督、抚慰、沟通与教育职责。二是在诉讼地位方面，法定代理人具有独立的诉讼地位，不受被代理人的意志约束，合适成年人制度基于维护未成年人最大利益而设计。法定代理人作为天然的监护人，而合适成年人是国家干预下允许以一种父母亲式的方式处理犯罪，以体现对青少年利益的最佳保护。三是在权利行使范围方面，《刑事诉讼法》第281条第1款规定："对于未成年人刑事案件，在讯问和审判的时候，应当通知未成年犯罪嫌疑人、被告人的法定代理人到场。无法通知、法定代理人不能到场或者法定代理人是共犯的，也可以通知未成年犯罪嫌疑人、被告人的其他成年亲属，所在学校、单位、居住地基层组织或者未成年人保护组织的代表到场，并将有关情况记录在案。到场的法定代理人可以代为行使未成年犯罪嫌疑人、被告人的诉讼权利。"根据该规定，法定代理人能代为行使未成年犯罪嫌疑人、被告人诉讼权利，而合适成年人无此权利，只能代为行使法定代理人的部分诉讼权利，包括可以代为行使法定代理人的到场权、知情权、异议权等。

**延伸阅读推荐**

何挺：《合适成年人讯问时在场：形式化背后的"无用论"反思》，载《环球法律评论》2019年第6期，第121-133页。

## 问题3：社会调查报告能否作为证据使用？效力如何?

社会调查报告的法律属性直接决定了其在刑事诉讼活动中的效力作用，间接影响了社会调查报告的质量，从而影响社会调查报告的权威性。围绕社会调查报告是否具备证据属性这一问题，学界主要有以下两种观点：一种观点认为社会调查报告具有证据属性。

虽然刑事诉讼法列举的证据种类中没有包含社会调查报告，但是在现有的法律框架下，社会调查报告要么是以证据的综合表现形式呈现，要么是在刑事证据概念下实际发挥着一定的证明作用，在强制措施适用必要性审查、检察机关是否起诉和法院的量刑等环节都发挥着非常重要的作用，社会调查报告具有一定的证据属性。另一种观点认为社会调查报告是参考资料，社会调查报告对于未成年被告人定罪量刑只具有参考价值，只是“准证据”的作用。持这种观点者之根据在于法律对证据特点的规定。社会调查报告所涉及的内容与案件事实本身缺少客观必然联系，且存在相当主观性，很难归入刑事诉讼法规定的法定证据类型。尽管在法律规定上似乎并没有赋予社会调查报告以明确的证据属性，但是随着世界各国以及我国各地的司法机关纷纷开展对涉罪未成年人的社会调查，并将调查报告作为重要的参考资料，进而作出法律评价，特别是检察院在对涉罪未成年人进行附条件不起诉或者开展帮教时，社会调查报告成为至关重要的参考依据。在司法实践中的普遍化以及社会调查报告本身的重要性，都对社会调查报告的内容和水平提出了高要求，让该制度能够实质性帮助未成年人保障合法权益。

**延伸阅读推荐**

（1）自正法：《社会调查报告之证据效力》，载《交大法学》2018 年第 4 期，第 121－134 页。

（2）田宏杰、庄乾龙：《未成年人刑事案件社会调查报告之法律属性新探》，载《法商研究》2014 年第 3 期，第 116－122 页。

## 问题 4：未成年人犯数罪，能否适用附条件不起诉？

能适用附条件不起诉。法律并没有规定，对犯数罪的，不能适用附条件不起诉。法律只规定，对可能判处一年有期徒刑以下刑罚的，可以适用附条件不起诉，根据法律规定即使是数罪，如果并罚后刑罚仍然属于可能判处一年有期徒刑以下刑罚，仍可以适用附条件不起诉。在检例第 105 号指导性案例中，最高人民检察院认为，办理未成年人犯罪案件，对于涉嫌数罪但认罪认罚，可能判处一年有期徒刑以下刑罚的，也可以适用附条件不起诉。因此，存在数罪情形时，要全面综合考量犯罪事实、性质和情节以及认罪认罚等情况，认为并罚后其刑期仍可能为一年有期徒刑以下刑罚的，可以依法适用附条件不起诉，以充分发挥附条件不起诉制度的特殊功能，促使涉罪未成年人及早摆脱致罪因素，顺利回归社会。

**延伸阅读推荐**

孔令勇、刘子乐：《最有利于未成年人原则在附条件不起诉中的适用、反思与完善》，载《少年司法》2023 年第 5 期，第 38－47 页。

## 问题 5：未成年人的哪些犯罪记录应该封存？

刑事诉讼法规定了对相关犯罪记录予以封存，但对于哪些是相关犯罪记录，并未规定。最高人民法院、最高人民检察院、公安部、司法部制定的《关于未成年人犯罪记录封存的实施办法》对此作了详细规定，确定了对于涉及未成年人案件的材料“应封尽封”

原则，规定应当封存的未成年人犯罪记录，包括侦查、起诉、审判及刑事执行过程中形成的有关未成年人犯罪或者涉嫌犯罪的全部案卷材料与电子档案信息。不予刑事处罚、不追究刑事责任、不起诉、采取刑事强制措施的记录，以及对涉罪未成年人进行社会调查、帮教考察、心理疏导、司法救助等工作的记录，也应当封存。

**延伸阅读推荐**

那艳芳、李峰、张寒玉、白洁：《〈关于未成年人犯罪记录封存的实施办法〉解读》，载《人民检察》2022年第13期，第32-36页。

## 问题6：未成年人的犯罪记录封存后，能否解除封存？

根据《关于未成年人犯罪记录封存的实施办法》的规定，未成年的犯罪记录封存后，出现以下几种情形的，封存机关应当对其犯罪记录解除封存：一是在未成年时实施新的犯罪，且新罪与封存记录之罪数罪并罚后被决定执行刑罚超过5年有期徒刑的；二是发现未成年时实施的漏罪，且漏罪与封存记录之罪数罪并罚后被决定执行刑罚超过5年有期徒刑的；三是经审判监督程序改判5年有期徒刑以上刑罚的。

**延伸阅读推荐**

那艳芳、李峰、张寒玉、白洁：《〈关于未成年人犯罪记录封存的实施办法〉解读》，载《人民检察》2022年第13期，第32-36页。

## 问题7：被封存犯罪记录的未成年人，成年后又故意犯罪的，之前的犯罪记录是否应当公开？

对于该问题，我国刑事诉讼法未作规定。理论上存在肯定与否定两种观点：否定观点认为，我国参与制定的联合国《少年司法最低限度标准规则》明确规定，少年罪犯的档案不得在其后的成人诉讼案中加以引用，因此，对封存的犯罪记录在之后的犯罪案件中不应当进行评价。而肯定观点认为，从立法目的看，犯罪记录封存制度是为了使未成年人更好地回归社会，最大限度降低犯罪前科对未成年人今后生活的影响。如果其成年后再故意犯罪，一方面反映出其主观恶性较大，前科犯罪改造情况不佳；另一方面因其成年后的故意犯罪必然会被公开，未成年时的犯罪记录再继续封存已无实际意义。考虑到我国犯罪记录封存的法律效果不同于前科消灭，不能因为封存而削弱刑罚对犯罪分子的惩戒、教育功能，成年后再次故意犯罪已经不能实现封存的目的，同时考虑到再次故意犯罪和过失犯罪的主观恶性差异，《关于未成年人犯罪记录封存的实施办法》规定，被封存犯罪记录的未成年人，成年后又故意犯罪的，人民法院应当在裁判文书中载明其之前的犯罪记录。

**延伸阅读推荐**

郭旭强：《关于犯罪记录封存制度的深度思考》，载《中国检察官》2016年第5期，第3-5页。

### 问题 8：犯罪记录封存制度与前科消灭制度之间的关系？

两者最大的区别在于实施封存犯罪记录或者消灭犯罪记录之后会有怎样的法律效果，实践中并没有统一的观点。有部分学者认为，犯罪记录封存应与前科消灭保持同样的效果，即视为未成年人未犯罪，与未犯罪的未成年人享有同样的权利。但反对的观点则认为，我国规定的是犯罪记录封存而不是消灭，封存后不符合封存条件的还应当解封，与消灭有根本性的区别。目前，我国除针对未成年犯的未成年人犯罪记录封存制度之外便没有有关前科制度的相关规定了，犯罪记录封存制度开创了我国前科消灭立法的先河，这些犯罪记录都会伴随犯罪人一生。前科消灭制度旨在禁止对犯罪人进行前科评价，在犯罪记录仍然存在的情况下禁止相关部门以及人员进行查阅。前科消灭制度不等同于犯罪记录封存制度。犯罪记录封存制度是前科消灭制度的一部分，只是对犯罪记录进行保密，而前科消灭制度是在对犯罪记录进行保密的基础上不再对犯罪记录进行负面评价，包括被消除犯罪记录的犯罪人再犯罪时的量刑问题以及服刑完毕的犯罪人的就业问题。从犯罪记录封存制度设定的目的来看，封存并不是要消灭犯罪记录，而只是通过封存对未成年人进行适度的保护。

**延伸阅读推荐**

孟斌：《犯罪记录封存制度的可操作性——基于实践操作的体系性反思》，载《法律适用》2015 年第 5 期，第 106 - 110 页。

## 第二节　刑事和解程序

### 问题 1：刑事和解的方式有哪些？

根据法律的相关规定，刑事和解一般可以分为三种模式，分别是加害人与被害人自行和解模式、司法调解模式和人民调解委员会调解模式。[①] 加害人与被害人自行和解模式是指在轻伤害案件中，加害人往往在案后主动向被害人赔礼道歉并愿意提供经济赔偿，这一模式下司法机关通常不参与刑事和解的启动与和解协议内容的确定，其只对双方达成的协议进行确认。司法调解模式是指在司法人员的主持下，犯罪嫌疑人、被害人以及双方近亲属、所在单位的代表共同参加调解会议。此种模式下，双方基本在经济赔偿方面存在较大的分歧，或者双方无法自行达成和解协议，此时便需要司法机关的介入，通过与双方的交流沟通和教育劝解，促使双方就经济赔偿标准、赔礼道歉等事项达成协议。人民调解委员会调解模式是指由作为社会中介机构的人民调解委员会进行对案件双方当事人的调解，公安司法人员在这一模式中主要负责遴选适当的案件委托给人民调解委员会，并在调解成功后作出非刑事化的处理。刑事和解强调当事人和解的自愿性，并且由于和解与否直接与被告人的刑事处罚挂钩，因此不可任由当事人随意和解，司法机关必须对和解协议进行一定的审查，毕竟即便是和解制度所涉及的主观恶性较小的案件也是

① 参见陈瑞华：《刑事诉讼的私力合作模式——刑事和解在中国的兴起》，载《中国法学》2006 年第 5 期。

在侵犯国家对于维护社会稳定的法益。

**延伸阅读推荐**

（1）杨浩：《刑事和解制度的现实与重构》，载《法学论坛》2014年第51期，第118-124页。

（2）郑丽萍：《新刑诉法视域下的刑事和解制度研究》，载《比较法研究》2013年第2期，第77-87页。

## 问题2：刑事和解协议与谅解书有什么区别？

刑事和解与被害人谅解都属于量刑从宽情节，但前者为法定量刑情节，后者为酌定量刑情节。两者在概念、适用范围、适用程序等方面都存在差别。其一，概念不同。被害人谅解是指犯罪嫌疑人、被告人与被害人就刑事案件的结果、赔偿等问题进行私下磋商，取得被害人谅解，最终形成谅解书。其二，适用程序不同。刑事和解程序属于法律明文规定的特别程序，规定在《刑事诉讼法》第五编特别程序的第二章，相关条文对于刑事和解的适用、内容、程序、文书制作以及法律后果有明确规定。同时，《公安规定》《高检规则》《高法解释》均对刑事和解程序的具体适用有相配的解释和规定；法律并未对被害人谅解的程序作出明确的规定，当事人双方可以在不同的诉讼阶段进行协商。其三，和解协议与谅解书的内容不同。和解协议应当包括以下内容："（一）被告人承认自己所犯罪行，对犯罪事实没有异议，并真诚悔罪；（二）被告人通过向被害人赔礼道歉、赔偿损失等方式获得被害人谅解；涉及赔偿损失的，应当写明赔偿的数额、方式等；提起附带民事诉讼的，由附带民事诉讼原告人撤回起诉；（三）被害人自愿和解，请求或者同意对被告人依法从宽处罚。"刑事谅解书没有统一的格式和内容，由当事人双方共同协商，准确记载被害人的谅解意愿。其四，法律后果不同。对于达成和解协议的案件，公安机关可以向人民检察院提出从宽处理的建议。人民检察院可以向人民法院提出从宽处罚的建议；对于犯罪情节轻微，不需要判处刑罚的，可以作出不起诉的决定。人民法院可以依法对被告人从宽处罚。犯罪嫌疑人、被告人取得被害人谅解的，在量刑方面予以适当从宽，但根据最高人民法院、最高人民检察院《关于常见犯罪的量刑指导意见（试行）》第3条第11款和第12款的规定，刑事和解的量刑幅度是明显大于被害人谅解的。其五，法律效力不同。和解协议本身是不具有强制执行力的，只有经过法院确认的和解协议，才具有强制执行力。双方达成刑事和解后，和解协议已经全部履行，当事人反悔的，法院一般不会支持。但是，如果和解协议违反了自愿、合法原则，可以撤销和解协议。谅解书是犯罪嫌疑人、被告人与被害人在私下达成的，未经司法机关见证，不具有司法效力。

**延伸阅读推荐**

卞建林、封利强：《构建刑事和解的中国模式——以刑事谅解为基础》，载《政法论坛》2008年第6期，第3-21页。

## 问题3：刑事和解制度与认罪认罚从宽制度有何异同？

认罪认罚从宽制度与刑事和解制度都是落实宽严相济的刑事政策的需要，一定程度上提升了诉讼效率，有利于实现司法公正，但也存在显著区别，在适用时不能混为一谈。认罪认罚从宽制度通常是犯罪嫌疑人、被告人与检察机关就犯罪事实、量刑情节进行协商，以获得检察机关从轻、减轻甚至免除处罚的量刑建议，具有协商性司法的特点。尽管刑事诉讼法规定司法机关办理认罪认罚案件时应当听取被害人及其诉讼代理人的意见，并将获得被害人的谅解作为速裁程序的适用条件之一，但是实践中被害人的地位并不清晰，其反对意见并不能阻止认罪认罚程序的适用，忽略了对被害人的权益保护。刑事和解制度则是在特定案件中，加害方与被害方之间的协商与沟通，通过赔偿损失、赔礼道歉的形式对民事部分进行和解，重点在于修复被害人的法益，体现了恢复性司法理念。认罪认罚行为和刑事和解行为均可以作为量刑从宽的因素，司法机关应当仔细审查，避免重复评价、造成量刑上“从宽过度”。

**延伸阅读推荐**

（1）王桂芳：《认罪认罚与公诉案件刑事和解衔接适用效果检视与提升路径——基于2 136份故意伤害罪一审判决书的实证分析》，载《中国刑事法杂志》2022年第6期，第83－106页。

（2）何剑：《认罪认罚从宽与刑事和解制度比较研究》，载《社会科学动态》2020年第10期，第102－111页。

## 问题4：双方当事人可以就哪些内容进行和解？

根据法律规定，当事人双方可以就赔偿损失、恢复原状、赔礼道歉、精神抚慰等民事责任事项进行和解，并且可以就被害人及其法定代理人或者近亲属是否要求或者同意公安、司法机关对犯罪嫌疑人、被告人依法从宽处理达成一致，但不得对案件的事实认定、证据和法律适用、定罪量刑等依法属于公安司法机关职权范围的事宜进行协商。证据的采信和认定应由独立的审判机关根据法律程序和标准进行，将证据认定纳入和解协议会削弱对犯罪事实的客观认定，不利于公正审判和追究犯罪。事实认定是刑事司法程序的核心环节，需要审判机关保持独立性和公正性，依据既有的案卷材料和证据客观、准确地认定。定罪量刑是人民法院的法定审判职责，是审判权的核心要素，应当由法官根据法律和事实进行判断。将定罪量刑纳入和解协议致使犯罪行为不能得到应有的追究和惩罚，同时也损害了被害人的利益和公共利益。即使和解协议中包含被害人表示不追究犯罪嫌疑人、被告人刑事责任意愿的内容，该内容对司法机关也没有任何约束力，刑事责任最终取决于公安机关、人民检察院、人民法院根据《刑法》和《刑事诉讼法》对犯罪嫌疑人、被告人作出的处理，犯罪嫌疑人、被告人不得以此作为不履行和解协议的理由。

**延伸阅读推荐**

谢佑平、姚石京、刘晖：《刑事和解尚须厘清的八个问题》，载《人民检察》2013年第13期，第37－40页。

## 问题5：哪些人可以参与刑事和解？

刑事和解的参与人是指实质参与和解过程，积极推动达成和解协议的各方主体。依据在和解程序中发挥的作用不同，可以分为刑事和解会谈的主持者、刑事和解会谈的参与者、刑事和解的确认者、刑事和解的辅助支持者。具体而言可以包括以下几类主体：(1) 加害人：因侵犯他人人身、财产等权益被指控为犯罪后真诚悔过，积极赔偿被害人并获得谅解的个人。(2) 被害人：作为犯罪行为的受害者，被侵害个人法益的被害人可以选择自行和解或参与调解过程。广义的被害人还包括被侵害公法益的国家、社会及潜在的被害人，选取代表来表达意志与加害人进行刑事和解。(3) 司法机关：在刑事和解的各种模式中，司法机关扮演不同的角色，包括确认和解协议、主持调解会议、进行交流沟通、教育劝解等。(4) 双方近亲属、单位代表：在司法调解模式中，嫌疑人、被害人的近亲属以及所在单位的代表也参与调解会议。当被害人死亡时，其近亲属可以与被告人和解。被告人的近亲属经被告人同意，可以代为和解。被告人系限制行为能力人的，其法定代理人可以代为和解。(5) 人民调解委员会：人民调解委员会通过说服、疏导等方法，促使当事人在平等协商基础上自愿达成调解协议，解决民间纠纷的活动。(6) 法律援助人员：法律援助人员经受援人同意，代理受援人通过和解、调解及其他非诉讼方式解决纠纷，依法最大限度维护受援人合法权益。

**延伸阅读推荐**

(1) 李卫红：《刑事和解的精神》，社会科学文献出版社 2019 年版。

(2) 秦宗文：《刑事和解制度的实践困境与破解之道》，载《四川大学学报（哲学社会科学版)》2015 年第 2 期，第 151－160 页。

## 第三节　刑事缺席审判程序

### 问题 1：如何理解“犯罪嫌疑人、被告人在境外”？

犯罪嫌疑人、被告人在境外，是对贪污贿赂犯罪、严重危害国家安全犯罪、恐怖活动犯罪等案件适用刑事缺席审判程序的条件。因此如何理解“犯罪嫌疑人、被告人在境外”，决定了刑事缺席审判程序的适用范围。“犯罪嫌疑人、被告人在境外”，包含以下几层含义：一是犯罪嫌疑人、被告人在境外且未死亡。虽然犯罪嫌疑人、被告人之前出过境，但其是否还在境外不明确，或者虽然犯罪嫌疑人、被告人已经出境，但其已经死亡，均不属于“犯罪嫌疑人、被告人在境外”。这与违法所得没收程序不同，在违法所得没收程序中，犯罪嫌疑人、被告人逃匿境外，只要法定通缉期限届满不能到案，不管其是否还在境外、不管其是否生死，均可适用违法所得没收程序。二是犯罪嫌疑人、被告人在境外是为了逃避法律的制裁。虽然刑事诉讼法只是规定“犯罪嫌疑人、被告人在境外”，没有规定“犯罪嫌疑人、被告人潜逃境外”，但从该程序的立法目的来看，在境外应该限于犯罪嫌疑人、被告人的主观原因，而不包括客观原因，如不可抗力、身体原因等滞留境外。三是必须有一定的证据证明“犯罪嫌疑人、被告人在境外”。对于刑事缺席审判程序的证明问题，法律只规定了犯罪事实的证明，需要达到事实清楚，证据确实、充分的标准，而对于“犯罪嫌疑人、被告人在境外”的证明，需要达到何种标准，法律并未规定，理论界存在一定争议。一般认为，“犯罪嫌疑人、被告人在境外”属于程序法事实，证明标准无须达到事实清楚，证据确实、充分的标准。[①]

**延伸阅读推荐**

杨宇冠、高童非：《中国特色刑事缺席审判制度的构建——以比较法为视角》，载《法律适用》2018 年第 23 期，第 13－27 页。

### 问题 2：刑事诉讼法设立了刑事缺席审判程序后，违法所得没收程序是否还有存在的必要？

这一问题涉及刑事缺席审判程序与违法所得没收程序的关系。2012 年《刑事诉讼法》设立了违法所得没收程序，根据立法者所言，当时设立该程序的主要目的是："在我国近年的司法实践中，一些贪污贿赂犯罪、恐怖主义活动犯罪案件的犯罪嫌疑人、被告人逃匿或者死亡，由于我国法律没有规定缺席审判，当犯罪嫌疑人因逃匿或死亡而无法到案时，诉讼程序就无法进行下去，致使有些犯罪分子的违法所得及用于犯罪的财产无法追缴，既不利于打击这类犯罪，也不利于国家利益、被害人利益的及时保护。"[②] 也就是说，因为我国法律没有规定缺席审判，所以才设立了违法所得没收程序。而 2018 年《刑事诉讼法》设立了刑事缺席审判程序，那么还是否有必要继续保留违法所得没收程序？从法律规定来看，两种程序虽有共性，且存在交叉，但仍存在较大差异，无法替代。违法所得没收程序是对物之诉，解决是否属于违法所得及是否应当没收等问题，不解决被告人的定罪量刑问题。而缺席审判程序是对人之诉，主要解决被告人的定罪量刑问题。虽然在缺席审判程序中也要对违法所得问题进行处理，但其适用条件与违法所得没收程序不同。

**延伸阅读推荐**

黄风：《刑事缺席审判与特别没收程序关系辨析》，载《法律适用》2018 年第 23 期，第 2－12 页。

### 问题 3：为什么缺席审判案件被纳入法律援助案件范围而没收违法所得案件没被纳入法律援助案件范围？

对于缺席审判案件应否被纳入法律援助案件范围，存在不同认识。有意见认为，缺席审判案件不宜纳入法律援助的范围，主要理由是：缺席审判程序与违法所得没收程序相近，但后者并无直接纳入法律援助范围的规定；对于缺席审判程序案件，即使通知法律援助机构指派律师为其提供辩护，由于辩护人见不到被告人，法律援助的意义不大。但立法之所以将缺席审判案件而不将违法所得没收案件纳入法律援助范围，主要原因是两种案件所要解决的问题的重要性不同：缺席审判案件所要解决的是定罪量刑问题，涉及的是人身权利，而没收违法所得案件所要解决的是违法所得的处理问题，涉及的是财产利益。因此基于对缺席审判案件被告人的辩护权的特别保障，法律将该案件纳入了法律援助案件范围。

---

① 参见高通：《论刑事缺席审判程序中的证明标准——以被告人在境外类案件为视角》，载《法学》2022 年第 9 期。

② 郎胜主编：《中华人民共和国刑事诉讼法释义（最新修正版）》，法律出版社 2012 年版，第 613 页。

**延伸阅读推荐**

喻海松：《刑事缺席审判程序的立法进程》，载《法律适用》2018 年第 23 期，第 40－45 页。

## 问题 4：如何判断“被告人患有严重疾病无法出庭”？

《刑事诉讼法》规定，因被告人患有严重疾病无法出庭，在符合一定条件下，可以适用缺席审判程序。对于“被告人患有严重疾病无法出庭”，《高法解释》明确为“被告人患有严重疾病导致缺乏受审能力无法出庭受审”。受审能力是被告人能够实质参与审判的前提，若无受审能力，则被告人不能理性地参与诉讼，审判程序可能会成为公开攻击无受审能力被告人的活动，就像是不平等对手间，一方具有压倒性优势，另一方则毫无抵御之力。受审能力也是审判能够顺利进行的基础，无受审能力，则可能会实施不当行为，妨碍审判的顺利进行，比如有些精神病人具有较强的攻击性，让其受审可能会扰乱庭审秩序。但对于被告人受审能力的判断则存在较大争议。主流观点认为，只要被告人的认知、智力和交流能力方面受损，不能理解自己在诉讼过程中所处的地位和自己行为在诉讼中的意义，不能行使诉讼权利，也不能与辩护人合作为自己进行辩护，就可以被认定为无受审能力。

**延伸阅读推荐**

（1）周长军、乔杉：《被告人受审能力认定标准的再构造——兼及无受审能力被告人缺席审判的范围》，载《政法论丛》2022 年第 5 期，第 67－77 页。

（2）鲍文强：《我国刑事诉讼中受审能力规则的功能反思与制度完善》，载《法制与社会发展》2023 年第 4 期，第 117－130 页。

## 问题 5：缺席审判判决、裁定生效后，罪犯对判决、裁定提出异议的，为什么启动的不是再审程序而是重新审理程序？

刑事诉讼法规定，对于生效的缺席审判判决、裁定，罪犯对判决、裁定提出异议的，人民法院应当重新审理。根据该规定，对于生效的缺席审判判决、裁定，是通过重新审理程序救济的。但根据诉讼理论与相关法律规定，对于生效判决、裁定，原则上不得再次审判，只有在例外的情况下才能再次审判，而且再次审判只能通过再审程序。刑事诉讼法作此种特殊规定，是基于人权保障与维护被告人诉讼主体地位的考量。同时，给予某些被缺席判决有罪的罪犯获得重新审判的机会，也是国际上较为通行的惯例，有利于追逃引渡工作顺利地进行。我国法律亦有类似规定，如《中华人民共和国引渡法》第 8 条规定：“外国向中华人民共和国提出引渡请求，有下列情形之一的，应当拒绝引渡”，其中第八种情形是：“请求国根据缺席判决提出引渡请求的。但请求国承诺在引渡后对被请求引渡人给予在其出庭的情况下进行重新审判机会的除外。”

**延伸阅读推荐**

邵劭：《我国刑事缺席审判程序中的异议权》，载《中国法学》2021 年第 5 期，第 102－123 页。

# 第四节　违法所得的没收程序

## 问题 1：违法所得没收程序属于刑事程序还是民事程序？

关于违法所得没收程序的性质，理论界存在“民事没收性质说”“行政强制措施说”“强制处理方法说”“综合说”等学说，但一般认为，我国的违法所得没收程序，应是一种刑事没收性质的刑事特别程序。理由主要有两点：一是根据程序分类的一般理论，判断某一程序是否属于刑事程序，应当根据设置程序的目的是否旨在追究犯罪从而实现“国家刑罚权”。违法所得没收程序的设立原因主要是为了强化对腐败犯罪、恐怖活动犯罪等严重犯罪的打击力度，与我国已加入的联合国《反腐败公约》及有关恐怖活动的决议的要求相衔接。由此可见，我国设置违法所得没收程序的目的是在犯罪嫌疑人、被告人缺席的情况下也能实现对其犯罪涉案财物的没收，具有明显的惩罚性。所以，该程序是刑事程序。二是如果法律规定的没收，只要求没收的对象必须与犯罪密切相关，而对涉嫌犯罪的人一概不问，刑事追诉是否提起对于没收没有任何影响，则这种没收为民事没收，相反，如果立法规定的对物的没收，必须以对人的追诉为前提，启动对物的没收是因为对人的追诉活动因为某些障碍无法继续，则这种依附于对人的追诉的对物没收属于刑事没收。[①] 从我国法律规定来看，违法所得没收程序的提起必须是两类特殊的重大犯罪案件已经启动刑事追诉，而一旦犯罪嫌疑人、被告人归案，该没收程序就得终止，重启普通程序实现对人的追诉。据此，违法所得没收程序属于刑事没收。

**延伸阅读推荐**

谢丽珍：《违法所得没收程序的性质辨析》，载《江西社会科学》2013 年第 11 期，第 148－153 页。

## 问题 2：违法所得没收程序是否背离“无罪推定原则”？

“无罪推定原则”是指，在法院依法作出生效裁判之前，犯罪嫌疑人、被告人在法律上是无罪的。该原则作为刑事诉讼活动中的重要指导原则，是决定程序正当性的核心标准。违法所得没收程序是在未对被告人刑事责任进行审理和“定罪”的前提下，对被告人涉案财产进行处置的程序。因此，有学者认为该程序一定程度上抛弃了“无罪推定原则”，是对正当程序的减损。但是，“无罪推定原则”的人权保护功能侧重于犯罪嫌疑人、被告人的人身权和自由权。而违法所得没收程序不同于一般的诉讼程序，是不以定罪为基础的财产没收程序，性质上并非针对行为人的刑事处罚，而是对违法所得的剥夺，是对财产关系恢复原状。这种程序设置体现了诉讼的灵活性，并未背离“无罪推定原则”[②]。

**延伸阅读推荐**

奚玮、张敬博：《违法所得没收程序的正当性之辨》，载《西南民族大学学报（人文

---

① 参见谢丽珍：《违法所得没收程序的性质辨析》，载《江西社会科学》2013 年第 11 期。

② 奚玮、张敬博：《违法所得没收程序的正当性之辨》，载《西南民族大学学报（人文社会科学版）》2014 年第 4 期。

社会科学版)》2014年第4期，第87-90页。

### 问题3：对于逃逸后因其他原因而不能到案的，能否适用违法所得没收程序?

法律规定，犯罪嫌疑人、被告人为逃避侦查和刑事追究潜逃、隐匿，或者在刑事诉讼过程中脱逃的，应当认定为逃匿，在通缉1年后不能到案，可以适用违法所得没收程序。如果犯罪嫌疑人、被告人逃匿后，不能到案不是因为其潜逃、隐匿，而是因为其他原因，比如那些为逃避侦查和刑事追究而潜逃境外，随后又因境外的引渡或遣返审查程序而受到羁押或被限制人身自由的人员，或者随后在境外因其他违法犯罪行为受到拘禁或者正在服刑的人员，不能到案是由境外执法或司法机关适用强制措施或刑罚措施而造成的，那么能否适用违法所得程序？对上述情形，仍因其初始的逃匿行为而被视为处于逃匿的持续状态，可以适用违法所得没收程序。

### 问题4：对民事程序中两类可以宣告死亡的情形，为何规定为“依照逃匿情形处理”而不是将其明确为“逃匿”或“死亡”?

“犯罪嫌疑人、被告人因意外事故下落不明满二年，或者因意外事故下落不明，经有关机关证明该公民不可能生存的，依照逃匿情形处理。”现行法律作出这样的规定，首先考虑的是，如果犯罪嫌疑人、被告人通过实施贪污贿赂犯罪获得大量财产，发生上述两种情形后，对其不法财产放任不管显然与立法原意不符。其次，根据《民事诉讼法》，上述两种情形“经利害关系人申请，人民法院可以宣告死亡”。但在没收违法所得申请案件中，利害关系人多是犯罪嫌疑人、被告人的近亲属，由近亲属提出申请进而作出对犯罪嫌疑人、被告人的财产不利的处理，既不现实，也不合情理。同时，对公民宣告死亡不仅涉及非法财产的处置，还涉及合法财产和人身关系的确认，如遗产继承等，故不宜将人民法院宣告犯罪嫌疑人、被告人死亡作为上述两种情形没收违法所得申请的前置条件。最后，考虑到因意外事故下落不明毕竟在直观上与“逃匿”不同，且即便被抓获可能性很低，也与“死亡”不同，故法律未直接将上述两种下落不明情形明确为“逃匿”或“死亡”，而是采取了技术性表述，明确规定依照逃匿情形处理。这样规定，意味着上述两种情形适用违法所得没收程序依然受到罪名范围和通缉1年后不能到案的限制。虽然程序相对烦琐，但相对于由利害关系人申请和人民法院宣告死亡，则更加便于把握和操作执行。①

**延伸阅读推荐**

裴显鼎、王晓东、刘晓虎：《违法所得没收程序重点疑难问题解读》，载《法律适用》2017年第13期，第2-15页。

### 问题5：已经挥霍的违法所得能否从被追诉人其他财产中等值没收?

对于这一问题的争议，涉及涉案数额与对物之诉赃款没收范围之间关系问题。联合国《追回被盗资产倡议》依划定没收范围的依据不同，将没收分为“基于价值的没收”

① 参见裴显鼎、王晓东、刘晓虎：《违法所得没收程序重点疑难问题解读》，载《法律适用》2017年第13期。

和“基于财产的没收”，该理论分类对回答该问题具有重要意义。价值没收，将犯罪行为人的所有财产作为责任财产范围，以涉案数额为具体执行范围依据，自始无须证明某一财产与犯罪的关联。财产没收，目标指向与犯罪存在关联的财产，要求可以证明被没收财产与犯罪之间的联系。然而，当犯罪关联财产因灭失、损毁、挥霍等原因而无法追缴时，财产没收就无法发挥作用。因此，在财产没收制度框架下，出现了“替代资产”，即原违法财物因灭失、挥霍、隐匿而无法或难以追缴时予以替代没收的等值合法财产，而非原违法财物的转化转换形态。① 我国现行《刑事诉讼法》关于违法所得没收程序没收范围的规定未设置替代资产条款，具体来讲，现行违法所得没收程序可以处置的财产对象是“依照刑法规定应当追缴的违法所得及其他涉案财产”，司法解释对这一概念的界定，也仅是将原违法财物的转变、转化形态纳入没收范围，并不能据此将没收等值替代资产适用于违法所得没收程序。而“挥霍”是指将赃款用于支付娱乐、旅游、餐饮等开销，获取非资产性利益，而非转化为房产、车辆等其他可予继续追缴的财物。因此，在适用既有规范层面上，已挥霍的赃款不能从被追诉人其他财产中等值没收，没收范围不能扩及不在追踪链条之上的合法财产，追踪链条因违法所得消耗殆尽而走到终点。

**延伸阅读推荐**

初殿清：《对物之诉视角下违法所得没收程序的赃款没收范围》，载《中国刑事法杂志》2022 年第 4 期，第 145－160 页。

## 问题 6：在违法所得没收程序中，是否适用善意取得制度？

我国民法典规定了善意取得制度，但对于违法所得及其他涉案财物能否适用该制度没有明确规定，刑事诉讼法及相关司法解释也未规定。从世界范围来看，在违法所得没收程序中对善意第三人进行保护是各国的通例，而且在我国批准通过且含有没收内容的国际公约中，均要求在追缴没收过程中，注意对善意第三人权益的保护。因此，从保护善意第三人权益的角度，在违法所得没收程序中应当适用善意取得制度，如确属第三人善意取得的财物，虽然源于犯罪嫌疑人、被告人，也不应当予以没收。②

**延伸阅读推荐**

张吉喜：《违法所得没收程序适用中的相关问题研究》，载《现代法学》2019 年第 1 期，第 136－148 页。

## 问题 7：为什么将“高度可能性”作为认定拟没收财物具有可没收性的证明标准？

法律规定，申请没收的财产具有高度可能属于违法所得及其他涉案财产的，应当认定为属于违法所得及其他涉案财产。根据该规定，没收违法所得的证明标准为高度可能性。法律之所以将高度可能性规定为其证明标准，主要是因为以下几方面的考虑：一是符合立法原意和司法实践需求。不同于普通刑事诉讼程序，违法所得没收程序的基本法

① 参见初殿清：《对物之诉视角下违法所得没收程序的赃款没收范围》，载《中国刑事法杂志》2022 年第 4 期。

② 参见裴显鼎、王晓东、刘晓虎：《违法所得没收程序重点疑难问题解读》，载《法律适用》2017 年第 13 期。

理依据在于"不让犯罪分子通过犯罪获得任何收益"，旨在查明申请没收的财产与犯罪事实之间的关联性。在违法所得没收程序中，犯罪嫌疑人、被告人不在案，既不能获取其供述，也不能收集根据其供述而可能产生的其他客观性证据，绝大多数案件都难以达到普通刑事诉讼程序排除合理怀疑的标准。如果坚持排除合理怀疑的标准，则绝大多数案件都只能裁定驳回申请。二是符合违法所得没收程序的本质特性。违法所得没收程序是针对犯罪嫌疑人、被告人因犯罪行为而获得的财产的处理，本质上是对财产所有权的确认之诉。这一本质特征决定了其证明标准与普通刑事诉讼程序相比可以有所降低。根据"谁主张，谁举证"的举证原则，只要检察机关提出的证据证明，申请没收的财产具有高度可能属于违法所得及其他涉案财产，除返还被害人以外，就应当没收。三是借鉴部分外国理论和实践。国外多数国家将违法所得没收规定为民事诉讼程序，其中，对于申请没收财产与犯罪事实的关联性，美国、英国、加拿大、澳大利亚等国家均采用"优势证据标准"。这些国家用自身的经验和做法证明了优势证据用于不定罪没收制度的可行性和重要意义，为在违法所得没收程序中采用高度盖然性证明标准，增加了实践认同和确信。①

### 问题8：行为人在立案侦查前就死亡，能否对其适用违法所得没收程序没收其违法所得？

《刑事诉讼法》规定，对于贪污贿赂犯罪、恐怖活动犯罪等重大犯罪案件，犯罪嫌疑人、被告人死亡，依照刑法规定应当追缴其违法所得及其他涉案财产的，人民检察院可以向人民法院提出没收违法所得的申请。根据该规定，适用违法所得没收程序的主体必须是犯罪嫌疑人、被告人。有观点认为，"犯罪嫌疑人、被告人"的称谓必须是在司法机关刑事立案后，因此只有在刑事立案后死亡的，才能适用违法所得没收，如果是在刑事立案前就死亡的，则不符合"犯罪嫌疑人、被告人"的主体条件，不能适用违法所得没收程序。但是，这种观点是错误的，因为刑事诉讼法表述的"犯罪嫌疑人"的外延包括但不限于刑事立案后的主体。即使是在刑事立案之前，也可以"犯罪嫌疑人"进行表述。因此行为人在立案侦查前就死亡的，也可以对其适用违法所得没收程序没收其违法所得。该结论也适用于行为人在纪检监察阶段死亡的情形。

**延伸阅读推荐**

陈正云、张志强：《违法所得没收程序若干问题研究——以任某某违法所得没收案为视角》，载《人民检察》2017年第16期，第15-18页。

### 问题9：如果犯罪已过追诉期限时，还能否适用违法所得没收程序？

对此问题，法律并未规定，理论界有两种观点。一种观点认为，刑事追诉期限已过，刑事责任不追究，故犯罪嫌疑人、被告人的违法所得及涉案财产不能没收。另一种观点认为，无论是否已过追诉期限，对违法所得及涉案财产都应当予以没收。理由是：所有权各项权能的分离是暂时的，最终都要回复到所有权中来。无论时间过多久，国家或者

---

① 参见裴显鼎、王晓东、刘晓虎：《违法所得没收程序重点疑难问题解读》，载《法律适用》2017年第13期。

被害人的财产所有权不因追诉期限已过而丧失；基于不让犯罪者通过犯罪受益的原理，无论时间过多久，只要犯罪者通过犯罪获取利益，就要一追到底。后一种观点似有一定道理，但犯罪已过追诉期限毕竟情况特殊，在具体操作程序上会带来一系列问题，如对于一般没收违法所得申请案件，犯罪嫌疑人、被告人到案即终止违法所得没收程序，但在犯罪已过追诉期限情形下，对行为人如何称谓、是否允许其参与诉讼、能否允许其就刑事部分事实提出意见以及是否允许其委托代理人等。[①]

## 第五节　刑事强制医疗程序

### 问题 1：如何理解强制医疗的性质？

强制医疗是一种兼具实体法与程序法的具有保安处分性质的社会防卫措施。从实体法看，其表现为一种刑事实体处理措施。《刑法》第 18 条明确限定了对触犯刑法的精神障碍者实施强制医疗措施的范围，也就是说，不是所有触犯刑法的精神障碍者均会被采取强制医疗措施，而只是在“必要的时候”，才“由政府强制医疗”。这种设置逻辑倾向性地表达了“隔离排害”的价值取向与实现特殊预防的目的，是一种类似于保安处分性质的刑事实体措施。正是为了落实“必要的时候，由政府强制医疗”的实体规定，《刑事诉讼法》作为程序性法律规范才会专设章节规定强制医疗的具体程序规则，以明确其实施路径。从程序法看，其表现为一种刑事司法处理行为。《刑事诉讼法》在特别程序中专设一章，规定了对不负刑事责任精神病人的强制医疗程序，由此将《刑法》所规定的“由政府强制医疗”中的“政府”转化为“公安司法机关”。具体而言，刑事强制医疗由人民法院决定，由公安机关负责送医疗机构执行，由检察院进行强制医疗的处分建议与法律监督。因此，对触犯刑法的精神障碍者实施强制医疗，只能遵循刑事诉讼法关于强制医疗特别程序的规定，必须经过司法审查。由此可见这是一种典型的刑事司法处理行为，排除了非司法部门的参与和处置。

**延伸阅读推荐**

奚玮、宁金强：《刑事强制医疗的对象界定与程序完善》，载《浙江工商大学学报》2013 年第 5 期，第 42－48 页。

### 问题 2：对于可能自杀、自残的精神病人，能否采取强制医疗措施？

具有危险性是适用强制医疗程序的一个要件，但我国强制医疗程序将危险性作狭义界定，限定为“社会危险性”，仅将对他人构成危险的精神病人作为强制医疗对象，而不包括可能自杀、自残的精神病人，因此在我国，当精神病人可能自杀、自残时，对其不能适用强制医疗程序。这与其他国家的做法存在较大差异。在许多国家，危险性不仅包括对他人的危险，也包括对自身的危险，因此对可能自杀、自残的精神病人，也可适用

---

① 参见裴显鼎、王晓东、刘晓虎：《〈关于犯罪嫌疑人、被告人逃匿、死亡案件适用违法所得没收程序若干问题的规定〉的理解与适用》，载《人民司法》2017 年第 16 期。

强制医疗程序。强制医疗的目的是避免社会危害和保障精神病人的健康利益，是一种社会防卫和健康救护性措施。我国对危险性作狭义界定，反映了我国的强制医疗属于纯粹的社会防卫措施，不利于保障精神病人的健康利益。

**延伸阅读推荐**

（1）秦宗文：《刑事强制医疗程序研究》，载《华东政法大学学报》2012 年第 5 期，第 118－129 页。

（2）田圣斌：《强制医疗程序初论》，载《政法论坛》2014 年第 1 期，第 62－72 页。

## 问题 3："有继续危害社会的可能"是否需要经法定程序鉴定？

强制医疗程序的适用需要同时满足"实施了危害公共安全或者严重危害公民人身安全的暴力行为、属依法不负刑事责任的精神病人以及有继续危害社会的可能"等条件。其中对于"属依法不负刑事责任的精神病人"，法律明确规定必须经法定程序鉴定，但对于"有继续危害社会的可能"是否必须经法定程序鉴定，法律并未规定。是否"有继续危害社会的可能"，取决于对行为人精神状况的评估，因此也属于专业判断。但与是否"属依法不负刑事责任的精神病人"是一种确定判断不同，是否"有继续危害社会的可能"是一种不确定判断。司法实践中鉴定机构出具的通常是"危险性较高"或"危险性较低"等意见，而不是"有危险性"或"无危险性"的意见。因此需要法官结合案件事实、行为人已实施的行为等，参考有关精神病专家作出的精神状况鉴定，依据相关证据对将来可能发生的行为作出风险评估，预测行为人是否有再次实施危害行为的风险，以及风险性大小。

**延伸阅读推荐**

陈绍辉：《论刑事强制医疗程序中人身危险性的判定》，载《东方法学》2016 年第 5 期，第 105－119 页。

## 问题 4：强制医疗的证明是怎么样的？

我国对于有罪的证明问题作了明确规定，但对于强制医疗的证明问题未作规定。证明问题主要包括证明对象、证明责任、证明标准，强制医疗的证明有一定的特殊性。强制医疗的证明对象包括被告人的行为是刑法所规定的犯罪行为并造成危害、被告人为不负刑事责任的精神病人、被告人对社会具有现实的危害性等几方面。检察机关申请对被告人强制医疗的案件中，应由检察机关承担证明责任。在审理后法官对于被告人是否符合强制医疗条件无法形成内心确信时，应当驳回检察机关的强制医疗申请，由检察机关承担不利后果。对于法官主动决定强制医疗的情形，检察机关承担的是部分证明责任，即必须证明被告人的行为构成犯罪行为，在此之后法官才能依职权查明是否应对被告人适用强制医疗，此时检察官负有协助法官查明被告人是否符合强制医疗要件的义务，法官可以命令检察官采取鉴定、讯问等必要的措施。强制医疗的证明标准不是单一的证明标准，而是一种"复合型"的证明标准。对于被告人的行为构成犯罪行为、被告人是不负刑事责任的精神病人的证明，需要达到定罪的证明标准。而对于被告人的社会危害性的证明，一方面因为这是以将来行为而非过去行为作基准的，实质上是一种预测，不可能达到定罪的标准，另一方面因为强制医疗不同于刑罚纯粹的惩罚性，而是具有治疗性，也不需要达到定罪的标准。但是，由于强制医疗涉及对人身自由的限制，因此其证明标准应高于一般民事案件的证明标准。

**延伸阅读推荐**

纵博：《论强制医疗程序的证明问题》，载《四川大学学报（哲学社会科学版）》2013年第5期，第151-159页。

## 问题5：刑事强制医疗程序与《精神卫生法》中的民事收治程序有何差异？

《精神卫生法》规定了对精神障碍者的民事收治程序，刑事强制医疗程序与民事收治程序主要存在以下差异：一是适用对象不同。《刑事诉讼法》规定“实施暴力行为，危害公共安全或者严重危害公民人身安全，社会危害性已经达到犯罪程度，但经法定程序鉴定依法不负刑事责任的精神病人，有继续危害社会可能的，可以予以强制医疗”。而《精神卫生法》规定“诊断结论、病情评估表明，就诊者为严重精神障碍患者并有下列情形之一的，应当对其实施住院治疗：（一）已经发生伤害自身的行为，或者有伤害自身的危险的；（二）已经发生危害他人安全的行为，或者有危害他人安全的危险的”。二是决定主体不同。《高法解释》规定：“人民检察院申请对依法不负刑事责任的精神病人强制医疗的案件，由被申请人实施暴力行为所在地的基层人民法院管辖；由被申请人居住地的人民法院审判更为适宜的，可以由被申请人居住地的基层人民法院管辖。”因此刑事强制医疗案件的决定主体是人民法院。而《精神卫生法》规定民事收治程序的决定主体则是医疗机构和监护人。三是制度性质不同。刑事强制医疗具有司法性质，从决定主体来说，是由人民法院进行审判；从审判组织来看，是通过合议庭进行审判；从启动程序来说，或者由人民检察院或者直接由人民法院启动；从证据搜集来看，由作为一般侦查机关的公安机关侦查；从审判中的组合来看，有人民法院、人民检察院和律师三方组合；等等。普通强制医疗则具有明显的行政性质。《精神卫生法》规定“精神卫生工作实行政府组织领导、部门各负其责、家庭和单位尽力尽责和全社会共同参与的综合管理机制”，从该规定可以看出，民事收治程序具有明显的行政性质。

**延伸阅读推荐**

陈博、孙艺玮：《粤港澳大湾区精神障碍患者民事收治制度比较研究》，载《医学与哲学》2022年第16期，第52-57页。

## 问题6：如何采取临时的保护性约束措施？

根据刑事诉讼法的规定，对实施暴力行为的精神病人，在人民法院决定强制医疗前，公安机关可以采取临时的保护性约束措施。那么公安机关如何采取临时的保护性约束措施？对此，刑事诉讼法未作规定，但相关的司法解释有所涉及。如《公安规定》规定，临时的保护性约束措施的采取必须经县级以上公安机关负责人批准；在必要时，可以将实施暴力行为的精神病人送精神病医院接受治疗；对于精神病人已没有继续危害社会可能，解除约束后不致发生社会危险性的，公安机关应当及时解除保护性约束措施。《高检规则》规定，人民检察院发现公安机关采取临时保护性约束措施不当的，应当提出纠正意见；认为公安机关应当采取临时保护性约束措施而尚未采取的，人民检察院应当建议公安机关采取临时保护性约束措施；发现公安机关对涉案精神病人采取临时保护性约束措施时有体罚、虐待等违法情形的，应当提出纠正意见。

**延伸阅读推荐**

郭锴：《论强制医疗程序中“临时保护性约束措施”立法完善——以大陆法系地区为借鉴》，载《河南师范大学学报（哲学社会科学版）》2016 年第 6 期，第 90 - 96 页。

### 问题 7：对有关强制医疗的判决、决定，检察机关提起抗诉而另一方申请复议，对此应该如何处理？

根据规定，人民法院在审理案件过程中发现被告人符合强制医疗条件的，应当判决宣告被告人不负刑事责任，同时作出对被告人强制医疗的决定。对于不负刑事责任的判决，检察机关可以提起抗诉，对于强制医疗的决定，被决定强制医疗的人、被害人及其法定代理人、近亲属可以向上一级人民法院申请复议。当检察机关提起抗诉时，上一级人民法院应当依照第二审程序处理，当被决定强制医疗的人、被害人及其法定代理人、近亲属申请复议时，则上一级人民法院应当依照复议程序处理，当检察机关与被决定强制医疗的人、被害人及其法定代理人、近亲属同时提起抗诉和申请复议时，上一级人民法院仍应当依照第二审程序一并处理。强制医疗决定一经作出，立即生效，不准上诉、抗诉，虽可申请复议，但复议期间不停止执行强制医疗的决定。因此即使检察机关对判决提起抗诉，也不能停止执行强制医疗的决定。

**延伸阅读推荐**

王君炜：《我国强制医疗诉讼救济机制之检讨》，载《法学》2016 年第 12 期，第 126 - 133 页。

### 问题 8：如何解除强制医疗措施？

强制医疗的目的在于治疗不负刑事责任的精神病人，消除其人身危险性以免再次危害社会。但是，就其法律属性而言，强制治疗并没有取得患者的同意，本质上是对精神病人人身自由的剥夺。因此，在精神疾病被治愈且不具有人身危险性时，应当解除强制医疗恢复被强制医疗人的人身自由。强制医疗的解除包括申请与决定两个环节，申请由医疗机构与被强制医疗的人及其近亲属向法院提出，法院在收到解除申请后，应当组成合议庭进行审查，在 1 个月以内作出是否解除的决定。法院在作出是否解除决定前，应当参考医疗机构出具的诊断评估报告，必要时，法院可以委托鉴定机构对被强制医疗的人进行鉴定。

**延伸阅读推荐**

王迎龙：《美国刑事强制医疗程序研究——兼论我国刑事强制医疗程序的完善》，载《中国政法大学学报》2015 年第 6 期，第 104 - 112 页。

## 本章课后演练

### （一）不定项选择题

1. 李某的女儿李小某（16 周岁）因涉嫌盗窃被公安机关立案侦查，在侦查过程中，下列表述正确的是（　　）。

A. 侦查人员讯问李小某时应当通知李某到场

B. 在 A 中，若李某无法到场，也可以通知李某的女朋友韩某到场

C. 侦查人员讯问李小某时，应当由女工作人员在场

D. 侦查人员讯问李小某时，应当以一次为原则，避免反复讯问

2. 陈某 17 周岁，因涉嫌盗窃罪被某县公安机关立案侦查。侦查终结后移送某县检察院审查起诉，此时陈某已满 18 周岁，某县检察机关发现陈某盗窃数额不大，符合附条件不起诉的条件，遂决定对其附条件不起诉并附 6 个月考验期。在考验期内，陈某再次盗窃他人财物涉嫌犯罪，某县检察院对陈某撤销附条件不起诉，依法向某县法院提起公诉，某县法院经过审理判处陈某 3 年有期徒刑，陈某不服，判决随后生效。本案检察院、法院的做法中，符合刑事诉讼法的情形包括（　　）。

A. 某县检察院对陈某决定附条件不起诉

B. 某县法院对陈某案件公开审理

C. 某县法院适用未成年人案件审判组织审理陈某案件

D. 某县法院封存陈某的犯罪记录

3. 下列哪一案件可以适用当事人和解的公诉案件诉讼程序？（　　）

A. 甲因侵占罪被免除处罚 2 年后，又涉嫌故意伤害致人轻伤

B. 乙涉嫌寻衅滋事，在押期间由其父亲代为和解，被害人表示同意

C. 丙涉嫌过失致人重伤，被害人系限制民事行为能力人，被害人父亲愿意代为和解

D. 丁涉嫌破坏计算机信息系统，被害人表示愿意和解

4. 甲因琐事与乙发生口角进而厮打，推搡之间，不慎致乙死亡。检察院以甲涉嫌过失致人死亡提起公诉，乙母丙向法院提起附带民事诉讼。关于本案处理，下列哪些选项是正确的？（　　）

A. 法院可对附带民事部分进行调解

B. 如甲与丙经法院调解达成协议，调解协议中约定的赔偿损失内容可分期履行

C. 如甲提出申请，法院可组织甲与丙协商以达成和解

D. 如甲与丙达成刑事和解，其约定的赔偿损失内容可分期履行

5. 下列对患有严重疾病和死亡被告人适用缺席审判程序的说法，正确的是（　　）。

A. 王某因交通肇事被 M 区检察院提起公诉，在审理中，王某突发脑出血导致重度昏迷，M 区法院裁定中止审理 6 个月后，王某仍然无意识，王某的父亲可以代为申请恢复审理

B. 张某因盗窃被起诉至 N 区法院，审理中，张某死亡，法院认为检察院指控张某有罪的证据不足，不能认定张某有罪，法院应当裁定终止审理

C. 李某因抢劫罪被判 15 年有期徒刑，判决生效后，李某死亡，法院对该案启动再审程序，认为原判对李某量刑畸重的，法院应当裁定终止审理

D. 李某因抢劫罪被判 15 年有期徒刑，判决生效后，李某死亡，法院对该案启动再审程序，认为原判对李某量刑畸轻的，法院应当裁定终止审理

6. 张某因贪污罪被某市监察委员会立案后，逃往加拿大，下列对张某缺席案件的办理程序的说法，不正确的是（　　）。

A. 由犯罪地、张某入境后居住地或者最高人民法院指定的中级法院组成合议庭进行审理

B. 张某的近亲属申请参加诉讼的，应提供与张某关系的证明材料。有多名近亲属的，应当推选一至二人参加诉讼

C. 在审理过程中，张某被遣返回国，张某提出异议后，法院才应对其重新审理

D. 在缺席判决发生法律效力后，张某被遣返回国，法院应当对该案重新审理

7. 甲涉嫌恐怖活动犯罪被立案侦查，甲逃往境外，侦查机关对甲发布通缉令，2 年后，某市检察院向某市中级法院申请没收甲的违法所得，下列表述正确的有（　　）。

A. 某市中级法院可以对甲适用缺席审判程序

B. 某市中级法院应当发出公告

C. 甲妻有权申请参加诉讼，并需要提供夫妻关系证明

D. 甲妻声称有部分财产系合法财产不应没收，甲妻无须承担提供证据的责任

8. 下列哪一选项不属于犯罪嫌疑人、被告人逃匿、死亡案件违法所得没收程序中的“违法所得及其他涉案财产”？（　　）

A. 刘某恐怖活动犯罪案件中从其住处搜出的管制刀具

B. 赵某贪污案赃款存入银行所得的利息

C. 王某恐怖活动犯罪案件中制造爆炸装置使用的所在单位的仪器和设备

D. 周某贿赂案受贿所得的古玩

9. 刘某持刀砍杀无辜路人，致多人伤亡。某市中级法院一审判决刘某犯故意杀人罪，刘某不服上诉后，某省高级法院在审理中经鉴定认为刘某符合强制医疗条件，某省高级法院应如何处理？（　　）

A. 直接作出强制医疗决定

B. 撤销一审判决，发回重审

C. 先改判其不负刑事责任，再启动强制医疗程序

D. 先裁定终止审理，再启动强制医疗程序

10. 流浪人员苟某身份不明，无法联系到其亲属，经 A 县民政部门救助后，入住救助站，在救助站内将另一身份不明的流浪人员杀害，经鉴定，苟某因精神障碍无刑事责任能力，关于苟某的强制医疗程序，正确的是（　　）。

A. 法院可在决定强制医疗前对苟某采取临时性保护约束措施

B. A 县民政部门可担任苟某的法定代理人并在审理时到场

C. 可邀请精神医学专家担任本案人民陪审员

D. 法院对苟某作出强制医疗决定时应一并确定强制医疗期限

**（二）判断分析题**

1. 讯问（询问）未成年人，其法定代理人或合适成年人不在场的供述和证人证言可以作为定案根据。

2. 对于适用当事人和解的公诉案件诉讼程序而达成和解协议的案件，公安机关可以撤销案件。

3. 缺席审判案件中，被告人的近亲属和辩护人均可独立地对该案缺席判决向上一级法院上诉。

4. 人民法院可以直接作出没收违法所得的裁定。

5. 不同于普通案件中的抗诉或上诉，被决定强制医疗的人可通过向上一级法院申请复议启动二审程序。

**（三）简答题**

1. 未成年被告人认罪认罚程序中有哪些特别之处？

2. 简述刑事和解制度的适用范围。

3. 根据我国《刑事诉讼法》的规定，缺席审判程序的适用情形有哪些类型？

4. “违法所得及其他涉案财产”的范围？

5. 刑事强制医疗程序的适用条件是什么？

**（四）论述题**

1. 如何理解缺席审判案件被告人的异议权的正当性？

2. 在违法所得没收程序的相关规定中，哪些体现了对利害关系人合法权益的保障？

**（五）法条分析题**

1.《刑事诉讼法》第 303 条第 1 款：“公安机关发现精神病人符合强制医疗条件的，应当写出强制医疗意见书，移送人民检察院。对于公安机关移送的或者在审查起诉过程中发现的精神病人符合强制医疗条件的，人民检察院应当向人民法院提出强制医疗的申请。人民法院在审理案件过程中发现被告人符合强制医疗条件的，可以作出强制医疗的决定。”

2.《刑事诉讼法》第 281 条第 1 款、第 4 款：“对于未成年人刑事案件，在讯问和审判的时候，应当通知未成年犯罪嫌疑人、被告人的法定代理人到场。无法通知、法定代理人不能到场或者法定代理人是共犯的，也可以通知未成年犯罪嫌疑人、被告人的其他成年亲属，所在学校、单位、居住地基层组织或者未成年人保护组织的代表到场，并将有关情况记录在案。到场的法定代理人可以代为行使未成年犯罪嫌疑人、被告人的诉讼权利。……审判未成年人刑事案件，未成年被告人最后陈述后，其法定代理人可以进行补充陈述。”

**（六）案例分析题**

程某某，男，1941 年 7 月出生，户籍地河南省许昌市，出境前居住地河南省郑州市。1995 年至 1999 年任漯河市委书记。1999 年 12 月，任豫港（集团）有限公司董事长，该公司系河南省政府设在香港特别行政区的窗口公司。2000 年 12 月，程某某非法占有公款 308 万余元，后于 2001 年 2 月 7 日潜逃国外。2002 年 2 月 8 日，国际刑警组织对其发布红色通缉令。2003 年，有关部门前往国外规劝程某某回国投案，其未予理会。2015 年 4 月，程某某被列为“百名红通人员”。

国家监察体制改革后，程某某贪污案由河南省郑州市监察委员会办理。2020 年 8 月，郑州市监察委员会向郑州市人民检察院移送起诉。此后，郑州市人民检察院向郑州市中级人民法院提起公诉。2021 年 12 月 9 日，河南省郑州市中级人民法院公开开庭审理了程某某贪污一案。河南省郑州市人民检察院指控：2000 年 12 月 7 日至 2000 年 12 月 15 日，被告人程某某利用担任豫港（集团）有限公司董事长的职务便利，以在新西兰设立分公司为由，先后 3 次指使财务人员将公款转入其名下支票账户及其在新西兰开设的个人账户，非法占有公款折合人民币共计 308 万余元。河南省郑州市人民检察院提请适用缺席审判程序，以贪污罪追究其刑事责任。河南省郑州市中级人民法院依法将传票和起诉书副本送达被告人程某某后，程某某未按要求到案，其近亲属代为委托两名辩护律师为其出庭辩护。河南省郑州市中级人民法院认为、被告人程某某的行为构成贪污罪，数额特别巨大，应依法惩处。程某某逃匿境外 20 年，拒不到案接受审判，拒不退缴赃款，应予从重处罚。河南省郑州市中级人民法院作出缺席判决，以贪污罪判处被告人程某某有期徒刑 12 年，并处罚金人民币 50 万元；追缴程某某贪污所得 308 万余元。

问题：(1) 本案被告人不在案，能否对其进行审判？为什么？(2) 本案的立案管辖和审判管辖是否正确？请说明理由。(3) 程某某潜逃境外，未能出席庭审，应当如何保障其辩护权？(4) 对一审判决，程某某的近亲属是否有权不经程某某同意直接提起上诉？若程某某在判决发生法律效力后到案并对判决提出异议，法院应当如何处理？(5) 若被告人程某某在案件审理过程中死亡，请问法院应当如何处理？

# 参考答案

**（一）不定项选择题**

1. AC　2. ABCD　3. C　4. ABC　5. AD　6. ACD　7. BCD　8. C　9. BC　10. BC

**（二）判断分析题**

1. 题略。

错误。对于法定代理人或合适成年人不在场的证人证言，法律规定，经补正或者作出合理解释的可以采用；不能补正或者作出合理解释的，不得作为定案根据。对于法定代理人或合适成年人不在场的供述，法律规定，不得作为定案根据。

2. 题略。

错误。《刑事诉讼法》第 290 条规定：“对于达成和解协议的案件，公安机关可以向人民检察院提出从宽处理的建议。人民检察院可以向人民法院提出从宽处罚的建议；对于犯罪情节轻微，不需要判处刑罚的，可以作出不起诉的决定。人民法院可以依法对被告人从宽处罚。”

3. 题略。

错误。根据《刑事诉讼法》第 294 条的规定，人民法院应当将判决书送达被告人及其近亲属、辩护人。被告人或者其近亲属不服判决的，有权向上一级人民法院上诉。辩护人经被告人或者其近亲属同意，可以提出上诉。可见在缺席审判案件中，与普通程序不同，和被告人本人一样，法律也赋予被告人的近亲属独立的上诉权。但根据法律规定，辩护人具有的是有限的上诉权，即辩护人需要经过被告人或其近亲属的同意，才可以提出上诉。

4. 题略。

错误。未经人民检察院的申请，人民法院不能直接作出没收违法所得的裁定，违法所得没收程序的启动只能是检察院申请启动。在审判阶段，犯罪嫌疑人、被告人逃匿的，人民法院应当中止审理；犯罪嫌疑人、被告人死亡的，人民法院应当根据《刑事诉讼法》第16条的规定终止审理。人民检察院可以依法另行向人民法院提出没收违法所得的申请。人民法院不能直接作出没收违法所得的裁定。

5. 题略。

错误。被决定强制医疗的人、被害人及其法定代理人、近亲属对强制医疗决定不服的，可以自收到决定书之日起5日内向上一级人民法院申请复议。复议期间不停止执行强制医疗的决定。上一级人民法院应当组成合议庭审理，并在1个月内作出复议决定。但是其不能被称为二审程序。只有对一审判决、裁定不服，通过上诉、抗诉启动的程序才能叫二审程序。精神病强制医疗程序作出的是决定，没有上诉、抗诉的说法，也没有第二审程序。

**（三）简答题**

1. 题略。

（1）听取意见的特殊规定。（2）签署具结书方面的特殊要求。（3）关于禁用速裁程序的规定。

2. 题略。

下列公诉案件，犯罪嫌疑人真诚悔罪，通过向被害人赔偿损失、赔礼道歉等方式获得被害人谅解，被害人自愿和解的，经县级以上公安机关负责人批准，可以依法作为当事人和解的公诉案件办理：（1）因民间纠纷引起，涉嫌刑法关于侵犯公民人身权利、民主权利的犯罪，侵犯财产犯罪的案件，可能判处3年有期徒刑以下刑罚的；（2）除渎职犯罪以外的可能判处7年有期徒刑以下刑罚的过失犯罪案件。

3. 题略。

（1）被追诉人潜逃境外型。（2）被告人患有严重疾病型。（3）被告人死亡型。

4. 题略。

（1）通过实施犯罪直接或者间接产生、获得的任何财产，都应当认定为“违法所得”。（2）违法所得已经部分或者全部转变、转化为其他财产的，转变、转化后的财产应当视为“违法所得”。（3）来自违法所得转变、转化后的财产收益，或者来自已经与违法所得相混合财产中违法所得相应部分的收益，应当视为“违法所得”。（4）参照《刑法》第64条规定，“其他涉案财产”的范围包括违禁品和供犯罪所用的本人财物。

5. 题略。

（1）实施了危害公共安全或者严重危害公民人身安全的暴力行为。（2）经法定程序鉴定属依法不负刑事责任的精神病人。（3）有继续危害社会的可能。

**（四）论述题**

1. 题略。

对于异议权的正当性可以从三个维度去理解：

首先，从权利救济的角度分析。

其次，从裁判可接受性角度展开。

最后，从出庭的权利和义务属性的角度分析。

2. 题略。

主要从以下几个方面展开：

第一，依法保障利害关系人的知情权。

第二，依法保障利害关系人对申请没收财产提出异议的权利。

第三，依法保障利害关系人的上诉权。

**（五）法条分析题**

1. 题略。

可以从以下四个方面理解该法条：

（1）强制医疗程序形成的背景。

（2）强制医疗程序审理中被申请人和被告人的区别。

（3）对被申请人或被告人进行法律援助的理论意义和实践意义。

（4）在审理强制医疗案件中法院是应当，不是说可以。要充分保障被申请人或被告人的权益。

2. 题略。

可以从以下两个方面展开分析：

（1）关于代行诉讼权利方面。

（2）关于是否通知法定代理人到场方面。

**（六）案例分析题**

题略。

（1）虽然被告人不在案，但可以对其进行缺席审判。法律根据是《刑事诉讼法》第291条的规定。本案中，程某某贪污公款300余万元，潜逃境外，检察院认为案件事实清楚，证据确实、充分，依法应当追究刑事责任，满足了法律规定的全部条件，可以进行缺席审判。

（2）本案的立案管辖和审判管辖正确。本案中，程某某涉嫌贪污贿赂犯罪需要追究法律责任，应当由监察委员会立案管辖。本案中，程某某离境前居住地为河南省郑州市，由河南省郑州市中级人民法院审判管辖也是正确的。

（3）被告人有权委托辩护人，被告人的近亲属可以代为委托辩护人。被告人及其近亲属没有委托辩护人的，人民法院应当通知法律援助机构指派律师为其提供辩护。

（4）本案中，程某某的近亲属有权不经过程某某的同意直接提起上诉。若程某某在判决发生法律效力后到案并对判决提出异议，法院应当对案件重新审理。

（5）在审判过程中，若被告人程某某死亡，法院应当裁定终止审理或者作出无罪判决。

# 第二十章　涉外刑事诉讼程序

## 本章知识图谱

- 涉外刑事诉讼程序
  - 涉外刑事诉讼程序相关规定
    - 案件范围
      - 涉外刑事案件 — 例外：中国人在驻外使领馆内实施的犯罪，视为国内犯罪，由单位所在地或者户籍地法院管辖，不属于涉外案件
      - 部分刑事诉讼活动需要在国外进行的案件
    - 遵循法律规范
      - 以我国国内立法为依据
      - 承担我国缔结或者参加的国际条约所规定的义务
    - 特别原则
      - 适用中国刑事法律和信守国际条约相结合的原则
      - 诉讼权利和义务平等原则
      - 使用中国通用的语言文字进行诉讼的原则
      - 指定或委托中国律师参加诉讼原则
    - 国籍确认方法
      - 以其在入境时持用的有效证件予以确认
      - 国籍不明的，根据公安机关或者有关国家驻华使领馆出具的证明确认
      - 国籍确实无法查明的，以无国籍人对待
    - 管辖
      - 立案管辖 — 由犯罪地的县级以上公安机关立案侦查
      - 审判管辖
        - 级别管辖：《公安规定》第363～366条
        - 地区管辖：《刑事诉讼法》第21～23条
    - 委托辩护人
      - 若委托律师，应当委托具有中华人民共和国律师资格并依法取得执业证书的律师
      - 若委托其他辩护人，外国人也有可能成为辩护人
    - 诉讼权利保障
      - 请求公安司法机关为其提供翻译的权利
      - 与监护人、近亲属会见、通信的权利
    - 强制措施适用
      - 《公安规定》第367、368 、370条
      - 《高法解释》第479、487条
    - 侦查取证程序
      - 刑事司法协助请求的提出 — 办案机关需要向外国请求刑事司法协助的，应当制作刑事司法协助请求书并附相关材料，经所属主管机关审核同意后，对外联系机关及时向外国提出请求
      - 向外国请求调查取证 — 《国际刑事司法协助法》第25、26条
    - 跨境电子数据取证
      - 跨境刑事电子取证司法协助制度的发展
      - 单边跨境远程电子侦查取证制度的发展

- 涉外刑事诉讼程序
  - 涉外刑事诉讼程序相关规定
    - 证据可采性的审查判断
      - 审查证据的关联性、合法性、真实性
      - 真实性是法院审查境外证据可采性的重心之所在，更强调对域外证据来源和取证过程的说明，体现出了“以真实性为中心”的特点
      - 检案机关的相关文件强调，应当着重审查境外证据的合法性，并未延续“真实性审查优先”的立场
    - 证人的远程视频作证
      - 《高法解释》第253条
      - 《国际刑事司法协助法》第31条
    - 涉外文书的送达
      - 《高法解释》第495条
      - 《高法解释》第496 条
  - 刑事司法协助
    - 定义
      - 刑事司法协助是指一国的法院或者其他司法机关，根据另一国的法院或者其他司法机关的请求，代为或者协助实行与刑事诉讼有关的司法行为
      - 狭义：送达、取证等
      - 广义：除了送达、取证等，还包括引渡
    - 主体
      - 我国司法协助的主体
      - 外国司法机关
    - 具体内容
      - 调查取证
      - 送达文书
      - 安排证人作证或者协助调查
      - 查封、扣押、冻结涉案财物
      - 没收、返还违法所得及其他涉案财物
      - 移管被判刑人
      - 其他协助，包括移交证据、通报诉讼结果、引渡、犯罪情报信息的交流与合作等
    - 程序规定
      - 我国公安司法机关向外国请求刑事司法协助的程序
      - 外国向我国请求刑事司法协助的程序
  - 引渡
    - 外国向我国请求引渡的条件
      - 引渡请求所指的行为，依照我国法律和请求国法律均构成犯罪
      - 为了提起刑事诉讼而请求引渡的，根据我国法律和请求国法律，对于引渡请求所指的犯罪均可判处1年以上有期徒刑或者其他更重的刑罚；为了执行刑罚而请求引渡的，在提出引渡请求时，被请求引渡人尚未服完的刑期至少为6个月
    - 我国向外国请求引渡的程序
      - 由负责办理有关案件的省、自治区、直辖市的审判、检察、公安、国家安全或者监狱管理机关分别向最高人民法院、最高人民检察院、公安部、国家安全部、司法部提出意见书，并附有关文件和材料及其经证明无误的译文
      - 最高人民法院、最高人民检察院、公安部、国家安全部、司法部分别会同外交部审核同意后，通过外交部向外国提出请求
      - 在紧急情况下，可以在向外国正式提出引渡请求前，通过外交途径或者被请求国同意的其他途径，请求外国对有关人员先行采取强制措施

# 本章重点问题

## 第一节　涉外刑事诉讼程序

### 问题 1：什么是涉外刑事诉讼程序？涉外刑事诉讼所适用的案件范围有哪些？

涉外刑事诉讼程序，是指诉讼活动涉及外国人（包括无国籍人）或者部分需要在国外进行的刑事诉讼所特有的方式、方法和步骤。简言之，涉外刑事诉讼程序就是涉外刑事诉讼所特有的方式、方法和步骤。涉外刑事诉讼程序所适用的案件范围包括两类。

（1）涉外刑事案件。根据《高法解释》第 475 条的规定，涉外刑事案件有以下四类。第一，在中华人民共和国领域内，外国人犯罪的或者我国公民侵犯外国人合法权利的刑事案件；第二，符合《刑法》第 7 条、第 10 条规定情形的我国公民在中华人民共和国领域外犯罪的案件；第三，符合《刑法》第 8 条、第 10 条规定情形的外国人对中华人民共和国国家或公民犯罪的案件；第四，符合《刑法》第 9 条规定情形的中华人民共和国在所承担国际条约义务范围内行使管辖权的案件。

应当注意的是，中国人在驻外使领馆内实施的犯罪，视为国内犯罪，由单位所在地或者户籍地法院管辖，不属于涉外案件。因为中国驻外使领馆拟制为我国领土。

（2）部分刑事诉讼活动需要在国外进行的案件。具体包括两类：一是部分刑事诉讼活动需要在国外进行的非涉外刑事案件，如我国公民在中华人民共和国领域内犯罪，但是本案的部分电子数据位于境外或本案的关键目击证人在诉讼时身处境外；二是外国司法机关管辖的刑事案件，根据国际条约或者互惠原则，外国司法机关请求中国司法机关为其提供刑事司法协助的案件。

**延伸阅读推荐**

（1）马呈元：《论中国刑法中的普遍管辖权》，载《政法论坛》2013 年第 3 期，第 46-48 页。

（2）张婷、陈立：《跨国网络犯罪中刑事管辖权的适用困境及解决》，载《中南民族大学学报（人文社会科学版）》2023 年第 3 期，第 1-8 页。

### 问题 2：涉外刑事诉讼程序应当遵循哪些法律法规？

公安司法机关进行涉外刑事诉讼，既涉及国家主权，又涉及国家的对外关系；既要以我国国内立法为依据，又要承担我国缔结或者参加的国际条约所规定的义务，具有特殊性。涉外刑事诉讼是中国刑事诉讼活动的一个组成部分，因而它所适用的实体法和程序法都应是中国的法律以及中国参加或缔结的国际条约或国际公约，不存在适用外国实体法和程序法的问题。即使中国司法机关接受外国司法机关的请求，协助他们调查取证、查缉罪犯，也应按照中国刑事诉讼法所规定的方法和步骤进行。例如，《公安规定》第 357 条规定，办理外国人犯罪案件，应当严格依照我国法律、法规、规章，维护国家主权和利益，并在对等互惠原则的基础上，履行我国所承担的国际条约义务。

我国并不存在相对独立、系统的涉外刑事诉讼程序法，但是我国《刑事诉讼法》包含了关于涉外刑事诉讼的原则性规定。同时，为了适应司法实践中办理涉外刑事案件的需要，我国还先后对涉外刑事诉讼程序作了一系列规定，从而使涉外刑事诉讼程序逐步规范化、制度化。[①] 归纳起来，这些规定包括：

（1）《刑法》第 6 条至第 11 条和《刑事诉讼法》第 17、18 条对涉外刑事案件的管辖以及法律适用原则等作了规定。

（2）1986 年 9 月 5 日第六届全国人民代表大会常务委员会第十七次会议通过《中华人民共和国外交特权与豁免条例》，明确规定外交代表和使馆其他人员享有刑事管辖的豁免权。

（3）1987 年 6 月 23 日第六届全国人民代表大会常务委员会第二十一次会议通过《关于对中华人民共和国缔结或者参加的国际条约所规定的罪行行使刑事管辖权的决定》，决定对于中华人民共和国缔结或者参加的国际条约所规定的罪行，中华人民共和国在所承担条约义务的范围内，行使刑事管辖权。这些国际条约主要有《关于防止和惩处侵害应受国际保护人员包括外交代表的罪行的公约》、《关于在航空器内的犯罪和其他某些行为的公约》、《关于制止非法劫持航空器的公约》、《关于制止危害民用航空安全的非法行为的公约》、《核材料实体保护公约》、《反对劫持人质国际公约》、《禁止非法贩运麻醉药品和精神药物公约》、联合国《打击跨国犯罪公约》、联合国《反腐败公约》等。

（4）1987 年 8 月 27 日外交部、最高人民法院、最高人民检察院、公安部、国家安全部、司法部联合发布《关于处理涉外案件若干问题的规定》，对办理涉外案件的原则，涉外案件通知外国驻华使、领馆以及通知的时限，驻华使、领馆要求探视被拘留、逮捕的本国公民等问题作了具体规定。

（5）2000 年 12 月 28 日第九届全国人民代表大会常务委员会第十九次会议通过的《中华人民共和国引渡法》对外国向我国请求引渡的条件和程序、我国向外国请求引渡的条件和程序作了具体的规定。

（6）2018 年 10 月 26 日第十三届全国人民代表大会常务委员会第六次会议通过的《国际刑事司法协助法》对我国和外国之间开展刑事司法协助的程序和内容作了具体规定。

（7）《高法解释》、《高检规则》和《公安规定》对办理涉外刑事案件的原则和程序作了具体规定。

**延伸阅读推荐**

陈光中主编：《刑事诉讼法》（第 7 版），北京大学出版社 2021 年版，第 519 页。

## 问题 3：除我国《刑事诉讼法》规定的基本原则外，涉外刑事诉讼程序还应遵循哪些特有原则？

涉外刑事诉讼的特有原则，是指司法机关及诉讼参与人进行涉外刑事诉讼时所应遵

---

① 参见陈光中主编：《刑事诉讼法》（第 7 版），北京大学出版社 2021 年版，第 519 页。

守的行为准则。除适用《刑事诉讼法》规定的基本原则以外，涉外刑事诉讼还应遵循以下原则：

第一，适用中国刑事法律和信守国际条约相结合的原则。适用中国刑事法律体现了国家主权原则，我国公安司法机关办理涉外刑事案件时，除法律有特别规定的以外，一律适用我国法律；我国公安司法机关独立行使侦查权、检察权和审判权，不受任何外国势力的干涉和影响，也不接受任何不平等的歧视或限制，更不允许在我国境内存在治外法权或领事裁判权。信守国际条约原则是指公安司法机关办理涉外刑事案件，凡是我国缔结或者参加的国际条约有规定的，除声明保留的条款外，都必须严格遵守。信守国际条约，是我国在涉外刑事诉讼中所应承担的国际义务。如果中国的刑事法律与中国缔结或者参加的国际条约有冲突，应当适用国际条约的有关规定，但我国声明保留的条款除外。

第二，诉讼权利和义务平等原则。诉讼权利和义务平等原则，是指外国籍犯罪嫌疑人、被告人在我国参加刑事诉讼，与我国公民一样，享有我国法律规定的诉讼权利并承担诉讼义务。我国《刑事诉讼法》虽然没有明确规定这项原则，但该法第 17 条关于追究外国人刑事责任适用本法的规定以及第 14 条关于“人民法院、人民检察院和公安机关应当保障犯罪嫌疑人、被告人和其他诉讼参与人依法享有的辩护权和其他诉讼权利”的规定，无疑包含和体现了这一原则的基本含义。同时，《公安规定》和《高法解释》均规定，在刑事诉讼中，外国籍当事人享有我国法律规定的诉讼权利，并承担相应的义务。

第三，使用中国通用的语言文字进行诉讼的原则。使用中国通用的语言文字进行诉讼原则，是指公安司法机关在办理涉外刑事案件过程中，应当使用中国通用的语言、文字进行诉讼活动，对于外国籍当事人，应当为他们提供翻译。翻译人员应当在翻译文件上签名。人民法院的诉讼文书为中文本。外国籍当事人不通晓中文的，应当附有外文译本，译本不加盖公安司法机关印章，以中文本为准。外国籍当事人通晓中国语言、文字，拒绝他人翻译，或者不需要诉讼文书外文译本的，应当由其本人出具书面声明。拒绝出具书面声明的，应当记录在案；必要时，应当录音录像。

第四，指定或委托中国律师参加诉讼原则。指定或委托中国律师参加诉讼原则，是指公安司法机关依法为没有委托辩护人的外国籍犯罪嫌疑人、被告人指定辩护人，或者外国籍当事人委托辩护人或诉讼代理人，只能指定或委托中国律师，即具有中华人民共和国律师资格并依法取得执业证书的律师。外国律师不得在中国参加刑事诉讼活动。外国籍被告人在押的，其监护人、近亲属或者其国籍国驻华使、领馆可以代为委托辩护人。其监护人、近亲属代为委托的，应当提供与被告人关系的有效证明。外国籍被告人没有委托辩护人的，人民法院可以通知法律援助机构为其指派律师提供辩护。被告人拒绝辩护人辩护的，应当由其出具书面声明，或者将其口头声明记录在案；必要时，应当录音录像。

**延伸阅读推荐**

刘玫主编：《刑事诉讼法》（第 3 版），中国政法大学出版社 2020 年版，第 126－127 页。

## 问题 4：如何确定涉外刑事诉讼程序中外国人的国籍？

在犯罪嫌疑人、被告人或者被害人是外国人的涉外刑事案件中，公安司法机关首先必须确认其国籍，以确定诉讼程序的采用和法律的适用。根据《公安规定》第 359 条，外国籍犯罪嫌疑人的国籍，以其在入境时持用的有效证件予以确认；国籍不明的，由出入境管理部门协助予以查明。国籍确实无法查明的，以无国籍人对待。根据《高法解释》第 477 条，外国人的国籍，根据其入境时持用的有效证件确认；国籍不明的，根据公安机关或者有关国家驻华使领馆出具的证明确认。国籍无法查明的，以无国籍人对待，在裁判文书中写明“国籍不明”。

**延伸阅读推荐**

叶氢、胡善斌：《我国出入境人员国籍的确认与解决路径》，载《中国人民公安大学学报（社会科学版）》2020 年第 1 期，第 128－135 页。

## 问题 5：如何确定涉外刑事诉讼程序的管辖？

除属于外国司法机关管辖，根据国际条约或者互惠原则，外国司法机关请求中国司法机关为其提供刑事司法协助的案件外，其余涉外刑事诉讼程序的管辖包括立案管辖和审判管辖两个部分。

第一，立案管辖。根据《公安规定》第 363～366 条，外国人犯罪案件的立案侦查，按以下情形办理：（1）外国人犯罪案件，由犯罪地的县级以上公安机关立案侦查。（2）外国人犯中华人民共和国缔结或者参加的国际条约规定的罪行后进入我国领域内的，由该外国人被抓获地的设区的市一级以上公安机关立案侦查。（3）外国人在中华人民共和国领域外对中华人民共和国国家或者公民犯罪，应当受刑罚处罚的，由该外国人入境地或者入境后居住地的县级以上公安机关立案侦查；该外国人未入境的，由被害人居住地的县级以上公安机关立案侦查；没有被害人或者是对中华人民共和国国家犯罪的，由公安部指定管辖。（4）发生重大或者可能引起外交交涉的外国人犯罪案件的，有关省级公安机关应当及时将案件办理情况报告公安部，同时通报同级人民政府外事办公室。必要时，由公安部商外交部将案件情况通知我国驻外使馆、领事馆。

第二，审判管辖。在级别管辖方面，根据《刑事诉讼法》第 21～23 条的规定，外国人、无国籍人危害国家安全、恐怖活动的第一审刑事案件以及外国人、无国籍人犯其他罪可能判处无期徒刑、死刑的第一审刑事案件，由中级人民法院管辖；对于重大或者特别重大的涉外刑事案件，如情节特别严重、案情疑难复杂、在全省或全国范围内有重大影响或者可能引起交涉的案件，也可以由高级人民法院或者最高人民法院进行第一审审判。根据《高法解释》第 476 条的规定，第一审涉外刑事案件，除《刑事诉讼法》第 21～23 条规定的以外，由基层人民法院管辖。必要时，中级人民法院可以指定辖区内若干基层人民法院集中管辖第一审涉外刑事案件，也可以依照《刑事诉讼法》第 24 条的规定，审理基层人民法院管辖的第一审涉外刑事案件。在地区管辖方面，《高法解释》第 6～12 条规定了涉外刑事案件的管辖：（1）在国际列车上的犯罪，根据我国与相关国家签订的协定确定管辖；没有协定的，由该列车始发或者前方停靠的中国车站所在地负责审判铁路运输刑事案件的人民法院管辖。（2）在中华人民共和国领域外的中国船舶内的犯罪，由该船舶最初停泊的中国口岸所在地或者被告人登陆地、入境地的人民法院管辖。（3）在中华人民共和国领域外的中国航空器内的犯罪，由该航空器在中国最初降落地的人民法院管辖。（4）中国公民在中国驻外使领馆内的犯罪，由其主管单位所在地或者原户籍地的人民法院管辖。（5）中国公民在中华人民共和国领域外的犯罪，由其登陆地、入境地、离境前居住地或者现居住地的人民法院管辖；被害人是中国公民的，也可以由被害人离境前居住地或者现居住地的人民法院管辖。（6）外国人在中华人民共和国领域外对中华人民共和国国家或者公民犯罪，根据中华人民共和国刑法应当受处罚的，由该外国人登陆地、入境地或者入境后居住地的人民法院管辖，也可以由被害人离境前居住地或者现居住地的人民法院管辖。（7）对中华人民共和国缔结或者参加的国际条约所规定的罪行，中华人民共和国在所承担条约义务的范围内行使刑事管辖权的，由被告人被抓获地、登陆地或者入境地的人民法院管辖。

**延伸阅读推荐**

彭夫：《具有涉外因素的两岸跨境犯罪的刑事管辖权冲突及其解决——以电信诈骗案为例》，载《广西大学学报（哲学社会科学版）》2017年第3期，第110－115页。

## 问题6：涉外刑事诉讼程序中，外国籍的犯罪嫌疑人、被告人如何委托辩护人？

根据《高法解释》第485条的规定，外国籍被告人委托律师辩护，或者外国籍附带民事诉讼原告人、自诉人委托律师代理诉讼的，应当委托具有中华人民共和国律师资格并依法取得执业证书的律师。外国籍被告人在押的，其监护人、近亲属或者其国籍国驻华使领馆可以代为委托辩护人。其监护人、近亲属代为委托的，应当提供与被告人关系的有效证明。外国籍当事人委托其监护人、近亲属担任辩护人、诉讼代理人的，被委托人应当提供与当事人关系的有效证明。经审查，符合刑事诉讼法、有关司法解释规定的，人民法院应当准许。外国籍被告人没有委托辩护人的，人民法院可以通知法律援助机构为其指派律师提供辩护。被告人拒绝辩护人辩护的，应当由其出具书面声明，或者将其口头声明记录在案；必要时，应当录音录像。被告人属于应当提供法律援助情形的，被告人拒绝指派的律师为其辩护的，人民法院应当查明原因。理由正当的，应当准许，但被告人应当在五日以内另行委托辩护人；被告人未另行委托辩护人的，人民法院应当在三日以内通知法律援助机构另行指派律师为其提供辩护。

根据《高法解释》第486条的规定，外国籍当事人从中华人民共和国领域外寄交或者托交给中国律师或者中国公民的委托书，以及外国籍当事人的监护人、近亲属提供的与当事人关系的证明，必须经所在国公证机关证明，所在国中央外交主管机关或者其授权机关认证，并经中华人民共和国驻该国使领馆认证，或者履行中华人民共和国与该所在国订立的有关条约中规定的证明手续，但我国与该国之间有互免认证协定的除外。

**延伸阅读推荐**

冯俊伟：《论跨境追诉中的辩护权保障——主要以域外取证为例的分析》，载《中国刑事法杂志》2019年第4期，第129－144页。

## 问题7：涉外刑事诉讼程序中，如何保障外国籍犯罪嫌疑人、被告人和其他当事人的诉讼权利？

外国籍犯罪嫌疑人、被告人和其他当事人在我国参加刑事诉讼，享有我国法律规定的诉讼权利，并承担相应的义务。《公安规定》和《高法解释》详细规定的外国籍当事人享有的诉讼权利有以下两项：

第一，请求公安司法机关为其提供翻译的权利。根据《公安规定》第362条，公安机关办理外国人犯罪案件，使用中华人民共和国通用的语言文字。犯罪嫌疑人不通晓我国语言文字的，公安机关应当为他翻译；犯罪嫌疑人通晓我国语言文字，不需要他人翻译的，应当出具书面声明。根据《高法解释》第484条，人民法院审判涉外刑事案件，使用中华人民共和国通用的语言、文字，应当为外国籍当事人提供翻译。翻译人员应当在翻译文件上签名。人民法院的诉讼文书为中文本。外国籍当事人不通晓中文的，应当附有外文译本，译本不加盖人民法院印章，以中文本为准。外国籍当事人通晓中国语言、文字，拒绝他人翻译，或者不需要诉讼文书外文译本的，应当由其本人出具书面声明。拒绝出具书面声明的，应当记录在案；必要时，应当录音录像。

第二，与监护人、近亲属会见、通信的权利。根据《公安规定》第370条，公安机关侦查终结前，外国驻华外交、领事官员要求探视被监视居住、拘留、逮捕或者正在看守所服刑的本国公民的，应当及时安排有关探视事宜。犯罪嫌疑人拒绝其国籍国驻华外交、领事官员探视的，公安机关可以不予安排，但应当由其本人提出书面声明。在公安机关侦查羁押期间，经公安机关批准，外国籍犯罪嫌疑人可以与其近亲属、监护人会见、与外界通信。根据《高法解释》第481条，人民法院受理涉外刑事案件后，应当告知在押的外国籍被告人享有与其国籍国驻华使领馆联系，与其监护人、近亲属会见、通信，以及请求人民法院提供翻译的权利。《高法解释》第482条规定，涉外刑事案件审判期间，外国籍被告人在押，其国籍国驻华使领馆官员要求探视的，可以向受理案件的人民法院所在地的高级人民法院提出。人民法院应当根据我国与被告人国籍国签订的双边领事条约规定的时限予以安排；没有条约规定的，应当尽快安排。必要时，可以请人民政府外事主管部门协助。涉外刑事案件审判期间，外国籍被告人在押，其监护人、近亲属申请会见的，可以向受理案件的人民法院所在地的高级人民法院提出，并提供与被告人关系的证明。人民法院经审查认为不妨碍案件审判的，可以批准。被告人拒绝接受探视、会见的，应当由其本人出具书面声明。拒绝出具书面声明的，应当记录在案；必要时，应当录音录像。探视、会见被告人应当遵守我国法律规定。

**延伸阅读推荐**

（1）刘玫主编、郭烁副主编：《刑事诉讼法学案例研习》，中国政法大学出版社2022年版，第16-22页。

（2）外国人犯罪课题组：《外籍犯罪嫌疑人刑事诉讼权利保障研究》，载《华东政法大学学报》2012年第4期，第74-78页。

## 问题8：涉外刑事诉讼程序中如何适用强制措施？

公安司法机关在办理涉外刑事案件过程中，为保障诉讼活动的顺利进行，可以依法对外国籍犯罪嫌疑人、被告人、证人等采取有关的强制性措施。根据《公安规定》和《高法解释》的规定，公安司法机关在采取强制性措施时应当遵守以下特别规定：

(1)《公安规定》第367条规定，对外国籍犯罪嫌疑人依法作出取保候审、监视居住决定或者执行拘留、逮捕后，应当在48小时以内层报省级公安机关，同时通报同级人民政府外事办公室。重大涉外案件应当在48小时以内层报公安部，同时通报同级人民政府外事办公室。

(2)《公安规定》第368条规定，对外国籍犯罪嫌疑人依法作出取保候审、监视居住决定或者执行拘留、逮捕后，由省级公安机关根据有关规定，将其姓名、性别、入境时间、护照或者证件号码、案件发生的时间、地点，涉嫌犯罪的主要事实，已采取的强制措施及其法律依据等，通知该外国人所属国家的驻华使馆、领事馆，同时报告公安部。经省级公安机关批准，领事通报任务较重的副省级城市公安局可以直接行使领事通报职能。

(3)《公安规定》第370条规定，公安机关侦查终结前，外国驻华外交、领事官员要求探视被监视居住、拘留、逮捕或者正在看守所服刑的本国公民的，应当及时安排有关探视事宜。犯罪嫌疑人拒绝其国籍国驻华外交、领事官员探视的，公安机关可以不予安排，但应当由其本人提出书面声明。在公安机关侦查羁押期间，经公安机关批准，外国籍犯罪嫌疑人可以与其近亲属、监护人会见、与外界通信。

(4)《高检规则》第294条规定，外国人、无国籍人涉嫌危害国家安全犯罪的案件或者涉及国与国之间政治、外交关系的案件以及在适用法律上确有疑难的案件，需要逮捕犯罪嫌疑人的，按照刑事诉讼法关于管辖的规定，分别由基层人民检察院或者设区的市级人民检察院审查并提出意见，层报最高人民检察院审查。最高人民检察院认为需要逮捕的，经征求外交部的意见后，作出批准逮捕的批复；认为不需要逮捕的，作出不批准逮捕的批复。基层人民检察院或者设区的市级人民检察院根据最高人民检察院的批复，依法作出批准或者不批准逮捕的决定。层报过程中，上级人民检察院认为不需要逮捕的，应当作出不批准逮捕的批复。报送的人民检察院根据批复依法作出不批准逮捕的决定。基层人民检察院或者设区的市级人民检察院认为不需要逮捕的，可以直接依法作出不批准逮捕的决定。外国人、无国籍人涉嫌前述规定以外的其他犯罪案件，决定批准逮捕的人民检察院应当在作出批准逮捕决定后48小时以内报上一级人民检察院备案，同时向同级人民政府外事部门通报。上一级人民检察院经审查发现批准逮捕决定错误的，应当依法及时纠正。

(5)《高法解释》第479条规定，涉外刑事案件审判期间，人民法院应当将其决定对外国籍被告人采取强制措施的情况，包括外国籍当事人的姓名（包括译名）、性别、入境时间、护照或者证件号码、采取的强制措施及法律依据、羁押地点等事项，及时通报同级人民政府外事主管部门，并依照有关规定通知有关国家驻华使领馆。

(6)《高法解释》第487条规定，对涉外刑事案件的被告人，可以决定限制出境；对开庭审理案件时必须到庭的证人，可以要求暂缓出境。限制外国人出境的，应当通报同级人民政府外事主管部门和当事人国籍国驻华使领馆。人民法院决定限制外国人和中国公民出境的，应当书面通知被限制出境的人在案件审理终结前不得离境，并可以采取扣留护照或者其他出入境证件的办法限制其出境；扣留证件的，应当履行必要手续，并发给本人扣留证件的证明。需要对外国人和中国公民在口岸采取边控措施的，受理案件的人民法院应当按照规定制作边控对象通知书，并附有关法律文书，层报高级人民法院办理交控手续。紧急情况下，需要采取临时边控措施的，受理案件的人民法院可以先向有关口岸所在地出入境边防检查机关交控，但应当在7日以内按照规定层报高级人民法院办理手续。

### 问题9：涉外刑事诉讼中的侦查取证程序如何进行？

当前，恐怖活动、电信网络诈骗等犯罪往往涉及跨国作案，同时危害数国乃至众多国家的利益，这必然使得任何一个国家依靠自身的刑事司法力量都不足以进行有效的打击。基于互联网的特性，越来越多的电子数据并非存储于传统意义上的一国境内，而是位居境外的某一电子设备或者服务器中。随着大数据、云计算等新兴数字技术的发展，大量跨境运营的互联网公司拥有来自全球范围的海量用户，数据的跨境存储和流动已经成为常态。该种局面必然导致与犯罪相关的各类数据也会频繁地处于跨境存储和流动的状态。传统意义上只能在一国境内开展的刑事司法活动，在数字时代必然面临难以预测的挑战。因而，跨境收集电子数据的种种法律和技术问题应运而生，亟待解决。例如电信网络诈骗犯罪，犯罪嫌疑人往往隐匿于境外的诈骗窝点，且与犯罪相关的主要证据均在境外，需要跨境取证、抓捕和引渡。因此，除依据我国《刑事诉讼法》、《公安规定》以及《高检规则》进行侦查取证程序外，针对证据在境外的情形，还应当遵循《国际刑事司法协助法》进行跨境取证。

首先是刑事司法协助请求的提出。办案机关需要向外国请求刑事司法协助的，应当制作刑事司法协助请求书并附相关材料，经所属主管机关审核同意后，由对外联系机关及时向外国提出请求。

其次是向外国请求调查取证。《国际刑事司法协助法》第25、26条规定，办案机关需要外国就下列事项协助调查取证的，应当制作刑事司法协助请求书并附相关材料，经所属主管机关审核同意后，由对外联系机关及时向外国提出请求：（1）查找、辨认有关人员；（2）查询、核实涉案财物、金融账户信息；（3）获取并提供有关人员的证言或者陈述；（4）获取并提供有关文件、记录、电子数据和物品；（5）获取并提供鉴定意见；（6）勘验或者检查场所、物品、人身、尸体；（7）搜查人身、物品、住所和其他有关场所；（8）其他事项。请求外国协助调查取证时，办案机关可以同时请求在执行请求时派员到场。向外国请求调查取证的，请求书及所附材料应当根据需要载明下列事项：（1）被调查人的姓名、性别、住址、身份信息、联系方式和有助于确认被调查人的其他资料；（2）需要向被调查人提问的问题；（3）需要查找、辨认人员的姓名、性别、住址、身份信息、联系方式、外表和行为特征以及有助于查找、辨认的其他资料；（4）需要查询、核实的涉案财物的权属、地点、特性、外形和数量等具体信息，需要查询、核实的金融账户相关信息；（5）需要获取的有关文件、记录、电子数据和物品的持有人、地点、特性、外形和数量等具体信息；（6）需要鉴定的对象的具体信息；（7）需要勘验或者检查的场所、物品等的具体信息；（8）需要搜查的对象的具体信息；（9）有助于执行请求的其他材料。

对于向外国请求安排证人作证或者协助调查的情形，即办案机关需要外国协助安排证人、鉴定人来中华人民共和国作证或者通过视频、音频作证，或者协助调查的，应当制作刑事司法协助请求书并附相关材料，经所属主管机关审核同意后，由对外联系机关及时向外国提出请求。外国确定的查封、扣押、冻结的期限届满，办案机关需要外国继续查封、扣押、冻结相关涉案财物的，应当再次向外国提出请求。办案机关决定解除查封、扣押、冻结的，应当及时通知被请求国。

**延伸阅读推荐**

裴炜：《向网络信息业者取证：跨境数据侦查新模式的源起、障碍与建构》，载《河北法学》2021年第4期，第56－81页。

## 问题10：跨境电子数据取证的程序规定有哪些？

从司法实践来看，具体到电子数据的跨境收集而言，如果一国侦查机关已经确定需要收集的电子数据存储于另一个国家的地域管辖范围，就可以在与他国存在既定的适用于所有证据类型的司法协助机制的基础之上，向后者的司法执法机关发送侦查取证的正式请求。而后，被请求一方便可以开展电子数据的勘验、搜查、扣押、鉴定及数据恢复等工作。[①]

首先是跨境刑事电子取证司法协助制度的发展。我国制定了《国际刑事司法协助法》，与许多国家签署了双边刑事司法协助条约，参加了若干多边刑事司法协助公约，可以根据《国际刑事司法协助法》以及这些双边条约和多边公约跨境收集电子数据。

其次是单边跨境远程电子侦查取证制度的发展。我国立法上较早就存在对境外电子数据取证的规范。在1997年，《计算机信息网络国际联网安全保护管理办法》中就规定了网络服务商一定的协助调查义务，也涉及境外电子数据问题。另一重要法律文件是2005年公安部颁发的《计算机犯罪现场勘验与电子证据检查规则》，其中对远程勘验的规定，也涉及对境外电子数据取证。到了2010年左右，随着网络犯罪案件的不断增长，2010年两院一部《关于办理网络赌博犯罪案件适用法律若干问题的意见》、2014年两院一部《关于办理网络犯罪案件适用刑事诉讼程序若干问题的意见》都对境外电子数据取证作了规定。2014年发布的《关于办理网络犯罪案件适用刑事诉讼程序若干问题的意见》第15条规定，对于原始介质位于境外而无法获取的，可以提取电子数据。2016年9月发布的两院一部《电子数据规定》中的第9条也有类似规定，即对于原始介质位于境外的数据，可以通过网络在线提取。该条要求："具有下列情形之一，无法扣押原始存储介质的，可以提取电子数据，但应当在笔录中注明不能扣押原始存储介质的原因、原始存储介质的存放地点或者电子数据的来源等情况，并计算电子数据的完整性校验值：（一）原始存储介质不便封存的；（二）提取计算机内存数据、网络传输数据等不是存储在存储介质上的电子数据的；（三）原始存储介质位于境外的；（四）其他无法扣押原始存储介质的情形。对于原始存储介质位于境外或者远程计算机信息系统上的电子数据，可以通过网络在线提取。为进一步查明有关情况，必要时，可以对远程计算机信息系统进行网络远程勘验。进行网络远程勘验，需要采取技术侦查措施的，应当依法经过严格

① 参见梁坤：《数据主权与安全：跨境电子取证》，清华大学出版社2023年版，第126页。

的批准手续。"据此，因原始介质位于境外但可以通过远程方式提取电子数据的，侦查机关可以直接开展跨境远程电子取证。不过，这样的规定在此后出现了显著的变化。2019年2月发布的《公安机关办理刑事案件电子数据取证规则》第23条规定，对公开发布的电子数据、境内远程计算机信息系统上的电子数据，可以通过网络在线提取。换言之，对于公开发布的电子数据，公安机关有权在线提取，该规则并没有特别将提取的数据范围限制在境内。然而，对于"远程计算机信息系统上的电子数据"，该规则将公安机关的在线提取范围限制在境内，也即不再允许在线提取境外信息系统上的电子数据。

综合看，我国跨境刑事电子取证主要是在跨境刑事电子取证司法协助和单边跨境远程电子侦查取证这两项制度方面有所发展。实践中，侦查机关多经由第三方平台进行电子数据的跨境取证，但是在该方面，我国近期并没有出现制度性的变化，刑事司法协助程序仍着眼于传统的取证结构，依照《国际刑事司法协助法》的规定，通过"境内侦查机关、境内主管机关、境外主管机关以及境外侦查机关"的工作程序进行调取。但是由于《国际刑事司法协助法》关于跨境取证程序的规定适用于所有的证据种类，没有考虑到电子取证对快捷、高效等方面的特殊要求。因此，特别是随着20世纪90年代以来互联网络及相关信息技术的飞速发展，越来越多的电子数据因为网络无国界的特性，常态性地存储于不同的国家，针对网络犯罪及电子数据的特殊性而制定特别规定的呼声日渐高涨，应当搭建起相应的协助渠道，如打通跨境电子取证快捷刑事司法协助渠道，完善单边跨境远程电子侦查取证制度，探索依托第三方平台实施跨境数据调取制度等。①

**延伸阅读推荐**

（1）冯俊伟：《数字时代跨境刑事取证制度的转型》，载《地方立法研究》2022年第4期，第18-31页。

（2）裴炜：《论网络犯罪跨境数据取证中的执法管辖权》，载《比较法研究》2021年第6期，第30-45页。

## 问题11：涉外刑事诉讼程序涉及境外取证时，如何审查判断相关证据的可采性?

在我国，对境外电子数据的可采性判断，涉及"证据三性"（关联性、合法性、真实性）问题。境外电子数据应当与待证事实具有关联性并无争议，相关法律文件多围绕证据的真实性与合法性进行规定。②

《高法解释》第77条从审判机关的角度对来自境外的证据材料的审查进行了规范：对来自境外的证据材料，人民检察院应当随案移送有关材料来源、提供人、提取人、提取时间等情况的说明。经人民法院审查，相关证据材料能够证明案件事实且符合刑事诉讼法规定的，可以作为证据使用，但提供人或者我国与有关国家签订的双边条约对材料

① 参见梁坤：《我国跨境刑事电子取证制度新发展与前瞻》，载《中国信息安全》2021年第5期。
② 参见梁坤：《数据主权与安全：跨境电子取证》，清华大学出版社2023年版，第171页。

的使用范围有明确限制的除外；材料来源不明或者真实性无法确认的，不得作为定案的根据。当事人及其辩护人、诉讼代理人提供来自境外的证据材料的，该证据材料应当经所在国公证机关证明，所在国中央外交主管机关或者其授权机关认证，并经中华人民共和国驻该国使领馆认证，或者履行中华人民共和国与该所在国订立的有关条约中规定的证明手续，但我国与该国之间有互免认证协定的除外。从《高法解释》的规定及最高人民法院的刑事审判参考案例立场来看，真实性是法院审查境外证据可采性的重心之所在，更强调对域外证据来源和取证过程的说明，体现出了“以真实性为中心”的特点。①

网络犯罪的办案机关近年来也出台了一些涉及跨境取证刑事司法协助的规范，其中涉及了对来自境外的证据材料的真实性审查。例如，两院一部于 2016 年 12 月发布的《关于办理电信网络诈骗等刑事案件适用法律若干问题的意见》“六、证据的收集和审查判断”中，第（3）项规定：“依照国际条约、刑事司法协助、互助协议或平等互助原则，请求证据材料所在地司法机关收集，或通过国际警务合作机制、国际刑警组织启动合作取证程序收集的境外证据材料，经查证属实，可以作为定案的依据。”这可以说是对通过刑事司法协助程序收集的境外证据进行真实性审查的一般性规定。该条还对来自境外的其他证据材料的审查提出了具体的要求：“应当对其来源、提供人、提供时间以及提取人、提取时间进行审查。能够证明案件事实且符合刑事诉讼法规定的，可以作为证据使用。”两院一部在 2021 年发布的《关于办理电信网络诈骗等刑事案件适用法律若干问题的意见（二）》第 14 条的规定中作了特别的制度安排：“通过国（区）际警务合作收集或者境外警方移交的境外证据材料，确因客观条件限制，境外警方未提供相关证据的发现、收集、保管、移交情况等材料的，公安机关应当对上述证据材料的来源、移交过程以及种类、数量、特征等作出书面说明，由两名以上侦查人员签名并加盖公安机关印章。经审核能够证明案件事实的，可以作为证据使用。”

与法院的上述立场不同，在对境外证据的审查重点上，检察机关的相关文件强调，应当着重审查境外证据的合法性，并未延续“真实性审查优先”的立场。最高人民检察院于 2018 年发布的《检察机关办理电信网络诈骗案件指引》则较为细化地对境外证据的审查提出了要求。其中第二部分“需要特别注意的问题”之第 7 项“境外证据的审查”从三个方面对办理跨境电信网络诈骗的证据审查进行了规范。一是注意审查境外证据来源的合法性，审查的具体材料或协作方式包括：外交文件（国际条约、互助协议）、司法协助（刑事司法协助、平等互助原则）、警务合作（国际警务合作机制、国际刑警组织）；二是注意证据转换的规范性审查；三是注意其他来源的境外证据的审查，具体而言，通过其他渠道收集的境外证据材料，作为证据使用的，应注重对其来源、提供人、提供时间以及提取人、提取时间进行审查。能够证明案件事实且符合刑事诉讼法规定的，可以作为证据使用。最高人民检察院于 2021 年发布的《人民检察院办理网络犯罪案件规定》对境外收集证据的审查进行了规范，其中第 58 条规定：“人民检察院参加现场移交境外证据的检察人员不少于二人，外方有特殊要求的除外。移交、开箱、封存、登记的情况应当制作笔录，由最高人民检察院或者承办案件的人民检察院代表、外方移交人员签名

① 参见冯俊伟：《域外取得的刑事证据之可采性》，载《中国法学》2015 年第 4 期。

或者盖章，一般应当全程录音录像。有其他见证人的，在笔录中注明。”第 59 条规定：“人民检察院对境外收集的证据，应当审查证据来源是否合法、手续是否齐备以及证据的移交、保管、转换等程序是否连续、规范。”

**延伸阅读推荐**

（1）冯俊伟：《域外取得的刑事证据之可采性》，载《中国法学》2015 年第 4 期，第 247－265 页。

（2）梁坤：《数据主权与安全：跨境电子取证》，清华大学出版社 2023 年版。

## 问题 12：涉外刑事诉讼程序中，针对身处国外的证人的远程视频作证程序是什么？

根据《高法解释》第 253 条，证人身处国外短期无法回国，无法出庭作证的，人民法院可以准许其不出庭，可以通过视频等方式作证。

在视频作证的程序方面，《国际刑事司法协助法》第 31 条规定，办案机关需要外国协助安排证人、鉴定人来中华人民共和国作证或者通过视频、音频作证，或者协助调查的，应当制作刑事司法协助请求书并附相关材料，经所属主管机关审核同意后，由对外联系机关及时向外国提出请求。

对于证人视频作证的地点、证据效力等问题，目前我国《刑事诉讼法》及其配套规定以及《国际刑事司法协助法》没有进行专门的特殊规定。

**延伸阅读推荐**

冯俊伟：《刑事司法协助所获证据的可采性审查：原则与方法》，载《中国刑事法杂志》2017 年第 6 期，第 68－84 页。

## 问题 13：涉外刑事诉讼程序中的文书应如何送达？

《高法解释》第 495 条规定，人民法院向在中华人民共和国领域外居住的当事人送达刑事诉讼文书，可以采用下列方式：（1）根据受送达人所在国与中华人民共和国缔结或者共同参加的国际条约规定的方式送达；（2）通过外交途径送达；（3）对中国籍当事人，所在国法律允许或者经所在国同意的，可以委托我国驻受送达人所在国的使领馆代为送达；（4）当事人是自诉案件的自诉人或者附带民事诉讼原告人的，可以向有权代其接受送达的诉讼代理人送达；（5）当事人是外国单位的，可以向其在中华人民共和国领域内设立的代表机构或者有权接受送达的分支机构、业务代办人送达；（6）受送达人所在国法律允许的，可以邮寄送达；自邮寄之日起满 3 个月，送达回证未退回，但根据各种情况足以认定已经送达的，视为送达；（7）受送达人所在国法律允许的，可以采用传真、电子邮件等能够确认受送达人收悉的方式送达。

《高法解释》第 496 条规定，人民法院通过外交途径向在中华人民共和国领域外居住的受送达人送达刑事诉讼文书的，所送达的文书应当经高级人民法院审查后报最高人民法院审核。最高人民法院认为可以发出的，由最高人民法院交外交部主管部门转递。外国法院通过外交途径请求人民法院送达刑事诉讼文书的，由该国驻华使馆将法律文书交我国外交部主管部门转最高人民法院。最高人民法院审核后认为属于人民法院职权范围，且可以代为送达的，应当转有关人民法院办理。

## 第二节　刑事司法协助

### 问题 1：什么是刑事司法协助制度？

刑事司法协助是指一国的法院或者其他司法机关，根据另一国的法院或者其他司法机关的请求，代为或者协助实行与刑事诉讼有关的司法行为。

国际社会关于刑事司法协助有狭义和广义的两种理解。狭义的刑事司法协助是指与审判有关的刑事司法协助，它包括送达刑事司法文书、询问证人和鉴定人、搜查、扣押、有关物品的移交以及提供有关法律资料等。广义的刑事司法协助除狭义的刑事司法协助外，还包括引渡等内容。引渡是指一国把在其境内而被他国指控为犯罪或已被定罪判刑的人，根据有管辖权的国家的请求，在条约或互惠的基础上，移交给请求国，以便追究其刑事责任或执行刑罚的一项制度。

我国 2018 年施行的《国际刑事司法协助法》第 2 条规定："本法所称国际刑事司法协助，是指中华人民共和国和外国在刑事案件调查、侦查、起诉、审判和执行等活动中相互提供协助，包括送达文书，调查取证，安排证人作证或者协助调查，查封、扣押、冻结涉案财物，没收、返还违法所得及其他涉案财物，移管被判刑人以及其他协助。"由于我国于 2000 年制定了《引渡法》，因此《国际刑事司法协助法》中所列的协助事项并不包括引渡。①

**延伸阅读推荐**

黄风：《检察机关实施〈国际刑事司法协助法〉若干问题》，载《国家检察官学院学报》2019 年第 4 期，第 161－176 页。

### 问题 2：刑事司法协助的主体有哪些？

关于刑事司法协助的主体，《国际刑事司法协助法》第 5 条规定，中华人民共和国和外国之间开展刑事司法协助，通过对外联系机关联系。中华人民共和国司法部等对外联系机关负责提出、接收和转递刑事司法协助请求，处理其他与国际刑事司法协助相关的事务。中华人民共和国和外国之间没有刑事司法协助条约的，通过外交途径联系。

《国际刑事司法协助法》第 6 条规定，国家监察委员会、最高人民法院、最高人民检察院、公安部、国家安全部等部门是开展国际刑事司法协助的主管机关，按照职责分工，审核向外国提出的刑事司法协助请求，审查处理对外联系机关转递的外国提出的刑事司法协助请求，承担其他与国际刑事司法协助相关的工作。在移管被判刑人案件中，司法部按照职责分工，承担相应的主管机关职责。办理刑事司法协助相关案件的机关是国际刑事司法协助的办案机关，负责向所属主管机关提交需要向外国提出的刑事司法协助请

---

① 参见梁坤：《数据主权与安全：跨境电子取证》，清华大学出版社 2023 年版，第 126 页。

求、执行所属主管机关交办的外国提出的刑事司法协助请求。

**延伸阅读推荐**

朱军：《“一带一路”建设中的国际刑事司法合作》，载《人民论坛·学术前沿》2020年第22期，第124-127页。

## 问题3：刑事司法协助的具体内容有哪些？

刑事司法协助，可以分为我国司法机关请求外国司法机关提供刑事司法协助和外国司法机关请求我国司法机关提供刑事司法协助两个方面。但无论是哪个方面，其内容都是相同的。

根据《国际刑事司法协助法》的规定，刑事司法协助主要有以下七项内容：一是调查取证。包括查找、辨认有关人员，查询、核实涉案财物、金融账户信息，获取并提供有关人员的证言或者陈述，获取并提供有关文件、记录、电子数据和物品，获取并提供鉴定意见，勘验或者检查场所、物品、人身、尸体，搜查人身、物品、住所和其他有关场所以及其他事项。二是送达文书。具体包括协助送达传票、通知书、起诉书、判决书和裁定书、调解书等其他司法文书。三是安排证人作证或者协助调查。具体是指协助安排证人、鉴定人来我国或赴外国作证或者通过视频、音频作证，或者协助调查。四是查封、扣押、冻结涉案财物。五是没收、返还违法所得及其他涉案财物。六是移管被判刑人。七是其他协助，包括移交证据、通报诉讼结果、犯罪情报信息的交流与合作等。

还需要注意的是，根据《高法解释》第492条，外国法院请求的事项有损中华人民共和国的主权、安全、社会公共利益以及违反中华人民共和国法律的基本原则的，人民法院不予协助；属于有关法律规定的可以拒绝提供刑事司法协助情形的，可以不予协助。

**延伸阅读推荐**

曾磊：《惩治网络犯罪国际警务合作的理论基础与路径考量》，载《中国人民公安大学学报（社会科学版）》2021年第1期，第121-131页。

## 问题4：刑事司法协助需要遵循哪些具体程序？

根据《国际刑事司法协助法》的相关规定，刑事司法协助的程序包括我国向外国请求刑事司法协助的程序以及外国向我国请求刑事司法协助的程序两种。

一是我国公安司法机关向外国请求刑事司法协助的程序。办案机关需要向外国请求刑事司法协助的，应当制作刑事司法协助请求书并附相关材料，经所属主管机关审核同意后，由对外联系机关及时向外国提出请求。向外国的刑事司法协助请求书，应当依照刑事司法协助条约的规定提出；没有条约或者条约没有规定的，应当在请求书中载明请求机关的名称、案件性质、涉案人员基本信息及犯罪事实、请求的事项和目的等内容；被请求国有特殊要求的，在不违反中华人民共和国法律的基本原则的情况下，可以按照被请求国的特殊要求提出。请求书及所附材料应当以中文制作，并附有被请求国官方文字的译文。

被请求国就执行刑事司法协助请求提出附加条件，不损害中华人民共和国的主权、安全和社会公共利益的，可以由外交部作出承诺。被请求国明确表示对外联系机关作出的承诺充分有效的，也可以由对外联系机关作出承诺。对于限制追诉的承诺，由最高人民检察院决定；对于量刑的承诺，由最高人民法院决定。在对涉案人员追究刑事责任时，有关机关应当受所作出的承诺的约束。

二是外国向我国请求刑事司法协助的程序。外国向中华人民共和国提出刑事司法协助请求的，应当依照刑事司法协助条约的规定提出请求书。没有条约或者条约没有规定的，应当在请求书中载明下列事项并附相关材料：(1) 请求机关的名称；(2) 案件性质、涉案人员基本信息及犯罪事实；(3) 本案适用的法律规定；(4) 请求的事项和目的；(5) 请求的事项与案件之间的关联性；(6) 希望请求得以执行的期限；(7) 其他必要的信息或者附加的要求。在没有刑事司法协助条约的情况下，请求国应当作出互惠的承诺。请求书及所附材料应当附有中文译文。

外国向中华人民共和国提出的刑事司法协助请求，有下列情形之一的，可以拒绝提供协助：(1) 根据中华人民共和国法律，请求针对的行为不构成犯罪；(2) 在收到请求时，在中华人民共和国境内对于请求针对的犯罪正在进行调查、侦查、起诉、审判，已经作出生效判决，终止刑事诉讼程序，或者犯罪已过追诉时效期限；(3) 请求针对的犯罪属于政治犯罪；(4) 请求针对的犯罪纯属军事犯罪；(5) 请求的目的是基于种族、民族、宗教、国籍、性别、政治见解或者身份等方面的原因而进行调查、侦查、起诉、审判、执行刑罚，或者当事人可能由于上述原因受到不公正待遇；(6) 请求的事项与请求协助的案件之间缺乏实质性联系；(7) 其他可以拒绝的情形。

对外联系机关收到外国提出的刑事司法协助请求，应当对请求书及所附材料进行审查。对于请求书形式和内容符合要求的，应当按照职责分工，将请求书及所附材料转交有关主管机关处理；对于请求书形式和内容不符合要求的，可以要求请求国补充材料或者重新提出请求。对于刑事司法协助请求明显损害中华人民共和国的主权、安全和社会公共利益的，对外联系机关可以直接拒绝协助。

主管机关收到对外联系机关转交的刑事司法协助请求书及所附材料后，应当进行审查，并分别作出以下处理：(1) 根据《国际刑事司法协助法》和刑事司法协助条约的规定认为可以协助执行的，作出决定并安排有关办案机关执行；(2) 根据《国际刑事司法协助法》第4条、第14条或者刑事司法协助条约的规定，认为应当全部或者部分拒绝协助的，将请求书及所附材料退回对外联系机关并说明理由；(3) 对执行请求有保密要求或者有其他附加条件的，通过对外联系机关向外国提出，在外国接受条件并且作出书面保证后，决定附条件执行；(4) 需要补充材料的，书面通知对外联系机关要求请求国在合理期限内提供。(5) 执行请求可能妨碍中华人民共和国有关机关正在进行的调查、侦查、起诉、审判或者执行的，主管机关可以决定推迟协助，并将推迟协助的决定和理由书面通知对外联系机关。(6) 外国对执行其请求有保密要求或者特殊程序要求的，在不违反中华人民共和国法律的基本原则的情况下，主管机关可以按照其要求安排执行。

办案机关收到主管机关交办的外国刑事司法协助请求后，应当依法执行，并将执行结果或者妨碍执行的情形及时报告主管机关。办案机关在执行请求过程中，应当维护当事人和其他相关人员的合法权益，保护个人信息。

外国请求将通过刑事司法协助取得的证据材料用于请求针对的案件以外的其他目的

的，对外联系机关应当转交主管机关，由主管机关作出是否同意的决定。

对外联系机关收到主管机关的有关通知或者执行结果后，应当及时转交或者转告请求国。对于中华人民共和国提供刑事司法协助的案件，主管机关可以通过对外联系机关要求外国通报诉讼结果。外国通报诉讼结果的，对外联系机关收到相关材料后，应当及时转交或者转告主管机关，涉及对中华人民共和国公民提起刑事诉讼的，还应当通知外交部。

**延伸阅读推荐**

（1）郑曦：《刑事数据出境安全评估制度研究》，载《法学论坛》2023年第4期，第128-138页。

（2）郑曦：《刑事数据出境规则研究》，载《法律科学（西北政法大学学报）》2022年第2期，第138-147页。

## 第三节　引　　渡

### 问题1：外国向我国请求引渡的条件有哪些？

外国向我国提出的引渡请求必须同时符合下列两个条件，才能准予引渡：（1）引渡请求所指的行为，依照我国法律和请求国法律均构成犯罪；（2）为了提起刑事诉讼而请求引渡的，根据我国法律和请求国法律，对于引渡请求所指的犯罪均可判处1年以上有期徒刑或者其他更重的刑罚；为了执行刑罚而请求引渡的，在提出引渡请求时，被请求引渡人尚未服完的刑期至少为6个月。对于引渡请求中符合（1）中规定的多种犯罪，只要其中有一种犯罪符合（2）中的规定，就可以对上述各种犯罪准予引渡。

外国向我国提出的引渡请求，有下列情形之一的，应当拒绝引渡：（1）根据我国法律，被请求引渡人具有中华人民共和国国籍的；（2）在收到引渡请求时，我国司法机关对于引渡请求所指的犯罪已经作出生效判决，或者已经终止刑事诉讼程序的；（3）因政治犯罪而请求引渡的，或者我国已经给予被请求引渡人受庇护权利的；（4）被请求引渡人可能因其种族、宗教、国籍、性别、政治见解或者身份等方面的原因而被提起刑事诉讼或者执行刑罚，或者被请求引渡人在司法程序中可能由于上述原因受到不公正待遇的；（5）根据我国或者请求国法律，引渡请求所指的犯罪纯属军事犯罪的；（6）根据我国或者请求国法律，在收到引渡请求时，由于犯罪已过追诉时效期限或者被请求引渡人已被赦免等原因，不应当追究被请求引渡人的刑事责任的；（7）被请求引渡人在请求国曾经遭受或者可能遭受酷刑或者其他残忍、不人道或者有辱人格的待遇或者处罚的；（8）请求国根据缺席判决提出引渡请求的，但请求国承诺在引渡后对被请求引渡人给予在其出庭的情况下进行重新审判机会的除外。

外国向我国提出的引渡请求，有下列情形之一的，可以拒绝引渡：（1）我国对于引渡请求所指的犯罪具有刑事管辖权，并且对被请求引渡人正在进行刑事诉讼或者准备提起刑事诉讼的；（2）由于被请求引渡人的年龄、健康等原因，根据人道主义原则不宜引渡的。

**延伸阅读推荐**

温耀原：《论引渡中的主权与人权——以引渡原则为视角》，载《法学杂志》2013 年第 5 期，第 97－103 页。

## 问题 2：我国向外国请求引渡需要遵循哪些程序？

我国请求外国准予引渡或者引渡过境的，应当由负责办理有关案件的省、自治区、直辖市的审判、检察、公安、国家安全或者监狱管理机关分别向最高人民法院、最高人民检察院、公安部、国家安全部、司法部提出意见书，并附有关文件和材料及其经证明无误的译文。最高人民法院、最高人民检察院、公安部、国家安全部、司法部分别会同外交部审核同意后，通过外交部向外国提出请求。在紧急情况下，可以在向外国正式提出引渡请求前，通过外交途径或者被请求国同意的其他途径，请求外国对有关人员先行采取强制措施。

引渡、引渡过境或者采取强制措施的请求所需的文书、文件和材料，应当依照引渡条约的规定提出；没有引渡条约或者引渡条约没有规定的，可以参照《引渡法》的有关规定提出；被请求国有特殊要求的，在不违反我国法律的基本原则的情况下，可以按照被请求国的特殊要求提出。被请求国就准予引渡附加条件的，对于不损害我国主权、国家利益、公共利益的，可以由外交部代表我国政府向被请求国作出承诺。对于限制追诉的承诺，由最高人民检察院决定；对于量刑的承诺，由最高人民法院决定。在对被引渡人追究刑事责任时，司法机关应当受所作出的承诺的约束。

公安机关负责接收外国准予引渡的人以及与案件有关的财物。对于其他部门提出引渡请求的，公安机关在接收被引渡人以及与案件有关的财物后，应当及时转交提出引渡请求的部门；也可以会同有关部门共同接收被引渡人以及与案件有关的财物。

**延伸阅读推荐**

（1）黄树标：《中国—东盟反腐败国际追逃追赃的困境与出路》，载《社会科学家》2021 年第 7 期，第 112－117 页。

（2）秦晋：《我国外逃贪腐人员引渡制度实施实证研究》，载《兰州学刊》2021 年第 5 期，第 82－101 页。

# 本章课后演练

**（一）不定项选择题**

1. 下列哪些案件适用涉外刑事诉讼程序？（　　）

A. 在公海航行的我国货轮被索马里海盗抢劫的案件

B. 我国国内一起贩毒案件的关键目击证人在诉讼时身在国外

C. 陈某经营的煤矿发生重大安全事故后携款潜逃国外的案件

D. 我驻某国大使馆内中方工作人员甲、乙因看世界杯而发生斗殴的故意伤害案件

2. W 国人约翰涉嫌在我国某市 A 区从事间谍活动被立案侦查并提起公诉。关于本案

诉讼程序，下列哪一选项是正确的？（　　）

A. 约翰可通过 W 国驻华使馆委托 W 国律师为其辩护

B. 本案由 A 区法院一审

C. 约翰精通汉语，开庭时法院可不为其配备翻译人员

D. 给约翰送达的法院判决书应为中文本

3. 外国人汤姆一家在华旅游，汤姆因涉嫌猥亵儿童被 A 县公安机关立案侦查并被逮捕羁押于 A 县看守所，案件随后由 A 县检察院向 A 县法院提起公诉。下列表述正确的是（　　）。

A. 汤姆委托自己的父亲担任辩护人，A 县法院可以准许

B. A 县法院可以限制汤姆离境并扣押其护照

C. 汤姆的哥哥可以向 A 县法院的上一级法院申请赴看守所会见汤姆

D. 在侦查过程中，汤姆在没有翻译在场的情况下所作的供述，应当依法排除不得作为定案依据

4. 关于检察院进行刑事司法协助的范围，下列哪些选项是正确的？（　　）

A. 受别国委托暂时扣押逃往我国的别国犯罪嫌疑人

B. 送达刑事诉讼文书

C. 通报刑事诉讼结果

D. 移交物证、书证和视听资料

**（二）判断分析题**

1. 涉外刑事诉讼就是涉外案件的刑事诉讼。

2. 美国人吉姆在中国涉嫌故意伤害罪，诉讼中，公安司法机关应当为吉姆提供翻译。

3. 美国人吉姆在中国涉嫌故意伤害罪一案，在侦查阶段，吉姆可以委托其母亲（美国籍律师）担任其辩护人。

4. 德国人杰克在中国因盗窃罪被立案侦查，该案应当由中级人民法院一审。

**（三）简答题**

1. 涉外刑事诉讼所适用的案件范围有哪些？

2. 除我国《刑事诉讼法》规定的基本原则外，涉外刑事诉讼程序还应遵循哪些特有原则？

3. 如何确定涉外刑事诉讼程序中外国人的国籍？

**（四）论述题**

1. 如何确定涉外刑事诉讼程序的管辖？

2. 涉外刑事诉讼程序中，如何保障外国籍犯罪嫌疑人、被告人和其他当事人的诉讼权利？

3. 涉外刑事诉讼中的侦查取证程序如何进行？

**（五）法条分析题**

1.《高法解释》第 482 条第 2 款："涉外刑事案件审判期间，外国籍被告人在押，其监护人、近亲属申请会见的，可以向受理案件的人民法院所在地的高级人民法院提出，并依照本解释第四百八十六条的规定提供与被告人关系的证明。人民法院经审查认为不

妨碍案件审判的，可以批准。”

2.《高法解释》第77条第1款：“对来自境外的证据材料，人民检察院应当随案移送有关材料来源、提供人、提取人、提取时间等情况的说明。经人民法院审查，相关证据材料能够证明案件事实且符合刑事诉讼法规定的，可以作为证据使用，但提供人或者我国与有关国家签订的双边条约对材料的使用范围有明确限制的除外；材料来源不明或者真实性无法确认的，不得作为定案的根据。”

**（六）案例分析题**

2019年年初，沙某（美国籍，男）与被害人陈某某（中国籍，女）相识，谎称自己离异单身，逐渐与陈某某建立男女朋友关系。自2021年5月中下旬开始，陈某某多次提出分手，沙某不同意并对陈某某进行言语威胁。6月14日20时许，经事先联系，沙某携带折叠刀、衣物等，到达宁波市通途路南侧清水桥路口公交车站附近人行道与陈某某见面交谈。21时48分许，沙某用随身携带的折叠刀捅刺、切割陈某某颈部数刀，陈某某失去反抗能力后，沙某又继续戳刺陈某某面部数刀，导致陈某某大出血当场死亡，沙某随后逃离现场。

2021年6月19日凌晨，宁波市公安局鄞州分局将嫌疑人沙某抓获。2021年7月23日，本案由公安机关于侦查终结后移送审查起诉。2021年8月20日，浙江省宁波市人民检察院以故意杀人罪向宁波市中级人民法院提起公诉。2021年11月25日，宁波市中级人民法院一审公开开庭审理了沙某故意杀人一案。庭审中，公诉机关、辩护人出示了相关证据，法庭为被告人沙某聘请了翻译，通知了相关证人、鉴定人、有专门知识的人出庭作证，沙某及其辩护人进行了质证。控辩双方及被害人亲属委托的诉讼代理人在法庭主持下充分发表了意见，沙某作了最后陈述。庭审最后，法庭宣布休庭，择期宣判。宁波市中级人民法院经审理后认为，被告人沙某故意非法剥夺他人生命，其行为已构成故意杀人罪。被告人预谋报复杀人，捅刺、切割陈某某面部、颈部多刀，致陈某某死亡，动机卑劣，犯意坚决，手段残忍，犯罪情节特别恶劣，后果特别严重，应依法惩处。

2022年4月21日，宁波市中级人民法院一审公开宣判美国籍被告人沙某故意杀人一案，对被告人沙某以故意杀人罪判处死刑。

案件审理期间，法院依法充分保障了被告人的辩护、获得翻译、领事探视等各项诉讼权利，开庭、宣判前均通知了美国驻华使领馆。人大代表、政协委员、各界群众20余人旁听了案件宣判。

问题：结合本案，论述涉外刑事诉讼程序有哪些特别规定。

## 参考答案

**（一）不定项选择题**

1. ABC 2. D 3. ABD 4. BCD

**（二）判断分析题**

1. 题略。

错误。涉外刑事诉讼程序，是指诉讼活动涉及外国人（包括无国籍人）或者部分需要在国外进行的刑事诉讼所特有的方式、方法和步骤。涉外刑事诉讼程序所适用的案件范围包括两类：涉外刑事案件和部分刑事诉讼活动需要在国外进行的案件。因此本题的说法错误。

2. 题略。

正确。《公安规定》和《高法解释》规定，外国籍当事人享有请求公安司法机关为其提供翻译的权利。因此本案诉讼中公安司法机关应当为吉姆提供翻译。

3. 题略。

错误。《高法解释》第 485 条第 1 款规定："外国籍被告人委托律师辩护，或者外国籍附带民事诉讼原告人、自诉人委托律师代理诉讼的，应当委托具有中华人民共和国律师资格并依法取得执业证书的律师。"吉姆的母亲是美国籍律师，并不是具有中华人民共和国律师资格并依法取得执业证书的律师，因此不可以担任吉姆的辩护人。

4. 题略。

错误。根据《刑事诉讼法》第 21～23 条的规定，外国人、无国籍人危害国家安全、恐怖活动的第一审刑事案件以及外国人、无国籍人犯其他罪可能判处无期徒刑、死刑的第一审刑事案件，由中级人民法院管辖；对于重大或者特别重大的涉外刑事案件，如情节特别严重、案情疑难复杂、在全省或全国范围内有重大影响或者可能引起交涉的案件，也可以由高级人民法院或者最高人民法院进行第一审审判。根据《高法解释》第 476 条的规定，第一审涉外刑事案件，除《刑事诉讼法》第 21～23 条规定的以外，由基层人民法院管辖。本案不属于《刑事诉讼法》第 21～23 条规定的情形，因此应由基层人民法院管辖。

### （三）简答题

1. 题略。

涉外刑事诉讼程序所适用的案件范围包括两类：

（1）涉外刑事案件。根据《高法解释》第 475 条的规定，涉外刑事案件有以下四类：第一，在中华人民共和国领域内，外国人犯罪或者我国公民对外国、外国人犯罪的刑事案件；第二，符合《刑法》第 7 条、第 10 条规定情形的我国公民在中华人民共和国领域外犯罪的案件；第三，符合《刑法》第 8 条、第 10 条规定情形的外国人对中华人民共和国国家或公民犯罪的案件；第四，符合《刑法》第 9 条规定情形的中华人民共和国在所承担国际条约义务范围内行使管辖权的案件。应当注意的是，中国人在驻外使领馆内实施的犯罪，视为国内犯罪，由单位所在地或者户籍地法院管辖，不属于涉外案件，因为中国驻外使领馆拟制为我国领土。

（2）部分刑事诉讼活动需要在国外进行的案件。具体包括两类，一是部分刑事诉讼活动需要在国外进行的非涉外刑事案件；二是外国司法机关管辖的刑事案件，根据国际条约或者互惠原则，外国司法机关请求中国司法机关为其提供刑事司法协助的案件。

2. 题略。

（1）适用中国刑事法律和信守国际条约相结合的原则。（2）诉讼权利和义务平等原则。（3）使用中国通用的语言文字进行诉讼的原则。（4）指定或委托中国律师参加诉讼原则。

3. 题略。

（1）外国籍犯罪嫌疑人、被告人的国籍，以其在入境时持用的有效证件确认；（2）国籍不明的，由出入境管理部门协助予以查明，或者根据有关国家驻华使领馆出具的证明确认；(3) 国籍确实无法查明的，以无国籍人对待，适用涉外刑事案件审理程序的有关规定，并在裁判文书中写明“国籍不明”。

**(四) 论述题**

1. 题略。

除属于外国司法机关管辖，根据国际条约或者互惠原则，外国司法机关请求中国司法机关为其提供刑事司法协助的案件外，其余涉外刑事诉讼程序的管辖包括立案管辖和审判管辖两个部分。

第一，立案管辖。对相关司法解释规定的解读。

第二，审判管辖。应围绕级别管辖的确定和地区管辖的确定两个方面展开。

2. 题略。

外国籍犯罪嫌疑人、被告人和其他当事人在我国参加刑事诉讼，享有我国法律规定的诉讼权利，并承担相应的义务。《公安规定》和《高法解释》详细规定的外国籍当事人享有的诉讼权利有以下两项(深入解读)：

第一，请求公安司法机关为其提供翻译的权利。

第二，与监护人、近亲属会见、通信的权利。

3. 题略。

除依据我国《刑事诉讼法》、《公安规定》以及《高检规则》进行侦查取证程序外，针对证据在境外的情形，还应当遵循我国2018年实施的《国际刑事司法协助法》进行跨境取证。重点围绕以下两方面展开分析：一方面是刑事司法协助请求的提出，另一方面是向外国请求调查取证。

**(五) 法条分析题**

1. 题略。

可以从以下三个方面理解该法条：

(1) 外国籍被告人在押，其监护人、近亲属有权申请会见；

(2) 外国籍被告人的监护人、近亲属申请会见的，可以向受理案件的人民法院所在地的高级人民法院提出；

(3) 我国的被告人的近亲属、监护人不能会见在押的被告人，但外国籍被告人的近亲属、监护人可以申请会见在押的外国籍被告人。

2. 题略。

可以从以下三个方面理解该法条：

(1) 对来自境外的证据材料，人民检察院在起诉时应当随案移送有关材料来源、提供人、提取人、提取时间等情况的说明。

(2) 经人民法院审查，相关证据材料能够证明案件事实且符合刑事诉讼法规定的，“可以”作为证据使用，而非“应当”作为证据使用。

(3) 真实性是法院审查境外证据可采性的重心之所在，更强调对域外证据来源和取证过程的说明。材料来源不明或者真实性无法确认的，不得作为定案的根据。

**(六) 案例分析题**

题略。

一是涉外刑事案件中对强制措施适用的特别规定。具体包括：(1) 对外国籍犯罪嫌疑人依法作出取保候审、监视居住决定或者执行拘留、逮捕后层报上级公安机关和通报同级人民政府外事办公室的规定。(2) 对外国籍犯罪嫌疑人依法作出取保候审、监视居住决定或者执行拘留、逮捕后，由省级公安机关根据有关规定，将相关信息通知该外国人所属国家的驻华使馆、领事馆及报告公安部的规定。(3) 外国驻华外交、领事官员的探视规定，以及外国籍犯罪嫌疑人的会见、通信规定。(4) 逮捕中的层报审查规定。(5) 对涉外刑事案件的被告人的限制出境规定。

二是涉外刑事案件审理程序的特别规定。涉外刑事案件的审理，根据《高法解释》之规定，还应注意以下特别规定：(1) 人民法院对外国籍被告人的权利告知及保障义务。(2) 人民法院的信息通报及相关义务。

# 第二十一章 考研综合题

近年来，我国重点法学院校的刑事诉讼法学考研题型以主观题为主，包括名词解释、简答题、论述题与案例分析题等，其注重对刑事诉讼法学的基础性、综合性与体系性的考查。名词解释题型考查的内容较为基础，故本章集中以简答题、论述题、案例分析题的形式加以展开，供大家参考。

## 简答题

### 1. 简述公安司法机关可以并案管辖的情形。

参考答案：

具有下列情形之一的，人民法院、人民检察院、公安机关可以在其职责范围内并案处理

（1）一人犯数罪的；

（2）共同犯罪的；

（3）共同犯罪的犯罪嫌疑人、被告人还实施其他犯罪的；

（4）多个犯罪嫌疑人、被告人实施的犯罪存在关联，并案处理有利于查明案件事实的。

### 2. 简述刑事诉讼中依法可以缺席审判的情形。

参考答案：

（1）贪污贿赂犯罪案件，以及需要及时进行审判，经最高人民检察院核准的严重危害国家安全犯罪、恐怖活动犯罪案件，犯罪嫌疑人、被告人在境外，监察机关、公安机关移送起诉，人民检察院认为犯罪事实已经查清，证据确实、充分，依法应当追究刑事责任，而向人民法院依法提起公诉的。

（2）被告人患有严重疾病无法出庭，中止审理超过 6 个月，被告人仍无法出庭，被告人及其法定代理人、近亲属申请或者同意恢复审理的。

（3）被告人死亡的，但有证据证明被告人无罪的。

（4）人民法院按照审判监督程序重新审判的案件，被告人死亡的。

### 3. 简述二审抗诉和再审抗诉的区别。

参考答案：

（1）抗诉的对象不同。二审抗诉的对象是地方各级人民法院尚未发生法律效力的一

审判决、裁定，再审抗诉的对象是已经发生法律效力的判决和裁定。

（2）抗诉的权限不同。除最高人民检察院外，任何一级检察院都有权对同级法院的一审裁判提出二审抗诉。除最高人民检察院有权对最高人民法院的生效裁判提出再审抗诉外，其他各级检察院只能对其下级法院的生效裁判提出再审抗诉。

（3）接受抗诉的机关不同。接受二审抗诉的是提出抗诉的人民检察院的上一级人民法院，接受再审抗诉的是提出抗诉的人民检察院的同级人民法院。

（4）抗诉的期限不同。二审抗诉必须在法定期限内提出，法律对再审抗诉的提出没有规定期限。

（5）抗诉的效力不同。二审抗诉将阻止第一审判决、裁定发生法律效力，再审抗诉不停止原裁判的执行。

### 4. 简述刑事拘留与司法拘留的主要区别。

参考答案：

二者的主要区别表现在：

（1）法律性质不同。

刑事拘留是一种预防性措施，它是针对可能出现的妨碍刑事诉讼的行为而采用的；司法拘留则是一种排除性措施，是针对已经出现的妨碍诉讼活动的严重行为而采取的。

（2）法律根据不同。

刑事拘留是根据刑事诉讼法的规定采用的；司法拘留则是分别根据刑事诉讼法、民事诉讼法和行政诉讼法的规定采用的。

（3）适用对象不同。

刑事拘留是刑事诉讼法规定的刑事诉讼强制措施，适用对象仅限于刑事案件中的现行犯或者重大嫌疑分子。司法拘留的适用对象是所有在诉讼过程中实施了妨害诉讼行为的人，既包括诉讼当事人和其他诉讼参与人，也包括案外人。

（4）有权采用的机关不同。

刑事拘留依法由公安机关、人民检察院决定，并由公安机关执行。司法拘留依法由人民法院决定并由人民法院司法警察执行。

（5）与判决的关系不同。

刑事拘留的期限可以折抵刑期。司法拘留仅仅是对有妨害诉讼行为人的惩戒，与判决结果无任何关系。

（6）期限不同。

公安机关决定的刑事拘留最长期限可以达到 37 日，检察机关决定的刑事拘留最长可以达到 17 日。司法拘留的期限最长则为 15 日。

### 5. 简述刑事公诉案件和解与附带民事诉讼调解的区别。

参考答案：

两者的不同之处有：

（1）价值取向方面。前者着眼于平衡刑事案件所涉及的国家或社会、加害人与被害人的利益，以促进被害恢复、加害恢复和社会恢复；而后者侧重于满足被害人的赔偿要求。

（2）性质不同。前者直接针对刑事责任问题，后者直接针对民事赔偿问题。

（3）适用案件范围不同。前者的适用范围严格限定于特定轻罪案件，而后者适用于所有附带民事诉讼案件。

（4）条件不同。前者要求被追诉人在真诚悔罪的基础上通过向被害人赔偿损失、赔礼道歉等方式获得被害人谅解，赔偿损失并非是达成刑事和解的必不可少的条件；而对于后者而言，在赔偿损失问题上达成一致认识是必要条件。

（5）专门机关发挥的作用、扮演的角色不同。前者主要是被害人、被追诉人双方自发的活动，专门机关主要扮演保障者、和解协议主持制作者的角色；后者则是专门机关处理附带民事诉讼案件的一种方式，专门机关是主导者、主持者，扮演更为积极的角色。

（6）制作法律文书要求不同。达成刑事和解的，必须制作和解协议书；而附带民事诉讼调解达成协议并即时履行完毕的，可以不制作调解书。

（7）法律效果不同。前者是《刑事诉讼法》明文规定的从宽处罚情节，从宽幅度较大；后者只是一个在司法解释中有所体现的酌定量刑情节，从宽幅度相对较小。

### 6. 简述辩护律师与非律师辩护人在诉讼权利上的差别。

参考答案：

（1）在侦查阶段，犯罪嫌疑人只能委托律师作为辩护人，辩护律师在侦查阶段可以行使《刑事诉讼法》第38条赋予的一系列权利。

（2）调查取证权方面。非律师辩护人不享有《刑事诉讼法》第43条意义上的调查取证权和申请司法机关收集、调取证据权。

（3）拒绝作证权方面。辩护律师对执业中知悉的被追诉人的有关情况原则上享有拒绝作证权。但非律师辩护人无此项权利。

（4）死刑复核阶段，根据《刑事诉讼法》第251条之规定，“辩护律师提出要求的，应当听取辩护律师的意见”。非律师辩护人无此项权利。

（5）阅卷权方面。辩护律师自案件移送审查起诉之日起即可阅卷，但非律师辩护人需经法院或检察院许可。

（6）会见、通信权方面。除三类案件外，辩护律师持“三证”（律师执业证书、律师事务所证明和当事人委托书或法律援助公函）即可会见，而非律师辩护人须经法院或检察院许可。

### 7. 简述补充侦查的种类与形式。

参考答案：

（1）检察院审查起诉时的补充侦查。

检察院审查起诉的案件，需要补充侦查的，可以退回公安机关补充侦查，也可以自行侦查。对于补充侦查的案件，应当在1个月内补充侦查完毕，补充侦查以2次为限。补充侦查完毕，移送检察院后，检察院应重新计算审查起诉期限。

（2）法院审理阶段的补充侦查。

在庭审过程中，公诉人发现案件需要补充侦查，提出延期审理建议的，合议庭可以同意。但是建议延期审理的次数不得超过 2 次。且检察院应在 1 个月补充侦查完毕。特定情况下合议庭享有建议侦查权。审判阶段的补充侦查只能由检察院自行补充侦查，必要时可以由公安机关协助。人民检察院补充侦查的案件，补充侦查完毕移送人民法院后，人民法院重新计算审理期限。

（3）审查批捕阶段的通知补充侦查。

不批捕，需要补充侦查的，应当同时通知公安机关。公安机关补充侦查后，认为符合逮捕条件的，可以重新提请批准逮捕。

## 8. 简述监视居住与取保候审的区别。

参考答案：

监视居住与取保候审的区别包括：

其一，适用对象上的差异。

其二，期限上的差异。

其三，适用对象承担义务上的差异。

其四，折抵刑期方面的不同效果。

其五，执行地点的不同。

**延伸阅读推荐**

（1）左卫民：《反思监视居住：错乱的立法与尴尬的实践》，载《学习与探索》2012 年第 8 期，第 58－63 页。

（2）高景峰等：《“两高两部”〈关于取保候审若干问题的规定〉的理解与适用》，载《人民检察》2022 年第 20 期，第 19－23 页。

## 9. 简述对不起诉决定的监督和制约。

参考答案：

（1）被不起诉人的救济：对于检察院作出的酌定不起诉决定，被不起诉人如果不服，可以自收到决定书后 7 日以内向作出决定的检察院申诉。检察院应当作出复查决定，通知被不起诉的人，同时抄送公安机关。

（2）被害人的救济：如果对不起诉决定不服，可以自收到决定书后 7 日以内向上一级检察院申诉，请求提起公诉；对检察院维持不起诉决定的，被害人可以向法院起诉。被害人也可以不经申诉，直接向法院起诉；法院受理案件后，检察院应当将有关案件材料移送法院。

（3）公安机关的制约：认为不起诉的决定有错误的时候，可以向作出不起诉决定的检察院要求复议；如果意见不被接受，可以向上一级检察院提请复核。需要注意的是，公安机关必须先向同级检察院要求复议，其后方能向上一级检察院复核。

（4）监察机关的制约：认为不起诉的决定有错误，向上一级检察院提请复议。

**延伸阅读推荐**

童建明：《论不起诉权的合理适用》，载《中国刑事法杂志》2019 年第 4 期，第 23－34 页。

## 10. 简述刑事判决和裁定的主要区别。

参考答案：

二者的主要区别如下：

（1）适用对象不同。判决解决案件实体问题，裁定除了解决部分实体问题，主要用于解决程序问题。

（2）适用范围不同。判决只适用于审判程序终结时，裁定适用于整个审判程序和执行程序。

（3）适用方式不同。判决必须采用书面形式，裁定可以用书面或口头形式，但终结诉讼程序的裁定则需要用书面形式。

（4）抗诉、上诉期限不同。对于判决的上诉、抗诉期限为 10 日，对裁定的上诉、抗诉期限为 5 日。

## 11. 简述证人与见证人的区别。

参考答案：

二者的主要区别在于：

（1）产生的方式不同。证人是在诉讼之前由案件本身决定的，不能任意选择；见证人则是在诉讼各种过程中根据需要邀请的，有广泛的选择性。

（2）证明的对象不同。证人对案件事实本身作证，见证人只对被邀请参加见证的事实作证。

（3）在诉讼中的作用不同。证人是协助司法机关查明案件事实，见证人是使司法机关的侦查行为产生无可怀疑的法律效果。

## 12. 简述刑事诉讼的特征。

参考答案：

刑事诉讼，是指法院、检察院和公安机关等国家专门机关在当事人及其他诉讼参与人的参加下，依照法定程序，追诉犯罪，解决被追诉人刑事责任问题的活动。由上述概念可归纳出刑事诉讼具有以下四点特征：

（1）刑事诉讼是解决被追诉人刑事责任以及实现国家刑罚权的活动，带有明显的强制性。其中，国家刑罚权是指国家对实施了犯罪行为的人加以刑事处罚的权力。

（2）刑事诉讼由国家专门机关主导进行，是属于国家的司法活动。参与刑事诉讼的国家专门机关有侦查机关、公诉机关、审判机关和执行机关，刑事诉讼在不同的诉讼阶段分别由不同的专门机关主导进行。相较于民事诉讼和行政诉讼，刑事诉讼具有较为复杂的审判前程序，审判前程序的主要功能为启动刑事诉讼程序，并对案件是否具备起诉条件进行审查核实。而在参与并主导刑事诉讼的国家机关中，法院居于最终裁决的地位，由法院主导的审判阶段居于刑事诉讼的中心地位。

(3) 刑事诉讼在诉讼参与人的参加下进行。除极少数特别程序外（如缺席审判程序），刑事诉讼须有犯罪嫌疑人、被告人参加，被害人也是参与刑事诉讼的重要主体。其中，被追诉人的防御与辩护活动是刑事诉讼必不可少的组成部分。

(4) 刑事诉讼需严格依照法定程序进行。鉴于刑事诉讼自始至终存在着国家追诉机关与被追诉人的诉讼对抗，强调刑事诉讼应严格依照法定程序进行，一则为了防止国家专门机关尤其是追诉机关的权力滥用，二则为了保障诉讼参与人有效地行使和维护自身的合法诉讼权利。

**延伸阅读推荐**

(1) 龙宗智：《刑事诉讼的两重结构辨析》，载《现代法学》1991年第3期，第14-16、23页。

(2) 左卫民：《刑事诉讼现代化：历史与未来》，载《华东政法大学学报》2023年第6期，第90-104页。

## 13. 简述刑事诉讼法的任务。

参考答案：

《刑事诉讼法》第2条是关于刑事诉讼法的任务之规定，其分为三个层面，即直接任务、根本任务与重要任务。

(1) 刑事诉讼法的直接任务（首要任务）为：保证准确、及时地查明犯罪事实，正确应用法律，惩罚犯罪分子，保障无罪的人不受刑事追究。一方面，在事实层面，公检法三机关进行刑事诉讼的直接目的是查明案件事实，其中关键是准确无误与及时有效；另一方面，在法律层面，刑事诉讼的进行要正确应用法律，尤其是保证刑法的正确实施。与此同时，刑事诉讼要惩罚犯罪与保障无罪的人不受刑事追究。前者旨在实现刑罚报应、个别预防与一般预防等方面的刑罚效果，后者旨在保障无辜，避免出现刑事误判进而产生冤假错案。

(2) 刑事诉讼法的根本任务（基本任务）为：维护社会主义法制，尊重和保障人权，保护公民的人身权利、财产权利、民主权利和其他权利，保障社会主义建设事业的顺利进行。其中，在刑事诉讼过程中，“尊重和保障人权”主要是指尊重和保障犯罪嫌疑人、被告人的诉讼权利不受国家专门机关的侵犯。

(3) 刑事诉讼法的重要任务为：教育公民自觉遵守法律，积极同犯罪行为作斗争。该点强调刑事诉讼活动的教育感化功能，有利于引导公民不断提高法治意识。

**延伸阅读推荐**

(1) 陈建军：《刑事诉讼的目的、价值及其关系》，载《法学研究》2003年第4期，第98-109页。

(2) 肖仕卫：《刑事诉讼目的理论重构——基于刑事诉讼规则构成的考察》，载《地方立法研究》2022年第5期，第56-72页。

## 14. 简述刑事诉讼阶段。

参考答案：

刑事诉讼阶段，是指国家专门机关按照一定程序进行的相互衔接的一系列诉讼行为的过程，刑事诉讼可以划分为若干相对独立的单元。其特点是：每一个刑事诉讼阶段都作为一个相对独立和完整的程序，有其自身的直接任务和形式。

刑事诉讼阶段的划分标准如下：（1）一定诉讼过程的直接任务不同；（2）参加诉讼的机关和个人的构成不同；（3）进行诉讼行为的方式不同；（4）诉讼法律关系的特性不同：诉讼法律关系是指进行或参加刑事诉讼的机关或参与人基于刑事诉讼法的规定而产生的相互间的权利义务关系，不同诉讼阶段法律关系有所不同；（5）诉讼的总结性文书不同。

根据上述标准，可以将公诉案件的刑事诉讼划分为：立案—侦查—起诉—审判（一审—二审—死刑复核—再审）—执行等阶段。其中，死刑复核程序和审判监督程序（再审程序）系特殊阶段，只有特定案件才适用。可以将自诉案件的刑事诉讼划分为：法院受理—审判—执行等阶段。

关于刑事诉讼阶段之间的关系，存在“诉讼阶段论”与“审判中心论”。前者认为侦查、起诉和审判三个阶段对刑事诉讼目的之实现起到同等重要的作用，地位上不存在高低之分；后者将审判阶段作为整个刑事诉讼的中心，侦查、起诉等审判前程序系审判程序开启的准备阶段，只有在审判阶段才最终解决被告人的刑事责任问题。

**延伸阅读推荐**

（1）樊传明：《审判中心论的话语体系分歧及其解决》，载《法学研究》2017 年第 5 期，第 192－208 页。

（2）于同志：《深化以审判为中心的刑事诉讼制度改革》，载《中国应用法学》2023 年第 3 期，第 135－148 页。

## 15. 简述人民检察院受理的刑事案件范围。

参考答案：

人民检察院受理的刑事案件范围，即检察院立案侦查的刑事案件范围。为了实现对所有行使公权力的公职人员的监察全覆盖，2018 年通过了《监察法》，贪污贿赂犯罪和国家工作人员一般的失职渎职犯罪，应当由监察委员会进行调查，检察院不再对腐败型职务犯罪行使立案侦查权。为完善与《监察法》的衔接，同时保障检察院法律监督职责的行使，《刑事诉讼法》第 19 条第 2 款规定，对于两类国家机关工作人员涉嫌犯罪的案件，可以由检察院直接立案受理并进行侦查。

第一类：检察院自行侦查权。检察院在对诉讼活动实行法律监督中发现的司法工作人员利用职权实施的非法拘禁、刑讯逼供、非法搜查等侵犯公民权利、损害司法公正的犯罪，可以由检察院立案侦查。其中，“司法工作人员”，是指有侦查、检察、审判、监管职责的工作人员；“诉讼活动”，包括侦查、审判、执行的全过程。

具体涉及司法工作人员利用职权实施的下列 14 种罪名：（1）侦查阶段：非法拘禁

罪，非法搜查罪，刑讯逼供罪，暴力取证罪；（2）审判阶段：徇私枉法罪，民事、行政枉法裁判罪；（3）监管、执行阶段：虐待被监管人罪，执行判决、裁定失职罪，执行判决、裁定滥用职权罪，私放在押人员罪，失职致使在押人员脱逃罪，徇私舞弊减刑、假释、暂予监外执行罪；（4）其他司法活动中：司法人员的滥用职权罪，玩忽职守罪。该类案件的特征为：具有一定的腐败属性，但主要与检察院实行法律监督职权密切相关，同时有利于监察机关集中精力"反腐败"。

第二类：检察院机动侦查权。对于公安机关管辖的国家机关工作人员利用职权实施的重大犯罪案件，需要由检察院直接受理的时候，经省级以上检察院决定，可以由检察院立案侦查。其中，国家机关工作人员利用职权实施的"重大犯罪案件"，指的是个案，并且是公安机关不便立案侦查，由检察院立案侦查更为适宜的个别案件，如国家机关工作人员利用职务实施的杀人、强奸等重大犯罪案件。

该类案件的管辖体现了检察院的"机动侦查权"，是检察机关行使法律监督权的体现，有利于加强检察机关对公安机关立案侦查活动的监督，即预防后者当立不立或者虽立但怠于侦查。该类案件要经省级检察机关或最高人民检察院决定，才可以由检察机关立案侦查。

需要注意的是：上述两类案件"可以由人民检察院立案侦查"，不排除监察机关直接调查的可能；检察机关在查办上述可能与"腐败型"犯罪有牵连的案件时，如果发现涉嫌腐败型职务犯罪，应当及时将线索移送监察机关；此外，上述案件，由设区的市级检察院立案侦查。

**延伸阅读推荐**

（1）张智辉：《检察侦查权的回顾、反思与重构》，载《国家检察官学院学报》2018年第3期，第36－48页。

（2）卞建林：《检察机关侦查权的部分保留及其规范运行——以国家监察体制改革与〈刑事诉讼法〉修改为背景》，载《现代法学》2020年第2期，第171－180页。

## 16. 简述刑事附带民事诉讼与刑事附带民事公益诉讼的异同。

参考答案：

刑事附带民事公益诉讼，是指检察院对破坏生态环境和资源保护，食品药品安全领域侵害众多消费者合法权益，侵害英雄烈士等的姓名、肖像、名誉、荣誉等损害社会公共利益的犯罪行为提起刑事公诉时，可以向法院一并提起附带民事公益诉讼，由法院同一审判组织审理。检察院提起的刑事附带民事公益诉讼案件由审理刑事案件的法院管辖。

刑事附带民事诉讼与刑事附带民事公益诉讼的相同点为：两者均以刑事诉讼的成立为前提，是在解决被告人刑事责任的同时，附带解决被告人的民事责任问题；案件审理组织相同，由同一审判组织一并审理。

刑事附带民事诉讼与刑事附带民事公益诉讼的不同点为：

（1）诉讼目的不同：刑事附带民事诉讼本质上属于普通民事诉讼，为保护被害人财产权益；刑事附带民事公益诉讼本质上属于民事公益诉讼，为保护社会公共利益。

（2）起诉主体不同：刑事附带民事诉讼一般是被害人及其近亲属作为附带民事诉讼

原告人；如果是国家或集体财产遭受损失，受损单位未提起附带民事诉讼的，检察院可以自己的名义提起。这是检察院作为国家利益维护者的体现，此时，应当把检察院列为附带民事诉讼原告人。刑事附带民事公益诉讼只能由检察机关提起，并且公益诉讼中检察机关与刑事附带民事诉讼中的诉讼地位不同，此时，检察院的地位不是附带民事诉讼原告人，而是公益诉讼起诉人。

（3）受案范围不同：刑事附带民事诉讼限于被害人（包括被害单位）遭受物质损失的案件；刑事附带民事公益诉讼的受案范围为破坏生态环境和资源保护，食品药品安全领域侵害众多消费者合法权益，侵害英雄烈士等的姓名、肖像、名誉、荣誉等损害社会公共利益的案件。

（4）诉讼请求不同：刑事附带民事诉讼的诉讼请求较为单一，即要求被告人承担经济赔偿；刑事附带民事公益诉讼的诉讼请求具有多样性，除赔偿损失外，还包括停止侵害、恢复原状等诉讼请求。

**延伸阅读推荐**

（1）刘加良：《刑事附带民事公益诉讼的困局与出路》，载《政治与法律》2019 年第 10 期，第 84－94 页。

（2）刘艺：《刑事附带民事公益诉讼的协同问题研究》，载《中国刑事法杂志》2019 年第 5 期，第 77－91 页。

## 17. 简述审查起诉阶段的补充调查。

参考答案：

（1）补充调查的形式。根据《监察法》第 47 条的规定，检察院经审查，认为需要补充核实的，应当退回监察机关补充调查，必要时可以自行补充侦查。需要注意的是，退回补充调查与自行补充侦查是有先后顺序的，一般应当先退回监察机关进行补充调查。根据《高检规则》第 344 条的规定，检察机关认为监察机关移送的案件基本犯罪事实已经查清，具有下列情形之一的，可以自行补充侦查：1）证人证言、犯罪嫌疑人供述和辩解、被害人陈述的内容中主要情节一致，个别情节不一致的；2）书证、物证等证据材料需要补充鉴定的；3）其他由检察机关查证更为便利、更有效率、更有利于查清案件事实的情形。

（2）补充调查的期限与次数。对于补充调查的案件，应当在 1 个月内补充调查完毕，补充调查以 2 次为限。

**延伸阅读推荐**

谢小剑：《法教义学视角下退回补充调查的诉讼阶段定位》，载《法律科学（西北政法大学学报）》2023 年第 3 期，第 129－139 页。

## 18. 简述刑事诉讼中合议庭的组成规则。

参考答案：

根据《刑事诉讼法》第 183、249 条的规定，刑事诉讼中合议庭的组成方式为：

(1) 基层人民法院、中级人民法院审判第一审案件，应当由审判员 3 人或由审判员和人民陪审员共 3 人或 7 人组成合议庭进行，但是基层人民法院适用简易程序、速裁程序的案件可以由审判员 1 人独任审判。(2) 高级人民法院审判第一审案件，应当由审判员 3 人至 7 人或由审判员和人民陪审员共 3 人或 7 人组成合议庭进行。(3) 最高人民法院审判第一审案件，应当由审判员 3 人至 7 人组成合议庭进行。(4) 法院审判上诉和抗诉案件，由审判员 3 人或 5 人组成合议庭进行。(5) 最高人民法院复核死刑案件，高级人民法院复核死刑缓期执行的案件，应当由审判员 3 人组成合议庭进行。

需要注意的是，合议庭的组成原则为：(1) 合议庭的成员人数应当是单数，该原则有利于合议庭在评议意见分歧时作出决定。(2) 合议庭由审判员或人民陪审员随机组成。(3) 合议庭由院长或庭长指定审判员 1 人担任审判长；院长或庭长参加审理案件时，由其本人担任审判长。人民陪审员参加合议庭审判案件时，不能担任审判长。(4) 不得随意更换合议庭成员。

**延伸阅读推荐**

左卫民：《七人陪审合议制的反思与建言》，载《法学杂志》2019 年第 4 期，第 108－114 页。

## 19. 简述陪审员参审适用的案件范围。

参考答案：

关于陪审的案件范围，其一般情形为：涉及群体利益、公共利益的；人民群众广泛关注或其他社会影响较大的；案情复杂或有其他情形，需要由人民陪审员参加审判的案件。

适用七人合议庭的情形为：可能判处 10 年以上有期徒刑、无期徒刑、死刑，社会影响重大的刑事案件；根据民事诉讼法、行政诉讼法提起的公益诉讼案件；涉及征地拆迁、生态环境保护、食品药品安全，社会影响重大的案件；其他社会影响重大的案件。

此外，还包括被告人申请的情形：第一审刑事案件被告人、民事案件原告或被告、行政案件原告申请由人民陪审员参加合议庭审判的，法院可以决定由人民陪审员和法官组成合议庭审判。

**延伸阅读推荐**

魏晓娜：《人民陪审员制度改革研究》，中国政法大学出版社 2021 年版。

## 20. 简述简易程序和速裁程序的区别。

参考答案：

简易程序，是指基层法院审理某些事实清楚、被告人承认自己所犯罪行并对起诉书指控的犯罪事实没有异议的刑事案件时，所适用的比普通程序相对简化的审判程序。速裁程序，是指基层法院审理可能判处 3 年有期徒刑以下刑罚，事实清楚，证据确实、充分，被告人认罪认罚且民事赔偿问题已经解决的案件，在被告人同意适用的前提下，所适用的比简易程序更为简化的审判程序。

在概念特点上，两者具有以下区别：(1) 审判组织的简化程度不同。(2) 审判程序的简化程度不同。(3) 审理期限的缩短程度不同。(4) 当庭宣判与否要求不同。

在适用范围上，两者具有以下区别：(1) 认罪认罚与否要求不同。(2) 是否适用于3年以上刑罚不同。(3) 民事赔偿问题是否解决不同。(4) 是否适用于未成年人案件不同。(5) 是否适用于自诉案件不同。

此外，二者在程序转处的情形上也有一些差异。

**延伸阅读推荐**

樊崇义、何东青：《刑事诉讼模式转型下的速裁程序》，载《国家检察官学院学报》2020年第3期，第3-15页。

### 21. 简述刑事诉讼中申诉与上诉的区别。

参考答案：

刑事诉讼中申诉与上诉具有以下区别：

(1) 对象不同。申诉的对象是已生效的裁判，上诉的对象是未生效的一审裁判。

(2) 主体范围不同。申诉的主体包括当事人及其法定代理人、近亲属以及案外人；上诉的主体包括被告人、自诉人、附带民事诉讼当事人及其法定代理人，经被告人同意的被告人的辩护人及近亲属。需要注意的是，被害人没有上诉权但有申诉权；被告人的近亲属没有独立的上诉权，但却有独立的申诉权。

(3) 受理机关不同。申诉的受理机关是原审法院及其上级法院，以及与上述法院对应的检察院；上诉的受理机关是一审法院及其上一级法院。

(4) 期限不同。申诉的期限一般为刑罚执行完毕后2年内；超过2年，但具有以下情形的，应当受理：可能对原审被告人宣告无罪的；在期限内向法院申诉，法院未受理的；属于疑难、复杂、重大案件的。上诉的期限为判决10日，裁定5日。

(5) 法律后果不同。申诉不能直接引起审判监督程序，不能停止生效裁判的执行；上诉必然引起第二审程序，并阻止一审裁判生效。

**延伸阅读推荐**

(1) 郭烁：《二审上诉问题重述：以认罪认罚案件为例》，载《中国法学》2020年第3期，第244-260页。

(2) 张建伟：《刑事申诉的重新定位及其诉讼化难题》，载《吉林大学社会科学学报》2020年第4期，第27-39页。

## 论述题

### 1. 试论程序公正和实体公正的关系。

参考答案：

司法公正，又称诉讼公正，包括程序公正和实体公正，涉及刑事诉讼价值中“公正价值”的范畴，公正价值是刑事诉讼的核心价值。司法公正是维护社会公平正义的最后一道防线，要努力让人民群众在每一个司法案件中感受到公平正义。

程序公正/程序正义，即过程公正，是指诉讼程序本身符合特定的公正标准、所体现的公正。其具体要求为：严格遵守法定程序；保障诉讼参与人尤其是当事人的诉讼权利；依法适用强制性措施；严禁非法取证；司法机关依法独立行使司法权；诉讼程序公开透明；控辩平等，控审分离，审判者居中裁判；按法定期限办案结案。

实体公正/实体正义，即结果公正，是指案件实体的处理结果所体现的公正。其具体要求为：据以定罪量刑的犯罪事实的认定应做到证据确实、充分；定罪准确；量刑适当；涉案财物得到公正处理；已生效的裁判得到有效执行；对于错判案件，通过救济程序及时纠错、赔偿补偿。

程序公正和实体公正的关系为：二者应当并重，应纠正刑事司法实践中长期存在的“重实体、轻程序”的错误理念和做法，在刑事立法上和司法中建立程序性制裁制度，以保证程序公正。程序公正和实体公正一般情况下是可以统一的，但有时也会相冲突，需要根据利益权衡的原则作出选择，即应当从实际情况出发对两者的价值取向有所侧重和调整。既要承认程序法的工具价值，又不能陷入唯工具论；既要承认程序法的独立价值，又不能过度夸大，陷入程序优先论。

**延伸阅读推荐**

（1）陈光中：《动态平衡诉讼观之我见》，载《中国检察官》2018 年第 7 期，第 11－13 页。

（2）陈瑞华：《程序正义理论》（第 2 版），商务印书馆 2022 年版。

## 2. 论“不得强迫任何人证实自己有罪”的内涵。

参考答案：

《刑事诉讼法》第 52 条规定：“不得强迫任何人证实自己有罪”。该规定既有对域外通行的“不受强迫自证已罪”原则的借鉴，也融入了体现中国实际的功能预设和立法期待。具体而言，对其内涵可以从以下几个方面把握：

（1）从“不得强迫任何人证实自己有罪”出现的法条位置看，它还称不上刑事诉讼法的一项基本原则。立法者并没有把该条款纳入《刑事诉讼法》第一章的“基本原则”中，而只是将其规定于证据一章取证的要求和限制规则中。

（2）“不得强迫任何人证实自己有罪”中，“不得”的主语是“审判人员、检察人员、侦查人员”，因此，该规定主要着眼于对公安司法人员取证行为的规制和职权行为的规范性，并未像域外多数国家那样直接将“不强迫自证已罪”确立为被追诉人的一种特权或权利。

（3）与域外的“不受强迫自证已罪”原则相同，“不得强迫任何人证实自己有罪”并不反对接受被追诉人自愿的认罪或供述；但是，作为《刑事诉讼法》“立法说明”中所明确定位的“防范刑讯逼供和完善非法证据排除规则的措施之一”，“反对强迫任何人证实自己有罪”中的“强迫”限定于特定范围，主要针对的是刑讯等强迫性的非法取供、取证手段，而不必然包括法律或程序强迫。

(4)“不得强迫任何人证实自己有罪”适用的对象包括刑事诉讼中的“任何人”，尽管主要是犯罪嫌疑人、被告人，但是也包括被害人、证人等其他诉讼参与人，即要求不得对任何人采用强迫手段调查收集证据。

(5) 我国《刑事诉讼法》中依然保留了被追诉人“如实回答”侦查人员提问的义务，这意味着“不得强迫任何人证实自己有罪”中的“证实自己有罪”不同于“自证其罪”或者“回答可能导致自我归罪的问题”。规定“不得强迫任何人证实自己有罪”并未确立沉默权，也未确立被追诉人在“回答可能导致自我归罪问题上的自由意志”，很大程度上只是在强调不得强迫被追诉人承担自己有罪的举证责任。

**3. 论直接、言词原则。**

参考答案：

(1) 直接、言词原则的内涵。直接、言词原则作为现代各国刑事审判阶段普遍适用的诉讼原则，是直接原则和言词原则的统称。它要求法官必须在法庭上亲自听取当事人和其他诉讼参与人的陈述，案件事实和证据必须以口头方式向法庭提出，调查证据以口头举证、质证、辩论的方式进行。

直接原则又分为直接审理原则和直接采证原则。直接审理原则是指法官在审理案件时，公诉人、当事人和其他诉讼参与人应当在场。除法律特别规定的以外，上述人员不在场时，不得进行法庭审理；否则，审判活动无效。直接采证原则是指刑事庭审中证据的调查与采取，应由法官亲自进行。只有以法官直接调查并经控辩双方质证、辩论后采信的证据，才能作为判决的依据。

言词原则是指法庭审理中如无法律特别规定的情况，应以口头方式进行。即被告人、被害人以口头方式陈述，证人、鉴定人以口头方式作证，控辩双方以口头方式进行辩论。

(2) 直接、言词原则的意义。

一方面，有助于查明案件事实真相，准确、及时地完成审判任务。法官通过亲自调查，听取各方的陈述和辩论，能够对诉讼各方陈述的异同形成清晰的印象，从而判断证据的真实性和相关性。直接、言词原则，还有助于法官及时引导控辩双方对事实、情节方面的疑点展开辩论，以便作出准确的判断。

另一方面，有助于保护被告人的合法权利，体现诉讼的民主性。根据直接、言词原则，控辩双方应在同等条件下进行举证、质证、辩论等活动，辩护方能够有针对性地进行充分的辩护活动，从而最大限度地保护被告人的合法权益。

(3) 直接、言词原则的适用。

直接、言词原则主要体现于一审程序中。我国《刑事诉讼法》虽然没有明确规定这一原则，但关于法庭调查、辩论程序等的规定体现了这一原则的精神。直接、言词原则在我国开庭审理的二审案件中也得到了体现。不过，由于证人、鉴定人普遍不出庭，笔录类证据材料被广泛使用，以及审判委员会等制度的存在，直接、言词原则在我国刑事审判中并未得到全面落实。

## 4. 试述未经人民法院依法判决，对任何人都不得确定有罪原则。

参考答案：

（1）原则的基本含义。

1）确定被告人有罪的权力由人民法院统一行使。

2）人民法院判决被告人有罪，必须严格依照法定程序进行。

3）在人民法院依法判决有罪之前，任何人都不得被当作罪犯看待。

（2）原则的体现。

1）犯罪嫌疑人、被告人的称谓。

2）明确由控诉方负举证责任，被告人不负证明自己无罪的义务。

3）存疑不起诉。

4）证据不足的无罪判决。

（3）原则的缺憾与不足。

主要从立法上的如实回答义务、实践中刑讯的杜而不绝以及强制措施的异化、与无罪推定原则的关系等角度展开。

**延伸阅读推荐**

（1）孙长永、闫召华：《无罪推定的法律效果比较研究——一种历时分析》，载《现代法学》2010 年第 4 期，第 130－137 页。

（2）陈光中等：《论无罪推定原则及其在中国的适用》，载《法学杂志》2013 年第 10 期，第 1－8 页。

## 5. 试论分工负责、互相配合、互相制约原则。

参考答案：

（1）内涵解读。

《刑事诉讼法》第 7 条规定了分工负责、互相配合、互相制约原则。1）分工负责要求公检法三机关在刑事诉讼中根据法律有明确的职权分工，既不能相互替代，也不能相互推诿。2）互相配合强调公检法三机关进行刑事诉讼，应当在分工负责的基础上，共同查明案件事实，追究、惩罚犯罪。3）互相制约则要求公检法三机关进行刑事诉讼，应当按照诉讼职能的分工和程序上的设置，相互约束，相互制衡，以防止发生错误或及时纠正错误，做到不错不漏，不枉不纵。

（2）“三项要求”的关系。

关于三者关系，分工负责是前提，配合和制约是三机关依法行使职权，顺利进行刑事诉讼的保证。需要注意的是：互相制约是贯彻这一原则的关键，没有制约，分工负责和职权划分就失去了意义。

（3）评价及完善方向。

作为支撑我国刑事司法体制框架结构的基本原则，分工负责、互相配合、互相制约原则正发生着显著的变化。在刑事司法实践中，公检法三机关呈现出“配合有余、制约不足”的问题，无法真正发挥法院、检察院对公安机关侦查活动的制约功能。随着以审判为中心的诉讼制度改革的推进，法院审判的中心地位愈发得到重视，庭审实质化改革得到推行，这在一定程度上对公检法三机关分工负责、互相配合、互相制约原则提出了挑战和超越。

**延伸阅读推荐**

（1）左卫民：《健全分工负责、互相配合、互相制约原则的思考》，载《法制与社会发展》2016 年第 2 期，第 25－30 页。

（2）孙远：《“分工负责、互相配合、互相制约”原则之教义学原理——以审判中心主义为视角》，载《中外法学》2017 年第 1 期，第 188－211 页。

## 6. 试论依靠群众原则。

参考答案：

（1）性质与内涵。

《刑事诉讼法》第 6 条规定了依靠群众原则。该原则是人民司法的优良传统在刑事诉讼中的具体要求。其内涵为刑事诉讼的各个阶段都要发动群众、联系群众，充分运用和依靠群众力量。

（2）具体体现。

1）在侦查阶段的体现。

2）在审查起诉阶段的体现。

3）在审判阶段的体现。

4）在执行阶段的体现。

（3）该原则的意义。

（4）落实该原则的关键。

贯彻依靠人民群众原则，必须正确处理好专门机关与依靠群众的关系。一方面，公安司法机关应当成为群众同犯罪分子作斗争的组织者，指导群众依法同犯罪行为作斗争。另一方面，必须注重依靠群众与专门机关相结合，使专门机关成为群众同犯罪分子作斗争的坚强后盾。

（5）不足与改进方向。

**延伸阅读推荐**

陈卫东：《公民参与司法：理论、实践及改革——以刑事司法为中心的考察》，载《法学研究》2015 年第 2 期，第 3－25 页。

## 7. 论被害人的诉讼地位。

参考答案：

在我国，被害人的诉讼地位是当事人。关于被害人的概念，狭义的被害人，是指作为当事人之一的被害人，即在检察院代表国家提起公诉的刑事案件中，以个人身份参与诉讼，并与检察院共同行使控诉职能的人；广义的被害人，是指人身、财产或其他权益遭受犯罪行为直接侵害的人，包括狭义的被害人、自诉人和附带民事诉讼原告人。

作为当事人之一，被害人具有以下特点：与案件结局有着直接的利害关系；被害人陈述是法定的证据来源之一；被害人既有权要求公安司法机关追究犯罪和惩罚犯罪，也有权要求追缴赃款赃物或责令退赔；被害人作为刑事诉讼当事人，与犯罪嫌疑人、被告人居于大致相同的诉讼地位，享有与犯罪嫌疑人、被告人大致相同的诉讼权利。需要注意的是，由于公诉案件的起诉权和抗诉权由检察机关行使，被害人不享有公诉案件的起诉权和抗诉权。

作为当事人之一，被害人在刑事诉讼中除享有当事人共有的诉讼权利外，还享有以下诉讼权利：报案与控告权；申请复议权；申诉权，包括对公安机关不立案的申诉、对检察院不起诉决定不服而向上一级检察院提出申诉、对生效裁判的申诉三种情况；委托诉讼代理人的权利；自诉权，即在公诉转自诉案件中，作为当事人的被害人转换为自诉人；程序参与权；申请抗诉权，即不服一审判决，有权请求检察院抗诉；受到保护权；财产发还与赔偿权。

**延伸阅读推荐**

陈瑞华：《刑事诉讼的私力合作模式——刑事和解在中国的兴起》，载《中国法学》2006 年第 5 期，第 15－30 页。

## 8. 试论犯罪嫌疑人、被告人的救济性权利。

参考答案：

犯罪嫌疑人、被告人享有防御性权利和救济性权利。防御性权利是指犯罪嫌疑人、被告人为对抗追诉方的指控、抵消其控诉效果所享有的诉讼权利，如辩护权，拒绝回答权、参与庭审权、反诉权等。救济性权利是指犯罪嫌疑人、被告人对国家专门机关所作的对其不利的行为、决定或裁判，要求予以审查并作出改变或撤销的诉讼权利，其主要包括以下内容：

其一，控告权。犯罪嫌疑人、被告人对于审判人员、检察人员和侦查人员侵犯其诉讼权利和人身侮辱的行为，有权提出控告。

其二，上诉权。被告人不服地方各级法院第一审的判决、裁定，有权用书状或口头方式向上一级法院上诉，从而引起第二审程序的启动。

其三，申诉权。犯罪嫌疑人、被告人对于司法机关及其工作人员采取的违法强制措施等行为，可以向检察院申诉；对于检察院作出的酌定不起诉决定，有权向检察院申诉；对各级法院已经发生法律效力的判决、裁定，有权向法院或检察院提出申诉，符合法定情形的，法院应当重新审判。

其四，申请复议权。犯罪嫌疑人、被告人有权申请审判人员、检察人员、侦查人员、书记员、翻译人员和鉴定人的回避，对驳回申请回避的决定，有权申请复议一次。

其五，申请变更、解除强制措施权。犯罪嫌疑人、被告人有权申请变更强制措施；对于法院、检察院或公安机关采取的强制措施法定期限届满的，有权要求解除强制措施。

其六，对缺席审判的异议权。罪犯（原犯罪嫌疑人、被告人）在法院通过缺席审判程序作出的判决、裁定发生法律效力后到案的，在交付执行刑罚前，有权对判决、裁定提出异议，提出异议的，法院应当重新审理。

**延伸阅读推荐**

陈卫东、郝银钟：《被告人诉讼权利与程序救济论纲——基于国际标准的分析》，载《中外法学》1999年第3期，第78－83页。

## 9. 试述认罪认罚案件中对犯罪嫌疑人、被告人辩护权的保障。

参考答案：

《刑事诉讼法》第15条规定：犯罪嫌疑人、被告人自愿如实供述自己的罪行，承认指控的犯罪事实，愿意接受处罚的，可以依法从宽处理。在认罪认罚案件中，对犯罪嫌疑人、被告人辩护权的保障应注意以下内容：

第一，获得法律帮助权。法院、检察院、公安机关办理认罪认罚案件，应当保障被追诉人获得有效法律帮助，确保其了解认罪认罚的性质和法律后果，自愿认罪认罚。被追诉人自愿认罪认罚，没有辩护人的，法院、检察院、公安机关（看守所）应当通知值班律师为其提供法律咨询、程序选择建议、申请变更强制措施等法律帮助。符合通知辩护条件的，应当依法通知法律援助机构指派律师为其提供辩护。详言之，值班律师在认罪认罚案件中应当提供以下法律帮助：提供法律咨询，包括告知涉嫌或指控的罪名、相关法律规定，向被追诉人释明认罪认罚的性质和法律后果等；提供程序选择建议；帮助申请变更强制措施；对案件处理向办案机关提出意见，包括对检察院指控罪名、量刑建议、诉讼程序适用等事项提出意见；引导、帮助被追诉人及其近亲属申请法律援助；法律法规规定的其他事项。此外，值班律师办理案件时，可以应被追诉人的约见进行会见，也可以经办案机关允许主动会见；自检察院对案件审查起诉之日起，值班律师可以查阅案卷材料、了解案情。需要注意的是，值班律师仅提供法律帮助，而不出庭进行辩护。

第二，告知、会见值班律师权。法院、检察院、公安机关（看守所）应当告知被追诉人有权约见值班律师，获得法律帮助，并为其约见值班律师提供便利。被追诉人及其近亲属提出法律帮助请求的，法院、检察院、公安机关（看守所）应当通知值班律师为其提供法律帮助。

第三，在场权。犯罪嫌疑人签署认罪认罚具结书时，应有辩护人或值班律师在场。辩护人或值班律师对犯罪嫌疑人认罪认罚自愿性、检察院量刑建议、程序适用等均无异议的，应当在具结书上签名，同时留存一份复印件归档。辩护人或值班律师对检察院量刑建议、程序适用有异议的，在确认犯罪嫌疑人系自愿认罪认罚后，应当在具结书上签字，同时可以向检察院提出法律意见。

第四，辩护权。认罪认罚案件被追诉人委托辩护人或法律援助机构指派律师为其辩护的，辩护律师在侦查、审查起诉和审判阶段，应当与被追诉人就是否认罪认罚进行沟通，提供法律咨询和帮助，并就定罪量刑、诉讼程序适用等向办案机关提出意见。

**延伸阅读推荐**

（1）闫召华：《合作式司法的中国模式：认罪认罚从宽研究》，中国政法大学出版社2022年版。

（2）臧德胜：《认罪认罚从宽制度中被追诉人权利保护研究：以公正与效率的动态平衡为基点》，中国法制出版社2023年版。

## 10. 试述客观真实与法律真实。

参考答案：

诉讼中的客观真实，又称实体真实，是指司法人员通过证明活动对案件事实的认定与案件客观事实相一致的内容。与之对应，法律真实，又称形式真实，是指司法人员运用证据认定案件事实要求达到法律所规定的真实程度。法律真实强调认定案件事实的法定程序、规则和要求，法律真实一般可能会与客观真实相一致；但在有些案件中，法律真实也可能会偏离客观真实、与之相背离。

刑事诉讼应将客观真实与法律真实相结合。以法律真实代替客观真实是不正确的，简单地否定法律真实也是不现实的，理性的做法是实行客观真实与法律真实相结合，形成有中国特色的诉讼真实观。具体理由如下：

首先，古今中外的诉讼证明所要达到的真实程度都需要通过法律的形式加以规定和体现。从神明裁判制度下的神示真实、口供主义的口供真实、法定证据制度下的形式真实，到现代西方的“自由心证”“排除合理怀疑”，以及我国《刑事诉讼法》规定的“犯罪事实清楚，证据确实、充分”，都是法律对证明标准提出的要求。客观真实作为一种理论和观念，也必须体现和落实到法律的规定中，以法条的形式加以表述，才能直接地、具体地规范司法实践。

其次，司法程序的目标不仅在于发现真实，而且必须实现诉讼的价值目标，如程序正义、尊重人权和人性、诉讼效率等。这些诉讼价值的实现与发现真实在很大程度上是一致的，但有时会发生矛盾和冲突，需要进行平衡，法律真实在一定意义上起着平衡器的作用。换言之，追求事实真相不是诉讼的唯一目的，因此，出于不同诉讼目的和价值的考虑，客观真实有时需要让位于法律真实。我们的诉讼价值观已经从传统的一元化转向了多元化，从单纯追求案件的事实真相转向追求实体公正、程序正义、诉讼效率等多重价值。因此，出于价值平衡的考虑，诉讼证明需要给法律真实让出一定的空间。

再次，司法实践中对案件事实的证明十分复杂，不仅受到相关程序规则与证据规则的制约，同时还要考虑多方面因素的影响，如主要事实与其他事实对定罪量刑的影响大小不同等。因此，在刑事诉讼中，适用一个统一的证明标准很难满足司法实践的实际需要，而必须确立起层次性的证明标准，即在一般证明标准之外，建立事实推定、证据优势标准等，以适应不同的情形，这就必须适用法律真实的原理。概言之，在诉讼中只讲客观真实，不承认法律真实，又难以行得通。因此，在讲客观真实的同时，应当承认法律真实在诉讼实践中有存在的必要性。

需要强调的是，如果片面强调诉讼认识的特殊性、相对性和诉讼价值的优先性，从而主张以法律真实否定和取代客观真实，不承认法律真实应当与客观真实相结合；不承认在办理刑事案件中，有必要和可能查明案件事实真相，这就必然在一定程度上走向主观主义，并导致在司法实践中增加错判无辜的概率。换言之，必须坚持客观真实，否则，就会使诉讼的功能异化，社会公正无法得以保障。离开客观真实就谈不上实体公正甚至可能铸成冤案，活生生的司法实践教训就是最好的解释。而且实务部门如果过于强调法律真实，就会造成很多案件“案结事不了”，法律效果与社会效果不统一，涉讼信访增多，严重影响社会的稳定和发展。

最后，客观真实与法律真实相结合的理念，已为中央政法部门文件所认同。如 2005 年最高人民法院《关于增强司法能力、提高司法水平的若干意见》第 20 条即要求各级法院坚持法律真实与客观真实的统一。党的十八届四中全会《决定》则明确提出，坚持以事实为根据、以法律为准绳，健全事实认定符合客观真相、办案结果符合实体公正、办案过程符合程序公正的法律制度。

**延伸阅读推荐**

(1) 樊崇义：《客观真实管见——兼论刑事诉讼证明标准》，载《中国法学》2000 年第 1 期，第 115-121 页。

(2) 陈光中等：《诉讼真实与证明标准改革》，载《政法论坛》2009 年第 2 期，第 3-21 页。

## 11. 试述“应当如实回答”义务和“不得强迫任何人证实自己有罪”条款的关系。

参考答案：

《刑事诉讼法》第 52 条规定：不得强迫任何人证实自己有罪。该条体现了禁止强迫自证其罪原则，该原则只适用于犯罪嫌疑人、被告人的有罪供述；“强迫”与“非自愿性”基本等同，即违背犯罪嫌疑人、被告人的意愿；对强迫自证其罪行为的禁止，依靠非法言词证据的强制性排除规则来完成。需要注意的是，我国没有确立沉默权规则，沉默权规则（保持沉默的自由）只是禁止强迫自证其罪原则的一项具体要求，是犯罪嫌疑人、被告人自由选择诉讼角色的具体方式。因此，“不得强迫任何人证实自己有罪”不是完整意义上的禁止强迫自证其罪原则。

禁止强迫自证其罪原则对于维护犯罪嫌疑人、被告人的诉讼主体地位，保障其合法权益，防止刑讯逼供等违法行为具有重要意义。在几乎所有法治国家的宪法中，禁止强迫自证其罪都被确立为公民的基本权利，成为公民生命、自由、财产等权益免受公权力机构任意剥夺的基本法律保障。但“不得强迫任何人证实自己有罪”被规定在我国《刑事诉讼法》收集证据的要求之中，而没有被明确规定为刑事诉讼法的基本原则；此外，《刑事诉讼法》保留的“如实回答义务”也会导致“不得强迫任何人证实自己有罪”条款面临实施的困难。

需要强调的是，不得强迫任何人证实自己有罪，是我国刑事诉讼法一贯坚持的精神，因为刑事诉讼法中原本就有严禁刑讯逼供这样的规定。为了进一步防止和遏制刑讯逼供，刑事诉讼法明确规定不得强迫任何人证实自己有罪，这样的规定对司法机关是一个刚性的、严格的要求。该条款主要针对的是强迫取证的手段，并没有免除犯罪嫌疑人接受讯问、如实回答的义务。

《刑事诉讼法》第 120 条规定：犯罪嫌疑人对侦查人员的提问，应当如实回答。但是对与本案无关的问题，有拒绝回答的权利。侦查人员在讯问犯罪嫌疑人的时候，应当告知犯罪嫌疑人享有的诉讼权利，如实供述自己罪行可以从宽处理和认罪认罚的法律规定。可见，相比于不得强迫任何人证实自己有罪，刑诉法规定犯罪嫌疑人应当如实回答是从另外一个角度规定的。即如果犯罪嫌疑人如实回答了问题，交代了自己的罪行，可以得到从宽处理。刑事诉讼法作为一部程序法，要落实这样一个规定，它要求犯罪嫌疑人如果要回答问题的话，就应当如实回答；如果如实回答，就会得到从宽处理。这是从两个角度来规定的，并不矛盾。换言之，犯罪嫌疑人如实回答问题，供述自己罪行，可以得到从宽处理。对于犯罪嫌疑人而言，其有选择是否认罪认罚的权利。如果其选择回答，就应当如实回答，以获取从宽处理，而这一回答并不是在侦查人员强迫之下作出的。如果其拒绝认罪认罚，不影响侦查和诉讼程序正常进行，且不会因此被加重处罚。

综上，“犯罪嫌疑人对侦查人员的提问，应当如实回答”和“不得强迫任何人证实自己有罪”之间本质上并没有矛盾。但在司法实践中，需要注意防范曲解“应当如实回答”，造成其与不得强迫自证其罪产生实际冲突，可能削弱或架空不得强迫自证其罪的情况发生。

**延伸阅读推荐**

(1) 樊崇义：《从“应当如实回答”到“不得强迫自证其罪”》，载《法学研究》2008年第2期，第111-121页。

(2) 孙远：《不强迫自证其罪条款之实质解释论纲》，载《政法论坛》2016年第2期，第59-69页。

## 12. 有人认为，允许刑事和解就是允许“花钱买刑”。如何评价这一观点？怎样才能防止“赔偿减刑”变为“花钱买刑”？

参考答案：

(1) 刑事和解中的“赔偿减刑”不是花钱买刑。

赔偿减刑这样的说法很容易引起误解。说到底是因为和解而减刑，而不是因为赔偿而减刑。达成这样的减刑至少需要三个要素：1) 认罪悔罪；2) 道歉赔偿等伤害恢复举措；3) 获得谅解。三者缺一不可。

如果不悔罪只愿意赔钱减刑，或者只接受赔偿，不真的谅解，那就不是真正的和解，这样的“赔偿减刑”就是“花钱买刑”。当然，这也是刑事和解最大的隐患所在。

(2) 可以通过以下措施避免“花钱买刑”。

1) 不以赔偿多少作为确定能否和解的唯一因素，因案因人而定。综合全案因素判定刑罚。赔了也不一定轻判。

2) 和解方式多元化，允许无赔偿和解。不赔也不一定不从轻。并在全社会培养因“和”而减刑，而不是因“赔”而减刑的理念。

3) 构建加害人人身危险性的社会调查或评价机制，更加科学地判断悔罪的真实性和谅解的真实性、自愿性。

4) 公安司法机关的严格审查认罪悔罪和谅解的自愿性、合法性、真实性。

5) 加害人、被害人有效的会面沟通机制。促进加害人的忏悔和被害人的心理抚慰。

6) 国家或社会对受害人有效的补偿与救助，使被害人不会为了钱而作出违心的选择。

## 13. 试述如何保障证人出庭作证。

参考答案：

我国刑事司法实践中，证人出庭作证率低。为免除证人后顾之忧，鼓励证人出庭作证，《刑事诉讼法》及其司法解释确立了证人出庭作证的保障机制。

其一，证人保护制度。法院、检察院和公安机关应当保障证人及其近亲属的安全，包括对证人的事前保护与事后保护。（1）对证人的事前保护：对于危害国家安全犯罪、恐怖活动犯罪、黑社会性质的组织犯罪、毒品犯罪等案件，证人、鉴定人、被害人因在诉讼中作证，本人或其近亲属的人身安全面临危险的，法院、检察院和公安机关应当采取以下一项或多项保护措施：不公开真实姓名、住址和工作单位等个人信息；采取不暴露外貌、真实声音等出庭作证措施；禁止特定的人员接触证人、鉴定人、被害人及其近亲属；对人身和住宅采取专门性保护措施；其他必要的保护措施。同时，证人、鉴定人、被害人认为因在诉讼中作证，本人或其近亲属的人身安全面临危险的，可以向法院、检察院、公安机关请求予以保护。法院、检察院、公安机关依法采取保护措施，有关单位和个人应当配合。（2）对证人的事后保护：对证人及其近亲属进行威胁、侮辱、殴打或打击报复，构成犯罪的，依法追究刑事责任；尚不够刑事处罚的，依法给予治安管理处罚。

其二，证人补偿制度。证人因履行作证义务而支出的交通、住宿、就餐等费用，应当给予补助。证人作证的补助列入司法机关业务经费，由同级政府财政予以保障。有工作单位的证人作证，所在单位不得克扣或变相克扣其工资、奖金及其他福利待遇。

其三，明确证人应当出庭作证的条件。公诉人、当事人或辩护人、诉讼代理人对证人证言有异议，且该证人证言对案件定罪量刑有重大影响，法院认为证人有必要出庭作证的，证人应当出庭作证。需要注意的是，法院有对证人出庭作证的最后决定权，法院在是否通知证人出庭作证方面享有较大的自由裁量权。其中，对“认为有必要”的理解为：证人出庭作证属于不可替代的证人证言调查方式。需要注意的是，有些法院任意剥夺控辩双方的程序选择权，向来是刑事诉讼制度的一大缺陷，也是证人出庭难的主要原因。为保障证人出庭作证，需要从关键证人出庭作证回归到必要证人出庭作证。

其四，证人不出庭作证的后果。（1）经法院通知，证人没有正当理由不出庭作证的，法院可以强制其到庭，但是被告人的配偶、父母、子女除外。（2）证人没有正当理由拒绝出庭或出庭后拒绝作证的，予以训诫，情节严重的，经院长批准，处以10日以下的拘留。被处罚人对拘留决定不服的，可以向上一级法院申请复议。复议期间不停止执行。需要注意的是，“强制到庭”应当由院长签发强制证人出庭令，由法警执行；必要时，可以商请公安机关协助。上述的“拘留”是司法拘留措施。

其五，若要从根本上解决证人不出庭作证的问题，需要对庭前证人证言笔录确立排除性的法律后果。目前，《高法解释》第91条第3款规定：经法院通知，证人没有正当理由拒绝出庭或出庭后拒绝作证，法庭对其证言的真实性无法确认的，该证人证言不得作为定案的根据。需要注意的是，这里确立的是证明力排除规则，而非证据能力排除规则。

**延伸阅读推荐**

（1）陈光中等：《完善证人出庭制度的若干问题探析——基于实证试点和调研的研究》，载《政法论坛》2017年第4期，第40－51页。

（2）陈卫东：《从关键证人回归必要证人：关键证人出庭作证逻辑反思》，载《法学研究》2023年第6期，第170－186页。

# 案例分析题

## 1. 黄某、王某故意杀人案：程序错误的判断。

案情：被告人黄某、王某共同将被害人李某杀害。一审程序中，在公诉人对被告人黄某、王某同时进行讯问后，经审判长许可李某的父亲以附带民事诉讼原告人的身份，就犯罪及财产损失事实向黄某、王某发问。李某所居住社区的物业管理人员赵某旁听了案件审理，并应控方要求就李某的被害情况向法庭作证，先后回答了辩护人、公诉人及审判长的发问。庭审中合议庭对赵某的证言及其他证据发现疑问，遂宣布中止审理，就被害人死亡时间及原因进一步调查核实。恢复审理后，法庭调查中，公诉人发现被告人王某尚有遗漏的犯罪事实，当庭提出要求撤回起诉，法庭审查后作出同意撤回起诉的决定。重新起诉后，黄某、王某分别被判处死刑并赔偿原告损失10万元。宣判后王某提出上诉，二审法院仅就王某的犯罪部分进行了审查，认为原判决认定事实和适用法律正确、量刑适当，维持了原判，并上报最高人民法院核准。

问题：请指出以上案例中在程序方面的不当之处，并简要分析原因。

参考答案：

（1）公诉人对被告人黄某、王某同时讯问违反了分别进行讯问的原则。

（2）附带民事诉讼原告人不能就有关犯罪事实向被告人发问。

（3）赵某作为证人不能旁听案件的审理。

（4）赵某作为控方证人，控辩双方向其发问的顺序错误，应当先由要求传唤的一方进行发问。

（5）合议庭对证据有疑问的，可以宣布休庭，对证据进行调查核实，不应适用中止审理。

（6）公诉人在庭审中发现有漏罪的只能追加起诉，不能撤回起诉。变更、追加、撤回起诉原则上应当报经检察长或检察委员会决定，并以书面方式向人民法院提出，除非有检察机关的授权，公诉人不能当庭径行决定。

（7）法院对检察机关撤回起诉的要求应以裁定而不能以决定的方式作出。

（8）审理部分被告人上诉的案件，应当对全案进行审查，包括黄某、王某定罪量刑事实及附带民事诉讼部分的审查。

## 2. 朱某、尤某、何某涉嫌盗窃案：证据的审查与运用。

案情：2020年10月2日午夜，A市某区公安人员在辖区内巡逻时，发现路边停靠的一辆轿车内坐着三个年轻人（朱某、尤某、何某）形迹可疑，即上前盘查。经查，在该车后备厢中发现盗窃机动车工具，遂将三人带回区公安分局进一步审查。案件侦查终结后，区检察院向区法院提起公诉。主要证据情况如下：

朱某——在侦查中供称，其作案方式是3人乘坐尤某的汽车在街上寻找作案目标，确定目标后由朱某、何某下车盗窃，得手后共同分赃。作案过程由尤某策划、指挥。在法庭调查中承认起诉书指控的犯罪事实，但声称在侦查中被刑讯受伤。

尤某——在侦查中与朱某供述基本相同，但不承认作案由自己策划、指挥。在法庭调查中翻供，不承认参与盗窃机动车的犯罪，声称对朱某盗窃机动车毫不知情，并声称在侦查中被刑讯受伤。

何某——始终否认参与犯罪。声称被抓获当天从C市老家来A市玩，与原先偶然认识的朱某、尤某一起吃完晚饭后坐在车里闲聊，才被公安机关抓获。声称以前从没有与A市的朱某、尤某共同盗窃，并声称在侦查中被刑讯受伤。

公安机关——在朱某、尤某供述的十几起案件中核实认定了A市发生的3起案件，并依循线索找到被害人，取得当初报案材料和被害人陈述。调取到某一案发地录像，显示朱某、尤某盗窃汽车经过。根据朱某、尤某在侦查阶段的供述，认定何某2020年3月19日参与了另一起盗窃机动车案件。

何某辩护人——称在案卷材料中看到朱某、尤某、何某受伤后包有纱布的照片，并提供4份书面材料：(1) 何某父亲的书面证言：2020年3月19日前后，何某因打架被当地公安机关告知在家等候处理，不得外出。何某未离开C市；(2) 2020年4月5日，公安机关发出的行政处罚通知书；(3) C市某机关工作人员赵某的书面证言：2020年3月19日案发前后，经常与何某在一起打牌，何某随叫随到，其间未离开C市；(4) 何某女友范某的书面证言：2020年3月期间，何某一直在家，偶尔与朋友打牌，未离开C市。

庭审中，3名被告人均称受到侦查人员刑讯。辩护人提出，在案卷材料中看到朱某、尤某、何某受伤后包有纱布的照片，被告人供述系通过刑讯逼供取得，属于非法证据，应当予以排除，要求法庭调查。公诉人反驳，被告人受伤系因抓捕时3人有逃跑和反抗行为造成，与讯问无关，但未提供相关证据证明。法庭认为，辩护人意见没有足够根据，即开始对案件进行实体审理。

审理中，何某辩护人向法庭提供了证明何某没有作案时间的4份书面材料。法庭认为，公诉方提供的有罪证据确实、充分，辩护人提供的材料不足以充分证明何某在案发时没有来过A市，且材料不具有关联性，不予采纳。

最后，法院采纳在侦查中朱某、尤某的供述笔录、被害人陈述、报案材料、监控录像作为定案根据，认定尤某、朱某、何某构成盗窃罪（尤某为主犯），分别判处有期徒刑9年、5年和3年。

问题：

(1) 法院对于辩护人提出排除非法证据的请求的处理是否正确？为什么？

(2) 如法院对证据合法性有疑问，应当如何进行调查？

(3) 法院对尤某的犯罪事实的认定是否已经达到事实清楚，证据确实、充分？为什么？

(4) 现有证据能否证明何某构成犯罪？为什么？

(5) 法院认定何某辩护人提供的4份书面材料不具有关联性是否适当？为什么？

参考答案：

(1) 不正确。因为根据《刑事诉讼法》及相关司法解释，法庭应当启动对证据是否为非法取得的调查程序。本案被告人均称供述系刑讯逼供所得，辩护人提出了排除非法证据的请求，并有一定证据或材料支持，法院在公诉人没有证据支持的情况下，不作调查即采纳公诉人的解释，是不正确的。

（2）根据《刑事诉讼法》及相关司法解释规定，法庭应进行如下调查：应要求公诉人向法庭提供讯问笔录、原始的讯问过程录音录像或者其他证据；现有证据材料不能证明证据收集的合法性的，人民检察院可以提请人民法院通知有关侦查人员或者其他人员出庭说明情况；人民法院可以通知有关侦查人员或者其他人员出庭说明情况。经人民法院通知，有关人员应当出庭。公诉人当庭不能举证的，可以建议延期审理；控辩双方可以就被告人供述的合法性进行质证、辩论；对被告人供述的合法性，确认或者不能排除存在以非法方法收集证据情形的，对有关证据应当予以排除。

（3）没有。共同犯罪案件中，被告人的地位、作用必须均已查清，这是证据确实、充分的基本要素。本案仅根据同案犯朱某供述即认定尤某为策划、指挥者，无其他证据印证。

（4）不能。认定有罪，必须证据确实、充分。法庭认定何某犯罪的证据中，朱某、尤某在侦查中的供述笔录尚未排除刑讯逼供可能；被害人陈述笔录和车辆被盗时的报案材料只能证明车辆被盗，不能证明谁是盗车者；监控录像只证明朱某、尤某实施了其中一起犯罪；何某辩护人提供的犯罪时何某不在现场的4份证据，法庭没有查明其真伪。因此，现有证据没有排除何某没有犯罪的可能性，不能得出唯一的结论，认定何某犯罪的证据未达证明标准。

（5）不适当。因为这些材料与案件证明对象之间存在客观联系，指向何某是否有罪的争点问题；另外，这些材料具有证明案件事实的证明价值，能够实际起到使指控的犯罪事实更有可能或更无可能的证明作用。

### 3. 赵某故意杀人案：证据的审查与运用。

案情：某年4月5日，某村民在钓鱼时发现一具女尸。经查实，死者吴某，24岁。头部有钝器击打过的痕迹，双肺有泥沙，表明其是被他人击昏后溺水死亡。经侦查，公安机关发现吴某的丈夫赵某有作案的重大嫌疑，但赵某予以否认。被调查后不久，赵某逃到外地，被抓获归案。公安机关通过侦查获得以下材料：

（1）死者吴某的日记本，记录有被赵某实施家暴的情况。

（2）赵某单位出具的盖有单位公章的证明，说赵某与吴某关系一般，两年前赵某开始与同单位的夏某通奸。

（3）夏某承认与赵某通奸的事实，并说赵某告诉她，等他与吴某离婚后与夏某结婚。

（4）赵某的母亲和夏某均证实，赵某向他们亲口说自己杀害了吴某，但没有详细说经过。

（5）赵某的同监陈某说赵某在押期间曾向他们打听谋杀妻子该判什么刑。

（6）赵某邻居黄某说案发当晚11点半路过河边，听到远处有喊叫声，待其跑近时发现一男子仓皇逃离，未看清男子身高、长相。

（7）赵某辩称当晚11点半还在母亲家待着（但他母亲说赵某当晚来过两次，一次10点多，一次12点多，但都呆得不久）。

（8）赵某三年前参与抢劫的犯罪记录。

(9) 邻居黄某对赵某的辨认笔录，从十个人中指出赵某就是当晚行凶者。

同时，赵某的律师重走了一遍从案发现场到赵某母亲家路线，并将整个过程录像提交法庭，以此证明赵某没有作案时间。

问题：

(1) 本案上述材料中，哪些没有资格用作认定赵某是否构成故意杀人犯罪的证据？为什么？

(2) 上述可以用作认定赵某犯罪事实的各种材料，分别属于证据种类及证据学理分类意义上的何种证据？

(3) 根据我国刑事诉讼法确定的证明标准，分析以上证据能否达到判决赵某有罪的证明要求。

参考答案：

(1) 本案中不具有证据资格的有：单位的证明（单位不能作证人，该证明也不符合其他的证据法定表现形式）；赵某的犯罪记录（品格证据，尽管可能成为量刑证据，但不能用以认定犯罪事实）；黄某的辨认笔录（辨认人认识被辨认对象，使辨认没有任何意义）；赵某律师提交的录像材料（不具备法定的证据表现形式）。

(2) 本案相关材料的证据种类与分类。死者吴某的日记本：书证、原始证据、间接证据、实物证据。夏某的陈述：证人证言、言词证据。其中，转述赵某陈述的部分为传来证据，其他部分为原始证据。转述赵某承认杀人的部分是直接证据，其他部分为间接证据。赵某母亲的陈述：证人证言、言词证据。其中，转述赵某承认杀人的部分是直接证据、传来证据，作案时间部分为间接证据、原始证据。陈某的证言：证人证言，传来证据，间接证据，言词证据。邻居黄某的陈述，证人证言，原始证据，间接证据，言词证据。赵某的辩解：犯罪嫌疑人辩解，原始证据，直接证据，言词证据。

(3) 我国《刑事诉讼法》规定："对一切案件的判处都要重证据，重调查研究，不轻信口供。只有被告人供述，没有其他证据的，不能认定被告人有罪和处以刑罚；没有被告人供述，证据确实、充分的，可以认定被告人有罪和处以刑罚。证据确实、充分，应当符合以下条件：（一）定罪量刑的事实都有证据证明；（二）据以定案的证据均经法定程序查证属实；（三）综合全案证据，对所认定事实已排除合理怀疑。"本案是一个典型的零口供案件，没有口供，但只要其他证据确实、充分，依然是可以定案的。但本案其他证据是否达到了确实、充分的要求呢？答案显然是否定的。本案中的许多材料都只是证明赵某有作案时间、有作案条件和作案动机。以犯罪事实为直接证明对象的证据非常少。赵某的母亲、夏某提供的直接证据都是传来证据，来源具有同一性。本案凶器未找到，作案方法未查明，证明作案过程及赵某行凶的证据非常缺乏。在证据的数量、分布、质量上均未达到我国定罪的证明标准。

### 4. 文某故意伤害案：上诉、反诉与附带民事诉讼。

案情：文某与赵某因挪车一事发生纠纷，文某将赵某打成轻伤。赵某遂以文某犯故意伤害罪向法院提起自诉，并同时提起附带民事诉讼。法院开庭审理了此案并当庭作出判决。

问题：

（1）如果人民法院经审理依法宣告文某无罪，对于赵某提出的附带民事诉讼，法院应当如何处理？

（2）一审判决书应当何时送达文某和赵某？如果文某和赵某收到判决书的日期不同，应当如何计算上诉期限？

（3）如果文某和赵某仅对本案附带民事诉讼提出了上诉，刑事部分何时生效？二审法院如在审理中发现刑事部分有错误，应如何处理？

（4）如果在二审期间，针对附带民事诉讼部分，赵某增加了诉讼请求，而文某提出了反诉，第二审人民法院该如何处理？

（5）如果在二审期间，文某对赵某故意伤害的指控反诉赵某侮辱，第二审人民法院该如何处理？

参考答案：

（1）人民法院对附带民事部分应当依法进行调解经调解不能达成协议的，可以一并作出判决，也可以告知附带民事原告人另行提起民事诉讼。

（2）应当在5日内送达判决书；文某和赵某的上诉期从各自收到判决书的次日起算。

（3）刑事部分在文某和赵某的上诉期满后即发生法律效力；发现刑事部分错误的，应当依照审判监督程序对刑事部分进行再审，并将附带民事部分与刑事部分一并审理。

（4）第二审人民法院可以根据自愿、合法的原则进行调解；调解不成的，告知当事人另行起诉。

（5）第二审人民法院应当告知文某另行起诉。

**图书在版编目（CIP）数据**

刑事诉讼法导学 / 闫召华主编. --北京：中国人民大学出版社，2024.11. --（法学核心课程系列辅助教材）. -- ISBN 978-7-300-33410-3

Ⅰ. D925.2

中国国家版本馆 CIP 数据核字第 20247SS598 号

教育部刑事诉讼法课程虚拟教研室成果
国家级线上一流课程配套教材
法学核心课程系列辅助教材

**刑事诉讼法导学**

主　编　闫召华

Xingshi Susongfa Daoxue

| | | | |
|---|---|---|---|
| **出版发行** | 中国人民大学出版社 | | |
| **社　　址** | 北京中关村大街 31 号 | **邮政编码** | 100080 |
| **电　　话** | 010－62511242（总编室） | | 010－62511770（质管部） |
| | 010－82501766（邮购部） | | 010－62514148（门市部） |
| | 010－62515195（发行公司） | | 010－62515275（盗版举报） |
| **网　　址** | http://www.crup.com.cn | | |
| **经　　销** | 新华书店 | | |
| **印　　刷** | 北京七色印务有限公司 | | |
| **开　　本** | 787 mm×1092 mm　1/16 | **版　　次** | 2024 年 11 月第 1 版 |
| **印　　张** | 35 插页 1 | **印　　次** | 2024 年 11 月第 1 次印刷 |
| **字　　数** | 812 000 | **定　　价** | 89.00 元 |

# 《　　　　　　　》※任课教师调查问卷

为了能更好地为您提供优秀的教材及良好的服务，也为了进一步提高我社法学教材出版的质量，希望您能协助我们完成本次小问卷，完成后您可以在我社网站中选择与您教学相关的 1 本教材作为今后的备选教材，我们会及时为您邮寄送达！如果您不方便邮寄，也可以申请加入我社的**法学教师 QQ 群：436438859（申请时请注明法学教师）**，然后下载本问卷填写，并发往我们指定的邮箱（cruplaw@163.com）。

邮寄地址：北京市海淀区中关村大街 31 号中国人民大学出版社 806 室收

邮　　编：100080

再次感谢您在百忙中抽出时间为我们填写这份调查问卷，您的举手之劳，将使我们获益匪浅！

**基本信息及联系方式：**※

姓名：____________ 性别：____________ 课程：____________________

任教学校：__________________________ 院系（所）：________________

邮寄地址：__________________________ 邮编：____________________

电话（办公）：____________ 手机：____________ 电子邮件：____________

**调查问卷：**※

1. 您认为图书的哪类特性对您选用教材最有影响力？（　　）（可多选，按重要性排序）

   A. 各级规划教材、获奖教材　　B. 知名作者教材

   C. 完善的配套资源　　D. 自编教材

   E. 行政命令

2. 在教材配套资源中，您最需要哪些？（　　）（可多选，按重要性排序）

   A. 电子教案　　B. 教学案例

   C. 教学视频　　D. 配套习题、模拟试卷

3. 您对于本书的评价如何？（　　）

   A. 该书目前仍符合教学要求，表现不错将继续采用

   B. 该书的配套资源需要改进，才会继续使用

   C. 该书需要在内容或实例更新再版后才能满足我的教学，才会继续使用

   D. 该书与同类教材差距很大，不准备继续采用了

4. 从您的教学出发，谈谈对本书的改进建议：____________________

______________________________________________

______________________________________________

**选题征集：**如果您有好的选题或出版需求，欢迎您联系我们：

联系人：黄　强　联系电话：010-62515955

**索取样书：**书名：____________________________________

书号：________________________________________

---

**备注：※ 为必填项。**